金品律师实务丛书 | 陈扬 主编

股东法宝：

股东权益保护与公司争议解决指南

陈扬　周亮◎著

法律出版社 | LAW PRESS

SJLA
金品联盟

《金品律师实务丛书》
编 委 会

总　序

今日中国可谓法律书籍出版大国,出版社之多,书店之广,作者之众,都为当代世界遥遥领先。为何如此多的作者热衷于编写法律书籍？其一,作者们相信法律是一门科学,需要有理论的探索、争鸣与论证;其二,作者们相信法律是能够解决社会问题的工具,需要用合适的方式指导人们正确使用这种工具。由此,法律书籍常常被划分为二大类:一类是探索法律的深奥哲理、寻觅法律的严谨逻辑、阐释法律的基本理念,这类书籍为法学专著与法律教科书;另一类是探讨和阐释如何将法律规定恰当地运用到不同的生活现实之中,这类书籍为应用法律书。前一类书的作者们被称为法学家;后一类书的作者们被称为司法实务专家。现代社会,缺乏法学家的思维,法治不可能进步;缺乏司法实务专家的探索,法治难以实现。当下中国虽已是法律书籍出版大国,但真正由有独立思想与创新精神的法学家们撰写的能够反映时代法制发展需求的理论著作并不算多,而由司法实务专家们撰写的有价值的应用法律成果更是屈指可数,而在实现法治目标的道路上,后者更是一个社会不可或缺的需求。

司法实务领域一批已有丰富阅历的工作者热心于著书立说,探讨现行法律的有效运用问题,这本身标志着社会法制的进步。只有千千万万的法律人、非法律人都关注法律、思考法律、探索法律,并藉此研究法律进步的规律,法制才能成为我们社会充满生命活力的伟大事业。

约三十年前,我在德国哥庭根大学学习法律,读到一批由德国法官和律师们撰写的法律书籍,相比起由专职教授撰写的学术专著和教科书,这些书籍关注法律应用实践,分享实务操作技能，研究热点前沿问题，既充实了法律研究的内容，也推动了学术研究成果的转化与应用，在德国立法、司法和法学理论研究的发展中发挥着不可或缺的重要作用。尤其在商事法律领域，由律师和仲裁员们基于国际商事惯例和欧盟商事指令最新发展动向而撰写的成果，更是填补了立法和法学研究领域的空白。回国后，我一直从事商法理论与实务研究，撰写和编著了一批商法研究著作，其中大部分属于学术研究成果。近年来，在给法官、律师、法务等实务工作者讲课及交流过程中，我更感觉到由有实务经验的法律工作者通过思考研究实务中的问题而撰写应用法律丛书的价值。2016 年 7 月，江苏金品律所联盟成立，在与联盟管理者和律师交流沟通后，在我的倡议下，组织应用法律丛书撰写的想法终于以“金品律师实务丛书”的形式落地。

江苏金品律所联盟，汇聚了江苏各地的优秀律师事务所，是一个资源互用、信息交流、经验借鉴、品牌联建、利益共享的律师集团，意在推动江苏本土律所的联动和协调发展，促进法律服务资源的产学研贯通，实现江苏律师业的规范化、专业化发展，打造在全国有影响力的江苏本土律所品牌。

伴随着我国改革开放的深入推进和市场经济体制的逐步完善，法律服务在社会经济生活中的重要性日益显现。党的十八届四中全会作出了全面推进依法治国的重要决定，无论是百姓日常生活、企业经营管理，还是政府行政执法，无不与法律制度密切相关。近年来，在个人财富管理、互联网新经济、企业投融资、环境资源保护、知识产权战略、政府法律顾问、中国“一带一路”战略实施等领域出现了很多新的法律服务需求，单纯的法学理论研究，显然不足以应对这些需求，而由律师等实务工作者开展相关的法律应用与法律服务研究，就尤为必要了。

金品律师实务丛书，将立足于对法律应用和法律服务的实务研究。研究者以江苏金品律所联盟的专业律师为主，也欢迎更多的法律实务工作者加入到这项研究计划中，共同推动我国法律实务研究的发展，为广大法律工作者分享实务经验，为更广大的非法律工作者提供通俗易懂、生动活泼、形式丰富的优质法律读品。

祈愿金品律师实务丛书能为中国社会的进步推出真正的好作品。

金品律师实务丛书编委会顾问

南京大学商法研究中心主任　范　健教授

2017 年金秋写于南京石头城

序

现代公司是典型的“所有权”与控制权分离的拟制法人。股东虽依法享有股东权,但不能以个人名义直接介入公司治理,其作为“所有者”的权利须受公司法和公司章程约束,且须履行法定和章程约定义务。不过,公司的良好运转固然取决于管理层的智慧,也取决于股东会的有效决策与监督。因此,如何从法律的角度理解自己在公司管理及所有权层面的角色与权利,是每一位公司股东的必修课;如何在与公司管理层或其他股东发生争议时有效保护自己的利益,也是广大股东最关心的话题。

目前,国际上股东积极主义的风潮愈演愈烈,这是自20世纪70年代美国金融市场私有化及机构投资者成为大型公司股东主体后的必然趋势。被奉为“新兴市场投资教父”的马克·墨比尔斯坚信,积极主义不是一项特权,而是股东作为公司所有者与生俱来的责任。他认为,健全的外部法制系统和高效透明的内部治理结构是股东权利得以实施的有力保障。

在国内,公司资本制度改革、上市公司一系列监管规则的修订等规则变更,彰显了国家推行公司内部管理优化的决心;国有企业混合制改革、员工持股计划和债转股试点也体现了国内对于股权多元化的开放性态度。但是,愈加丰富的公司所有权形态及管理体制给现行的《公司法》带来了巨大的挑战。虽已历经四次大规模修订,《公司法》有待完善之处仍不在少数,特别是在股东参与管理的方式、特殊类型公司下股东的权益解析、股权转让及处理股东间矛盾等具体问题上实操性较弱。在司法领域,最高人民法院针对《公司法》已出台四部司法解释，但自2011年初颁布司法解释三以来，时隔六年多时间才出台公司法司法解释四，这也反映出学术界和实务界对《公司法》中很多问题仍存较大争议。

近年来，关于公司法的法律著作层出不穷，形式多样，既有理论著述，也有案例解析，这极大地丰富了国内公司法的研究成果，不仅提高了学者对公司法律制度的理论认识水平，也有效地指导了公司纠纷的司法裁判。

与现有的大多数公司法著作不同，本书由专业律师编著，所选取的研究视角和研究方法均很有特色。本书从股东的角度出发，结合最新《公司法》相关章节及司法解释，旨在给广大读者带来专业但易于理解的法律阅读体验。上篇采取问答形式，可协助读者快速定位自己所关心的问题，并引用最新案例及相关法院审理意见，进一步阐释相关司法应用，极具时效性和参考价值；下篇采用“大数据”分析法，以多样直观的图表揭示最新的案件裁判趋势，并从专业律师的角度给予法律建议，形式新颖独创。

总体而言，这是一本特色鲜明的“法律操作指南”，是江苏亿诚律师事务所公司法团队的智慧结晶，其突出的专业性及实务性是目前面市的书籍中极少有的。无论是广大投资者、公司管理者或是从事公司法研究的法律同仁，都能从此书中获益一二。

是为序！

南京航空航天大学人文与社会科学院院长
江苏省法学会商法学研究会副会长兼秘书长
中国商法学会研究会常务理事
王建文
2017年9月

书中相关法规全称索引

书中使用的简称	对应的法规全称
《民法通则》	中华人民共和国民法通则(2009 年修正)
《合同法》	中华人民共和国合同法(1999 年主席令第 15 号)
《担保法》	中华人民共和国担保法(1995 年主席令第 50 号)
《物权法》	中华人民共和国物权法(2007 年主席令第 62 号)
《侵权责任法》	中华人民共和国侵权责任法(2009 年主席令第 21 号)
《公司法》	中华人民共和国公司法(2013 年主席令第 8 号)
《破产法》	中华人民共和国企业破产法(2006 年主席令第 54 号)
《证券法》	中华人民共和国证券法(2014 年主席令第 14 号)
《合伙企业法》	中华人民共和国合伙企业法(2006 年主席令第 55 号)
《中外合资经营企业法》	中华人民共和国中外合资经营企业法(2016 年主席令第 51 号)
《个人独资企业法》	中华人民共和国个人独资企业法(1999 年主席令第 20 号)
《涉外民事关系法律适用法》	中华人民共和国涉外民事关系法律适用法(2010 年主席令第 36 号)
《刑法》	中华人民共和国刑法(2015 年修正)

续表

书中使用的简称	对应的法规全称
《民事诉讼法》	中华人民共和国民事诉讼法(2012 年主席令第 59 号)
《中外合资经营企业法实施条例》	中华人民共和国中外合资经营企业法实施条例(2014 年国务院令第 648 号)
《外资企业法实施细则》	中华人民共和国外资企业法实施细则(2014 年国务院令第 648 号)
《外汇管理条例》	中华人民共和国外汇管理条例(2008 年国务院令第 532 号)
《城镇集体所有制企业条例》	中华人民共和国城镇集体所有制企业条例(2016 年国务院令第 666 号)
《合同法司法解释(一)》	最高人民法院关于适用《中华人民共和国合同法》若干问题的解释(一)(法释〔1999〕19 号)
《合同法司法解释(二)》	最高人民法院关于适用《中华人民共和国合同法》若干问题的解释(二)(法释〔2009〕5 号)
《买卖合同司法解释》	最高人民法院《关于审理买卖合同纠纷案件适用法律问题的解释》(法释〔2012〕8 号)
《担保法司法解释》	最高人民法院关于适用《中华人民共和国担保法》若干问题的解释(法释〔2000〕44 号)
《公司法司法解释(一)》	最高人民法院关于适用《中华人民共和国公司法》若干问题的规定(一)(法释〔2014〕2 号修正)
《公司法司法解释(二)》	最高人民法院关于适用《中华人民共和国公司法》若干问题的规定(二)(法释〔2014〕2 号修正)
《公司法司法解释(三)》	最高人民法院关于适用《中华人民共和国公司法》若干问题的规定(三)(法释〔2014〕2 号修正)
《公司法司法解释(四)》	最高人民法院关于适用《中华人民共和国公司法》若干问题的规定(四)(法释〔2017〕16 号)
《破产法司法解释(一)》	最高人民法院关于适用《中华人民共和国企业破产法》若干问题的规定(一)(法释〔2011〕22 号)
《破产法司法解释(二)》	最高人民法院关于适用《中华人民共和国企业破产法》若干问题的规定(二)(法释〔2013〕22 号)
《外商投资企业纠纷规定(一)》	最高人民法院关于审理外商投资企业纠纷案件若干问题的规定(一)(法释〔2010〕9 号)

续表

书中使用的简称	对应的法规全称
《民诉法司法解释》	最高人民法院关于适用《中华人民共和国民事诉讼法》的解释(法释〔2015〕5号)
《民事案由规定》	民事案件案由规定(法〔2011〕41号)
《涉外民商事案件诉讼管辖规定》	最高人民法院关于涉外民商事案件诉讼管辖若干问题的规定(法释〔2002〕5号)
《民事诉讼证据规定》	最高人民法院关于民事诉讼证据的若干规定(2008)
《最高院公司强制清算纪要》	最高人民法院《关于审理公司强制清算案件工作座谈会纪要》(法发〔2009〕52号)
《民商事合同指导意见》	最高人民法院《关于当前形势下审理民商事合同纠纷案件若干问题的指导意见》(法发〔2009〕40号)
《江苏省高院公司法意见》	江苏省高级人民法院关于审理适用公司法案件若干问题的意见(试行)(苏高法审委〔2003〕2号)
《江苏省高院强制清算意见》	江苏省高级人民法院《关于审理公司强制清算案件若干问题的意见(试行)》(苏高法审委〔2009〕39号)

目　录

下篇　公司纠纷的司法裁判分析

附　　录

案例目录

前　言

公司，是广大投资人开展投资活动、参与市场竞争、追逐资本收益时最常选用的一种企业形态。以《公司法》为核心的公司法律制度体系的建立和逐步完善，为投资人及公司利益的维护提供了重要的法律保障。

公司实践的内容是丰富多样的，投资人在运用公司这种组织形态追逐利益的过程中，会开展大量的创新活动，这让公司实务呈现出日新月异的局面，同时也出现了大量存在理解争议或无法可依的法律问题。在多年从事公司法律实务的过程中，通过与当事人、同行律师和法官的交流，我们遇到了很多并不容易解答的公司法问题。这既有我们对相关规则认识不足的原因，也有制度本身尚不完善的原因。

为便于广大股东认识和理解该领域的法律问题，同时帮助法律同行更细致、全面地了解该领域的立法与司法状况，我们编著了《股东法宝：股东权益保护与公司争议解决指南》一书。全书分为上下两篇，其中：

上篇以《公司法》及相关司法解释、关联法律规则为基础，结合我们多年从事该领域法律实务工作的经验，从股东的视角和需求出发，梳理了运用“公司”这种企业形态开展投资活动的全流程法律实务，整理出 222 个实用问题，既涉及股东资格的取得、股东参与公司管理、股东实现财产权益、股权转让、股东纳税、公司相关矛盾处理等普适性问题，也涉及中小股东、创业股东、上市公司股东的特殊问题。同时，为便于广大股东理解这些问题，我们还精心配编了 98 个案例，让这些复杂枯燥的法律问题变得简单易懂。

下篇是对公司纠纷司法裁判的分析和解读，选取了股东与公司最常见的16种纠纷类型,以我们所在江苏地区的三级法院和最高人民法院的裁判文书为主要研究对象(个别纠纷类型兼顾案件数量较多的上海等其他地区法院的裁判文书),仔细研究了近六年合计2274份裁判文书,整理出了16份司法裁判分析报告。每一份报告中,既有对该类型纠纷近六年裁判情况的数据分析,也有对法院裁判意见与思路的总结梳理,还有从律师角度向广大股东与公司提出的有针对性的法律建议。其中,对裁判情况的数据分析是多维度的,包括了该类型纠纷的发生年度分布、发生地域分布、级别管辖分布、所涉公司类型分布、法院结案方式、审理期限情况、主要争议焦点分布、不同审级的胜诉比例,等等;对法院裁判意见与思路的总结梳理,除了帮助读者了解现有公司法律制度在司法裁判活动中的具体适用情况以外,更重要的意义在于:对于那些相对笼统的法律制度,看看司法实践是如何细化理解和操作的;对于那些存在理解分歧的法律规则,看看法院倾向于如何认识;对于现有制度尚未规定的问题,看看法官采用什么样的裁判思路。

总体而言,本书上篇是股东权益相关法律知识的分类梳理,能够帮助股东更清楚地认识、行使和维护自己的合法权益;下篇是公司纠纷司法裁判的分析研究,既是广大股东及相关律师了解特定类型争议司法裁判状况的途径,也是解决公司相关类型争议的法律实务指南。

本书是江苏亿诚律师事务所公司法业务团队集体创作的成果。在办案之余,我们只能抽出有限的时间来编著本书,加上水平有限,书中或有差错和疏漏之处,请各位读者批评指正。

江苏亿诚律师事务所

2017年9月

上篇　股东权益实用问题解答

第一章　怎样才能成为法律认可的公司股东?

1. 哪些事项对于股东资格的认定有重要意义?

第一,在公司章程上的签名盖章。《公司法》第25条第2款规定,有限责任公司股东应在公司章程上签章。

第二,股东姓名或名称的登记,包括股东名册登记和工商登记。那么是以股东名册为准,还是以工商登记为准?记载于股东名册的股东,可以依股东名册主张行使股东权利;但未经工商登记的,不得对抗第三人,即对内以股东名册为准,对外以工商登记为准。

第三,出资。尤其在涉及隐名股东与显名股东关系时,实际出资显得尤为重要。

第四,实际行使股东权利,包括参加公司的股东会会议、投票表决、领取分红等。

2. 股东可以用哪些财产出资?

1. 货币。

2. 可以用货币估价并可以依法转让的非货币财产。

(1)在评估作价后可以直接出资的财产:实物、知识产权、土地使用权、企业净资产。

(2)符合一定条件才能作为出资的财产:

①股权。但必须同时具备以下条件:第一,出资的股权由出资人合法持有并依法可以转让(如不损害其他股东的优先购买权等);第二,出资的股权无权利瑕疵或者权利负担(如设有质押等);第三,出资人已履行关于股权转让的法

定手续;第四,出资的股权已依法进行了价值评估。

②债权。公司法及其司法解释并未对债权能否出资作出明确规定,但根据国家工商总局2014年3月1日实施的《公司注册资本登记管理规定》,债权人可以将其依法享有的对在中国境内设立的公司的债权,转为公司股权。这意味着债权是可以出资的,但必须符合一定条件。转为公司股权的债权应当符合下列条件之一:其一,债权人已经履行债权所对应的合同义务,且不违反法律、行政法规、国务院决定或者公司章程的禁止性规定;其二,经人民法院生效裁判或者仲裁机构裁决确认;其三,公司破产重整或者和解期间,列入经人民法院批准的重整计划或者裁定认可的和解协议。此外,如果用以转为公司股权的债权存在两个以上债权人的,债权人对债权应当已经作出分割。

③土地承包经营权。办理法定手续后可以作为出资。

④采矿权。办理法定手续后可以作为出资。

⑤探矿权、探矿权相关的地址勘查资料。根据《外商投资矿产勘查企业管理办法》的规定,需同时具备以下条件:第一,作为中外合资、合作企业的出资;第二,由中方提供;第三,办理法定手续。

3. 绝对不可以作为出资的财产:劳务、信用、自然人姓名、商誉、特许经营权、设定担保的财产。但也有观点认为,设定担保的财产在担保权人同意时也可以出资。①

3. 以无处分权的财产出资是否能认定股东已履行出资义务?

1. 股东以无处分权的货币出资

由于货币在法律上的所有权和占有权合一,货币持有人即推定为货币所有人;所以即便货币是以违法犯罪手段取得的,也应当认为出资人的出资有效,已履行出资义务。但在追究股东违法犯罪行为的同时,其对公司的股权会被拍卖或变卖。

2. 股东以无处分权的其他财产出资

如果公司已经善意取得该财产的所有权,就可以认定已履行出资义务;反之则不能认定。公司善意取得出资财产应同时满足下列条件:第一,公司在取得该财产时是善意的,即公司在受让该财产时不知道也不应当知道出资人对出资财产不享有处分权。在原始设立公司场合,善意与否的判断应以其他发起人是否

① 参见奚晓明主编:《公司案件审判指导》,法律出版社2014年版,第136页。

知道出资人对其出资不享有处分权为标准。第二,该出资财产转让价格合理。判断转让价格是否合理,一般应依法进行评估。第三,需要登记的出资财产已登记到公司名下,无须登记的出资财产已交付给公司。

相关法律依据见《公司法司法解释(三)》第7条。

◎【案例1】借花献佛,出资是否有效?

甲、乙、丙共同成立一家经营陶瓷等艺术品的公司。其中,甲以陶艺作品和其持有的某工艺品公司的股权出资,乙以货币出资,丙以房产出资。公司成立后,发现甲用来出资的陶艺作品系其向朋友借来的。

在这个案例中甲对陶艺作品无处分权,乙、丙及字画的所有权人都可能提出其出资行为无效的主张。对该种出资行为的效力,参照《物权法》第106条的规定:如果公司取得该陶艺作品的时候是善意取得,也就是说,不知道该作品是借来的,则甲的出资有效,原所有权人有权向无处分权人请求赔偿损失;反之,则出资无效,原所有权人有权追回陶艺作品,并且乙丙有权要求甲补足出资。

4. 如果用于出资的非货币财产未经依法评估,股东资格是否存在法律风险?

不会影响股东资格的认定,但存在被认定为未依法全面履行出资义务的风险。2003年《江苏省高院公司法意见》第45条规定:股东以实物、工业产权、非专利技术、土地使用权等出资,未依法进行评估作价且出资人不能证明其作价与实际价额相符的,债权人主张股东出资不足的,人民法院应当在委托中介机构评估后,对股东是否足额出资作出认定。

◎【案例2】这项发明专利究竟值多少钱?

甲、乙、丙共同成立一家公司A。其中,甲以其一项发明专利出资,乙以货币出资,丙以土地房产出资。后公司由于经营不善,亏损严重。公司的债权人因A公司拖欠的其货款长期得不到执行,于是进行调查。发现A公司验资时,对甲出资的发明专利未委托相关机构进行评估,而是以甲乙丙一致确认的方式作价。于是,债权人请求法院认定甲未全面履行出资义务。

在本案中,甲以非货币财产出资却没有依法评估,而公司债权人又请求认定出资人未履行出资义务。此时法院应当委托具有合法资格的评估机构对该财产评估作价。评估确定的价额显著低于公司章程所定价额的,应当认定出资人未依法全面履行出资义务。

5. 非货币财产出资的过户登记对于股东资格认定有什么影响？

根据《公司法》的规定，对于以房屋、土地使用权或者需要办理权属登记的知识产权等财产出资的，应当依法办理登记过户手续。但实践中会经常出现以下情况：

1. 既未将上述财产交付公司使用，也未办理有关权属转让法定手续；

2. 实际交付了出资的财产，但未办理权属变更登记；

3. 虽然办理了权属变更登记，但未实际交付财产。

对于第 1 种情况，应当认定为股东未履行出资义务。

对于第 2 种情况，如果公司、其他股东或者公司债权人主张认定出资人未履行出资义务的，法院应当责令当事人在指定的合理期间内办理权属变更手续；在前述期间内办理了权属变更手续的，法院应当认定其已经履行了出资义务。出资人主张自其实际交付财产给公司使用时享有相应股东权利的，人民法院应予支持；否则出资人将被认定为未履行出资义务。

对于第 3 种情况，公司或者其他股东可以要求其向公司交付，但在实际交付之前不享有相应股东权利。

6. 非货币财产在出资后贬值了该怎么办？

原则上，如果作为出资的非货币财产的实际价额显著低于公司章程所定价额的，应当由交付该出资的股东补足差额。但如果贬值是由于市场变化或者其他客观因素所导致的，出资人不承担补足责任。

需要提醒的是，非货币财产的贬值问题应当引起公司设立时的其他股东或公司发起人的注意，因为其要对出资股东补足差额承担连带责任。

7. 股东应否在公司成立时缴足出资？

不需要。2013 年修改后的《公司法》将我国注册资本制度由实缴制改为认缴制。股东在设立公司时只需要认缴公司全部注册资本即可，而实际缴纳出资的时间、方式均可以由股东在公司章程中自行约定。同时，公司法也取消了股份公司、有限公司、一人公司的最低注册资本额的限制。

8. 瑕疵出资是否影响股东资格的取得？

不影响股东资格的取得。确认股东权的归属须考虑多种因素，其中最关键的是公司对股东的承认或认可。对有限公司而言,公司对股东身份承认的形式是股东名册登记或公司章程的记载;对股份公司而言,公司对股东身份承认的形式是股东名册的登记或不记名股票的持有。2013年修正后的《公司法》第26条和第80条规定:除法律、行政法规以及国务院决定另有规定外,对有限责任公司和采用发起设立方式设立的股份有限公司取消了最低注册资本的限制,确立了全面认缴制。认缴制下瑕疵出资不会影响股东资格,瑕疵出资的股权可以转让,但瑕疵出资的股东及相关人员,应当根据法律规定或股东之间的约定承担瑕疵出资的责任,包括填补出资、赔偿其他依法出资股东的损失、被限制股东权利、被股东会解除股东资格,以及行政上的和刑事上的责任等。

◎【案例3】安达巨鹰能否享有股东权益?

2003年4月,H集团公司、S公司和X公司签订海泰生物公司发起人协议,约定分别出资13,000万元、13,000万元和4000万元共同设立海泰国际公司。

后安达巨鹰公司分别从协和医药公司、东盛药业公司、海泰集团公司受让协和健康公司股权10,500万股、5000万股、1000万股,并办理了工商变更登记手续。截至2005年7月,共持有协和健康公司16,500万股的股权。安达巨鹰公司在受让上述16,500万股股权时,与协和医药公司、东盛药业公司通过协议约定,由安达巨鹰公司承接出资义务,与海泰集团公司约定由安达巨鹰公司承担在协和健康公司的股东义务,因此,其应承担协和医药公司、东盛药业公司、海泰集团公司对协和健康公司未尽的16,500万元出资义务。后因为安达巨鹰出资不到位,首都国际公司向法院起诉,请求依法确认安达巨鹰公司在实际履行出资义务前,不享有16,500万股的股东权利。

法院经查明认为,安达巨鹰公司通过受让并办理工商登记,已取得协和健康公司的股东资格,但是,依照《公司法》第4条的规定,公司股东作为出资者按投入公司的资本额享有所有者的资产受益、重大决策和选择管理者等权利。依据该法律规定,股东必须是出资者。股东对于公司最基本的义务在于出资,其股东权利的享受和行使须按其投入公司的资本额大小确定。股东在没有履行出资义务的情况下主张权利,则其投资收益与出资风险之间不存在联系,明显有违公平的原则,亦损害其他股东利益,应对其股东权利加以限制。

9. 股东名册上没有记载的自然人或法人是否具有股东资格?

根据2003年《江苏省高院公司法意见》的规定,只有在股东名册登记前,实际已参与公司经营管理,行使股东权利的,才能被认定具有股东资格,除此之外都不能认定其股东资格。

但是，2014年《公司法司法解释（三）》放宽了这个要求：

1. 在原始取得的情况下，该自然人或法人已经依法向公司出资或者认缴出资，且不违反法律法规强制性规定；

2. 在继受取得的情况下，该自然人或法人已经受让或者以其他形式继受公司股权，且不违反法律法规强制性规定。

其中“受让”是指通过股权买卖来取得股权，以“其他形式”是指通过赠予、继承、合并、分立、法院裁判等方式取得股权，“不违反法律法规的强制性规定”是指法律、行政法规对一些特殊主体的投资权利作出一定的限制，包括对投资者的行为能力、住所、身份等的限制。

这类股东有权要求公司签发出资证明书、记载于股东名册并到公司登记机关登记，对于有限责任公司而言，还须经其他股东半数以上同意。

10. 持有“干股”者是否一定具有股东资格？

◎【案例4】挂牌股东

某乡镇企业在改制为公司时，由于没有足够的股东，在进行工商登记时，把当时镇企业办公室的两名政府官员作为股东，但是这两名政府官员既没有出资，也没有取得公司股权证明。在该公司经营规模扩大后，这两名官员要求补足当时的出资，并对公司享有股权。那么这两名官员的请求是否能得到支持呢？

所谓“干股”，是指股东没有实际出资所取得的出资份额或股份。对于“干股”应区分两种情况：第一种是取得干股的人虽然没有出资，但其他人已替其履行了出资义务；第二种是取得干股的人既没有出资，也没有其他人代其履行出资义务。第一种情形下，可视为出资义务的代为履行，因此，认定干股股东资格应无异议；第二种情形下，如果已经登记，则应当认定其为股东，但要承担出资不实的责任。

但是，对于案例中因历史原因而产生的“干股”，却并不能简单地按这样的规则处理。因为在过去法律不健全时期，很多挂名股东对公司经营管理也曾起过一定的积极作用。所以，处理这类历史遗留问题时，应综合考虑挂名股东对公司经营管理所起的作用以及公司对股东认可的态度。对于那些完全就是挂名，对公司经营管理毫无贡献，并且公司不予认可的挂名股东，公司有权请求确认他们不是公司股东。另外，根据《中华人民共和国公司登记管理条例》（2016年修订)的相关规定,股东不得以劳务、信用、自然人姓名、商誉、特许经营权或者设定担保的财产等作价出资。因“干股”而导致的资本不实责任,应由其他股东承担。

11. 股东之间约定由一名股东缴纳全部出资,其他股东不出资也不享有股东权利的,其他股东是否具有股东资格?

其他股东不具有股东资格,公司会被认定为个人独资企业。公司内部的权利义务关系按股东之间的约定处理;公司对外债务应由出资人承担无限责任,其他挂名的股东在其认缴出资的范围内承担补充清偿责任。具体法律依据见《江苏省高院公司法意见》第31条。

12. 隐名投资的情况下如何认定股东资格?

一般情况下名义股东享有作为公司股东的权利,但实际出资人有权根据隐名投资合同向名义股东主张相应的投资权益,名义股东无权处分登记于其名下的股权。具体法律依据见《公司法司法解释(三)》第24、25条。

但是,对于已经证明自己提供出资来源的实际出资人,还须证明自己与显名股东之间存在委托持股关系;否则,公司不能仅以出资来源于他人为由,否定显名股东的股东身份。

13. 隐名投资的情况下,实际出资人能否要求公司办理股东变更登记?

在公司其他股东过半数同意时,实际出资人可以要求公司办理股东变更登记。具体法律依据见《公司法司法解释(三)》第25条。

14. 股份公司记名股票被盗、遗失或者灭失时如何确认自己的股东资格?

可以依照《民事诉讼法》的规定向法院提起公示催告程序,请求法院宣告该股票无效。法院宣告该股票失效后,股东可以向公司申请补发股票。

15. 哪些情况下股东资格会被法律否认?

1. 被公司股东会除名。主体要件是有限公司的股东;实质要件是股东未履行出资义务或抽逃出资;形式要件是公司已催告缴纳或者返还,但股东在合理期间内仍未缴纳或返还出资;程序要件是公司召开股东会,其余股东中有二分之一同意,并作出股东会决议。具体法律依据见《公司法司法解释(三)》第17条。

2. 登记的股东是不存在的人或被盗用、冒用名义的人。此时不存在的人或被盗用、冒用名义的人不能被认定为股东，而应以实际出资人为股东；因此，导致出现一人公司的，应当由冒名人对公司债务承担无限责任。具体法律依据见《江苏省高院公司法意见》第32条。

3. 特定类型公司的注册资本未达到法定最低限额。由于公司实有资本未达到法定最低限额，所以不具有法人资格。各出资人均不具有合法的股东资格，出资人之间为合伙关系。具体法律依据见《江苏省高院公司法意见》第33条。但《公司法》2013年修订后，上述规定就仅对金融证券、文化产业、建设工程、旅游、运输、劳务派遣等行业的特定类型企业适用，因为新《公司法》第26条和第80条规定除了法律、行政法规及国务院决定另有规定外，对公司注册资本不再有最低限额的要求。

16. 成为公司的发起人是否需要具备一定条件？

公司发起人应当同时具备以下三个条件：

(1)为设立公司而签署章程。公司章程的制定包括起草、讨论、协商、签署等多个环节。其中“起草”“讨论”“协商”等环节对公司章程的通过没有决定效力，所以这些环节的参与者尚不能被认定是发起人。

(2)向公司认购出资或者股份。认购是指有限公司股东认缴出资和股份有限公司股东认购股份的行为。认购出资或者股份与实际缴纳出资或股款不同，出资人或认股人只要作出了认购行为，无论其是否已经实际缴纳出资，均可成为公司的发起人。

(3)履行公司设立职责。公司设立职责是指发起人按照法律规定或合同约定而享有权利和履行义务。履行公司职责，并非要求发起人实际参与、实际经办或筹办事务。发起人可以授权其他发起人代表自己从事实际的行为，不论发起人是否参与具体的筹办事务，都需要对公司设立事务承担责任。具体法律依据见《公司法司法解释(三)》第1条。

17. 发起人为设立公司以自己名义对外签订合同，应当由谁来承担合同责任？

◎【案例5】他该起诉谁？

某年8月，甲、乙、丙三人决定设立公司做木材生意，9月19日公司名称“红色有限公司”已经获得工商核准，但公司设立还有程序没有完成，营业执照还要1个月才能取得。由于木材市场价格波动较大,甲乙丙认为木材价格将要上涨,因此急于向木材厂订货,于是10月8日以甲的名义与某木材厂签订木材买卖合同,约定11月20日发货,货到5天付款。11月11日,红色有限公司取得营业执照,11月20日木材厂按合同将木材发至红色公司。因当时木材市场价格下跌,红色有限公司如果转卖将会亏损,于是要求木材厂降价,木材厂不同意,红色有限公司至年底未付货款。木材厂如果要追逃货款,应该起诉甲还是红色有限公司?

发起人为设立公司以自己名义对外订立的合同,原则上应当坚持合同的相对性,即只在签署合同的当事人之间发生法律效力,由发起人承担合同责任。

但公司成立后如果对合同予以确认,或者已经实际享有合同权利或者履行合同义务,此时,合同相对人有权要求公司承担责任。也就是说,此时合同相对人享有请求该发起人或者公司承担责任的选择权,但一经选择后就不能变更。

具体法律依据见《公司法司法解释(三)》第2条。

18. 发起人以设立中公司名义对外签订合同,应当由谁来承担合同责任?

◎【案例6】这个工程款谁来买单?

2005年9月9日,周某某以尚未成立的申洋公司名义委托品艺公司承建一项工程。不久,工程完工。2007年11月,申洋公司正式注册成立,该公司法定代表人为周某某。但周某某和申洋公司一直未按约定付款,经品艺公司催讨,2008年10月20日,周某某出具欠条,内容为:"兹有申洋公司欠品艺公司的装修工程款陆万捌仟元整,等我公司业务运输运营后,逐步还清。"2008年12月,申洋公司更名为泉城公司,法定代表人仍为周某某。因品艺公司屡次催讨不成,故起诉,要求泉城公司支付拖欠的装修工程款68000元和相应利息损失。那么品艺公司是否有权要求泉城公司为设立前的工程款买单呢?

设立中公司是指始于公司章程或设立协议签订之日,终于公司营业执照签发之日,尚未取得法人资格的主体。包括经过工商登记管理机关预先核准通过的名称,也包括还没有报送工商登记管理机关进行预先核准的名称,还包括使用设立中公司的临时机构名称,如公司筹备处、筹办处等。原则上发起人以设立中公司名义对外签订合同,合同相对人只能请求成立后的公司承担合同责任,而不能请求发起人承担合同责任。

但公司成立后有证据证明发起人利用设立中公司的名义为自己的利益与相对人签订合同,并且合同相对人知道或应当知道这个情况的,公司可以此为由主张不承担合同责任,然而该主张必须由公司来提供证据证明。

具体法律依据见《公司法司法解释(三)》第3条和《江苏省高院公司法意见》第34、第35、第36条。

19. 公司如最终未能设立,那么设立过程中的责任该如何分担?

公司因故未成立,发起人之间应对设立公司行为所产生的费用和债务承担连带清偿责任。部分发起人依照前款规定承担责任后,可请求其他发起人按照约定的责任承担比例分担责任;没有约定责任承担比例的,按照约定的出资比例分担责任;没有约定出资比例的,按照均等份额分担责任。

因部分发起人的过错导致公司未成立,其他发起人主张其承担设立行为所产生的费用和债务的,应当根据过错方的过错程度确定其责任范围。

具体法律依据见《公司法司法解释(三)》第4条。

20. 发起人因履行公司设立责任造成他人损害的,该由谁承担责任?

发起人因履行公司设立职责造成他人损害,公司成立后受害人可请求公司承担侵权赔偿责任;公司未成立的,受害人可请求全体发起人承担连带赔偿责任。公司或者无过错的发起人承担赔偿责任后,可以向有过错的发起人追偿。

具体法律依据见《公司法司法解释(三)》第5条。

◎【案例7】人不是我撞的

A、B和C协议共同出资准备成立一家有限公司从事家政服务。后三人经协商委托C去工商局办理公司注册登记的有关事宜。C在前往办理登记的途中因驾车不慎导致行人刘死亡,被公安局以涉嫌交通肇事拘留。因为此突发事件,三人决定不再继续设立公司。刘的家属要求A和B进行赔偿。A和B认为撞人的事与自己无关,故不应承担责任。

法院在审理后认为,由于C驱车前往办理公司登记的行为属于履行公司设立职责,在这过程中造成他人损害的,即使家政公司未成立,受害人的家属也可要求A、B承担连带赔偿责任。由于损害的发生是由于C的驾驶过程中的过错造成的,A、B在承担责任后可向C进行追偿。

第二章　股东怎样参与公司管理？

21. 公司章程可以约束哪些人？

公司章程可以约束公司、股东、董事、监事、高级管理人员。其中，高级管理人员指公司的经理、副经理、财务负责人、上市公司董事会秘书和公司章程规定的其他人员。

公司章程不能对抗善意第三人。对于第三人而言，只有在其明知或应当知道章程内容时，章程才对其发生对抗效力。建议公司在交易活动中，对交易者身份、交易对价、授权情况等作初步审查；如果发现授权存在不正常的情形，最好对疑点进行询问或查询。应当注意的是，章程对公司的子公司、实际控制人等都不必然具有约束力。

具体法律依据见《公司法》第 11 条、第 216 条。

22. 发起人协议（公司设立协议）会不会因为公司成立后章程生效而自然终止？

◎【案例 8】发起人协议还有约束力吗？

甲、乙、丙、丁、戊五个发起人签订了成立公司的发起人协议，约定五方各自出资方式和比例。后来，甲方发现乙方弄虚作假、出资不实，双方遂起纠纷。甲方主张乙方出资不实，导致公司无法正常运营，给甲方带来巨大损失，请求法院解除和乙方签订的发起人协议，剥夺乙方的股东资格。乙方主张公司已成立，协议内容已被公司章程替代，协议自然终止，解除协议没有实质意义。本案涉及两个问题：一是在于公司成立后，发起人协议是否因公司章程的生效而终止？二是可否通过解除发起人协议来剥夺发起人的股东资格?

发起人协议是由公司所有的发起者共同订立,内容是关于设立公司的重要事项。章程则是公司必备的规定公司组织及活动的基本规则的书面文件,表明股东全体认同的事项。由于发起人往往在公司成立后会转变为公司股东,在这个层面上可以说两者都是以书面形式固定下来的股东共同一致的意思表示,但两者的区别也是明显的:

1. 性质不同。发起人协议是完全依照发起人之间的意思表示制定的,体现发起人的意志,本质上属于合同;公司章程虽然也包含了制定者的意思,但章程的制定无论内容、形式、程序,都受到《公司法》的严格约束,所以,性质上一直有契约说和自治规则说的争议。

2. 效力不同。作为一种合同,发起人协议只对签订方,即发起人之间产生约束力;公司章程可约束的对象包括股东、董事、高管、公司本身,不管他们有没有在章程上签字,甚至不管他们知不知道章程的内容。

3. 内容不同。发起人协议是不要式法律文件,内容是关于各发起人在公司筹办中的权利义务;公司章程是要式法律文件,它的内容包括三个方面:一是反映了股东之间的权利义务要求,二是反映了与公司管理有关的各项要求,三是反映了法律对公司内外关系的强制性要求。

正因如此,公司章程的规定无法等同于发起人协议的约定,公司章程的作用也无法替代发起人协议的作用,所以公司章程的生效不代表发起人协议的终止。

然而,发起人协议关于公司成立后的组织与各股东的权利义务等内容与公司章程是具有承继性的,即发起人协议中与章程类型相同的内容会被章程吸收。对于这些事项,章程应优先适用。如发起人违反了相应的义务,则视为对股东义务的违反,此时公司法中其他补充性的规定有了介入的空间,股东资格能否解除,此时取决于公司法的相关规定。但发起人协议中与章程类型不同的内容仍然可以直接适用:违反相关义务的,只是对发起人义务的违反,并非对股东义务的违反;承担相关责任的,只是因发起人协议而产生的责任,而非章程所引起的责任。

回到本案,乙方此时对发起人协议的违反实际上也是对章程中股东出资义务的违反,《公司法》并没有规定乙方的股东资格会自然解除。但根据《公司法司法解释(三)》的规定,在乙方没有履行出资义务或抽逃全部出资时,甲方可以通过股东会决议的方式来解除乙方股东资格。同时,发起人协议中如有关于违约责任的约定,还可以根据发起人协议,追究乙方的违约责任。

所以，提醒大家在制定发起人协议时，最好能加上违约责任条款，以便可以在公司成立后追究相关违约发起人的责任。

23. 章程规定与公司法条款之间是什么关系？章程可否作出与公司法不一样的规定？

章程的规定与公司法的规定之间至少存在以下三种关系：

1. 章程对公司法规则的确认效力，即章程按照公司法的要求，作出具体规定。章程对公司法的确认效力又因公司法条款的表现形式分为两种：

(1)直接确认，即将公司法条款规定的内容直接体现在章程中；

(2)选择确认，即在公司法条款允许选择的范围内，将所选择的内容体现在章程中。

2. 章程对公司法规则的补充效力，即对于公司法没有规定的内容，或公司法强制性条款中允许章程作出补充的内容，章程另外作出补充规定。

例如，《公司法》第216条第1款规定："高级管理人员，指公司的经理、副经理、财务负责人，上市公司董事会秘书和公司章程规定的其他人员。"高级管理人员必须包括经理、副经理、财务负责人、上市公司董事会秘书，就是公司法的强制性规定。但该条款又允许在此范围之外，另外扩大高管的范围，这就是章程对公司法补充效力的体现。

3. 章程对公司法规则的优先效力，即在公司法有规定，但同时又允许章程另外作出规定的情况下，应优先适用章程的规定。

当"章程与公司法的规定不一样"时，需要区分不同的情况来认识章程规定的效力，经常出现两种情况：第一种是章程除与公司法的规定一致外，另外作了补充规定；第二种是章程与公司的部分规定不一致。在实务当中，更多的情况是两者的混合。

对于第一种情况，如果公司法没有强制性规定，或者强制性规定里又允许章程作补充规定的，这时与公司法不一样的章程规定是有效的。例如，公司法没有关于公益金提取的规定，如果章程有公益金提取的规定，那么，由于不违反公司法强制性规定，可视为对公司法的补充而具有法律效力。

对于第二种情况，如果公司法已有对相关制度的规定，且没有明确章程的规定具有优先效力的话，这时章程的规定就是无效；反之，如明确了章程规定具有优先效力的话，章程的规定就是有效的。例如，《公司法》第71条规定了有限公司股权转让的一般规则，即"有限责任公司的股东之间可以相互转让其全部或者部分股权。股东向股东以外的人转让股权,应当经其他股东过半数同意。股东应就其股权转让事项书面通知其他股东征求同意,其他股东自接到书面通知之日起满三十日未答复的,视为同意转让。其他股东半数以上不同意转让的,不同意的股东应当购买该转让的股权;不购买的,视为同意转让。经股东同意转让的股权,在同等条件下,其他股东有优先购买权。两个以上股东主张行使优先购买权的,协商确定各自的购买比例;协商不成的,按照转让时各自的出资比例行使优先购买权。"但该条最后一款又明确规定:"公司章程对股权转让另有规定的,从其规定。"

24. 股东应当如何设计公司章程?

公司章程作为公司的"宪法",是决定股东权利义务最重要的法律文件,也是股东参与公司管理的基本依据。股东对公司的利益诉求直接通过章程条款反映,因而章程的条款设计对于股东而言至关重要。那么,在设计公司章程时该注意哪些问题呢?

1. 章程应当能全面反映发起人协议中的约定。

2. 章程应当具备法律所要求的基本事项。

根据《公司法》第25条的规定,有限责任公司章程必备的事项有:

(1)公司名称和住所;

(2)公司经营范围;

(3)公司注册资本;

(4)股东的姓名或者名称;

(5)股东的出资方式、出资额和出资时间;

(6)公司的机构及其产生办法、职权、议事规则;

(7)公司法定代表人。

根据《公司法》第81条的规定,股份公司章程必备的事项有:

(1)公司名称和住所;

(2)公司经营范围;

(3)公司设立方式;

(4)公司股份总数、每股金额和注册资本;

(5)发起人的姓名或者名称、认购的股份数、出资方式和出资时间;

(6)董事会的组成、职权和议事规则;

(7)公司法定代表人;

(8)监事会的组成、职权和议事规则；

(9)公司利润分配办法；

(10)公司的解散事由与清算办法；

(11)公司的通知和公告办法。

3. 章程不能与法律强制性规定相抵触。

4. 要充分利用公司法关于章程的选择性条款、补充效力条款、优先效力条款。

5. 在不违反强制性规定的前提下，将部分法律未涉及的重要事项纳入章程。常见的有：

(1)公益金，企业计提的专门用于职工福利设施的支出。旧公司法曾规定公司分配当年税后利润时，除提取公积金外，还要提取利润的百分之五至百分之十列入公司法定公益金。这个带着计划经济浓郁色彩的强制规定在新公司法里被取消。但许多从国有企业改制来的公司都在章程里保留了这样的规定。另外，一些私营公司也在章程里增加了这样的规定，以体现其社会责任。还有一些公司在新公司法实施后，不注意及时在章程中去掉该条款，使其依然被适用。

(2)总经理、副总经理、总会计师、总工程师或其他高级管理人员的任免办法、薪酬制度等。

(3)公司的部门设置、职能、管理人员的任免办法。

(4)劳动管理。这是中外合作企业和外资企业章程的必备条款。

(5)财务、会计、审计制度的原则，这是三资企业的章程必备条款。

(6)股东分红条件或期限。司法实践中，有大量公司长时间在营利的状况下不向股东分红，股东因此向法院起诉要求公司分红。法院一般认为分红属公司自治事务，应通过股东会会议解决，司法不应干预。很多中小股东因此也就难以实现分红的权利。因此，在公司成立或加入公司时，最好能在章程中明确分红条件和期限。

(7)对未出资、不完全出资、抽逃出资股东的权利限制。《公司法司法解释(三)》规定公司章程可对这几类股东的利润分配请求权、新股优先认购权、剩余财产分配请求权等股东权利作出相应的合理限制。

(8)股东资格的继承。对于有限公司而言，可以在公司章程中明确继承人继承股东资格的条件，或者对股东资格的继承作限制。

(9)股东知情权。《公司法》规定的股东有权查阅的范围有限。公司可通过章程将相关会计凭证、交易合同、业务文件等重要事项纳入查阅范围，并约定可进行复制、摘录及聘请第三方进行审计，乃至要求董事会定期向股东提供相关决议文件、财务报告。

25. 股东会（股东大会）有哪些职权？

股东会应行使的职权有：

（1）决定公司的经营方针和投资计划；

（2）选举和更换非由职工代表担任的董事、监事，决定有关董事、监事的报酬事项；

（3）审议批准董事会的报告；

（4）审议批准监事会或者监事的报告；

（5）审议批准公司的年度财务预算方案、决算方案；

（6）审议批准公司的利润分配方案和弥补亏损方案；

（7）对公司增加或者减少注册资本作出决议；

（8）对发行公司债券作出决议；

（9）对公司合并、分立、解散、清算或者变更公司形式作出决议；

（10）修改公司章程；

（11）公司章程规定的其他职权。

26. 股东会会议有哪些类型？什么时候应当召开？

1. 股东会会议分为定期会议和临时会议两种。

2. 定期会议的召开次数和召开时间由章程规定；股份有限公司股东大会应当每年召开一次年会。

3. 在下列情况下，有限公司应召开股东会临时会议：

（1）代表十分之一以上表决权的股东提议时；

（2）三分之一以上的董事提议时；

（3）监事会或不设监事会的公司的监事提议时。

4. 在下列情况下，股份公司应在两个月内召开临时股东大会：

（1）董事人数不足本法规定人数或者公司章程所定人数的三分之二时；

（2）公司未弥补的亏损达实收股本总额三分之一时；

（3）单独或者合计持有公司百分之十以上股份的股东请求时；

（4）董事会认为必要时；

（5）监事会提议召开时；

(6)公司章程规定的其他情形。

应当说明的是,由于公司法允许章程规定股东不按持股比例享有表决权,所以对于有限责任公司的股东,只有其表决权达到了十分之一,才能提议召开股东会临时会议,这反映了前面所说的利用公司法优先效力条款来设计章程的重要性;但股份公司的基本要求是同股同权,表决权比例应与持股比例相同,所以股东只要其持股达到了十分之一,就能提议召开股东大会临时会议。

另外,对于股份公司,《公司法》第 104 条规定:"本法和公司章程规定公司转让、受让重大资产或者对外提供担保等事项必须经股东大会作出决议的,董事会应当及时召集股东大会会议,由股东大会就上述事项进行表决。"这种股东会会议也属于临时会议,只是召开的事由固定化,符合条件时就必须召开。

27. 怎样通知股东召开股东会?

有限公司股东会会议,应在会议召开 15 日前通知全体股东,但公司章程另有规定或全体股东另有约定除外。

股份公司召开股东大会会议,应当将会议召开的时间、地点和审议的事项于会议召开 20 日前通知各股东;临时股东大会应当于会议召开 15 日前通知各股东;发行无记名股票的,应当于会议召开 30 日前公告会议召开的时间、地点和审议事项。单独或者合计持有公司百分之三以上股份的股东,可以在股东大会召开 10 日前提出临时提案并书面提交董事会;董事会应当在收到提案后 2 日内通知其他股东,并将该临时提案提交股东大会审议。临时提案的内容应当属于股东大会职权范围,并有明确议题和具体决议事项。(《公司法》第 41 条、第 102 条)

28. 谁可以召集和主持股东会会议?

1. 有限公司股东会会议的召集和主持

首次股东会会议由出资最多的股东召集和主持。

有限责任公司设立董事会的,股东会会议由董事会召集,董事长主持;董事长不能履行职务或者不履行职务的,由副董事长主持;副董事长不能履行职务或者不履行职务的,由半数以上董事共同推举一名董事主持。

有限责任公司不设董事会的,股东会会议由执行董事召集和主持。

董事会或者执行董事不能履行或者不履行召集股东会会议职责的,由监事会或者不设监事会的公司的监事召集和主持;监事会或者监事不召集和主持的,代表1/10以上表决权的股东可以自行召集和主持。

2. 股份公司股东大会会议的召集和主持

股东大会会议由董事会召集，董事长主持；董事长不能履行职务或者不履行职务的，由副董事长主持；副董事长不能履行职务或者不履行职务的，由半数以上董事共同推举一名董事主持。

董事会不能履行或者不履行召集股东大会会议职责的，监事会应当及时召集和主持；监事会不召集和主持的，连续90日以上单独或者合计持有公司10%以上股份的股东可以自行召集和主持。

具体法律依据见《公司法》第38条、第40条、第101条。

29. 他人可否替股东对决议事项代为表决？

可以，但表决权行使人需符合一定条件，即必须得到股东授权，成为股东的授权委托人。首先，应向公司提交股东书面授权委托书，同时提交自己的身份证明；其次，授权委托书应明确授权范围，代理人只能在授权范围内代为表决。

具体法律依据见《公司法》第106条。

◎**【案例9】妻子私盖丈夫私章形成的股东会决议是否有效？**

谭某与其妻子陈某等人共同投资设立了凤凰谷公司，其中谭某持股50%。2008年1月，凤凰谷公司的法定代表人陈某代表其自己及丈夫谭某分别与陈波签订了两份股权转让协议。同日，凤凰谷公司召开股东会，讨论通过陈某和谭某将股权转让给陈波的事宜，并形成了股东会决议，谭某未到场，由陈某代为签名并加盖了谭某的私章，随后办理了股东变更登记手续。谭某在得知该情况后，向法院起诉，请求判令确认凤凰谷公司于2008年1月所作出的股东会决议无效。一审法院驳回了谭某的诉讼请求。

谭某提起上诉，二审法院认为：谭某作为凤凰谷公司的股东并没有出席该次股东会。股东会决议中虽盖有谭某的私章，且谭某与陈某具有夫妻关系；但凤凰谷公司并无证据证明该私章系谭某授权加盖。故股东会决议中盖有谭某的私章并不能证明凤凰谷公司已就本次股东会会议的召开通知了谭某，谭某并未就该次股东会会议委托陈某出席并行使表决权，因此，该股东会决议的内容不能认定为是谭某的意思表示。凤凰谷公司2008年1月所形成的股东会决议侵害了谭某的股东权利。因此，最终判决凤凰谷公司于2008年1月作出的股东会决议无效。

30. 哪些事项必须要股东所持表决权的三分之二以上通过?

法律要求作出修改公司章程、增加或者减少注册资本的决议以及公司合并、分立、解散或者变更公司形式的决议,必须经出席会议的股东所持表决权的三分之二以上通过,这是强制性的。但除此之外,公司还可以在章程中设定其他事项,要求必须经表决权的三分之二以上通过,较为常见的事项包括购买、出售重大资产,提供重大担保等。

具体法律依据见《公司法》第43条、第103条。

31. 股东会决议什么情况下会无效?什么时候可撤销?什么时候不成立?

股东会决议内容违反法律、行政法规的无效。股东会或者股东大会召集程序、表决方式违反法律、行政法规或者公司章程,或者决议内容违反公司章程的,股东可请求法院撤销。但是,会议召集程序或者表决方式仅有轻微瑕疵,且对决议未产生实质影响的,不能撤销。

◎【案例10】召集程序瑕疵会导致决议无效吗?

瑞安公司于2003年6月成立,原注册资本为6000万元。2007年5月16日,执行董事张某某提议瑞安公司召开股东会,相关通知通过国内挂号或特快专递方式送达。2007年6月2日,瑞安公司召开股东会,参加股东有瑞立集团有限公司、王某某,持股比例为72.8998%。会议形成增资6000万元的决议,由瑞立集团有限公司负责增资。2007年6月13日,瑞安公司就增资至6000万元向工商行政管理部门申请办理变更登记并获核准。2010年2月2日,瑞安公司股东戴某同时向原审法院提起决议无效确认之诉,要求确认瑞安公司2007年6月2日股东会决议无效。法院审理后认为,公司股东会决议内容系有关增资扩股,并无违反法律强制性规定之处,且已获工商行政管理部门核准。戴某诉称未通知其召开股东会,剥夺其优先购买权,会议即便在召集程序上存在瑕疵,相应的法律后果也应是决议被撤销。故戴某主张决议无效,难以支持。

此外,在存在以下情形时,可以主张决议不成立:(1)公司未召开会议的,但依据《公司法》第37条第2款或者公司章程规定可以不召开股东会或者股东大会而直接作出决定,并由全体股东在决定文件上签名、盖章的除外;(2)会议未对决议事项进行表决的;(3)出席会议的人数或者股东所持表决权不符合公司法或者公司章程规定的;(4)会议的表决结果未达到公司法或者公司章程规定的通过比例的；(5)导致决议不成立的其他情形。

具体法律依据见《公司法》第22条、《公司法司法解释四》第4、5条。

32. 股东在请求确认股东会决议无效或撤销股东会决议时应注意哪些问题？

1. 应为确认无效请求或撤销请求准备好相应的担保。《公司法》第22条第3款规定，股东如果提起这两类诉讼，法院是可以应公司请求，要求股东提供相应担保的。

2. 应在法定期间内请求撤销。法律所规定的撤销期间是自决议作出之日起60日内。如果超过该期限，撤销请求将不能得到法院支持。

◎【案例11】撤销权行使有期限

华廷公司于2004年设立，共有栾某、洪某、汪某三个股东，其中洪某和汪某是夫妻。栾某占40%股份，洪某和汪某共占60%股份。公司设立时，栾某为公司法定代表人。后因公司内部事务，洪某与栾某渐渐产生矛盾。2008年9月1日，洪某夫妻借助控股优势，召开公司股东会会议，改选洪某为公司法定代表人。2010年3月8日，原告栾某和被告华廷公司因公司解散纠纷开庭。栾某在这起诉讼中提出2008年9月1日所作的股东会决议是在未通知自己的情况下形成的，严重违反公司章程之规定，于是请求撤销该股东会会议决议。

法院审理后认为：本案中的股东会决议内容并未违反法律、行政法规的规定，且经代表公司60%表决权的股东认可并表决通过，故该两份股东会决议应属有效。因关于股东会召集程序、表决方式的瑕疵，股东可以采取自决议作出之日其60日内行使撤销权的救济方式，但栾某未在法律规定的有效期间内行使撤销权，故不能判定撤销该两份股东会决议。

33. 不召开股东会会议作出的股东会决议具有法律效力吗？

对此应区分有限公司和股份公司作不同回答。

对于有限公司而言，如果对股东会职权事项，股东以书面形式一致表示同意的，可以不召开股东会会议，直接作出决定，并由全体股东在决定文件上签名、盖章，符合该要求的决定与股东会决议具有等同效力。

但法律并没有对股份公司作类似的规定。同时，《公司法》第99条关于股东大会职权的规定仅仅提到“关于有限责任公司股东会职权的规定，适用于股份有限公司股东大会”。由此，我们可以认为，股东大会职权事项只能以股东大会开会表决的方式作出。

34. 股东在选择董事、监事、高级管理人员时该注意什么问题?

从法律角度看,股东在选择董事、监事、高管人员时,应注意其是否有法律规定的不得担任董事、监事、高管的情形:

(1)无民事行为能力或者限制民事行为能力;

(2)因贪污、贿赂、侵占财产、挪用财产或者破坏社会主义市场经济秩序,被判处刑罚,执行期满未逾5年,或者因犯罪被剥夺政治权利,执行期满未逾5年;

(3)担任破产清算的公司、企业的董事或者厂长、经理,对该公司、企业的破产负有个人责任的,自该公司、企业破产清算完结之日起未逾3年;

(4)担任因违法被吊销营业执照、责令关闭的公司、企业的法定代表人,并负有个人责任的,自该公司、企业被吊销营业执照之日起未逾3年;

(5)个人所负数额较大的债务到期未清偿。

如果选任具有上述情形的董事、监事或者高级管理人员的,则选任会面临无效的法律后果。如果董事、监事、高级管理人员在任职期间出现了上述情形,那么,应当解除其职务。

具体法律依据见《公司法》第146条。

35. 公司对外投资或担保应当经过什么程序?

公司向其他企业投资或者为他人提供担保,依照公司章程的规定,由董事会或者股东会、股东大会决议;公司章程对投资或者担保的总额及单项投资或者担保的数额有限额规定的,不得超过规定的限额。

公司为公司股东或者实际控制人提供担保的,必须经股东会或者股东大会决议。

前款规定的股东或者受前款规定的实际控制人支配的股东,不得参加前款规定事项的表决。该项表决由出席会议的其他股东所持表决权的过半数通过。

◎**【案例12】未经决议的对外担保当然无效吗?**

周某系长力公司的副总经理。2009年7月2日,周某在长力公司不知情的情况下,擅自使用长力公司的公章向皮某出具保证书一份。后长力公司知晓后,向法院起诉,要求确认2009年7月2日以长力公司为保证人的保证书无效。

法院审理查明保证书上有周某的签名,并加盖长力公司的公章,签署时间为2009年7月2日。最后法院判决认定:由于不能证明皮某和周某有恶意串通情节,周某擅自以长力公司的名义为他人债务签署保证书,并不是保证书无效的法定理由。因此请求确认保证书无效,并无合法根据。但长力公司对外承担保证责任后,可向周某追偿。

36. 未取得董事会或股东会决议,或决议不具有法律效力,公司的对外担保是否有效?

公司对外的担保分为第三方提供担保和为公司股东、实际控制人以及关联企业提供担保。

当公司为第三方提供担保时,公司法规定是按照公司章程的规定履行内部决策程序。由于债权人在交易时往往难以查知公司内部关于担保的决策程序规定,为保护交易安全,只要在相关的担保文件上具备了相应的形式要件,一般情况下担保有效。

但是,对于为公司股东、实际控制人以及关联企业提供担保的情形,实务中出现两种不同的裁判观点。主流观点认为,"公司为公司股东或者实际控制人提供担保的,必须经股东会或者股东大会决议"本身没有明确规定公司违反上述规定对外担保导致合同无效;该条规定并非对于合同效力的强制性规定,而是对于公司内部决议程序的规定,不能约束合同相对人,因此,认定担保合同有效。也有观点认为,公司为股东、实际控制人以及关联企业提供担保未经股东会决议,此时推定债权人是了解公司法规定的担保决策程序的;在交易过程中如果没有相应的决议,债权人就未能尽到审慎审查义务,甚至与公司内部责任人员恶意串通损害公司利益,因此,担保可以被认定为无效。

需要指出的是,根据最高人民法院《公司法司法解释四》第6条的规定,股东会或者股东大会、董事会决议被人民法院判决确认无效或者撤销的,公司依据该决议与善意相对人形成的民事法律关系不受影响。这意味着善意相对人与公司签订的担保合同依然有效。

◎【案例13】为实际控制人借款提供担保,未提供担保决议,担保合同是否有效?

2012年1月19日,王北城、顺宇中心(系个体工商户,经营者为林志挺)、淮安诚泰公司签订借款合同一份。约定王北城向顺宇中心借款3000万元,淮安诚泰公司为王北城提供连带责任保证,三方在合同上签字盖章。根据股权结构情况,王北城借款时系淮安诚泰公司实际控制人。后因王北城无法归还借款,淮安诚泰公司未履行保证责任,林志挺诉至法院要求淮安诚泰公司承担保证责任。

淮安诚泰公司抗辩称:担保未经股东会决议,无效。

原审法院认为,《公司法》第16条第2款虽规定“公司为公司股东或者实际控制人提供担保的,必须经股东会或者股东大会决议”,但并未明确规定违反上述规定对外提供担保导致担保合同无效,即该条款并非效力性的强制性规定,且股东会决议属于内部决议程序,不应以此约束第三人。故淮安诚泰公司为王北城提供的担保应认定有效,淮安诚泰公司应对王北城的涉案债务承担连带保证责任。淮安诚泰公司实际承担保证责任后,有权向王北城追偿。

37. 公司董事会应该如何组成?

有限公司的董事会成员必须为3人至13人,但股东人数较少或者规模较小的有限公司,可以设一名执行董事,不设董事会。两个以上国有企业或者两个以上的其他国有投资主体投资设立的有限公司以及国有独资公司,应当设立董事会,其董事会成员中应当有公司职工代表,职工代表由公司职工代表大会选举产生;其他有限公司董事会成员中可以有公司职工代表。董事会设董事长一人,可以设副董事长。董事长、副董事长的产生办法由公司章程规定,但国有独资公司的董事长、副董事长由国有资产监督管理机构从董事会成员中指定。

股份有限公司设董事会,其成员为5人至19人,董事会成员中可以有公司职工代表董事会中的职工代表由公司职工通过职工代表大会、职工大会或者其他形式民主选举产生。董事会设董事长一人,可以设副董事长。董事长和副董事长由董事会以全体董事的过半数选举产生。

具体法律依据见《公司法》第44条、第108条。

38. 法律对董事任期有什么要求?

董事任期由公司章程规定,但每届任期不得超过3年。董事任期届满,可以连选连任。

董事任期届满未及时改选,或者董事在任期内辞职导致董事会成员低于法定人数的,在改选出的董事就任前,原董事仍应当依照法律、行政法规和公司章程的规定,履行董事职务。

具体法律依据见《公司法》第45条。

39. 董事会有哪些职权?

董事会对股东会负责,行使下列职权:

(1)召集股东会会议,并向股东会报告工作;

(2)执行股东会的决议;

(3)决定公司的经营计划和投资方案;

(4)制订公司的年度财务预算方案、决算方案;

(5)制订公司的利润分配方案和弥补亏损方案;

(6)制订公司增加或者减少注册资本以及发行公司债券的方案;

(7)制订公司合并、分立、解散或者变更公司形式的方案;

(8)决定公司内部管理机构的设置;

(9)决定聘任或者解聘公司经理及其报酬事项,并根据经理的提名决定聘任或者解聘公司副经理、财务负责人及其报酬事项;

(10)制定公司的基本管理制度;

(11)公司章程规定的其他职权。

具体法律依据见《公司法》第46条。

40. 董事会会议如何召集和主持?

董事会会议由董事长召集和主持;董事长不能履行职务或者不履行职务的,由副董事长召集和主持;副董事长不能履行职务或者不履行职务的,由半数以上董事共同推举一名董事召集和主持。

另外,对于股份公司而言,法律还要求董事会每年度至少召开两次会议,每次会议应当于会议召开10日前通知全体董事和监事。代表十分之一以上表决权的股东、三分之一以上董事或者监事会,可以提议召开董事会临时会议。董事长应当自接到提议后10日内,召集和主持董事会会议。董事会召开临时会议,可以另定召集董事会的通知方式和通知时限。

具体法律依据见《公司法》第47条、第101条。

41. 法律对董事会会议的议事方式和表决程序有哪些要求?

对于有限公司,董事会的议事方式和表决程序,除法律有规定的外,由公司章程规定。

对于股份公司,董事会会议应有过半数的董事出席方可举行。董事会作出决议,必须经全体董事的过半数通过。具体的议事方式和表决程序,仍然可以由公司章程规定。

另外,无论是有限公司还是股份公司,董事会应当将所议事项的决定做成会议记录，出席会议的董事应当在会议记录上签名。董事会决议的表决，实行一人一票。

具体法律依据见《公司法》第48条、第111条、第112条。

42. 公司一定要设经理吗？经理由谁聘用和解聘？

有限公司可以设，也可以不设，但股份公司必须要设。经理由董事会聘任和解聘。公司董事会可以决定由董事会成员兼任经理。

◎【案例14】500万元的解聘补偿

某公司总经理张某与董事长在没有召开董事会的情况下，私下签署协议，约定如果公司以任何理由解除张某总经理职务，公司应补偿张某500万元。不久，公司股东调整，新股东要求董事会解聘张某总经理职务。张某向法院起诉，要求公司给付500万元的补偿款。

法院审理后认为，公司重大事项应当由股东会审议通过，关于高管人员的工资、补偿等问题应通过董事会决议审议通过。所以，该协议违反法律以及公司章程规定，应认定为无效。

具体法律依据见《公司法》第49条、第113条。

43. 公司经理享有哪些职权？

经理对董事会负责，行使下列职权：

（1）主持公司的生产经营管理工作，组织实施董事会决议；

（2）组织实施公司年度经营计划和投资方案；

（3）拟订公司内部管理机构设置方案；

（4）拟订公司的基本管理制度；

（5）制定公司的具体规章；

（6）提请聘任或者解聘公司副经理、财务负责人；

（7）决定聘任或者解聘除应由董事会决定聘任或者解聘以外的负责管理人员；

（8）董事会授予的其他职权。

公司章程对经理职权另有规定的，从其规定。

经理列席董事会会议。

具体法律依据见《公司法》第49条。

44. 公司监事会应该如何组成？

监事会成员不得少于三人。股东人数较少或者规模较小的有限责任公司，可以设一名至二名监事，不设监事会。

监事会应当包括股东代表和适当比例的公司职工代表，其中职工代表的比例不得低于三分之一，具体比例由公司章程规定。监事会中的职工代表由公司职工通过职工代表大会、职工大会或者其他形式民主选举产生。监事会设主席一人，由全体监事过半数选举产生。监事会主席召集和主持监事会会议；监事会主席不能履行职务或者不履行职务的，由半数以上监事共同推举一名监事召集和主持监事会会议。

董事、高级管理人员不得兼任监事。

具体法律依据见《公司法》第51条、第117条。

45. 法律对监事任期有什么要求？

监事的任期每届为3年。监事任期届满，可以连选连任。

监事任期届满未及时改选，或者监事在任期内辞职导致监事会成员低于法定人数的，在改选出的监事就任前，原监事仍应当依照法律、行政法规和公司章程的规定，履行监事职务。

具体法律依据见《公司法》第52条。

46. 监事会或监事一般有哪些职权？

监事会、不设监事会的公司的监事行使下列职权：

(1)检查公司财务；

(2)对董事、高级管理人员执行公司职务的行为进行监督，对违反法律、行政法规、公司章程或者股东会决议的董事、高级管理人员提出罢免的建议；

(3)当董事、高级管理人员的行为损害公司的利益时，要求董事、高级管理人员予以纠正；

(4)提议召开临时股东会会议，在董事会不履行本法规定的召集和主持股东会会议职责时召集和主持股东会会议；

(5)向股东会会议提出提案；

(6)依照本法第152条的规定，对董事、高级管理人员提起诉讼；

(7)监事可以列席董事会会议，并对董事会决议事项提出质询或者建议；

(8)监事会、不设监事会的公司的监事发现公司经营情况异常,可以进行调查;必要时,可以聘请会计师事务所等协助其工作,费用由公司承担;

(9)公司章程规定的其他职权。

具体法律依据见《公司法》第53条、第54条。

47. 法律对监事会召开有什么要求?

有限公司监事会每年至少召开一次会议,股份公司监事会每6个月至少召开一次会议。监事可以提议召开临时监事会会议。监事会的议事方式和表决程序,除本法有规定的外,由公司章程规定。监事会决议应当经半数以上监事通过。监事会应当将所议事项的决定做成会议记录,出席会议的监事应当在会议记录上签名。

具体法律依据见《公司法》第55条、第119条。

48. 股东与公司签订承包经营合同的效力应该如何认定?

◎【案例15】承包公司的股东

甲、乙、丙三人各出资40万元设立一个有限公司。甲、乙因不懂经营管理,于是三方签订承包合同,约定由丙承包公司,承包期为三年,在承包期内丙每年向甲乙分别支付承包费8万元,其余公司利润不论多少一律归丙所有。承包期满,丙必须确保公司净资产在90万元以上,否则由丙负责补足。这样的约定是否有效呢?

现行法律对该问题尚无明确的规定。司法实践中出现过两种不同观点:

一种观点认为,承包合同只是选择了一个经营者,但公司经营管理并不拒绝适用《公司法》关于公司治理、会计制度等规定中的强制性法律规范。对此,应认定承包合同有效,反之则可认定无效。

另一种观点认为,将公司以承包合同发包给股东经营,实质上是以承包经营的方式代替董事会亲自经营管理公司,该行为违反了《公司法》和公司章程关于董事会职责的具体规定。《公司法》第47条明确规定,董事会应当决定公司的经营计划和投资方案,制定公司的年度财务预算、决算方案等。将公司发包给他人经营管理,不亲自履行公司治理、机构设置及其职权的规定。因此,对承包合同应认定无效。

49. 股东有权查阅公司的哪些文件?

有限公司股东有权查阅公司章程、股东会会议记录、董事会会议决议、监事会会议决议、财务会计报告、资产负债表、损益表、财务状况变动表、财务情况说明书、利润分配表、注册会计师对财务报告出具的审验报告及监事会的检查报告;股东还可以要求查阅公司会计账簿及相关原始凭证,但应当向公司提出书面请求,说明目的。公司有合理根据认为股东查阅会计账簿有不正当目的,可能损害公司合法利益的,可以拒绝提供查阅,并应当自股东提出书面请求之日起十五日内书面答复股东并说明理由。公司拒绝提供查阅的,股东可以请求法院要求公司提供查阅。

股份公司股东有权查阅公司章程、股东名册、公司债券存根、股东大会会议记录、董事会会议决议、监事会会议决议、财务会计报告、资产负债表、损益表、财务状况变动表、财务情况说明书、利润分配表、注册会计师对财务报告出具的审验报告及监事会的检查报告。与有限公司最大的不同是,股份公司股东不能查阅公司的会计账簿。

与此同时,股份公司应当配合股东查阅,将股东有权查阅的公司文件置备于本公司。

另外,公司章程可规定股东有权查阅或复制的其他特定文件材料。

如果股东认为公司没有合理理由拒绝提供相关文件或信息的,股东可以知情权受到侵犯而起诉,要求法院判决公司提供相关文件和信息。在遇有重大、紧急事由,股东在向法院起诉的同时,可申请对公司的账簿采取财产保全措施。如果法院认为公司应当提供相关文件或信息的,将判决公司向股东提供相关文件或信息;如果法院认为公司应当提供相关文件,但公司没有法定的这些文件或文件严重短缺致使查阅已无意义的,法院会裁定驳回起诉,股东可以请求未依法履行制作、保存文件资料之职责的董事、高管承担民事赔偿责任;如果涉嫌刑事犯罪的,可将有关情况移送公安机关处理。

具体法律依据见《公司法》第 33 条、第 96 条、第 97 条《公司法司法解释四》第 12 条和《江苏省高院公司法意见》第 66 条、第 67 条、第 69 条。

50. 除了查阅文件外,股东还可通过哪些途径获取公司信息?

1. 公司法规定股份公司应主动向股东提供董事、监事、高级管理人员从公司获得报酬的情况。

2. 有限公司应当在章程规定的期限将财务会计报告送交各股东；股份公司则应在召开股东大会年会的20日前置备于本公司；公开发行股票的股份公司还必须公告其财务会计报告；上市公司必须依法公开财务状况、经营情况及重大诉讼，在每会计年度内半年公布一次财务会计报告。

3. 股东会有权要求董事、监事、高级管理人员列席会议并接受质询。

4. 通过监事检查公司财务。

具体法律依据见《公司法》第53条、第116条、第145条、第150条、第165条。

51. 公司章程或股东之间关于股东不得查阅公司文件的约定是否有效？

◎【案例16】内部管理办法可以限制资料查阅范围吗？

甲、乙、丙公司为南深公司的股东，持股比例分别为12%、20%、68%。2006年3月，甲公司致函要求查阅南深公司2003年至2005年公司的财务会计报告、资产负债表、损益表、财务状况变动表以及会计账册。南深公司随后回复称：鉴于没有相关法律对股东查阅公司财务记录的具体操作办法作出规定，公司章程和公司规章制度也没有此类规定，为保障股东行使权利，并维护公司正常经营秩序，建议近期召开临时股东会议，讨论制定股东查询公司财务记录的具体操作办法并明确有关权利义务。2006年4月，甲、乙、丙公司法定代表人召开临时股东会议，并以88%的表决权数通过了《南深公司公司经营管理资料调阅管理办法》（以下简称《管理办法》）。该办法的主要内容包括：(1)调阅的资料范围仅限于公司前两年度的股东会会议记录、董事会会议决议、财务会计报告、资产负债表、损益表、财务状况变动表、财务情况说明书、利润分配表；(2)调阅需在制定地点进行，不能将资料带出制定地点以外；(3)每次聘请的会计人员不得超过两名，可对资料做分析、抄录，但不能复制；(4)限一年一次，每次调阅公司配合时间为5天。随后，甲公司依照该规则调阅了2004年和2005年的财务会计报告、资产负债表、损益表、财务状况变动表。但2006年11月，甲公司又再次致函，要求调阅2002年至2005年公司的会计账册，并向其提供副本。南深公司以违反《管理办法》为由拒绝。于是，甲公司于2007年2月将南深公司诉至法院，要求确认同意实施《管理办法》的股东会决议无效，并提供2002年至2005年公司的会计账册，供其查阅，同时向其提供相应的副本。

请问《管理办法》对调阅资料范围所作的限定是否有效？

根据《江苏高院公司法意见》第68条的规定，这样的约定是无效的。因为股东查询权在公司法中属于强制性规定，不因当事人的意志而有所改变。

另外,最高人民法院《公司法司法解释四》第 9 条规定:公司章程、股东之间的协议等实质性剥夺股东依据《公司法》第 33 条、第 97 条规定查阅或者复制公司文件材料的权利,公司以此为由拒绝股东查阅或者复制的,人民法院不予支持。

52. 股东是否有权要求对公司财务状况进行审计?

◎【案例 17】令人不放心的公司财务

甲、乙、丙、丁为秀赫有限公司股东。四名股东认为自新执行董事卢某上任以来,公司财务出现不正常的现象,主要表现为业务招待费和办公费连续大幅提高,明显高于正常的支出情况。卢某上任以后,四名股东提出查账,要求公布秀赫公司财务明细账簿,均被拒绝。四股东认为卢某的行为侵犯了其作为股东的知情权,遂于 2008 年向法院起诉,要求秀赫公司提供 2006 年 2 月至 2008 年 6 月的股东会会议记录、财务会计报告、财务账册及相关原始凭证,并要求对 2003 年 2 月至 2008 年 6 月的财务情况进行审计。

如前所述,有限公司股东要求公司提供股东会会议记录、财务会计报告、财务账册及相关原始凭证供其查阅,这是法律明确赋予的权利,自无异议。值得探究的是,股东是否有权要求对公司财务状况进行审计呢?

现行法律尚无关于股东是否有权要求对公司财务状况进行审计的规定,即便是《公司法司法解释四》第 10 条也仅规定:“人民法院审理股东请求查阅或者复制公司特定文件材料的案件,对原告诉讼请求予以支持的,应当在判决中明确查阅或者复制公司特定文件材料的时间、地点和特定文件材料的名录。股东依据人民法院生效判决查阅公司文件材料的,在该股东在场的情况下,可以由会计师、律师等依法或者依据执业行为规范负有保密义务的中介机构执业人员辅助进行。”此处的会计师等中介机构执业人员辅助进行,是否必然包括“审计”,仍需要进一步解释和明确。不过,公司章程中可以对此问题作出具体规定。

有不少法院的判决认为:有限公司股东通过查阅会计账簿已足以保证其获取充分的公司财务信息。在法律没有明确规定股东享有相关权利的情况下,只有章程作了规定,股东才有权要求审计,否则对此要求不予支持。

53. 未出资股东或未全面履行出资义务、抽逃出资的股东是否能行使股东知情权?

《江苏省高院公司法意见》第 68 条明确规定:未出资股东是不能行使股东

知情权的。但没有相应规定明确履行部分出资义务的股东或抽逃出资的股东是否能行使股东知情权,因此,在实践操作中存在争议。

但《公司法司法解释(三)》规定:对于未全面履行出资义务或者抽逃出资的股东,公司可根据章程或股东会决议对其股东权利作出相应的合理限制。因此,为避免出现争议,公司可通过章程或股东会决议限制未全面履行出资义务的股东或抽逃出资的股东的知情权。

◎【案例18】你无权拒绝我查阅账簿

甲系外国公民,2008年与中国公民周某共同投资设立一进出口有限公司。公司注册资本为10万美元。其中,周某认缴出资额4.9万美元,甲认缴出资额5.1万美元。周某的出资已如期全部到位,但甲实际出资2.04万美元,尚有3.06万美元注册资金至今没有到位。公司成立后,从未召开过股东会,也未进行过分红。2009年9月,甲致函被告要求查看公司设立以来的财务报表、纳税申报表、收入支出表、现金日记账、公司银行账户余额。周某以甲尚有出资没有到位为由,拒绝甲的查账请求。甲为此起诉至法院。

法院审理后认为,虽然原告实际认缴的注册资金没有完全到位,存在瑕疵出资的情况,周某为此可要求其足额缴纳出资,其他足额出资的股东也可追究其违约责任,但原告作为被告股东的知情权不能因此受到限制。因本案被告长期由周某控制,周某又从未召开股东会,致使原告无法掌握被告经营状况,原告要求查看公司账簿、会计报告理由正当。

54. 股东可否要求公司回购自己的股权?

1. 对于有限公司而言,《公司法》第74条规定:有下列情形之一的,对股东会该项决议投反对票的股东可以请求公司按照合理的价格收购其股权:

(1)公司连续5年不向股东分配利润,而公司该5年连续盈利,并且符合本法规定的分配利润条件的;

(2)公司合并、分立、转让主要财产的;

(3)公司章程规定的营业期限届满或者章程规定的其他解散事由出现,股东会会议通过决议修改章程使公司存续的。

自股东会会议决议通过之日起60日内,股东与公司不能达成股权收购协议的,股东可以自股东会会议决议通过之日起90日内向人民法院提起诉讼。

《公司法》第74条实际上赋予了有限公司异议股东股份收购请求权,[1]在“资本多数决”的情形之下,少数股东或中小股东通过股份收购请求权来实现自身权益的保护。只要出现法定情形并经异议股东提出,有限公司收购其股权,无须再经过股东会的决议。

2. 对于股份公司而言,《公司法》第142条规定:公司不得收购本公司股份。但是,有下列情形之一的除外:

(1)减少公司注册资本;

(2)与持有本公司股份的其他公司合并;

(3)将股份奖励给本公司职工;

(4)股东因对股东大会作出的公司合并、分立决议持异议,要求公司收购其股份的。

股份公司因前款第(1)项至第(3)项的原因收购本公司股份的,应当经股东大会决议。

55. 公司应如何处置回购后的股权?

1. 公司法没有明确有限公司股权回购后如何处置,但根据公司法的一般原理,公司应相应地减少注册资本,或者尽快由其他股东或第三人受让该股权。

2. 股份公司依照前面的规定收购本公司股份后,属于减少公司注册资本情形的,应当自收购之日起10日内注销;属于与持有本公司股份的其他公司合并或者股东因对股东大会作出的公司合并、分立决议持异议,要求公司收购其股份这两类情形的,应当在6个月内转让或者注销。

如果公司为了将股份奖励给本公司职工收购的本公司股份,则收购的股份数不得超过本公司已发行股份总额的5%;用于收购的资金应当从公司的税后利润中支出;所收购的股份应当在1年内转让给职工。

具体法律依据见《公司法》第142条第2、3款。

---

① 异议股东股份收购请求权,是指对于提交股东大会表决的公司重大变化事项表示异议(不同意)的股东,在该事项经股东大会通过时有依法定程序要求公司以合理的价格收购股权从而退出公司的权利。

56. 股东在公司清算时可以做哪些事情?

1. 担任清算组成员参与清算工作。

股东可以在公司解散后的自行清算过程中担任清算组成员。其中,有限责任公司由股东组成清算组;股份公司可由董事组成清算组,但也可由股东大会确定的人员组成清算组,甚至可以通过公司章程规定只能由股东大会确定的人员组成清算组。

此外,股东也可能在法院强制清算公司的过程中担任清算组成员。对于公司因各种原因无法自行开展清算时,股东可以向人民法院申请组成清算组强制清算。对此,《最高院公司强制清算纪要》(法发〔2009〕52号)第22条提道:"人民法院受理强制清算案件后,应当及时指定清算组成员。公司股东、董事、监事、高级管理人员能够而且愿意参加清算的,人民法院可优先考虑指定上述人员组成清算组;上述人员不能、不愿进行清算,或者由其负责清算不利于清算依法进行的,人民法院可以指定《人民法院中介机构管理人名册》和《人民法院个人管理人名册》中的中介机构或者个人组成清算组;人民法院也可根据实际需要,指定公司股东、董事、监事、高级管理人员,与管理人名册中的中介机构或者个人共同组成清算组。"但第24条规定:"公司股东、实际控制人或者股份有限公司的董事担任清算组成员的,不计付报酬。上述人员以外的有限责任公司的董事、监事、高级管理人员,股份有限公司的监事、高级管理人员担任清算组成员的,可以按照其上一年度的平均工资标准计付报酬。"

同时,按照一些地方法院的司法文件,如《江苏省高院强制清算意见》,对清算组的组成方面还有更细致的规定。如《江苏省高院强制清算意见》第22条规定,除由司法鉴定管理部门确定的管理人名册中的中介机构或个人独立组成清算组的外,其他清算组成员的人数应当以三人或三人以上的单数构成。人民法院指定清算组成员的同时,应当根据清算组成员的推选或者依职权,指定清算组负责人。清算组负责人代行清算中公司法定代表人职权。

2. 在股东会会议中对是否确认清算方案进行表决。

如果清算组不是由法院指定的有关人员组成的,那么,清算组在清理公司财产、编制资产负债表和财产清单后,应当制定清算方案,并报股东会确认。在由法院强制清算的情形下,清算方案的确认应当经人民法院批准。

◎【案例19】清算方案必须经过股东会"审批"

在陈锦明等与梁肖妙等确认清算无效纠纷上诉案中,锐骏公司在2001年11

月经全体董事会议决定提前结业,并经全体股东会议决议,由陈某、邓某、梁某、卢某、翁凤某组成清算组进行清算。最终,清算组于2003年提出清算报告并经工商行政管理部门审核后已核准注销。但2005年,陈某和梁某等人以清算报告未经股东会审批为由,要求确认公司清算无效。一审法院驳回了陈某等人的诉讼请求。

但二审法院认为,根据法律规定,股东会确认是完成公司清算的必备程序。现没有证据证实其已经将清算方案和清算报告报股东会确认,故其清算程序并未完成。

第三章　股东怎样实现财产权益？

57. 股东是否只能按照出资比例分红？

《公司法》第34条规定："股东按照实缴的出资比例分取红利；公司新增资本时，股东有权优先按照实缴的出资比例认缴出资。但是，全体股东约定不按照出资比例分取红利或者不按照出资比例优先认缴出资的除外。"因此，按照出资比例分红是常态；但如果全体股东约定不按照出资比例分红，也是可行的。股东可以在公司章程中规定，或者通过签署协议的方式来约定分红的比例问题。

◎【案例20】分红协议起争议

2007年5月，甲出资150万元，朋友乙出资350万元，共同成立了一家网络开发公司。由于甲有网络技术与管理经验，乙当时同意与甲五五分红，并达成了协议。2008年，乙以公司章程没有规定五五分红为由拒绝履行双方协议，甲诉至法院。

法院审理后认为：虽然是三七出资，但考虑到甲在公司经营中的作用，双方自愿约定按五五分红符合《公司法》的规定。另外，《公司法》关于"分红协议是否必须记载到公司章程"没有作强制性规定，乙以章程没有记载为由拒绝履行协议不能成立。

58. 公司税后利润中有哪些不能分红？

公司税后利润中有很大一部分内容是不能分配给股东的。根据《公司法》第166条的规定，不能分红的税后利润可以分为:法定不能分红的部分和股东会决议不分红的部分。

(1)法定不能分红的部分

如果公司以前年度有亏损,而公司的法定公积金不足以弥补以前年度亏损的,则应当先用当年利润来弥补亏损。如果无须用当年利润来弥补以前年度亏损,则公司每年利润中有百分之十应当列入法定公积金,直至公司法定公积金累计额达到公司注册资本的百分之五十以上时可以不再提取。

(2)股东会决议不分红的部分

公司从税后利润中提取法定公积金后,如果经股东会或者股东大会决议,还可以从税后利润中提取任意公积金。任意公积金也应当在分配给股东红利之前扣除。

根据《公司法》第168条的规定,公司公积金的用途有:弥补公司的亏损、扩大公司生产经营或者转为增加公司资本。但是,资本公积金不得用于弥补公司的亏损。法定公积金转为资本时,所留存的该项公积金不得少于转增前公司注册资本的百分之二十五。

公司弥补亏损和提取公积金后所余的税后利润,才可以用于向股东分红。

◎【案例21】为什么他拿不到分红?

蔡某系持有振中公司10%股权的股东。2004年12月31日,振中公司制作了2004年度股东分红统计表,其中载明蔡某应分红利100,000元,蔡某未签字领取。2006年1月5日,振中公司制作了2005年度股东分红表,该表中没有蔡某的名字。由于振中公司拒绝向蔡某分配红利,蔡某向法院起诉要求判决振中公司支付2004年度和2005年度红利共计200,000元。

法院查明:振中公司上报税务机关的损益表载明其2004年度的利润总额为1,076,398.3元,2005年度的净利润为-4,597,675.3元。

法院审理后认为,股东主张分红权的前提是公司在以利润缴纳各种税金及依法提取法定公积金、法定公益金之后尚有盈余,且在程序上须有公司股东会审议批准的利润分配方案。从本案证据看,2004年度和2005年度振中公司均未召开股东会审议批准公司的利润分配方案,蔡某作为股东之一也从未被通知或参加相关的股东会,而案涉的股东分红表并不能作为公司分红方案的证据;且从振中公司上报税务机关的损益表看,2004年度振中公司的税前利润为1,076,398.3元,2005年度的税前利润为-4,597,675.3元,其中2004年度的利润在上缴税金并依法提取各项公积金后是不可能如案涉的振中公司该年度股东分红表所列的分红金额进行分红的,而2005年度亏损当然更谈不上分红。由此可见，蔡某在本案中所主张的公司盈余分配的前提条件并不具备。振中公司解释该表虽名为“股东分红表”，但实为公司对职工的奖励更符合事实；同时，如果“股东分红”确为公司按股东实缴资本进行分红，该分红在程序上也不符合公司法的相关规定；而违反法律规定的行为也不能成为其他未分配红利的股东行使权利的依据。故判决驳回原告要求支付红利的诉讼请求。

59. 公司违法向股东分红有什么法律后果？

《公司法》第166条第5款规定：股东会、股东大会或者董事会违反规定，在公司弥补亏损和提取法定公积金之前向股东分配利润的，股东必须将违反规定分配的利润退还公司。

◎【案例22】A公司违法分红案

A公司共有股东38名，其中甲是股东之一，同时担任公司董事长职务。甲任职期间，A公司为其配备价值7500元的手提电脑一台，用于办公。此后由于部分股东对A公司经营、股权分配发生争议，公司发生极大混乱。2006年7月11日，A公司股东会决议罢免甲的董事长职务，并要求甲于2006年8月6日前至A公司办理工作移交手续，但甲后来未将其使用的电脑返还A公司。2007年3月7日，A公司召开临时股东大会，除甲以外的其他37名股东与会，认为由于甲在董事长变更期间，不及时归还公司电脑（价值7500元），不交结工作，公司绝大多数股东一致强烈要求补发价值7500元的电脑一台。最后形成决议：除甲之外，每位股东补发价值7500元的电脑一台。A公司33名股东在该决议上签字表示同意决议内容。当日，除原告以外的37名股东分别向A公司借款7500元，并注明用于购买办公电脑。2007年3月下旬，甲向A公司返还电脑一台，并向法院起诉要求确认2007年3月7日召开的临时股东会会议无效。

法院审理后认为：本案A公司股东会在未缴清税费、未提取法定公积金的前提下，决议对公司股东“补发价值7500元的电脑一台”，实质为股东分配利润。该决议损害了公司债权人的利益，违反了法律规定，应属无效，故对甲的诉讼请求应予支持。

该案中，股东会决议无效后，37名股东应当向A公司返还已经领取的违法红利。

60. 公司能否向自己分红？

在某些情况下，公司自己也可以持有自己的股份。例如，根据《公司法》第

142 条的规定,在以下几种情形下,公司可以收购本公司的股份:(1)减少公司注册资本;(2)与持有本公司股份的其他公司合并;(3)将股份奖励给本公司职工;(4)股东因对股东大会作出的公司合并、分立决议持异议,要求公司收购其股份的。当然,在上述情形下公司持有自身的股份也受到其他方面条件的限制。

但是,《公司法》第 166 条第 6 款规定:“公司持有的本公司股份不得分配利润。”所以,在分红之时,即便公司持有自身的股份,也不能参与分红。

61. 股东向法院起诉要求公司分红,法院会怎么处理?

分配红利是股东享有资产收益权的主要内容。但是,《公司法》第 37 条规定,公司股利分配事项须由公司董事会制定分配方案,然后由股东会审议批准。因此,股利分配不仅取决于公司是否有可供分配的利润,更为关键的是股利分配方案能否得到股东会的批准通过。现实中,大股东利用其对公司的控制权和资本多数决原则,使得股东会无法通过分配红利的方案,导致出现一些中小股东长期不能享受公司利润的情况。此时,经常有股东起诉至法院要求公司分配红利。此类纠纷称为“公司盈余分配纠纷”。

对于股东盈余分配请求权的性质,学术界存在两种观点:一种观点认为,该权利是现实的权利,公司有盈利且符合法定分配条件的,人民法院可以作出分配盈余的判决;另一种观点认为,权利为期待权,是否分配利润是公司股东会或股东大会的权利,该事项属于公司的自益权,人民法院不能代替公司作出经营判断和选择,没有股东会或股东大会的决议,人民法院不能判决分配利润。

《最高人民法院专家法官阐释民商裁判疑难问题》一书认为:根据《公司法》的规定,公司是否分配利润是股东会或股东大会的职权,在公司没有作出决议之前,不宜直接作出判决。审判实务中的关键问题是公司不召开股东会或股东大会,如果司法不介入,公司中的中小股东的利益很难受到保护。此类案件可以根据有限责任公司和股份有限公司的不同情况采取不同的方法予以处理:

(1)根据《公司法》第 39 条第 2 款的规定,有限责任公司的定期股东会会议召开时间由公司章程规定,所以有限责任公司的股东会未必每年都召开。对没有召开股东会的,公司章程有具体分配方案、公司盈余符合分配方案,且方案合法的,人民法院可以根据《民事诉讼法》的规定,以通知的形式征求公司其他股东的意见作为共同原告参加诉讼,根据多数意见作出是否根据公司章程进行分红的判决。

(2)对于股份有限公司,因《公司法》第 100 条规定每年应当召开一次股东大会,所以如果尚没有召开股东会决议或者作出的分配红利的决议不合法的,人民法院就不会支持股东要求分配红利的请求。

(3)根据《公司法司法解释四》第15条的规定,如果存在违反法律规定滥用股东权利导致公司不分配利润给其他股东造成损失的情形,即便未提交载明具体分配方案的股东会或者股东大会决议,股东依然可以请求公司分配利润。此时,司法可以适度介入公司自治,支持股东提出的合理的分红请求。

◎【案例23】股利分配,还得先看公司眼色

原告王善梅诉称,2004年2月,原告作为出资人与张福民、刘恩宝、戴捷共同出资成立北京恒邦凯捷散热器有限公司,原告占被告公司15%的股份。被告公司至今未向原告分配2007年的股东红利,经原告多次请求,被告仍拒绝给付。现原告起诉至法院,要求法院依法判令:1. 被告向原告提供自公司开业至2008年3月的全部会计账簿及财务收支原始凭证;2. 被告按照公司真实企业财务状况向原告支付2007年未分配的股东红利及利息;3. 被告承担本案诉讼费。

北京市丰台区人民法院审理后认为:股东投资公司的根本目的是为了获取利润,股东基于其公司股东的身份和地位,对公司当然地享有股利分配请求权,这是股东固有权益的体现,不允许公司章程或公司决议予以剥夺。因《公司法》第35条规定,股东按照实缴的出资比例分取红利。第38条规定,股东会行使下列职权:……(六)审议批准公司的利润分配方案和弥补亏损方案。第47条规定,董事会对股东会负责,行使下列职权:……(五)制订公司的利润分配方案和弥补亏损方案。本案中,2007年1月1日至2008年3月20日期间,王善梅拥有散热器公司的股东身份。但是,根据我国《公司法》的规定,股东股利分配请求权的实现至少应同时满足两个条件:一是公司具有可供分配的利润;二是股东会作出向股东分配公司剩余利润的决议。在公司无利润可供分配或股东会决议不分配利润的情形下,公司不得向股东分配股利,股东的股利请求权只能处于期待的法律状态。因公司利润方案由董事会制订、股东会审议批准,公司是否分配利润、何时分配利润、以什么形式分配利润是公司意思自治的范畴。诉讼中,王善梅未能提供充分有效的证据证明被告散热器公司已就是否利润分配做出有关决议,或公司已经进行利润了分配,故其诉讼请求本院不予支持。

62. 股权的价值如何确定?

上市公司流通股的价格确定没有任何问题,因为证券交易所的交易价格就体现了市场价值。实践中经常发生争议的是非上市公司股权价值的确定。对于非上市的公司股权价值的确定,《公司法》并没有给出一个明确的规定,但一些

地方性的司法文件中有所提及。

比如,上海市高级人民法院《关于审理与股份合作制企业相关的公司纠纷案件若干问题的解答》(沪高法民二〔2006〕10号)第6条规定:“股份合作制企业章程对股权转让价格有约定的,按照章程的约定处理。章程未作约定的,股权转让价格可由出让方与受让方协商确定。协商不成的,法院可按照企业上一年度向工商行政管理部门登记备案的资产负债表或其他会计报表中所列的‘企业净资产额’确定每股价格后予以处理。”

又如,山东省高级人民法院《关于审理公司纠纷案件若干问题的意见(试行)》(鲁高法发〔2007〕3号)第46条规定:“拟转让股权的股东与异议股东就价格条件不能协商一致时,当事人主张以评估方式确定股权转让价格的,人民法院应予支持”;第53条规定:“公司章程规定股东因退休、解聘、调动等原因离开公司时应将股权转让给其他股东,但未规定具体受让人,且当事人无法协商一致的,股东会确定的股东有权受让该股权。公司章程对股权转让价格未作规定,且当事人不能协商一致时,一方请求以评估方式确定股权转让价格的,人民法院应予支持。”

结合上述规定和司法实践,股权价值的确定主要有以下几种方法:

(1)公司章程对股权价格的确定有规定的,应当按照公司章程的规定来确定股权价值。

(2)当事人在平等、自愿地充分表达自己意思的情况下,对股权的价值达成一致意见的,应当以该协商一致的价格来确定股权价值。

(3)如果未能达成一致意见的,可以通过资产评估的方式来确定股权的价值。对于诸如国有股权等法律明确要求以评估的方式确定股权价格的,应当通过评估的方式来确定股权价格。此外,如果以股权作为财产来出资,应当依照《公司法》第27条第2款的规定:“对作为出资的非货币财产应当评估作价,核实财产,不得高估或者低估作价。法律、行政法规对评估作价有规定的,从其规定处理。”

(4)在前述办法无法确定股权价值的情况下,也可以按照企业上一年度的财务报表中的“企业净资产额”来确定每股价格。

◎【案例24】公司股份价几何?

最高人民法院在魏凤娇与吴笑月等股份转让纠纷上诉案的判决书中认为:公司股份不同于有形财产,其价值由多种因素构成,如固定资产和流动资金、知识产权或专有技术以及产品盈利能力和人员素质等。只有经过评估机构专门评估后,公司股份的价值才能体现或者接近客观真实。在该基础上约定股份转让对价,才能体现当事人签订股份转让协议的真实意愿。在该案中,由于当事人在股份转让协议中未约定股份转让对价,最高人民法院认为《股份转让协议》未就主要条款达成合意,协议未成立。①

◎【案例25】究竟谁的话算数?

2000年期间,杭州西湖台钻总厂(以下简称台钻总厂)改制时,公司职工何永进缴纳9000元申购了杭州市西湖台钻有限公司(筹)职工持股会的股份。2002年3月,职工持股会全体会员代表签署一份持股会章程。该份章程约定的主要内容为:职工持股会是台钻公司股东之一,出资总额约占公司股本总额的54.43%;会员代表大会是本会的最高权力机构。

2003年5月20日,台钻公司职工持股会一届八次会员代表大会形成决议:将职工持股会的全部股份出让给公司自然人股东;同意会员现持有的318.92万股股份按协商价每股1.30元的价格出让,原已由职工持股会回购预留的111.08万股股份按每股壹元的价格出让。该决议由26个会员代表签名。2003年5月30日,职工持股会与台钻公司的19名自然人股东签订19份股权转让协议。

何永进认为这次股权转让的价格未经评估,是持股会会员代表与19名受让股权的自然人恶意串通的结果;故一直未领取持股会转让股份返还的股金,后诉至法院要求认定股权转让无效。

法院审理后认为:职工持股会主要是为了便于职工持股、管理职工股份。职工持股会所作出的股权转让方面的决议符合职工持股会的章程的规定;并且转让价格经持股会会员代表全体表决通过,何永进也未举证此前台钻公司的股份转让其价格有高于本案转让价格的情况,故对何永进的该主张不予采纳。

63. 公司清算时股东是否可能获得财产分配?

股权的财产属性除了体现在分红和转让所得以外,还体现在公司剩余财产的分配方面。《公司法》第186条第2款规定:"公司财产在分别支付清算费用、职工的工资、社会保险费用和法定补偿金,缴纳所欠税款,清偿公司债务后的剩余财产,有限责任公司按照股东的出资比例分配,股份有限公司按照股东持有的

① 最高人民法院办公厅编写:《最高人民法院公布裁判文书(2003年)》,人民法院出版社2004年版,第164~172页。

股份比例分配。”另外,公司清算时,股东只能对按照前述顺序分配完毕后的“剩余”财产进行分配,《公司法》第186条第3款明确规定:“公司财产在未依照前款规定清偿前,不得分配给股东。”

此外,依照《江苏省高院强制清算意见》第64条规定:“清算财产在优先清偿清算费用和共益债务后,依照下列顺序清偿:(一)公司所欠职工的工资和医疗、伤残补助、抚恤费用,所欠的应当划入职工个人账户的基本养老保险、基本医疗保险费用,以及法律、行政法规规定应当支付给职工的补偿金;(二)公司欠缴的除前项规定以外的社会保险费用和公司所欠税款;(三)普通债权。”

需要指出的是:对于剩余财产的分配比例,法律并未像分红比例那样允许股东作出特别约定,而只能依法按照出资比例或者股份比例来分配。

◎【案例26】遭遇清算,公司财产怎样分?

淄博博山富盈实业有限公司原为煤矿集体企业。在2004年4月重组后共有27位自然人股东,重组后各股东对公司经营产生重大分歧,于2005年2月22日召开股东大会,决议解散公司,并成立清算组,对公司进行清算。在剩余财产的分配问题上,股东之间产生了争议:4名股东主张按照股东的出资比例分配,23名股东主张按照工龄或者平均分配。因争议无法解决,4名主张按照出资比例分配的股东诉至淄博市博山区人民法院。

法院审理后认为:本案中的富盈公司的企业类型是有限责任公司,《公司法》第187条第2款规定:有限责任公司按照股东的出资比例分配。该规定是硬性规定,不允许股东会、董事会作出不同的约定。富盈公司2004年4月30日的章程第十条规定:股东享有以下权利……(五)公司解散,依出资比例分得公司剩余财产。2004年6月11日修改后的公司章程第八条规定:股东享有如下权利:……(七)公司终止后,依法分得公司的剩余财产。因此,原告方的主张是合法有效的,应予支持;相反,被告要求按工龄分配公司剩余财产或者平均分配剩余财产的主张于法无据,不应支持。

64. 股东是否可以用股权质押的方式来融资?

股权质押属于一种权利质押,是指出质人与质权人协议约定,出质人以其所持有的股权作为质押物,当债务人到期不能履行债务时,债权人可以依照约定通过对质押的股权进行折价、拍卖、变卖的方式来获得清偿的一种担保方式。

所谓股权质押融资是指资金需求方以其自身或第三人持有依法可以转让和出质的股权作为质押物向银行或其他金融机构申请融资。股权质押融资是在融资担保方式上的一种创新,将大大增加企业的融资机会,有助于这些企业创新能力的提高,加速其产品更新换代及产业化进程,成为企业尤其是高科技中小企业融资的救命法宝。

从法律上而言,我国法律是允许银行开展股权质押贷款业务的。《商业银行法》第42条第2款中规定:"商业银行因行使抵押权、质权而取得的不动产或者股权,应当自取得之日起二年内予以处分。"此外,很多商业银行也都颁布了股权质押贷款方面的规范性文件,比如《中国建设银行股票质押贷款暂行办法》(2000年7月4日,建总发〔2000〕67号),另外中国人民银行、银监会、证监会在2004年11月2日颁布了《证券公司股票质押贷款管理办法》(银发〔2004〕256号),这些文件都表明商业银行开展股权质押贷款业务并无法律障碍。但是,就现阶段而言,商业银行的股权质押贷款业务开展尚不普遍。主要是出于安全性考虑,商业银行在开展股权质押融资业务时会作出很多选择,并非所有地区、所有银行都愿意开展此类贷款业务,即便是愿意接受股权质押的银行,也会对质押股权的价值作出严格的审定,一般而言都会低于外部估值。考虑到股权价值随着企业经营情况存在一定的波动性,银行对股权质押贷款的额度一般设定为股权评估价值的50%~60%。

相对于商业银行的苛刻,股权质押融资往往在信托公司更容易开展和运用。一般情况下,信托公司因为其产品结构设计的灵活性,会比商业银行的审核稍微宽松,但在审核程序上也是严格按照四证齐全等基本要求。融资估值平均在7折左右,但向信托公司通过股权质押的方式融资的成本相对较高。

实际上,近年来从中央到地方都在积极鼓励科技型企业通过股权质押的方式来融资。2010年12月16日,科学技术部、中国人民银行、中国银监会、中国证监会、中国保监会《关于印发促进科技和金融结合试点实施方案的通知》(国科发财〔2010〕720号)指出:"在有条件的地区开展高新技术企业信用贷款试点,推动开展高新技术企业股权质押贷款业务。"2011年5月12日,科学技术部《关于进一步促进科技型中小企业创新发展的若干意见》(国科发政〔2011〕178号)提出:"引导银行业金融机构积极支持科技型中小企业技术创新。对纳入国家及省、自治区、直辖市的各类科技计划的科技型中小企业技术创新项目,按照国家产业政策导向和信贷原则,鼓励商业银行积极提供信贷支持。积极探索支持科技创新的政策性融资方式。利用知识产权和股权质押贷款、科技小额贷款公司和银行科技支行等方式扶持科技型中小企业创新发展。"2011年5月21日《江苏省人民政府办公厅转发省科技厅等部门关于加快促进科技和金融结合若干意见的通知》(苏政办发〔2011〕68 号)也提出要推动开展高新技术企业股权质押贷款业务。2011 年 4 月 6 日,《南京市人民政府关于进一步加快全市金融业改革创新发展的若干意见》(宁政发〔2011〕73 号)也鼓励开展股权质押融资业务。此外,有些地方还专门颁布了股权质押融资方面的规范性文件,如《浙江省股权质押贷款指导意见》《合肥市股权质押融资管理办法》等。

65. 股权质押是否需要经过公司其他股东同意?

这个问题需要对有限责任公司和股份有限公司区别对待。

(1)有限责任公司股权质押

《担保法》第 78 条第 3 款规定:“以有限责任公司的股份出质的,适用公司法股份转让的有关规定。”《公司法》第 71 条规定:“有限责任公司的股东之间可以相互转让其全部或者部分股权。股东向股东以外的人转让股权,应当经其他股东过半数同意。股东应就其股权转让事项书面通知其他股东征求同意,其他股东自接到书面通知之日起满 30 日未答复的,视为同意转让。其他股东半数以上不同意转让的,不同意的股东应当购买该转让的股权;不购买的,视为同意转让。经股东同意转让的股权,在同等条件下,其他股东有优先购买权。两个以上股东主张行使优先购买权的,协商确定各自的购买比例;协商不成的,按照转让时各自的出资比例行使优先购买权。公司章程对股权转让另有规定的,从其规定。”据此,有限责任公司股东如果向公司其他股东出质自己的股权,则并不需要征求其他股东的意见;如果向公司其他股东以外的人出质自己的股权,由于今后可能会发生股权转让的后果,所以,法律在出质环节就提前要求出质股权的股东征求其他股东的意见,经其他股东过半数同意方可出质。

当然,《担保法》的这一规定备受争议。股东将股权质押的目的在于融资,而并没有将股权进行转让的意思。实际上,在大部分情况下股权质押都不会导致股权转让的后果,即便最终因不能清偿主债务而发生股权转让的后果,也完全可以在股权转让发生之前按照《公司法》第 71 条的规定来征求其他股东的意见。因此,有很多人主张,有限公司股东将其股权对外出质,无须其他股东过半数同意,也无须提供股权所在公司的《股东会决议》文件,股权质押不会影响有限公司的人合性,也不会对其他股东的优先购买权行使造成障碍。《担保法》第 78 条第 3 款规定“以有限责任公司的股份出质的,适用公司法股份转让的有关规定”,随着新《公司法》《物权法》的生效实施,实质上该规定已经丧失意义,并且基于以上分析,也不具有操作合理性。

实际上,2008年10月1日起施行的《工商行政管理机关股权出质登记办法》也并未明示单列要求出质股东提供其他股东同意其出质股权的《股东会决议》文件,仅以国家工商行政管理总局要求提交的其他资料含糊带过。但是,在有限公司股权质押实际办理过程中,如工商登记机关要求,出质股东还是应当提供经其他股东过半数同意质押的《股东会决议文件》,以免因法律理解上的差异而出现纷争。

(2)股份有限公司股权质押

最高人民法院《关于适用〈中华人民共和国担保法〉若干问题的解释》(以下简称《担保法司法解释》)第103条规定:“以股份有限公司的股份出质的,适用《中华人民共和国公司法》有关股份转让的规定。”《公司法》第137条对股份有限公司股权转让的规定:“股东持有的股份可以依法转让。”因此,股份有限公司股权出质并不需要经过公司其他股东同意,可以自由出质,不存在争议。

66. 股权质押合同何时生效?

股权质押合同的生效首先需要满足合同内容合法、经双方当事人签署的要求。但是,经双方当事人签署的股权质押合同是否已经生效,则会存在一些理解上的争议。原因在于《担保法》第78条第3款规定:“以有限责任公司的股份出质的……质押合同自股份出质记载于股东名册之日起生效。”《担保法司法解释》第103条规定:“以上市公司的股份出质的,质押合同自股份出质向证券登记机构办理出质登记之日起生效。以非上市公司的股份出质的,质押合同自股份出质记载于股东名册之日起生效。”

对于这两个条文的理解可能会存在争议。有人认为:这两个规定是在《物权法》出台前颁布的,当时混淆了质押合同生效与质押权生效之间的差异,所以误将质押权生效的要件规定为质押合同生效的要件。无论是股东名册记载,还是证券登记机构办理出质登记,都应当是质押权生效的要件而非质押合同生效的要件。《物权法》第226条已经修正为:以证券登记结算机构登记的股权出质的,质权自证券登记结算机构办理出质登记时设立;以其他股权出质的,质权自工商行政管理部门办理出质登记时设立。但是,也有人认为,比较《担保法》和《物权法》的规定可以发现:对于非上市公司的股权,《担保法》规定的记载方式是股东名册,而《物权法》规定的是工商机关登记,两者不是一回事,故非上市公司的股权质押合同仍然需要记载于股东名册之后才能生效。

◎【案例27】白纸黑字还是不作数?

2003年12月14日,王章法因向贾旺水借款,同意将其在缙云县长坑水电有限公司的一半股权质押给贾旺水,并签署了股权质押协议。缙云县长坑水电有限公司未设置股东名册,所以未在股东名册上办理记载。之后,双方发生争议,诉至法院。浙江省缙云县人民法院(2009)丽缙商初字第1084号民事判决书认为:贾旺水与王章法签订的股权质押协议,虽是双方的真实意思表示,但根据我国担保法的规定,质押合同自股权出质记载于股东名册之日起生效。

我们认为,针对非上市公司和有限公司股权出质登记的《工商行政管理机关股权出质登记办法》是在2008年10月1日才施行,此前出于股权质押登记机关的缺失,所以担保法只能规定记载于股东名册,这种规定的准确理解应当是股权质押权的生效要件,而非股权质押合同的生效要件。但是,上述案例判决于2009年12月9日,当时《物权法》早已实施,可法院仍然持有质押合同应当记载于股东名册才生效的观点。所以,为避免争议,防止出现类似情况,在签署股权质押协议时,如果公司设立了股东名册,我们建议最好能将质押事项记载于股东名册。

67. 股权质押权何时生效?

股权质押权的生效与股权质押合同的生效是两码事,即便合同生效,如果未办理相关的手续,股权质押权也不能生效。此时如果出质人不能清偿债务,接受质押的一方当事人只能根据合同主张违约的损害赔偿责任,而不能对股权行使变卖、拍卖、折价的权利。

《物权法》第226条规定:“以……股权出质的,当事人应当订立书面合同。以……证券登记结算机构登记的股权出质的,质权自证券登记结算机构办理出质登记时设立;以其他股权出质的,质权自工商行政管理部门办理出质登记时设立。”所谓证券登记结算机构登记的股权,指的就是上市公司的股权、公开发行股份的公司的股权、非公开发行但股东在200人以上的公司的股权等。而其他股权,指不在证券登记结算机构登记的股权,包括有限责任公司的股权、非公开发行的股东在200人以下的股份有限公司的股权等。之所以规定其他股权设质时登记机关为工商行政管理部门,主要是考虑到所有依法设立的公司都必须在工商行政管理部门办理登记。按照法律规定,公众可以向公司登记机关申请查询公司登记事项,公司登记机关应当提供查询服务。所以,将股权出质登记机关确定为工商行政管理部门,可以很好地落实物权的公示公信原则,能够让第三人迅速、便捷、清楚地了解到股权上存在的负担。

为配合《物权法》的这一规定，国家工商行政管理总局在2008年颁布了《工商行政管理机关股权出质登记办法》，2016年4月29日进行了修订，主要内容是针对非上市的股份公司和有限公司的股权出质登记作出具体规定，该办法自2008年10月1日起施行。

◎【案例28】得不到保护的质押权

2009年6月4日，华鑫典当公司与金傲公司签订《股权质押借款协议书》一份及当票二份。《股权质押借款协议书》约定，金傲公司将其全部股权质押给华鑫典当公司，质押金额为人民币500万元；华鑫典当公司借款给金傲公司200万元。借款期限到期后，因金傲公司未能归还其余当金194万元，华鑫典当公司遂诉至法院，要求金傲公司清偿本金194万元及相应利息，并以质押的股权优先清偿。

庭审过程中，金傲公司提出：本案中，典当质押的股权未经工商部门进行质押登记，因此股权质押登记的法律效力并未产生，而未办理登记的过错在于华鑫典当公司。

上海市第二中级人民法院二审审理后认为：质权登记与否不影响股权质押借款协议的效力。虽然根据《物权法》第226条的规定，质押自出质登记时成立，但质权的成立与否并不影响质押借款协议本身的法律效力。本案中，质押借款协议是双方真实意思的表示，不违反法律法规的禁止性规定，应当确认为合法有效。华鑫典当公司依照双方签订的质押借款协议要求金傲公司承担合同约定的本金、利息等违约责任，本院予以支持。但是，由于股权质押并未办理登记，且过错在华鑫典当公司，故华鑫典当公司对该股权的质押权尚未成立，对于其要求实现股权质押权的主张，本院不予支持。

68. 股权质押应当如何办理登记手续？

根据2016年4月29日最新修订的《工商行政管理机关股权出质登记办法》（国家工商行政管理总局令第86号）的规定，负责出质股权所在公司登记的工商行政管理机关是股权出质登记机关。各级工商行政管理机关的企业登记机构是股权出质登记机构。

股权出质登记事项包括：

（1）出质人和质权人的姓名或名称；

（2）出质股权所在公司的名称；

（3）出质股权的数额。

申请出质登记的股权应当是依法可以转让和出质的股权。对于已经被人民法院冻结的股权，在解除冻结之前，不得申请办理股权出质登记。

申请股权出质设立登记、变更登记和注销登记,应当由出质人和质权人共同提出。申请股权出质撤销登记,可以由出质人或者质权人单方提出。申请股权出质设立登记,应当提交下列材料:

(1)申请人签字或者盖章的《股权出质设立登记申请书》;

(2)记载有出质人姓名(名称)及其出资额的有限责任公司股东名册复印件或者出质人持有的股份公司股票复印件(均需加盖公司印章);

(3)质权合同;

(4)出质人、质权人的主体资格证明或者自然人身份证明复印件(出质人、质权人属于自然人的由本人签名,属于法人的加盖法人印章,下同);

(5)国家工商行政管理总局要求提交的其他材料。指定代表或者共同委托代理人办理的,还应当提交申请人指定代表或者共同委托代理人的证明。

登记机关对登记申请应当当场办理登记手续并发给登记通知书。通知书加盖登记机关的股权出质登记专用章。登记机关应当将股权出质登记事项在企业信用信息公示系统公示,供社会公众查询。

69. 股权质押后,作为出质人的股东享有何种权利?

出质人以其股权出质后,该股权作为债权之担保物,出质人对该股权的某些权利受到限制,但出质人仍是股权的拥有者,其股东地位并未发生变化,因此出质人仍得享有以下权利:

(1)出质股权的表决权。对于出质股权的表决权,究竟由谁行使,我国《担保法》与《公司法》均未对此作出规定。但依照我国《担保法》的规定,股权质押并不以转移占有为要件,而是以质押登记作为质押生效要件;而质押登记只是将股权出质的事实加以记载,其目的是限制出质股权的转让和以此登记对抗第三人。因此在股东名册上,出质人仍然是股东。在实践中,也应推定出质股权的表决权,应由出质人直接行使。

(2)新股优先认购权。新股的优先认购权是股权的权能之一,属于股权中的财产权利,是股东基于其地位而享有的一个优先权,非股东不能享有。因此在股权质押期间,新股的优先认购权仍然为出质人享有。

(3)余额返还请求权。股权质权实现后,若被处分的股权的价值在清偿被担保债权后仍有剩余,出质人有权要求质权人返还该余额。

至于出质人的义务,在股权质押期间,主要为未取得质权人的同意,不得转让出质股权。

◎【案例29】缺少股权变更手续引后患

2002年8月8日,广州科技风险投资有限公司(以下简称科技风险公司)与黄某签订一份《股份转让协议》,约定:黄某以人民币1000万元的价款将其在广州宝龙特种汽车股份有限公司(以下简称特种公司)持有的股份350万股转让给科技风险公司,并约定在2003年9月30日前负责办理转让股份的批准手续及股东变更的登记手续;如科技风险公司受让的股份尚未依法变更到科技风险公司名下,黄某应向科技风险公司全额退回已经支付的款项,并按照科技风险公司已经支付的款项的50%向科技风险公司支付违约金。

协议签订后,科技风险公司依照合同约定向黄某支付了股权转让价款1000万元,但是由于当时特种公司准备申请上市,为不影响上市申请的审批,黄某请求科技风险公司同意延期过户。科技风险公司同意,但是要求黄某在公司上市后及时办理股权过户手续。

但是,特种公司上市后不久,黄某又将该股份质押给了光大银行,上述股份已经被全部冻结,致使科技风险公司购买的350万股股份无法过户。于是,科技风险公司诉至法院,请求解除股权转让协议并要求黄某赔偿损失。

法院审理后认为:由于黄某没有依约办理股权变更手续,并将股权质押给光大银行造成科技风险公司事实上已无法取得涉案的股权,《股权转让协议》事实上已经无法履行,科技风险公司请求解除该协议本院予以支持。黄某应返还其所收取的1000万元股权转让款,并赔偿科技风险公司相应的损失。

70. 股东可否以所持公司的股权向公司质押借款?

《公司法》对于有限责任公司股东是否可以将所持公司的股权向公司质押借款并没有明确的规定。

对于股份公司而言,《公司法》第142条第4款规定:“公司不得接受本公司的股票作为质押权的标的。”因此,股份公司股东是不可以将所持公司的股权质押给本公司的。

另外,就股东可否向公司借款的问题而言,《公司法》第115条规定:“公司不得直接或者通过子公司向董事、监事、高级管理人员提供借款”,因此如果股东没有担任董事、监事和高管职务,经公司同意后可以向公司借款,但如果要求提供担保的,只能提供本公司股权以外的财产作担保;如果股东担任了董事、监事、高管职务,则不能向本公司借款。

71. 股权可以用于出资设立新的公司吗?

根据《公司法》第27条的规定,可以用货币估价并可以依法转让的非货币财产可以作价出资。2014年3月1日起施行的《公司注册资本登记管理规定》(国家工商行政管理总局令第64号)对于股权出资及其登记的相关问题作出了进一步的明确。

根据相关法律规定,用作出资的股权应当权属清楚、权能完整、依法可以转让。具有下列情形的股权不得用作出资:

(1)已被设立质权;

(2)股权所在公司章程约定不得转让;

(3)法律、行政法规或者国务院决定规定,股权公司股东转让股权应当报经批准而未经批准;

(4)法律、行政法规或者国务院决定规定不得转让的其他情形。

◎【案例30】南钢集团股权出资南钢联合

2003年3月12日,南钢股份控股股东南京钢铁集团有限公司与上海复星高科技(集团)公司、上海复星产业投资有限公司、上海广信科技发展有限公司签署《合资经营合同》设立南京钢铁联合有限公司。该《合资经营合同》约定:南钢联合注册资本为27.5亿元,南钢集团公司以其所持有的南钢股份国家股35,760万股(占南钢股份总股本的70.95%)及其他部分资产、负债合计11亿元资产净值出资,占南钢联合注册资本的40%;复星集团公司、复星产业投资、广信科技以现金共计16.5亿元出资,分别持有南钢联合股份30%、20%、10%。通过股权出资,南钢集团公司不再是南钢股份的直接股东,而改由南京钢铁联合有限公司成为南钢股份的股东,南钢集团公司则成为南京钢铁联合有限公司的股东。

72. 股东未履行或者未全面履行出资义务或者抽逃出资时,其股权的财产权益是否会受到限制?

《公司法司法解释(三)》第17条规定:"股东未履行或者未全面履行出资义务或者抽逃出资,公司根据公司章程或者股东会决议对其利润分配请求权、新股优先认购权、剩余财产分配请求权等股东权利作出相应的合理限制,该股东请求认定该限制无效的,人民法院不予支持。"

同时,该解释第18条第1款规定:"有限责任公司的股东未履行出资义务或者抽逃全部出资,经公司催告缴纳或者返还,其在合理期间内仍未缴纳或者返还出资,公司以股东会决议解除该股东的股东资格,该股东请求确认该解除行为无效的,人民法院不予支持。”

◎【案例31】股东权益不允许空手套白狼

安达巨鹰公司系协和医药公司的控股股东,其所持股权系受让其他原始股东的股权而来。向安达巨鹰公司转让股权的原协和医药公司股东未履行出资义务,安达巨鹰公司对此明知。安达巨鹰公司受让股权后,控制了协和医药公司,但迟迟不履行对协和医药公司的出资义务。而且,在宁波市中级人民法院执行的另案中,作为被执行人的安达巨鹰公司与申请执行人浙江象山巨鹰投资管理有限公司(以下简称浙江巨鹰)达成执行和解协议,拟将其持有的协和医药公司的股权折价抵偿给申请执行人。如果协和医药公司不立即采取措施,将导致协和医药公司被浙江巨鹰控制。

在这种情况下,协和医药公司的另一个股东首都国际公司提起了股东代表诉讼,以协和医药公司的名义请求确认安达巨鹰公司不享有表决权、利润分配请求权及新股认购权等部分股东权利,或者限制这些股东权利的行使。

最高人民法院审理后认为:“根据《公司法》的规定,股东出资不到位并不影响其股东资格的取得。但享有股东权利的前提是承担股东义务,与出资义务相对应的股东权利只能按出资比例来行使,这是民法中权利与义务统一、利益与风险一致原则的体现。本案中,由于安达巨鹰公司并没有履行出资义务,其股东权利的行使应当受到一定限制,这种限制应根据具体的股东权利的性质确定,即与出资义务相对应的股东权利只能按出资比例来行使。故原审法院判决安达巨鹰公司如不能补足出资,则其不享有对协和医药公司16,500万股的表决权、利润分配请求权及新股认购权并无不当。”

73. 公司董事、监事、高管损害公司利益危及股东财产权益时,股东如何维权?

《公司法》第147条、第148条、第149条规定了董事、监事、高级管理人员对公司负有的忠实义务和勤勉义务,因违反法律、行政法规或者公司章程的规定,给公司造成损失的,应当承担赔偿责任。

具体而言,董事、监事、高管损害公司利益的行为有:

(1)利用职权收受贿赂或者其他非法收入;

(2)挪用公司资金;

(3)将公司资金以其个人名义或者以其他个人名义开立账户存储;

(4)违反公司章程的规定,未经股东会、股东大会或者董事会同意,将公司

资金借贷给他人或者以公司财产为他人提供担保;

(5)违反公司章程的规定或者未经股东会、股东大会同意,与本公司订立合同或者进行交易;

(6)未经股东会或者股东大会同意,利用职务便利为自己或者他人谋取属于公司的商业机会,自营或者为他人经营与所任职公司同类的业务;

(7)接受他人与公司交易的佣金归为己有;

(8)擅自披露公司秘密;

(9)违反对公司忠实义务的其他行为。

董事、监事、高管上述行为不仅会对公司利益造成损害,还会直接或者间接地损害股东的利益,所以对于股东而言,应当采取一定的维权措施。《公司法》第151条、第152条赋予了股东提起诉讼的权利,其中第151条为股东代表诉讼的权利,第152条为股东直接诉讼的权利。

股东代表诉讼与股东直接诉讼有所区别:其一,诉讼目的不同。股东代表诉讼基于侵害公司利益,股东直接诉讼基于侵害股东自身利益。其二,程序不同。股东代表诉讼存在前置程序,即"竭尽公司内部救济"规则。换句话说,公司利益受到损害时,只有在股东请求监事会、董事会等采取必要措施行使公司的诉讼请求,而公司明确拒绝股东请求或者对股东请求置之不理时,股东才能向法院提起代表诉讼。股东直接诉讼不存在前置程序,只要董事、高管人员违反法律、行政法规或者公司章程的规定,损害股东利益的,股东就可以直接提起诉讼。其三,诉讼主体不同。理论上只要具备股东身份,即可提起股东之诉,但是现行法律针对股份有限公司做出了限制性规定。股份有限公司的股东如果要提起股东代表之诉,必须是连续180日以上单独或者合计持有公司1%以上股份的股东;但是如果提起股东直接诉讼,就没有具体的持股时间、持股数量的限制。

股东代表诉讼的具体方式是:董事、高级管理人员损害公司利益时,有限责任公司的股东、股份有限公司连续180日以上单独或者合计持有公司1%以上股份的股东,可以书面请求监事会或者不设监事会的有限责任公司的监事向人民法院提起诉讼;监事损害公司利益时,前述股东可以书面请求董事会或者不设董事会的有限责任公司的执行董事向人民法院提起诉讼。监事会、不设监事会的有限责任公司的监事,或者董事会、执行董事收到前款规定的股东书面请求后拒绝提起诉讼,或者自收到请求之日起30日内未提起诉讼,或者情况紧急、不立即提起诉讼将会使公司利益受到难以弥补的损害的,前款规定的股东有权为了公司的利益以自己的名义直接向人民法院提起诉讼。

◎【案例 32】高管行为不法,终付代价

南川区五金交电化工有限责任公司在 1997 年 3 月至 2002 年 11 月经营期间,在原任公司经理、改制后任董事长兼总经理金荣中的安排下,为隐瞒公司利润,达到少缴税款的目的,采取账外经营、隐瞒销售收入,偷逃各种税款累计 494,738.52 元,偷税额占应纳税款的 30%。案发后,南川区五金交电化工有限责任公司向税务机关交清全部偷税款,并交纳罚款 624,095.70 元。该公司的上述行为已触犯刑律,构成了偷税罪,被判处罚金人民币 1,484,215.56 元(包括行政机关罚款 624,095.70 元)。

2006 年 2 月 15 日,公司股东李孝忠等人书面请求公司监事向法院起诉。公司监事书面答复不参加诉讼,请股东自行起诉。于是,李孝忠等 28 位股东向重庆南川区人民法院提起诉讼,要求判令董事长兼总经理金荣中赔偿因违反法律、行政法规和《公司章程》的规定致公司因犯偷税罪被判处罚金 1,484,215.56 元的损失。

南川区法院审理后认为:根据《公司法》第 150 条,董事、监事、高级管理人员执行公司职务时违反法律、行政法规或者公司章程的规定,给公司造成损失,就应当承担赔偿责任。因此,支持原告请求。

74. 公司合并、分立是否会对股东的财产权益产生影响?

《公司法》第 174 条规定:“公司合并时,合并各方的债权、债务,应当由合并后存续的公司或者新设的公司承继。”因此,在数个公司发生合并的情况下,由于合并后的公司需对合并前各公司的债权债务承担法律责任,所以合并前公司的股东应当意识到合并后公司的债权债务数量的增加会间接影响到合并后公司股东的财产权益,尤其是原本债务较少的公司与其他债务较多的公司合并后,债务较少公司的股东的财产权益会受不利影响,所以,在商谈合并方案时应当考虑股东利益的稳定与平衡。

在公司发生分立时也会出现类似情况。《公司法》第 176 条规定:“公司分立前的债务由分立后的公司承担连带责任。但是,公司在分立前与债权人就债务清偿达成的书面协议另有约定的除外。”作为分立后公司的股东而言,应当意识到连带责任对自己权益产生的影响,故应及早在商谈分立方案时通过与债权人就债务清偿达成书面协议的方式作出具体明确的约定。

此外,在公司设立分公司的情况下,由于分公司不具有独立的法律人格,其财产不足以清偿全部债务时,债权人会要求公司承担清偿责任,此时也会对公司股东的财产权益产生不利影响。

第四章　股权转让有哪些需要注意的问题?

75. 股权转让涉及哪些具体权利的转让?

股东进行股权转让,相当于将其股东地位以及对公司所发生的权利义务关系全部同时转移给受让人,受让人因此成为公司的股东,获得股东权。转让主要涉及下列具体权利内容:

(1)发给股票或其他股权证明请求权;

(2)股权转让权;

(3)股息红利分配请求权;

(4)股东会临时召集请求权或自行召集权;

(5)出席股东会并行使表决权;

(6)对公司财务的监督检查权;

(7)公司章程和股东大会记录的查阅权;

(8)股东优先认购权;

(9)公司剩余财产分配权;

(10)股东权利损害救济权;

(11)公司重整申请权;

(12)对公司经营的建议与质询权。

因此,股东进行股权转让,是对这一系列权利的转让。

上述各项权利一般情况是不能分开转让的。因为股权作为一种综合性权利,它是基于股东身份的,股权的转让即是股东身份的转让。股东权利中的各项权利一般不能分开转让,在实践中也很难操作。

76. 公司章程可以限制股权转让吗?

有限责任公司的章程可以做出股权转让的限制,但不得违反法律强制规定(《公司法》第71条)。股份有限公司的章程一般不可以做出限制性规定,但根据《公司法》第141条第2款的规定,除了法定限制外,股份公司章程可以对公司董事、监事、高级管理人员转让其所持有的本公司股份作出其他限制性规定。

77. 股权转让可以约定公司的债权债务由其中一方来承担吗?

可以约定。但此时涉及债权债务的转移问题。如果是将公司债权转让给股权转让人或受让人,一方面需要通知债务人,另一方面公司应当取得债权转让对价,否则可能因为无偿或低价转让公司资产损害债权人利益而影响其法律效力;如果是约定公司债务由股权转让人或受让人承担,则需要取得债权人的同意。

78. 有限公司股东对外转让股权的合同什么时候发生效力?

有限责任公司股东对外转让股权需经过其他股东过半数同意。正因为这个法定要求,有的人认为该合同为效力待定合同或者是附生效条件的合同。但是最高人民法院的观点认为,股权转让合同既非附履行条件的合同,也非效力待定合同,而是从成立时就生效。也就是说,股东对外转让股权,一旦合同签订,就应当履行义务。如果因为未取得其他股东过半数同意而导致不能履行,则转让人应当承担违约后果。

◎【案例33】股权转让合同——一诺千金

2008年9月,四原告何静涛、吴振刚、王冬、庄元胜与张铁成、张涵浩六名发起人成立了重庆市碧城科技有限公司。2010年3月19日,何静涛代表全体股东与被告丁胜达成《重庆市碧城科技股份有限公司重组协议》,约定将重庆市碧城科技股份有限公司的股份除何静涛保留10%以外的90%全部转让给丁胜,由丁胜对公司控股,转让价款人民币2000万元。

法院查明:《重庆市碧城科技股份有限公司重组协议》是名为重组协议,实为股权转让合同。该股权转让合同合法有效,对双方当事人均具有约束力。依照股权转让合同,丁胜应支付给原告股权转让款2000万元;在协议签订后丁胜已经支付了股权转让款1450万元;在股权转让协议签订后,何静涛向丁胜的朋友张钟武借款500万元,作为股权转让款。故丁胜支付的股权转让款为1950万元。

对于重庆市碧城科技股份有限公司于2010年5月24日电汇给吴振刚的50万元是否是丁胜支付的股权转让款。法院认为,从丁胜举示的电汇凭证来看,本案的股权转让合同是何静涛代表其他股东与丁胜签订的。丁胜支付其他1950万元的股权转让款是支付给何静涛的,而本笔款却支付给吴振刚,与原来支付其他几笔款的情形不一样。故法院确定该笔费用不应认定为丁胜支付的本案争执的股权转让款。因此,丁胜欠原告股权转让款为50万元。

丁胜未按股权转让合同的约定支付股权转让款,已经构成违约,应当承担支付所欠股权转让款和承担违约金的责任。于是,法院判决被告丁胜支付给原告何静涛、吴振刚、王冬、庄元胜股权转让款50万元,并支付违约金25万元,共计人民币75万元。

79. 已支付股权转让款并办理了公司财务、管理等各项交接,但尚未办理工商变更登记,是否可以认为股权转让合同已经实际履行?

协助进行工商变更登记是转让方合同义务的一部分,但并非主要义务。在转让股东已经全部接收了受让方的股权转让价款并进行了公司财务、管理等项交接后,可认为合同已经实际履行。受让方可以要求公司或转让人协助进行工商变更登记;如果受阻,可以以公司或转让人为被告或共同被告向法院提起诉讼。

80. 股权转让合同在什么情况下可能无效或者被撤销?

根据相关法律规定,主要有以下几种情况:

(1)订立股权转让合同的主体不合法或股权为法律禁止转让的,股权转让合同无效。

◎【案例34】感情不和,妻子股权给胞妹?

1986年,陈某与汪某某结婚,双方至诉讼时一直未解除夫妻关系。2006年3月16日,在未征得妻子陈某同意的情况下,汪某某与其胞妹汪某签订了《股份转让协议》,将登记在汪某某名下的安深有限责任公司的出资988万元及其未分配的收益作价170.6万元转让给其胞妹。2006年3月7日,安深有限责任公司向工商行政管理局办理了变更登记手续。陈某获悉后诉至法院称:近年来,夫妻感情破裂,双方一直未就财产问题进行协商。汪某某将其在安深有限责任公司的出资及其未分配的收益作价170.6万元转让给其胞妹,未经其同意。汪某某擅自将夫妻共同财产转让给其胞妹汪某的协议,侵犯了夫妻对共同财产的平等处理权,属于恶意串通、损害第三人利益的协议。因此,请求法院判令确认《股权转让协议》无效；汪某、安深有限责任公司承担连带责任。

法院依照《民事诉讼法》第108条，《婚姻法》第17条，《民法通则》第78条第1款、第2款，最高人民法院《关于贯彻执行〈中华人民共和国民法通则〉若干问题的意见》第89条之规定，判决被告王某某同汪某的股权转让协议无效，但驳回陈某的其他诉讼请求。汪某某及其胞妹汪某均不服该判决，上诉到浙江省高级人民法院，请求撤销原判。浙江省高级人民法院驳回上诉，维持原判。

(2)当事人一方以欺诈、胁迫手段签订股权转让合同的，另一方可以依据合同法规定申请撤销合同，其中损害国家利益的，应认定股权转让合同无效。

(3)当事人仅以转让方未出资、出资不足或抽逃出资为由请求认定股权转让合同无效的，不予支持；但订立合同时转让方隐瞒未足额出资或抽逃出资的事实的，受让方可以请求撤销合同。

(4)股权转让导致有限责任公司股权全部归于一人或导致股份有限公司股东人数少于2人，当事人以此主张股权转让合同无效的，不予支持；但可申请工商行政管理部门注销公司或变更企业形态。

(5)公司股东违反章程规定与他人签订股权转让合同的，应认定合同无效，但存在下列情形之一的除外：章程规定与法律规定相抵触的；章程规定禁止股权转让的；经股东会三分之二以上有表决权的股东同意的。

(6)办理公司变更登记和工商变更登记是股权转让的法定程序，不是股权转让合同的生效要件。人民法院不应以当事人未办理有关变更登记手续而认定股权转让合同无效；但当事人不能以股权转让合同为由对抗工商部门就同一标的已完成的股东变更登记。

◎【案例35】未经登记并非不履行合同的庇护伞

1999年7月，周某、陈某、怀德公司分别出资25万元、24.75万元、0.25万元成立了一家有限责任公司。2001年3月，陈某将股权转让给王某。这一转让由股东会决议，以公司章程修正案及股权转让协议为证，但股东会决议、公司章程修正案及股权转让协议均未经工商部门备案。2003年周某将股权转让给丁某，丁某分两期将补偿款10万元交付周某。丁某当天即支付了5万元。之后周某一直没有办理公司变更手续，丁某主张权利无果，遂诉至法院，要求确认其与周某签订的股权转让协议有效，周某继续履行合同，按约将其股权转让给丁某，并办理相关的工商变更手续。

一审法院经审理判决周某继续履行与丁某签订的股权转让协议，并与公司一起于判决生效之日起30日内将工商变更登记手续办理完毕,案件受理费由周某负担。周某不服一审判决,提起上诉。

二审法院认为,虽然公司在2002年3月10日对陈某与王某之间的股权转让事宜已由股东会作出决议并对章程的有关内容作了修改,但双方对该股权转让的内容并未实际履行,不能产生股权转让的法律后果。而且,股东会作出的决议及对章程的修改也未经工商部门备案。受让人王某只有根据与转让人陈某的股权转让合同,接受公司的股权让渡并办理工商过户登记手续之后,才最终取得股权,才能向公司要求行使股东的权利义务,以股东的身份对抗其他第三人。因此,周某与丁某签订股权转让协议时,王某的股东身份并没有确立,而陈某也未丧失股东资格。因此,二审法院判决周某与丁某签订的股权转让协议不产生法律效力,应认定为无效。丁某不服二审判决并申诉。

江苏省扬州市中级人民法院判决并撤销二审判决,维持一审判决。

81. 股权转让合同如若无效如何处理?

股权转让合同无效的情况下,应依据合同无效的一般原则处理。合同双方相互返还所受让的股权和股权出让金,并按双方过错承担赔偿责任。不过,转让期间受让人已实际行使股东共益权(如投票表决某一事项)的,一般不应否定其权利行使的效力。

◎【案例36】协议无效需返还股权转让款

上诉人琼海瀚海有限公司因与于道平股权转让纠纷一案,不服海南中级人民法院(2008)海中法民初字第1号民事判决,向二审法提出上诉。法院经开庭审理后,确认与纠纷有关的《资产、股权转让合同书》《补充协议书》以及由《资产、股权转让合同书》《补充协议书》产生的《结算协议书》和《欠据》无效后,判令琼海瀚海有限公司于本判决生效之日起10日内返还于道平股权转让款人民币1500万元,并按中国人民银行同期流动资金贷款利率计息。(其中760万元从2007年8月13日起至本判决确定的还款之日止计息,740万元从2007年8月16日起至本判决确定的还款之日止计息。)琼海瀚海有限公司如未按照本判决确定的还款期间履行还款义务,应当依照《民事诉讼法》第229条的规定,加倍支付迟延履行期间的债务利息。

82. 股权转让合同被撤销后有什么后果?

股权转让合同撤销后,如果已经根据转让合同进行了工商变更登记,有关股东可以申请撤销该变更登记。因为工商变更的基础关系是股权转让,既然股权转让不能成立,变更登记也就失去了基础,应予恢复。但是,需要说明的是,工商登记的撤销均不具有溯及既往的效力,对于善意第三人信赖工商登记所从事的交易行为应当得到保护。

83. 股权纠纷是否存在诉讼时效问题?

最高人民法院的观点是:因为股权关系不仅涉及纠纷当事人,而且还对公司以及其他股东甚至公司债权人等诸多主体产生影响,故因股权归属产生的纠纷应该及时解决;所以在法律没有特别规定的情况下,当股权受到他人侵害时,请求法律保护的诉讼时效应当适用《民法通则》第135条的规定,也就是2年。

但是,根据《最高人民法院关于审理民事案件适用诉讼时效制度若干问题的规定》,基于投资关系产生的缴付出资请求权,是不适用诉讼时效规则的。因此,股东的出资义务不会因为过了诉讼时效而不需要履行。

84. 公司不办理股权转让手续,股东应该怎么办?

公司不及时变更股东名册和到工商行政管理部门进行变更登记的,股权转让方和受让方均可以公司为被告提起办理转让手续请求之诉。转让合同中约定转让方有协助义务而转让方不予协助的,受让方可以将转让方和公司作为共同被告。

◎【案例37】这七十万元到底是不是股权转让款?

2005年3月2日,陈穗华向原审法院提起诉讼,诉称:邹剑英是肇庆市金基金属塑料有限公司(以下简称金基公司)的股东,2003年4月,邹剑英与叶志强各出资250,000元成立金基公司,各占50%的股份。2004年8月,经协商,邹剑英同意将其持有的金基公司50%的股权转让予陈穗华,口头约定转让金为1,000,000元,陈穗华先付700,000元,待股权转让手续办妥后再付300,000元。金基公司的另一股东叶志强亦同意邹剑英转让股权予陈穗华。2004年9月4日及13日,陈穗华分别将500,000元、200,000元通过银行转账予邹剑英。但邹剑英收取700,000元后,既不办理股权转让手续,亦不肯将款项退回。故起诉请求判令邹剑英退还股权转让金700,000元及支付自2004年9月13日起的利息。

另查明:金基公司由叶志强与邹剑英各出资250,000元组建,至诉讼时未变更股权。叶志强与陈穗华是夫妻关系,雷冰川是金基公司监事。

法院认为:对于陈穗华在2004年9月4日、13日转账予邹剑英的700,000元的性质,陈穗华认为是股权转让款,邹剑英认为是与金基公司无关的另外一家公司退款。双方并没有就金基公司股权转让签订书面协议,亦没有关于叶志强与邹剑英开办公司及分配款项的书面材料,陈穗华的陈述有雷冰川的证言相印证,而邹剑英的陈述并没有证据材料可以证实。法院认定上述700,000元是陈穗华向邹剑英购买股权的款项,邹剑英收取款项后没有办理股权变更手续,双方的约定应予解除不再履行,陈穗华要求退回款项并计算利息的请求,法院予以支持。依照《合同法》第94条第(4)项、第97条的规定,判决:邹剑英应于判决发生法律效力之日起10日内返还股权转让款700,000元及以欠款从2004年9月13日起至判决确定之付款日止按中国人民银行同期贷款利率计算的利息予陈穗华。

邹剑英不服原审法院上述判决,提起上诉。二审法院对原审法院认定的事实予以确认,驳回上诉,维持原判。

85. 优先购买权行使过程中需要注意的问题有哪些?

优先购买权是法律规定股东在同等条件下对其他股东拟对外转让的股权享有优先购买的权利,是一种为保证有限责任公司人合性而赋予股东的权利。其他股东行使优先购买权,并不影响股东的处分权,只是影响合同的履行。因合同无法履行,一方或双方为履行合同而遭受的损失应该由双方共同承担;因为双方都应该对此结果有预见,除非在合同中明确约定排除此种情况下责任的承担。

◎【案例38】股东擅自处分股权效力如何?

某公司系由原告与被告陈某2位自然人股东发起设立的有限责任公司,公司的注册资本金为200万元。其中原告认缴出资80万元,被告陈某认缴出资120万元,被告陈某系某公司的法定代表人。2011年1月31日陈某私自签订以某公司作为甲方(出让方)、黄某、黄某1作为乙方(受让方)转让协议书一份。协议约定甲方有意将其所属的占100%股权的转让公司按本协议规定的条款和条件转让给乙方,乙方愿意按同样的条件受让转让公司。并且陈某对黄某隐瞒了其实际只有60%股权的情况。法院认为,被告陈某作为某公司的股东之一,其当然享有股份的转让权。但作为设立人之一,被告陈某仅有权处分其所持有的股份,而无权处分原告所持有的股份。作为股权转让方,当其打算将标的公司的投资部分予以变更之时,务必召开出资方本公司的股东大会或者董事会,并作出同意出让及出让多少的表决,才能使股权转让行为产生法律效力。而本案中原告本人明确表示要求确认无权处分人与相对人所签订的股权转让协议无效。据此本院认为被告陈某擅自处分原告所持股权的行为无效。

另外，根据公司法的相关规定，股东向股东以外的人转让股权，应当经其他股东过半数同意；经股东同意转让的股权，在同等条件下，其他股东有优先购买权。但被告陈某在转让其持有的股份之时，并未经过某公司另一股东原告的同意，某公司也未形成过有关被告陈某转让股权的股东会决议；且在被告陈某与非股东订立股权转让合同之时，也未将股权转让合同中的价格或者其他主要条件告知其他股东，故被告陈某转让其股份给非股东的行为显然侵犯了原告作为股东享有的优先购买权。

故法院判决：确认被告陈某与被告黄某、被告黄某1于2011年1月31日所签订的《公司转让协议书》无效。

以下几个问题需要进一步说明：

(1)股权转让经过其他股东半数同意，但未告知转让条件时，效力如何？

也就是当股权转让经过其他股东过半数同意，但转让股东未将转让条件告知其他股东，或者实际转让价格低于告知的价格条件的情况。《公司法》规定有限责任公司股东转让股权须经其他股东过半数同意。但是，对于股权转让而言，并非经过其他股东过半数同意了，转让股东就可以任意转让股权而不受限制，而是保证其他股东行使优先购买权的可能性(如告知转让条件，给予必要的合理考虑期限)。如果转让股东未履行或者不适当履行上述义务，将导致其他股东的优先购买权事实上被架空，从而严重损害其他股东的法定权利，此时其他股东应可以参照《合同法》第74条规定，申请人民法院对该股权转让合同予以撤销。人民法院判决撤销后，请求撤销的股东应以被撤销的股权转让合同中约定的转让价格或者实际的股权转让价格购买股权。

对此，《公司法司法解释四》第21条明确规定：(A)有限责任公司的股东向股东以外的人转让股权，未就其股权转让事项征求其他股东意见，或者以欺诈、恶意串通等手段，损害其他股东优先购买权，其他股东主张按照同等条件购买该转让股权的，人民法院应当予以支持，但其他股东自知道或者应当知道行使优先购买权的同等条件之日起30日内没有主张，或者自股权变更登记之日起超过1年的除外。(B)前款规定的其他股东仅提出确认股权转让合同及股权变动效力等请求，未同时主张按照同等条件购买转让股权的，人民法院不予支持，但其他股东非因自身原因导致无法行使优先购买权，请求损害赔偿的除外。(C)股东以外的股权受让人，因股东行使优先购买权而不能实现合同目的的，可以依法请求转让股东承担相应民事责任。

(2)在股东同意程序中同意转让的股东能否享有优先购买权?

《公司法》第71条第3款规定,经股东同意转让的股权,在同等条件下,其他股东有优先购买权。此处的"其他股东"单从文义解释,是指除拟转让股东以外的公司股东;再辅以体系解释方法,联系第71条中其他各款中"其他股东"的涵义,亦作此解。异议股东行使优先购买权自无疑义,问题是"其他股东"中的同意股东能否主张优先购买权。有观点认为,如果赋予已经同意转让的股东以优先购买权,那么有违于法律本旨,无异于允许股东反复无常,有害于交易快速便捷地进行。另有观点认为不可一概而论:股东在股东同意程序中同意转让,只表示该股东对于拟出让股东将其股权以一定条件向特定第三人转让的认可,并不等同于该股东同意由其他股东来获取上述股权。因为,股权在股东内部的转让会对原有公司的持股比例产生影响。故此,在股东同意程序通过之后,若没有异议股东行使优先购买权则同意股东不得主张优先购买权;但若有异议股东行使优先购买权则同意股东基于维持持股平衡的考虑可以主张优先购买权。

(3)拟转让股东是否必须向主张优先购买权的股东转让股权?

不是的。法律只是部分限制了拟转让股东选择转让对象的自由,而未剥夺拟转让股东选择是否转让股权的自由。拟转让股东愿意向第三人出让股权并不意味着其也愿意以"同等条件"向其他股东转让股权。因此,其他股东并不能凭借优先购买权而当然取代第三人成为股权转让协议中的受让方。只要拟转让股东放弃股权转让,其他股东的优先购买权自然就落空了。如果股东半数以上不同意转让,《公司法》第71条第2款规定,不同意的股东应当购买该转让的股权,这里规定的是异议股东的购买义务,而不是拟转让股东的义务。在这种情况下,拟转让股东只要不再坚持转让,就仍有权保留自己原有的股权。

对此,《公司法司法解释四》第20条作出了明确规定:有限责任公司的转让股东,在其他股东主张优先购买后又不同意转让股权的,对其他股东优先购买的主张,人民法院不予支持,但公司章程另有规定或者全体股东另有约定的除外。其他股东主张转让股东赔偿其损失合理的,人民法院应当予以支持。

(4)作为股东优先购买权行使条件的"同等条件"应当如何理解?

对于"同等条件"的确定标准,我国《公司法》并没有明确规定。学说上有"相对同等说""绝对同等说"和"折中说"。其中折中说较为合理,认为买卖合同中涉及出卖人利益的是价格条件和价款支付的条件。因此,价格和价款支付条件是理所当然的同等条件。实际上，股权作为股东持有的财产属性也不容忽视，当股东决意通过转让股权从而退出公司时，能够体现股权价值的当属价格和价款支付条款了。

对此，《公司法司法解释四》第18条及第22条对“同等条件”作出了解释。对“同等条件”的判断，应当考虑转让股权的数量、价格、支付方式及期限等因素。如果是通过拍卖向股东以外的人转让有限责任公司股权的，还要根据相关法律、司法解释来确定；如果是在依法设立的产权交易场所转让有限责任公司国有股权的，还可以参照产权交易场所的交易规则。

（5）优先购买权有没有行使期限？

有的。首先，优先购买权是半数以上股东同意转让股权的情况下，异议股东所拥有的权利。《公司法》第71条规定：“股东应就其股权转让事项书面通知其他股东征求同意，其他股东自接到书面通知之日起满30日未答复的，视为同意转让。”也就是说，异议股东必须要在30日内表明异议，才有可能获得优先购买权。其次，根据《公司法》第72条，人民法院依照法律规定的强制执行程序转让股东的股权时，应当通知公司及全体股东，其他股东在同等条件下有优先购买权。其他股东自人民法院通知之日起满20日不行使优先购买权的，视为放弃优先购买权。

对此，《公司法司法解释四》第19条作出了明确规定：有限责任公司的股东主张优先购买转让股权的，应当在收到通知后，在公司章程规定的行使期间内提出购买请求。公司章程没有规定行使期间或者规定不明确的，以通知确定的期间为准，通知确定的期间短于30日或者未明确行使期间的，行使期间为30日。

◎【案例39】超过期限，有权亦同虚设

原告李伟诉称：原告系原汝城钨矿职工。该矿在破产清算过程中，成立了破产重组企业筹备组和汝城钨矿重组企业汝城县鑫矿矿业有限公司（以下简称鑫矿公司）。筹备组7名成员并未实际出资，其股东身份是履行其筹备组工作的职务行为，二被告是筹备组7名成员之一，而鑫矿公司是用来专门安置汝城钨矿破产下岗职工及接受汝城钨矿破产后的有效资产。原告于2003年出资3万元购买了鑫矿公司的原始股权并与鑫矿公司签订了股权认购协议，正式成为鑫矿公司股东。2007年1月12日，被告李修坤在原告毫不知情的情况下，将其依职务行为挂名持有的27万元鑫矿公司全部股权转让于被告李永健。原告认为，被告李修坤只是挂名股东，并无处分权利，所以，两被告之间的股权转让行为应属无效。

法院认为,被告李修坤的股东身份在2002年12月6日即经工商登记,一直到股份转让变更登记止,在法律上完全具备股东合法地位,其出资瑕疵并不能否认其股东身份及拥有的股份。且本案被告李修坤至多侵犯的是原告的股份转让优先购买权。按《公司法》第71条的规定,在股份转让中,其他股东自接到通知之日起满30日答复,未答复的,视为同意转让。本案中原告自知被告股权转让的时间已远远超过此合理期限了。实际从2007年12月原告与李永健签订转让合同的行为也可看出,原告早已放弃了该项权利了。更何况,原告股东身份并未进行工商登记,其优先购买权并不能对抗被告李永健的受让行为。所以,被告也未侵犯原告的优先购买权。综上,本案原告之诉求既无事实依据也无法律依据。最终,法院判决驳回原告李伟的诉讼请求。

(6)股东能否部分行使优先购买权?

对于这个问题,《公司法》没有明确作出规定。对此,最高人民法院2016年的《公司法司法解释(四)》(征求意见稿)第24条第2款曾提出,“有限责任公司的股东向股东以外的人转让股权,其他股东主张优先购买部分股权的,不予支持,但公司章程另有规定的除外”。但在2017年9月1日施行的《公司法司法解释四》中并未出现这条规定。

(7)数个异议股东要求购买股权,如何处理?

在股东同意程序中,异议股东人数如果未达到法定要求,拟转让股东对外转让股权便获得通过;异议股东人数如果达到法定要求,拟转让股东即不得对外转让股权。在后一种情况下,异议股东负有购买股权的义务,对于数个异议股东如何履行购买股权的义务,《公司法》未作规定。但《公司法》第71条第2款对于数个股东主张优先购买权的处理予以了明确,即两个以上股东主张行使优先购买权的,协商确定各自的购买比例;协商不成的,按照转让时各自的出资比例行使优先购买权。那么,数个异议股东履行受让股权义务也可以参照此执行。

86. 股权转让后是否仍然可以行使盈余分配请求权?

所谓盈余分配请求权,是指股东具有按照其出资或者所持股份取得股利,向公司要求分配公司盈余的权利。盈余分配请求权是股东基于其股东资格和地位而固有的一项权利。股权转让后股东即不再享有盈余分配请求权。

但是,对于股权转让前股东会已经决定分配的利润,是可以与股东资格分离的,股东在转让股权时可以约定不转让给受让人。此时,原股东虽然已经丧失股东资格,仍然可以要求公司给付该部分分红款。

87. 瑕疵出资股东股权转让的效力如何？

瑕疵出资股东的股权转让行为必须符合一定的条件才发生效力。如果转让方在与受让方签订股权转让合同时，将自己出资不足的事实如实相告，而受让方仍然受让此股权，则股权转让合同有效，受让人不能以瑕疵出资为由对合同效力提出抗辩；相反，如果受让方在签订股权转让合同时，不知道转让方的出资不足，则受让方有权以被欺诈为由请求撤销或者变更股权转让合同。

◎【案例40】瑕疵股东的股权也可以转让

2005年6月7日，经工商局核准成立重庆市万州区董家歇凤泡菜有限责任公司（现更名为重庆市万州区歇凤泡菜有限责任公司，以下简称歇凤泡菜公司），注册资金为20万元。2006年9月6日歇凤泡菜公司召开股东会，股东会决议载明：经全体股东大会决议，同意将公司注册资金由20万元增加到500万元。

2008年5月1日，经过股东大会决议，歇凤泡菜有限责任公司部分股东分别与何建刚签订股权转让协议，其中陈步金与何建刚签订股权转让协议约定：陈步金将其持有的该公司5%的股权转让给何建刚，双方确定的转让价格为人民币25万元等。

后何建刚逾期未给付股权受让金，陈步金遂起诉，向法院主张何建刚承担违约责任并赔偿自己损失。法院认为股权转让合同为有效，对于陈步金主张本院予以支持。作为抗辩，何建刚主张陈步金在取得股权时，未支付对价，构成了虚假出资，请求法院驳回陈步金诉讼请求。法院认为，因诸多证据均能证明该公司注册资金由20万元增加到500万元时，出资480万元注册资金是属实。即使各股东有抽逃出资的行为，也不能否认其股东资格，应由公司向各股东主张其权利，此行为不影响股权转让协议效力，因此，对于何建刚此主张该院不予采信。该院遂判决何建刚在判决生效之日起10日内支付陈步金股权转让金25万元及资金占用费。

上诉人何建刚不服一审判决，提起上诉。诉称彭德军等九人的行为属虚假出资行为，没有实际履行增资480万元的义务，其结果必然导致之后的股权转让合同均为无效，请求撤销原判，依法驳回陈步金的诉讼请求。二审法院认为，虚假出资行为是指股东自始至终没有及时足额履行出资义务，且发生在公司未成立之前。根据何建刚在一审中提交的证据可以确认歇凤泡菜公司注册资金由20万元增加到500万元，歇凤泡菜股东九人有足额增资的行为，且该行为发生在公司成立之后，与虚假出资行为发生在公司成立之前的特征不相符合，故此九人增资的行为应不属虚假出资的性质，何建刚上诉称彭德军等九人的行为系虚假出资行为的理由不能成立,不予支持。并且根据我国公司法的相关规定,即使各股东有虚假出资或抽逃出资的行为,在公司章程对此没有特别规定的情况下,是不影响其股东资格和股东就股权转让协议的效力的。如果公司认为股东未履行或未完全履行出资义务构成虚假出资和在足额出资之后又抽逃出资侵犯了公司权利的,应由公司或足额出资的股东要求未履行或未完全履行出资和足额出资后抽逃出资的股东履行出资义务或补足其出资,但不能以此为由否定股东转让其股权的合同效力。因此,上诉人何建刚上诉称本案所涉协议为无效的理由不能成立,法院最终判决驳回上诉,维持原判。

88. 股东变更登记是否可以随时进行?

股东变更登记在一些特殊时段内是受到限制的。根据《公司法》第139条第2款规定:股东大会召开前20日内或者公司决定分配股利的基准日前5日内,不得进行前款规定的股东名册的变更登记。但是,法律对上市公司股东名册变更登记另有规定的,从其规定。

89. 发起人、董事、监事、高管的股权转让受到哪些限制?应履行什么义务?

根据《公司法》第141条:发起人持有的本公司股份,自公司成立之日起1年内不得转让。公司公开发行股份前已发行的股份,自公司股票在证券交易所上市交易之日起1年内不得转让。公司董事、监事、高级管理人员应当向公司申报所持有的本公司的股份及其变动情况,在任职期间每年转让的股份不得超过其所持有本公司股份总数的25%;所持本公司股份自公司股票上市交易之日起1年内不得转让。上述人员离职后半年内,不得转让其所持有的本公司股份。公司章程可以对公司董事、监事、高级管理人员转让其所持有的本公司股份作出其他限制性规定。

但是,股权禁止转让期内达成的转让协议并不当然无效。当事人在法律规定的禁止转让期内达成股权转让的合意,并约定在禁止转让期届满之后进行实际转让,不违反公司法的禁止性规定,应认定为有效。

◎【案例41】股权转让的三年限制期如何起作用?

江山公司与港口公司于2004年6月17日签订一份买卖合同,约定:江山公司向港口公司购买不锈钢板513吨,总价款1000.35万元,江山公司预付货款980万元,如港口公司不能按时交货,应当全额退款,如不能退款,则以其拥有的文峰公司607.04万股股权抵偿。买卖合同签订后江山公司按月支付了预付款，但港口公司未能交付货物，也无力退还预付款。10月30日，港口公司股东会决议统一按照买卖合同的约定以文峰公司股权抵偿欠款，并与江山公司签订了股权抵债协议。协议约定港口公司以其拥有的文峰公司4.45%的股权抵偿所欠江山公司980万元的货款，双方于12月27日起办理股权交割过户的正式手续，在此之前由江山公司对港口公司的股份进行托管等。

另查明，文峰公司系股份有限公司。港口公司与江山公司签订股权抵债协议时文峰公司成立未满3年。

后港口公司认为，根据《公司法》(2005年修订之前)第147条“(股份有限公司)发起人持有的本公司股份，自公司成立之日起3年内不得转让”的规定，认为其与江山公司签订的股权抵债协议无效，拒绝办理股权过户手续。江山公司为此诉至法院，要求判令港口公司按约办理股权过户。

江苏省南通市中级人民法院依照《合同法》《公司法》的相关规定，认为虽然股权抵债协议签订时港口公司成立不满3年，但直到江山公司起诉时，3年已经期满，协议可以履行，3年的限制转让期不成为协议无效的原因。法院判决：港口公司所持有的文峰公司的607.04万股股份归江山公司所有。在判决生效之日起一个月内，港口公司与江山公司依法办理该股份过户的手续。

90. 如何认定“阴阳”股权转让合同的法律效力？

所谓“阴阳合同”，是指一份是对外公开的“阳合同”，通常情况下该合同并不表示当事人的真实意思；另一份是仅存在于当事人内部的“阴合同”，这才表示当事人的真实意思。阴阳合同在内容上，尤其是转让价格条款上往往存在很大差别。下面分别来看阳合同、阴合同的法律效力：

阳合同由于属于当事人之间恶意串通，所以，如果存在损害他人利益的情形，根据《合同法》第52条第2款，不论是股权转让合同当事人还是当事人之外的第三人都可以申请确认该合同无效；即便没有损害第三人利益，理论上也属于当事人之间的通谋虚伪表示，原则上也是无效的。阳合同被确认无效后，根据该合同所做出的一系列有关行为也应予以纠正，比如撤销工商登记变更。但是，不能对抗善意第三人。

阴合同由于是当事人之间的真实意思表示，在处理股权转让当事人内部纠纷时，只要没有其他无效因素，一般应认定为有效。但对于当事人之外的第三人能否对该合同提出异议，要具体分析。对于为了阻止其他股东的优先购买权而签订的阴合同,其他股东有权向人民法院申请撤销;对于仅仅为了回避工商登记、逃税而签订的阴合同,则不应否认合同的法律效力,但要根据合同重新办理工商登记或者补缴税款。

91. 有限责任公司股权转让导致股东人数超过50人应该如何处理?

根据我国《公司法》规定,有限责任公司应由50个以下的股东出资设立。但在股权转让过程中很可能会导致股东人数超过50人。遇到此种情况,首先,不能因此认定股权转让合同无效;其次,当因股权转让导致股东人数超过法定限制时,应由公司根据股权转让后的新情况和公司的资本实力将有限责任公司变更登记为股份有限公司,倘若股东仍愿意维持有限责任公司,股东可借助信托制度或者代理制度将公司的名义股东控制在50人以内。

92. 有限责任公司股东相互之间转让股权是否要看其他股东脸色?

有限责任公司股份的转让分两种情况:根据《公司法》第71条规定,有限责任公司股东向股东以外的人转让股权,应当经其他股东过半数同意,而“有限责任公司的股东之间可以相互转让其全部或者部分股权”。也就是说,有限责任公司股东之间转让股权,因为不违背作为有限责任公司基础的人合性特征,故不需要经过其他股东的同意。

◎【案例42】这种股权转让可以自己做主

李立君与张立娟是夫妻关系。2006年6月,李立君与张晓薇和案外人房广福共同出资成立了北京博瑞森木业有限公司(以下简称博瑞森公司),张晓薇为法定代表人。2010年2月26日,李立君、张立娟与张晓薇、艾旭东签订了《股权转让协议书》(以下简称协议书),约定李立君、张立娟将其持有的博瑞森公司股权转让给张晓薇、艾旭东,转让款为18万元,张晓薇、艾旭东应于2010年12月31日前付清全部转让款,逾期支付,每天支付3‰的违约金。张晓薇、艾旭东至今未支付股权转让款,故李立君、张立娟诉至法院,请求判令张晓薇、艾旭东支付李立君、张立娟股权转让款18万元及至实际给付全部股权转让款时的违约金。

张晓薇、艾旭东在一审中答辩称:因为该案涉及2010年2月签订的股权转让协议书,虽真实但没有公司召开股东会情况下作出的,无法发生法律效力,属无效协议,建议法庭驳回李立君、张立娟的诉讼请求。

一审法院审理查明:李立君与张立娟于2002年1月30日登记结婚,张晓薇与艾旭东于2003年1月20日登记结婚。2006年6月21日,博瑞森公司注册成立,注册资本为200万元。李立君登记的出资为30万元,张晓薇登记的出资为122万元,案外人房广福登记的出资为48万元。2010年2月26日,李立君、张立娟与艾旭东、张晓薇签订协议书,李立君与张立娟同意将持有的公司15.79%的股权转让给张晓薇与艾旭东,转让款18万元;张晓薇与艾旭东应当于协议书生效之日起至2010年12月31日前将协议规定的股权转让款全部支付给李立君与张立娟。协议签订后,张晓薇、艾旭东未支付股权转让款,李立君、张立娟亦未将股份过户给张晓薇、艾旭东。

一审法院判决认定:《公司法》第71条规定,有限责任公司的股东之间可以相互转让其全部或者部分股权。李立君、张立娟与张晓薇、艾旭东自愿建立的股权转让合同关系合法有效,双方均应恪守履行。李立君在博瑞森公司章程中登记的股权比例为15%,在协议书中其股权比例为15.79%,法院予以确认。李立君、张立娟协助张晓薇、艾旭东办理股权转让手续的时间没有进行约定,故李立君、张立娟未办理股权转让变更登记不影响张晓薇、艾旭东履行支付股权转让款的义务。张晓薇、艾旭东至今未支付股权转让款的行为构成违约,依法应当承担继续支付并支付李立君、张立娟逾期付款的违约金的责任。

最终,一审法院判决:张晓薇、艾旭东给付李立君、张立娟股权转让款18万元,并支付李立君、张立娟违约金。

李立君、张立娟及张晓薇、艾旭东均不服一审法院上述民事判决,向本院提起上诉。二审法院经审理查明的事实与一审法院查明的事实一致。遂驳回上诉,维持原判。

93. 股权转让中受让人何时取得股东资格?

根据转让人和受让人的约定,受让人可能在以下时点取得股东资格:

(1)合同生效即成为公司股东。转让合同生效意味着原股东退出了公司,新股东加入了公司。

(2)变更取得。新股东不但要履行转让合同约定的各项义务,关键还要依照公司登记管理的有关规定办理股东变更登记手续方可取得股东资格。

(3)履行付款义务即取得股东资格。新股东成为公司的股东关键是要看是否按照转让合同的约定履行了付款义务。只要其将股权转让款支付给原股东,其必然顶替了原股东在公司中的地位,成为新股东。

(4)依法取得股东资格。根据《公司法》等法律规定,成为新股东必须经过法定程序,如进行公示,或者必须经有关部门审批方可成为股东的,则需办理法定审批手续。

94. 名义股东转让股权的效力如何?

也就是隐名投资人的股权转让问题。这里,应该分为两个方面讨论:

(1)实际出资人转让股权

实际出资人是股权的真正权利人,其转让出资,一般不存在转让行为效力的问题。但是由于其隐名特征,实际出资人转让的股权涉及对名义股东的处置问题,从而导致以下两种结果:①受让人对所受让的股权不愿显名化,则接受原名义股东为受让股权的显名股东。此时需要在股权转让协议之外再在受让人和名义股东之间达成另一种协议。②如果受让人要求直接成为公司的显名股东,有可能会产生纠纷。此时向公司及名义股东主张成为股东的主体,应该是作为出让人的实际出资人,而非受让人。

(2)显名股东未经实际出资人同意转让股权

显名股东未经实际出资人同意擅自将股权转让给他人,则其行为属于无权处分,其转让行为在效力上即存在瑕疵,经实际出资人追认才有效。但是,若第三人善意受让,即第三人对股权非名义投资人所有的事实不知情,并且与显名股东实施了股权转让行为。在此情况下,第三人受让股权实属善意,则实际出资人不得主张股权转让无效,但可向名义投资人主张侵权,请求损害赔偿。当然,若第三人非善意,则其与显名股东之间的股权转让行为只有经过实际出资人的追认方为有效。

◎【案例43】他可以转让股权吗?

2004年5月11日,杜韩忠、张海英、马中飞与、宋玉琳、江颖民、苏耀民、熊旺林、金敏伟约定共同出资建立广州市白云区清水居网络咖啡厅公司,合作项目为广州市白云区清水居网络咖啡厅。苏耀民、江颖民参与了清水居的经营,金敏伟入股清水居,任总经理,负责日常管理。此后不久,孙克智、黄伶俐退出经营。

2005年8月,金敏伟退股。2004年9月16日,江颖民、苏耀民与马中飞、熊旺林、杜韩忠、张海英、宋玉琳签订《股东协议》,约定:马中飞用14万元购买被上诉人苏耀民在咖啡厅的股份,同时将广州市越秀区金橹西餐厅10%的股份作价10万元卖给原审第三人张海越、杜韩忠、江颖民。2005年4月29日,马中飞向苏耀民支付转让款4万元中的1万元,苏耀民向马中飞出具收据一张,确认收到该款。马中飞至今未向苏耀民或江颖民支付余款3万元。

另查明，广州市白云区清水居网络咖啡厅的公司章程中记载的股东为马中飞、江颖民、张海英、杜韩忠、孙克智。在企业变更登记申请书记载的出资人有马中飞、江颖民、张海英、杜韩忠、宋玉琳、黄伶俐、江颖民、孙克智。2006年2月16日，该咖啡厅办理了变更登记，工商行政管理部门的登记资料显示该咖啡厅的现有股东情况为黄伶俐、张海英、孙克智、宋玉琳、江颖民。

法院认为，工商登记资料显示清水居咖啡厅的股东为马中飞、江颖民、张海英、杜韩忠、孙克智，但江颖民与苏耀民、马中飞与金敏伟在庭审中均确认股权转让时四人与熊旺林、杜韩忠、张海英、宋玉琳为该咖啡厅的实际股东；虽然工商登记资料中没有登记苏耀民，但该咖啡厅向苏耀民出具了出资收据并且参与了该咖啡厅的经营，因此，苏耀民是该咖啡厅的隐名股东。江颖民、苏耀民在股东内部转让其股权，全体股东均一致同意由马中飞受让，因此，该转让行为有效。马中飞对于在2005年9月16日的股东协议中的承诺应该遵守，支付被上诉人苏耀民余款3万元及迟延履行期间的利息。综上所述，法院参照《公司法》第72条，依照《民事诉讼法》第84条、第130条之规定，判决上诉人马中飞给付被上诉人苏耀民3万元及利息。马中飞不服上述判决，提起上诉，二审法院经审理，驳回上诉，维持原判。

95. 有限责任公司异议股东在什么条件下可以要求公司收购其股份？

根据《公司法》第74条，有下列情形之一的，对股东会该项决议投反对票的股东可以请求公司按照合理的价格收购其股权：(1)公司连续5年不向股东分配利润，而公司该5年连续盈利，并且符合本法规定的分配利润条件的；(2)公司合并、分立、转让主要财产的；(3)公司章程规定的营业期限届满或者章程规定的其他解散事由出现，股东会会议通过决议修改章程使公司存续的。

自股东会会议决议通过之日起60日内，股东与公司不能达成股权收购协议的，股东可以自股东会会议决议通过之日起90日内向人民法院提起诉讼。

◎【案例44】公司出卖主要财产，异议股东怎么办？

原告郭某系被告华商公司的股东，其以货币出资420万元持有华商公司12%的股权。

2008年1月4日，郭某自北京京辰房地产投资有限公司处得知，华商公司大股东北京市大兴经济开发区开发经营总公司和北京生物工程与医药产业基地开发经营中心已经于2007年11月21日召开了股东会，并盖章签署了《北京华商职业有限公司股东会决议》，决议“出售部分厂房偿还贷款以缓解资金压力”。

2007年11月22日,华商公司与北京金海虹氮化硅有限公司签订了厂房租售合同,约定北京金海虹氮化硅有限公司购买华商公司开发的标准厂房北楼,房屋建筑面积5248.11平方米,单价为3300元/平方米。

2008年1月9日,郭某根据我国《公司法》第75条的规定向华商公司提出以合理的价格回购其持有的股权的要求,但被华商公司拒绝。郭某认为,华商公司出售作为公司主要资产的厂房,损害了小股东权益,于是诉至法院,请求判令华商公司以人民币501万元收购其持有的股权。

法院经审理认为,华商公司通知其股东于2007年11月21日参加股东会会议时,没有有效地通知郭某,致使其无法在股东会会议上行使自己的权利。

另查明,协议中约定出售的房产是华商公司进行日常经营活动所必需的物质基础,应属于华商公司的主要财产。故对华商公司有关"华商公司转让的房产不是公司主要财产、亦不属于公司法规定的转让主要财产的行为,转让的财产不会影响公司设立的目的及存续,是最大限度地维护公司和全体股东利益"的答辩理由不予采纳。

综上,依照《公司法》第75条第1款、第75条第1款第2项,《民事诉讼法》第64条第1款的规定,判决:一、被告华商公司应按照合理价格收购原告郭某的股权;二、驳回原告郭某的其他诉讼请求。

96. 股份公司可以回购股东的股份吗?

对于股份有限公司而言,公司不得收购本公司股份。但是,有下列情形之一的除外:

(1)减少公司注册资本;

(2)与持有本公司股份的其他公司合并;

(3)将股份奖励给本公司职工;

(4)股东因对股东大会作出的公司合并、分立决议持异议,要求公司收购其股份的。

公司因前述第(1)项至第(3)项的原因收购本公司股份的,应当经股东大会决议。公司依照前述规定收购本公司股份后,属于第(1)项情形的,应当自收购之日起10日内注销;属于第(2)项、第(4)项情形的,应当在6个月内转让或者注销。公司依照前述第(3)项规定收购的本公司股份,不得超过本公司已发行股份总额的百分之五;用于收购的资金应当从公司的税后利润中支出;所收购的股份应当在1年内转让给职工。

另外,股份公司不得接受本公司的股票作为质押权的标的。

97. 股权转让价格如何合理确定?

一般来讲,有两种确定股份价格的方式:一是双方协商确定价格,二是价值评估。顾名思义,前者由转让方和受让方协商确定;后者由当事人委托或法院指定具有法定资质的资产评估机构评估目标公司的股权价值,从而确定转让价格。

98. 股权转让发生纠纷,对方聘请律师来调查或索要资料时一定要配合吗?

答:不需要。如果对方律师没有法院发出的调查令,对其调查行为可以不予配合。

第五章　股东实施不当行为可能承担什么责任？

99. 虚假出资可能导致哪些法律责任？

股东应按期足额缴纳出资。所谓虚假出资，即股东在出资过程中未交付或未足额交付货币、实物、财产所有权的行为。虚假出资可能导致股东对公司内部承担责任或公司外部的责任。

对于有限责任公司，首先，根据《公司法》第 28 条第 2 款，该股东要对公司承担差额补充责任，即应补缴所应该缴纳的出资，同时，该股东还应该向已按期足额缴纳出资的股东承担违约责任；其次，对于公司的债务，根据《公司法司法解释（三）》第 13 条第 2 款，经公司债权人请求，“未履行或者未全面履行出资义务的股东”将在“未出资本息范围内对公司债务不能清偿的部分承担补充赔偿责任”。

对股份有限公司，首先，《公司法》第 83 条第 1 款规定，“以发起设立方式设立股份有限公司的，发起人应当书面认足公司章程规定其认购的股份，并按照公司章程规定缴纳出资。以非货币财产出资的，应当依法办理其财产权的转移手续”；其次，《公司法》第 83 条第 2 款规定，“发起人不依照前款规定缴纳出资的，应当按照发起人协议承担违约责任”；再次，对于公司债务所可能承担的责任，与有限责任公司的情况相同，同样根据《公司法司法解释（三）》第 13 条作出处理，即在“未出资本息范围内对公司债务不能清偿的部分承担补充赔偿责任”；最后，依据《公司法司法解释（三）》第 6

条,对于“认股人经公司发起人催缴后在合理期间内仍未按期缴纳所认股份的股款”,“公司发起人对该股份另行募集的”,该募集行为有效,且认股人需要就延期缴纳股款给公司造成损失承担赔偿责任。

100. 股东、发起人、董事、高级管理人员及实际控制人会因为个别股东虚假出资而承担责任吗?

股东虚假出资可能导致其他股东、发起人、董事、高管等的法律责任。

(1)有限责任公司设立时的其他股东(发起人):根据《公司法》第30条,作为有限责任公司出资的非货币财产的实际价额显著低于公司章程所定价额的,公司设立时的其他股东应当对此承担连带责任。此外,依据《公司法司法解释(三)》第13条第3款:“股东在公司设立时未履行或者未全面履行出资义务,依照本条第一款或者第二款提起诉讼的原告,请求公司的发起人与被告股东承担连带责任的,人民法院应予支持;公司的发起人承担责任后,可以向被告股东追偿。”

(2)股份有限公司的发起人:根据《公司法》第93条,股份有限公司的发起人未按照公司章程的规定交付出资的,其他发起人应当承担连带责任。作为设立公司出资的非货币财产的实际价额显著低于公司章程所定价额的,应当由交付该出资的发起人补足其差额;其他发起人承担连带责任。

(3)公司的董事、高级管理人员、实际控制人:根据《公司法司法解释(三)》第13条第4款,如果因为董事高级管理人员未遵守法律、行政法规和公司章程,没有尽到忠实义务和勤勉义务而导致股东在公司增资时未履行或者未全面履行出资义务,经公司或其他股东请求,相关董事、高级管理人员要承担相应责任。另外,根据《公司法司法解释(三)》第14条规定,股东抽逃出资的,帮助该股东抽逃出资的其他股东、董事、高级管理人员或实际控制人要承担连带责任。

◎【案例45】跑得了和尚跑不了庙

张某、李某、王某共同出资注册甲股份有限公司,注册资本为1000万元。公司章程规定:李某出资200万元,王某出资500万元,张某100万元货币外加价值200万元的工业产权出资。李某、王某均出资到位,而张某货币资本并未到位,且后经验资机构评估,其作为出资的工业产权仅价值100万元。公司在经营过程中欠乙公司800万元,乙公司多次催要未果,到人民法院起诉甲公司。经调查,甲公司的资产残值仅200万元,不能完全清偿乙公司债务。

在这个案例中,张某负有补缴差额的法律责任,根据《公司法》第93条第1款,其货币出资部分以公司章程而其未缴足的规定的100万元为限,并由李某和张某在此范围内负连带责任。对于非货币出资部分,根据《公司法》第93条第2款规定,张某应当在其未缴足的100万元限额内承担补偿责任,并由张某、李某在此范围内负连带责任。

101. 股东瑕疵出资时其股东权利会受影响吗?

瑕疵出资即出资人违反《公司法》和公司章程的规定,未足额出资或出资的财产权利有瑕疵,不包括根本未出资和履行出资义务后的抽逃出资行为。关于这一点,公司法及《公司法司法解释(三)》中主要有两处规定:

第一,《公司法》第34条规定:"股东按照实缴的出资比例分取红利;公司新增资本时,股东有权优先按照实缴的出资比例认缴出资。但是,全体股东约定不按照出资比例分取红利或者不按照出资比例优先认缴出资的除外。"这表明,股东未全面履行出资义务的,在分配利润或认购新股时原则上只能按照实际缴纳的出资比例行使。

第二,《公司法司法解释(三)》第17条规定:"股东未履行或者未全面履行出资义务或者抽逃出资,公司根据公司章程或者股东会决议对其利润分配请求权、新股优先认购权、剩余财产分配请求权等股东权利作出相应的合理限制,该股东请求认定该限制无效的,人民法院不予支持。"换言之,公司可以根据章程或股东会决议对瑕疵出资股东的一些股东权利进行合理限制。

102. 出资瑕疵股东可否以公司利润弥补出资?

依据《公司法》第37条、第46条的规定,公司利润的分配应由董事会制定分配方案,并经股东会或股东大会审议批准。如果股东会做出了分配利润的决议,股东根据决议内容就对公司享有了股利分配请求权,在股东与公司之间也就产生了现实的债权债务关系。此时,出资不实的股东完全可以其对公司的债权抵销所欠的出资份额;就公司而言,也可以依据合同法的有关规定行使抵销权,直接扣留股东应分得的股利以填补股东所欠出资,但公司已经进入破产程序的除外。

但是,为保护破产企业其他债权人的合法权益,股东对公司享有的破产债权不能与其所欠的出资相抵销。股东应先行补足所欠的出资,然后与公司的其他债权人一并申报债权,享有与其他债权人平等的破产财产受偿权。另外,在没有形成公司股东会的利润分配决议的情况下,股东仅仅以公司已经实际盈利,自己可以分配的利润完全可以弥补所欠出资数额为由主张出资已经实际到位，股东的该主张是不能成立的。

103. 股东抽逃出资会引发哪些法律责任？

抽逃出资，即公司股东在公司成立后将所要缴纳的出资暗中撤回，却仍保留股东身份的行为。根据《公司法司法解释（三）》第12条，以下几种行为会被认定为抽逃出资：制作虚假财务会计报表虚增利润进行分配、通过虚构债权债务关系将其出资转出、利用关联交易将出资转出的或未经法定程序将出资抽回的行为。抽逃出资的股东将承担以下责任：

（1）对公司承担责任：根据《公司法》第3条的公司享有法人财产权的规定，股东抽逃出资构成对公司法人财产权的侵害，公司有权起诉抽逃资金的股东，要求其归还所抽逃的出资。根据《公司法司法解释（三）》第14条规定："股东抽逃出资，公司或者其他股东请求其向公司返还出资本息、协助抽逃出资的其他股东、董事、高级管理人员或者实际控制人对此承担连带责任的，人民法院应予支持。"

（2）对其他股东承担责任：股权平等是公司法规定的重要原则，股东应当按照其出资比例享有利益，而股东抽逃出资后如果仍享有股权利益，显然是对其他股东利益的变相侵占。在此情况下，已足额出资的股东可以依据《公司法》第28条第2款规定，要求抽逃出资的股东承担违约责任。

（3）对公司债权人的债务承担清偿责任：根据《公司法司法解释（三）》第14条第2款，抽逃出资的股东在抽逃出资本息范围内应对公司债务不能清偿的部分承担补充赔偿责任。

（4）行政责任：根据《公司法》第200条，公司的发起人、股东在公司成立后，抽逃其出资的，由公司登记机关责令改正，处以所抽逃出资金额5%以上15%以下的罚款。

（5）刑事责任：根据《刑法》第159条规定，公司成立后抽逃其出资，数额巨大、后果严重或者有其他严重情节的，处5年以下有期徒刑或者拘役，并处或者单处抽逃出资金额2%以上10%以下罚金。

◎【案例46】陈某抽逃出资案

原告某某公司于2002年6月26日经上海市工商行政管理局嘉定分局注册登记成立，注册资本100万元，股东人数为2人，即本案被告陈某、陈某某。其中陈某认缴出资80万元，陈某某认缴出资20万元。注册资本由陈某借资验资，于公司成立后归还。2009年5月4日，法院依据原告债权人某某化工商务(上海)有限公司的申请，裁定受理原告破产案，并依法指定某某律师事务所上海分所为原告管理人。破产清算期间，上海某某会计师事务所有限公司对原告某某公司的净资产进行审计，发现原告某某公司的注册资本未到账，而公司财务记载的其他应收款中明确应收陈某80万元、应收陈某某20万元。

法院认为，股东应当按期足额缴纳章程规定的认缴出资额，如未缴纳出资的，公司有权要求股东履行出资义务。本案两被告在设立原告某某公司时，由他人代为验资，并于公司成立后将注册资金归还，构成抽逃出资。嗣后，两被告未补缴出资，也未曾在认缴出资额限度内对公司债务承担补充赔偿责任，故原告有权要求两被告依法全部履行出资义务。据此，判决被告陈某向原告某某石油化工科技有限公司缴纳出资人民币800,000元；被告陈某某应向原告某某石油化工科技有限公司缴纳出资人民币200,000元。

104. 协助股东抽逃出资的人是否要承担责任？

协助股东抽逃出资的人要承担连带责任：

根据《公司法司法解释(三)》第14条第1款，协助抽逃出资的其他股东、董事、高级管理人员或者实际控制人，经公司或者其他股东请求，应当对抽逃出资股东向公司承担返还出资本息的义务承担连带责任；同时，经债权人请求，协助抽逃出资的其他股东、董事、高级管理人员或者实际控制人，还应当对抽逃出资股东向债权人承担的补充赔偿责任承担连带责任。

105. 缴付出资请求权是否适用诉讼时效？

不适用。也就是说公司、其他股东或者债权人请求应当承担责任的股东和相关人员承担虚假出资责任、瑕疵出资责任、抽逃出资的责任等因为出资不到位而产生的法律责任，其请求权是不适用诉讼时效的。公司拥有充足的资本是其开展正常经营活动的保证，其资产也是其对外承担民事责任的一般担保，因此，足额出资是股东对公司的法定义务。缴付出资请求权是基于股东的法定出资义务而由公司享有的法定债权请求权，不同于基于当事人合意产生、可以由当事人自由约定处置的意定债权请求权。

不过，值得注意的是，其他承担连带责任的原始股东承担了补足出资的连带责任后，对未缴付出资的股东享有追偿权。该追偿权为债权请求权，适用诉讼时效的规定，应以该原始股东承担缴纳出资的连带责任之日为起算点。

106. 股东是否需要对公司债务承担连带清偿责任?

一般情况下,股东仅以其认缴的出资或认购的股份为限对公司承担“有限责任”。但是,如果发生法人人格否认的情形,股东就需要对公司债务承担连带责任。

所谓公司法人人格否认制度,是指在特定的法律关系中,如果公司股东滥用公司法人人格从事各种不正当行为导致公司债权人受到损害,公司债权人可直接请求股东偿还公司债务,此为英美法上所谓的“揭开法人面纱”。《公司法》第20条第3款规定,公司股东滥用公司法人独立地位和股东有限责任,逃避债务,严重损害公司债权人利益的,应当对公司债务承担连带责任。本制度的目的是通过对事实上已经丧失独立人格特征的法人状态的否定,来暴露隐藏于公司背后的人格滥用者,借此突破股东有限责任的局限性,以使滥用者的责任由有限责任向无限责任复归,保障债权人的利益。

107. 哪些人可以作为公司法人人格否认制度之诉的被告?

公司法人人格否认制度的被告只能是实施了滥用公司人格和股东有限责任的行为的积极的控制股东。换言之,公司法人格否认制度之诉的被告必须是有实质控制能力的股东,且不包括那些没有参与公司经营管理权利的或者有权参与公司经营管理但不能或不愿参与公司经营管理的股东。另外,值得注意的是,公司的董事、经理等高级管理人员不能成为被告,权利人只能根据公司章程和公司法的有关规定追究其责任。

◎【案例47】货款到底去了哪里?

2008年7月4日,北京方正公司(供方)与永超公司(需方)约定:供方向需方提供笔记本电脑。用户为安徽省宿城第一中学。供货后永超公司一直未向方正公司付清余款。永超公司法定代表人为孙超,股东为孙超、朱敏。由于此合同纠纷,北京方正公司诉至法院,认为孙超、朱敏应当对永超公司的债务承担连带责任。

孙超作为永超公司的法定代表人有义务按照规定,通过会计账簿如实、准确地反映公司财产、经营状况等。但法院查明:永超公司收到的货款超出了应付北京方正公司的货款,但却一再声称安徽省宿城第一中学未付清货款,导致其不能付款。这种情况足以使人对孙超转移公司财产为个人占有和对永超公司财产与孙超个人财产相独立产生合理怀疑。该院要求孙超、朱敏在指定期限内提交永超公司的财务会计账,并说明货款的去向,但其未予提供。于是,法院认为北京方正公司对孙超个人财产与永超公司的财产混同,孙超滥用股东独立人格和股东有限责任,逃避公司债务,严重损害债权人利益的主张成立。

另外,法院认为朱敏并不存在滥用公司法律人格的情节:从上述双方签订合同、履行合同、产生纠纷以致诉讼的过程来看,朱敏虽为永超公司的股东,但北京方正公司并无证据证明朱敏参与上述事务。滥用公司法人人格者,一般应为公司的控制股东,在公司握有实质控制能力,实际参与公司经营管理,并对公司的主要决策活动施加影响,使公司丧失独立意志。由于朱敏持有永超公司30%股份,不处于控股地位,且朱敏否认其实际参与公司经营的情况下,北京方正公司亦无充分证据证明朱敏实际控制永超公司经营管理。

法院最后判决:孙超应对永超公司尚欠北京方正公司之欠款以及利息承担连带责任,对于原告其他诉讼请求不予支持。

108. 什么样的行为是滥用公司人格和股东有限责任的行为?

滥用公司人格和股东有限责任的行为主要有以下三类:

(1)资本显著不足

公司财产独立是公司人格的要素之一,与债权人的利益密切相关,资本显著不足可以导致公司法人人格否认规则的适用。资本显著不足,表明股东缺少从事公司经营的诚意,而意欲利用较少资本从事力所不及的经营,利用公司法人人格和有限责任把投资风险转嫁给债权人。但由于该项判断具有模糊性,法院很少单独因为公司资本显著不足而否认公司法人人格,通常与其他因素结合起来考虑,如股东通过不合理的分红、工资抽走资本导致资本不足。

(2)滥用控制行为

具体也包括两种情况:一是间接影响债权人利益的情形,指的是股东对公司过度控制,使公司丧失独立的意志和利益,如子公司向母公司及其他子公司输送利益;二是直接影响到债权人利益的情形,指的是股东违法或不当地逃避对债权人的合同义务,如为了逃避合同上的竞业禁止义务,设立新公司从事活动,或者通过解散公司等方式“脱壳经营”,再以原设备、场所、人员及相同经营目的另设新公司,从而逃避原公司债务等。

(3)人格混同(形骸化)

公司与股东人格混同,是指公司与股东成为同一体,这在一人公司、母子公司中最常见。具体包括的情形有:其一,财产混同,这违背了公司与股东财产独立的原则，表现为公司与股东使用同一办公设施、公司与股东账簿不分、公司与股东收益不作区分等；其二，业务混同，表现为股东与公司从事同一业务且业务的进行不作区分，大量的交易中形式上主体与实际主体不符或无法辨认；其三，组织机构混同，表现为公司与股东在组织机构上存在严重的交叉、重叠，如母子公司间董事会成员和高管完全相同。

◎【案例48】背后的控制公司

法院查明：装饰公司、房屋公司、娱乐公司股权关系交叉，均为关联公司，实际均为沈氏公司出资设立。沈华源作为公司的董事长，同时身兼三公司的法定代表人，利用对三公司的控制权，将装饰公司贷款大量投入娱乐公司的项目；在未办理工商变更登记的情况下，将娱乐公司对装饰公司欠款7392万元和对房屋公司欠款1086万元转为两公司对娱乐公司的投资款。装饰公司、房屋公司、娱乐公司还在同一地址办公、联系电话相同、财务管理人员在一段时期内相同。

综上，法院认为，三个公司存在股权关系交叉、均为统一法人出资设立、由沈华然担任各个公司法定代表人的情况。他利用对于上述三个公司的控制权，无视各公司的独立人格，随意处置、混淆各个公司的财产、债权债务关系。三个公司法人表面上彼此独立，但实质上构成人格混同。因此，损害债权人合法权益，该多个公司法人应承担连带清偿责任。

109. 母公司和子公司在什么时候要为对方的债务承担连带责任？

如上所述，公司法人人格否认的情形主要可以分为：资本显著不足、滥用控制行为以及人格混同。对于母子公司而言，构成法人人格否认情形主要会在母公司滥用对子公司的控制权，利用子公司向其输送利益，以及母公司与子公司之间存在财产混同、业务混同、组织机构混同等，使子公司丧失独立意志。当出现上述母公司与子公司法人人格否认的情形，并因此严重损害公司债权人利益的，依据《公司法》第20条第3款规定，公司债权人可以要求母公司对子公司债务承担连带责任。

◎【案例49】凭什么请求共同承担清偿责任？

四川金融租赁股份有限公司（以下简称金融租赁公司）与四川省移动通信局（以下简称移动通信局）签订融资租赁合同。后金融租赁公司自愿将设备采购事宜全权委托给金租实业公司代为办理，并由金租实业公司垫付全部购货款。1999年3月19日，金租实业公司向建行金河支行借款人民币9000万元。2002年3月4日，建行金河支行、四川移动通信公司（以下简称移动通信公司）、金融租赁公司和金租实业公司签订补充协议,载明:移动通信局与金融租赁公司签订了融资租赁合同。后移动通信局由通信公司继承,金租实业公司与建行金河支行签订贷款合同,并将该合同项下取得的9000万元贷款作为存款全额存入金融租赁公司,由金融租赁公司用于其与移动通信局签署的融资租赁合同项下的设备购置。2002年3月8日、11日,通信公司分别将1220万元和53,992.56元转到金租实业公司在建行金河支行开立的账户上,偿还了金租实业公司部分贷款。同年5月20日,建行金河支行以金租实业公司、通信公司未偿还所余借款本金7775万元及相应利息为由向四川省高级人民法院提起诉讼,请求判令金租实业公司偿还借款本息、通信公司对上述债务承担连带清偿责任。金融租赁公司作为本案第三人参加诉讼。

法院在调查过程中发现:金租实业公司注册资本的2000万元中,由金融租赁公司出资1000万元。曹建希为公司董事长、法定代表人,并任总经理。且曹建希时任租赁公司职员。2001年12月31日金租实业公司在金融租赁公司开立的账户上有8400万元被转出。对8400万元款项划转情况,金融租赁公司拒绝说明。

法院认为:金融租赁公司和金租实业公司是“两块牌子,一套人马”。金租实业公司财务和印鉴保管等人员同时为金融租赁公司的工作人员。且金租实业公司的财务、印鉴保管等工作被金融租赁公司操纵,其法人人格与金融租赁公司混同。2001年12月31日金租实业公司在金融租赁公司开立的账户上有8400万元被转出。可见金租实业公司已无完全控制其资金的能力。鉴于以上事实,金租实业与金融租赁公司构成法人人格混同,金融租赁公司对造成金租实业公司未能按期偿还借款本息负有责任,应与金租实业公司共同偿还建行金河支行借款本息。

110. 一人有限公司的股东需要对公司债务承担连带责任吗?

一人有限公司股东滥用公司独立法人地位和股东有限责任逃避债务,严重损害公司债权人利益的,同样应当对公司债务承担连带责任。一人股东在没有合作伙伴的情况下设立和经营公司,对公司债务承担有限责任,极易导致公司财产和股东个人的财产混淆。一人有限公司股东可以很容易地将公司财产充作私用,以公司名义为自己的目的借贷和担保,有计划地独占公司的财产,欺诈债权人,或者回避合同义务。

于是,《公司法》第63条对一人有限公司股东需要对公司债务承担连带责任的情况作了特殊规定:首先,在诉讼中,一人有限责任公司的股东应就其个人财产是否与公司财产相分离负举证的责任,即由一人有限责任公司的股东自己来证明公司财产与本人财产是否独立。其次,为了预防一人有限公司股东将公司的财产和个人财产混同,《公司法》第62条还规定,一人有限责任公司应当在每一会计年度终了时编制财务会计报告,并经会计师事务所审计。

◎【案例50】一人有限公司等于一个人控制的公司吗?

A公司为一家从事货物运输的一人有限责任公司。2010年,A公司为B公司运输办公家具过程中,因发生货物装载不当,导致途中发生交通事故使家具全部翻下卡车损坏。后发现该公司法定代表人王某的居所与A公司的营业场所为同一地点,并且公司没有单独的账簿,王某可以随意支配公司的盈利。故B公司将A公司及王某诉至法院,要求王某与A公司连带赔偿其损失30万元。

本案中A公司为一人有限责任公司。因一人公司为单个股东所有,如其财产和股东财产发生混同;法人独立地位则得不到保证。为保证交易安全和保障债权人利益,我国公司法对一人公司实行公司人格否认推定和举证责任倒置的制度,也就是说由股东证明其财产与公司财产是相互独立的。B公司提供初步证据证明A公司财产与王某财产混同;而王某在案件审理过程中,未向法院提交证据证明其财产独立于公司财产,且A公司现有资产已不足以清偿债务。故依据《公司法》第64条(现为第63条)的相关规定,法院最终判决A公司与王某共同赔偿B公司损失30万元。

111. 大股东滥用股东身份损害公司利益时有什么后果?

公司的控股股东、实际控制人、董事、监事、高级管理人员不得利用其关联关系损害公司利益。因为违反此义务给公司造成损失的,应当承担赔偿责任。所谓关联关系,是指公司控股股东、实际控制人、董事、监事、高级管理人员与其直接或者间接控制的企业之间的关系,以及可能导致公司利益转移的其他关系。但是,国家控股的企业之间不会因为同受国家控股而具有关联关系。

具体法律依据见《公司法》第21条、第216条。

◎【案例51】董事利用关联关系侵吞公司资金案

被告国井某某原系原告董事和两个股东之一,并在2004年12月至2006年9月期间担任原告某某某某设备(上海)有限公司总经理一职,全面负责公司的经营和管理。在此期间,被告未经原告董事会、其他股东知晓和同意的情形下,利用职务上的便利擅自私下将原告的两笔大额款项分两次汇往上海森哲野公司,分别是50万的转款和70万的预付款,共计人民币120万元。森哲野公司的

50%股东藏某彦,与藏某某(被告的妻子)系姐妹关系。被告曾委派妻子藏某某和其姐臧明彦担任原告公司的董事。也就是说被告与第三人存在关联关系。原告曾多次试图通过追讨款项和发出律师函请求协商解决此事,一直无果。

法院认为,被告有义务澄清该两笔转账的实际情况。而被告借口财务资料已经交接拒不澄清两笔款项的情况,违反了原告公司章程的规定和董事的忠实义务和勤勉义务。并且从审计报告看,人民币70万元的预付款收回以及发生相对应业务。人民币50万元的转款也没有任何业务名目,且发生在原告即将转让股份之前。森哲野公司自2006年度起即不年检且下落不明。即使原告诉讼要求森哲野返还两笔款项,在其下落不明的情况下,原告也不可能追回该两笔款项。因此,该两笔款项构成公司的损失,于是判决被告国井某某应于本判决生效之日起十日内赔偿原告某某某某设备(上海)有限公司人民币120万元。

112. 董事是否都要对违法董事会决议承担法律责任?

根据《公司法》第112条第3款,董事应当对董事会的决议承担责任。董事会的决议违反法律、行政法规或者公司章程、股东大会决议,致使公司遭受严重损失的,参与决议的董事对公司负赔偿责任。但经证明在表决时曾表明异议并记载于会议记录的,该董事可以免除责任。

113. 发起人以设立中公司名义对外签署合同却为自己利益需要承担什么责任?

根据《公司法司法解释(三)》第3条第2款:如果有证据证明发起人为了自己的利益,利用设立中公司名义对外签署合同,公司可以主张不承担合同责任。但如果合同相对人是善意的,也就是说其并不知道发起人是为了自己的利益而签署合同的,则公司仍然需要承担合同责任。

114. 公司设立失败的时候,发起人要承担什么责任?

(1)债务责任的承担

公司设立失败的时候,在设立过程中产生的债务和费用,发起人应当承担连带责任。部分发起人承担责任后,其他发起人应当按照约定的责任承担比例分担责任;如果没有约定,按照约定的出资比例分担;如果没有约定出资比例,按照均等份额分担责任。如果公司不成立是因部分发起人过错导致的,过错发起人的责任范围由人民法院根据其过错情况确定。

(2)设立过程中造成他人损害

发起人因履行公司设立职责造成他人损害,在公司未成立的情况下,受害人可以请求全体发起人承担连带赔偿责任。无过错的发起人承担赔偿责任后,可以向有过错的发起人追偿。

◎【案例52】公司设立失败,债务由谁承担?

自2006年7月起原告向拟设的上海众悦餐饮有限公司(以下简称拟设众悦公司)提供各种洋酒,至2006年9月22日经对账货款共计108,106元。拟设众悦公司负责人在对账单上签名并加盖公章,同时承诺自11月1日起每逾期付款一天按照欠款总额万分之三支付违约金。后公司设立失败,原告货款催讨无着,于是起诉,要求判令被告舒某某、苏某、史某某、众悦公司支付原告货款108,106元,并支付逾期付款违约金18,745元。

本案中,舒某某、苏某、史某某等自然人作为拟设众悦公司的发起人,在公司设立失败后应对设立期间发生的债务承担连带责任,被告众悦公司系被告苏某与他人另行设立的,也应一并承担连带责任。本案后来在审理过程中,经法院主持调解,双方当事人自愿达成协议:由被告舒某某、史某某、苏某、上海众悦餐饮有限公司支付原告上海雨盛食品有限公司货款97,295.40元,于2009年9月25日16时前履行完毕。

115. 股份有限公司设立失败时如何处理认股人已缴纳的股款?

根据《公司法》第94条的规定,公司不能成立时,对认股人已缴纳的股款,发起人负返还股款并加算银行同期存款利息的连带责任。

116. 清算过程中股东存在不当行为应当承担什么样的责任?

公司解散的,应当及时成立清算组进行清算。有限责任公司的股东是清算义务主体;股份有限公司的董事、控股股东是清算义务主体。当股东作为清算组成员的时候,应当忠于职守,依法履行清算义务。不得利用职权收受贿赂或者其他非法收入,不得侵占公司财产。清算组成员因故意或者重大过失给公司或者债权人造成损失的,应当承担赔偿责任。

《公司法司法解释(三)》对此作了更加详尽的规定,列举了以下股东作为清算组成员时,因为清算过程中的不当行为,而需要承担责任的情况:

1.清算组未依法履行通知和公告义务,导致债权人未及时申报债权而未获清偿,应当对给债权人造成的损失承担赔偿责任。

2. 执行未经确认的清算方案给公司或者债权人造成损失的,清算组成员应当承担赔偿责任。

3. 有限责任公司的股东、股份有限公司的董事和控股股东未在法定期限内成立清算组开始清算,或者未在判决确定的期限内履行清算责任,导致公司财产贬值、流失、毁损或者灭失,应当在造成损失范围内对公司债务承担赔偿责任。

4. 有限责任公司的股东、股份有限公司的董事和控股股东,或者实际控制人因怠于履行义务,导致公司主要财产、账册、重要文件等灭失,无法进行清算,应当对公司债务承担连带清偿责任。

5. 有限责任公司的股东、股份有限公司的董事和控股股东,以及公司的实际控制人在公司解散后,恶意处置公司财产给债权人造成损失,或者未经依法清算,以虚假的清算报告骗取公司登记机关办理法人注销登记,应对公司债务承担相应赔偿责任的,人民法院应依法予以支持。

6. 公司未经清算即办理注销登记,导致公司无法进行清算,有限责任公司的股东、股份有限公司的董事和控股股东,以及公司的实际控制人应当对公司债务承担清偿责任。

公司未经依法清算即办理注销登记,股东或者第三人在公司登记机关办理注销登记时承诺对公司债务承担责任,应当对公司债务承担相应民事责任。

◎**【案例53】逃不掉的债务**

上海电器厂(以下简称电器厂)是开关厂的控股股东。京华公司对开关厂享有债权,经句容法院判决,已经立案执行。电器厂于2003年10月18日将其对开关厂的250万元债权转让给企发公司。

2004年5月20日,启发公司经请示,将电器厂剥离改制为上海电器厂有限公司。

2004年8月30日和2005年8月30日,上海电器厂有限公司分两次与电器厂约定:将部分有效资产交接给上海电器厂有限公司。2005年11月9日,电缆公司吸收合并电器厂等两企业。电缆公司在该厂注销清算报告中盖章承诺债务已清偿完毕,若有未了事宜电缆公司愿意承担责任。2005年12月,工商局准予电器厂注销登记。

开关厂系企发公司下属电器厂所属国集联营企业。2004年9月20日,上海电器厂有限公司与开关厂约定,开关厂将所持该厂部分资产有偿转让给上海电器厂有限公司。并约定交易基准日前后开关厂的债权债务由开关厂承担。随后,上海电器厂有限公司先后将开出1,997,906.75元的本票给开关厂,开关厂将其全部背书转让给启发公司。

本案经过一审、二审,法院最终认定,作为主管部门的电器厂未经清算处置其下属并拥有控股权的企业财产,将所得款项用于清偿自己对该企业拥有的债权,造成开关厂无法清偿句容京华公司的债务,故电器厂应当与开关厂共同承担对句容京华公司的还款责任。鉴于电器厂已被电缆公司吸收合并,其注销清算报告载明电缆公司承诺债务已清偿完毕,若有未了事宜电缆公司愿意承担责任,故上述电器厂应付上海电器厂有限公司款项现应由电缆公司偿还。

第六章　公司内部出现矛盾怎么办？

117. 公司应召开股东会（股东大会）会议，但又不召集时怎么办？

一般来说，在公司需要召开股东会（股东大会）会议时，由董事会负责召集；对于不设董事会的有限公司，由执行董事负责召集。而董事会又需要由董事长召集和主持。但如果因为各种原因，董事会无法形成决议召集股东会的，那么股东应该怎么办呢？

首先，可想办法促成董事会会议的召开并形成股东会召集决议。《公司法》第46条规定，董事会会议由董事长召集和主持；董事长不能履行职务或者不履行职务的，由副董事长召集和主持；副董事长不能履行职务或者不履行职务的，由半数以上董事共同推举一名董事召集和主持。由此所召开的股东会会议由董事长主持；董事长不能够履行职务或者不履行职务的，由副董事长主持；副董事长不能履行职务的或不履行职务的，由半数以上董事共同推举一名董事主持。

其次，股东可申请公司监事会或不设监事会的公司的监事提议召开董事会临时会议。有限责任公司中，如果监事会或者监事不召集和主持的，代表1/10以上表决权的股东可以自行召集和主持董事会；股份有限公司中，代表1/10以上表决权的股东、1/3以上董事或者监事会，可以提议召开董事会临时会议。

此外，如果无法通过召开董事会促成公司召开股东（大）会的，即董事会不能履行或者不履行召集股东大会会议职责的,监事会应当及时召集和主持;监事会不召集和主持的,有限公司代表十分之一以上表决权的股东可以自行召集和主持股东会,股份公司连续90日以上单独或者合计持有公司百分之十以上股份的股东也可自行召集和主持股东大会。

最后,如果通过以上方式仍无法召开董事会会议,或召开董事会会议后无法通过股东会召集决议无法召开股东会的,股东也可采用司法途径请求董事会召开股东会,根据《江苏省高院公司法意见》第13条,起诉时应列公司为被告。

具体法律依据见《公司法》第40条、第47条、第101条、第110条和《江苏省高院公司法意见》第13条。

118. 如果公司同时召集多个股东会(股东大会)会议,该去参加哪个?哪个会议的决议才具有法律效力?

◎【案例54】同时召开的两个股东大会会议

甲公司和乙公司为卫柯欣顿环保科技股份有限公司(以下简称卫柯公司)的大股东,持股比例同为30%。在卫柯公司经营过程中,由于甲乙两公司的经营理念不一,致使甲乙公司的分歧越来越大。2004年8月,卫柯公司召开董事会会议,由甲公司委派的董事长方某提议按章程规定召开临时股东大会会议,表决卫柯公司一项重要的对外投资事项。但由于代表乙公司的几个董事反对,致使该项提议未被通过。2004年9月3日,方某以董事长名义发出通知,召集各股东于2004年9月21日召开股东大会临时会议,审议事项主要为卫柯公司一项重要的对外投资。乙公司闻讯后也于2004年9月6日以卫柯公司监事会名义发出通知,召集各股东于2004年9月21日召开股东大会会议,审议事项主要为罢免甲公司委派的董事长方某及其他代表甲公司的董事。

前面所说公司应当召开股东会会议时无人召集,可谓之股东会会议召开的消极冲突;而类似在本案中同时召集并召开股东大会会议,可谓之股东会会议召开的积极冲突。在类似本案这种情形下,股东就会产生这样的疑惑:哪一个股东会会议召集通知才是“正宗”的呢?

正如前面所述,股东会召集顺位为董事会→监事会→符合特定条件的股东。一般情况下,在公司需要召开股东会(股东大会)会议时,由董事会负责召集。而这里所谓“董事会负责召集”应包含两层含义:第一是形式上,应以董事会名义对外发出召集通知;第二是实质上,除定期会议应已由章程规定外,临时会议的召集应经过董事会决议。同样,如果由监事会召集亦是如此。

所以,本案中,方某未经董事会决议,仅以董事长名义发出召集通知,这样的召集通知在形式和实质上都不具备相应的要件;而乙公司以监事会名义发出召集通知,虽有形式上的要件,但未经监事会决议,同样也不具备实质要件。并且,董事会不能召集或不召集是监事会召集的先决条件,在没有采取措施表明董事会不能召集或不召集之前,直接就由监事会召集,这也是与公司法规定相违背的。

但这些问题都属于召集程序上的瑕疵,所导致的法律后果只是股东有权请求法院撤销相应的股东会决议。也就是说,在被撤销前,相应的股东会决议依然是有效的。

综上,如果公司同时通知召集多个股东会(股东大会)会议,首先,股东应该应考虑参加召集程序没有瑕疵的那个通知;其次,如果召集程序都具有瑕疵,则考虑会议的审议事项对自己利益影响更大的,以促成该事项的通过;最后,如果其他股东会的会议决议对自己的利益产生不利影响时,可向法院请求撤销该项决议,以维护自己的权利。

119. 股东会会议的召开人怠于或拒不召集会议,其他董事或股东能否行使召集权?

如果作为召集股东大会的召集人董事长怠于履行召集义务或拒不履行召集义务时,其他董事或股东能否行使召集权,《公司法》没有规定;如果公司章程也没有记载,如何确认其他董事、股东或监事召集的股东会的决议效力?这是实践中经常遇到的问题。

对于此类问题,目前的共识是:其他董事召集股东会,如果得到2/3的股东支持,召集的效力应得到承认。因为股东会的召集权人是董事会,而非董事长,即使其他董事召集股东会议,也不违反公司法的强制性规定,应确认其效力的发生。如果不承认该召集效力,则很难形成股东会决议以决议公司各类事项,使股东和公司的权利无法得到有效保障。

具体法律依据见《公司法》第40条、第101条。

120. 公司长期不分红怎么办?

分配股利是股东享有资产收益权的主要内容。根据《公司法》第37条规定,股利分配不仅取决于公司是否有可分配的利润,更为关键的是股利分配方案能否得到股东会的批准通过。由于分配股利原则上属于公司自治和股东自治范畴,司法权不能干预股东会的这一权利。当股东会无法通过利润分配方案时,股东也不能请求法院强制公司分配股利。但这并不意味着中小股东无法保护自己的利益。

首先,根据《江苏省高院公司法意见》第7条关于股东权纠纷案件的审理中规定,提起要求公司给付利润之诉的适格原告应具备如下条件:

(1)原告具备股东资格;

(2)公司依法有可供分配的利润;

(3)公司的利润分配方案已得到股东(大)会的批准;

(4)公司拒绝支付股利或未按已获得批准的利润分配方案支付股利。

其次,在具备了适格主体条件后,原告方可根据有限责任公司和股份有限公司的不同情况采取不同的方法予以处理:

(1)对于股份有限公司来说,因公司法规定每年要召开股东大会,所以如果没有股东大会决议或决议不合法的,人民法院应当驳回原告股东的起诉。

(2)对于有限责任公司来说,根据不同情况有以下几种应对措施:

①没有召开股东会形成关于分配方案的股东会决议,但公司章程有具体分配方案、公司盈余符合分配方案,且方案合法的,人民法院可以根据《民事诉讼法》的规定,以通知的形式征求公司其他股东的意见作为共同原告参加诉讼,根据多数意见作出是否根据公司章程进行分红的判决。

②有关股利分配的股东会决议或董事会决议违反法律、行政法规或公司章程的规定,或者存在程序上的瑕疵,股东可以向人民法院提起无效确认之诉或者撤销之诉;如股东会违反章程的规定过分提取公积金而不分配股利,或者很少分配股利并以其作为压榨小股东手段时,受害股东可申请法院对该决议予以撤销。

③公司连续5年不向股东分配利润,而公司该五年连续盈利,并且符合公司法规定的分配利润条件的,股东可以行使退股权,即对股东会该项决议投反对票的股东可以请求公司按照合理的价格收购其股权。自股东会会议决议通过之日起60日内,股东与公司不能达成股权收购协议的,股东可以自股东会会议决议通过之日起90日内向人民法院提起诉讼。

④股东会通过股利分配方案,但公司董事会拒不执行的,股东可以以公司为被告提起给付之诉。分配方案一旦通过,便在股东和公司之间产生了具体的债权债务关系,股东对此当然可以通过诉讼解决。对此,《公司法司法解释四》第14条规定:股东提交载明具体分配方案的股东会或者股东大会的有效决议,请求公司分配利润,公司拒绝分配利润且其关于无法执行决议的抗辩理由不成立的,人民法院应当判决公司按照决议载明的具体分配方案向股东分配利润。

(3)不论是股份公司还是有限公司,如果存在违反法律规定滥用股东权利导致公司不分配利润给其他股东造成损失的情形,则即便不能提交载明具体分配方案的股东会或者股东大会决议,股东仍然可以起诉到法院请求公司分配利润。对此,《公司法司法解释四》第15条作出了明确规定。

◎**【案例55】我的红利你仍需支付**

2002年3月,苗进宝出资2000元成为济源煤业公司的股东。2003年6月,济源煤业公司因苗进宝严重违纪,解除了与苗进宝的劳动合同。2003年至2008年,济源煤业公司均向苗进宝进行了红利分配。2009年济源煤业公司对股东支付红利,每1000元股金支付红利1500元,但未向苗进宝支付红利。苗进宝于是向法院提起诉讼,请求济源煤业公司给付分红款3000元及迟延金200元。

法院认为:苗进宝作为济源煤业公司的股东,对济源煤业公司进行了出资,因此其享有资产收益等权利。济源煤业公司辩解,根据其新修订的公司章程,苗进宝因严重违纪,应将其持有的股份进行清退,取消当年度分红,按原始股退还其股份,取消股东资格。但苗进宝现仍持有济源煤业公司向其签发的股权证,济源煤业公司未注销苗进宝的股权证明,且济源煤业公司也未提供证据证明其已通过相关程序对苗进宝的股东资格进行了取消,说明苗进宝仍系济源煤业公司的股东,仍享有资产收益的权利,因此,对济源煤业公司的辩解理由,原审法院不予支持。于是法院判决济源煤业公司支付苗进宝2009年公司利润3000元。

121. 董事、高级管理人员哪些违法行为所获得的收入应当归公司所有?

公司法上,对于董事、高级管理人员通过某些可能增加自身利益,但却损害公司利益的违法行为所获收入,法律要求应当归还给公司,这就是所谓的公司归入权。那么,董事、高级管理人员哪些违法行为所获得的收入可以列入这一范围呢?最基本的判断原则是:董事和高级管理人员具有忠实地为公司利益来履行职责的义务。因此,凡是违反其忠实义务的行为,公司都可以行使归入权。《公司法》第148条列举了如下董事、高管违反忠实义务的具体行为:

(1)挪用公司资金;

(2)将公司资金以其个人名义或者以其他个人名义开立账户存储;

(3)违反公司章程的规定,未经股东会、股东大会或者董事会同意,将公司资金借贷给他人或者以公司财产为他人提供担保;

(4)违反公司章程的规定或者未经股东会、股东大会同意,与本公司订立合同或者进行交易;

(5)未经股东会或者股东大会同意,利用职务便利为自己或者他人谋取属于公司的商业机会,自营或者为他人经营与所任职公司同类的业务;

(6)接受他人与公司交易的佣金归为己有;

(7)擅自披露公司秘密;

(8)违反竞业禁止义务。

◎【案例56】高管利用公司资源另起炉灶

许某自1995年5月起受某厂委派,担任K工业气体设备有限公司(原告)的法定代表人、总经理。1997年12月9日,与妻虞戍媛、儿子许涛共同投资30万元,设立B气体设备有限公司(与原告名称相比仅少了"工业"两字)。

许某利用K公司的业务渠道和技术资料从事与K公司同类的营业活动,使K公司的营业收入从1996年的1678万元降至1997年的935万元,1998年的481万元,1999年的600万元,使K公司蒙受经济损失达45万元(利润率为2.5%)。

法院审理后认为:许某在担任原告执行董事兼法定代表人期间,又与妻子和儿子三人投资兴办另一公司并担任法定代表人,经营与任职公司基本相同的业务,违反了法律规定的忠诚义务和竞业禁止义务,所得收入应当归公司所有。最终判决:许某应于本判决生效之日起十日内将所得收入支付给K公司。

122. 董事、高管的哪些行为构成违反竞业禁止义务?要承担哪些民事责任?

公司董事、经理有下列行为之一的,应认定为违反竞业禁止义务:

(1)以自己的名义从事与公司业务相同的经营活动;

(2)为他人从事与公司业务相同的经营活动;

(3)担任与公司业务相同的其他企业的合伙人;

(4)侵占他人提供给公司的商业机会;

(5)利用公司为自己创造商业机会的;

(6)利用公司的商标权、专利权、著作权、专有技术、商业秘密为自己或者自己兼任董事、经理的企业谋取利益;

(7)其他违反竞业禁止义务的行为。

另据《江苏省高院公司法意见》的规定,公司董事、经理从事竞业禁止行为所获得的收益,公司可以行使归入权。所获收益是指董事、经理已经取得或约定取得的收益。同时,需要提醒注意的是,竞业禁止不适用于公司股东、监事。

123. 如果股东认为董事、监事、高级管理人员执行职务时违反法律或章程的规定，损害公司利益时怎么办？

有限责任公司的股东、股份有限公司连续180日以上单独或者合计持有公司百分之一以上股份的股东，假如认为董事、高级管理人员执行职务时违反法律或章程的规定而损害了公司利益，可以书面请求监事会或者不设监事会的有限责任公司的监事向法院提起诉讼；此时以公司为原告，由监事会主席或者不设监事会的有限公司监事代表公司进行诉讼；前述股东假如认为监事会或者不设监事会的有限责任公司的监事执行职务时违反法律或章程的规定而损害了公司利益，可以书面请求董事会或者不设董事会的有限责任公司的执行董事向法院提起诉讼，此时也是以公司为原告，由董事长或者执行董事代表公司进行诉讼。

监事会、不设监事会的有限责任公司的监事，或者董事会、执行董事收到前述股东的书面请求后拒绝提起诉讼，或者自收到请求之日起30日内未提起诉讼，或者情况紧急、不立即提起诉讼将会使公司利益受到难以弥补的损害的，前述股东有权为了公司的利益以自己的名义直接向法院提起诉讼。此时的胜诉利益归属于公司，但公司应当承担股东因参加诉讼支付的合理费用。

具体法律依据见《公司法》第151条、《公司法司法解释四》第23、24、25、26条。

124. 如果股东认为第三人损害了公司利益，但公司董事、高管又无动于衷时该怎么办？

股东可以自行向法院提起股东代表诉讼，但除非情况紧急，不立即提起诉讼将会使公司利益受到难以弥补的损害的，都不能直接绕过公司的组织机构，即要先向监事会请求提起诉讼；如果监事会拒绝提起或自收到请求之日起30日内未提起的，股东才能为公司利益以自己名义对第三人提起诉讼。

具体法律依据见《公司法》第151条。

125. 有限公司股东如果反对公司合并、分立或转让主要财产时该怎么办？

有限公司合并、分立或转让主要财产须经股东会2/3以上表决权通过。因此，如果大部分股东反对公司合并、分立或转让主要财产的，该事项自然无法通过，也就无法实施。然而如果只是少部分股东反对时，反对股东该怎么办？

根据《公司法》第74条的规定，此时反对股东可请求公司按照合理价格收购其股权。通常而言,收购价格的确定以收购时公司的净资产价值为基础,按照股东持股比例协商确定股权价格。但如果自股东会会议决议通过之日起60日内,股东与公司不能达成股权收购协议的,股东可以自股东会议决议之日起90日内向法院提起诉讼。

126. 哪些情况下会导致公司解散?

(1)公司章程规定的营业期限届满或者公司章程规定的其他解散事由出现;

(2)股东会或者股东大会决议解散;

(3)因公司合并或者分立需要解散;

(4)依法被吊销营业执照、责令关闭或者被撤销;

(5)人民法院依照法律对公司僵局判决予以解散。

出现以上的第(1)种情况股东可以通过修改公司章程而使公司存续。其中,有限责任公司须经持有三分之二以上表决权的股东通过,股份有限公司须经出席股东大会会议的股东所持表决权的三分之二以上通过。

127. 有限公司章程规定的解散事由出现,股东会通过决议修改章程使公司存续的,反对股东该怎么办?

反对股东可根据《公司法》第74条规定,请求公司按照合理价格收购其股权。通常而言,收购价格的确定以收购时公司的净资产价值为基础,按照股东持股比例协商确定股权价格。但如果自股东会会议决议通过之日起60日内,股东与公司不能达成股权收购协议的,股东可以自股东会议决议通过之日起90日内向法院提起诉讼。

128. 什么情况下可认定公司出现了“僵局”?

公司僵局,顾名思义就是公司的经营管理“僵住了”,即公司经营管理出现了困难,公司某些重要事务无法开展或运转,继续存续会使股东利益遭到重大损害的情形。出现僵局后,可以申请法院强制解散公司。但公司僵局只是一个比较形象的口语,究竟哪些具体的情形可认为公司僵局呢?《公司法司法解释(二)》对此作了具体的规定:

(1)公司持续2年以上无法召开股东会或者股东大会,公司经营管理发生严重困难的;

(2)股东表决时无法达到法定或者公司章程规定的比例,持续2年以上不能做出有效的股东会或者股东大会决议,公司经营管理发生严重困难的;

(3)公司董事长期冲突,且无法通过股东会或者股东大会解决,公司经营管理发生严重困难的;

(4)经营管理发生其他严重困难的情形。

总而言之,法律上判定公司僵局的核心要件就是公司经营管理发生严重困难,公司继续存续会使股东受到重大损失。对此理解应该特别注意两点:

第一,这里所谓的"公司经营管理发生严重困难"是指公司经营管理的运作过程发生严重困难,而不是指公司的经营管理的结果发生严重困难。所以,仅有公司亏损、财产不足以偿还全部债务等情况,不能视为法律上所说的"公司经营管理发生严重困难",也自然就不属于公司僵局的情形。

第二,法律出于尊重公司的团体性,维护商事主体稳定的目的,规定通过司法解散解决公司僵局时,除了具备"公司经营管理发生严重困难,公司继续存续会使股东受到重大损失"这一本质要件外,还要求这种情况无法通过其他途径解决。所以,对于股东无法行使知情权、无法获得分配股利以及公司被吊销企业法人营业执照未进行清算等情形,由于公司法已配备了相应的救济措施(如股东可向法院起诉要求公司提供查阅文件;公司连续5年盈利股东会均作出不分配股利的决议时,股东可要求公司回购股权)。所以,法律上不能仅凭这些情况认定为公司僵局。

129. 出现了公司僵局后股东该怎么办?

根据《公司法》第182条,如果出现了前述情形的公司僵局,持有公司全部股东表决权百分之十以上的股东,可以请求法院解散公司。但在法院审查过程中,法院会出于尊重公司的团体性,维护商事主体稳定的目的,来尽量调解和促成公司僵局的解决,不到万不得已的情况下,不会轻易解散公司。

审查过程中,在不违反法律、行政法规强制性规定的情况下,当事人可以协商同意由公司或股东收购其股权,或者以减资等方式使公司存续。但如果经法院调解后由公司收购股权的,公司应当自调解书生效之日起6个月内将股权转让或注销,且在股权转让或注销之前,被收购股权的股东仍可能被要求在收购所得的金额范围内对债权人承担责任。

◎【案例57】公司名存实亡,股东请求解散

2005年3月,裴某某、W投资咨询公司与应某投资设立R文化传媒公司。

裴某某、W公司各占股份30%,第三人应某占40%并任公司法定代表人。公司设立后,至今未正常经营,亦未召开过股东会,且连年发生巨额亏损。2009年8月,裴某某、W公司向应某提议召开股东会会议并要求查账,但公司已迁移他处,也找不到应某,所以,无法召开股东会会议。

法院经查明认为,两原告起诉时合计持有被告某文化传媒公司全部股东表决权的60%,符合请求解散公司的诉讼主体资格。原告诉称,某文化传媒公司自成立以来,经营失常,连年亏损,又无法召开股东会议。对原告的上述诉称,被告未出庭抗辩。庭审事实也表明,被告公司迁移他处后,作为公司股东的两原告均不知情,原告提议召开股东会议亦无法召开;2005年度至2008年度年检报告则载明,该公司连年出现了重大亏损。上述事实证明,R公司股东会已陷入僵局,经营管理已出现严重困难,且上述情形已使公司股东利益受到了重大损失,公司继续存续又不能打破僵局的,将使股东利益受到进一步的损失。上述事实表明,通过其他途径已无解决R公司僵局的可能。所以,依法判决解散R公司。

130. 公司出现解散事由后不及时成立清算组,或清算组故意拖延清算或违法清算,股东该怎么办?

公司经营过程中,会因以下事由的出现而解散:

(1)约定解散,即公司章程规定的营业期限届满或者公司章程规定的其他解散事由出现;

(2)决议解散,即股东会或者股东大会决议解散公司;

(3)合并解散和分立解散,即因公司合并或者分立需要解散;

(4)行政解散,即公司依法被吊销营业执照、责令关闭或者被撤销;

(5)司法解散,即在符合特定条件下法院按照法律规定裁定解散。

除合并解散和分立解散由于有相应主体继承原公司的权利义务外,其他类型的公司解散都面临着要清算的问题。法律据此要求公司应在解散事由出现之日起15日内成立清算组,开始清算。但有时公司管理层或控制股东出于其他目的,不愿意成立清算组清算公司,或虽然成立了清算组但故意拖延清算,或者违法清算可能严重损害债权人或股东利益。这时其他股东的利益就因此受到的影响。那么,这时股东该怎么办呢?

根据《公司法》第183条的规定,在逾期不成立清算组进行清算的情况下,债权人可以申请人民法院指定有关人员组成清算组进行清算,但是,该条并未规定股东能否申请法院强制清算的问题。对此,《公司法司法解释(二)》第7条作出了补充规定,即在债权人未提起清算申请时,股东也可以向法院申请指定清算组对公司进行清算。

就强制清算申请的具体问题,《最高院公司强制清算纪要》第7条规定:“公司债权人或者股东向人民法院申请强制清算应当提交清算申请书。申请书应当载明申请人、被申请人的基本情况和申请的事实和理由。同时,申请人应当向人民法院提交被申请人已经发生解散事由以及申请人对被申请人享有债权或者股权的有关证据。公司解散后已经自行成立清算组进行清算,但债权人或者股东以其故意拖延清算,或者存在其他违法清算可能严重损害债权人或者股东利益为由,申请人民法院强制清算的,申请人还应当向人民法院提交公司故意拖延清算,或者存在其他违法清算行为可能严重损害其利益的相应证据材料。”第9条规定了法院审查该种申请的方法:“审理强制清算案件的审判庭审查决定是否受理强制清算申请时,一般应当召开听证会。对于事实清楚、法律关系明确、证据确实充分的案件,经书面通知被申请人,其对书面审查方式无异议的,也可决定不召开听证会,而采用书面方式进行审查。”第11条规定“人民法院决定不召开听证会的,应当及时通知申请人和被申请人,并向被申请人送达有关申请材料,同时告知被申请人若对申请人的申请有异议,应当自收到人民法院通知之日起七日内向人民法院书面提出。”

该《最高院公司强制清算纪要》第2条规定了管辖法院问题:“对于公司强制清算案件的管辖应当分别从地域管辖和级别管辖两个角度确定。地域管辖法院应为公司住所地的人民法院,即公司主要办事机构所在地法院;公司主要办事机构所在地不明确、存在争议的,由公司注册登记地人民法院管辖。级别管辖应当按照公司登记机关的级别予以确定,即基层人民法院管辖县、县级市或者区的公司登记机关核准登记公司的公司强制清算案件;中级人民法院管辖地区、地级市以上的公司登记机关核准登记公司的公司强制清算案件。存在特殊原因的,也可参照适用《中华人民共和国企业破产法》第四条、《中华人民共和国民事诉讼法》第三十七条和第三十九条的规定,确定公司强制清算案件的审理法院。”

法院指定清算组,既包括法院指定清算组成员,又包括法院指令清算组开始清算。法院可指定的清算组成员范围包括:

(1)公司股东、董事、监事、高级管理人员;

(2)依法设立的律师事务所、会计师事务所、破产清算事务所等社会中介机构;

(3)依法设立的律师事务所、会计师事务所、破产清算事务所等社会中介机构中具备相关专业知识并取得执业资格的人员。

如果法院指定的清算组成员有某些不良情形的,股东还可以向法院申请更换清算组成员,这些不良情形包括:

(1)有违反法律或者行政法规的行为;

(2)丧失执业能力或者民事行为能力;

(3)有严重损害公司或者债权人利益的行为。具体而言,依据《江苏省高院强制清算意见》第24条规定,情形包括:

(1)与本案有利害关系;

(2)履行职务时,因故意或重大过失导致债权人利益受到损害;

(3)有重大债务纠纷或者因涉嫌违法行为,正被相关部门调查;

(4)担任清算组成员的中介机构出现解散、破产事由,或者丧失承担执业资格风险的能力,或者其执业许可证、营业执照被吊销、注销;

(5)担任清算组成员的个人失踪、死亡、丧失民事行为能力,或者因健康原因无法履行职务,或者执业资格被取消、吊销或者执业责任保险失效。

131. 当遇到公司印章、证照控制权引发的纷争时,股东该怎么办?

公司印章、证照一般具有对外代表公司的外观,由具体的自然人掌管和占有。由于这种占有是基于公司的授权,因此,一旦该自然人被解除职务,其就无权继续掌管和占有印章,应该交还公司。如果该自然人拒不交还印章、证照,公司即有权对其提起排除妨害和返还印章、证照的诉讼;为了保证正常的经营活动公司应同时要求采取保全措施或先予执行措施。

另外,公司也可以通过决议向工商行政管理部门申报并在媒体上挂失,以此杜绝该自然人的违法、违规行为,并通过重新刻制公章、申领营业执照等办法加以解决。

有关公司法定代表人和公司印章出现的具体问题及其解决方法,详见本书第七章《公司的"人"和"章"出事了怎么办?》

◎【案例58】法人代表之子盖公章的委托书,是否生效?

某集体制企业A专营橡胶业务。该单位法定代表人于2003年11月6日因病死亡,其后A企业并未及时去工商局变更法定代表人。A企业的公章一直都存留在原法定代表人之子B手上。2004年7月11日,其子B将公章盖在一份授权委托书上,委托其表姐C(非该集体制企业员工)代表A企业应诉与另一个房地产开发公司之间关于买卖合同纠纷的案件。该案败诉后,A企业接到法院的生效判决文书后提出异议,指出B一直扣押A企业公章不肯归还,其委托代理人C的代理行为A企业不予认可,要求B立即归还A企业的公章及营业执照等。

对此,法院经查明后认定:对于集体企业,应由该企业的决策机构或者职工代表大会来决定是否产生新的法定代表人以及如何生效等问题。原法定代表人之子B委托其表姐C代理案件的行为,不能得到企业认可,则该代理行为无效,应予以纠正或撤销。但是,由于A企业对于公章缺乏应有的管理,长时间不收回公章。对于善意第三人房地产开发公司来说,C的行为构成表见代理,应由A企业承担该案败诉的不利后果。

第七章　公司的“人”和“章”出事了怎么办?

公司在经营管理实践中,经常因为“代表人”“代理人”或“公章”的问题而产生各种纠纷。由于关系到公司的控制权和代表权问题,毫不夸张地说,管好“人”和“章”这两样事,就至少管好了公司的一半。我们针对公司治理实务中经常出现的“人”和“章”的纠纷问题,梳理了相关规定和司法实务处理方法,希望能对公司治理者提供一些帮助。

132. “人”大还是“章”大?

◎【案例 59】石狮市成辉达商贸有限公司与吴清派民间借贷纠纷

裁判要旨:陈永波与吴清派因成辉达公司的经营管理问题发生冲突,公章、营业执照等物品被吴清派取走并控制。在此情形下,成辉达公司在本案以《借款单》来起诉吴清派,客观上无法加盖公章。但陈永波系成辉达公司的法定代表人,根据《民事诉讼法》第 48 条第 2 款的规定:“法人由其法定代表人进行诉讼”,故陈永波代表公司向法院提起诉讼系法定权利,其签名具有法律效力。起诉状中关于“诉讼代表人陈永波”的表述,并不表明陈永波是以股东身份代表公司提起诉讼。陈永波首先是公司的法定代表人,与在起诉时具体列为诉讼代表人,并不矛盾。因此,成辉达公司作为原审原告的诉讼主体适格。[福建省高级人民法院(2014)闽民终字第 842 号民事判决]

实践中经常会出现这样一种现象:公司法定代表人失去对公司公章的控制权,而控制公章的人不是法定代表人,两者争夺公司代表权。这种现象简称“人章争夺”。尤其是在诉讼活动中,会发生哪个有权代表公司参加诉讼的争议。

《民事诉讼法》第48条第2款规定:“法人由其法定代表人进行诉讼。”依据该条规定以及公司法原理,法定代表人为最基础的公司意志代表机关,是法人的当然意志代表主体。法定代表人以公司名义作出的诉讼行为,在没有否定性证据情况下,一般即应当视为公司的诉讼行为。

而在非法定代表人持有公章的情况下,由于公司法并未规定公章本身能够直接代表公司意志,持有公章只是反映其可能有权代表公司意志的一种表象,其性质实际上为公司代理人。因为公章可以理解为公司的授权,相当于授权委托书,持有公章本身,应视为取得了公司授予的从事一定行为的代理权限。至于其是否真正地依授权持有公章并代表公司意志,仍需要进行审查。

因而,当出现法定代表人与公章持有人两者在公司意志代表权上的争议时,法院在司法实践中,往往倾向于认为:法定代表人与公章持有人的关系,实质是公司代表人与公司代理人的关系。法定代表人依职权直接代表公司,法定代表人的行为就是公司的行为;而公章只代表公司的授权,对于该授权,公司可以随时撤销或收回。如果出现法定代表人与公章持有人的意思表示不一致的情形,除非公司做出了股东会决议等明确授予公章持有人代表权的授权文件,或者通过股东会决议等合法程序更换了法定代表人,否则应当视为法定代表人代表公司收回了对公章持有人的授权,应以法定代表人的意思表示为准。

由此看来,在法定代表人与公章持有人之间发生“人章争夺”矛盾的关键时刻,还是“人”比“章”大,即以法定代表人为公司诉讼意志的代表。

需要提醒的是,对于“人比章大”的理解不能扩大化。这主要是指两者冲突时到底谁更能代表公司意志的问题。在实体审理中,公章对外签约、履约时的证据效力未必会受到影响。大多数情况下,即便该公章系非基于公司意愿而被不正当使用,也可能会基于《合同法》第49条的表见代理制度,而将持有公章的代理行为认定为有效。

133. 公章有可能成为一场美丽的误会吗?

受到传统官印文化的影响,公司公章被赋予了特殊的意义。在公司(尤其是有限责任公司)的内部治理结构中,公章的作用往往被夸大。在某些股东看来,谁控制了公司的印把子,谁就控制了公司。然而,公司法并没有特别规定公章的法律意义,也没有赋予公章具有排他性的代表公司的法律地位。钟情公章,进而牢牢地控制公章,很有可能是一场美丽的误会。

◎【案例60】原法定代表人利用公司公章起诉被驳回

杨先生原是亮光电子公司的总经理和法定代表人。几年后,亮光集团免除杨先生亮光电子公司总经理职务及法定代表人身份,并修改亮光电子公司的章程。因杨先生拒不交还亮光电子公司的公章,亮光集团起诉要求杨先生返还亮光电子公司的公章。法院作出判决:杨先生返还公司公章。

杨先生则向法院提交了盖有亮光电子公司公章的起诉书,要求法院判决确认亮光集团擅自修改的章程无效。起诉状仍写明亮光电子公司的法定代表人为杨先生。法院认为,虽然在本案的起诉书中加盖有亮光电子公司的公章,但根据现有证据无法确认提起本案诉讼系亮光电子公司的真实意思表示。因此,杨先生无权代表亮光电子公司进行诉讼,应裁定驳回起诉。

◎【案例61】法定代表人死亡后股东利用公司公章起诉被驳回

2008年10月12日,担任东方商贸公司法定代表人的李先生因病去世。李先生的股东资格由其妻吴女士继承,但东方商贸公司没有依据公司章程推选出新的法定代表人。因李先生生前从东方商贸公司受让股权后未支付价款,东方商贸公司的另一位股东程先生利用其实际控制公司证照的地位,向法院提交了盖有东方商贸公司公章的起诉书,要求法院判决吴女士支付相应的股权转让款。

法院裁判:东方商贸公司的法定代表人李先生去世后,其妻吴女士继承李先生在东方商贸公司的全部股份,为东方商贸公司股东。东方商贸公司的全体股东应依照公司章程的约定就公司经营方针和投资计划增加或减少注册资本、修改公司章程、公司的法定代表人及职权等事项作出决议,在东方商贸公司未提供证据证明其公司全体股东就上述公司事项形成股东会决议的情形下,实际控制东方商贸公司公章、营业执照、财务账册的股东程先生不能以东方商贸公司名义提起本案诉讼,故东方商贸公司的起诉应予驳回。

上述两个案例中,原告起诉状以及授权委托书上盖的都是公司的公章,但因为被告能够举证证明加盖的公章并非公司的真实意思表示,所以原告的起诉均予以驳回。

据此,我们应当注意,公司公章之所以广泛运用,更多的是基于证据的证明便利,而并非在现代公司制度中享有绝对的代表公司的地位。而且,公章与公司的真实意思,并非不可分离。诉讼中,正常情况下,盖章推定为公司的真实意思表示,但此推定是可以通过其他证据推翻的。

因此,我们应该正确认识公章在公司经营管理中的作用与效力。具体而言,

公司公章具有如下主要的效力:

(1)确认民事法律行为。民事法律行为以意思表示为要素,公司在以书面形式实施民事法律行为时,记载意思内容的书面文件必须有签名或盖章:一是表明该意思为公司所表示,二是表明该意思有产生私法上效果之目的,三是表明公司愿为该意思承担责任。一份书面文件虽然具有民事法律行为的内容,但如果不能与任何一个签名或印章相联系,便无法确定是谁作出该民事法律行为,也就不能作为认定民事法律行为的书面形式。

(2)证明行为主体。公司在一份书面文件上使用公章,不仅表明该书面文件是公司的意思表示,而且表明该意思由公司作出。由于公司公章上的印文与盖章后留在纸张等书面载体上的印文具有同一性,并且公章由公司控制和支配,所以,以书面形式实施民事法律行为的主体就推定为加盖公章的公司。

(3)区别主体。公司是一个组织体,自身不能实施签字行为,其签字或盖章行为,需要由代表人或代理人行使。代表人或代理人签字或盖章的书面文件上加盖公司公章,等同于公司签字。该盖章行为尽管形式上由代表人或代理人实施,但性质上是公司行为,对代表人或代理人而言是职务行为,而不是个人行为。因此,公司公章能区别民事法律行为的主体。

实践中,公司股东之间产生纠纷,掌握公章的股东以公司名义对其他股东发起诉讼。此种情形下,公司的内部治理结构被破坏,公司已被工具化,股东之间的纠纷通过公司与股东的诉讼形式表现出来,不仅有违公司自治原则,也有滥用股东权利之嫌。此时,如果轻率地以公司公章形式提起诉讼,有可能导致纠纷恶化,无助于矛盾解决。

134. “章”“章”争夺怎么办?

在公司的控制权和代表权问题上,与之前探讨过的“人章争夺”紧密相关的还有“章章争夺”情形。这主要是指:不同利益股东或高管分别持不同的公章争夺公司代表权。这也是实践中时常会出现的一种争议类型。

◎【案例62】多人分别持多枚印章要求代表同一当事人参加诉讼

某网络公司诉某信息公司及第三人某酒业公司股权确认纠纷一案中,网络公司诉请要求确认信息公司名下持有的酒业公司13%股权归其所有。审理中,有3人(有律师,也有公司员工)分别持加盖信息公司不同公章的委托书,均要求作为信息公司委托代理人参与庭审。经查,该公司若干股东自行刻制了多枚公章,分别代表不同股东的利益。该案中,法院除将该三枚公章与工商备案的公章进行比对以外，还通过审判管理系统查询信息公司的其他案件线索，调取该公司在其他诉讼中的用章情况后，最终确定了能代表公司诉讼意志的公章。

对于公司而言，可能存在多个印章，包括公章、合同专用章、财务专用章、法人章等，但通常公章只有一枚，并在工商部门进行了备案。但是，工商备案并非确定公司公章效力及代表权的法律要件，即使没有备案，也并非没有法律效力。实践中，有些公司会存在多枚公章，只要公司在实际使用，就有可能是对公司有法律效力的公章。

在一些特殊情形，尤其是当公司股东、高管之间存在矛盾时，公司更有可能存在多个公章，而且分别掌握在不同的股东、高管手中。

在公司诉讼过程中，多个公章中究竟何者能代表公司诉讼意志，就成为法院不得不面临的问题。这种出现多个公章争夺公司代表权的现象，就是“章章争夺”。

《公司法》并未规定公章本身能够直接代表公司意志，因而持有公章只是反映其可能有权代表公司意志的一种表象，其性质实际上为公司代理人。换句话说，公章可以理解为公司的一种授权，相当于授权委托书，持有公章本身，应视为取得了公司授予的从事一定行为的代理权限。至于其是否真正地依授权持有公章并代表公司意志，特别是在存在多个相互冲突的授权时，则需要进行进一步审查授权的有效性。

对于公司内部出现的“章章争夺”纠纷，法院在审查公章的授权有效性时，往往会考虑以下两方面因素：第一，当工商备案的公章与未备案的公章相冲突时，由于工商备案具有公示效力，原则上会以备案公章为准；第二，尊重公司的意思自治，如果公司内部形成了有效股东会决议，直接确定了何枚公章获得公司的有效授权，则应当以该有效决议为准。在诉讼过程中，法院为了准确的认定公司的诉讼代表权，通常也会注意释明引导争议各方协商解决，尽量形成股东会决议。

135．“人”“人”冲突怎么办？

◎【案例63】大拇指环保科技集团（福建）有限公司与中华环保科技集团有限公司股东出资纠纷案

裁判要旨：《中华人民共和国公司法》第13条规定，公司法定代表人变更应当办理变更登记。对法定代表人变更事项进行登记，其意义在于向社会公示公司意志代表权的基本状态。工商登记的法定代表人对外具有公示效力。如果涉及公司以外的第三人因公司代表权而产生的外部争议,应以工商登记为准。而对于公司与股东之间因法定代表人任免产生的内部争议,则应以有效的股东会任免决议为准,并在公司内部产生法定代表人变更的法律效果。[最高人民法院(2014)民四终字第20号民事裁定书]

工商登记的法定代表人与股东会选任的法定代表人不一致,且两者就公司的代表权问题发生冲突,被称为“人人争夺”。此种情况下到底由谁来代表公司,主要存在以下两种不同意见:

一种观点认为:根据国家工商行政管理局《企业法人法定代表人登记管理规定》第3条“企业法人的法定代表人经企业登记机关核准登记,取得法定代表人资格”的规定,新选任的法定代表人在未办理工商变更登记之前,尚未取得法定代表人资格,故仍应以工商登记的法定代表人作为公司意志代表人。

另一种观点则认为:法定代表人的变更由公司内部自治,股东会是公司的权力机构,由其选任的法定代表人应是公司意志代表人,工商登记未变更,不影响公司新选任法定代表人的资格和职权。

从法理上分析:法定代表人一般是由股东会选任产生后再办理工商登记手续。而实践中,经常会发生原法定代表人不认可股东会决议且不配合办理移交手续、不及时办理工商变更的情况,以致工商登记与股东会选任的不同法定代表人同时存在,进而产生公司代表权争议。

根据我国《公司法》及《公司登记管理条例》等相关规定,法定代表人属于公司必须登记的事项,且法定代表人发生变更的要及时办理变更登记。该变更登记目的是向社会公示公司代表权的基本状态,达到维护稳定的交易秩序与安全,属于宣示性登记。

而公司法定代表人的变更属公司内部人事关系的变化,应当遵从公司内部自治原则;且公司对法定代表人变更登记并非设权性登记。因此,即便公司未办理变更登记,亦不会影响公司针对变更法定代表人作出的决议的效力,只是该事项不能对抗公司外部不知情的第三人而已。

基于前述认识,在工商登记与股东会选任的不同法定代表人之间发生“人人冲突”矛盾的时候,法院在司法实践中一般倾向于认为:只要公司内部形成了有效的变更决议,就应于公司内部产生法律效力,即在公司内部已经发生代表权的变更。此时的公司代表权应以股东会决议为准,股东会决议新产生的法定代表人是公司诉讼意志代表人。但在外部纠纷中,工商登记的法定代表人对外代表公司意志所进行的民事法律行为仍然有效,只要外部的相对人善意无过失,不知道公司内部已经选任新的法定代表人。

◎【法条链接】山东省高级人民法院《关于审理公司纠纷案件若干问题的意见（试行）》

第86条：公司股东会、股东大会或董事会根据公司章程规定决议变更法定代表人的，自决议生效之日，新法定代表人取得代表资格。但未变更工商登记的，不得对抗第三人。

诉讼中，公司法定代表人变更的，由新法定代表人继续进行诉讼。但原法定代表人已经进行的诉讼行为有效。

当事人因法定代表人变更产生争议并形成诉讼的，新法定代表人代表公司起诉或应诉的其他案件应中止审理。

136. 哪些“人”具有公司的代表权？

◎【案例64】公司起诉遇到了没有公章的难题

甲、乙、丙、丁、戊五人出资成立某有限公司，甲担任公司董事长。公司成立后不久，经股东会决议，将公司承包给张某经营，承包期三年，张某每年支付承包金100万元。承包协议签订后，公司将营业执照、公章等证照交给张某。一年后，张某拒绝支付承包金，甲遂以公司名义提起诉讼，要求张某返还公司营业执照、公章等证照，并按承包协议承担违约责任。然而，公司起诉时碰到了难题：法院以公司提供的起诉材料中法定代表人证明、诉状没有加盖公章为由，认定原告主体不适格，裁定不予受理。

实践中经常发生公司股东、高管之间因为利益冲突而争夺公司代表权的现象。争议各方均声称只有自己能够代表公司，形式上的标志包括工商登记的法定代表人身份、股东会决议载明的法定代表人身份、持有公司公章等。能否准确认定代表公司意志的诉讼代表人，直接影响着诉讼程序的推进、案件事实的把握以及最终的裁决结果。那么到底有哪些“人”具有公司的代表权呢？

（1）法定代表人：无“章”也可代表公司

实践中，公司印鉴常常被视为公司做出真实意思表示的最可靠、最有效的表征，也是法定代表人行使代表权的形式。但公司的意思表示并非只能通过此形式表征出来。因为法定代表人本身即代表公司，在没有特别约定时，法定代表人以公司名义所作出的意思表示（如签名），即可视为公司的意思表示。虽说按照我国商事交易的习惯，在商事活动中特别是签订合同书的过程中，一般都需要法定代表人签字并加盖公司印鉴，但是从法律角度来看，达到合同生效的效果并非是二者缺一不可的。除非当事人另有特别约定,法定代表人的签名也完全可以产生法律效力。

(2)董事:取得授权才可代表公司

我国实行严格的法定代表制,使得只有法定代表人才可以代表公司。由于法定代表人只有董事长(执行董事)或经理可以担任,故,在董事会成员中只有董事长才可能享有法定代表权。当然,这并不意味着公司的其他董事都不能以公司名义对外从事民事活动,其可在取得公司的明确授权后,以公司代理人身份,对外从事民事活动。

(3)董事会:并不当然可以代表公司

公司法一般理论认为,董事会作为公司的业务执行机关,对内管理经营事务,对外代表公司。但《公司法》并未对董事会是否有代表权问题予以规定,所以在实践中容易产生争议。根据我国法律的规定,只有公司的董事长(执行董事)或经理可以根据公司章程的规定享有公司代表权,公司董事会是缺乏享有代表权的法律依据的。并且,若承认董事会代表权也就是承认全体董事的共同或分别代表权,与我国的法定代表人唯一制相左。同时,董事会作为一个组织机构,以会议形式作出决策即使承认其有代表权,其享有代表权也只能通过自然人来实施。因此,所谓董事会代表权也只能是虚化的。

在此基础上,在司法实践中应当注意两个问题:

第一,由于法定代表人只可由董事长或经理担任,那么,其要么是董事会成员,要么是董事会聘任的人员。故,即便董事会没有公司代表权,董事会也完全可以控制法定代表人的意志。但事实上经常会出现董事会形成决议后,法定代表人不按董事会意思行使代表权,致使董事会的决议无法实施的情形。该种情况属于公司内部治理问题,由其他董事直接以董事会名义代表公司是没有法律依据的,应当通过公司的内部救济方式如改选法定代表人予以解决。

第二,《公司法》第151条规定:在监事损害公司利益的时候,股东欲对其提起代表诉讼,必须先书面请求董事会(或执行董事)向人民法院提起诉讼。此为股东代表诉讼前置程序。根据我国公司代表人制度的法定性与唯一性,此处的"书面请求"应理解为由董事会敦促其控制的法定代表人起诉。若董事会决议起诉,但法定代表人不起诉的,应当认定已满足了股东提起股东代表诉讼的前置程序,已经可以通过股东代表诉讼制度来实现对相关权益的救济。

(4)公司其他人员:持有印鉴或取得授权时可以代表公司

如果公司印鉴由公司其他人员根据章程规定持有,而非由法定代表人控制,此时，印鉴代表公司的授权，非法定代表人持有印鉴应视为持有公司的授权委托书，即取得了公司授予的从事民事行为的代理权限，其性质为公司代理人。在此情况下是可以代表公司的。

但在实践中，经常出现印鉴持有人与公司法定代表人意思相左的情况。由于法定代表人依职权直接代表公司，其行为就是公司的行为，而公司可以随时撤销或收回授权。因此，除非已构成表见代理，否则应视为法定代表人代表公司收回了授权，应以法定代表人的意思表示为准。

137. 公司与法定代表人发生矛盾怎么办？

◎【案例 65】自己告自己

王某是一家建筑公司的董事长兼总经理，因公司未支付其工资，向法院提起诉讼，要求公司支付其工资，诉状中列明被告建筑公司的法定代表人就是原告本人。在该案中，王某既是本案的原告又是本案被告的法定代表人，王某作为原告陈述后，又要代表被告答辩，形成“自己告自己”的诉讼表象。

实践中，我们时常可以遇见公司与法定代表人发生纠纷并形成诉讼的情形。例如，作为法定代表人的股东起诉请求司法解散公司，要求公司清偿个人借款，请求撤销股东会或董事会决议；公司起诉损害公司利益的法定代表人要求赔偿等。在这种情况下，若依旧由法定代表人代表公司参加诉讼，不仅可能会导致诉讼行为无法提起，也可能会使已提起的诉讼因缺乏原被告之间的有效对抗而违背民事诉讼法的基本制度目标，导致损害公司利益的结果。因此，此时法定代表人并不适宜再代表公司参加诉讼，可以采取其他途径来解决该问题。

(1)方案 1：可由公司监事会代表公司参加诉讼

在公司与代表人之间发生利益冲突时，监事会可以代表公司，这是各国公司立法通例。如《德国股份公司法》第 246 条第 2 款规定：“若诉讼指向公司，公司由董事会和监事会代表。由董事会或一名成员起诉的，公司由监事会代表。”《日本商法典》第 2 编规定：“公司对董事或董事对公司提出诉讼的，由监察人代表公司，收到公司提出追究董事长责任的诉讼请求时亦同。”

我国《公司法》第 151 条规定：“董事、高级管理人员有本法第 150 条规定的情形的，有限责任公司的股东、股份有限公司连续一百八十日以上单独或者合计持有公司百分之一以上股份的股东，可以书面请求监事会或者不设监事会的有限责任公司的监事向人民法院提起诉讼。”即监事会可以在公司董事和高级管理人员侵害公司利益时代表公司提起诉讼。这说明，在公司与法定代表人之间发生纠纷时，由监事会代表公司是可行的。因此，在司法实践中，对于监事会代表公司参加的公司与法定代表人之间的诉讼，人民法院应予认可。

值得注意的是，监事会作为一个组织机构，其代表权也应通过自然人得以实现。由于法律对监事会代表权的行使方式未作规定，原则上监事会可以通过决议自主选择行使代表权的自然人。考虑到监事会一般并不持有公司印鉴，在监事会决议的自然人行使代表权时，其必须持有监事会决议，不过，根据《公司法司法解释四》第23条的规定，监事会或监事代表公司诉讼时仍应列公司为原告。

（2）方案2：可由公司股东会委派代表参加诉讼

股东会是公司的最高权力机关和决策机关。在公司与法定代表人发生纠纷时，由股东会另行委派他人代表公司为诉讼活动，是符合公司内部治理原则的。相比监事会可能无法充分发挥其职能的情况，由股东会委派代表会更有利于维护公司的利益。

当然，实践中也需注意，在股东会决议委派代表时，作为法定代表人的股东基于利害关系应当回避表决。另外，所委派的代表在参与诉讼时，必须持有股东会的相关决议。

138. 公司印章被滥用怎么办？

公司印章是公司在正常经营中必不可少的证明方式，在书面文件中被广泛使用，在我国的商业领域更是比签名更具有证明力。基于公章的特殊证明性，如果公司印章被滥用给公司或他人造成损失时，法院会如何判决，公司又将何去何从呢？

◎【案例66】持有印章之人具有代理权外观

再审申请人河北裕翔文具用品有限公司与被申请人阎素娜及一审被告、二审被上诉人莫兰彬借款合同纠纷案［最高人民法院（2013）民申字第556号］裁判要旨：莫兰彬超越了《委托经营合同》的授权范围，在《借款合同》中约定裕翔文具公司对莫兰彬的还款义务承担连带担保责任，并在合同文本上加盖了公司公章以及法定代表人莫兰勇的个人名章。莫兰彬掌控裕翔文具公司公章和莫兰勇个人名章的行为，阎素娜具有信赖莫兰彬享有控制权的合理基础，且即使莫兰彬超越《委托经营合同》约定的代理权限，由于阎素娜并非《委托经营合同》的当事人，且现有证据不能证明阎素娜与莫兰彬存在恶意串通或者明知莫兰彬超越代理权限提供担保等情形，故裕翔文具公司仍应对莫兰彬的代理行为承担责任。

◎【案例67】单位对印章未尽管理义务终致承担责任

农民日报社诉潍坊新东方艺术学校财产损害赔偿纠纷抗诉案［最高人民法院（2011）民抗字第85号］裁判要旨：单位未尽到管理义务，以致被犯罪分子利用进行诈骗活动，单位存在明显过错，且该过错行为与受害人的经济损失之间具有因果关系，故单位应当对受害人的损失承担相应的赔偿责任。

◎【案例68】印章不能随便出借

河北胜达永强新型建材有限公司与中信银行股份有限公司天津分行、河北宝硕股份有限公司银行承兑汇票协议纠纷案［最高人民法院（2007）民二终字第35号］裁判要旨：合作协议及有关银行承兑汇票的文件均加盖有胜达永强公司的公章或者法定代表人名章，应当认定均为胜达永强公司真实意思的表示。胜达永强公司出借相关印章是基于宝硕公司的承诺，不论宝硕公司是否存在欺骗的行为，出借印章的关系存在于胜达永强公司与宝硕公司之间，宝硕公司的承诺也只在该两公司之间发生效力。出于保护交易安全的需要，除非证明合同相对人中信银行存在恶意，胜达永强公司以印章是被骗出借的理由不能对抗中信银行向其主张合同项下的权利。

滥用公司印章实质上是公司印章的使用与公司意思表示发生冲突。在实践中经常有以下几种情形：

（1）公司员工利用公章，以公司名义与第三人签订合同以谋取私利；

（2）公司员工超越职权，违反法律规定，未经公司股东会或股东大会、董事会的决议，擅自在担保书或者其他对外经济合同上加盖公章；

（3）公司员工在不符合条件的公司文件上加盖公章；

（4）公司未尽到管理义务，导致行为人私刻单位公章或者擅自使用单位公章、业务介绍信、盖有公章的空白合同书，以签订经济合同的方法进行犯罪；

（5）公司将业务介绍信、合同专用章或者盖有公章的空白合同书出借给他人使用。

发生以上行为，导致公司以及第三人的利益受到损害时，司法实践中是如何处理的呢？

第（1）、（2）、（3）种情形造成善意第三人经济损失时，由于公章是公司行为的主要证明，以及行为人具有公司员工的特殊身份，较之其他情形，更加容易让第三人相信该行为人具有公司授权而与之交易。当该行为对善意第三人造成经济损失时，针对上述3种情形，主流的审判观点更加倾向于适用表见代理或表见代表制度，判决公司依法承担赔偿责任。法律依据是《合同法》第49条、第50条之规定。

第(4)、(5)种情形的行为人虽然不具有公司员工的身份,或者已经丧失了公司员工的身份,但是公章、盖有公章的介绍信、合同在公司外部人员看来,皆可代表公司的意思表示。如果公司不及时采取措施进行公告,持有公章或者上述法律文件的行为人足以会被善意第三人视为公司的代理人,误以为其有代理权而与之发生交易,由此造成善意第三人损失的,符合法律规定的表见代理条件,公司将承担由此产生的赔偿责任。法律依据是最高人民法院《关于在审理经济纠纷案件中涉及经济犯罪嫌疑若干问题的规定》第4条、第6条之规定。

综上所述,在司法实践中,单位公章、盖有公章的空白合同书,很容易使善意第三人相信公章、盖有公章的空白合同书持有人具有代理权限,其能够代表公司的意思表示。第三人由此发生的损失,法院倾向于适用表见制度,维护善意第三人的利益,主张由公司承担不利的法律后果。

需要特别提示的是:公司印章被滥用,也并不必然适用表见制度,前提需要公司有证据证明第三人非善意,即第三人知道或者应当知道行为人没有代理权或者超越代理权限。在此种前提下,第三人并非属于表见制度保护的善意相对人,因此,公司也毋需承担损害赔偿责任。

此外,公司只有加强对印章的管理,尤其是对保管印章之人审慎选择,并做好用章登记和文件留存,杜绝出具盖章的空白文件等,才能防止和减少印章被滥用,避免承担表见代理的法律后果。

139. 公司印章被盗用怎么办?

在我国传统观念中对印章有着特殊的崇拜,延续至今,使公司印章具有识别行为主体和区别主体身份的重要作用。因此,公司印章保管不善便会存在巨大风险,如《民事诉讼法司法解释》第65条规定,“借用业务介绍信、合同专用章、盖章的空白合同书或者银行账户的,出借单位和借用人为共同诉讼人”。除了借用印章的风险外,印章被盗用同样会产生严重的法律后果。

◎【案例69】印章被盗用提供担保

1. A公司对印章管理不存在任何过错,对于印章被盗用提供担保的行为不承担法律责任。

2014年5月,原告陈某以要求提供担保为条件,借给被告张某人民币20万元用于经商。张某遂盗用朋友开办的A公司的印章为其提供连带担保。之后,因张某经营失败无力偿还借款,被陈某诉之法院,要求被告张某和A公司承担连带清偿责任。法院认为,就本案而言,张某利用其与A公司开办人的朋友关系,盗用了A公司的印章为其借款行为提供担保,A公司对其提供担保一事完全不知情,并无任何过错。故A公司提供的担保行为应属无效,判令由张某向陈某承担全部的清偿责任。

2. B公司对印章管理存在过错,对于印章被盗用提供担保的行为需承担相应的法律责任。

2011年2月,被告车某兄弟向原告吴某借款16万元,借款期限为1个月,约定利息为3%,双方在借条上签了字,担保人为王某开办的B公司并加盖了B公司的印章。后因还款纠纷诉至法院,王某代表B公司抗辩其根本不知道借款的事实,盖在借条上的印章是二被告兄弟背着自己偷偷加盖的。法院认为,借款合同系双方真实意思表示,合法有效,被告B公司的法定代表人王某作为公司印章的唯一持有者和保管人,对印章负有监管义务,因其保管不当而导致他人盗用B公司印章,不能对抗善意第三人。故在借款合同上担保人位置加盖印章的行为后果应由B公司承担,判令二被告兄弟偿还原告的借款,担保人B公司承担相应的连带清偿责任。

按传统民事代理行为理论,代理行为分无权代理、有权代理和表见代理。按照我国合同法规定,无权代理的效力待定,只有经被代理人追认,代理行为的效力才及于被代理人;有权代理和表见代理的效力当然及于被代理人。

表见代理是为了最大程度保护善意第三人的利益,源于西方法律的"外表授权理论",即只要具有授予代表权的外表或假象,相对人也是善意无过失地相信了这种外表或假象,尽管事实上并未授权,也可产生代表权或代理权。这是英美法系"禁止翻供原则"在代表权和代理权上的具体运用。表见代理须同时具备三个方面的要件:表见性外观存在、相对人信赖和可归责性。

公司印章具有强烈的表征性,当然具有表见性外观,善意的交易相对方足以产生信赖。如果公司在印章的制度管理上存在明显疏漏,导致其与交易相对方或第三人的损害存在有一定程度的因果关系,那公司应依法负担起法律责任,承受相应的法律后果。

◎【法条链接】最高人民法院《关于在审理经济纠纷案件中涉及经济犯罪嫌疑若干问题的规定》

第5条:行为人盗窃、盗用单位的公章、业务介绍信、盖有公章的空白合同书,或者私刻单位的公章签订经济合同,骗取财物归个人占有、使用、处分或者进行其他犯罪活动构成犯罪的,单位对行为人该犯罪行为所造成的经济损失不承担民事责任。

行为人私刻单位公章或者擅自使用单位公章、业务介绍信、盖有公章的空白合同书以签订经济合同的方法进行的犯罪行为,单位有明显过错,且该过错行为与被害人的经济损失之间具有因果关系的,单位对该犯罪行为所造成的经济损失,依法应当承担赔偿责任。

140. 公司印章被伪造怎么办?

◎【案例70】兴业银行广州分行与深圳市机场股份有限公司借款合同纠纷案

最高人民法院认为:本案所涉贷款系崔绍先等人伪造文件,虚构贷款用途,通过私刻公章以深圳机场公司的名义与兴业银行广州分行签订借款合同诈骗而来。所骗款项全部由崔绍先等人控制的公司非法占有,崔绍先等人正在接受刑事追究。崔绍先等人的真实目的是骗取银行信贷资产,签订本案所涉基本授信合同及相关贷款合同只是诈骗银行信贷资产的形式和手段。上述行为符合合同法第52条第3项规定的“以合法形式掩盖非法目的”的合同无效情形,应认定合同无效。

崔绍先系深圳机场公司的董事、总经理,在本案发生期间主持深圳机场公司的日常工作。崔绍先伙同张玉明、李振海等人亲自与兴业银行广州分行人员商谈贷款事宜,指使李振海以私刻的公章代表深圳机场公司签订授信合同和贷款合同,并在其后亲自使用私刻的公章与兴业银行广州分行签订了借新还旧的贷款合同,使兴业银行广州分行误以为崔绍先是在履行职务行为,从而造成2.25亿元骗贷最终得逞。上述情形之所以能够发生,崔绍先利用其特殊的身份参与骗贷活动固然系主要原因,但也与深圳机场公司规章制度不健全、用人失察、对公司高级管理人员监管不力密不可分。故深圳机场公司在本案中具有明显过错,应依法对兴业银行广州分行的损失承担主要的赔偿责任。兴业银行广州分行在签订和履行本案2.25亿元贷款合同的过程当中,未尽审慎注意义务,对私刻的深圳机场公司公章、伪造的证明文件和董事会决议未进行必要的鉴别和核实,在贷款的审查、发放、贷后跟踪检查等环节具有明显疏漏。故兴业银行广州分行对本案的损失也应承担相应的民事责任。

上述案例为《最高人民法院公报》2009年第11期(总第157期)上的案例。该案例表明:行为人私刻单位公章,以签订经济合同的方式进行犯罪行为,单位有明显过错,且该过错行为与被害人的经济损失之间有因果关系的,单位对该过

错行为所造成的损失,依法应当承担赔偿责任。对此,我们着重就以下几个问题进行分析:

(1)伪造印章签订的合同之效力

伪造公司印章的,既可能是公司内部工作人员,也可能是公司外部不特定的人员。在伪造印章后,其目的往往是以公司名义对外签订合同。此时,对合同效力的判断,主要受到两方面因素的影响:其一,合同本身是否具有《合同法》第52条规定的无效情形;其二,在构成无权代理的情形下,合同相对人是否为善意无过失。

首先,对于合同无效的判断,前述公报案例中,法院认定本案合同属于"以合法形式掩盖非法目的",因而无效。但在该案例中,当事人是以签订基本授信合同及相关贷款合同作为诈骗银行信贷资产的形式和手段,其并不必然能适用于所有案件。例如,公司法定代表人为了在外签订合同的方便,私刻公司印章签订的合同,并不必然无效。所以,认定合同是否无效与否,不能一概而论,应结合案件具体情形。

其次,在伪造印章情形下,行为人很有可能并不真正具有公司代理权,因而可能会属于无权代理,此时公司不予追认的,合同不生效力,除非可以构成表见代理。因此,需要进一步判断的是,相对人是否善意无过失地相信行为人具有代理权,是否尽到了谨慎的注意义务。

(2)公司被伪造印章后的救济途径

伪造公司印章的,对于公司等受害方而言,主要有两种救济途径:

其一,追究相关人员刑事责任,主要可能涉及伪造公司印章罪、合同诈骗罪。《刑法》第224条第1项规定:"(一)以虚构的单位或者冒用他人名义签订合同的",属于合同诈骗的情形之一。《刑法》第280条第2款还规定,"伪造公司、企业、事业单位、人民团体的印章的,处三年以下有期徒刑、拘役、管制或者剥夺政治权利,并处罚金",而该罪名并无追诉的数额标准。因而,伪造公司印章的,应当承担相应的刑事责任。

其二,公司可以向有关责任人员提起侵权诉讼,追究其损害公司利益的民事赔偿责任。如果合同有效,则公司因为履行合同可能产生损失;如果合同无效,且被伪造印章的公司被判令承担损害赔偿责任的,也可以向责任人员提出赔偿主张。当然,在合同无效时,被伪造印章的公司承担责任的前提条件是:存在过错,且过错行为与相对人的经济损失之间具有因果关系。对此,公司应当重视,加强自身对包括印章在内的各项规章制度的规范管理,防范被认定为具有过错而承担相应的赔偿责任。

(3)与伪造印章者签订合同的相对方的救济途径

与伪造印章者订立合同的相对方,应当首先根据不同案件的情况,确定合同是否有效,并依据合同效力的具体情形,依法主张其权利。如果合同有效,则可以要求被伪造印章的公司继续履行合同义务;如果合同无效,则可以追究伪造印章者的侵权责任。当然,如果被伪造印章的单位有明显过错,且该过错行为与被害人的经济损失之间有因果关系,则单位对该过错行为所造成的损失,依法应当承担赔偿责任。在前述公报案例中,被伪造印章的深圳机场公司,就是因为规章制度不健全、用人失察、监管不力,被法院认定具有明显过错,并对相对人的损失承担赔偿责任。

141. 被罢免的原董事长拒不交还公司印章怎么办?

在实务中,总能看到这样的案例:作为公司股东并担任公司法定代表人的董事长被其他股东解除职务,并通知其交出公司印章,董事长拒不返还公司印章而被其他股东诉至法庭。诉讼时,该公司的工商登记中记载的法定代表人仍为其原董事长,并无变更;而代表公司参加诉讼的必须为新选任的法定代表人并且要有加盖公司印章的法定代表人证明书以及授权委托书。由于原董事长仍然控制着公司印章,使公司新选任的法定代表人难以依法定代表人身份代表公司参加诉讼,导致诉讼陷入困境。

◎【案例71】公司证照印信被侵占,如何主张权利?

某投资公司由张某等七名股东投资设立,其中张某占有总股本的25%,任公司董事长。2000年6月,张某在得知董事会欲开会罢免其董事长职务后,私自将能够代表公司的全部证照印信,包括营业执照正本、副本、公章、合同章、财务章、财务人名章等拿走,隐匿不来上班,致使公司陷入停顿状态。后公司其他股东召开董事会,罢免了张某董事长职务,选举刘某为新任董事长,并以公司名义起诉张某返还财物。

◎【案例72】法院判决被罢免的原法定代表人归还公司印章

2014年3月,上海新凤城公司召开股东会。股东一致表决同意:解除陈某董事长职务,改选沈某为董事长并担任公司法定代表人,陈某应于决议作出后3天内将公章移交公司。

于是,新凤城公司开始办理工商变更登记手续。但是陈某发函给工商局,称其系新凤城公司董事长、法定代表人,为防止出现违法变更工商登记的任何事项,特别声明:未经本人同意,任何主体提出的变更事项,均属无效。于是,工商局向新凤城公司出具《不予受理通知书》,告知其法人代表变更登记申请的文件、材料不符合法定形式,不予受理。

同时,陈某拒绝交出公司公章。新凤城公司多次索要公章未果,遂诉至法院要求陈某归还公章。法院认为,原告股东会一致作出陈某不再担任董事长和法人代表人的决议,并要求移交公司公章,此系公司权力机构作出的决策,代表公司的意志,应予遵守。故,被告陈某自股东会决议作出之日起已不具有原告公司董事长和法人代表身份。本案诉争的公章系原告的财物,原告有权对公章的持有和保管作出处分,被告拒不归还原告公司公章,影响了原告的正常经营,显属不当,判决被告归还原告公章。

诉讼中陈某辩称,公司起诉书只有沈印龙签字,不符合起诉的形式要件和实质要件。法院认为,被告持有公章并拒绝移交,导致原告无法办理法定代表人工商变更登记。虽然工商登记显示的法定代表人为被告陈某,但实质已经股东会决议改选了新的法定代表人,应以修改后的法定代表人为原告的法定代表人,其有权代表公司起诉。

公司营业执照、公章等证照印信被人非法占据,特别是被公司原法定代表人非法占据时,公司可以考虑从以下几个方面来维权:

(1)求助于特殊工商变更登记

由于诉讼历时长,如果能将失去控制的印信宣布作废而重新变更补领,不失为保护公司合法权利和维持公司正常业务的一条捷径。

但在实践中,去报社刊登作废声明需出具营业执照和公章,去银行变更财务预留印鉴需出具公章和原财务章、人名章,去公安局变更印章需出具营业执照,去工商局变更营业执照需出具公章,这同样陷入互为条件的尴尬境地。

在此情形下,可以作为特例向工商局申请特殊变更登记。因为工商局掌握公司的原始档案,可以通过审查工商档案并在公司出具符合公司章程的股东会决议、董事会决议的情况下,予以核准公司变更登记事项,并颁发新的营业执照,从而解开尴尬的因果链条,确保股东权益和交易安全。

(2)诉至法院要求归还公章并申请先予执行

公司作为原告,将侵占人作为被告诉至法院,要求返还公司印章、账册等。而且,被告拒不交出公章,已经严重影响公司的正常经营活动,公司可根据《民事诉讼法》的规定申请先予执行,如获法院支持,将大大缩短诉讼时间。

但诉讼中不可绕开的一个问题是原告诉讼主体的适格性。起诉时,原告应当证明自己的主体身份合法、真实,立案时法院会要求原告提供公司营业执照副本复印件、盖有公司公章和法定代表人签字的诉讼文书等。很显然,原告无法提供。

此时,原告可出具复制于工商部门的公司工商档案登记情况以及股东会决议、董事会决议和授权文书,诉讼文书则可由新任董事长或未经工商变更登记的新任法定代表人签字。

对此,江苏省高院和山东省高院出台的相关意见中也有规定:

(1)《江苏省高院公司法意见》第15条:股东、董事、经理及其他人侵占公司印鉴、财务账册的,公司可以侵占者为被告要求其返还,并赔偿因此给公司经营造成的损失。公司公章被侵占,公司以董事长签名的诉状起诉的,应当受理,但董事长已被股东大会罢免的除外。

(2)《山东省高院公司法意见》第85条:股东、董事、经理及他人侵占公司印鉴,公司起诉要求其返还印鉴并赔偿损失的,人民法院应予支持。

前款之诉讼,以及印鉴被侵占期间公司需要参加的其他诉讼,公司以法定代表人签署之文件起诉或应诉的,人民法院应予准许。公司法定代表人变更但未办理工商登记变更手续的,新法定代表人可以持有关变更决议证明其法定代表人身份。

(3)是否可以刑事举报?

很多公司还会想到刑事举报问题,但是刑法仅有伪造印章并无侵占印章的专门规定。

那么,是否构成"侵占罪"?对此,《刑法》第270条规定:"将代为保管的他人财物非法占为己有,数额较大,拒不退还的,处二年以下有期徒刑、拘役或者罚金;数额巨大或者有其他严重情节的,处二年以上五年以下有期徒刑,并处罚金。"但是,侵占罪所涉的财物要求达到一定数额,而营业执照和公章等本身制作的工本费用并不高,不能达到法律规定的构成犯罪的最低数额,很难成立。

当然,如果原法定代表人借助于公章、营业执照等实施了其他的违法犯罪行为,则可举报其构成其他相关罪名。

需要注意的是,公司无论是选择特殊的工商变更途径,还是通过诉讼来寻求救济,都应按照法律规定和公司章程规定,召开股东会,作出罢免原董事长、选举新董事长的决议。该股东会决议的合法性是判断公司救济行为正当性的重要依据。因此,公司务必依照严格的程序作出合法有效的股东会决议。

第八章　中小股东与少数股东如何维权？

142. 中小股东如何了解包括公司财务情况在内的信息？

了解公司的财务情况，是中小股东维护自己合法权益的基础。

有限责任公司的股东有权查阅、复制公司章程、股东会会议记录、董事会会议决议、监事会会议决议和财务会计报告。此外，有限责任公司股东还可以要求查阅公司会计账簿，但是应当向公司提出书面请求，说明目的。如果公司有合理根据认为股东查阅会计账簿有不正当目的，可能损害公司合法利益的，可以拒绝提供查阅，并应当自股东提出书面请求之日起15日内书面答复股东并说明理由。公司拒绝提供查阅的，股东可以请求人民法院要求公司提供查阅。但是需要注意的是，股东向法院提起知情权诉讼，应以向公司书面要求查阅账簿但遭拒为前提条件，否则无法得到法院的支持。

股份有限公司的股东有权查阅公司章程、股东名册、公司债券存根、股东大会会议记录、董事会会议决议、监事会会议决议、财务会计报告，对公司的经营提出建议或者质询。

关于"不正当目的"，最高人民法院《公司法司法解释四》第8条规定了以下几种情形：

（1）股东自营或者为他人经营与公司主营业务有实质性竞争关系业务的，但公司章程另有规定或者全体股东另有约定的除外；

（2）股东为了向他人通报有关信息查阅公司会计账簿，可能损害公司合法利益的；

(3)股东在向公司提出查阅请求之日前的3年内,曾通过查阅公司会计账簿,向他人通报有关信息损害公司合法利益的;

(4)股东有不正当目的的其他情形。

此外,不论是有限责任公司召开的股东会会议,还是股份有限公司召开的股东大会会议,股东可以对列席会议的董事、监事、高级管理人员提出质询。

值得提出的是,作为中小股东而言,如果是在公司成立一段时间后才成为公司股东,能否要求查阅其成为股东之前的公司信息,股东除了查阅资料外,能否要求复制这些资料,这些问题存在一定争议。《公司法司法解释四》第7条第2款规定:公司有证据证明前款规定的原告在起诉时不具有公司股东资格的,人民法院应当驳回起诉,但原告有初步证据证明在持股期间其合法权益受到损害,请求依法查阅或者复制其持股期间的公司特定文件材料的除外。

◎【案例73】股东有权了解公司财务状况

成立于2000年9月18日。广州雍也物业管理有限公司(以下简称雍也公司)在2007年8月1日成为持有广州市番禺莲花山造纸有限公司(以下简称莲花山公司)19.75%股权的股东。

2010年1月至2010年5月,雍也公司多次致函莲花山公司,要求查阅莲花山公司相关财务报表、会计账簿、会计原始凭证、股东会议纪要、董事会会议纪要、公司合同、房地产权证等资料,包括莲花山公司对外持有股权的相关公司的上述资料。在此过程中,莲花山公司提供了其部分财务资料给雍也公司查阅。但因莲花山公司未能按雍也公司的要求提供齐全相关资料并且还有财务资料为复印件,雍也公司遂诉至法院,请求莲花山公司立即提供2006年至今的股东会会议记录、董事会会议决议、监事会会议决议;财务会计报告(包括资产负债表、损益表、财务状况变动表、财务情况说明书、利润分配表);会计账簿、会计原始凭证等供雍也公司查阅、复制。

法院审理后认为:股东知情权是法律赋予股东的一项权利。莲花山公司未能提供足够证据证实雍也公司查阅公司会计账簿有不正当目的、可能损害公司及其他股东合法利益,不得无故拒绝雍也公司查阅会计账簿的要求,当然更不得以任何理由拒绝雍也公司查阅股东会会议记录、董事会会议决议、监事会会议决议、财务会计报告。

但不同于股东会会议记录、董事会会议决议、监事会决议和财务会计报告,为平衡股东与公司的利益,股东对公司账簿的知情权限于查阅而不得复制。因此,雍也公司要求复制莲花山公司2006年至今的会计账簿和会计原始凭证,缺乏法律依据，法院不予支持。

143. 中小股东如何要求公司股东会讨论自己的议题？

这个问题需要区分有限公司和股份公司：

(1)有限公司

有限责任公司的股东会会议分为定期会议和临时会议。

股东会定期会议的召开时间由公司章程自主规定。在股东会定期会议召开时，股东可以向会议召集人提出议案，但是法律并未规定在何种情况下必须将议题提交股东会会议讨论。

如果中小股东的议题未能进入股东会定期会议讨论，则中小股东可以通过召开股东会临时会议的方式来讨论自己的议题。根据《公司法》第39条的规定，代表十分之一以上表决权的股东提议召开临时股东会会议的，就应当召开临时股东会会议。如果无法达到十分之一的表决权，则中小股东可以尝试向董事和监事提出召开临时股东会会议的要求；如果有三分之一以上的董事同意，或者监事会(不设监事会的公司的监事)同意，则也能召开临时股东会会议。

(2)股份公司

依照《公司法》第100条的规定，股份有限公司的股东大会应当每年召开一次年会。作为中小股东可以向股东大会年会提交议案。根据《公司法》第102条第2款的规定："单独或者合计持有公司百分之三以上股份的股东，可以在股东大会召开十日前提出临时提案并书面提交董事会；董事会应当在收到提案后二日内通知其他股东，并将该临时提案提交股东大会审议。临时提案的内容应当属于股东大会职权范围，并有明确议题和具体决议事项。"

除了在股东大会年会上提交临时提案之外，股份有限公司单独或者合计持有公司百分之十以上股份的股东还可以请求公司在两个月内召开临时股东大会。此外，如果出现董事人数不足法定人数或者章程所定人数的三分之二，或者公司为弥补的亏损达到实收股本总额三分之一等情况时，也应当召开临时股东大会。如果中小股东无法凑齐百分之十的股份，则可以尝试向董事会和监事会提出召开临时股东大会的要求。只要董事会或者监事会认为必要，也应当召开临时股东大会，当然这取决于董事会或监事会的态度。

另外，在临时股东大会召开前，单独或者合计持有公司百分之三以上股份的股东也可以提出临时议案。

◎【案例74】有限责任公司的股东会会议上能否增设临时议案?

科普诺有限责任公司某次临时股东会会议通知该会议议题为“关于保障公司股东合法权益及公司资产管理办法”。但会议除讨论上述议题外,还临时增加了人事任免议题。在该次会议上被免去董事职务的股东甲认为该次会议程序违法,于是诉至法院要求撤销该次会议。

法院审理后认为:股东会会议召开过程中是否可以临时增加议题,公司法没有明确规定。《公司法》第41条规定,有限责任公司“召开股东会会议,应当于会议召开十五日以前通知全体股东”。第102条规定,股份有限公司“召开股东大会会议,应当将会议召开的时间、地点和审议的事项于会议召开二十日前通知各股东;临时股东大会应当于会议召开十五日前通知各股东……股东大会不得对前两款通知中未列明的事项作出决议”。对比上述法条可知,股份有限公司召开股东大会,会议议题为必须通知的事项,股东大会不得对未通知的事项进行表决。有限责任公司则没有类似的强制性规定,只要求提前15日通知会期,没有要求必须通知会议审议的事项。可见,有限公司召开股东会,并不禁止会议期间临时增加议题和对增加的议题进行表决。

144. 中小股东如何要求公司董事会讨论自己的议题?

有限责任公司的董事会议事方式,一般是由公司章程作出规定。所以有限责任公司的中小股东如何向董事会提交议案,是否可以要求召开董事会临时会议,一般也应由章程作出规定。如果章程未对此作出规定,则中小股东也可以向董事会提出议案,但是否接受则取决于董事会的态度,并无硬性要求。

对于股份有限公司而言,《公司法》第110条规定:“代表十分之一以上表决权的股东、三分之一以上董事或者监事会,可以提议召开董事会临时会议。董事长应当自接到提议后十日内,召集和主持董事会会议。”所以,股份有限公司的中小股东可以依据该条规定要求召开董事会临时会议来讨论相关议题。

145. 中小股东如何通过监事会维护自己的合法权益?

监事作为股东会选举产生的公司组织机构,依照《公司法》第53条的规定行使如下职权:

(1)检查公司财务;

(2)对董事、高级管理人员执行公司职务的行为进行监督,对违反法律、行政法规、公司章程或者股东会决议的董事、高级管理人员提出罢免的建议;

(3)当董事、高级管理人员的行为损害公司的利益时，要求董事、高级管理人员予以纠正；

(4)提议召开临时股东会会议，在董事会不履行本法规定的召集和主持股东会会议职责时召集和主持股东会会议；

(5)向股东会会议提出提案；

(6)依照《公司法》第152条的规定，对董事、高级管理人员提起诉讼；

(7)公司章程规定的其他职权。

另外，《公司法》第54条规定："监事可以列席董事会会议，并对董事会决议事项提出质询或者建议。监事会、不设监事会的公司的监事发现公司经营情况异常，可以进行调查；必要时，可以聘请会计师事务所等协助其工作，费用由公司承担。"

据此，中小股东也可以就监事职权范围内的事项，向监事会提出履行职责方面的要求，向监事会反映有关情况，通过监事会来维护自己的权益。

146. 在公司议事机制无法正常运转时，中小股东如何召集会议形成有效决议？

一般情况下，有限责任公司的股东会会议是由董事会来召集，董事长主持；如果董事长不能履行职务或者不履行职务的，则由副董事长主持；如果副董事长也不能履行职务或者不履行职务的，则可以由半数以上董事共同推举一名董事主持。有限责任公司不设董事会的，股东会会议由执行董事召集和主持；如果董事会或者执行董事不能履行或者不履行召集股东会会议职责的，由监事会或者不设监事会的公司的监事召集和主持。

但是，有时会出现董事会和监事会都不履行职责的情况。此时，公司的议事机制就无法正常运转。为了解决这一问题，根据《公司法》第40条第3款的规定：代表1/10以上表决权的股东可以自行召集和主持股东会会议。

股份有限公司也存在类似的情况，如果出现董事会和监事会都不履行召集股东大会会议的情况，则根据《公司法》第101条的规定，可以由连续90日以上单独或者合计持有公司10%以上股份的股东自行召集和主持股东大会会议。

◎【案例75】董事诉请决议无效，保住职位

诚达公司于2002年12月2日设立，共有七位自然人股东。公司不设董事会，肖臣杰被选举为诚达公司的法定代表人及执行董事。2009年12月10日，不是股东的赵新超以私人名义向执行董事肖臣杰发出《参加股东会会议通知书》，通知肖臣杰2009年12月26日9时到诚达公司二楼会议室参加股东会。该次会议如期在上述地点举行,由召集人赵新超主持。诚达公司的七家股东全部参会并以多数决方式通过诚达公司《2009年第3次股东会决议》,免去肖臣杰的执行董事职务。肖臣杰认为该次会议程序违法,故诉至法院要求撤销该次股东会决议。

法院设立后认为:《公司法》第40条第2、3款规定:"有限责任公司不设董事会的,股东会会议由执行董事召集和主持。""董事会或者执行董事不能履行或者不履行召集股东会会议职责的……代表十分之一以上表决权的股东可以自行召集和主持。"因此,诚达公司股东会会议的召集和主持应属于现执行董事肖臣杰的职权和责任。在不能证明诚达公司法定代表人、执行董事肖臣杰不履行或不能履行召集和主持股东会会议的情况下,其他人召集和主持诚达公司股东会会议的行为均违反了《公司法》的规定。故判决撤销诚达公司《2009年第3次股东会决议》。①

147. 中小股东如何选举出代表自己利益的董事和监事?

我国《公司法》2005年修正之前对董事和监事的选举规定实行的是直接投票制。这种投票方式使小股东不可能选出一个代表自己利益的董事及监事,这无疑是立法上的缺陷。2005年《公司法》修正后引入了"累积投票制",即股东大会选举董事或者监事时,每一股份拥有与应选董事或者监事人数相同的表决权,股东拥有的表决权可以集中使用。根据《公司法》第105条的规定:"股东大会选举董事、监事,可以依照公司章程的规定或者股东大会的决议,实行累积投票制。"因此,是否使用累积投票制,还要看章程怎么规定以及股东大会怎么决议。

实际上,早在2002年证监会出台的《上市公司治理准则》中,就出现了累积投票制度。《上市公司治理准则》第31条规定:在董事的选举过程中,应充分反映中小股东的意见。股东大会在董事选举中应积极推行累积投票制度。控股股东控股比例在30%以上的上市公司,应当采用累积投票制。采用累积投票制度的上市公司应在公司章程里规定该制度的实施细则。这是在我国法规文件中第一次明确提出了累积投票制的要求。从《上市公司治理准则》对该制度的表述来看,该准则总体上采取的是许可主义的思路,只是仅对部分控股股东持股超过

① 该决议被撤销的另一个原因是,法院认为除被告肖臣杰外,其他六位股东未履行出资义务,不享有表决权。

30%的上市公司采取了强制主义的硬性规定。

◎【案例76】选举董事实例

某公司要选5名董事。公司股份共1000股，股东共10人。其中1名大股东持有510股，即拥有公司51%股份；其他9名股东共计持有490股，合计拥有公司49%的股份。若按直接投票制度，每一股有一个表决权，则控股51%的大股东就能够使自己推选的5名董事全部当选，其他股东毫无话语权。但若采取累积投票制，表决权的总数就成为1000×5＝5000票，控股股东总计拥有的票数为2550票，其他9名股东合计拥有2450票。根据累积投票制，股东可以集中投票给一个或几个董事候选人，并按所得同意票数多少的排序确定当选董事。因此，从理论上来说，其他股东至少可以使自己的2名董事当选，而控股比例超过半数的股东也最多只能选上3名自己的董事。

从累积投票制度本身来看，它虽为扩大小股东的发言权提供了相应保证，但这种保证仍以小股东持有或者合计持有一定数量的表决权为条件。若小股东持股数量过低在持股比例上与大股东相差悬殊太大或者不能有效地一致行动，累积投票制将难以充分地发挥其作用。

148. 公司在利益受损后未能采取措施主张赔偿责任，中小股东怎么办？

《公司法》第149条规定："董事、监事、高级管理人员执行公司职务时违反法律、行政法规或者公司章程的规定，给公司造成损失的，应当承担赔偿责任。"但是，由于董事、监事、高管是公司意思机构的组成人员，公司向董事、监事、高管主张赔偿责任时可能会遭遇组成公司意思机构的董事、监事、高管的反对。此时公司的中小股东利益可能会受到损害。

为了保护中小股东的利益，《公司法》第151条规定了股东代表诉讼制度。此外，如果不是董事、监事、高管损害公司利益，而是公司以外的他人侵犯公司合法权益给公司造成损失，符合条件的股东也可以提起股东代表诉讼。

所谓"股东代表诉讼"，具体是指：在公司未能维护自己合法权益时，符合条件的公司股东可以为了公司的利益以自己的名义直接向人民法院提起诉讼。

具体而言，当公司的董事、高管存在损害公司利益的行为时，有限责任公司的股东、股份有限公司连续180日以上单独或者合计持有公司1%以上股份的股东，可以书面请求监事会或者不设监事会的有限责任公司的监事向人民法院提起诉讼；监事存在损害公司利益的行为时，前述股东可以书面请求董事会或者不设董事会的有限责任公司的执行董事向人民法院提起诉讼。如果监事会、不设监事会的有限责任公司的监事,或者董事会、执行董事收到前述股东书面请求后拒绝提起诉讼,或者自收到请求之日起30日内未提起诉讼,或者情况紧急、不立即提起诉讼将会使公司利益受到难以弥补的损害的,前述股东有权为了公司的利益以自己的名义直接向人民法院提起诉讼。这一规定也适用于他人侵犯公司合法权益给公司造成损失的情形。

值得提出的是,根据《公司法司法解释(一)》第4条的规定,前述"180日以上连续持股期间",应为股东向人民法院提起诉讼时,已期满的持股时间;前述"合计持有公司百分之一以上股份",是指两个以上股东持股份额的合计。

◎【案例77】大股东身后的纷争

1997年8月,张科与黄某、张某共同出资设立鼎域公司。三人持股比例分别为20%、20%、60%,其中张科系张某的女儿。股东黄某于1998年去世,因无继承人要求继承股权,其享有的20%股权未作工商变更,公司由张科及其父亲张某共同经营。后来张某以大股东、法定代表人的身份实际经营并控制。2007年2月9日,法定代表人张某去世。

此后几个月内,张某的女儿张科(鼎域公司剩余唯一股东)、儿子张晨并未就遗产进行分配。而张晨在未取得股东资格的情况下,从经理自封为总经理,强行占有并控制鼎域公司的经营场地、机器设备、财务和公司所有的一切证件等财产和鼎域公司的生产经营。张晨控制鼎域公司的短短几个月期间,任命鼎域公司的会计赵秀荣作为其自己设立的北京宏焱工贸有限公司的会计,利用两个公司之间进行关联交易,将鼎域公司的专利、设备、产品、客户等全部转移至其投资的北京宏焱工贸有限公司,导致鼎域公司在几个月内已经只剩下一个空壳,停止了经营活动。

张科知晓这一情况后,随即向法院起诉,称因鼎域公司监事黄某和执行董事张某已经去世,鼎域公司现在没有监事和执行董事,故其无法履行前置程序。其作为鼎域公司唯一股东有权代表公司提起本案诉讼,要求张晨赔偿公司损失。

法院认为:本案系股东代表公司诉讼,根据我国《公司法》第151条的规定,股东代表公司提起诉讼,须符合法律规定的前置程序或情况紧急的条件。本案中,张科系鼎域公司经工商注册登记的唯一在世股东,持有该公司80%股份的另两名股东也是公司执行董事、监事的张某、黄某均已去世。现张某、黄某名下的股权尚未作继承分配,二人的继承人对上述股权并未做放弃继承的意思表示,公司就此亦未做减资或股东除名的处理,故该公司的股权比例分配以及是否加入新的股东均属不确定状态。在此情况下,由于张科仅持股20%,故新的公司机关即执行董事、监事的选任，亦需待股权结构明晰及股东确定的情况下才能形成。据此，在公司目前状况之下，不具有公司机关拒绝履行或怠于履行职责的情形，也没有相应的公司机关可以作为股东代表诉讼的诉讼利益承受者。同时，本案双方当事人张科、张晨系姐弟关系，均系已故股东张某之子女。本案的诉讼利益涉及两人之间对公司资产的掌控，在股权结构未明晰及新的股东未确定的情况下，如径行裁处，不能排除有可能对新股东或公司利益的损害。而且，从鼎域公司目前状况上看，公司已停滞经营，亦不属于不立即提起诉讼将会使公司利益受到难以弥补的紧急情况的情形。因此，在鼎域公司目前状况之下，张科作为股东代表公司提起诉讼，不符合公司法规定的起诉条件，其可通过其他救济途径先行确定公司股权结构及公司机关，因此，驳回原告张科的起诉。

149. 公司能够分红，但股东会决议不分红，希望分红的股东如何维权？

一般来讲，公司是否分红以及如何分红应当由股东会决议。如果股东会决议不分红，则股东是无权要求分红的。当然，如果决议在程序或内容上存在违法情况，股东可以申请撤销决议或要求认定决议无效。

如果股东会有关不分红的决议并不违法，那么作为希望分红的股东有何种解决办法呢？根据《公司法》第 74 条的规定，公司连续 5 年不向股东分配利润，而公司该五年连续盈利，并且符合本法规定的分配利润条件的，则对股东会该项决议投反对票的股东可以请求公司按照合理的价格收购其股权；如果自股东会会议决议通过之日起 60 日内，股东与公司不能达成股权收购协议的，股东可以自股东会会议决议通过之日起 90 日内向人民法院提起诉讼。

一般情况下，由于公司应当遵守资本维持原则，因此公司股东是不能随意退股的。但为了保护中小股东的利益，公司法允许中小股东在上述特定情况下退股，但鉴于资本维持原则，应当由公司来收购，由公司自己持有自己的股权。

值得提出的是，上述规定是在《公司法》“有限责任公司”的章节中出现，应当只适用于有限责任公司。对于股份有限公司而言，在股权转让方面相较于有限责任公司具有较强的便利性，因此股份有限公司的股东可以通过股权转让的方式来退出公司。

此外，根据《公司法司法解释四》第 15 条的规定，如果存在违反法律规定滥用股东权利导致公司不分配利润给其他股东造成损失的情形，即便公司并未形成载明具体分配方案的股东会或者股东大会决议，股东仍然可以起诉至法院请求公司分配利润。

◎【案例78】请求分配股利,分配决议是关键

山东省中胜公司五位股东向法院提起诉讼,称中胜公司连续六年盈利,但六年一直未向他们分配利润,请求法院判决确认五位股东在起诉时应分得的未分配利润金额合计1,221,137元及逾期利息。

山东某法院审理后认为:《公司法》规定,有限责任公司连续5年不向股东分配利润,而公司该5年连续盈利,并且符合本法规定的分配利润条件的;对股东会该项决议投反对票的股东可以请求公司按照合理的价格收购其股权。自股东会会议决议通过之日起60日内,股东与公司不能达成股权收购协议的,股东可以自股东会会议决议通过之日起90日内向人民法院提起诉讼。从以上规定可以看出,原告起诉的前提条件是其对公司股东会对利润不进行分配的决议有异议。作为原告的股东有权请求公司按照合理的价格收购其股权,双方为收购价格问题发生争议属于人民法院受理案件的范围,而本案原告诉讼的分配利润不符合公司法的规定。山东省高级人民法院《关于印发〈审理公司纠纷案件若干问题的意见(试行)〉的通知》第68条规定,公司股东会、股东大会形成利润分配决议,但未向股东实际支付的,股东有权提起诉讼要求公司履行支付义务;公司股东会、股东大会未形成利润分配决议,股东提起诉讼要求分配利润的,人民法院不予支持。在本案中,作为原告提起诉讼,其未能向法院提交公司股东会、股东大会分配利润的决议,故本院不予支持。

150. 股东不同意股东会作出的公司合并、分立、转让主要财产的决议,有何救济措施?

同前所述,在股东会决议作出合并、分立、转让主要财产的决议时,如果决议程序或内容存在违反章程或法律规定的情况时,股东可以申请撤销或认定无效。

如果决议并不违法,则对于有限责任公司而言,根据《公司法》第74条的规定,对股东会该项决议投反对票的股东可以请求公司按照合理的价格收购其股权,如果自股东会会议决议通过之日起60日内,股东与公司不能达成股权收购协议的,股东可以自股东会会议决议通过之日起90日内向人民法院提起诉讼。

对于股份有限公司而言,根据《公司法》第142条的规定,股东因对股东大会作出的公司合并、分立决议持异议,可以要求公司收购其股份。

151. 股东会通过决议修改章程使本应解散的公司继续存续，反对的股东有何救济措施？

公司章程规定的营业期限届满或者章程规定的其他解散事由出现，如果股东会会议通过决议修改章程使公司存续的，如果决议程序或内容上违法，则股东可以申请撤销或者认定无效。如果决议完全合法，则根据《公司法》第74条，对股东会该项决议投反对票的股东可以请求公司按照合理的价格收购其股权。如果自股东会会议决议通过之日起60日内，股东与公司不能达成股权收购协议的，股东可以自股东会会议决议通过之日起90日内向人民法院提起诉讼。

◎【案例79】对公司存续持异议，股东协议脱身

云南瑞尔房地产土地资产评估有限公司（以下简称瑞尔公司）成立于1999年12月28日，公司章程约定公司营业期限为十年，自营业执照签发之日算起。2008年4月21日，公司执行董事唐某向所有股东发出2008年5月7日下午2:30在公司会议室召开股东会的通知，其中的议题之一便是讨论修改公司章程事宜。2008年5月7日，持有公司5%股权的股东魏某收到新的公司章程（修订稿）一份，其中第19条规定，公司的营业期限为20年，自《企业法人营业执照》签发之日起计算。魏某在股东会上对该项修正意见表示反对。2008年8月1日，魏某向法院提起诉讼，要求被告瑞尔公司收购其股权。

本案在审理过程中，经法院主持调解，双方当事人自愿达成如下协议，约定瑞尔公司以人民币拾壹肆万元整（￥140,000）回购魏某对瑞尔公司所享有的5%的股权；魏某从全额收到瑞尔公司上述股权回购款之日起，不再具有瑞尔公司的股东身份，不再享有股东权利，不再承担股东义务；魏某保证协助瑞尔公司办理工商变更登记，瑞尔公司保证配合魏某办理公积金领取手续。

152. 公司解散清算期间，如果拖延清算或者违法清算，股东有何救济措施？

公司解散后应当在15日内成立清算组开始自行清算，但是如果公司逾期不成立清算组进行清算，或者虽然成立清算组但故意拖延清算，或者违法清算可能严重损害债权人或者股东利益时，公司的债权人可以申请人民法院来指定清算组进行清算。如果债权人并未向人民法院提出申请，而股东又认为清算事宜可能损害自身利益时，也可以向人民法院申请指定清算组进行清算。

对此，《最高院公司强制清算纪要》第14条规定："申请人提供被申请人自行清算中故意拖延清算，或者存在其他违法清算可能严重损害债权人或者股东利益的相应证据材料后,被申请人未能举出相反证据的,人民法院对申请人提出的强制清算申请应予受理。债权人申请强制清算,被申请人的主要财产、账册、重要文件等灭失,或者被申请人人员下落不明,导致无法清算的,人民法院不得以此为由不予受理。”

◎【案例80】公司拖延清算,股东自有办法

2006年经北京市工商局大兴分局吊销了恒利源公司的营业执照。但是,恒利源公司迟迟未组织自行清算,也没有债权人向法院申请指定清算。持有公司10%股权的股东陈某认为公司应当按照持股比例向自己分配财产。于是陈某诉至法院,要求恒利源公司将公司现有财产的10%分配给自己。

法院审理后认为,本案中,恒利源公司的营业执照于2006年10月8日被北京市工商局大兴分局吊销。依据法律规定,恒力源公司的股东应当在解散事由出现之日起15日内成立清算组,开始自行清算。如果逾期未成立清算组,又没有债权人申请指定清算的,股东陈某也可以申请指定清算。但是,现在陈某要求公司直接按照10%的持股比例分配财产,不符合法律规定,本院不予支持。

153. 公司解散清算期间,清算组成员有损害公司利益的行为,股东有何救济措施?

根据《公司法司法解释(二)》第9条的规定:如果人民法院指定的清算组成员有违反法律或者行政法规的行为,或者丧失执业能力或者民事行为能力,或者有严重损害公司或者债权人利益的行为,债权人和股东都可以向人民法院申请更换清算组成员,人民法院也可以依照职权自行来更换清算组成员。

另外,公司法明确规定:清算组成员不得利用职权收受贿赂或者其他非法收入,不得侵占公司财产。清算组成员因故意或者重大过失给公司或者债权人造成损失的,应当承担赔偿责任。对此,债权人和股东均可以通过相应的程序追究清算组成员的法律责任。

具体而言,根据《江苏省高院强制清算意见》第78条的规定:清算组成员从事清算事务时,违反法律、行政法规或者公司章程给公司或者债权人造成损失,公司或者债权人主张其承担赔偿责任的,人民法院应依法予以支持。有限责任公司的股东、股份有限公司连续180日以上单独或者合计持有公司1%以上股份的股东,依据公司法相关规定,以清算组成员有前款所述行为为由向人民法院提起诉讼的,人民法院应予受理。公司已经清算完毕注销,上述股东参照公司法的规定,直接以清算组成员为被告、其他股东为第三人向人民法院提起诉讼的,人民法院应予受理。

154. 清算组违法执行清算方案给公司造成损失的,股东有何救济措施?

《公司法》第186条规定,清算组在清理公司财产、编制资产负债表和财产清单后,应当制定清算方案,并报股东会、股东大会或者人民法院确认。《公司法解释(二)》第15条规定:公司自行清算的,清算方案应当报股东会或者股东大会决议确认;人民法院组织清算的,清算方案应当报人民法院确认。未经确认的清算方案,清算组不得执行。

如果执行未经确认的清算方案给公司或者债权人造成损失,公司、股东及债权人均可以向人民法院起诉要求清算组成员承担赔偿责任。对此,《江苏省高院强制清算意见》第77条规定:“执行未经确认的清算方案给公司或者债权人造成损失,公司、股东或者债权人主张清算组成员承担赔偿责任的,人民法院应依法予以支持。”

此外,根据《最高院公司强制清算纪要》第26条的规定,公司强制清算中的清算组因清算事务发生争议的,应当参照公司相关规定,经全体清算组成员过半数决议通过。与争议事项有直接利害关系的清算组成员可以发表意见,但不得参与投票;因利害关系人回避表决无法形成多数意见的,清算组可以请求人民法院作出决定。与争议事项有直接利害关系的清算组成员未回避表决形成决定的,债权人或者清算组其他成员可以参照公司法相关规定,自决定作出之日起60日内,请求人民法院予以撤销。

第九章　创业股东在引进投资人时应注意哪些问题？

很多股东是创业者，渴求资金。但是，与创业股东辛勤种庄稼的态度不同，资本家更像是热爱追逐丰美猎物的猎手。资本逐利而居，在企业无法为它提供更多利益时，资本就会突然晴转多云甚至倾盆大雨。当然它并非没有打好招呼，在和企业度蜜月期间签订的种种投资合同里都明文规定了各类变化条款。从表面上看，这些条款似乎并无杀伤力，然而当企业发展到特定阶段时，这些当初貌似温和的条款却会突然撕开面纱变成一条条择人而噬的毒蛇。当然，如果创业股东有一双慧眼，在订约之初就为自己留有余地，那么好聚好散是大家都愿意见到的皆大欢喜的收场。创业者与投资者的联姻，如何才能百年好合？我们从法律专业人士的视角，为您指点迷津，助您慧眼识风险，与资本之狼共舞。

155. 投资人以专利技术出资入股有哪些具体方式，对出资价值是否有影响？

专利技术是指已经取得专利权保护的技术。从出资可行性角度来看，专利所有权、使用权都可以入股。《公司法》第27条规定："股东可以用货币出资，也可以用实物、知识产权、土地使用权等可以用货币估价并可以依法转让的非货币财产作价出资；但是法律、行政法规规定不得作为出资的财产除外。"《公司法》第28条对出资的认定方式为"股东以货币出资的，应当将货币出资足额存入有限责任公司在银行开设的账户;以非货币财产出资的,应当依法办理其财产权的转移手续。”据此,以“专利所有权”作为资产出资在法律是可行的,新设立的公司应当享有该专利权的所有权。

除了“专利所有权”出资外,专利权人以自己的“专利使用权”出资在公司实践中也相当普遍。专利使用权可以分为普通许可使用权、排他许可使用权、独占许可使用权三种形式;专利使用权出资又可据此分为普通许可使用权出资、排他许可使用权出资、独占许可使用权出资。其中,以“普通许可使用权”出资时,专利权仍归出资人所有,公司享有专利使用权,在使用权期限内出资人也可以使用该专利;以“排他许可使用权”出资时,公司享有该专利的排他使用权,出资人在使用权期限内也可以使用该专利,却不得另行许可他人使用该专利;以“独占许可使用权”出资时,公司享有该专利的独占使用权,即使是作为专利权人的出资人在使用权期限内也不能使用该专利,更不能许可他人使用该专利。

由于普通许可使用权的价值很大程度取决于专利权人对外许可的数量,对外许可数量越大,其价值越小。因此,在普通许可使用权出资的情况下,创业公司无法控制专利权人对外许可的数量,普通许可使用权的价值由此具有极大的不确定性,从这一意义上来说,普通许可使用权不宜作为出资标的。而在专利排他许可使用权及独占许可使用权出资的情况下,专利权人都不得再对外许可使用,公司所享有的作为出资的专利使用权的价值较为确定。

◎【案例81】巧用专利权入股

A科技公司拥有数项经国家认证的专利。为了进一步扩大生产经营,A科技公司积极走出去引进风险投资B。B风投在经过初步评估、尽职调查等程序后决定与A科技公司共同出资设立一家新公司C。A科技公司以其专利权作价入股,风投2000万元人民币现金,他们目前面临如下法律问题:

1. 专利使用权入股还是专利所有权入股?

技术方(A科技公司):专利入股即专利使用权入股。入股后使用权归公司,所有权归个人。

投资方(B风投):专利入股既然占有股份就应该所有权入股。公司成立后应该尽快将专利所有权转到公司名下,避免出资不实。

2. 如果用专利使用权出资,将来专利权人转让专利权是否会对其股权产生影响?

技术方(A科技公司):既然是用专利排他、独占许可使用权出资,与专利所有权无关,不影响入股后专利所有权的赠予转让,也不会对专利使用权出资后持有的股权产生影响。

投资方(B风投):在专利权人以专利使用权出资的情况下,如果再允许其专利权自由转让,将对其在公司的股权产生影响。

3. 如何确定入股专利权的价值?

技术方(A科技公司):应该依照评估后的价值来确定股权比例。

投资方(B风投):A科技公司没有付出货币资本且知识产权的价值评估难以全面衡量其价值,应当双方协商作价,并由B风投占据控股权。

上述争论是专利技术出资过程中经常发生的,最好的解决方法是双方通过协商的方式在合同中将有关问题确定下来。

156. 在专利使用权出资的情况下,专利权人再转让专利所有权会不会对其股权产生影响?

如前案例所述,A科技公司在将专利独占许可使用权出资入股后,仍享有专利权,却不再享有专利权独占许可使用权。A科技公司将该专利独占许可使用权出资转让给新成立的C公司之后,A科技公司享有C公司的股权。但是,若A科技公司将专利权转让给第三人,A科技公司虽然不再享有专利权,但其在C公司享有的股权却是独立于专利权的另一项权利,并不随专利权的转让而转让;而从A科技公司受让专利权的第三人,则会继续受制于该专利权已经由C公司独占许可使用的事实,在使用权期限内,既不能自己使用该专利技术,也不能再许可他人使用该技术。

157. 投资人以非专利技术出资时,创业公司应注意些什么?

技术在法律形态上可以表现为专利技术,也可以是非专利技术。非专利技术又被称为专有技术,指的是不为外界所知、在生产经营活动中已采用了的、不享有专利权保护的、可以带来经济效益的各种技术,一般包括工业专有技术、商业贸易专有技术、管理专有技术等。由于技术的价值存在很大的不确定性,需要结合技术本身的科技含量以及市场前景等因素综合考虑确定,而且所出资的技术的法律形态也会影响技术出资的价值,所以,创业公司在引进技术股东时尤其应当鉴别。

就非专利技术而言,保密性是其彰显技术价值的必要条件。如果保密不当,将导致技术价值大大降低,因此非专利技术的法律状态存在很大的不确定性。在引进非专利技术出资的投资人时,创业公司股东应当特别关注投资人对技术采取的保密措施。由于非专利技术成果出资入股后，技术出资方取得股东地位，相应的技术成果财产权转归公司所有，所以创业公司本身也应当建立起一套完善的保密措施，确保该项技术价值的实现。

158. 如何平衡出资技术的评估价值与实际价值之间可能出现的不协调关系？

关于技术出资在注册资本中的比例问题，2013 年最新修订的《公司法》已经取消了之前的限制性规定，完全交由股东根据货币出资与技术出资的实际情况确定。

但是，《公司法》第 27 条第 2 款规定："对作为出资的非货币财产应当评估作价，核实财产，不得高估或者低估作价。法律、行政法规对评估作价有规定的，从其规定。"这一规定可能会在实践中给合作双方带来一定困惑：专利使用权的价值不能通过专业机构被独立有效评估或者被评估出来的价值可能与技术的实际价值存在偏差，股东之间是否可以对其有所变更或调整呢？这关系到货币出资方与技术出资方之间的持股比例问题。

实际上，合作双方可以通过《公司法》第 34 条和第 42 条来调整各自在公司中的实际利益，使合作更加公平合理。《公司法》第 34 条规定，"股东按照实缴的出资比例分取红利；公司新增资本时股东有权优先按照实缴的出资比例认缴出资。但是，全体股东约定不按照出资比例分取红利或者不按照出资比例优先认缴出资的除外"；第 42 条规定，"股东会会议由股东按照出资比例行使表决权；但是，公司章程另有规定的除外"。这意味着，若双方出资时一方认为技术出资的实际价值远高于或低于评估价值，那么在另一方认同的情况下，双方可以在公司章程中约定在分取红利时按照双方合意的比例而非实缴出资比例进行分配，同时也可以对双方的表决权比例问题作出规定。

159. 创业股东应当如何处理与风险投资者的关系？

创业公司在设立和发展初期，往往缺乏资金，而诸如天使投资、风险投资、私募股权投资、创业投资等机构则掌握着资本。资本上门，当然会受到创业股东的欢迎，但是在欢迎之余，创业股东还应保持一份警惕心。

天下熙熙皆为利来，天下攘攘皆为利往。资本逐利而居的这一特性在创业投资过程中展现得淋漓尽致。由于在发展过程中，创业企业的技术、产品、市场、管理等方面都存在很高的不确定性，这些都导致创业投资合同存在更多不完备性和风险。为避免投资运作过程中存在的信息不对称以及由此产生的道德风险,投资者常常要求通过投资合同中的明确条款来获得一些特殊控制权,提高投资效率和成功概率;反之,创业股东要想提高融资成功的可能性,常常不得不放弃一部分控制权。因此,合理有效的分配投资者和创业股东之间的控制权,十分重要,它将直接影响创业投资的成败。

具体而言,风险投资者会以各种方式介入创业公司的管理。比如,公司章程中有关董事会成员的构成、董事会议事规则、董事会免职董事的方式、优先股股东委派的董事在重要合同中的投票权等,都是风险投资者介入企业管理甚至取得企业控制权的重要方式。在这些细节问题上,创业股东应当特别关注,警惕风险投资者一步步剥离创业股东对公司的控制权。

世上没有免费的午餐。忽视风险防范及法律文书的制作和审查是一种极其冒险的做法。法律是一种发展战略,一种规则意识,是企业与社会运行最安全、最高效、最低成本的保证。风险投资领域里的评估、可行性研究、股权安排、治理结构、利益分配、法律适用、争议解决等,专业化程度越来越高,而创业股东也应注意委托专业法律人士提供专业服务;否则,一旦出了问题,就把对规则的理解不足当成别人设计的"陷阱",尤其是在涉及境外风投机构的情况下,动辄以民族大义当幌子,长此以往损害的将是中国企业家的信誉以及良好的契约精神。

◎【案例82】红孩子的噩梦

2008年10月6日,红孩子互联科技有限公司(以下简称红孩子)总经理李阳在国庆节假期后回到公司上班,投资方之一凯鹏华盈派驻红孩子的代表金鹏来到他的办公室里开门见山地告诉他,董事会决定,让他立即离开这家由他创立的公司。事先没有任何征兆,李阳感到非常意外。自从2004年6月他和另外三位创业者成立红孩子以来,这家主要以邮购目录和电子商务为营销方式的母婴用品零售商2007年的销售收入已达4亿元,并于2008年3月跃过盈亏平衡线,成为当年风头最劲的电子商务公司。他向另一位创业伙伴——公司董事长兼CEO徐沛欣问询,得到的答复亦是:"这是董事会的决定。"接下来,李阳没能联系上任何一个大股东。"有人不接电话,有人说出国了。"

在这场被董事长徐沛欣称之为"职业化进程"的变革中,共有30多个中高层被换掉。而与李阳一起离开的,还有和他一起创业的妻子王爽。2011年1月,红孩子执行总经理杨涛以"长期休假"的方式离职,四位创始人中目前只剩下徐沛欣,原来的"1位CEO+3位执行总经理"的管理团队已不复存在。"红孩子不需要英雄主义",徐沛欣向媒体解释说,"公司是向一个人负责,还是向全体人负责,还是向一小撮人负责?”不过,赶集网SEO总监郭彦景在微博中称:“我听说内部中高层斗争依然很强大,部门计划执行不下去,很多人已经走或者开始走了。”

近十年来,中国的创业浪潮进入一个爆发式成长阶段,也吸引了许多风险资本大胆下注。的确,有许多风险投资制造了点石成金的案例;但抱歉,红孩子不是。在历史上,红孩子一共进行过4轮募资,北极光、NEA和凯鹏华盈等风险投资商均入股其中。而随着李阳等几位创始人相继出局,代表资本意志的徐沛欣独掌红孩子,一个资本与企业创始人之间是怎样由蜜月演化为冲突的故事就此浮出水面。

朝气蓬勃的红孩子曾经让风险投资人万分鼓舞。2005年红孩子融资250万美元,2006年10月,红孩子出让10%的股份获得了NEA和北极光领导的第二轮300万美元投资。第二轮融资之后,红孩子的第一件大事就是收购了上海的小阿华,一举杀入上海市场,开始多元扩张的步伐。2006年、2007年又分别融资300万美元,2500万美元,这个加速成长的“孩子”,曾经距离上市只有一步之遥。

而不幸的种子正是在2008年埋下的,红孩子比其他母婴用品零售商更早地来到了十字路口。彼时红孩子几位创始人之间有过激烈的争论:是向电子商务全面转型,还是增加目录销售的力量;是继续专注于母婴用品市场,还是引入化妆品、3C等品类做综合B2C;是坚持创业文化,还是大规模引入职业经理人。结果是,风险投资方选择支持徐沛欣,主张聚焦母婴用品市场的李阳选择离开。在引进风险投资时,红孩子给予风险投资方的控制权在这时反而成为这些创业者们自己设置在头顶上空的“达摩克利斯之剑”。

160. 风险投资者通常会使用哪些投资工具?

在风险投资中,投资者常用的投资工具大体可以分为股权投资工具、债权投资工具、介于股权投资和债权投资之间的投资工具这三种。

其中,股权投资工具又可以分为普通股、优先股;债权投资工具可以分为普通债、可转换债;介于股权投资和债权投资之间的投资工具主要是附认股权证公司债券。

在前述三种常见投资工具的基础上,近年来又衍生出了能在股权投资工具和债权投资工具之间进行转换的工具,如优先股又可以分为可转换优先股、附投票权优先股、累积优先股和参与优先股。其中可转换优先股、可转换债,又可以实现股权投资工具和债权投资工具之间的转换。

以债权投资工具中的“可转换债”为例,是指在发行公司债券或者在公司债权融资的基础上,附加了一份期权,并允许公司债券的购买人或者参与公司债权融资的债权人在规定的时间范围内将其对公司的债权转换成指定公司的股票。

161. “优先股”与“普通股”有何区别?

“优先股”是相对于“普通股”而言的,主要指在利润分红及剩余财产分配的权利方面优先于普通股的股权。但是,优先股相比起普通股而言,是以表决权丧失或者受到严格限制为代价的。所以,优先股的股东在公司的经营管理决策方面往往缺乏参与权或者仅有很少的决策参与权。

“优先股”在西方国家普遍存在,而在我国并没有被明文采用。2006 年出台的《公司法》并未明确提出“优先股”的概念,只是在第 132 条规定:“国务院可以对公司发行本法规定以外的其他种类股份,另行作出规定。”这里“其他种类股份”为以后条件成熟后制定补充优先股相关内容提供了法律依据。不过,公司法已经明确允许有限责任公司、股份有限公司不按出资比例或持股比例进行分配,这其实已经为协议或公司章程中设立优先股提供了依据。

2005 年 11 月,国家发展改革委、科技部、财政部、商务部、中国人民银行、国家税务总局、国家工商行政管理总局、中国银监会、中国证监会、国家外汇管理局联合发布的《创业投资企业管理暂行办法》(国家发改委令第 39 号)第 15 条规定:“经与被投资企业签订投资协议,创业投资企业可以以股权和优先股、可转换优先股等准股权方式对未上市企业进行投资。”但此规定在立法层面上只是部门规章,还没有上升到法律层面,而且也没有将有关优先股的规定具体化。

2013 年 11 月 30 日,国务院发布《关于开展优先股试点的指导意见》,明确开展优先股试点,使“优先股”成为公司法上名正言顺的一种股份类型。但是,公开发行优先股的发行人限于证监会规定的上市公司,非公开发行优先股的发行人限于上市公司(含注册地在境内的境外上市公司)和非上市公众公司。根据该指导意见的规定,试点期间不允许发行在股息分配和剩余财产分配上具有不同优先顺序的优先股,但允许发行在其他条款上具有不同设置的优先股。从权利内容来看,优先股股东优先于普通股股东分配公司利润和剩余财产,但参与公司决策管理等权利受到限制。具体而言:

(1)优先分配利润。优先股股东按照约定的票面股息率,优先于普通股股东分配公司利润。公司应当以现金的形式向优先股股东支付股息,在完全支付约定的股息之前，不得向普通股股东分配利润。公司应当在公司章程中明确以下事项：

①优先股股息率是采用固定股息率还是浮动股息率，并相应明确固定股息率水平或浮动股息率计算方法。

②公司在有可分配税后利润的情况下是否必须分配利润。

③如果公司因本会计年度可分配利润不足而未向优先股股东足额派发股息，差额部分是否累积到下一会计年度。

④优先股股东按照约定的股息率分配股息后，是否有权同普通股股东一起参加剩余利润分配。

⑤优先股利润分配涉及的其他事项。

(2)优先分配剩余财产。公司因解散、破产等原因进行清算时，公司财产在按照公司法和破产法有关规定进行清偿后的剩余财产，应当优先向优先股股东支付未派发的股息和公司章程约定的清算金额，不足以支付的按照优先股股东持股比例分配。

(3)优先股转换和回购。公司可以在公司章程中规定优先股转换为普通股、发行人回购优先股的条件、价格和比例。转换选择权或回购选择权可规定由发行人或优先股股东行使。发行人要求回购优先股的，必须完全支付所欠股息，但商业银行发行优先股补充资本的除外。优先股回购后相应减记发行在外的优先股股份总数。

(4)表决权限制。除以下情况外，优先股股东不出席股东大会会议，所持股份没有表决权：

①修改公司章程中与优先股相关的内容；

②一次或累计减少公司注册资本超过百分之十；

③公司合并、分立、解散或变更公司形式；

④发行优先股；

⑤公司章程规定的其他情形。

上述事项的决议，除须经出席会议的普通股股东(含表决权恢复的优先股股东)所持表决权的2/3以上通过之外，还须经出席会议的优先股股东(不含表决权恢复的优先股股东)所持表决权的2/3以上通过。

(5)表决权恢复。公司累计3个会计年度或连续2个会计年度未按约定支付优先股股息的，优先股股东有权出席股东大会，每股优先股股份享有公司章程规定的表决权。对于股息可累积到下一会计年度的优先股，表决权恢复直至公司全额支付所欠股息;对于股息不可累积的优先股,表决权恢复直至公司全额支付当年股息。公司章程可规定优先股表决权恢复的其他情形。

2014 年 3 月 21 日,证监会颁布《优先股试点管理办法》(第 97 号令),从总则、优先股股东权利的行使、上市公司发行优先股、非上市公众公司非公开发行优先股、交易转让及登记结算、信息披露、回购与并购重组、监管措施和法律责任等方面对优先股试点期间的相关问题作出了明确规定。

2015 年 9 月 21 日,全国中小企业股份转让系统有限责任公司发布《全国中小企业股份转让系统优先股业务指引(试行)》,对于优先股的发行主体、发行程序、转让交易等问题作出了系统规定。

162. 私募股权投资中的"可转换优先股"是怎么一回事?

私募股权投资者最常用的投资方式有增资扩股和存量股权转让两种。其中,"可转换优先股"是私募股权投资者最常使用的投资工具之一,也是创业公司融资过程中最容易引爆的定时炸弹。

优先股分为可转换优先股与不可转换优先股。私募股权投资基金尤其是金融性股权投资基金一般都设立可转换优先股,即允许优先股持有人在特定条件下把优先股转换成一定数额的普通股。通过可转换优先股融资,融资企业可以得到股权资本,投资者的利益又可以得到类似于债权的保护。

一般而言,双方在签署可转换优先股协议时,会在协议中设定以多大比例和多高价格转换为普通股。另外,还会设定自动转变为普通股的条件。一般当企业首次公开发行时,可转换优先股就自动转换为普通股,附带的限制性条款也随之消除。除了首次公开发行自动转换外,投融资双方还可以约定在企业达到一定的业绩目标后,也可以自动转换。

在可转换优先股协议中,私募股权投资者有可能通过在可转换优先股中设置表决权,使自身不必持有公司 50% 以上股权就可以控制公司董事会。这为投资者增减创业团队报酬、分发红利、调整优先股可转换比例等补救措施提供了有效保证,需要引起创业股东的重视。

此外,可转换优先股协议中还可能存在强制赎回条款。这是私募股权投资者入股创业企业后的风险控制手段之一。如果创业公司经营没有达到预期,企业无法上市,私募股权投资者也无法实现股权转让,就会要求企业在一定时间按一定价格回购其股份。

163. 优先股中的“清算优先权”是怎么一回事?

私募股权投资协议中经常还会存在“清算优先权”的约定,清算优先权是优先股的权利内容之一。这里的“清算”,不是单指企业资不抵债时的破产清算,诸如,公司收购合并、公司全部或实质性全部资产的出售、租赁转让或其他形式的处置等,都会被约定“视为清算”,并因此引发清算优先支付。清算优先权大致可以分为以下几种类型:

(1)“不参与”的优先股

这是最有利于创业股东的机制安排。在清算时,首先支付投资人优先股原始购买价的若干倍数,加上已经宣派但是未付的股息,剩余收益分配给普通股股东。这样的条款限制了投资者充分参与成功企业的利益分配,所以,私募股权投资者一般不会采用这种类型。

(2)“完全参与权”的优先股

在清算时,首先支付优先股股东原始购买价一定倍数的金额(加上累积未支付的股息),其次优先股在视同转换的基础上,与普通股共同参与分配。

(3)“封顶的参与权”优先股

首先支付优先股股东原始购买价约定倍数的金额,其次优先股在视同转换的基础上和普通股共同参与分配,直至优先股股东取得总计相当于原始购买价格若干倍的回报。

以上三者中对投资者最有利的当然是完全参与权优先股安排,相反对创业股东则最为不利。有时创业股东在根本没有理解这一条款实质的前提下,盲目相信企业一定能成功 IPO 而不会出现清算,所以,随意许诺了投资人太多的利益。当企业出售时创业股东才发现自己的大股东地位并没有带来相应比例的利益分配时,才发现这一条款的重要性,已为时太晚。

164. 风险投资中的“附认股权证公司债券”是怎么一回事?

附认股权证公司债券,又称可分离债券、附认股权证公司债、附认股权债券,指公司债券附有认股权证,持有人依法享有在一定期间内按约定价格(执行价格)认购公司股票的权利,是债券加上认股权证的产品组合。

从海外市场的有关实践来看,附认股权证公司债券可以分为“分离型”与“非分离型”和“现金汇入型”与“抵缴型”。

其中,“分离型”指认股权凭证与公司债券可以分开,单独在流通市场上自由买卖;“非分离型”指认股权无法与公司债券分开,两者存续期限一致,只能同时流通转让,自发行至交易均合二为一,不得分开转让。非分离型附认股权证公司债券近似于可转债。

“现金汇入型”指的是当持有人行使认股权利时,必须再拿出现金来认购股票;“抵缴型”则指公司债券的票面金额本身可按一定比例直接转股,如可转换公司债的方式。“分离型”“非分离型”与“现金汇入型”“抵缴型”可以进行多种组合,从而得到不同的产品类型。

对于创业公司而言,发行附认股权证的公司债券可以起到一次发行、二次融资的作用,可以有效降低融资成本。但是,相对于普通的可转债而言,发行人一直都有偿还本息的义务。如果债券附带美式权证,会给发行人的资金规划带来一定的不利影响;而且,没有赎回和强制转股的条款,在发行人股票价格高涨或者市场利率大幅降低时,发行人需要承担一定的机会成本。

165. 创业公司如何设立“股票期权”?

“股票期权”是创业企业吸引并留住人才的强力武器。由于“期权”与“股权”不同,股权是现实已经享有的股票权利;期权代表的则是在特定的时间、以特定的价格购买特定股权的权利,它可被视作是员工与公司之间关于股权买卖的一份合同。这对创业型高新技术企业而言是很适合的,因为它不需要支付现金,只需要承诺;而承诺的兑现往往是在获得了大发展的前提下,公司才需要兑现。总体而言,股票期权的优点有:(1)在创业初期给不出高薪水的情况下吸引高级人才;(2)补偿管理层及骨干的创业风险;(3)给员工归属感,使员工与股东利益一致;(4)解决长期激励问题,留住人才。

在我国公司法框架下,股权必须与注册资本对应,因而无法预留股权。实践中用于实现股票期权的灵活做法主要有以下几种:

(1)创始人代持

设立公司时由创始人多持有部分股权(对应于股票期权),公司、创始人、员工三方签订合同,行权时由创始人向员工以约定价格转让。

(2)员工持股公司

员工通过持股公司持有目标公司的股份,这可避免员工直接持有公司股权带来的一些不便。

(3)虚拟股票

在公司内部建立特殊的账册,员工按照在该账册上虚拟出来的股票享有相应的分红或增值权益。

166. 风险投资者提出的“期权池”是怎么一回事?

创业公司在引进风险投资者时,风险投资者经常会提出“期权池”的概念,指的就是为未来引进高级人才而预留的一部分股票期权。创业公司需要注重考虑如何设置“股票期权”的问题。创业企业在设立之初,由于客观条件限制,在取得资本支持时,往往为了一笔投资而被迫付出较大的股权份额并答应种种条件。如果在谈判中,创业者缺乏“期权池游戏”的意识和概念,风险投资者将很容易地让你输掉这个游戏。

一般而言,期权池要在引进投资者时考虑预留,如果不预留的话,会导致将来公司引进的高级人才提出股权要求时,面临由创业股东承担还是风险投资者承担的问题。

另外,“期权池游戏”涉及“期权池估值”的时间问题,具体分为融资前估值和融资后估值两种。我们举例说明这一个问题。比如,融资前公司估值是600万元,拟融资400万元,那么创业团队本可拥有60%的股权,风险投资者持有40%股权。如果要给“期权池”留200万元的股权,那么采用融资前估值和融资后估值的效果是不同的:

(1)融资前估值

采用此种估值,意味着期权池的价值在融资前就确定。期权池的200万元价值必然是由创始股东从自己600万元的估值中拿出来,这样创始股东便只剩下400万元估值。融资后,公司股权结构为:创业股东400万元(40%)、风投400万元(40%)、期权池200万元(20%)。这样创业股东的股权便一共被稀释了60%。

(2)融资后估值

采用此种估值,意味着期权池的价值在融资后才确定。而融资后、设立期权池之前的公司股权结构为:创业股东600万元(60%)、风投400万元(40%)。如果要给期权池留200万元的股权,必然是各方股东都要拿出一定的股权价值出来,200万元按比例分摊到创业股东和风投承担的价值分别为120万元和80万元。于是,采用融资后估值来设立期权池之后,公司的股权结构为:创业股东480万元(48%)、风投320万元(32%)、期权池200万元(20%)。这样创业团队的股权便一共被稀释了52%。

相比较可知,期权池如果在融资前估值,便仅仅稀释作为普通股股东的创业团队的价值;如果是在融资后估值,将会等比例稀释作为普通股东的创业团队价值和作为优先股股东的风险投资者价值。孰利孰弊,不言自明。

可想而知,风险投资者一般都会要求期权池在它进入前就设立,并要求在它进入后达到一定比例。这样做,实际上是风投对创业企业估值的变相压价。继续以上述数据为例,风投在同样出资400万元的情况下,采用融资前估值和融资后估值,直接影响了创业股东与风投之间的持股比例:采用融资前估值,两者股权比例为1∶1;采用融资后估值,两者股权比例为3∶2。

◎【案例83】土豆网创始人的巨额融资代价

2011年8月17日,历尽波折的视频网站土豆网登陆纳斯达克交易所。回顾土豆网上市的进程,可以说是一波三折。对于土豆网的创始人王微来说,在这其中付出的代价不可谓不大。与前妻的婚姻财产诉讼,险些将自己一手创立的土豆网IPO葬送;6轮融资后,持股比例仅剩12.7%。一波三折的土豆网私募,CEO王微为何会付出这么大的代价?相关风险投资机构中,谁才是最大的赢家?

从2005年到2010年,土豆网陆续获得了来自IDG、纪源资本(GGV)、集富亚洲(JAFCO)、今日资本(Capital Today)、General Catalyst、新加坡凯欣亚洲(Crescent)、美国洛克菲勒家族旗下风险投资公司Venrock、新加坡淡马锡(子公司Sennett Investments)等风投机构的五轮合计1.35亿美元的投资。此外,2010年3月,土豆网还发行了部分可转债及认股权证合计2500万美元。这样,土豆网的融资总额为1.6亿美元。

在上述几轮融资中,最昂贵的还是首轮融资。2005年12月,当时小有名气的土豆网拿到了来自IDG的首轮融资,不过金额只有50万美元,而且王微为了拿到这50万美元的投资,居然同意出让高达1/3的股权。现在无从得知他当年的想法,或者是早期视频分享行业没有估值参照体系,也或许资本过于强势而他对企业的控制权不是那么在意。但不可否认的是,这在很大程度上导致了王微在土豆网的持股比例最终被巨幅稀释。

从土豆网上市的相关报道中,我们得知土豆网设立了“期权池”。通过行使期权,土豆网股权结构中管理层持股总计达到41.3%。不过经过多轮融资(包括2010年3月可转债及认股权证的发行),土豆网创始人王微的持股比例最终被稀释得仅剩12.7%。与之形成鲜明对比的是,优酷网上市前同样获得6轮融资,所得金额同样是1.6亿美元,但其创始人古永锵依然手握优酷41.5%的股权,大大高于王微。王微的股权之所以被如此稀释,与土豆网在第一轮融资时价值被过分低估有着莫大关系,这在很大程度上导致了王微在土豆网的持股比例最终被大大稀释。到上市前夕,王微仅仅是土豆网的第三大股东。

我们无从得知当年王微是如何同意如此低的估值标准,我们姑且认为是由于创业企业在成立之初,面对强势资本没有太多话语权的原因。然而除了竭尽全力提高企业的价值,防止其被严重低估以外,创业公司还需要高度关注一个名为"期权池"的游戏。在关于团队期权计划及创始人股份的行权计划的谈判中,不要轻易让投资人来决定期权池的大小。

167. 创业公司如何在期权池游戏里为自己争取最大利益?

面对强势的资本方,创始股东能做的就是分别针对不设期权池、设置期权池以及在不同时间点设置期权池等不同情况,计算好自己所持股权的比例及价值。尽可能从以下几个角度维持自身利益:

(1)具有优势的创业公司的做法:融资后再设立期权池

完胜期权池游戏的唯一办法就是根本不要玩,但那样创始人将面临企业估值被进一步打压,且未来招聘高级人才时因为薪资吸引力不够而不得不再次从腰包中将股权掏出的尴尬。但是,将期权池放在投资后而不是投资前设置,这对创业股东和投资人都会有好处,因为可以根据招聘计划和期权池来调整相关利益。但这一情况极少出现,投资人的标准模式就是期权池放在投资前。除非创业公司本身的项目优良,处于优势地位,掌握比较大的谈判权,才有实力要求对方给予例外优惠。

(2)更普遍的做法:参与设置期权池的大小

通常更普遍的做法是:不要让投资人来决定期权池的大小。运用一个招聘计划来证明一个小期权池才是合理的,提升每股价格,并提高创业股东的实际估值。

一般来说,风险投资者是希望期权池越大越好,而创业股东则希望期权池越小越好。然而,期权池的大小不是讨价还价来解决,而是科学计算出来的。所以,在跟潜在投资人讨论估值和期权池之前,创业股东应先拟好未来的雇佣计划、薪酬水准等,然后根据这些数字计算出一个合理大小的期权池。这中间充满了激烈的博弈与计算,精明的创业股东可以通过招聘计划来合理缩小期权池,譬如他们可能会说:"你不能以这么快的速度招聘这些职位","我们要把招聘速度降下来……"这样,期权池同时也可以缩小了。做好了这一点,创业股东才能在将来更好地防止自身的股权被稀释。

168. 风险投资者提出的“对赌协议”是怎么一回事?

创业股东在引进投资者时经常会遇到对赌协议。所谓对赌协议,又称估值调整机制,通俗来说就是一种基于公司业绩而在投资人和创始股东(或管理层股东)之间进行的股权调整的约定。即如果达到预先设定的财务目标,则投资人向创始股东无偿转让一部分股份;反之,若达不到目标,则由创始股东向投资人无偿转让一部分股份。投资人通过对赌协议激励了创业企业管理团队的业绩,虽然支付了一部分股权,但业绩增长带来的收益提高也是显而易见的;而对于创业股东来说,能够在企业成长需要资金的时刻引来大笔资金,可以有效抢占市场,增加业绩。不过,创业股东在对赌协议面前应当尤为谨慎,防止对赌协议的强大压力和诱惑将企业引向非理性的扩张。

常见的“对赌协议”条款包括以下一些要素:

(1)谁和谁赌?

这是对赌协议的主体问题。毋庸置疑,风险投资者肯定是其中一方,而另一方则是创业团队,具体可能是:创业公司本身或者创业公司股东,也可以是创业公司股东与创业公司本身一起。

(2)赌什么?

这是对赌协议中的对赌对象问题。一般而言,有财务绩效和非财务绩效两种。就财务绩效而言,一般是对公司未来一定时间内的净利润、营业收入、净资产等财务数值设定指标;就非财务绩效而言,则可以是对企业的客户数量、市场开拓情况、专利数量、上市情况等多种类型的问题设定目标。

(3)拿什么赌?

这是对赌协议中的对赌结果问题。作为对赌结果的,可以是股权比例的调整、投资者按照特定条件进行第二轮投资、董事会席位的变化、现金补偿等多种形式。

以下是一些常见的对赌条款:

创业公司和投资者约定:如果创业公司完成特定的净收入指标,则投资方进行第二轮注资;

投资者和创业公司的管理层股东约定:如果创业公司的营业收入未达到特定指标,则管理层转让特定数额的股权给投资者;

投资者和创业股东约定:如果创业公司的资产净值未达标,则投资方的董事会席位增加 N 个;

投资者与创业公司约定:如果N年内企业未上市,则投资方有权要求公司按照事先约定的计算公式支付补偿金。

◎【案例84】蒙牛:中国第一例成功的对赌交易

2002年,蒙牛获得了摩根士丹利的投资,其A轮融资中即附带"对赌"条款。根据规定,如果在2003年蒙牛业绩达到设定目标,则A类股转B类股。2003年蒙牛业绩达标后,转股完成,蒙牛的股权由9.4%跃升至51%,实现了对公司的股权控制。

2004年5月,摩根士丹利、鼎晖(CDH)、英联投资联合对蒙牛进行B轮注资,亦附带新的"对赌协议"。其中对蒙牛提出了2004年起三年销售收入复合增长率不低于50%的高要求,如不能达标,蒙牛将付出额外股份给三家投资机构;如达标,三家投资机构则将按约定转让一定比例的股份给蒙牛,股份调整净额不超过7.8%的公司已发行股本。

2004年,通过异于同业的疯狂扩张,蒙牛的表现远超协议规定的业绩要求,销售收入增幅高达77%,净利润增长更超过90%。2005年4月,双方提前终止"对赌协议",投资机构支付蒙牛可兑换6261万股的票据。

◎【案例85】太子奶的对赌悲剧

2007年,太子奶引进英联、摩根士丹利、高盛等风险投资7300万美元注资,同时由花旗银行领衔,荷兰银行等六家外资银行又共同对太子奶集团提供了5亿元的授信。太子奶集团董事长李途纯与三大投行签署对赌协议规定:在注资后3年内,如果太子奶集团业绩增长超过50%,就能降低三大投行的股权;否则,李途纯将会失去控股权。

由于未能达到约定的增长业绩,在四处筹款、引进战略投资者无果的情况下,2008年11月21日,李途纯不得不按照"对赌协议"将太子奶集团61.6%股权转让给三大投行。

根据湖南株洲市委宣传部2010年7月对外的通报,李途纯因涉嫌非法吸收公众存款罪被批准逮捕。太子奶最终陷于破产重整,被政府接管。

169. 境内外资本市场对"对赌协议"的态度如何?

"对赌协议"为国际投行和投资机构广泛应用。在西方资本市场,对赌协议几乎是每一宗投资必不可少的技术环节,目的是通过设定目标盈利水平和触发条件,来避免不可预知的盈利能力风险。迄今为止,我国创业板和中小板上市公司的招股说明书中曾披露过类似"对赌协议"条款的公司数量并不多,但业界普遍认为,“对赌协议”实际的存在率远远高于这个数字。

在香港资本市场,监管部门对“对赌”条款的基本态度是:只要如实披露、信息不存在造假和误导即可。想在香港上市的公司如果进行私募融资,则要保障对赌条款的安排是公平合理的,没有侵害到小股东的权利。上市条例都规定得很详细,条例里面只对结果负责,所以客观上保护了小股东的利益。如果在上市前执行“对赌协议”导致了股权结构的变化,公司需要完全如实披露。即使是控股权发生变更需要事先咨询交易所,但只要完全如实披露即可,是否获得认可是由市场来进行判断。从预备上市的公司方面来说,在条款设置上需保障对赌条款的安排公平合理,如果涉及控制权的转移,那么可能会触发全面收购甚至反向收购。为此,香港资本市场设置了较多较灵活的金融产品,例如,基于某些先决条件定向发行可换股债券、认购期权等“对赌协议”完全可以通过交易结构来安排。

然而,从中国证监会的内部政策来看,对于拟上市企业而言,任何与股权不确定相关的协议都要在上市前终止;也有消息透露,首次申报创业板的企业都被监管部门要求补充材料,放弃对赌协议。股份转让的对赌协议有可能使公司股权结构发生重大变化和存在不确定性,并可能导致公司管理层甚至控股股东和实际控制人发生变化。此外,对于存在现金补偿的对赌协议,监管部门担心企业IPO完成后所募集的资金会被控股股东用来向风险投资者支付对赌款,进而损害中小股东的利益。

在证监会举办的多次会议和培训上,监管层都明确:上市时间对赌、股权对赌协议、业绩对赌协议、董事会一票否决权安排、企业清算优先受偿协议等五类PE对赌协议,都是IPO审核的禁区。所有签有这类协议的公司都必须在上市前清理。

一个例外的情况是,在企业申请在全国中小企业股份转让系统(新三板)挂牌时,股转公司是默许股东之间进行对赌的,不过要充分披露,同时券商和律师需明确发表意见是否合法合规。对于公司本身和PE签对赌协议的情况,则仍然存在重大障碍。原因是不合法,这个问题后面将详述。

170. 创业股东如何“愿赌不输”?

“对赌协议”充满了诱惑,很多创业公司都激流勇进。但是,通常创业团队对未来业绩的预测会比较激进和乐观,对市场、行业的风险考虑不足。而风险投资人即使对行业已有充分研究,对公司也进行了充分尽职调查,但信息不对称的情况仍始终存在。因此,财务模型中的某些参数往往是“拍脑袋”的结果。实际上,除了太子奶,摩根士丹利、鼎辉对永乐的投资也因为永乐未能完成业绩目标而导致控制权旁落,而碧桂园、华润集团等与投资方签有股价对赌协议的公司,最后均因为股价的下跌而面临巨大的亏损。大量悲剧面前,创业团队必须思考:如何应对充满陷阱的"对赌协议"。

实际上,即便是电影上神通广大的赌神,他们仰仗更多的还是自己高超的赌技而并非不可捉摸的运气。通过条款的设计,对赌协议可以有效保护创业股东的利益。对赌协议运用得好,能大大激励创业企业管理层;但如果运用不好,将给投融资双方带来巨大风险,尤其是创业股东一方,将面临失去企业控制权的危险。以下我们针对常见的几种对赌条款分析其中存在的风险:

(1)业绩风险

一般而言,对业绩增长的要求是对赌协议中最常见的对赌对象。双方对公司未来数年的收入、净利润等关键指标做出约定,条件多为股权比例的变化,或现金溢价赎回部分股权的规定;有时,也会出现投资人有权转让所持股权或有权卖掉公司等条款。此外,"过桥贷款"(公司上市前、并购前或上市公司增发前为解决临时性的资金需要而获得的贷款)时对抵押物提出要求,实质上也可以认为是对赌协议的一种。

对投资方来说,出于自身利益的驱动,可能提出过于苛刻的行权标准;而融资方出于对资金的急切需求,加上缺乏平等的谈判立场,可能在错误估计企业自身发展状况及行业发展趋势的情况下盲目接受对赌条款。这样将造成对赌行权标准失衡,最终的结果是过高的行权标准给企业造成过高的经营压力,为获取短期的一时之利而损害了企业的长期健康发展。

(2)表决权风险

尽管投资协议中投资人的股份一般是优先股,但基于最终权利上的变数,投资人往往会在"对赌协议"中提出投资人派出的董事享有"一票否决权"、投资人的"优先利润分配权"等条款,如金刚玻璃(300093. SZ)的"对赌协议"中就包括类似条款。这种条款不仅大大削弱了创业企业家对本企业的控制权,最终使得企业的业绩与创业企业家意志之间关系的削弱。

(3)上市风险

IPO 要求企业做到股权稳定清晰,而涉及股权的"对赌协议",往往可能带来上市之后的重大股权变动,这是证监会所不允许的。即使是现金对赌,也有可能影响中小股东的利益,因为现金补偿可能涉及公司将来的利润和净资产数额。有"对赌协议"的企业,如果不能确认其协议在上市前已经完成,就只能在上市前进行清理。上市审查中最重要的是看公司股权或资产现在是否实质上处于稳定状态。此时,公司存在对赌协议的风险就很大,一旦公司上市,重大股权便必须经过证监会核准,而由"对赌协议"引起的股权变更是不被允许的。

171. 我国司法机关是如何认定"对赌协议"的法律效力的?

我国法律体系中对于"对赌协议"虽然并无禁止性规定,但"对赌协议"的某些条款会与《公司法》等法律、法规相悖。所以,在相当长时间里,实务界一直担心对赌协议的效力问题。

2013年发生的海富投资公司与甘肃世恒公司之间对赌协议纠纷案件,被称为我国的"对赌协议第一案"。在该案中,最高人民法院认为,投资者与公司之间的对赌协议会损害公司及公司债权人的利益,因而认为投资者与公司之间的对赌协议无效,但肯定了投资者与公司股东之间对赌协议的效力。这一判决让国内的私募股权投资机构的紧张情绪得到缓解。尽管我国并非判例法国家,上述判决并不构成对之后判决的约束,但从此后发生的几起对赌协议纠纷案件来看,相关法院均持上述同样的立场。

不过,仍需指出的是,目前对赌协议在我国法律中并无明确规定。实践中的对赌协议内容五花八门,不规范化的现象也较多,有些对赌协议在效力和履行方式上仍然可能存在争议。对此,需要创业公司对自身估值和对赌风险作出合理认识;否则一旦对赌失败,公司极有可能面临破产的风险。

◎【案例86】"对赌协议第一案"

2007年,苏州工业园区海富投资有限公司(以下简称海富投资)作为投资方采取溢价增资的方式与甘肃世恒有色资源再利用有限公司(以下简称甘肃世恒)、甘肃世恒股东香港迪亚有限公司(以下简称香港迪亚)共同签订了《增资协议书》,约定海富投资以现金2000万元人民币对甘肃世恒进行增资,获得甘肃世恒3.85%的股权。其中符合对赌协议性质的条款是《增资协议书》第7条第(2)项,主要内容是:"甘肃世恒2008年净利润不低于3000万元人民币。如果甘肃世恒2008年实际净利润完不成3000万元,海富投资有权要求甘肃世恒予以补偿,如果甘肃世恒未能履行补偿义务,海富公司有权要求香港迪亚履行补偿义务。补偿金额的计算公式为(1-2008年实际净利润/3000万元)×本次投资金额。"由于受到宏观经济因素的影响,有色金属行业利润全线下滑。2008年甘肃世恒的实际净利润不到3000万元,显然没有达到《增资协议书》约定的标准。在甘肃世恒没有履行增资协议相关条款的情况下,海富投资向法院提起诉讼,请求判令甘肃世恒、香港迪亚等向其支付补偿款1998.2095万元。

一审法院兰州市中级人民法院认为,增资协议的有关约定损害了公司以及公司债权人的利益,不符合《公司法》第20条第1款关于不得侵犯公司以及债权人利益的规定。判决驳回原告的诉讼请求。一审法院的认定也就意味着否认了对赌协议的效力;二审法院甘肃省高级人民法院认为,关于如果甘肃世恒无法实现3000万元利润,甘肃世恒和香港迪亚就必须进行补偿的的约定,违反了投资领域风险共担的原则,2000万元名义上是"投资",实为"借贷"。故此,二审法院判决甘肃世恒、香港迪亚返还海富投资1885.2283万元及利息。

甘肃世恒、香港迪亚不服二审判决向最高人民法院申请再审。最高人民法院经审理后认为:在《增资协议书》中,香港迪亚对于海富投资的补偿承诺并不损害公司及公司债权人的利益,不违反法律法规的禁止性规定,是当事人的真实意思表示,是有效的。最后,最高人民法院再审判决撤销二审判决,改判香港迪亚向海富投资支付协议补偿款19,982,095元。这实际上肯定了投资方与股东之间对赌协议的效力,而否定了投资方与公司之间对赌协议的效力。

172. 风险投资者提出的"反稀释条款"是怎么一回事?

"反稀释条款"也称"反股权摊薄协议",指在创业公司进行后续项目融资或者定向增发过程中,之前的风险投资者为避免自己的股权贬值及份额被过分稀释而事先采取的措施。

投资者提出"反稀释条款"的目的在于:花同样1美元,较晚的投资者不能比前期的投资者获得更多的企业权益。它并非一个简单的保护条例,其内里弯弯绕绕颇多。各家投资机构根据自己的投资风格不同,往往会采用不同的条款类型及计算方式,而在不同的类型和方式中,双方的可得利益也是不同的。能否恰到好处地约定反稀释条款,对一家需要持续融资的创业公司的后续融资会产生重大影响。

从类型上看,"反稀释条款"大致可以分为"防止股权结构上股权比例降低"(或称"结构性反稀释条款")和"防止后续降价融资过程中股权贬值"(或称"降价融资反稀释条款")两大类。前者涉及转换权和优先购股权;后者则主要涉及降价融资时转换价格的调整。

1. 结构性反稀释条款

(1)转换权条款

这是指在创业公司发生送股、股权分拆、合并等股权重组情况时,转换价格作相应调整,以确保投资者的持股比例不被稀释。例如,优先股按照 2 元/股的价格发行给投资人,初始转换价格为 2 元/股;后来公司决定按照每 1 股拆分为 4 股的方式进行股权拆分,则新的转换价格调整成 0.5 元/股,对应每 1 股优先股可以转为 4 股普通股。

(2)优先购股权条款

优先购股权条款发生在创业公司后续融资增发新股或者老股东转让股权时。同等条件下,风险投资者享有按比例优先购买或受让的权利,以此来确保其持股比例不会因为后续融资发行新股或股权转让而降低。

2. 降价融资反稀释条款

创业股东和风险投资者一般对结构性反稀释条款不会存在争议,但在后续降价融资的反稀释条款上的博弈却非常激烈。创业公司在其成长过程中,为满足不同阶段的资金需求,一般需要经历多轮融资,且每轮融资时发行股权的价格都是不确定的。风险投资者担心下一轮降价融资时的股权发行价格比自己持有的转换价格低,从而导致自己的股权贬值,因此要求获得保护。根据保护程度的不同,这种保护条款主要分为完全棘轮条款和加权平均条款两种方式。

(1)完全棘轮条款

完全棘轮条款指如果创业公司后续发行的股权价格低于前轮投资人当时适用的转换价格,那么前轮投资人的实际转换价格也要降低到新的发行价格。"棘轮条款"是对投资者有利的反稀释工具。例如,在下述案例中,在完全棘轮条款下就算公司以低于 B 系列优先股的转换价格只发行了一股股份,所有的 B 系列优先股的转换价格也都要调整到跟新的发行价一致。如果后面的投资者以 2.5 美元/股的价格购买了极软软件的 200 万股,A 风投便可以无条件地得到额外 200 万元以及 2.5 美元/股的股份。

(2)加权平均条款

在加权平均条款下,如果后续发行的股权价格低于前轮的转换价格,那么新的转换价格就会调整为前轮转换价格和后续融资发行价格的加权平均值,即给 B 系列优先股重新确定转换价格时不仅要考虑低价发行的股份价格,还要考虑其权重(发行的股份数量)。

加权平均条款又可分为两类:广义加权平均(又称"宽基")和狭义加权平均(又称"窄基")。两者区别在于:对后轮融资时的已发行股权概念及其数量的界定上存在差异。比较而言,狭义加权平均条款("窄基")更符合风险投资者的利益。已发行股权中不把普通股、期权及可转换证券计算在内,会使转换价格降低很多，导致在转换成普通股时风险投资者获得的股份数量更多。

◎【案例87】极软软件争取来的温和反稀释法

上海极软软件技术有限公司（以下简称极软软件）是全球专业的垃圾邮件解决方案供应商。现隶属于全球著名的全景软件供应商——上海杰图软件技术有限公司。在其融资方案中，创立者通过签订可转换优先股协议的形式引入A风投，其中双方就约定了反稀释条款。

谈判初期，A风投主张按照具有最大反摊薄效果的"棘轮"调整公式制定反稀释条款，即不考虑新股发行规模大小，只要极软软件向将来的投资者以低于B系列优先股转换价格（5美元/股）发行新的证券，A风投即有权获得免费股票。该免费股票数足以将其持有股票的每股平均价格（包括其所购买的或是免费获得的股票在内）降至相当于后来投资者所购入的价格。

极软软件的创始股东则不同意上述调整方式，认为上述条款对他们不公平：极软软件正处于高速发展的上升期，后期融资潜力巨大，如果采用该棘轮条款，对极软公司极为不利。他们认为在规定反稀释条款时，应考虑新发行股票的规模，采取较为温和的反稀释措施。

经过反复磋商双方最终决定采用反稀释条款中更为普遍的"加权平均"调整条款。加权平均调整是较为温和的反稀释方式，它会结合后续融资中发行新股的数量来考虑降低旧的可转换价格，使用一个公式来确定今后以低于B系列优先股转换价格的方式销售新股票所产生的稀释效应，并通过授予投资者足够的免费股票来抵销这一效应。因此，对非优先股持股人具有较小的稀释效应。而且，该公式为"宽基"加权平均调整，即将"发行在外"定义为包括可转换证券转换时和已发行期权行权时可发行的普通股；而"窄基"方法将尚未发行的股份排除在"发行在外"之外，根据"宽基"计算出的新转换价格较高，对公司更有利。

173．"反稀释条款"可能给创业公司及股东带来哪些风险？

在公司经营中，持股比例就等于话语权和控制权。反稀释条款对风险投资者的股权利益及后续战略退出至关重要，因此，往往成为双方谈判及签订股东协议或股权认购合同等法律文件中的焦点。创业股东与投资家接触的初期是一个彼此都谦让恩爱的蜜月期，在这期间签订的反稀释条款看起来没有任何的杀伤力。但是，等到事业蒸蒸日上，需要转换股权结构或再度融资时，热恋期的后遗症就产生了。所以，如果创业公司不重视反稀释条款的谈判，将对后续融资产生重大障碍。具体而言，创业公司及股东应当注意反稀释条款可能存在的以下几种风险：

(1)特定形态的公司在履行反稀释条款时的违约风险

对于反稀释条款而言,所谓的价格调整,在大多数情况下,是股权的调整,也就是依据调整后的价格对风投的持股比例进行调整。这种调整往往表现为向需要调整的风投增发股权,但公司如果采取增发股权的方式,依据中国法律,增资必须有真实的资金相对应,就需要增发股权的认购人拿出真金白银来进行认购。而风投显然不愿意掏钱出来认购增发的股权,其他股东也未必会愿意拿出资金认购增发股权,从而来满足风投调整股权的要求。这时候行之有效的办法,就是由其他股东拿出部分股权来补偿风投。然而,如果创业企业是外商投资企业或国有企业,这在法律上可能就存在实质性障碍了。

①外商投资企业

《关于外国投资者并购境内企业的规定》第 14 条规定:"并购当事人应以资产评估机构对拟转让的股权价值或拟出售资产的评估结果作为确定交易价格的依据。并购当事人可以约定在中国境内依法设立的资产评估机构。资产评估应采用国际通行的评估方法。禁止以明显低于评估结果的价格转让股权或出售资产,变相向境外转移资本。"这样,外方无偿取得中方的股权就成为奢望。

②国有企业

《企业国有资产法》第 55 条规定:"国有资产转让应当以依法评估的、经履行出资人职责的机构认可或者由履行出资人职责的机构报经本级人民政府核准的价格为依据,合理确定最低转让价格。"可见,风投无偿从国有企业手中取得国有股权构成违法。

综上可见,以上两种企业约定的反稀释条款在履行上会存在法律障碍。但投资者往往通过与股东间设定违约条款的方式来达到股权调整的目的。这意味着即便不能转让股权,股东也可能要向投资者承担其他形式的违约责任。对此,创业企业应谨慎处理,严防风险。

(2)创业股东股权被稀释的风险

降价融资反稀释条款一旦触发,就使风险投资机构获得了一个以较低价格将所持有的优先股转换为普通股的权利。此时行使权利显然更符合风险投资机构的利益,行使后其所持有股权的价值得以维持。但是,作为创业者的普通股股东而言,所持有的股权价值随新发行的股权价格的下降而下降,其股权价值被稀释。同时,降价融资使得风险投资机构持有的优先股可以转换成更多的普通股,创业股东对创业公司的控制权也被稀释。

对此,如果创业股东也同样希望自己的股权比例不被稀释,也可以从自己的立场提出反稀释条款,保证自己的股权比例不因新投资者的加入或期权奖励计划的实施而下降;且应另行规定投资者出售股权时,应先向创始股东及协议成员出售,企业新发行股票时应向当前股东按持股比例出售,以保证当前股东的股权不被稀释。

(3)创业公司后续融资难度加大的风险

创业公司的后续融资行为一般都会伴随股价下跌,这是股权数量增加后的正常反应。创业公司所处阶段决定了创业公司不可能有巨大的盈利与积累,股价的上涨空间不会太大,所以再次融资的价格很难保证不会突破前次融资价格。由于严厉的反稀释条款使得创业公司在再次融资时可能定价高于市场预期,使得融资工具的销售难度加大,最后使得融资目标无法实现。

对此,我们建议应规定反稀释条款的例外情况。比如,以低价出售股权给内部管理人员、员工、董事和咨询顾问,或其他有利于全体股东的类似股权出售行动,不应该成为实施反稀释条款的前提条件。此外,创业公司还可以对棘轮条款提出一个有限的有效期,因为若干年后企业和经济环境都可能发生很大的变化,那时还要求维持棘轮条件很可能已经不合时宜了。

◎【案例88】达能与汇丰的反稀释成果

在所有大规模的融资中都能见到反稀释条款遮遮掩掩的身影。

比如,达能入资汇源果汁后即通过反稀释条款,使汇源在后续融资中无奈将达能股份从不到20%增加到24%多。

又如,2004年汇丰银行入股交通银行持股比例为19.9%。在交通银行上市后,由于股票总数量大增,在股份份额不变的前提下,汇丰的持股比例被稀释到了18.6%。2007年汇丰利用反稀释条款绕开繁复的行政审批程序,使其持股比例上升到了19.15%,继续保持交通银行第二大股东的地位。

174. 风险投资者提出的“强制随售权”是怎么一回事?

“强制随售权”指强制原有股东卖出股权的权利。如果创业公司在一个约定的期限内没有上市,或事先约定的其他出售条件成就,投资者有权要求创业股东和自己一起向第三方转让股权。创业股东必须按投资人与第三方谈好的价格和条件,以及其与投资人在创业公司中的股权比例,向第三方转让股份。

经常有人将“强制随售条款”(Drag Along Right)与“跟随权”(Tag Along Rights)混淆。实际上,这两种权利存在颠覆性差异:

强制随售权(Drag Along Right)是保护风险投资者权利的一项条款,被翻译成“强制随售权”“拖售权”“强卖权”或者“领售权”等。这个条款意思是:如果公司在一个约定的期限内未能上市或者出现某些预先设定的情形,投资者有权强制公司的原有股东(主要是指创始股东)和自己一起向第三方转让股份,创始股东必须依照投资者与第三方达成的转让价格和条件,参与到投资者与第三方的股权交易中来。

跟随权(Tag Along Rights)是保护小股东权益的条款。意思是:如果多数股东出售其股权,小股东和少数股东有权加入交易,按照大股东或多数股东的出售条件来出售所持公司的少数股权。通俗地说就是,大股东如果要卖股票,小股东有权跟着大股东一起卖。

◎【案例 89】汇源果汁:与血腥资本的一致行动

2009 年 3 月 18 日,中国商务部表示,可口可乐并购汇源未通过反垄断调查,因为收购会影响或限制竞争,不利于中国果汁行业的健康发展。自此,轰轰烈烈的汇源并购案落下帷幕,这也是反垄断法自 2008 年 8 月 1 日实施以来首个未获通过的案例。

在"可口可乐"收购"汇源果汁"的有关申请提交商务部审查后,一些新情况被披露出来,其中汇源果汁在私募股权融资中所签订的"强制随售条款"(国内有多种译法:"强制随售权""强卖权"或"带领权")随着层层内幕的揭开而浮出水面。

"汇源果汁"是注册在避税天堂开曼群岛的离岸公司。收购前"汇源果汁"股权结构中,汇源控股、达能和华平基金持股比例一共超过 70%。华平基金是美国专业风险基金,作为典型的财务投资人,其投资的初衷就是为了谋求高额投资回报,套现脱身。而达能虽然不是专业风险基金,但它在投资汇源果汁之初就充分运用私募投资规则猎取了高效利益(达能入资汇源果汁后即通过反稀释条款,使汇源在初期的后续融资中无奈将达能股份从不到 20% 增加到 24% 还多),故达能持股汇源果汁除其产业规划方面的考虑外,套利是其最根本的利益要求。

据媒体报道,2008 年 7 月,达能、华平和汇源集团在签订股权转让备忘录时,就包括了一致行动条款及相应的惩罚性条款。所谓的"惩罚性条款"就是违反"一致行动条款"的责任条款,即汇源三大股东曾签署协议书约定,若风险投资方(华平基金、达能)在其认为第三方以合理条件收购其股份时,风险投资方有要求其他股东随同自己将公司股权一起出售的权利,签署后无论大小股东都必须遵循履行,否则违约后将向风险投资方支付巨额违约金或赔偿。该"一致行动条款"实际上就是"强制随售条款"。

本案达能、华平基金合计还没有汇源控股持股多。可口可乐仅收购达能、华平基金股份无实际意义;被收购股权比例太低,就失去了收购价值,像华平基金这样的 VC 小股东持有的股份比例恰恰是不够的。可口可乐通过收购,要彻底控制汇源果汁就必须拿下汇源控股的股份,这时就体现出强制随售条款存在的意义所在。

175. 创业股东应当如何应对“强制随售权”条款?

随着私募股权投资的发展,“强制随售权”的意义对于投资者也越来越大。实际上,通过该条款的安排,投资者不仅享有了退出权,还同时享有了转卖创业公司的权利。而这种权利可以转化为以下两种权利:一是获得投资溢价的权利,如投资者可以通过将创业公司转卖给一家同行业的大集团公司而获得较高的投资回报,甚至可以通过转卖行为获得额外的佣金;二是参与管理创业公司的权利,投资者可以借助强制随售权,给创业股东和管理团队施加压力,要求其听从自己的建议,参与公司的实际控制。

强制随售权条款的设计初衷就是为了保护风险投资者,因此其约束对象主要是创始股东。从强制随售权的触发条件来看,由于该条款的两面性,在创始股东引入投资时,有必要就该条款的触发条件(亦即投资者什么情况下有权要求创始股东和自己一起出售股权)进行谈判,并限制该条款的使用。

通常情况下,强制随售权条款会以各种各样的变化形式出现,以此来极力免除资本的责任,加重对创业股东的限制。在最初接触的蜜月期里,创业股东也应时刻警惕这一风险。而风险防范的首要任务便是发现并理解合同中的“强制随售权”条款,充分注意其中存在的法律风险。

176. 创业股东通过“股权众筹”的方式融资合法吗?

“股权众筹”是指通过互联网形式进行公开小额股权融资的活动,即公募股权众筹。目前,一些市场机构开展的冠以“股权众筹”名义的活动,是通过互联网形式进行的非公开股权融资或私募股权投资基金募集行为,并不属于股权众筹融资范围。对于这一新鲜事物,市场主体仍在探索其操作模式。

股权众筹听起来很美,因为可以让很多并不十分富有的人群通过互联网也有机会做某个企业的天使投资人,而作为创业股东而言,也增加了一种融资途径,貌似交易双方都能受益,但事实并非那么简单。

我国目前尚未出台专门针对众筹融资的行政法规和部门规章。2015 年 7 月,经党中央、国务院同意,中国人民银行、工业和信息化部、公安部、财政部、国家工商总局、国务院法制办、中国银行业监督管理委员会、中国证券监督管理委员会、中国保险监督管理委员会、国家互联网信息办公室等部门联合发布《关于促进互联网金融健康发展的指导意见》(银发〔2015〕221 号),鼓励以市场为导向发展互联网金融,明确表示“支持互联网企业依法合规设立……股权众筹融资平台……建立服务实体经济的多层次金融服务体系,更好地满足中小微企业和个人投融资需求,进一步拓展普惠金融的广度和深度”。这在一定程度上支持诸如股权众筹等互联网金融形态的发展。在这一政策背景之下,北京市海淀区法院在2015年审理的“股权众筹第一案”中,也认可了“人人投”众筹平台为北京诺米多公司发布融资项目这一行为的合法性。

但是,这并不意味着所有的“股权众筹”必然合法。主要的法律障碍有:

一是构成非法证券活动的法律风险。因为根据《刑法》第179条的规定,“未经国家有关主管部门批准,擅自发行股票”属于犯罪行为,《证券法》规定的“公开发行证券”包括(1)向不特定对象发行证券;(2)向累计超过200人的特定对象发行证券;(3)法律、行政法规规定的其他发行行为。《证券法》同时还规定“非公开发行证券,不得采用广告、公开劝诱和变相公开方式。”由此,股权众筹涉嫌违反擅自发行证券罪。如果股权众筹发起人伪造夸大公司股份价值和财务状况的,还可能违反欺诈发行证券罪。国内目前主要的股权众筹平台为了规避公开发行证券的风险,基本限定于有限责任公司的股权投资,这就涉及“证券”的概念问题。

二是股东数量违反《公司法》限制性规定的风险。《公司法》规定“有限责任公司由50个以下股东出资设立。”这意味着,如果股权众筹平台的投资者人数众多,股东人数可能突破公司法限制。对此,很多股权众筹平台又选择有限合伙的途径来规避这一问题,其中领投人作为普通合伙人,跟投人作为有限合伙人,并以有限合伙企业作为目标公司的股东享有股权,投资人之间的权利义务关系与目标公司无关,而是依据有限合伙协议及章程的约定。这种操作方式增加了股权众筹平台的经营成本和时间成本,通过隐名股东、股份代持等方式,仍然会存在跟投人权利不能得到充分保障的问题。

三是发生商事纠纷以及承担相应法律责任的风险。比如,因为合同履行争议发生违约风险、股权代持争议发生股东资格纠纷、投资人退出机制不完善的风险等。虽然有些问题可以通过《合同法》《民法通则》《民事诉讼法》及相关司法解释得到解决,但由于股权众筹的商业模式较多、差异较大,其中不乏一些有争议的创新做法,所以很容易引发理解上的分歧,甚至出现在现有法律框架下尚无确定性意见的问题。

因此,股权众筹融资必须通过规范运作的股权众筹平台进行。股权众筹平台可以在符合法律、法规规定的前提下,对业务模式进行创新探索,发挥其作为多层次资本市场有机组成部分的作用,更好地服务创业企业。作为创业公司本身而言,则应通过平台如实向投资人披露企业的商业模式、经营管理、财务、资金使用等关键信息,不能误导或欺诈投资人。只有这样,股权众筹平台才可能最大程度上得到法律的认可和支持。

◎【案例90】"股权众筹第一案"

2015年9月15日,我国股权众筹第一案——北京飞度公司与北京诺米多公司居间合同纠纷一案,在北京市海淀区人民法院进行了公开宣判。

该案的基本情况是:北京飞度公司与北京诺米多公司签订了《委托融资服务协议》,约定在"人人投"众筹平台为北京诺米多公司发布融资项目,并在完成筹资后,由投、融资双方在线下设立有限合伙企业经营餐饮业。有限合伙企业尚未成立,双方就因北京诺米多公司未按协议约定安排经营场所、未提供房产证等问题发生纠纷,双方互发了解约通知书,并就违约责任的承担问题诉至法院。

法院在审理该案过程中,涉及对众筹和委托融资协议效力的认定。法院最终认为:股权众筹平台的身份合法,案件所涉众筹融资交易合法,《委托融资服务协议》有效。主要理由是:

首先,法院认为确认《委托融资服务协议》法律效力的裁判依据应为现行法律、行政法规的效力性强制性规定,主要涉及我国《证券法》第10条规定。因本案中的投资人均为经过"人人投"众筹平台实名认证的会员,且人数未超过200人上限;结合中国人民银行等十部委近期出台的《关于促进互联网金融健康发展的指导意见》(以下简称《指导意见》)等规范性文件精神,从鼓励创新的角度,法院认为案件所涉众筹融资交易不属于"公开发行证券",其交易未违反上述《证券法》第10条的规定。

其次,我国目前还未出台专门针对众筹融资的行政法规和部门规章,涉及的其他文件主要是上述《指导意见》、中国证券业协会发布的《场外证券业务备案管理办法》等。这两份文件也均未对本案所涉及的众筹交易行为予以禁止或给予否定性评价。

最后,飞度公司的主体资质方面,在其取得营业执照、电信与信息服务业务经营许可证等手续的情况下开展业务,目前也无法律法规上的障碍。故法院最终认定案中《委托融资服务协议》有效。

此案判决成为众筹领域法律发展的风向标。海淀法院认定涉案合同有效,映射了当前司法系统对众筹行业的支持和鼓励,这给新兴互联网金融行业的创业者吃了一颗定心丸,为众筹融资行业在我国的健康规范发展留下了空间。但同时,该案的审理也让现行法律制度中存在的一系列问题浮出水面。在当前众筹模式快速发展变化的情况下,法律规则的形成不可能一蹴而就,立法和司法实践需要紧跟形势,适时推进并不断检验。

第十章　上市公司股东如何行权与维权

177. 股东怎样参与上市公司重大资产重组的决策?

所谓重大资产重组,是指上市公司及其控股或者控制的公司在日常经营活动之外购买、出售资产或者通过其他方式进行资产交易达到规定的比例,导致上市公司的主营业务、资产、收入发生重大变化的资产交易行为。上市公司的重大资产重组对于广大股东的利益而言影响巨大,因此,《公司法》第121条规定:"上市公司在一年内购买、出售重大资产或者担保金额超过公司资产总额百分之三十的,应当由股东大会作出决议,并经出席会议的股东所持表决权的三分之二以上通过。"这意味着股东对于上市公司的重大资产重组拥有发言权。

除《公司法》的上述规定外,为了进一步明确规范上市公司的重大资产重组行为,证监会在2008年颁布了第53号令《上市公司重大资产重组管理办法》,2011年8月1日以第73号令修改,2014年10月23日又以第109号令修改。该办法对"重大资产重组"的标准作出了具体的规定:

◎【链接】《上市公司重大资产重组管理办法》(2014)

第12条上市公司及其控股或者控制的公司购买、出售资产,达到下列标准之一的,构成重大资产重组:

(一)购买、出售的资产总额占上市公司最近一个会计年度经审计的合并财务会计报告期末资产总额的比例达到50%以上;

(二)购买、出售的资产在最近一个会计年度所产生的营业收入占上市公司同期经审计的合并财务会计报告营业收入的比例达到50%以上；

（三）购买、出售的资产净额占上市公司最近一个会计年度经审计的合并财务会计报告期末净资产额的比例达到50%以上，且超过5000万元人民币。

购买、出售资产未达到前款规定标准，但中国证监会发现存在可能损害上市公司或者投资者合法权益的重大问题的，可以根据审慎监管原则，责令上市公司按照本办法的规定补充披露相关信息、暂停交易、聘请独立财务顾问或者其他证券服务机构补充核查并披露专业意见。

根据《上市公司重大资产重组管理办法（2014）》的规定，上市公司进行重大资产重组，应当首先由董事会依法作出决议，然后提交股东大会批准。董事会决议应当就重大资产重组是否构成关联交易作出明确判断，并作为董事会决议事项予以披露。独立董事应当在充分了解相关信息的基础上，就重大资产重组发表独立意见。重大资产重组构成关联交易的，独立董事可以另行聘请独立财务顾问就本次交易对上市公司非关联股东的影响发表意见。在董事会作出重大资产重组决议后的次一工作日，上市公司应当至少披露：（1）董事会决议及独立董事的意见；（2）上市公司重大资产重组预案。本次重组的重大资产重组报告书、独立财务顾问报告、法律意见书以及重组涉及的审计报告、资产评估报告或者估值报告至迟应当与召开股东大会的通知同时公告。

上市公司股东大会就重大资产重组作出的决议，至少应当包括下列事项：

（1）本次重大资产重组的方式、交易标的和交易对方；

（2）交易价格或者价格区间；

（3）定价方式或者定价依据；

（4）相关资产自定价基准日至交割日期间损益的归属；

（5）相关资产办理权属转移的合同义务和违约责任；

（6）决议的有效期；

（7）对董事会办理本次重大资产重组事宜的具体授权；

（8）其他需要明确的事项。

《上市公司重大资产重组管理办法（2014）》第24条第1款明确规定："上市公司股东大会就重大资产重组事项作出决议，必须经出席会议的股东所持表决权的2/3以上通过。"

相较于《公司法》第121条的规定，《上市公司重大资产重组管理办法（2014）》对于股东大会决议规则的规定更为细致，增加了"关联股东表决回避制度”,具体而言,表现在两个方面:其一,如果上市公司重大资产重组事宜与本公司股东或者其关联人存在关联关系的,股东大会就重大资产重组事项进行表决时,关联股东应当回避表决;其二,如果交易对方已经与上市公司控股股东就受让上市公司股权或者向上市公司推荐董事达成协议或者默契,可能导致上市公司的实际控制权发生变化的,上市公司控股股东及其关联人应当回避表决。

出于对广大股民参与股东大会表决方式的考虑,《上市公司重大资产重组管理办法(2014)》还要求上市公司就重大资产重组事宜召开股东大会时,应当以现场会议形式召开,并应当提供网络投票或者其他合法方式为股东参加股东大会提供便利。除上市公司的董事、监事、高级管理人员、单独或者合计持有上市公司5%以上股份的股东以外,其他股东的投票情况应当单独统计并予以披露。

此外,股东大会作出重大资产重组的决议后,上市公司拟对交易对象、交易标的、交易价格等作出变更,构成对原交易方案重大调整的,应当在董事会表决通过后重新提交股东大会审议,并及时公告相关文件。中国证监会审核期间,上市公司按照前述规定对原交易方案作出重大调整的,还应当按照《上市公司重大资产重组管理办法(2014)》的规定向中国证监会重新提出申请,同时公告相关文件。中国证监会审核期间,上市公司董事会决议撤回申请的,应当说明原因,予以公告;上市公司董事会决议终止本次交易的,还应当按照公司章程的规定提交股东大会审议。

178. 股东怎样参与上市公司对外担保行为的决策?

上市公司的对外担保行为往往会导致上市公司对外承担债务,从而对股东的权益产生不利影响,因此,对于上市公司比较重大的对外担保行为,应当交由股东大会决议。

根据《公司法》第121条的规定,上市公司在1年内担保金额超过公司资产总额百分之三十的,应当由股东大会作出决议,并经出席会议的股东所持表决权的三分之二以上通过。

除此以外,证监会、银监会在2005年颁布的《关于规范上市公司对外担保行为的通知》(证监发〔2005〕120号)还作出了更为细致的规定。根据这一规定,上市公司的对外担保行为必须经过董事会或者股东大会审议,具体由谁审议应当在公司章程中予以明确,如果应当交由股东大会审批,事先应当经过董事会审议通过;如果应当交由董事会审批,则必须经出席董事会的三分之二以上董事审议同意并作出决议。

对于以下情形,必须由股东大会审议而不能仅有董事会审议:

(1)上市公司及其控股子公司的对外担保总额,超过最近一期经审计净资产50%以后提供的任何担保;

(2)为资产负债率超过70%的担保对象提供的担保;

(3)单笔担保额超过最近一期经审计净资产10%的担保;

(4)对股东、实际控制人及其关联方提供的担保。

在第(4)种情形下,该股东或受该实际控制人支配的股东,不得参与该项表决,该项表决由出席股东大会的其他股东所持表决权的半数以上通过。

◎**【案例91】上市公司对外担保有讲究**

2004年5月8日,兴业银行广州环市东支行(以下简称兴业银行)与金中华公司签订《短期借款合同》,约定:兴业银行向金中华公司发放短期贷款2000万元。同日,兴业银行与新太股份公司签订《保证合同》,约定新太股份公司对金中华公司之借款本金、利息等承担连带保证责任。因金中华公司到期未能清偿债务,兴业银行起诉要求新太股份公司承担担保责任。

新太股份公司在诉讼过程中提出:新太股份公司为上市公司,其公司章程规定董事会应当在股东大会授权的范围内,决定公司的对外担保事项。2000年6月6日,证监会发布证监公司字(2000)61号《关于上市公司为他人提供担保有关问题的通知》第5条规定,上市公司为他人提供担保必须经董事会或股东大会批准。董事会应当比照公司章程有关董事会投资权限的规定,行使对外担保权。2003年8月28日,证监会和国资委共同发布《关于规范上市公司与关联方资金往来及上市公司对外担保若干问题的通知》(证监发〔2003〕56号)也规定:“上市公司对外担保应当取得董事会全体成员2/3以上签署同意,或者经股东大会批准。”上述规范性文件均在同期金融和证券类报刊公开登载。但是,新太股份公司提供担保时并未经过依照章程规定取得股东大会同意,故担保无效。

广州市中级人民法院审理后认为:证监会和国资委的相关文件明确规定了上市公司为他人提供担保必须经董事会或股东大会批准;未经公司股东大会或者董事会决议通过,董事、经理以及公司的分支机构不得擅自代表公司签订担保合同;上市公司对外担保应当取得董事会全体成员2/3以上签署同意,或者经股东大会批准。证监会和国资委的这些规定是向全社会公布的规范上市公司的市场行为的行政规章。兴业银行作为金融专业机构明知新太股份公司是上市公司,完全可以上网查阅新太股份公司章程,同时也应当知道证监会和国资委的上述行政规章,但是并没有要求新太股份公司出具董事会或股东大会同意担保的文件,对该公司法定代表人超越新太股份公司授权而作出的担保行为未履行谨慎注意义务,故担保合同应依法认定无效。

179. 上市公司股东如何自行召集股东大会?

根据《上市公司股东大会规则》(证监发〔2014〕46 号)第 4 条的规定,上市公司的股东大会分为年度股东大会和临时股东大会。年度股东大会每年召开一次,一般应当于上一会计年度结束后的 6 个月内举行。临时股东大会不定期召开,出现《公司法》第 100 条规定的应当召开临时股东大会的情形时,临时股东大会应当在 2 个月内召开。

就临时股东大会而言,单独或者合计持有公司 10% 以上股份的普通股股东有权向董事会请求召开临时股东大会,并应当以书面形式向董事会提出。董事会应当根据法律、行政法规和公司章程的规定,在收到请求后 10 日内提出同意或不同意召开临时股东大会的书面反馈意见。董事会同意召开临时股东大会的,应当在作出董事会决议后的 5 日内发出召开股东大会的通知,通知中对原请求的变更,应当征得相关股东的同意。

董事会不同意召开临时股东大会,或者在收到请求后 10 日内未作出反馈的,单独或者合计持有公司 10% 以上股份的普通股股东(含表决权恢复的优先股股东)有权向监事会提议召开临时股东大会,并应当以书面形式向监事会提出请求。监事会同意召开临时股东大会的,应在收到请求 5 日内发出召开股东大会的通知,通知中对原请求的变更,应当征得相关股东的同意。

监事会未在规定期限内发出股东大会通知的,视为监事会不召集和主持股东大会,连续 90 日以上单独或者合计持有公司 10% 以上股份的普通股股东(含表决权恢复的优先股股东)可以自行召集和主持。

需要注意的是,监事会或股东自行召集股东大会应当书面通知董事会,同时向公司所在地中国证监会派出机构和证券交易所备案。在股东大会决议公告前,召集普通股股东(含表决权恢复的优先股股东)持股比例不得低于 10%。监事会和召集股东应在发出股东大会通知及发布股东大会决议公告时,向公司所在地中国证监会派出机构和证券交易所提交有关证明材料。

根据《上市公司股东大会规则》的规定,对于监事会或股东自行召集的股东大会,董事会和董事会秘书应予配合。董事会应当提供股权登记日的股东名册。董事会未提供股东名册的,召集人可以持召集股东大会通知的相关公告,向证券登记结算机构申请获取。当然，召集人所获取的股东名册不得用于除召开股东大会以外的其他用途。

另外，股东自行召集的股东大会，会议所必需的费用由上市公司承担。

180. 上市公司股东如何向股东大会提交议案？

当前，我国上市公司的中小股东参与股东大会、行使投票权的意识不够。尤其在上市公司股东大会对并购重组等重大事项进行表决时，中小股东投票率都很低。很多中小股东因为持股数量少，对自己手中的股东表决权不重视，客观上也没有专业的机构来协助他们行使股东权利，更谈不上向股东大会提交议案。但是，提交议案是股东权利的重要内容，是股东参与上市公司重大事项管理决策的重要方式。

《上市公司股东大会规则》第 14 条规定，单独或者合计持有公司 3% 以上股份的普通股股东（含表决权恢复的优先股股东），可以在股东大会召开 10 日前提出临时提案并书面提交召集人。召集人应当在收到提案后 2 日内发出股东大会补充通知，公告临时提案的内容。除此以外，召集人在发出股东大会通知后，不得修改股东大会通知中已列明的提案或增加新的提案。股东大会通知中未列明或不符合该规则第 13 条规定的提案，股东大会不得进行表决和作出决议。

181. 上市公司股东如何参加股东大会的表决？

根据《上市公司股东大会规则》第 20 条的规定，上市公司应当在公司住所地或公司章程规定的地点召开股东大会。股东大会应当设置会场，以现场会议形式召开。

从股东出席股东大会的方式来看，除了传统的现场出席方式以外，上市公司还应当按照法律、行政法规、中国证监会或公司章程的规定，采用安全、经济、便捷的网络和其他方式为股东参加股东大会提供便利。股东通过上述方式参加股东大会的，视为出席。上市公司股东大会采用网络或其他方式的，应当在股东大会通知中明确载明网络或其他方式的表决时间以及表决程序。股东大会网络或其他方式投票的开始时间，不得早于现场股东大会召开前一日下午 3:00，并不得迟于现场股东大会召开当日上午 9:30，其结束时间不得早于现场股东大会结束当日下午 3:00。

从股东出席股东大会的人员来看，股东可以亲自出席股东大会并行使表决权，也可以委托他人代为出席和在授权范围内行使表决权。股权登记日登记在册的所有普通股股东(含表决权恢复的优先股股东)或其代理人,均有权出席股东大会,上市公司和召集人不得以任何理由拒绝。出席股东大会时,股东应当持股票账户卡、身份证或其他能够表明其身份的有效证件或证明出席股东大会。代理人还应当提交股东授权委托书和个人有效身份证件。

股东大会的召集人和律师应当依据证券登记结算机构提供的股东名册共同对股东资格的合法性进行验证,并登记股东姓名或名称及其所持有表决权的股份数。在会议主持人宣布现场出席会议的股东和代理人人数及所持有表决权的股份总数之前,会议登记应当终止。

从股东的表决方式及程序来看,同一表决权只能选择现场、网络或其他表决方式中的一种。同一表决权出现重复表决的以第一次投票结果为准。出席股东大会的股东,应当对提交表决的提案发表以下意见之一:同意、反对或弃权。未填、错填、字迹无法辨认的表决票或未投的表决票均视为投票人放弃表决权利,其所持股份数的表决结果应计为"弃权"。股东大会对提案进行表决前,应当推举两名股东代表参加计票和监票。审议事项与股东有关联关系的,相关股东及代理人不得参加计票、监票。股东大会对提案进行表决时,应当由律师、股东代表与监事代表共同负责计票、监票。通过网络或其他方式投票的上市公司股东或其代理人,有权通过相应的投票系统查验自己的投票结果。

值得提出的是,股东与股东大会拟审议事项有关联关系时,应当回避表决,其所持有表决权的股份不计入出席股东大会有表决权的股份总数。另外,上市公司持有自己的股份没有表决权,且该部分股份不计入出席股东大会有表决权的股份总数。

182. 如果上市公司董事与董事会会议决议事项有关联关系,董事会会议应当如何决议?

《公司法》第124条规定:"上市公司董事与董事会会议决议事项所涉及的企业有关联关系的,不得对该项决议行使表决权,也不得代理其他董事行使表决权。该董事会会议由过半数的无关联关系董事出席即可举行,董事会会议所作决议须经无关联关系董事过半数通过。出席董事会的无关联关系董事人数不足三人的,应将该事项提交上市公司股东大会审议。"该条制度特别针对上市公司建立了关联董事的表决回避制度。

◎【案例92】关联董事不必对公司退市后的合并事项回避表决

某油气公司原为上市公司,2008年4月21日退市。朱某作为股民在该公司退市前购买了股票而成为其股东，在被告退市后还持有38,600股的股份。2008年7月初朱某继续登录该油气公司网站时，发现转让该网站域名的广告，之后，朱某再也无法得知该油气公司的信息。2009年3月12日朱某在网络上发现一则消息，才知道该油气公司于2009年2月9日召开了董事会，并于2009年2月28日召开临时股东大会通过了《吸收合并协议》。

朱某了解到，临时股东大会除控股股东某石化公司一人到会外，并无其他股东参加。该公司没有履行通知义务，未通知其他小股东参加，而实施合并的新公司是由该油气公司的控股股东为实施本次合并而设立的一人有限责任公司，与该油气公司是关联公司。因此，朱某认为，依据我国《公司法》的相关规定，在该油气公司2009年2月9日召开的董事会上，控股股东某石化公司委派的董事不能行使表决权。在2007年2月28日的股东大会上，作为股东的某石化公司也不能行使表决权，应由出席会议的没有关联关系的其他股东所持表决权的三分之二以上为通过。因此，朱某诉至法院要求撤销董事会决议和股东会决议。

法院经审理认为，被告某油气公司在退出上市后，不再承担上市公司的权利义务，不再受证券监督管理法律法规对于上市公司关于关联公司限制行使表决权的约束。被告公司按照其《公司章程》的规定，履行了召集董事会和股东会的程序，并未违反法律规定；就表决方式而言，《公司法》对表决权的限制，仅限于第16条规定的向其他企业投资、涉及提供担保等事项的表决，有关联的股东不能行使表决权，由出席会议的其他股东所持表决权的过半数通过。因本案所审理的临时股东大会决议表决的事项为公司合并，所以股东的表决权不受《公司法》第16条规定的限制。被告的《公司章程》对股东表决权行使亦未作限制性规定。故某油气公司的表决程序合法，原告请求撤销被告董事会决议和股东大会决议的理由不能成立。

183. 上市公司股东转让股权有什么特殊方式和规则？

提起上市公司股东的股权转让，很多投资人的第一反应就是集中竞价交易，即通过提交证券集中竞价交易系统，按价格优先、时间优先的原则撮合成交。但是，根据我国《证券法》第40条规定："证券在证券交易所上市交易，应当采用公开的集中交易方式或者国务院证券监督管理机构批准的其他方式。"这意味着，还存在其他特殊的股权转让方式和规则。在我国现阶段，主要包括协议转让、大宗交易制度，当然，从国外证券市场的做法和我国证券市场的长远发展来看，还存在做市商制度。这里简单介绍一下这几种特殊转让方式及其主要规则：

(1)协议转让:也称协商交易、私下谈判交易,指投资者不借助证券集中竞价交易系统,而通过私下协商的方式,达成证券交易的方式。但是,协议转让并不代表场外非法股票交易和转让活动,必须依照《上市公司流通股协议转让业务办理暂行规则》来办理。具体而言,该规则第3条的规定:“上市公司流通股股份转让涉及下列情形之一的,可以通过证券交易所和结算公司办理流通股协议转让手续:(一)与上市公司收购及股东权益变动相关的股份转让;(二)转让双方存在实际控制关系,或均受同一控制人所控制的;(三)外国投资者战略投资上市公司所涉及的股份转让;(四)中国证监会认定的其他情形。收回股权分置改革中的垫付股份、行政划转上市公司股份等情形,比照本规则办理。”当然,协议转让过程中需要作一些法律风险的防范措施。

(2)大宗交易:指证券单笔买卖申报达到交易所规定的数额规模时,交易所采用的与通常交易方式不同的交易方式,即在证券交易过程中,以协商一致作为达成大宗交易的手段。上交所和深交所都有特定的时间来接受大宗交易的申报。具体是按照《上海证券交易所交易规则》《深圳证券交易所交易规则》来操作。

(3)做市商交易:目前新三板公司是可以采用做市商交易方式进行股票转让的,根据《全国中小企业股份转让系统业务规则》,挂牌股票采取做市转让方式的,须有2家以上从事做市业务的主办券商(做市商)为其提供做市报价服务。做市商应当在全国股份转让系统持续发布买卖双向报价,并在报价价位和数量范围内履行与投资者的成交义务。做市转让方式下,投资者之间不能成交。《全国中小企业股份转让系统股票转让细则》中对做市转让方式作出了详细规定。除了新三板公司可以做市转让外,上海证券交易所在2015年颁布了《股票期权试点做市商业务指引》,规定上交所挂牌交易的期权合约流动性服务(做市服务)类型主要有:①向投资者提供双边持续报价;②对投资者询价提供双边回应报价;③本所规定或者做市协议约定的其他业务。

184. 上市公司董事、监事、高管或者持股5%以上的股东开展短线交易获利,其他股东可以采取何种措施?

短线交易,根据《证券法》的规定,是指上市公司的董事、监事、高级管理人员以及持有5%以上股份的股东将其持有的本公司股票、认购权证、认沽权证、可转换公司债等,在买入后6个月内又卖出,或者在卖出后6个月内又买入。短线交易是相对于长线投资而言,由于公司内部人员开展短线交易很有可能是利用了内幕信息，很有可能从中谋取不正当的利益。所以，法律上确立了上市公司对这些特定主体开展短线交易的归入请求权，即要求这些特定主体开展短线交易所形成的收益归该上市公司所有。

公司的董事、监事、高级管理人员，由其地位和职务所决定，不仅了解公司的各种信息，而且直接掌握公司的营运。其次，上市公司的股权较为分散，持有上市公司股份百分之五以上的股东，就会成为上市公司的大股东，并由于其持股数量较大而控制公司。这时，他们在公司中处于特殊的地位，有时能直接掌握公司营运，易于接触公司的重要信息，拥有一般投资者无法比拟的信息优势。因此，《证券法》将持有公司5%以上股份的股东，规定为证券交易内幕信息的知情人。

但是，对于证券买卖行为的两端是否同时具备股东身份，学界中存在三种不同的说法，分别是"一端说""两端说"和"折中说"。"一端说"的含义是指无论是对于持有法定比例的股东，还是董事、监事、高级管理人员，只要在他们进行买卖证券行为的任何一端具备法定的身份（董事、监事、高级管理人员、持有法定比例的股东）即可成为短线交易的主体。"两端说"的含义是指无论是对于持有法定比例的股东，还是董事、监事、高级管理人员，他们进行买卖证券行为的任何两端都必须具备相应的法定身份，才可以构成短线交易的主体。"折中说"是指针对董事、监事、高级管理人员采用"一端说"，针对持有法定比例的股东采用"两端说"。目前，我国暂无确定的官方说法，司法实践中有部分法院采用"两端说"。

针对上市公司董事、监事、高管或者持股5%以上的股东开展短线交易获利的请求权，一般由董事会代表公司行使该项权利，但在公司董事会成员可能涉及短线交易利益的情况下，为防止董事会怠于行使归入权，《证券法》第47条第2款规定："公司董事会不按照前款规定执行的，股东有权要求董事会在30日内执行。公司董事会未在上述期限内执行的，股东有权为了公司的利益以自己的名义直接向人民法院提起诉讼。"这便是股东代表诉讼。

那么，短线交易的收益应该如何计算呢？《证券法》对短线交易收益的计算方法未作规定。鉴于《证券法》第47条第1款规定，由此所得收益归该公司所有，公司董事会应当收回其所得利益；有学者认为，在相关立法解释或司法解释发布之前，从学理上应将其解释为因短线交易实际获得的收益。

◎【案例93】短线交易须有特定身份

原告华夏建通科技开发股份有限公司系经核准公开发行股票并在上海证券交易所上市交易的股份有限公司。2009年4月17日被告严某通过上海市第一中级人民法院组织的公开拍卖,以总价款人民币11,460万元竞买获得原告限售流通股份3000万股,占原告总股本7.89%。后经上海市第一中级人民法院裁定,上述股票过户至被告名下。2009年5月22日原告董事会发布公告,其限售流通股自2009年6月1日起上市流通。2009年6月1日被告通过上海证券交易所以4.93元/股的价格卖出所持原告股份1900万股,占原告总股本4.998%。嗣后,原告要求被告按照《证券法》第47条的规定,将买卖后的差价收益归人公司。双方协商未成,原告遂起诉来院。

法院经审理后认为,我国《证券法》第47条所规制的对象应限定为具备特定的身份,且凭借其身份可获得公司内幕信息之人。短线交易之构成要求行为人首先应获得公司董事、监事、高级管理人员或持有5%以上股份股东之身份,然后在6个月内有一组以上买卖反向交易行为。但本案被告在实施买入及卖出原告股份之反向交易之前,并不具备原告内幕人员身份。另外,本案被告是通过中级人民法院委托的司法拍卖而竞买取得股票,由于对于司法拍卖,整个交易时间及价格被告无法控制,无法利用内幕消息与司法拍卖进行配合。并且,被告竞买取得的股票系限售股,限售股在禁售期内不得买卖。又本案限售股解禁的时间完全取决于原告,对此被告无法控制和预料。因此,被告不仅在取得股票时无法与内幕信息相配合,卖出条件的满足也取决于原告办理限售股解禁的时间,也无法利用内幕信息进行交易。据此,被告客观上缺乏利用内幕信息进行证券交易的条件。所以,本案不能适用《证券法》第47条的规定,故判决驳回原告华夏建通科技开发股份有限公司的诉讼请求。

该案的主要争议焦点在于:被告是否属于短线交易的主体?正如法院判决所述理由,构成短线交易的主体应当是在开展买入和卖出这一对行为之前已经具备特定主体的身份,而该案中被告在买入股票之前,与上市公司并不存在这种特定关系,而其买入股票成为上市公司持股5%以上股份的股东后,仅仅作出了一个卖出的行为,而不具备“卖出并买入”或“买入并卖出”的一对行为,所以尚不构成短线交易。

185. 被收购上市公司的控股股东、实际控制人及其关联方损害公司及其他股东利益时,受损股东可以采取什么措施?

《上市公司收购管理办法》第7条规定:“被收购公司的控股股东或者实际控制人不得滥用股东权利损害被收购公司或者其他股东的合法权益。被收购公司的控股股东、实际控制人及其关联方有损害被收购公司及其他股东合法权益的,上述控股股东、实际控制人在转让被收购公司控制权之前,应当主动消除损害;未能消除损害的,应当就其出让相关股份所得收入用于消除全部损害做出安排,对不足以消除损害的部分应当提供充分有效的履约担保或安排,并依照公司章程取得被收购公司股东大会的批准。"

《上市公司收购管理办法》第 8 条规定:"被收购公司的董事、监事、高级管理人员对公司负有忠实义务和勤勉义务,应当公平对待收购本公司的所有收购人。被收购公司董事会针对收购所做出的决策及采取的措施,应当有利于维护公司及其股东的利益,不得滥用职权对收购设置不适当的障碍,不得利用公司资源向收购人提供任何形式的财务资助,不得损害公司及其股东的合法权益。"

《上市公司收购管理办法》第 8 条规定了被收购公司的董事、监事、高管对公司的忠实义务,第 7 条规定了被收购公司的控股股东或者实际控制人对于损害公司及其他股东权益的补救措施,但并未对受损股东的救济方式作出具体的规定。

控制股东侵害其他股东权益的行为的本质是滥用其控制权。根据《公司法》第 20 条第 2 款之规定"公司股东滥用股东权利给公司或其他股东造成损失的,应当依法承担赔偿责任"成为请求滥用股东权利的股东进行赔偿的法律依据。《公司法》赋予了股东直接提起诉讼的权利,利益受损股东通过司法途径寻求救济,维护股东自身权益,包括股东知情权、公平交易权、股份买取请求权、股份出让自由权、表决权(包括反收购措施的决策参与权)等。根据诉讼目的和诉讼程序的不同,利益受损股东分别可以提起股东代表诉讼和直接诉讼。

此外,当前我国证券市场上市公司收购的方式以协议收购为主,真正市场化的要约收购并不多。但是,直接面向股东的要约收购通常会有比较高的溢价倍数,而竞争性要约的出现还将进一步提高收购价格,从而使中小投资者的权益能够得到更大程度的体现和保护。因此,如果在是否与收购人达成协议收购的问题上,上市公司股东应当通过行使提案权、表决权等方式影响协议收购的进程,防止控股股东、实际控制人及其关联方通过不合理的协议收购来损害其他股东的合法权益,尽量促成以要约收购的方式来进行收购。

◎【案例 94】阳煤借壳 * ST 东碳引维权　恒通小股东上书证监会

阳煤化工以 2.8 元/股对恒通化工增资扩股、低于股东大会讨论的 3.5 元/股且低于净资产,侵害了社会公众股东的财产权益,收购存在欺诈行为;恒通化工属于广义上的上市公司,* ST 东碳此次定向发行股份未发出全面要约,侵犯了社会公众股东的公平交易权利。

徐某、慕某、初某等恒通化工小股东代表,由于不满在阳煤化工借壳 * ST 东碳方案中被“剥夺”上市资格,向中国证监会,递交了维权材料,申请证监会驳回 * ST 东碳发行股份购买资产。

恒通化工社会公众股能否上市,牵涉数千名投资者的切身利益,他们大部分是山东的普通投资者。而在恒通化工背后,还有数十家甚至上百家产权企业,这些企业要么多年不开股东大会,要么图谋在上市过程中另立公司抛开当初支持自己的中小投资者,严重侵害了中小投资者的利益。

在维权材料中标明,阳煤化工主导的 * ST 东碳重组存在内幕交易等行为,如果本次发行成功,是对证监会监管体系的挑战,而证监会如果不能有效维护中小股东的权益,也将引发恒通化工数量众多小股东的激烈反应。

186. 上市公司股东如何维持收购过渡期内的公司稳定?

以协议方式进行上市公司收购的,自签订收购协议起至相关股份完成过户的期间为上市公司收购过渡期。过渡期内面临新老接替的问题,可能影响上市公司经营管理的稳定,从而有损股东的利益。对此,《上市公司收购管理办法》第 52 条规定:在过渡期内,收购人不得通过控股股东提议改选上市公司董事会,确有充分理由改选董事会的,来自收购人的董事不得超过董事会成员的 1/3;被收购公司不得为收购人及其关联方提供担保;被收购公司不得公开发行股份募集资金,不得进行重大购买、出售资产及重大投资行为或者与收购人及其关联方进行其他关联交易,但收购人为挽救陷入危机或者面临严重财务困难的上市公司的情形除外。

在我国当前的上市公司收购过程中,中小股东往往处于弱势地位,行使投票权的意识不强。实际上,基于上述规定,上市公司股东完全可以通过行使表决权时要求相关方遵守上述要求,防止公司管理机构变动而导致股价的大幅波动。

187. 上市公司股东在收购公司过程中应当注意遵守什么规则?

首先需要指出的是,在上市公司收购监管制度中,投资者在一个上市公司中拥有的权益,包括登记在其名下的股份和虽未登记在其名下但该投资者可以实际支配表决权的股份。投资者及其一致行动人在一个上市公司中拥有的权益应当合并计算。

根据《上市公司收购管理办法》的规定,通过证券交易所的证券交易,投资者及其一致行动人拥有权益的股份达到一个上市公司已发行股份的 5% 时,应当在该事实发生之日起3日内编制权益变动报告书，向中国证监会、证券交易所提交书面报告，通知该上市公司，并予公告；在上述期限内，不得再进行买卖该上市公司的股票；此后，拥有权益的股份占该上市公司已发行股份的比例每增加或者减少5%，均应当进行报告和公告，在报告期限内和作出报告、公告后2日内，不得再进行买卖该上市公司的股票。

此外，如果不是通过证券交易所的集中竞价交易方式，而是通过协议转让方式，或者通过行政划转或变更、执行法院裁定、继承、赠予等方式，拥有权益的股份变动达到或者超出一个上市公司已发行股份的5%时，也应当按照规定履行报告、公告义务。

根据《证券法》第88条规定，通过证券交易所的证券交易，投资者持有或者通过协议、其他安排与他人共同持有一个上市公司的股份达到该公司已发行股份的30%时，继续增持股份的，还应当采取要约方式进行，发出全面要约或者部分要约。所谓全面要约，是指向被收购公司所有股东发出收购其所持有的全部股份的要约；所谓部分要约，是指向被收购公司所有股东发出收购其所持有的部分股份的要约，部分要约应当约定：被收购公司股东承诺出售的股份数额超过预定收购的股份数额的，收购人按比例进行收购。此外，《证券法》第90条规定：收购要约约定的收购期限不得少于30日，并不得超过60日。第91条规定：在收购要约约定的承诺期限内，收购人不得撤销其收购要约。第93条规定：收购人在收购期限内，不得卖出被收购公司的股票，也不得采取要约规定以外的形式和超出要约的条件买入被收购公司的股票。

188. 上市公司股东收购公司可以采用哪些支付手段？

一般来说，收购人在支付对价时，可以用现金支付，也可以用其所持有的依法可以转让的证券来支付，或者采用两者相结合的方式来支付对价。

收购人以现金支付收购价款的，应当在作出要约收购提示性公告的同时，将不少于收购价款总额的20%作为履约保证金存入证券登记结算机构指定的银行。

收购人以证券支付收购价款的，应当提供该证券的发行人最近3年经审计的财务会计报告、证券估值报告，并配合被收购公司聘请的独立财务顾问的尽职调查工作。收购人以在证券交易所上市交易的证券支付收购价款的，应当在作出要约收购提示性公告的同时，将用于支付的全部证券交由证券登记结算机构保管，但上市公司发行新股的除外；收购人以在证券交易所上市的债券支付收购价款的,该债券的可上市交易时间应当不少于1个月;收购人以未在证券交易所上市交易的证券支付收购价款的,必须同时提供现金方式供被收购公司的股东选择,并详细披露相关证券的保管、送达被收购公司股东的方式和程序安排。

另外,需要特别注意的是,根据《上市公司收购管理办法》第27条的规定,如果收购人为终止上市公司的上市地位而发出全面要约的,或者向中国证监会提出申请但未取得豁免而发出全面要约的,应当以现金支付收购价款;如果以依法可以转让的证券支付收购价款的,应当同时提供现金方式供被收购公司股东选择。

189. 被收购上市公司的股东怎样确保自己与其他股东处于平等地位?

《证券法》第88条规定:"通过证券交易所的证券交易,投资者持有或者通过协议、其他安排与他人共同持有一个上市公司已发行的股份达到百分之三十时,继续进行收购的,应当依法向该上市公司所有股东发出收购上市公司全部或者部分股份的要约。收购上市公司部分股份的收购要约应当约定,被收购公司股东承诺出售的股份数额超过预定收购的股份数额的,收购人按比例进行收购。"此外,《证券法》第92条规定:"收购要约提出的各项收购条件,适用于被收购公司的所有股东。"因此,在要约收购过程中,被收购公司的股东有权要求收购人公平对待所有股东,持有同一种类股份的股东应当得到同等对待。

◎【案例95】中国证券市场首例要约收购案:南钢股份要约收购

2003年4月9日,上市公司南钢股份(600282)的一则公告让沪深股市有史以来首例要约收购浮出水面,南钢股份的公告显示,2003年3月12日,南钢股份控股股东南钢集团公司,与复星集团、复星产业投资有限公司和上海广信科技发展有限公司联合组建南京钢铁联合有限公司。《合资经营合同》约定:南钢联合公司注册资本为27.5亿元。其中,南钢集团以其持有的南钢股份国有股35,760万股(占总股本的70.95%)及其他部分资产、负债合计11亿元出资,占注册资本的40%;复星集团公司以现金8.25亿元出资,占南钢联合公司注册资本的30%;复星产业投资以现金5.5亿元出资,占南钢联合公司注册资本的20%;广信科技以现金2.75亿元出资,占南钢联合公司注册资本的10%。3月27日,财政部批准了南钢集团公司以其持有的南钢国有股份出资成立南钢联合。这实质上构成了上市公司收购行为,且收购的股份超过南钢股份已发行总股本的30%,依法已触发要约收购义务。根据《上市公司收购管理办法》中要约收购义务豁免的申请条件,有四种可以豁免的情形:一是上市公司实际控制人未变的,如国有主体之间的转让可以视同实际控制人未变，南钢股份的实际控制人已经从南钢集团转变复星控制的公司，显然不属于此类豁免的情形；二是上市公司面临严重财务危机，而从目标公司南钢股份2002年年报来看，业绩良好；三是发新股；四是法院裁决。虽然，《上市公司收购管理办法》中也做了弹性规定，即监管部门可根据市场的发展作出其他豁免情形的认定。南钢股份此次要约收购不符合以上条件，并且南钢联合显然没有尝试做其他豁免情形的认定。所以南钢联合将根据有关规定履行要约收购义务，向南钢股份法人股和流通股股东发出全面收购要约。

190. 上市公司管理层收购应当符合什么条件？

根据《上市公司收购管理办法》第51条的规定，上市公司董事、监事、高级管理人员、员工或者其所控制或者委托的法人或者其他组织，拟对本公司进行收购或者通过协议收购的方式取得本公司控制权的，该上市公司应当具备健全且运行良好的组织机构以及有效的内部控制制度，公司董事会成员中独立董事的比例应当达到或者超过二分之一。公司应当聘请具有证券、期货从业资格的资产评估机构提供公司资产评估报告，本次收购应当经董事会非关联董事作出决议，且取得三分之二以上的独立董事同意后，提交公司股东大会审议，经出席股东大会的非关联股东所持表决权过半数通过。独立董事发表意见前，应当聘请独立财务顾问就本次收购出具专业意见，独立董事及独立财务顾问的意见应当一并予以公告。另外，如果上市公司董事、监事、高级管理人员存在《公司法》第148条规定的违反忠实义务情形，或者最近3年有证券市场不良诚信记录的，不得收购本公司。

191. 上市公司股东因信息披露义务人的虚假陈述而遭受损失时，如何主张损失赔偿？

在回答这个问题之前，首先需要厘清哪些人可能成为虚假陈述行为人，根据《最高人民法院关于审理证券市场因虚假陈述引发的民事赔偿案件的若干规定》，虚假陈述的行为人主要包括：

(1)发起人、控股股东等实际控制人；

(2)发行人或者上市公司；

(3)证券承销商；

(4)证券上市推荐人；

(5)会计师事务所、律师事务所、资产评估机构等专业中介服务机构;

(6)上述第(2)、(3)、(4)项所涉单位中负有责任的董事、监事和经理等高级管理人员以及第(5)项中直接责任人;

(7)其他作出虚假陈述的机构或者自然人。

当上述人员虚假陈述致使上市公司的股东遭受损失时,股东可以虚假陈述行为人为被告,向省、直辖市、自治区人民政府所在的市、计划单列市和经济特区中级人民法院提起民事赔偿诉讼。

这里需要厘清何为虚假陈述。虚假陈述通常表现为以下几种具体形态:

(1)虚假记载,即信息披露义务人在披露信息时,将不存在的事实在信息披露文件中予以记载的行为,如在财务报表中虚增资产负债比例、虚构公司偿债能力、虚构投资者权益、夸大公司实力、虚报盈利、虚构资产价值、虚构成本费用率、夸大公司效益等;

(2)误导性陈述,即虚假陈述行为人在信息披露文件中或者通过媒体,作出使股东对其投资行为发生错误判断并产生重大影响的表述;

(3)重大遗漏,即信息披露义务人在信息披露文件中未将应当记载的事项完全或者部分予以记载;

(4)不正当披露,即信息披露义务人未在适当期限内或者未以法定公开方式公开披露应当披露的信息,具体则表现为不及时披露和方式不当的披露。

但是,对于在国家批准设立的证券市场以外进行的交易,或者在国家批准设立的证券市场上通过协议转让方式进行的交易,不能适用《最高人民法院关于审理证券市场因虚假陈述引发的民事赔偿案件的若干规定》主张民事赔偿。

192. 上市公司股东可以要求虚假陈述行为人赔偿哪些损失?

根据《最高人民法院关于审理证券市场因虚假陈述引发的民事赔偿案件的若干规定》,虚假陈述行为人在证券发行市场虚假陈述,给上市公司股东造成损失的,股东有权要求虚假陈述行为人赔偿的损失,以股东因虚假陈述而实际发生的损失为限,具体包括:(1)投资差额损失;(2)投资差额损失部分的佣金和印花税。其中所涉资金利息,自买入至卖出证券日或者基准日,按银行同期活期存款利率计算。如果虚假陈述导致证券被停止发行的,股东有权要求返还和赔偿所缴股款及银行同期活期存款利率的利息。

所谓"投资差额损失",如果股东是在基准日及以前卖出证券的,则以买入证券平均价格与实际卖出证券平均价格之差,乘以股东所持证券数量计算;如果股东是在基准日之后卖出或者仍持有证券的，则以买入证券平均价格与虚假陈述揭露日或者更正日起至基准日期间，每个交易日收盘价的平均价格之差，乘以股东所持证券数量计算。对于已经除权的证券，计算投资差额损失时，证券价格和证券数量应当复权计算。

"投资差额损失计算的基准日"，是为了将股东应获赔偿限定在虚假陈述所造成的损失范围内，为确定损失计算的合理期间而规定的截止日期，分别按下列情况确定：

（1）揭露日或者更正日起，至被虚假陈述影响的证券累计成交量达到其可流通部分100%之日，但通过大宗交易协议转让的证券成交量不予计算；

（2）按前项规定在开庭审理前尚不能确定的，则以揭露日或者更正日后第30个交易日为基准日；

（3）已经退出证券交易市场的，以摘牌日前一交易日为基准日；

（4）已经停止证券交易的，可以停牌日前一交易日为基准日；恢复交易的，可以前面第（1）项规定确定基准日。

需要指出的是，股东持股期间基于股东身份取得的收益，包括红利、红股、公积金转增所得的股份以及股东持股期间出资购买的配股、增发股和转配股，不得冲抵虚假陈述行为人的赔偿金额。

193. 上市公司股东向虚假陈述行为人提起损害赔偿诉讼应当注意什么？

根据最高人民法院《关于受理证券市场因虚假陈述引发的民事侵权纠纷案件有关问题的通知》（法明传〔2001〕43号）的规定，以下几点应当引起受害股东的注意：

（1）人民法院受理的虚假陈述民事赔偿案件，其虚假陈述行为，须经中国证券监督管理委员会及其派出机构调查并作出生效处罚决定。故需依据查处结果作为提起民事诉讼的事实依据。对于这一点，一直存在争议。尤其是在法院实行立案登记制后，这一起诉条件基本上已经名存实亡。

（2）虚假陈述民事赔偿案件的诉讼时效为2年，从中国证券监督管理委员会及其派出机构对虚假陈述行为作出处罚决定之日起计算。

（3）各直辖市、省会市、计划单列市或经济特区中级人民法院为一审管辖法院；地域管辖采用原告就被告原则，具体而言：对凡含有上市公司在内的被告提起的民事诉讼，由上市公司所在直辖市、省会市、计划单列市或经济特区中级人民法院管辖；对以机构（指作出虚假陈述的证券公司、中介服务机构等，下同）和自然人为共同被告提起的民事诉讼,由机构所在直辖市、省会市、计划单列市或经济特区中级人民法院管辖;对以数个机构为共同被告提起的民事诉讼,原告可以选择向其中一个机构所在直辖市、省会市、计划单列市或经济特区中级人民法院提起民事诉讼。原告向两个以上中级人民法院提起民事诉讼的,由最先立案的中级人民法院管辖。

◎【案例96】郑百文案"完美"落幕

郑百文的全称是郑州百文股份有限公司(集团)。2000年10月31日,新华社记者发表署名文章《郑州百文:假典型巨额亏空的背后》,揭露出郑百文在有效资产不足6亿元、亏损超过15亿元、拖欠银行债务高达25亿元的背后是虚假陈述的欺诈行为。2001年9月27日,中国证监会作出行政处罚决定。

2003年1月15日,最高人民法院公布了《受理虚假陈述证券民事赔偿案件的通知》,权益受损的郑百文投资者因此得以向郑州市中院提起诉讼。当时,由于法院对投资者提交的证券民事赔偿诉讼材料的立案审查持续了好长一段时间,最后,估计大约只有十位以内的投资者正式立案起诉。其中,范女士等三位投资者的案件则在2003年8月被郑州市中院受理,投资者要求法院判令郑百文(重组后的三联商社)向原告支付因虚假陈述引起的侵权赔偿款项,并承担案件诉讼费。

2005年12月,郑州市中院下达一审判决,判令郑百文(三联商社)对其虚假陈述给投资者造成的实际损失进行全额赔偿,范女士等三位投资者的索赔总金额超过17万元。据了解,同类判决一共有五起。郑州市中院在其做出的民事判决书中称,投资者所投资的是与虚假陈述直接关联的郑百文股票,投资者在虚假陈述实施日以后至揭露日前买入该股票,在虚假陈述揭露日以后持续持有该股票而遭受实际损失,应当认定虚假陈述与损害结果之间存在因果关系,三联商社应当对其虚假陈述给投资者造成的实际损失承担民事赔偿责任。在上诉规定的时间内,三联商社不服一审判决,向河南省高级人民法院提出上诉,上诉的主要理由是郑州市中院在判决时没有考虑系统风险因素等。

河南省高级人民法院二审判决维持了郑州市中级人民法院的一审判决,即100%支持了原告投资者的诉讼请求。应该说,郑州市中院和河南高院所做出的一、二审判决最大限度维护了投资者的利益,在范女士等三位投资者的案件中,二级法院全额支持了原告的诉讼请求,这在迄今为止的证券民事赔偿判决中是绝无仅有的。至此,在郑百文虚假陈述民事赔偿的维权活动取得完胜,可以这样说,由郑百文事件引起的诉讼至此也告一个段落,郑百文也将成为中国证券民事赔偿史上的历史坐标。

194. 上市公司股东是否可以向内幕交易人主张损害赔偿责任?

内幕信息,是指证券交易活动中,涉及公司经营、财务或者对该公司证券的市场价格有重大影响的尚未公开的信息。我国《证券法》对内幕信息做了明确的列举性规定:公司的经营方针和经营范围的重大变化;公司的重大投资行为和重大的购置财产的决定;公司订立重要合同,可能对公司的资产、负债、权益和经营成果产生重要影响;公司发生重大债务和未能清偿到期重大债务的违约情况;公司发生重大亏损或者重大损失;公司生产经营的外部条件发生的重大变化;公司的董事、三分之一以上监事或者经理发生变动;持有公司百分之五以上股份的股东或者实际控制人,其持有股份或者控制公司的情况发生较大变化;公司减资、合并、分立、解散及申请破产的决定;涉及公司的重大诉讼,股东大会、董事会决议被依法撤销或者宣告无效;公司涉嫌犯罪被司法机关立案调查,公司董事、监事、高级管理人员涉嫌犯罪被司法机关采取强制措施;公司分配股利或者增资的计划;公司股权结构的重大变化;公司债务担保的重大变更;公司营业用主要资产的抵押、出售或者报废一次超过该资产的百分之三十;公司的董事、监事、高级管理人员的行为可能依法承担重大损害赔偿责任;上市公司收购的有关方案;国务院证券监督管理机构认定的对证券交易价格有显著影响的其他重要信息。

可能构成内幕交易责任主体的是内幕交易的知情人。根据《证券法》第 74 条的规定,证券交易内幕信息的知情人包括:发行人的董事、监事、高级管理人员;持有公司百分之五以上股份的股东及其董事、监事、高级管理人员,公司的实际控制人及其董事、监事、高级管理人员;发行人控股的公司及其董事、监事、高级管理人员;由于所任公司职务可以获取公司有关内幕信息的人员;证券监督管理机构工作人员以及由于法定职责对证券的发行、交易进行管理的其他人员;保荐人、承销的证券公司、证券交易所、证券登记结算机构、证券服务机构的有关人员。

被内幕交易侵害的投资人与虚假陈述行为侵害的投资人认定依据不同,虚假陈述行为实施期间的投资人都有可能成为受害人,但内幕交易行为存续期间的投资人并不都是受害人,只有那些与内幕交易行为相反操作的投资人才是受害人,他们的损失才能由内幕交易人承担。不过,有关内幕交易的民事赔偿问题,法律的规定十分笼统,尚待司法解释进一步细化。

◎【案例 97】内幕交易 = 行政处罚?

四川长征机床股份有限公司(以下简称“川长征”)的前身是始建于 1966 年

的长征机床厂。后经股份改组为股份有限公司。“川长征”于1995年11月在深交所上市交易。但由于机床行业的限制和外贸环境的恶化,使“川长征”在1997年陷入困境。公司酝酿着手资产重组。1997年12月29日,“川长征”与四川托普科技发展公司(以下简称托普发展)签订了受让其持有的成都托普科技股份有限公司53.85%股权的协议。由于“川长征”有诸如高科技属性的优质资产,以此为概念,二级市场上对其进行了一番炒作。

戴某在担任四川托普计算机设备厂(以下简称设备厂)法定代表人及托普发展资深总裁期间,深知托普发展与“川长征”进行资产重组,“川长征”主营业务将要发生重大变化这一内幕信息,于是,其于1997年11月27日至29日,在君安证券成都营业部投入资金320万元,以平均5.54元/股的价格,共计买入“川长征”股票57.26万股,后于1997年12月23日前,以平均6.38元/股的价格全部卖出,获利67.57万元。

证监会对戴某违反证券法规,利用内幕信息买卖“川长征”股票的行为进行了调查,认定戴某的上述行为违反《办法》第3条的规定,构成《条例》第72条所述的行为,据此,依据《办法》第13条、《条例》第72条的规定,对戴某处以警告并罚款15万元,没收非法所得67.57万元。

195. 关联交易是否必然会损害上市公司股东的利益?

关联关系是指公司控股股东、实际控制人、董事、监事、高级管理人员与其直接或者间接控制的企业之间的关系,以及可能导致公司利益转移的其他关系,但是国家控股的企业之间不仅因为同受国家控股而具有关联关系。

需要明确的是,关联交易并非必然违法,只有在特定情形下才违法。《公司法》第21条第1款规定:“公司的控股股东、实际控制人、董事、监事、高级管理人员不得利用其关联关系损害公司利益。”因此,在关联交易损害公司利益时便是违法的。违法关联交易的常见类型有:关联公司之间商品或股票的销售或交易价格明显低于国际或国内市场上正常合理价格的;关联公司之间相互融资而不计收利息的;关联公司之间借贷款项,以明显低于融资成本之利率计收利息的。

目前,法律对于上市公司的关联交易作出了较多的规定。例如,《公司法》第124条规定:上市公司董事与董事会会议决议事项所涉及的企业有关联关系的,不得对该项决议行使表决权,也不得代理其他董事行使表决权;董事会会议所作决议须经无关联关系董事过半数通过。又如,《上海证券交易所上市公司关联交易实施指引》第13条规定了关联人士报备制度:上市公司董事、监事、高级管理人员，持股5%以上的股东、实际控制人及其一致行动人，应当将其与上市公司存在的关联关系及时告知公司。

196. 上市公司股东可以向哪些操纵市场的行为人主张损害赔偿责任？

根据我国《证券法》第77条第1款的规定，操纵市场的行为包括以下四种类型：

（1）连续交易操纵，即行为人单独或者通过合谋，集中资金优势、持股优势或者利用信息优势联合或者连接买卖，操纵证券交易价格或者证券交易量的行为；

（2）相对委托，又称对敲、约定交易集中，是指行为人与他人串通，以事先约定的时间、价格和方式相互进行证券交易，影响证券交易价格或者证券交易量的行为；

（3）冲洗买卖，又称洗售，自买自卖操纵，是指行为人在自己实际控制的账户之间进行证券交易，影响证券交易价格或者证券交易量的行为；

（4）其他操作市场的行为，如蛊惑交易操纵、前线交易操纵、虚假申报操纵、特定价格操纵和特定时间段交易操纵。

我国《证券法》仅对操纵市场行为的民事责任作出了原则性规定，而未对其具体操作规则作出规定。该法第77条第2款规定："操纵证券市场行为给投资者造成损失的，行为人应当依法承担赔偿责任。"理论上讲，对于操纵市场民事责任的法律适用规则，可以参照适用关于虚假陈述民事赔偿司法解释的相关规定。

◎【案例98】申银万国证券违规操纵股价案

申银万国证券股份有限公司（以下简称申万公司）在1996年9月8日至14日的4个交易日中，连续买入陆家嘴股票超过300万股，买入的日成交量超过该只股票市场成交量的80%，买入价由9月7日的42.18元/股提高到16日的45.33元/股；此后，申万公司从10月17日至23日的7个交易日中，连续抛出陆家嘴股票，其中17日、21日、22日的卖出量超过该种股票市场日成交量的50%，17日达到60%，24日、25日连续以平均47.04元/股至47.72元/股的价格，分别买进292.9万股，252.8万股，分别占当日市场成交量的77%和87%；28日至31日又连续抛出。在这一段时间内，申万公司累计买入陆家嘴股票2684.5万股，卖出1387.7万股；从10月3日起，该公司不但持有量一度高于市场成交量，而且仍在持续大量买入。调查中还发现，申万公司曾连续数日以自己不同的账户对陆家嘴股票作价格和数量相近、方向相反的操作。据统计，申万公司同股东集中巨额资金大量买卖陆家嘴股票非法获利2343.8万元。此后，中国证监会查实，申万公司大量持有陆家嘴股票，违反了持股量不得超过公司资本金30%的规定；违反金融法规，从商业银行场外拆入自己炒股；违法、违规从工商银行上海分行、中央登记结算公司透支。

中国证监会依据《条例》第74条的规定，对申银万国股份有限责任公司的行为作出了处罚。

第十一章　股东纳税知多少

197. 自然人股东从公司取得的哪些收入需要缴纳个人所得税？

根据《个人所得税法》第 2 条的规定，下列各项个人所得应纳个人所得税：

(1)工资、薪金所得；

(2)个体工商户的生产、经营所得；

(3)对企事业单位的承包经营、承租经营所得；

(4)劳务报酬所得；

(5)稿酬所得；

(6)特许权使用费所得；

(7)利息、股息、红利所得；

(8)财产租赁所得；

(9)财产转让所得；

(10)偶然所得；

(11)经国务院财政部门确定征税的其他所得。

根据该条规定，自然人股东从公司获得的以下四种收入将涉及个人所得税纳税义务：一是因持有公司股权而取得的股息、红利所得，应按照“利息、股息、红利所得”纳税；二是因在公司任职受雇取得的收入，应按照“工资、薪金所得”纳税；三是因转让股权获得的收入，应按“财产转让所得”纳税；四是因担任公司董事、监事获得的董事费用、监事费用，应按照“劳务报酬所得”纳税，但若该股东又同时任职受雇于该公司，则该笔费用应与个人工资收入合并，统一按“工资、薪金所得”纳税。

198. 自然人股东的股息红利所得在缴纳个税时如何确定应纳税所得额?

一般公司的自然人股东取得的股息、红利所得,即为应纳税所得额,依据《个人所得税法》第 3 条规定,“股息、红利所得”适用 20% 的比例税率。根据国家税务总局关于印发《征收个人所得税若干问题的规定》(国税发〔1994〕89 号)的通知第 18 条的规定,“利息、股息、红利所得实行源泉扣缴的征收方式,其扣缴义务人应是直接向纳税义务人支付利息、股息、红利的单位”。

例外情形主要有:

(1)根据财政部、国家税务总局《关于个人所得税若干政策问题的通知》(财税字〔1994〕020 号)的规定,外籍个人从外商投资企业取得的股息、红利所得,暂免征收个人所得税。

(2)上市公司和新三板公司的自然人股东取得的股息、红利所得实行差别化个税政策。具体而言:

依据《关于上市公司股息红利差别化个人所得税政策有关问题的通知》(财税〔2015〕101 号)的规定,从 2015 年 9 月 8 日起,个人从公开发行和转让市场取得的上市公司股票,持股期限超过 1 年的,股息红利所得暂免征收个人所得税;持股期限在 1 个月以内(含 1 个月)的,其股息红利所得全额计入应纳税所得额;持股期限在 1 个月以上至 1 年(含 1 年)的,暂减按 50% 计入应纳税所得额。上述所得统一适用 20% 的税率计征个人所得税。

上市公司派发股息红利时,对个人持股 1 年以内(含 1 年)的,上市公司暂不扣缴个人所得税;待个人转让股票时,证券登记结算公司根据其持股期限计算应纳税额,由证券公司等股份托管机构从个人资金账户中扣收并划付证券登记结算公司,证券登记结算公司应于次月 5 个工作日内划付上市公司,上市公司在收到税款当月的法定申报期内向主管税务机关申报缴纳。

上市公司股息红利差别化个人所得税政策其他有关操作事项,按照财政部、国家税务总局、证监会《关于实施上市公司股息红利差别化个人所得税政策有关问题的通知》(财税〔2012〕85 号)的相关规定执行。

另外,全国中小企业股份转让系统挂牌公司股息红利差别化个人所得税政策,按照本通知规定执行。其他有关操作事项,按照财政部、国家税务总局、证监会《关于实施全国中小企业股份转让系统挂牌公司股息红利差别化个人所得税政策有关问题的通知》(财税〔2014〕48号)的相关规定执行。

◎【法条链接】财政部、国家税务总局、证监会《关于实施上市公司股息红利差别化个人所得税政策有关问题的通知》(财税〔2012〕85号)(节选)

三、个人转让股票时,按照先进先出的原则计算持股期限,即证券账户中先取得的股票视为先转让。

应纳税所得额以个人投资者证券账户为单位计算,持股数量以每日日终结算后个人投资者证券账户的持有记录为准,证券账户取得或转让的股份数为每日日终结算后的净增(减)股份数。

四、对个人持有的上市公司限售股,解禁后取得的股息红利,按照本通知规定计算纳税,持股时间自解禁日起计算;解禁前取得的股息红利继续暂减按50%计入应纳税所得额,适用20%的税率计征个人所得税。

前款所称限售股,是指财税〔2009〕167号文件和财税〔2010〕70号文件规定的限售股。

五、证券投资基金从上市公司取得的股息红利所得,按照本通知规定计征个人所得税。

六、本通知所称个人从公开发行和转让市场取得的上市公司股票包括:

(一)通过证券交易所集中交易系统或大宗交易系统取得的股票;

(二)通过协议转让取得的股票;

(三)因司法扣划取得的股票;

(四)因依法继承或家庭财产分割取得的股票;

(五)通过收购取得的股票;

(六)权证行权取得的股票;

(七)使用可转换公司债券转换的股票;

(八)取得发行的股票、配股、股份股利及公积金转增股本;

(九)持有从代办股份转让系统转到主板市场(或中小板、创业板市场)的股票;

(十)上市公司合并,个人持有的被合并公司股票转换的合并后公司股票;

(十一)上市公司分立,个人持有的被分立公司股票转换的分立后公司股票;

(十二)其他从公开发行和转让市场取得的股票。

七、本通知所称转让股票包括下列情形:

(一)通过证券交易所集中交易系统或大宗交易系统转让股票;

(二)协议转让股票;

(三)持有的股票被司法扣划;

(四)因依法继承、捐赠或家庭财产分割让渡股票所有权;

(五)用股票接受要约收购;

(六)行使现金选择权将股票转让给提供现金选择权的第三方;

(七)用股票认购或申购交易型开放式指数基金(ETF)份额;

(八)其他具有转让实质的情形。

◎【法条链接】财政部、国家税务总局、证监会《关于实施全国中小企业股份转让系统挂牌公司股息红利差别化个人所得税政策有关问题的通知》(财税〔2014〕48号)(节录)

三、个人转让股票时,按照先进先出的原则计算持股期限,即证券账户中先取得的股票视为先转让。

应纳税所得额以个人投资者证券账户为单位计算,持股数量以每日日终结算后个人投资者证券账户的持有记录为准,证券账户取得或转让的股票数为每日日终结算后的净增(减)股票数。

四、证券投资基金从挂牌公司取得的股息红利所得,按照本通知规定计征个人所得税。

五、本通知所称个人持有全国股份转让系统挂牌公司的股票包括:

(一)在全国股份转让系统挂牌前取得的股票;

(二)通过全国股份转让系统转让取得的股票;

(三)因司法扣划取得的股票;

(四)因依法继承或家庭财产分割取得的股票;

(五)通过收购取得的股票;

(六)权证行权取得的股票;

(七)使用附认股权、可转换成股份条款的公司债券认购或者转换的股票;

(八)取得发行的股票、配股、股票股利及公积金转增股本;

(九)挂牌公司合并,个人持有的被合并公司股票转换的合并后公司股票;

(十)挂牌公司分立,个人持有的被分立公司股票转换的分立后公司股票;

(十一)其他从全国股份转让系统取得的股票。

六、本通知所称转让股票包括下列情形:

(一)通过全国股份转让系统转让股票;

(二)持有的股票被司法扣划;

(三)因依法继承、捐赠或家庭财产分割让渡股票所有权;

(四)用股票接受要约收购；

(五)行使现金选择权将股票转让给提供现金选择权的第三方；

(六)用股票认购或申购交易型开放式指数基金(ETF)份额；

(七)其他具有转让实质的情形。

七、个人和证券投资基金从全国股份转让系统挂牌的原 STAQ、NET 系统挂牌公司(以下简称两网公司)取得的股息红利所得，按照本通知规定计征个人所得税；从全国股份转让系统挂牌的退市公司取得的股息红利所得，按照财税〔2012〕85 号文件的有关规定计征个人所得税。

199. 自然人从上市公司取得的股息红利，在何时缴纳个税？

财政部、国家税务总局、证监会 2015 年 9 月 7 日颁布的《关于上市公司股息红利差别化个人所得税政策有关问题的通知》(财税〔2015〕101 号)第 2 条规定："上市公司派发股息红利时，对个人持股 1 年以内(含 1 年)的，上市公司暂不扣缴个人所得税；待个人转让股票时，证券登记结算公司根据其持股期限计算应纳税额，由证券公司等股份托管机构从个人资金账户中扣收并划付证券登记结算公司，证券登记结算公司应于次月 5 个工作日内划付上市公司，上市公司在收到税款当月的法定申报期内向主管税务机关申报缴纳。"

根据这一规定，个人持股 1 年以内(含 1 年)的，个人所得税并不是在上市公司派发股息红利时扣缴，而是在个人转让股票时，再由证券公司等股份托管机构从个人资金账户中扣收并划付证券登记结算公司，证券登记结算公司则应于次月 5 个工作日内划付上市公司，上市公司在收到税款当月的法定申报期内向主管税务机关申报缴纳。

200. 盈余公积金转增注册资本，是否需要缴纳个人所得税？

需要缴纳。国家税务总局《关于盈余公积金转增注册资本征收个人所得税问题的批复》(国税函〔1998〕333 号)规定："……公司将从税后利润中提取的法定公积金和任意公积金转增注册资本，实际上是该公司将盈余公积金向股东分配了股息、红利，股东再以分得的股息、红利增加注册资本。因此，依据《国家税务总局关于股份制企业转增股本和派发红股征免个人所得税的通知》(国税发〔1997〕198 号)精神，对属于个人股东分得并再投入公司(转增注册资本)的部分应按照'利息、股息、红利所得'项目征收个人所得税，税款由股份有限公司在有关部门批准增资、公司股东会议通过后代扣代缴。"

虽然这部分增资收入未直接体现为股东的现金收入,但是这种从税后利润中提取法定公积金和任意公积金转增注册资本的方式,实际上是一种投资收益分配的转变形式,将利润分配和增加注册资本两笔业务合并到一个过程中进行操作。因此,不管是盈余公积转增股本还是派发红股,都应依照"利息、股息、红利所得"依法缴纳20%的个人所得税。当然,对于上市公司或在全国中小企业股份转让系统挂牌的企业转增股本,依照国家税务总局2015年11月16日颁布的《关于股权奖励和转增股本个人所得税征管问题的公告》(国家税务总局公告2015年第80号)的规定,适用差别化政策。

201. 股份公司股票溢价发行形成的资本公积转增股本,股东应如何缴纳个税?

不用缴税。依据《国家税务总局关于股份制企业转增股本和派发红股征免个人所得税的通知》(国税发〔1997〕198号)的规定:"股份制企业用资本公积金转增股本不属于股息红利性质的分配,对个人取得的转增股本数额,不作为个人所得,不征收个人所得税。"

但是,此种不纳税的情形有严格的限定条件:

第一,必须是股份制企业。有限公司、正在股份制改造中的公司,均不是"股份制企业",不适用上述免税规定。而股份公司,不论是已经上市的股份公司,还是未上市的股份公司,理论上都可以适用。

第二,仅限于"股票溢价发行"形成的资本公积转增股本的情形。对此,《关于原城市信用社在转制为城市合作银行过程中个人股增值所得应纳个人所得税的批复》(国税函发〔1998〕289号)第2条规定:"《国家税务总局关于股份制企业转增股本和派发红股,征收个人所得税的通知》(国税发〔1997〕198号)中所表述的'资本公积金'是指股份制企业股票溢价发行收入所形成的资本公积金。将此转增股本由个人取得的数额,不作为应税所得征收个人所得税,而与此不相符的其他资本公积金分配个人所得部分应依法征收个人所得税。"因此,对于其他类型(如未分配利润、盈余公积、其他原因形成的资本公积)转增股本,也不适用。

202. 上市公司和新三板公司以未分配利润、盈余公积、资本公积转增股本,股东应如何缴纳个税?

如前所述,上市公司和新三板公司"股票溢价发行"形成的资本公积转增股本时,免征个人所得税,除此以外其他类型的转增股本并不免税。但是,仍然有税收优惠政策。

国家税务总局2015年11月16日颁布的《关于股权奖励和转增股本个人所得税征管问题的公告》(国家税务总局公告2015年第80号)规定:“……上市公司或在全国中小企业股份转让系统挂牌的企业转增股本(不含以股票发行溢价形成的资本公积转增股本),按现行有关股息红利差别化政策执行。”因此,其缴税政策应按照财税〔2015〕101号通知执行:

(1)持股期限超过1年的,暂免征收个人所得税;

(2)持股期限在1个月以上至1年(含1年)的,暂减按50%计入应纳税所得额;

(3)持股期限在1个月以内(含1个月)的,全额计入应纳税所得额。

203. 非上市也非新三板的公司以未分配利润、盈余公积、资本公积转增股本,股东缴纳个税的规定是否完全相同?

不完全相同。对于既未上市也未在新三板挂牌的公司,需要区分是否为“中小高新技术企业”,存在“分期缴纳”与“一次缴纳”之别。

根据《关于将国家自主创新示范区有关税收试点政策推广到全国范围实施的通知》(财税〔2015〕116号)的规定,自2016年1月1日起,中小高新技术企业以未分配利润、盈余公积、资本公积向个人股东转增股本时,个人股东一次缴纳个人所得税确有困难的,可在不超过5个公历年度内(含)分期缴纳,并将有关资料报主管税务机关备案。

该文对“中小高新技术企业”的定义是:注册在中国境内实行查账征收的、经认定取得高新技术企业资格,且年销售额和资产总额均不超过2亿元、从业人数不超过500人的企业。

因此,对于并非“中小高新技术企业”的非上市、非新三板公司,在以未分配利润、盈余公积、资本公积向个人股东转增股本时,则应一次性缴纳个人所得税,且实施转增的企业应及时代扣代缴。

就税率而言,个人股东获得转增的股本,按照“利息、股息、红利所得”项目,适用20%税率。

204. 自然人从公司取得的股票期权,如何缴纳个税?

在未来时间内以某一特定价格购买某公司一定数量股票的权利,为股票期权。根据财政部、国家税务总局《关于个人股票期权所得征收个人所得税问题的通知》(财税〔2005〕35 号)和《国家税务总局关于个人股票期权所得缴纳个人所得税有关问题的补充通知》(国税函〔2006〕902 号)的规定,员工接受雇主(含上市公司和非上市公司)授予的股票期权,凡该股票期权指定的股票为上市公司(含境内、外上市公司)股票的,均应按照以下规则缴纳个人所得税:

(1)员工接受实施股票期权计划企业授予的股票期权时,除另有规定外,一般不作为应税所得征税。

(2)员工行权时,其从企业取得股票的实际购买价(施权价)低于购买日公平市场价(指该股票当日的收盘价)的差额,是因员工在企业的表现和业绩情况而取得的与任职、受雇有关的工资薪金,应按"工资、薪金所得"适用的规定计算缴纳个人所得税。但是,对该股票期权形式的工资薪金所得可区别于所在月份的其他工资薪金所得,单独按下列公式计算当月应纳税款:应纳税额 =(股票期权形式的工资薪金应纳税所得额/规定月份数 × 适用税率 - 速算扣除数)× 规定月份数。上款公式中的规定月份数,是指员工取得来源于中国境内的股票期权形式工资薪金所得的境内工作期间月份数,长于 12 个月的,按 12 个月计算;上款公式中的适用税率和速算扣除数,以股票期权形式的工资薪金应纳税所得额除以规定月份数后的商数,对照《国家税务总局关于印发〈征收个人所得税若干问题〉的通知》(国税发〔1994〕089 号)所附税率表确定。

(3)对因特殊情况,员工在行权日之前将股票期权转让的,以股票期权的转让净收入,作为工资薪金所得征收个人所得税。

(4)员工将行权后的股票再转让时获得的高于购买日公平市场价的差额,是因个人在证券二级市场上转让股票等有价证券而获得的所得,应按照"财产转让所得"适用的征免规定计算缴纳个人所得税。

(5)员工因拥有股权而参与企业税后利润分配取得的所得,应按照"利息、股息、红利所得"适用的规定计算缴纳个人所得税。除依照有关规定可以免税或减税之外,应全额按规定税率计算纳税。

《国家税务总局关于个人股票期权所得缴纳个人所得税有关问题的补充通知》(国税函〔2006〕902 号)对于财税〔2005〕35 号文中的相关概念和问题作了进一步的补充规定。

205. 个人从上市公司取得的股票增值权所得和限制性股票所得,如何缴纳个税?

股票增值权,是指上市公司授予公司员工在未来一定时期和约定条件下,获得规定数量的股票价格上升所带来收益的权利。被授权人在约定条件下行使权利，上市公司按照行权日与授权日二级市场股票差价乘以授权股票数量，发放给被授权人现金。

限制性股票，是指上市公司按照股权激励计划约定的条件，授予公司员工一定数量本公司的股票。

根据财政部、国家税务总局《关于股票增值权所得和限制性股票所得征收个人所得税有关问题的通知》（财税〔2009〕5 号）的规定，对于个人从上市公司（含境内、外上市公司）取得的股票增值权所得和限制性股票所得，比照财政部、国家税务总局《关于个人股票期权所得征收个人所得税问题的通知》（财税〔2005〕35 号）、《国家税务总局关于个人股票期权所得缴纳个人所得税有关问题的补充通知》（国税函〔2006〕902 号）的有关规定，计算征收个人所得税。实施股票增值权计划或限制性股票计划的境内上市公司，应在向中国证监会报备的同时，将企业股票增值权计划、限制性股票计划或实施方案等有关资料报送主管税务机关备案。

206. 自然人从企业取得的股权奖励，如何缴纳个税？

根据《关于将国家自主创新示范区有关税收试点政策推广到全国范围实施的通知》（财税〔2015〕116 号）的规定，企业无偿授予相关技术人员一定份额的股权或一定数量的股份时，按照"工资薪金所得"项目，参照前述财政部、国家税务总局《关于个人股票期权所得征收个人所得税问题的通知》（财税〔2005〕35 号）有关规定计算确定应纳税额。股权奖励的计税价格参照获得股权时的公平市场价格确定。

207. 高新技术企业相关技术人员在接受企业股权奖励时，在个税缴纳上是否有优惠政策？

有。《关于将国家自主创新示范区有关税收试点政策推广到全国范围实施的通知》（财税〔2015〕116 号）规定：自 2016 年 1 月 1 日起，对于高新技术企业，给予本企业相关技术人员的股权奖励的，个人一次缴纳税款有困难的，可在不超过 5 个公历年度内（含）分期缴纳，并将有关资料报主管税务机关备案。

这里的"高新技术企业"是指实行查账征收、经省级高新技术企业认定管理机构认定的高新技术企业。

"相关技术人员"是指经公司董事会和股东大会决议批准获得股权奖励的

以下两类人员:

(1)对企业科技成果研发和产业化做出突出贡献的技术人员,包括企业内关键职务科技成果的主要完成人、重大开发项目的负责人、对主导产品或者核心技术、工艺流程做出重大创新或者改进的主要技术人员。

(2)对企业发展做出突出贡献的经营管理人员,包括主持企业全面生产经营工作的高级管理人员,负责企业主要产品(服务)生产经营合计占主营业务收入(或者主营业务利润)50%以上的中、高级经营管理人员。

208. 上市和未上市的高新技术企业相关技术人员接受企业股权奖励时,在个税的计税价格上是否有差异?

有,计税价格的确定方法不同。依据国家税务总局2015年11月16日颁布的《关于股权奖励和转增股本个人所得税征管问题的公告》(国家税务总局公告2015年第80号),股权奖励的计税价格参照获得股权时的公平市场价格确定。但是:

上市公司股票的公平市场价格,按照取得股票当日的收盘价确定。取得股票当日为非交易时间的,按照上一个交易日收盘价确定。

非上市公司股权的公平市场价格,依次按照净资产法、类比法和其他合理方法确定。

209. 高新技术企业相关技术人员接受企业股权奖励时,税率和应纳税额如何确定?

依据《关于将国家自主创新示范区有关税收试点政策推广到全国范围实施的通知》(财税〔2015〕116号)的规定,计算股权奖励的"应纳税额"时,规定月份数按员工在企业的实际工作月份数确定;员工在企业工作月份数超过12个月的,按12个月计算。

就税率而言,则按照"工资薪金所得"项目,实行超额累进税率。

210. 自然人股东向公司借款后未及时归还,是否需要缴纳个人所得税?

根据财政部、国家税务总局《关于规范个人投资者个人所得税征收管理的通知》(财税〔2003〕158号)的规定,纳税年度内个人投资者从其投资企业(个人独资企业、合伙企业除外)借款,在该纳税年度终了后既不归还,又未用于企业生产经营的,其未归还的借款可视为企业对个人投资者的红利分配,依照"利息、股息、红利所得”项目计征个人所得税。

211. 公司为自然人股东购买实物资产，股东是否需要缴纳个人所得税？

根据财政部、国家税务总局《关于企业为个人购买房屋或其他财产征收个人所得税问题的批复》（财税〔2008〕83号）的规定，个人投资者以企业资金为其本人、家庭成员及其他相关人员支付与生产经营无关的消费性支出或购买汽车、住房等其他各类财产性支出时，不论所有权人是否将财产无偿或有偿交付企业使用，其实质均为企业对个人投资者进行了实物性质的利润分配。如果公司类别为个人独资企业、合伙企业，则需按照“个体工商户的生产、经营所得”的相关规定计征个人所得税；除个人独资企业、合伙企业外的其他类型企业企业，则需要按照“利息、股息、红利所得”的规定缴税。

212. 企业作为股东从公司取得股息、红利所得，需要纳税吗？

根据《企业所得税法》第26条规定：“企业的下列收入为免税收入：（一）国债利息收入；（二）符合条件的居民企业之间的股息、红利等权益性投资收益；（三）在中国境内设立机构、场所的非居民企业从居民企业取得与该机构、场所有实际联系的股息、红利等权益性投资收益；（四）符合条件的非营利组织的收入。”

对此，《企业所得税法实施条例》（国务院令第512号）第83条规定：“企业所得税法第二十六条第（二）项所称的符合条件的居民企业之间的股息、红利等权益性投资收益，是指居民企业直接投资于其他居民企业取得的投资收益。企业所得税法第二十六条第（二）项和第（三）项所称股息、红利等权益性投资收益，不包括连续持有居民企业公开发行并上市流通的股票不足12个月取得的投资收益。”

另外，《国家税务总局关于贯彻落实企业所得税法若干税收问题的通知》（国税函〔2010〕79号）第4条规定：“企业权益性投资取得股息、红利等收入，应以被投资企业股东会或股东大会作出利润分配或转股决定的日期，确定收入的实现。被投资企业将股权（票）溢价所形成的资本公积转为股本的，不作为投资方企业的股息、红利收入，投资方企业也不得增加该项长期投资的计税基础。”

213. 内地居民企业连续持有H股满12个月取得的股息红利所得需要缴纳企业所得税吗？

财政部、国家税务总局、证监会《关于沪港股票市场交易互联互通机制试点有关税收政策的通知》(财税〔2014〕81 号)规定：对内地企业投资者通过沪港通投资香港联交所上市股票取得的股息红利所得，计入其收入总额，依法计征企业所得税。其中，内地居民企业连续持有 H 股满 12 个月取得的股息红利所得，依法免征企业所得税。

214. 企业从上市公司取得的股息和红利，应如何申报和缴纳企业所得税？

上市公司的分红派息，对于投资企业而言，属于《企业所得税法》规定中的股息、红利等权益性投资收益。居民企业与非居民企业对于此种收益的企业所得税有着不同的申报及扣缴方式：

(1)居民企业：根据《企业所得税法》第 26 条的规定，居民企业直接投资于其他居民企业取得的投资收益为免税收入。但需要区分的是，这里的股息、红利等权益性投资收益，不包括连续持有居民企业公开发行并上市流通的股票不足 12 个月取得的投资收益。对于居民企业取得上市公司的股息分红等权益性投资收益，根据上述情形，由投资企业自身确定是否属于应税或免税收入，并由其自行向当地税务机关申报纳税，无代扣代缴行为。

(2)非居民企业：根据《企业所得税法》第五章及《国家税务总局关于印发〈非居民企业所得税源泉扣缴管理暂行办法〉的通知》(国税发〔2009〕3 号)的规定，非居民企业取得来源于中国境内的股息、红利等权益性投资收益，实行源泉扣缴，税款由扣缴义务人从每次支付或者到期应支付的款项中扣缴。

215. 有限合伙制股权投资基金的法人合伙人在纳税时有优惠政策吗？

根据《关于有限合伙制创业投资企业法人合伙人企业所得税有关问题的公告》(国家税务总局公告 2015 年第 81 号)的规定，如果股权投资基金所投资的企业属于未上市的中小高新技术企业的，则有如下优惠政策：

有限合伙制创业投资企业采取股权投资方式投资于未上市的中小高新技术企业满 2 年(24 个月)的，其法人合伙人可按照对未上市中小高新技术企业投资额的 70% 抵扣该法人合伙人从该有限合伙制创业投资企业分得的应纳税所得额，当年不足抵扣的，可以在以后纳税年度结转抵扣。

这里所称满 2 年是指自 2015 年 10 月 1 日起，有限合伙制创业投资企业投资于未上市中小高新技术企业的实缴投资满 2 年，同时，法人合伙人对该有限合伙制创业投资企业的实缴出资也应满 2 年。

如果法人合伙人投资于多个符合条件的有限合伙制创业投资企业，可合并计算其可抵扣的投资额和应分得的应纳税所得额。当年不足抵扣的,可结转以后纳税年度继续抵扣;当年抵扣后有结余的,应按照企业所得税法的规定计算缴纳企业所得税。

有限合伙制创业投资企业的法人合伙人对未上市中小高新技术企业的投资额,按照有限合伙制创业投资企业对中小高新技术企业的投资额和合伙协议约定的法人合伙人占有限合伙制创业投资企业的出资比例计算确定。其中,有限合伙制创业投资企业对中小高新技术企业的投资额按实缴投资额计算;法人合伙人占有限合伙制创业投资企业的出资比例按法人合伙人对有限合伙制创业投资企业的实缴出资额占该有限合伙制创业投资企业的全部实缴出资额的比例计算。

有限合伙制创业投资企业应纳税所得额的确定及分配,按照财政部、国家税务总局《关于合伙企业合伙人所得税问题的通知》(财税〔2008〕159 号)相关规定执行。

216. 个人转让股权,应当如何缴纳个税?

个人将股权转让给其他个人或法人,包括以下情形:

(1)出售股权;

(2)公司回购股权;

(3)发行人首次公开发行新股时,被投资企业股东将其持有的股份以公开发行方式一并向投资者发售;

(4)股权被司法或行政机关强制过户;

(5)以股权对外投资或进行其他非货币性交易;

(6)以股权抵偿债务;

(7)其他股权转移行为。

《股权转让所得个人所得税管理办法(试行)》(国家税务总局公告 2014 年第 67 号)第 4 条第 1 款规定:"个人转让股权,以股权转让收入减除股权原值和合理费用后的余额为应纳税所得额,按'财产转让所得'缴纳个人所得税。"该办法对股权转让收入和股权原值的确认作出了细化规定。

依据《个人所得税法》第 3 条的规定,"财产转让所得"适用 20% 的比例税率。

需要注意的是,个人在上海证券交易所、深圳证券交易所转让从上市公司公开发行和转让市场取得的上市公司股票,转让限售股,以及其他有特别规定的股权转让,不适用上述《股权转让所得个人所得税管理办法(试行)》。

217. 个人转让股权缴纳个人所得税的计税依据如何确定?

根据国家税务总局《股权转让所得个人所得税管理办法(试行)》(2014 年第 67 号)的规定,个人转让股权,以股权转让收入减除股权原值和合理费用后的余额为应纳税所得额,按"财产转让所得"缴纳个人所得税。这里涉及"股权转让收入""股权原值""合理费用"三个概念的界定:

(1)股权转让收入

股权转让收入是指转让方因股权转让而获得的现金、实物、有价证券和其他形式的经济利益;转让方取得与股权转让相关的各种款项,包括违约金、补偿金以及其他名目的款项、资产、权益等,均应当并入股权转让收入。纳税人按照合同约定,在满足约定条件后取得的后续收入,应当作为股权转让收入;股权转让收入应当按照公平交易原则确定。

需要注意的是,符合下列情形之一的,主管税务机关可以核定股权转让收入:

①申报的股权转让收入明显偏低且无正当理由的;

②未按照规定期限办理纳税申报,经税务机关责令限期申报,逾期仍不申报的;

③转让方无法提供或拒不提供股权转让收入的有关资料;

④其他应核定股权转让收入的情形。

上述第①点中"股权转让收入明显偏低"的情形主要有:

a. 申报的股权转让收入低于股权对应的净资产份额的。其中,被投资企业拥有土地使用权、房屋、房地产企业未销售房产、知识产权、探矿权、采矿权、股权等资产的,申报的股权转让收入低于股权对应的净资产公允价值份额的;

b. 申报的股权转让收入低于初始投资成本或低于取得该股权所支付的价款及相关税费的;

c. 申报的股权转让收入低于相同或类似条件下同一企业同一股东或其他股东股权转让收入的;

d. 申报的股权转让收入低于相同或类似条件下同类行业的企业股权转让收入的;

e. 不具合理性的无偿让渡股权或股份;

f. 主管税务机关认定的其他情形。

但是，如果存在以下情形，即使"股权转让收入明显偏低"，也可以视为有正当理由：

①能出具有效文件，证明被投资企业因国家政策调整，生产经营受到重大影响，导致低价转让股权；

②继承或将股权转让给其能提供具有法律效力身份关系证明的配偶、父母、子女、祖父母、外祖父母、孙子女、外孙子女、兄弟姐妹以及对转让人承担直接抚养或者赡养义务的抚养人或者赡养人；

③相关法律、政府文件或企业章程规定，并有相关资料充分证明转让价格合理且真实的本企业员工持有的不能对外转让股权的内部转让；

④股权转让双方能够提供有效证据证明其合理性的其他合理情形。

如果股权转让收入明显偏低且没有正当理由，则主管税务机关应依次按照下列方法核定股权转让收入：

①净资产核定法，股权转让收入按照每股净资产或股权对应的净资产份额核定。被投资企业的土地使用权、房屋、房地产企业未销售房产、知识产权、探矿权、采矿权、股权等资产占企业总资产比例超过20%的，主管税务机关可参照纳税人提供的具有法定资质的中介机构出具的资产评估报告核定股权转让收入。6个月内再次发生股权转让且被投资企业净资产未发生重大变化的，主管税务机关可参照上一次股权转让时被投资企业的资产评估报告核定此次股权转让收入。

②类比法，一是参照相同或类似条件下同一企业同一股东或其他股东股权转让收入核定；二是参照相同或类似条件下同类行业企业股权转让收入核定。

③其他合理方法，主管税务机关采用以上方法核定股权转让收入存在困难的，可以采取其他合理方法核定。

(2)股权原值

个人转让股权的原值依照以下方法确认：

①以现金出资方式取得的股权，按照实际支付的价款与取得股权直接相关的合理税费之和确认股权原值；

②以非货币性资产出资方式取得的股权，按照税务机关认可或核定的投资入股时非货币性资产价格与取得股权直接相关的合理税费之和确认股权原值；

③通过无偿让渡方式取得股权，具备国家税务总局《股权转让所得个人所得税管理办法(试行)》(2014年第67号)第13条第2项所列情形的，按取得股权发生的合理税费与原持有人的股权原值之和确认股权原值；

④被投资企业以资本公积、盈余公积、未分配利润转增股本,个人股东已依法缴纳个人所得税的,以转增额和相关税费之和确认其新转增股本的股权原值;

⑤除以上情形外,由主管税务机关按照避免重复征收个人所得税的原则合理确认股权原值。

股权转让人已被主管税务机关核定股权转让收入并依法征收个人所得税的,该股权受让人的股权原值以取得股权时发生的合理税费与股权转让人被主管税务机关核定的股权转让收入之和确认。

个人转让股权未提供完整、准确的股权原值凭证,不能正确计算股权原值的,由主管税务机关核定其股权原值。

对个人多次取得同一被投资企业股权的,转让部分股权时,采用"加权平均法"确定其股权原值。

(3)合理费用

合理费用是指股权转让时按照规定支付的有关税费。

218. 股权转让是否需要缴纳营业税?

根据财政部、国家税务总局2002年12月10日颁布的《关于股权转让有关营业税问题的通知》(财税〔2002〕191号)的规定,以无形资产、不动产投资入股,与接受投资方利润分配,共同承担投资风险的行为,不征收营业税;对股权转让不征收营业税。

219. 股权转让缴纳个人所得税后,由于某些原因股权又回到转让人名下,已缴纳的个人所得税应当如何处理?

《国家税务总局关于纳税人收回转让的股权征收个人所得税问题的批复》(国税函〔2005〕130号)区分股权转让合同是否履行完毕,给予了分别对待:

(1)股权转让合同履行完毕、股权已作变更登记,且所得已经实现的,转让人取得的股权转让收入应当依法缴纳个人所得税。转让行为结束后,当事人双方签订并执行解除原股权转让合同、退回股权的协议,是另一次股权转让行为,对前次转让行为征收的个人所得税款不予退回。

(2)股权转让合同未履行完毕,因执行仲裁委员会作出的解除股权转让合同及补充协议的裁决、停止执行原股权转让合同,并原价收回已转让股权的,由于其股权转让行为尚未完成、收入未完全实现,随着股权转让关系的解除,股权收益不复存在,根据个人所得税法和征管法的有关规定,以及从行政行为合理性原则出发，纳税人不应缴纳个人所得税。

220. 个人股权转让过程中取得的违约金收入是否需要缴纳个人所得税？

国家税务总局2006年9月19日颁布的《关于个人股权转让过程中取得违约金收入征收个人所得税问题的批复》（国税函〔2006〕866号）认为：股权成功转让后，转让方个人因受让方个人未按规定期限支付价款而取得的违约金收入，属于因财产转让而产生的收入。转让方个人取得的该违约金应并入财产转让收入，按照"财产转让所得"项目计算缴纳个人所得税，税款由取得所得的转让方个人向主管税务机关自行申报缴纳。

国家税务总局《股权转让所得个人所得税管理办法（试行）》（2014年第67号）也对上述规定进行了确认。

221. 企业之间股权转让，在纳税时如何确定股权转让收入？

根据《国家税务总局关于贯彻落实企业所得税法若干税收问题的通知》（国税函〔2010〕79号）第3条规定："关于股权转让所得确认和计算问题。企业转让股权收入，应于转让协议生效且完成股权变更手续时，确认收入的实现。转让股权收入扣除为取得该股权所发生的成本后，为股权转让所得。企业在计算股权转让所得时，不得扣除被投资企业未分配利润等股东留存收益中按该项股权所可能分配的金额。"

222. 非居民企业转让中国居民企业股权应当如何缴纳企业所得税？

根据国家税务总局2009年12月10日颁布的《关于加强非居民企业股权转让所得企业所得税管理的通知》（国税函〔2009〕698号）的规定，非居民企业转让中国居民企业的股权（不包括在公开的证券市场上买入并卖出中国居民企业的股票）所得，如果扣缴义务人未依法扣缴或者无法履行扣缴义务的，非居民企业应自合同、协议约定的股权转让之日（如果转让方提前取得股权转让收入的，应自实际取得股权转让收入之日）起7日内，到被转让股权的中国居民企业所在地主管税务机关（负责该居民企业所得税征管的税务机关）申报缴纳企业所得税。具体而言：

（1）股权转让所得是指股权转让价减除股权成本价后的差额。其中，股权转让价是指股权转让人就转让的股权所收取的包括现金、非货币资产或者权益等形式的金额。如被持股企业有未分配利润或税后提存的各项基金等，股权转让人随股权一并转让该股东留存收益权的金额,不得从股权转让价中扣除。股权成本价是指股权转让人投资入股时向中国居民企业实际交付的出资金额,或购买该项股权时向该股权的原转让人实际支付的股权转让金额。

(2)计算股权转让所得的币种。在计算股权转让所得时,以非居民企业向被转让股权的中国居民企业投资时或向原投资方购买该股权时的币种计算股权转让价和股权成本价。如果同一非居民企业存在多次投资的,以首次投入资本时的币种计算股权转让价和股权成本价,以加权平均法计算股权成本价;多次投资时币种不一致的,则应按照每次投入资本当日的汇率换算成首次投资时的币种。

(3)非居民企业向其关联方转让中国居民企业股权,其转让价格不符合独立交易原则而减少应纳税所得额的,税务机关有权按照合理方法进行调整。

(4)境外投资方(实际控制方)同时转让境内或境外多个控股公司股权的,被转让股权的中国居民企业应将整体转让合同和涉及本企业的分部合同提供给主管税务机关。如果没有分部合同的,被转让股权的中国居民企业应向主管税务机关提供被整体转让的各个控股公司的详细资料,准确划分境内被转让企业的转让价格。如果不能准确划分的,主管税务机关有权选择合理的方法对转让价格进行调整。

(5)特殊性税务处理。财政部、国家税务总局《关于企业重组业务企业所得税处理若干问题的通知》(财税〔2009〕59 号)对于企业发生涉及中国境内与境外之间(包括港澳台地区)的股权和资产收购交易时选择适用特殊性税务处理的问题作出了规定。另外,《国家税务总局关于非居民企业股权转让适用特殊性税务处理有关问题的公告》(国家税务总局公告 2013 年第 72 号)规定:非居民企业股权转让选择特殊性税务处理的,应于股权转让合同或协议生效且完成工商变更登记手续 30 日内进行备案。此外,非居民企业股权转让适用特殊性税务处理备案后经调查核实不符合条件的,应调整适用一般性税务处理,按照有关规定缴纳企业所得税。非居民企业股权转让适用特殊性税务处理未进行备案的,税务机关应告知其办理备案手续。

下篇　公司纠纷的司法裁判分析

第十二章　股东资格确认纠纷

第一部分　报告背景及数据来源

一、报告背景

股东资格确认纠纷是指股东与股东之间或者股东与公司之间就股东资格是否存在，或者具体的股权持有数额、比例等发生争议而引起的纠纷。最高人民法院《民事案件案由规定》中专门规定了股东资格确认纠纷案由，公司纠纷案件审理中常见的股东资格确认纠纷包括以下几种类型：股东与公司之间的股东资格确认纠纷、股东与股东之间因出资产生的股东资格确认纠纷（通常指隐名出资的情况）、股东与股东之间因股权转让产生的股东资格确认纠纷等。

本报告以股东资格确认纠纷案件的公开裁判文书作为分析对象，期望通过案件数据收集与分析，厘清此类纠纷的诉讼特点，以为报告使用者防控法律风险、制定诉讼方案及厘清问题解决思路提供参考。

二、数据范围

本报告主要分析2012年1月1日至2015年10月31日江苏地区三级法院审理的股东资格确认纠纷案件裁判文书；同时考虑到相关裁判意见的权威性，我们也对最高人民法院相同时段、相同案由的裁判文书开展了分析。

三、数据来源

本报告使用的案例数据均来源于“北大法宝”“中国裁判文书网”及“OpenLaw”。进行检索的时点为2015年11月24日,具体检索方式为:在“北大法宝”数据库案由一栏中输入“股东资格确认纠纷”,并将审理法院设置为“江苏省”、裁判时间设置为“2012年1月1日至2015年10月31日”后,检索得到148件案例;后又以“中国裁判文书网”查漏补缺,共得到281件;在“OpenLaw”关键词一栏中输入“股东资格确认”,在法院栏中点击“最高人民法院”,检索得到24件案例。并且,通过对江苏省全部281件案件进行人工排查,我们发现1件并非股东资格确认纠纷的案件并予删除;此外,出于可分析性的考虑,执行案件(2件)我们不作分析,但通过“OpenLaw”检索其相应的执行依据,其中1件以一审生效文书进行替换,另1件因系调解结案未查询到文书故予删除。最后,我们确定江苏省279件、最高人民法院24件作为数据报告的分析对象。

第二部分　案件数据及裁判特点

一、案件年度分布

自2012年1月1日至2015年10月31日,江苏省地区共审结股东资格确认纠纷案件279件。如图12-1所示,2014年审结数达188件,远高于2012年、2013年。年度审结数量的差异,一定程度上反映出此类纠纷的发生数量呈逐年上升趋势。但是,由于通过检索公开裁判得出的数据并不能完整体现2012~2015年度的审结数量,所以也不排除最高人民法院在2013年底出台两份文件推进裁判文书上网造成上述数据偏差。

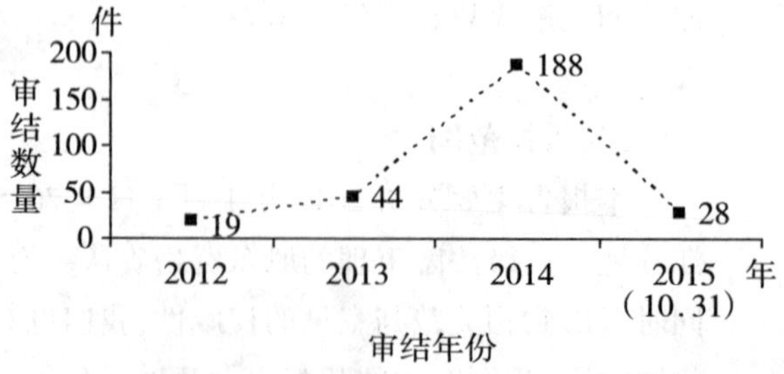

图12-1　江苏省地区法院股东资格确认纠纷案件审结数量年度分布

对比图 12－1 与图 12－2，我们发现江苏省地区法院与最高人民法院审结的该类案件年度数量的走势一致，且逐年呈上升趋势。

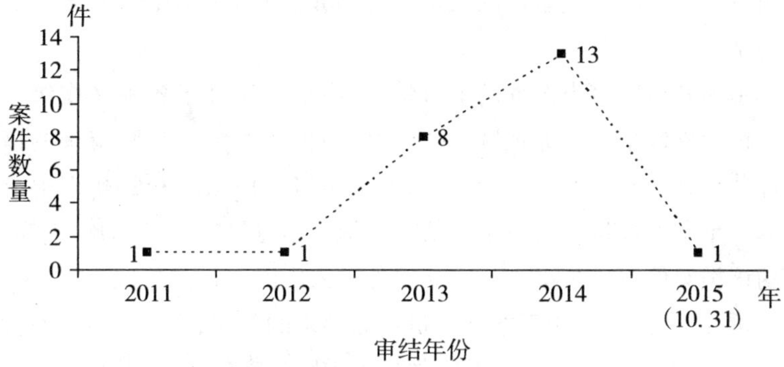

图 12－2 最高人民法院股东资格确认纠纷案件审结数量年度分布

二、案件地域分布

如图 12－3 所示，除江苏省高级人民法院审结的 36 件外，江苏省地区 13 个省辖市的法院均受理过此类案件，但地域分布并不均衡，就案件总量而言，南京、苏州、无锡、镇江几市法院审理的此类案件数量较多，占全省 50% 以上。

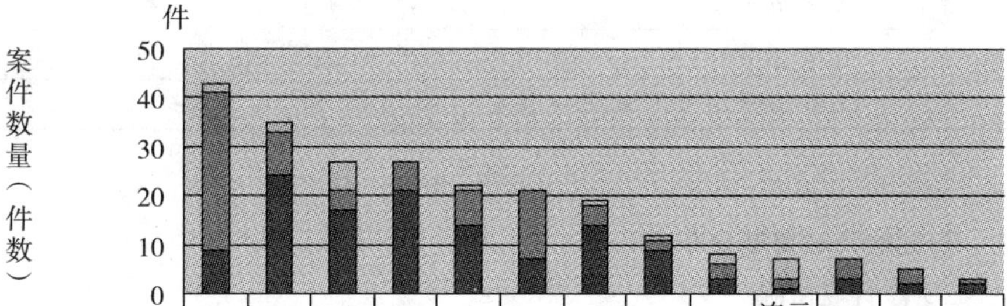

	南京	苏州	无锡	镇江	南通	常州	扬州	泰州	徐州	连云港	宿迁	淮安	盐城
管辖异议	2	2	6	0	1	0	1	1	2	4	0	0	0
二审	32	9	4	6	7	14	4	2	3	2	4	3	1
一审	9	24	17	21	14	7	14	9	3	1	3	2	2

所涉地区

一审 二审 管辖异议

图 12－3 江苏省地区法院案件受理地域分布(除江苏省高级人民法院)

对比各地一、二审案件数量，我们发现：南京、苏州、镇江、无锡的一审案件数量相对较多。其中需要说明的是，虽然搜索到的南京地区一审案件数量并不多，但结合南京中级人民法院审理的二审案件数量，可以得出南京地区一审案件数量较多的结论。

为了了解各地区该类案件的上诉情况，我们也统计了各地区中级人民法院受理的二审案件数量。江苏地区13个省辖市的中级人民法院审理的该类案由二审案件共92件，如图12－3所示，南京市中级人民法院和常州市中级人民法院审理的二审案件数量相对较多。值得一提的是，虽然南京、苏州、无锡、镇江几市审理的该类案件占比过半，但是，从案件进入中院二审的情况来看，无锡、镇江两市的数量并不是太多，相反案件总量排名第六的常州，中院二审的案件数量却高居第二，这反映出常州地区该类案件进入中院二审的比例明显较高。

此外，对于最高人民法院受理的24个案件，以作出原审判决的法院所在地区划分，如表12－1所示，可以大致看出近年来各地区进入最高人民法院二审或再审的案件情况，其中浙江的案件最多，而公司纠纷多发的上海地区，却并无案件进入最高人民法院二审或再审。

表12－1　最高人民法院案件受理所涉地域分布

受理数量（件）	所涉地域
4	浙江
3	湖北、湖南
2	山东、云南
1	安徽、福建、甘肃、广东、海南、黑龙江、吉林、江苏、内蒙古、青海

三、标的公司类型分布

1. 所涉行业情况

对于江苏地区的279个案件，我们根据裁判文书信息及全国企业信用信息公示系统、启信宝，查询到259个标的公司的行业分类，共涉及15个行业，其中近一半是制造业企业，批发和零售业、房地产业涉案纠纷次之，占比分别为15.83%、11.58%，建筑业、金融业各占约5%，其他行业较少。这一方面与相关行业的规模有关，另一方面也在一定程度上反映出某些行业存在较多的股权代持等股东资格不清晰的情况。

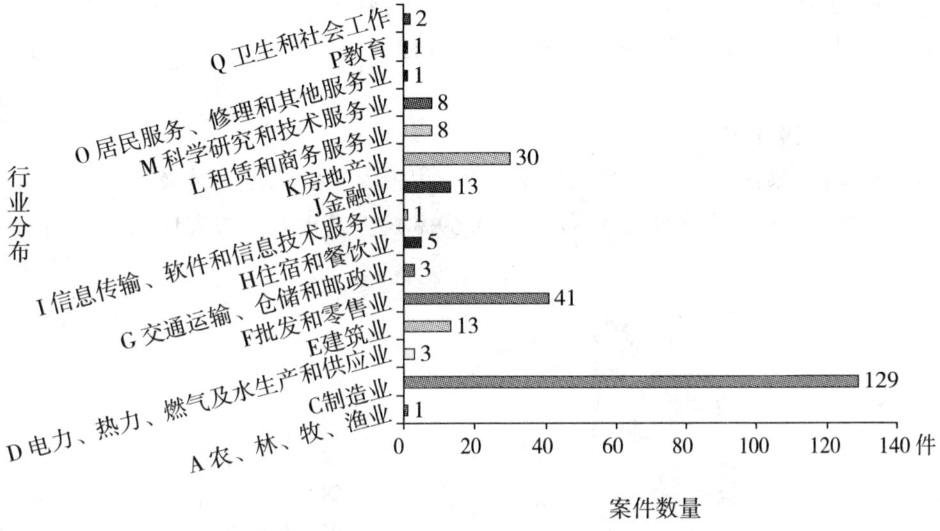

图 12 -4　公司所在行业案件数量分布

2. 所涉组织形态

根据“裁判文书信息”及“全国企业信用信息公示系统”“启信宝”，共查询到 260 个企业的具体组织形态。如图 12 -5 所示，要求确认股东资格的案件主要发生在有限责任公司，案件数量占比约 83. 85% 。

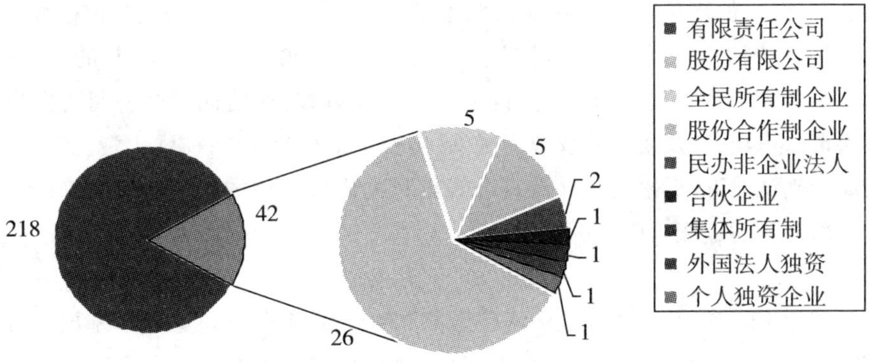

图 12 -5　公司类型数量分布

值得一提的是，按照通常的理解，既然该种案由是“股东资格纠纷”，理应只涉及“公司”这种组织形态，但司法判决中却有少量纠纷并非发生在“公司”中，而是发生在“全民所有制企业”“股份合作制企业”“合伙企业”“集体所有制”企业等非公司形态的企业中。这些非公司形态的企业中投资人资格的确认问题,是否可以称为“股东资格确认纠纷”,值得商榷。

四、审级分布

江苏省地区法院全部 279 件裁判中,如图 12－6 所示,一审案件为 131 件(占 46.59%),二审案件共 94 件(占 33.69%),涉及审判监督程序的案件共 35 件(占比约 12.54%)。

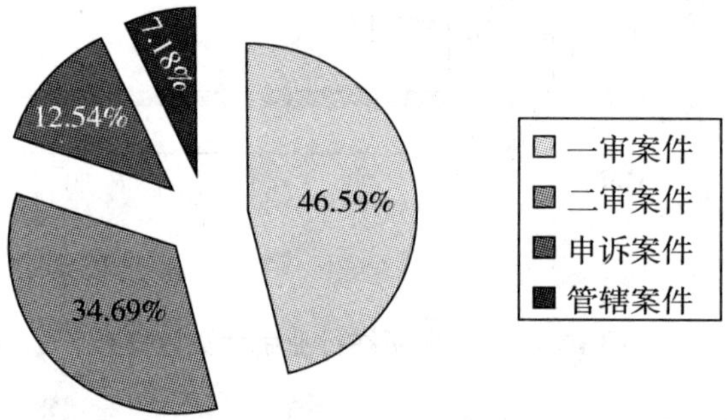

图 12－6　江苏省地区法院 279 例案件类型分布

1. 一审案件的级别管辖情况

根据《民事诉讼法》第 26 条的规定,股东资格确认纠纷案件应由公司住所地法院管辖,但该条规定只是确立了地域管辖标准,并未确定级别管辖标准。对此,我们在网上检索到云南省昆明市中级人民法院 2013 年 4 月 19 日的一份《告知书》,其核心内容是:“××公司:……经本院审查,根据你们两公司所提出的诉讼请求事项,涉及重组协议效力确认、出资重组行为效力确认、出资比例确认,均属于确认之诉,诉讼请求并没有金钱给付的内容。故本案不以请求确认股东资格所涉及的金额来确定诉讼标的金额,本案的级别管辖应由基层人民法院管辖……”

如图 12－7 所示,江苏地区法院全部 279 件裁判中,一审案件由基层法院受理的案件占比 90% 以上,但也有少部分案件(11 件)是由中级人民法院一审审理。此外,虽然我们没有发现江苏省高级人民法院受理的该类案由一审案件,但如图 12－8 所示,最高人民法院受理过该案由的二审案件,这意味着极少数案件初审也会直接进入高级人民法院。这表明,司法实践中并非所有法院都认为股东资格确认纠纷案件应由公司住所地基层法院受理。

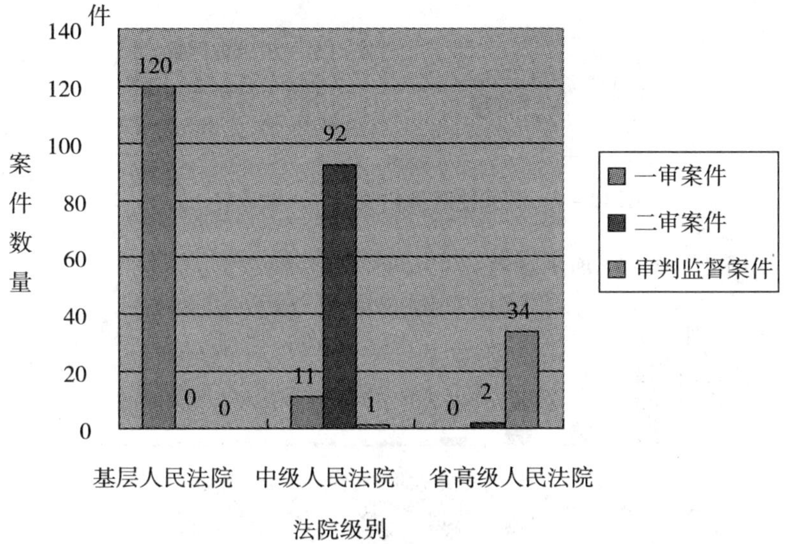

图 12－7 江苏地区案件受理法院级别分布

此外值得一提的是，如图 12－8 所示，最高人民法院审理的 24 例案件中申诉案件 19 件，约占 79.17%，二审案件 5 件，约占 20.83%。其中，二审案件相应的案件受理费也很高。这是否意味着最高人民法院也认同此类案件可以根据涉诉股权的价值来收取诉讼费，由此也应根据涉诉股权价值来确定管辖级别？

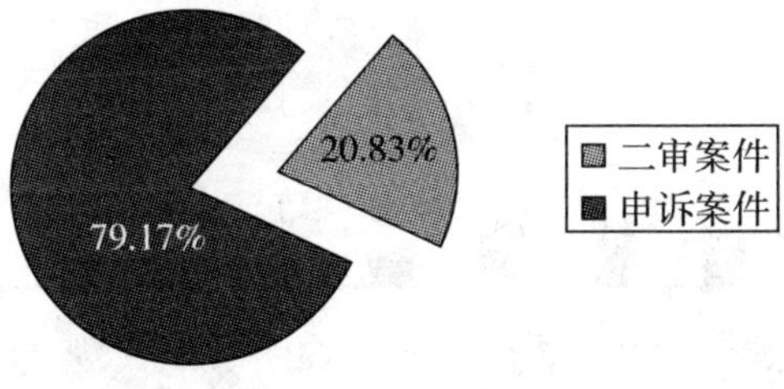

图 12－8 最高人民法院 24 例案件类型分布

2. 审判监督程序案件的启动与原审法院分布

如图 12－9 所示，审判监督程序主要是当事人通过向法院申请再审启动的，只有极少数案件是通过检察院抗诉启动的。

另外，我们统计了省内各市中级人民法院进入省高级人民法院再审的案件数量分布情况，发现除扬州、无锡、连云港三市未有此类案件进入省高级人民法院再审外，江苏省其余 10 个省辖市中级人民法院均有案件进入了审判监督程序，分布情况如

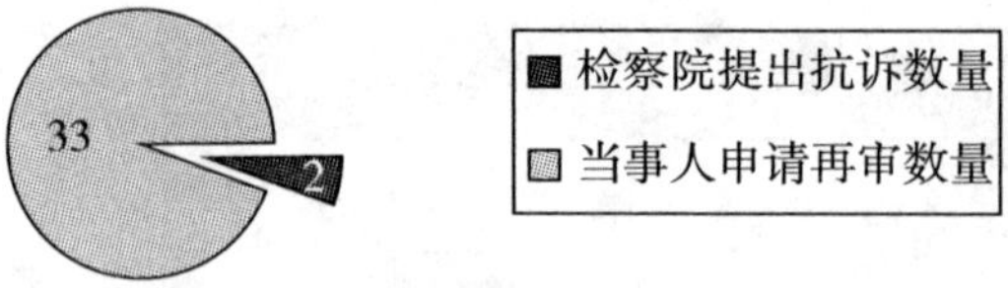

图 12－9　江苏地区审判监督程序案件启动方式

图 12－10 和图 12－11 所示。

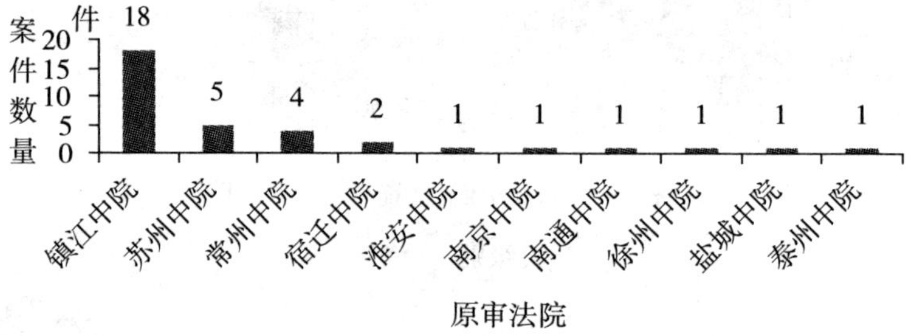

图 12－10　江苏省审判监督程序案件的原审法院分布

需要指出的是,虽然其中镇江市中级人民法院进入再审程序的该类案件数量占比过半,达到 18 件,但这 18 个案件仅涉及两家公司的股东资格确认问题,在剔除同一标的公司系列案件这一因素后,得出图 12－11 分布情况,可以发现各市数量并无太大差异。

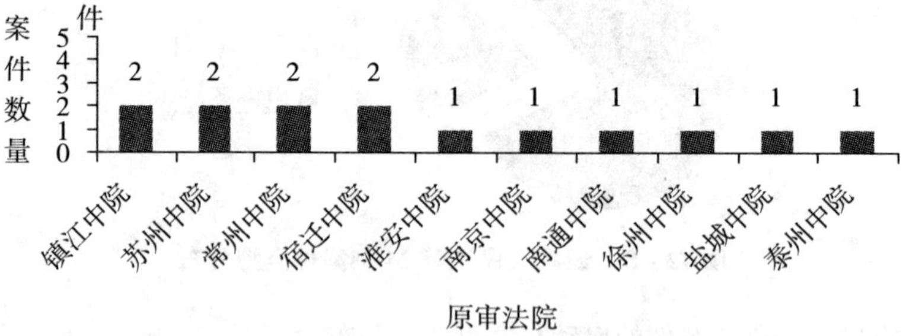

图 12－11　江苏省审判监督程序案件的原审法院分布

就最高人民法院审理的 19 件案件的原审法院而言,浙江省和湖南省高级人民法院的数量相对较多,有 19 个省(直辖市/自治区)高级人民法院未有此类案件进入最高人民法院再审。

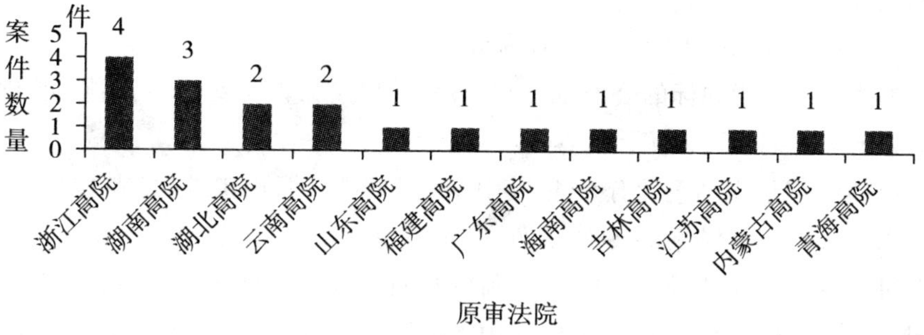

图 12－12　最高人民法院审判监督程序案件原审法院分布

五、审理期限

1. 一审案件多数能在法定审限内结案，但驳回诉讼请求和中院一审的案件审理时间相对较长。

经统计，除撤诉案件外，一审案件共 56 件，由基层法院审理的有 53 件，其中：裁定驳回起诉案 1 件，审理期限为 24 天；判决支持原告诉讼请求（无论其诉讼请求是确认具备或不具备股东资格）24 件，驳回诉讼请求的 27 件。

由表 12－2 可见，最后判决支持原告诉请的案件，90% 以上在 6 个月内审结，最短审理天数 29 天，最长审理天数 322 天。而最后判决驳回原告诉请的，接近 1/3 的案件审理超过 6 个月，甚至有个别案件超过了 300 天甚至 500 天。一般而言，驳回诉讼请求的案件，审理时间会比较长。

表 12－2　江苏地区基层法院一审案件审理期限

审理天数（天）	案件数量（件）	
	支持原告诉请	驳回原告诉请
X≤90	15	9
90＜X≤180	8	10
X＞180	2	8
共计	25	27

此外，还有一个现象是：由中级人民法院审理的一审案件，审理时间显著加长。我们统计的由中级人民法院一审的案件一共 3 件，其审理结果均为驳回起诉，审理期限分别为 85 天、216 天、217 天，相较于基层人民法院的一审案件而言，

审限显著加长。

2. 二审案件总体上能在3个月内审结

在去掉涉及相同标的公司、审理期限相同以及撤诉类案件后,还有49件二审案件的审理期限可供统计。其中:

以"裁定"形式结案的有6件,其中5件均在3个月内审结(见表12-3);

以"判决"形式结案的案件43件,其中判决撤销原判、驳回诉讼请求的案件2件,审理期限分别为90天、107天;判决驳回上诉的案件41件,最短审理天数14天,最长审理天数207天,在90天内审结的案件占比将近90%(见表12-4),基本上不存在拖延审理的情况。

表12-3 "裁定"结案的审理期限

审理结果	审理法院	审理天数(天)
驳回上诉、维持原裁定	徐州中院	19
	南京中院	47
撤销原判、发回原审法院重审	南京中院	23
	江苏高院	455
不予受理	南京中院	70
撤销原判、驳回起诉	苏州中院	90

表12-4 判决驳回上诉案的审理期限

审理天数(天)	≤90	90天<X≤180	>180
案件数量(件)	36	4	1
所占比例(%)	87.80	9.76	2.44

六、诉讼费用收取方式

根据国务院制定的《诉讼费用交纳办法》第13条的规定,除涉及财产分割的离婚案件及侵害人格权的案件外,"其他非财产案件每件交纳50元至100元"的诉讼费。股东资格确认纠纷案件属确认之诉,本身不涉及给付内容,但涉案标的物均存在一定市场价值,甚至价值很高,这种情况下应按上述规定的非财产案件处理,还是以财产收费,未有定论。

江苏地区一审(131件)、二审(94件)案件共225件,文书中列明诉讼费的有209件,经统计,我们发现该类案件并不都是按件收取固定费用,且按标的收费的案件数量所占比重还略高。

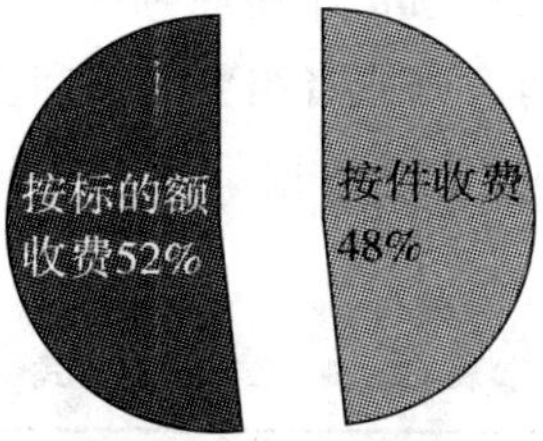

图 12－13 江苏省法院案件受理费收费方式

同样，通过对最高院二审案件受理费进行统计，我们发现存在相似现象，除1件受理费不详外，其他4件均是按照标的额收费。

前面我们在阐述级别管辖分布情况时也指出，股东资格确认纠纷案件并非全部由基层法院一审。事实上，《民事诉讼法》第26条也只是规定了公司住所地法院管辖，并未明确级别管辖标准。实践中，正因为部分法院是按照争议股权的涉案金额来收取诉讼费，所以，在确定管辖级别时也会按照争议股权的涉案金额来进行。这也解释了前述股东资格确认纠纷的部分案件由中级以上法院审理的现象。

七、结案方式

1. 一审案件过半因撤诉结案

如图12－14所示，以裁定方式处理的案件数量相对于以判决方式处理的案件数量要高，其主要原因为当事人起诉后又撤诉。这表明，该类案件中当事人达成和解的可能性较大，也反映出提起诉讼这一手段对督促对方解决问题有一定作用。

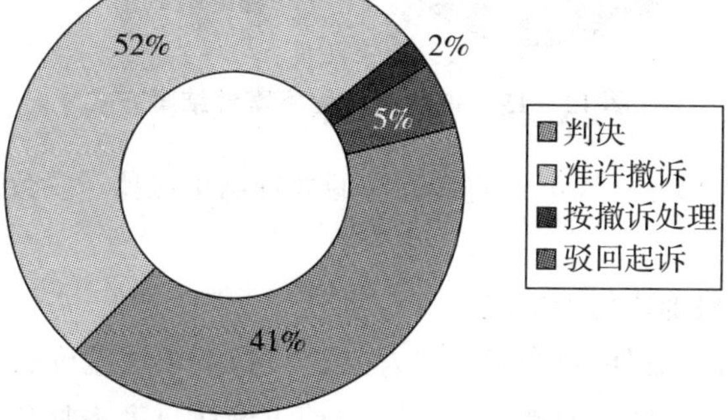

图 12－14 一审结案方式

2. 二审案件大多数为驳回上诉、维持原判

如表12－5所示,二审时改判或者当事人撤回上诉的比例均在10%左右,相较而言,驳回上诉、维持原判的案件占据了绝大多数,这也是当前司法审判中的一个普遍现象。

表12－5　二审结案方式

裁判结果	撤销原判的案件			撤回上诉的案件			驳回上诉的案件		不予受理的案件	合计
	驳回起诉	驳回诉讼请求	发回原审重审	按撤回上诉处理	准许撤回上诉	撤销原审判决,准许撤回上诉和原审起诉	维持原裁定	维持原判决		
案件数量(件)	1	3	4	2	5	1	3	48	1	68
所占比例(%)	1.4	4.4	5.9	2.9	7.3	1.4	4.4	70.6	1.4	—

3. 审判监督案件大部分是驳回再审申请

由于涉及相同标的公司的系列案件,其裁判理由与审理结果相同,所以我们仅以1例来计算并去掉20件重复案件。其结案方式如图12－15所示:

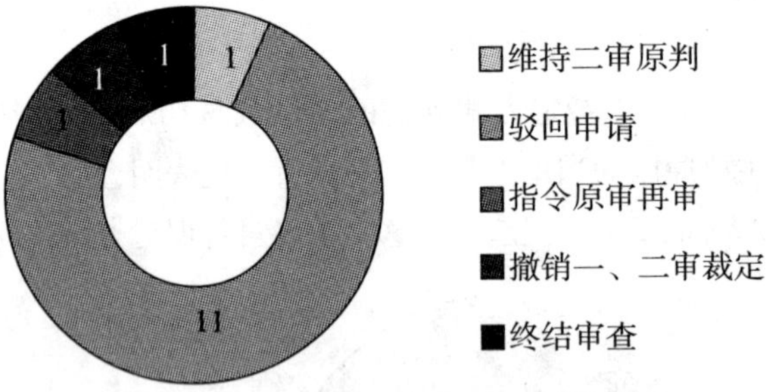

图12－15　审判监督程序案件结案方式

这同样与大部分案件审判监督程序的处理结果保持了一致性。

八、股东资格确认与否情况

股东资格确认案件,通常是自然人(或公司)请求法院确认自己具备某公司的股东资格,但亦可能是自然人(或公司)请求确认自己不具备某公司的股东资格(也即消极确认之诉),或者某公司请求法院确认自然人(或公司)不具备股东资格。江苏地区进入实体审判的一、二审案件共130件,属于后两种确认不具备

股东资格的案件合计仅 11 件，其判决结果如表 12－6 所示：

表 12－6　确认不具备股东资格案件的判决结果

	原告请求确认原告非股东		原告（公司）请求确认被告非股东	
判决结果	一审	二审	一审	二审
股东	0	4	1	0
非股东	4	0	1	1
共计	4	4	2	1

相对而言，确认不具备股东资格的案件数量较少，而请求确认股东资格的积极确认之诉案件较多。就一审情况而言，进入实体审判阶段的 54 件案件中，有 48 件是积极确认之诉，其中法院不予确认股东资格的案件数量超过一半；这一情况在二审案件中更是达到 3/4。这在一定程度上反映出确认股东资格并非易事。

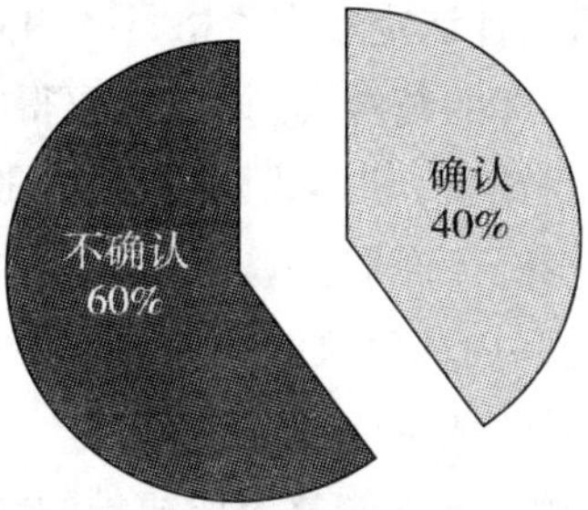

图 12－16　江苏地区法院一审判决确认/不确认比例

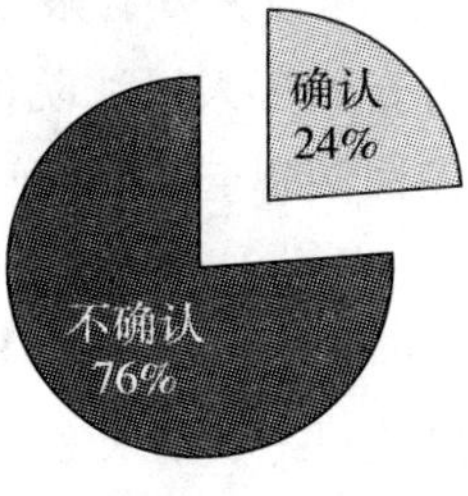

图 12－17　江苏地区法院二审判决确认/不确认比例

第三部分　裁判意见整理与分析

确认股东资格,往往要考察实质和形式多方面的要件,既要维护公司社团法律关系的稳定性,又要平衡各方主体的利益,并不是简单划一的标准所能解决的。“依据《公司法》及相关司法解释的规定,股东资格的确认,涉及实际出资数额、股权转让合同、公司章程、股东名册、出资证明书、工商登记等。确认股东资格应当综合考虑多种因素,在具体案件中对事实证据的审查认定应当根据当事人具体实施的民事行为选择确认股东资格的标准。”[见最高人民法院【(2014)民申字第35号】民事裁定书]以下我们针对不同的情形,归纳出司法实践中相对明确一致的几个标准,同时识别出认定标准存在冲突的一些情况。

一、按实质要件与形式要件认定股东资格,且“内外有别”

根据公司法及其司法解释的精神,公司股东取得完整的股东资格和股东权利,须符合实质要件(主要是出资)和形式要件(指对股东出资的记载和证明,即公司章程记载、股东名册记载、工商部门登记等)。而且,处理公司及股东(包括显名股东和实际出资人)之间内部争议时的认定标准与处理公司及股东与公司以外第三人之间外部争议时的认定标准有所不同。

(一)实际出资人请求确认股东资格及股权份额时,实质要件更为重要

☞ 案例

1. 上诉人韩某、连云港市房屋建设开发有限公司因与被上诉人陶某股东资格确认纠纷一案,不服连云港市新浦区人民法院【(2013)新商初字第2195号】民事判决,向连云港市中级人民法院提起上诉,连云港市中级人民法院于2014年9月24日作出【(2014)连商终字第0320号】民事判决。

2. 上诉人王某、顾某与被上诉人周某等十人、原审被告常州康兴投资有限公司、原审第三人郭某股份份额确认纠纷及请求变更工商登记纠纷一案,不服常州市钟楼区人民法院【(2013)钟商初字第967号】民事判决,向常州市中级人民法院提起上诉,常州中院于2014年7月13日作出【(2014)常商终字第176号】民事判决。

☞ 裁判依据

(以下引用条文内容及序号均为最新修正)

1.《公司法》(2013 年修正)

第 32 条:“……公司应当将股东的姓名或者名称及其出资额向公司登记机关登记……”

2.《公司法司法解释(三)》(2014 年修正)

第 23 条:“当事人依法履行出资义务或者依法继受取得股权后,公司未根据公司法第三十一条、第三十二条的规定签发出资证明书、记载于股东名册并办理公司登记机关登记,当事人请求公司履行上述义务的,人民法院应予支持。”

第 24 条:“有限责任公司的实际出资人与名义出资人订立合同,约定由实际出资人出资并享有投资权益,以名义出资人为名义股东,实际出资人与名义股东对该合同效力发生争议的,如无合同法第五十二条规定的情形,人民法院应当认定该合同有效。前款规定的实际出资人与名义股东因投资权益的归属发生争议,实际出资人以其实际履行了出资义务为由向名义股东主张权利的,人民法院应予支持。名义股东以公司股东名册记载、公司登记机关登记为由否认实际出资人权利的,人民法院不予支持。”

☞ 裁判意见

在【(2014)连商终字第 0320 号】案中,连云港市中院认为:“虽房开公司公司章程等资料未记载陶某为房开公司股东,但涉案收据载明韩某收取陶某 50 万元,收款事由为房开改制股金……”从而维持一审判决,确认陶某为房开公司股东,股权份额 2.5%(50 万元)。

就具体股权份额的确认,在【(2014)常商终字第 176 号】案中,常州市中级人民法院认为:“股东的出资比例、股权份额系股东内部之间的一种约定,该约定属于股东的意思自治范畴,并不受工商登记、公司章程等的限制,因此,上诉人王某、顾某仅凭公司的工商登记、公司章程以及改制文件等主张其占用公司相应份额的股权无事实和法律依据。”

(二)在涉及善意第三人的情形下,更注重股东资格认定的形式要件

☞ 案例

1. 上诉人张某因与被上诉人江苏省靖江市三力锻压机床制造有限公司股东资格确认纠纷一案,不服靖江市人民法院【(2013)泰靖商初字第 0330 号】民事判决,向江苏省泰州市中级人民法院提起上诉,泰州市中院于 2014 年 4 月 2 日作出【(2014)泰中商终字第 0045 号】民事判决。

2. 上诉人万某因与被上诉人常州市麦德尔合金材料有限公司、袁某、袁某、陈某、陈某股东资格确认纠纷一案,不服常州市戚墅堰区人民法院【(2012)戚商初字第57号】民事判决,向常州市中级人民法院提起上诉,常州市中级人民法院于2013年4月11日作出【(2013)常商终字第81号】民事判决。

3.上诉人哈尔滨国家粮食交易中心与被上诉人哈尔滨银行股份有限公司科技支行(以下简称科技支行)、中国华粮物流集团北良有限公司(以下简称北良公司)等执行异议纠纷一案,科技支行、北良公司不服黑龙江省高级人民法院于2010年4月11日作出【(2010)黑高商初字第1号】民事判决,向最高人民法院提起上诉,最高人民法院于2013年11月22日作出【(2013)民二终字第111号】民事判决。

4.再审申请人成都广诚贸易有限公司因与被申请人福州飞越集团有限公司股权确认纠纷一案,不服福建省高级人民法院【(2011)闽民终字第556号】民事判决,向最高人民法院申请再审,最高人民法院于2013年8月14日作出【(2013)民申字第758号】民事裁定。

☞ 裁判依据

1.《公司法》

第32条第3款:"公司应当将股东的姓名或者名称向公司登记机关登记;登记事项发生变更的,应当办理变更登记。未经登记或者变更登记的,不得对抗第三人。"

2.《江苏省高院公司法意见(试行)》

第27条:"股东(包括挂名股东、隐名股东和实际股东)之间就股东资格发生争议时,除存在以下两种情形外,应根据工商登记文件的记载确定有关当事人的股东资格:(1)当事人对股东资格有明确约定,且其他股东对隐名者的股东资格予以认可的;(2)根据公司章程的签署、实际出资。出资证明书的持有以及股东权利的实际行使等事实可以作出相反认定的。实际出资并持有出资证明书,且能证明是由于办理注册登记的人的过错致使错误登记或者漏登的,应当认定该出资人有股东资格。"

☞ 裁判意见

1.显名股东对外转让股权的,隐名股东不得以股权转让未经其同意为由对抗受让股权的善意第三人。

在【(2014)泰中商终字第0045号】案中,泰州市中级人民法院认为:"本案中张某虽然实际出资,但其并不享有显名股东的权利。尽管原审施某出具证明'张某持有出资证明书并且不愿意转让',但施某在2006年4月19日的股东会决议以及股权转让协议上均将其持有的包括张某的股权一并转让给徐某，并办理了股权变更登记。嗣后，徐某又将股权转让给杨某，也已经办理了股权变更登记事项。相对于股权受让人而言，受让人依据具有公示效力的股东名册足以相信施某完全有权处分其股权，杨某善意取得股权并支付合理对价并且依法办理股权变更登记，依照《物权法》第106条的规定，受让人杨某取得股权有效。"作为实际出资人张某不能以其与施某的出资合意，对抗现有的股权持有人。

2. 在一股二卖的情形，如果在先受让人未办理股东变更登记，善意的在后受让人可以通过变更登记取得股东资格。

在【(2013)常商终字第81号】案中，常州市中院认为："袁某以袁某名义与万某签订股权转让协议，且收取了股权转让款，虽然袁某在事后不予追认，但因袁某实际上是代表袁某在麦德尔公司行使股东权利的，故该协议是合法有效的"，但是由于"万某签订股权转让协议后，虽然取得麦德尔公司其他股东（陈某、马某）的认可，但未及时进行工商变更登记"，而"陈某作为善意第三人已经取得麦德尔公司的股权"，"袁某以袁某的名义与万某签订的股权转让协议实际已经无法履行，万某可以另行主张其损失"，对万某要求确认股东资格的诉请不予支持。此案中，万某签订的股权转让协议在先，且合法有效，已支付对价，但因善意第三人袁某受让相关股权后已办理了工商变更登记，万某无法再取得股东资格。

3. 显名股东的债权人对代持的股权申请强制执行，隐名股东以其为代持股权的实际权利人为由提出执行异议，要求停止执行的，法院不予支持。

在【(2013)民二终字第111号】民事判决中，最高人民法院认为："依法进行登记的股东具有对外公示效力，隐名股东在公司对外关系上不具有公示股东的法律地位，其不能以其与显名股东之间的约定为由对抗外部债权人对显名股东主张的正当权利。因此，当显名股东因其未能清偿到期债务而成为被执行人时，其债权人依据工商登记中记载的股权归属，有权向人民法院申请对该股权强制执行。因此，本案中，交易中心是否为三力期货公司的实际出资人，不影响科技支行实现其请求对三力期货公司股权进行强制执行的权利主张。故交易中心关于停止对粮油集团和龙粮公司所持有三力期货公司股权强制执行的请求，没有事实和法律依据，本院不予支持。"

同样，在【(2013)民申字第758号】民事裁定中，最高人民法院认为"广诚公司虽为案涉股权的实际出资人，其与飞越集团签订协议约定该股权为广诚公司所有，但该股权登记在飞越集团名下，且经中国证券登记结算有限责任公司予以确认,飞越集团、棱光公司亦向社会予以公告,对外具有公示效应。因此,对内关系上,广诚公司与飞越集团之间应根据双方的协议约定,广诚公司为该股权的权利人;对外关系上,即对广诚公司与飞越集团以外的其他人,应当按照公示的内容,认定该股权由记名股东飞越集团享有。2008 年 7 月 9 日法院受理闽发证券有限责任公司申请飞越集团破产还债一案,2009 年 10 月 28 日裁定宣告飞越集团破产。闽发证券有限责任公司根据登记及公告的公示公信力,有理由相信飞越集团持有棱光公司的股份,有权利就该股权实现其债权。如果支持广诚公司确认股权的诉讼请求,必然损害飞越集团其他债权人的利益。因此,一、二审判决虽认可广诚公司与飞越集团之间存在代持股权事实,但对广诚公司的诉讼请求不予支持,是正确的。至于广诚公司作为实际出资人如何实现其债权的问题,一审判决已经明确告知其应通过破产程序申报债权解决。"

二、关于实质要件(出资)的具体判断

实际出资是股东资格认定的实质要件,在一方以实际出资为由主张具备公司股东资格的情况下,涉及实际出资、增资的具体判断问题。

(一)在交付的现金未构成公司注册资本的出资或股权认购的情况下,相应的现金缴款单也就不具有出资证明书的性质与法律效力

☞ 案例

上诉人顾某因与被上诉人南通启瀚建筑发展有限公司股东资格确认纠纷一案,不服江苏省启东市人民法院【(2014)启商初字第 0541 号】民事判决,向江苏省南通市中级人民法院提起上诉,南通中院于 2014 年 12 月 16 日作出【(2014)通中商终字第 0657 号】民事判决。

☞ 裁判依据

《公司法司法解释(三)》第 22 条:"当事人之间对股权归属发生争议,一方请求人民法院确认其享有股权的,应当证明以下事实之一:(一)已经依法向公司出资或者认缴出资,且不违反法律法规强制性规定;(二)已经受让或者以其他形式继受公司股权,且不违反法律法规强制性规定。"

☞ 裁判意见

南通市中级人民法院认为:关于顾某提交的现金收入凭证,本院认为凭出资或认购股权获取股东资格必须满足的一个要件是,其所出资或认购股权应为公司注册资本合法有效的组成部分,那些并非构成公司注册资本的出资或者股权认购,不是真正法律意义上的出资与认购股权。从本案查明的事实来看,顾某所

交付的 5 万元现金从未成为公司注册资本的一部分，因而其所持的现金交款单也就并不真正具有出资证明书的性质与法律效力。

（二）在未取得大多数原股东同意的情况下，已履行增资扩股出资义务的一方不能要求公司赋予其股东身份

☞ 案例

申请再审人王某成等十人因与被申请人泗洪县界集医院，一审原告、二审被上诉人杨某、韩某、王某英股东权确认以及知情权纠纷一案，不服江苏省宿迁市中级人民法院【（2012）宿中商终字第 0246 号】民事判决，向江苏省高级人民法院申请再审，江苏省高级人民法院于 2012 年 12 月 12 日作出【（2013）苏商申字第 534 号】民事判决。

☞ 裁判依据

《公司法》第 43 条第 2 款："股东会会议作出修改公司章程、增加或者减少注册资本的决议，以及公司合并、分立、解散或者变更公司形式的决议，必须经代表三分之二以上表决权的股东通过。"

☞ 裁判意见

江苏省高院认为：界集医院作为非企业法人，兼具资合性与人合性，现界集医院的股东不认可王某成等人的股东身份，且亦无证据证明分金亭医院入股时明知王某成等人交股金的情况，故二审法院判决确认王某成等人出资合同有效、但无法获得界集医院出资人身份，并无不当。

三、关于隐名股东显名化的问题

这主要涉及是否实际出资、是否存在委托持股关系以及是否"经公司其他股东半数以上同意"等三方面问题。其中，关于实际出资这一实质要件的判断，前已述及。下面仅就后两个问题进行分析：

（一）关于委托持股关系的认定

对于已经证明自己提供出资来源的实际出资人，还须证明自己与显名股东之间存在委托持股关系。

☞ 案例

1. 上诉人江苏明富自动化科技股份有限公司因与被上诉人张某股东资格确认纠纷一案，不服苏州工业园区人民法院【（2013）园商初字第 1110 号】民事判决，向江苏省苏州市中级人民法院提起上诉，苏州中院于 2013 年 12 月 6 日作出【（2013）苏中商终字第 0828 号】民事判决。

2. 上诉人马某因与被上诉人李某、原审被告南京明泽科技有限公司股东资格确认纠纷一案，不服南京市鼓楼区人民法院【(2014)鼓商初字第9号】民事判决，向南京市中级人民法院提起上诉，南京中院于2015年2月15日作出【(2014)宁商终字第943号】民事判决。

3. 上诉人鸿元控股集团有限公司等与被上诉人博智资本基金公司、第三人河北德仁投资有限公司合同纠纷一案，不服北京市高级人民法院于2012年11月13日作出的【(2011)高民初字第1706号】民事判决，向最高人民法院提起上诉，最高院于2014年6月5日作出【(2013)民四终字第20号】民事判决。

☞ 裁判依据

《公司法司法解释(三)》第23条："当事人之间对股权归属发生争议，一方请求人民法院确认其享有股权的，应当证明以下事实之一：(一)已经依法向公司出资或者认缴出资，且不违反法律法规强制性规定；(二)已经受让或者以其他形式继受公司股权，且不违反法律法规强制性规定。"

第25条第2款："前款规定的实际出资人与名义股东因投资权益的归属发生争议，实际出资人以其实际履行了出资义务为由向名义股东主张权利的，人民法院应予支持。名义股东以公司股东名册记载、公司登记机关登记为由否认实际出资人权利的，人民法院不予支持。"

☞ 裁判意见

1. 在没有委托持股关系证明的情况下，公司不能仅以出资来源于他人为由，否定显名股东的股东身份。

在【(2013)苏中商终字第0828号】案件中，苏州市中级人民法院认为：明富公司设立股份有限公司时注册资本为580万元，发起人股东分别为黄某、庄某，认缴额分别为29万元、551万元，后因张某等人认购新股，明富公司于2011年3月31日变更注册资本为638万元。对于增资的58万元，张某提供的证据足以证明，其缴纳31万元股款的行为已由验资机构出具验资证明予以证实，其股东身份及认缴股款31万元的事实已由明富公司相应股东会决议予以确认，并且记载于明富公司股东出资信息中，因此张某要求确认为明富公司股东的主张，应当予以支持。明富公司认为其中21万元系公司法定代表人庄某委托张某持股，未能提供相应的证据，明富公司提供的收条仅能反映张某缴纳21万元股款的资金来源，并不能否认张某的股东身份。

2. 对于没有直接书面证据证明双方存在委托收购股权及双方系代持关系或借款关系的，法院将根据民事证据优势证据原则综合各方面证据予以判断。

在【(2013)民二终字第138号】民事判决中,最高人民法院认为:“虽然薛某与陆某之间未签订委托收购股权并代持股权的书面合同,但薛某向陆某汇付款项的事实客观存在。对该笔款项的性质,陆某虽然主张为借款,但未能提供任何证据证明。一审判决综合全部案件事实,依据优势证据原则认定双方之间存在薛某委托陆某收购股权并且代持股权的关系,理据充分,并无不当。”

3.虽然双方签订股权转让协议,但受让人并未支付股权转让款,且受让人在行使股权时仍然听取股权转让人意见,可认定为双方之间仅为股权代持关系。

在【(2014)宁商终字第943号】案件中,南京市中级人民法院认为:在案涉股权转让的工商登记资料中,明泽公司原股东虽与李某签订了股权转让协议,但李某并未提供证据证明其已支付过股权转让款。李某虽登记为明泽公司的法定代表人,但其与马某的电子邮件内容显示,明泽公司在经营中的收支、工资发放及调整、报销费用、公司招聘员工、签订合同、项目进展、工程款项支付等事项,需要向马某请示和汇报。基于上述事实,应认定马某与李某之间存在代持股关系。

4.双方签订有偿的股权转让协议,并经过股权变更登记后,受让人未支付对价的,转让人仅可主张债权,不属于股权挂靠或代持。

在《最高人民法院公报》2010年第3期刊载的申银万国证券股份有限公司诉上海国宏置业有限公司财产权属纠纷案案中,上海高院认为“根据我国《民法通则》第72条规定,按照合同或者其他合法方式取得财产的,财产所有权从财产交付时起转移,法律另有规定或者当事人另有约定的除外。双方当事人签订股权转让协议,并经过股权变更登记的,财产所有权已经转移。而股权挂靠或代持则是指将隐名股东的股权以显名股东的名义登记。股票挂靠或代持的,隐名股东和显名股东之间应当订立确定双方权利义务及法律关系的协议。以有偿转让的方式变更股权的,属于股权的转让,而不属于股权挂靠或代持。未支付对价的,转让人可以向受让人请求相应债权,而不能主张收回该转让股权。根据《公司法》第33条规定,股权转让的,应当进行股权变更登记,未经登记或者变更登记的,不得对抗第三人。股权转让后,已经经过变更登记,即对外具有了公示、公信力,为了维护证券市场的交易安全和秩序,股权转让行为已经发生法律效力。”

5.作为实际投资人的外商投资企业请求确认股东资格的,应根据合法的投资行为依法律确定,而非依当事人的约定认定。

在【(2013)民四终字第20号】民事判决中,最高人民法院认为:"股权归属关系与委托投资关系是两个层面的法律关系,前者因合法的投资行为而形成,后者则因当事人之间的合同行为形成,保监会的上述规章仅仅是对外资股东持股比例所做的限制,而非对当事人之间的委托合同关系进行限制。因此,实际出资人不能以存在合法的委托投资关系为由主张股东地位,受托人也不能以存在持股比例限制为由否定委托投资协议的效力。本案中,博智公司(外商)与鸿元公司签订的《委托投资及托管协议》《协议书》,不仅包括双方当事人关于委托投资的约定,还包括当事人之间关于股权归属以及股权托管的约定。根据双方当事人的约定,鸿元公司的前身亚创公司系代博智公司持有股权而非自己享有股权。虽然上述协议均系双方当事人真实意思表示,但由于股权归属关系应根据合法的投资行为依法律确定,不能由当事人自由约定。因此,尽管当事人约定双方之间的关系是股权代持关系,也不能据此认定双方之间的关系属股权代持关系,而应认定双方之间系委托投资合同关系。"

(二)"经公司其他股东半数以上同意"的认定

根据《公司法司法解释(三)》第25条第3款的规定,实际出资人显名须经公司其他股东半数以上同意,但对这一规定中的"其他股东同意"应如何认定,在司法实践中存在不同的理解和适用标准。主要有以下两种裁判意见:一种认为取决于实际出资人要求显名时(往往是诉讼程序中)其他股东是否同意;另一种则审查公司经营期间实际出资人的出资及隐名股东身份是否为其他股东所知并认可。

☞ 案例

1.上诉人徐某因与被上诉人镇江亿华光学仪器有限公司(以下简称亿华公司)、原审第三人嵇某、原审第三人杨某珠、原审第三人杨某顺股东资格确认纠纷一案,不服江苏省镇江市润州区人民法院【(2014)润商初字第25号】民事判决,向镇江市中级人民法院提起上诉,镇江中院于2014年4月23日作出【(2014)镇商终字第130号】民事裁定。

2.原告吕某与被告南通银基房地产开发有限公司(以下简称银基公司)、第三人汪某、虞某、杨某股东资格确认纠纷一案,江苏省南通市通州区人民法院于2013年4月23日作出【(2013)通商初字第0308号】民事判决。

3.再审申请人林某群因与被申请人林某、张某,一审被告、二审上诉人太仓中凯联投资发展有限公司(以下简称中凯联公司)股东资格确认纠纷一案,不服江苏省高级人民法院【(2013)苏商终字第0084号】民事判决,向最高人民法院申请再审，最高人民法院于2014年9月19日作出【(2014)民申字第1053号】民事裁定。

☞ 裁判依据

《公司法司法解释(三)》第25条第3款规定："实际出资人未经公司其他股东半数以上同意，请求公司变更股东、签发出资证明书、记载于股东名册、记载于公司章程并办理公司登记机关登记的，人民法院不予支持。"

☞ 裁判意见

第一种裁判意见，以诉讼过程中相关当事人(公司其他股东)的意愿陈述为依据。在【(2014)镇商终字第130号】案中，镇江市中级人民法院认为：虽然公司其他股东对徐某为实际出资人、公司隐名股东是认可的，但《公司法司法解释(三)》规定"其中的其他股东半数以上是否同意应在实际出资人提出请求公司变更股东时作出，而本案的上诉人在本案一审时才提出将其实际出资人地位变更为公司股东，但公司股东即本案原审第三人均表示不同意上诉人变更为公司股东。"因此，对徐某的股东资格不予确认。根据同样的裁判思路，在【(2013)通商初字第0308号】案中，南通市通州区人民法院虽然认定"原告吕某作为隐名股东及其实际投资得到公司所有股东的认可"，但在案件审理过程中，又向被告银基公司股东发出征求意见函，并"鉴于原告吕某经公司半数以上股东同意"，才支持其变更股东并办理公司登记机关登记的诉请。

与之相反，最高人民法院【(2014)民申字第1053号】案中持有不同意见。该案中的申请人林某群提出："即使被申请人是中凯联公司的隐名股东，在未取得其他股东过半数同意的情况下，也只能认定隐名股东身份，而不能直接判决变更。2013年2月22日中凯联公司的现任股东吴某出具《声明书》，不同意张某、林某群成为该公司的股东。"对此，最高人民法院认为："现中凯联公司登记的股东是林某、吴某，二人均是《流转说明》的缔约人，吴某对林某、张某作为实际出资人、隐名股东的身份是清楚并认可的。曾是中凯联公司原始股东的汪某的证言亦证明了设立公司时与林某、张某等四人协商等事实。因此，依据本案的事实及相关法律规定，原审判令中凯联公司为林某、张某办理股东工商登记变更手续、林某群应履行必要的协助义务，适用法律正确。"据此，其他股东的同意与否，并不局限于诉讼过程中的意愿陈述，而是以其他股东对实际出资人的出资及隐名股东身份是否知情及认可为标准。

四、继受股权中的股东资格确认问题

继受取得股东资格主要依赖于股权转让或继承两种方式。

(一)对于已经依法办理股东变更工商登记的股权受让人,公司不得以其未支付转让对价为由否认其股东资格

这主要涉及两方面问题:一是股东因对外转让股权涉及善意第三人时的认定问题,前已述及;二是未支付股权转让对价时能否取得股东资格。对于后者,司法实践认为:通过股权转让方式继受股权时,对于已经依法办理股东变更工商登记的股权受让人,公司不得以其未支付转让对价为由否认其股东资格。

☞ 案例

原告苏州治通资产管理有限公司诉被告张某波股东资格确认纠纷一案,苏州市吴中区人民法院于2013年5月2日作出【(2013)吴木商初字第0043号】民事判决。

☞ 裁判依据

《公司法》第71条第2款规定:"……股东向股东以外的人转让股权,应当经其他股东过半数同意。……"

《公司法》第73条规定:"依照本法第七十一条、第七十二条转让股权后,公司应当注销原股东的出资证明书,向新股东签发出资证明书,并相应修改公司章程和股东名册中有关股东及其出资额的记载。对公司章程的该项修改不需再由股东会表决。"

☞ 裁判意见

有限责任公司的股东向股东以外的人转让股权,应当经其他股东过半数同意。依工商登记记载,张某波受让俞某在治通公司的10%股权,张某玲、俞某召开股东会议,明确表示其他股东自愿放弃对该转让股权的优先购买权,同意公司股东由张某玲、俞某变更为张某玲、张某波,对此张某玲、俞某均签字确认,并经工商登记对治通公司股东予以变更,工商登记载明张某波享有治通公司10%股权。此后,张某波也参与治通公司股东会议,并参与对公司章程的修改。综上,张某波受让俞治股权不违反法律规定,经工商登记取得治通公司10%的股权,张某波依法取得治通公司的股东资格。故原告以被告未支付股权转让对价主张确认被告不具备股东资格,所持治通公司10%股份无效,并有权对被告名下10%股份转让或变更的诉讼请求,缺乏事实及法律依据,本院不予支持。

(二)外商投资企业协议转让股权时,因未依法律强制性规定办理批准、登记手续的,该股转协议无效,转让人仍是公司股东

☞ 案例

再审申请人绍兴中兴商城发展有限公司、绍兴大厦有限责任公司因与再审被申请人黄某股权转让合同纠纷一案，不服浙江省高级人民法院【(2009)浙商外终字第65号】民事判决，向最高人民法院申请再审，最高人民法院于2011年5月3日作出【(2011)民申字第22号】民事裁定。

☞ 裁判依据

1.《中外合资经营企业法实施条例》

第11条："合营企业合同应当包括下列主要内容：'……(三)合营企业的投资总额，注册资本，合营各方的出资额、出资比例、出资方式、出资的缴付期限以及出资额欠缴、股权转让的规定；……'"

2.《外商投资企业投资者股权变更的若干规定》

第2条："本规定所称的外商投资企业投资者股权变更，是指按照中国法律在中国境内设立的中外合资经营企业、中外合作经营企业、外资企业(以下统称为企业)的投资者或其在企业的出资(包括提供合作条件)份额(以下简称股权)发生变化。包括但不限于下列主要原因导致外商投资企业投资者股权变更：(一)企业投资者之间协议转让股权……"

第3条："企业投资者股权变更应遵守中国有关法律、法规，并按照本规定经审批机关批准和登记机关变更登记。未经审批机关批准的股权变更无效"

3.《合同法司法解释(一)》

第9条："依照合同法第四十四条第二款的规定，法律、行政法规规定合同应当办理批准手续，或者办理批准、登记等手续才生效，在一审法庭辩论终结前当事人仍未办理批准手续的，或者仍未办理批准、登记等手续的，人民法院应当认定该合同未生效。"

☞ 裁判意见

利大贸易公司与绍兴大厦签订股权转让协议之后，必然涉及上述《中外合资经营企业法实施条例》第11条规定的合营企业之合营各方的出资额、出资比例的变化和股权转让的问题，根据上述行政法规的规定，该股权转让协议需经审批机关批准和登记机关变更登记。但双方签订股权转让协议后，中兴商城未就上述协议事项报审批机关审批。根据最高人民法院《合同法司法解释(一)》第9条的规定，依照《合同法》第44条第2款的规定，法律、行政法规规定合同应当办理批准手续，或者办理批准、登记等手续才生效，在一审法庭辩论终结前当事人仍未办理批准手续的，或者仍未办理批准、登记等手续的，人民法院应当认定该合同未生效。综上，应当认定利大贸易公司与绍兴大厦的股权转让协议未生效，不发生股权转让的效力，利大贸易公司仍是中兴商城股东。

(三)在无其他人主张权利时,公司不得以股东未实际出资、仅是挂名股东为由拒绝该股东的继承人办理股权继承变更登记手续

公司可否以死亡股东未实际出资拒绝为该股东的继承人办理股权继承变更登记手续?对此,法院认为:在验资报告确认了显名股东的出资、也未有其他人对其股权主张权利时,公司不得以股东未实际出资、仅是挂名股东为由拒绝该股东的继承人办理股权继承变更登记手续。

☞ 案例

原告姜某与被告昆山市嘉顿国际饭店有限公司(以下简称嘉顿公司)股东资格确认纠纷一案,江苏省昆山市人民法院于2014年10月27日作出【(2014)昆商初字第1024号】民事判决。

☞ 裁判依据

《公司法》第75条:"自然人股东死亡后,其合法继承人可以继承股东资格;但是,公司章程另有规定的除外。"

☞ 裁判意见

根据工商登记资料显示,苏州信联会计师事务所有限公司于2003年9月30日出具了验资报告,姜某瑞在昆山市嘉顿度假山庄有限公司(该公司注册资本为1000万元)认缴注册资本……姜某瑞由原来的31万元的认缴出资额变为5万元,占公司出资比例0.5%。依据法律规定,自然人股东死亡后,其合法继承人可以继承股东资格;但是,公司章程另有规定的除外。本案中,昆山市嘉顿度假山庄有限公司系被告公司前身,被告公司章程未有另外的规定;案外人姜某瑞系本案原告姜某的父亲,姜某瑞已于2013年6月1日去世,原告系姜某瑞唯一法定继承人。故原告主张确认其在被告公司的股东资格(出资额为5万元,占被告公司注册资本的0.5%),以及要求被告协助办理股东变更登记手续,本院认为于法有据,依法予以支持。被告提出抗辩认为姜某瑞只是作为一个挂名股东,并未实际出资。对此,本院认为姜某瑞与其他股东之间所涉及的是否实际出资等股权争议系另外的法律关系,需另行诉讼解决,本案中不予理涉。

五、关于"职工股"的股东资格问题

"职工股"指的是公司股东身份与职工身份挂钩的一种现象。职工股东在离开企业后,其股东资格是否必然丧失?

（一）公司将职工身份与股东资格挂钩的做法，如果具备章程依据或者其他合法依据的，则股东在离职、退休等丧失职工身份的情况下将依法丧失股东资格

☞ 案例

1. 上诉人南京市规划设计研究院有限责任公司因与被上诉人石某公司盈余分配纠纷一案，不服南京市鼓楼区人民法院【（2012）鼓商初字第1086号】民事判决，向南京市中级人民法院提出上诉，南京中院于2014年5月16日作出【（2013）宁商终字第1336号】民事判决。

2. 上诉人曹某因与被上诉人南通市通州区石港第二砖瓦厂股东资格确认纠纷一案，不服南通市通州区人民法院【（2014）通商初字第00802号】民事判决，向江苏省南通市中级人民法院提起上诉，南通市中院于2015年1月23日作出【（2014）通中商终字第0667号】民事判决。

☞ 裁判依据

《公司法》第11条："设立公司必须依法制定公司章程。公司章程对公司、股东、董事、监事、高级管理人员具有约束力。"

《民法通则》第6条："民事活动必须遵守法律，法律没有规定的，应当遵守国家政策。"

☞ 裁判意见

在【（2013）宁商终字第1336号】案中，南京市中级人民法院认为：规划公司的初始章程有关"股随岗变"、股东离职须转让股权等内容，体现了全体股东的共同意志，是公司、股东的行为准则，对全体股东有普遍约束力。《股权管理办法》是落实"股随岗变"的具体细则，经过规划公司资本多数决的表决程序而上升成为公司自治规范，具有与公司章程同等的效力，642号案的生效判决书对此予以确认，即《股权管理办法》中关于离职股东自离职时丧失股东资格的条款对全体股东（包括在表决时投同意票、不同意票、弃权票的股东）均有普遍约束力。如果公司依照法定程序修改的章程条款只约束投赞成票的股东而不能约束投反对票的股东，既违背了股东平等原则，也动摇了资本多数决的公司法基本原则。一审判决认为石某与规划公司在股权转让价格问题上未能协商一致，故石某的股权未实际转让，石某仍享有分红权，混淆了《股权管理办法》中以价格合意为前提的自由转让和以公司章程为依据的强制转让两种处理股权方式，导致一审判决与642号生效判决确认的关于离职股东自离职时丧失股东资格相抵触，故本院依法予以纠正。根据《股权管理办法》的规定，石某自2011年6月23日离职后即丧失规划公司的股东资格,亦自该日起,石某持有的股权因被规划公司回购而转化为一般性债权,石某如不接受股权转让价格,可以另案主张。

另外,在【(2014)通中商终字第0667号】案中,二审法院认为:根据《关于发展城市股份合作制企业的指导意见》第6条规定,股份合作制公司应当设置职工个人股,还可依据情况设置职工集体股、国家股、法人股。职工个人股是职工以自己合法财产向本企业投资所形成股份,而职工集体股是本企业职工以共有财产折股或向本企业投资所形成股份。根据该条规定,无论是职工个人股还是职工集体股,具有"职工"身份是前置条件,只有企业职工才有可能成为该股份持有者,不具备企业职工身份,不能成为企业的股东。目前,曹某已从企业退休,不具备职工身份,亦当然不具有股东身份。关于本案中的工资结余量化股究竟是职工个人股还是集体股并不影响本案曹某身份的认定。关于曹某提出的砖瓦厂章程中没有规定职工退休即退股的问题,本院认为,砖瓦厂的章程中确实没有职工退休即退股的规定,但章程中同样没有规定职工退休后仍可保留公司股份、没有规定新入厂人员能否入股,也没有规定职工在职时去世其股份的处置。而在砖瓦厂实际运作过程中,形成了职工退休即退股的习惯做法,这符合前述指导意见的原则性规定,也符合股份合作制企业"职工系股东"的本质,砖瓦厂职工退休即退股的做法有效,退股手续的何时办理,并不影响退休职工股东身份的丧失。

(二)如果公司章程并未明确规定离职或退休时即丧失股东资格,仅要求转让股权,则股东在离职或退休后、转让股权前,并不必然丧失股东资格

☞ 案例

上诉人宿迁市马陵商场有限公司因与被上诉人胡某股东资格确认纠纷一案,不服宿迁市宿城区人民法院【(2014)宿城商初字第0162号】民事判决,向江苏省宿迁市中级人民法院提出上诉,宿迁市中级人民法院于2014年8月13日作出【(2014)宿中商终字第0179号】民事判决。

☞ 裁判依据

《公司法》第32条:"有限责任公司应当置备股东名册,记载下列事项:(一)股东的姓名或者名称及住所;(二)股东的出资额;(三)出资证明书编号。记载于股东名册的股东,可以依股东名册主张行使股东权利。公司应当将股东的姓名或者名称向公司登记机关登记;登记事项发生变更的,应当办理变更登记。未经登记或者变更登记的,不得对抗第三人。"

《公司法》第72条:"人民法院依照法律规定的强制执行程序转让股东的股

权时，应当通知公司及全体股东，其他股东在同等条件下有优先购买权。其他股东自人民法院通知之日起满二十日不行使优先购买权的，视为放弃优先购买权。”

☞ 裁判意见

宿迁市中级人民法院认为：本案从查明的事实来看，马陵商场系在集体企业改制的基础上成立的有限公司，胡某作为原集体企业的职工，在马陵商场改制成立时，出资6000元成为该商场的股东，双方当事人对此均无异议，对此应予确认。现马陵商场主张胡某丧失了股东资格，其理由是胡某已退休，符合马陵商场《公司章程》第12条规定的情形，胡某丧失股东资格。本院认为，虽然马陵商场的《公司章程》依法订立，具有法律效力，《公司章程》第12条对全体股东均有约束力，但胡某并不因其退休必然丧失股东资格。从《公司章程》第12条约定的内容来看，并没有约定退休就必然丧失股东资格，而是要求股东在出现调离、退休等情况时，通过相互转让股份或者由企业收购股份的方式退出企业，该约定符合原国家发改委《关于发展城市股份合作制企业的指导意见》第5条的规定。据此，胡某作为股份合作制企业的职工股东，其在离开企业后股份不能带走，理应在企业内部转让，但在其没有与其他股东达成转让协议，亦未与企业就收购达成协议的情况下，并不丧失股东资格。

(三)职工股权的流转，应依据公司章程及股东会决议进行，部门及地方规范性文件的规定不具有强制性

☞ 案例

1. 再审申请人李某飞因与被申请人南京广厦置业(集团)有限公司股东资格确认纠纷一案，不服江苏省南京市中级人民法院【(2013)宁商终字第69号】民事判决，向江苏省高级人民法院申请再审，江苏省高级人民法院于2014年6月12日作出【(2014)苏审三商申字第086号】民事裁定。

2. 再审申请人李某因与被申请人江苏民丰农村商业银行股份有限公司股东资格确认纠纷一案，不服江苏省宿迁市中级人民法院【(2014)宿中商终字第0070号】民事判决，向江苏省高级人民法院申请再审，江苏省高级人民法院于2014年12月1日作出【(2014)苏审二商申字第00396号】民事裁定。

☞ 裁判意见

在【(2014)苏审三商申字第086号】案中，申请人请求确认股东资格，其再审理由之一为：广厦置业公司的股东系企业改制而产生，根据江苏省政府相关文件，其股权转让受到限制，因此，广厦置业公司的股权对外转让违反了国家有关规定,应属无效。对此,江苏省高级人民法院认为:“虽然当地政府部门规定限制广厦置业公司原职工股权转让,但该规定并非法律、行政法规的强制性规定,申请人不能以此为依据主张股权转让无效。”

在【(2014)苏审二商申字第00396号】案中,申请人李某申请再审的理由之一为:宿迁民丰农合行股东大会决议中的表述“也可以退股”与《农村合作银行暂行管理规定》第23条“农村合作银行的投资股可转让但不可退股”明显相背。对此,江苏省高级人民法院认为:上述股东大会决议中的相关规定,“亦是组建宿迁民丰农商行的需要,故其股东权利的退出及转让应当依照企业的章程及股东会的决议等进行”。

六、公司解除股东资格须符合法定条件和程序

公司解除股东资格须有明确法律依据,在股东未出资或抽逃出资,且经催告后未在合理期限内缴纳或返还出资的情形下,公司可通过股东会决议解除股东资格。

☞ 案例

原告张某诉被告海安县威弘锻压机械有限责任公司、第三人丁某等股东资格确认纠纷一案,江苏省海安县人民法院于2014年2月21日作出【(2013)安商初字第0264号】民事判决。

☞ 裁判依据

《公司法司法解释(三)》第18条第1款:“有限责任公司的股东未履行出资义务或者抽逃全部出资,经公司催告缴纳或者返还,其在合理期间内仍未缴纳或者返还出资,公司以股东会决议解除该股东的股东资格,该股东请求确认该解除行为无效的,人民法院不予支持。”

《江苏省高院公司法意见(试行)》第28条:“股东(包括挂名股东、隐名股东和实际股东)与公司之间就股东资格发生争议,应根据公司章程、股东名册的记载作出认定,章程、名册未记载但已依约定实际出资并实际以股东身份行使股东权利的,应认定其具有股东资格,并责令当事人依法办理有关登记手续。”

☞ 裁判意见

股东是向公司出资或者认购股份并记载在公司章程或者股东名册上的人。有限公司股东与公司之间就股东资格发生争议,应根据公司章程、股东名册的记载作出认定。张某具备股东的实质要件(实际出资)和形式要件(章程记载、持

有威弘公司签发的股权确认表),应确认其为威弘公司股东。我国《公司法》没有确定股东除名制度。目前仅有《公司法司法解释(三)》第18条第1款规定了股东除名情形,其他情况下解除股东资格并无法律依据。该规定为:"有限责任公司的股东未履行出资义务或抽逃出资,经公司催告缴纳或者返还,其在合理期限内仍未缴纳或者返还出资,公司以股东会决议解除股东的股东资格,该股东请求确认该解除行为无效的,人民法院不予支持。"而威弘公司2001年5月16日股东会记载的情形并不符合上述规定。故该股东会决议中关于取消张某股东资格的内容无法律依据,本院不予支持。

七、关于"被冒名登记为股东"的认定

股东以被他人冒名登记为股东为由请求确认自己不具备股东资格的,应根据其当时是否知情等情况来判断是否支持其主张。

☞ 案例

上诉人吴某因与被上诉人南京欧典工贸有限公司、王某、原审第三人南京强新企业有限公司股东资格确认纠纷一案,不服南京市玄武区人民法院【(2013)玄商初字第589号】民事判决,向南京市中级人民法院提出上诉,南京市中院于2013年10月24日作出【(2013)宁商终字第1009号】民事判决。

☞ 裁判依据

《公司法》第32条:"有限责任公司应当置备股东名册,记载下列事项:(一)股东的姓名或者名称及住所;(二)股东的出资额;(三)出资证明书编号。记载于股东名册的股东,可以依股东名册主张行使股东权利。公司应当将股东的姓名或者名称及其出资额向公司登记机关登记;登记事项发生变更的,应当办理变更登记。未经登记或者变更登记的,不得对抗第三人。"

《公司法司法解释(三)》第29条:"冒用他人名义出资并将该他人作为股东在公司登记机关登记的,冒名登记行为人应当承担相应责任;公司、其他股东或者公司债权人以未履行出资义务为由,请求被冒名登记为股东的承担补足出资责任或者对公司债务不能清偿部分的赔偿责任的,人民法院不予支持。"

☞ 裁判意见

南京市中级人民法院认为:当事人对自己提出的主张,有责任提供证据加以证明。从现有证据看,程某、吴某、王某原系同事,吴某在明知王某为设立欧典公司租赁房屋及欲将其登记为股东的情况下,仍将身份证交给王某,且其也认可欧典公司在工商部门设立登记资料中的身份证复印件为吴某本人证件,故其称对被登记为欧典公司股东不知情与事实不符。欧典公司法定代表人及股东王某虽陈述吴某没有实际出资,相关签字系他人代签,但其同时陈述在设立欧典公司之前、之后均已将吴某登记为欧典公司股东的事项告知吴某,吴某没有提出异议。结合欧典公司设立至今已十年时间,吴某从未对此提出异议、吴某丈夫程某在欧典公司的经营过程中,对欧典公司的部分经营活动参与决策与管理的事实,本院认为,吴某称其对自己被登记为欧典公司股东不知情,其名义被盗用的主张证据不足。关于吴某提出的对工商登记资料中的签名进行鉴定的请求,因二审中王某已陈述该签字并非吴某所签,且鉴定结果并不足以证明吴某的主张,故本院对其鉴定申请不予准许。综上,上诉人吴某的上诉请求因证据不足,本院不予支持。

第四部分　律 师 建 议

一、股东资格确认之诉应当严格依照法律规定确定诉讼当事人

《公司法司法解释(三)》第 21 条规定"当事人向人民法院起诉请求确认其股东资格的,应当以公司为被告,与案件争议股权有利害关系的人作为第三人参加诉讼",该条明确了股东资格确认纠纷的当事人诉讼地位问题。尽管法律有此规定,但我们发现错列被告诉讼地位仍是诉讼中的常见问题,这将导致原告起诉被驳回[如【(2012)扬商外初字第 0022 号】案件]。

虽然不排除极少数法院忽略了这一程序问题并作出判决,但该判决仍可能被撤销。在原告张某与被告叶某、顾某的股权确认纠纷一案中,一审江苏省常熟市人民法院判决"确认顾冠华名下在常熟市常盛农村小额贷款有限公司持有的 10% 股份中,0.5% 股份(注册资本人民币 100 万元)属张某所有"【见(2013)熟商初字第 1111 号】,而二审江苏省苏州市人民法院中级人民法院撤销了前述判决【见(2014)苏中商终字第 00912 号】。二审法院认为:"本案张某诉讼请求为'请求确认被告在常盛小贷公司持有的 10% 的股份中 1% 股份由原告持有',可见张某的诉讼请求为确认其为持有常盛小贷公司 1% 股份的股东",故二审法院依据上述法律规定认定被告主体不适合,原告的起诉应驳回。

此外,通过上述二审判决发现:案由的确定并不以当事人是否在诉讼请求中明确要求确认自己具备股东资格为判断标准,如当事人要求确认的是特定的股份、股权,实际上也属于该案由的范畴。

二、隐名股东务必通过严密的委托持股协议保护自身合法权益

实际出资人因未被记载于公司股东名册、工商登记文件中，故其股东资格因缺乏形式要件而有可能不被法院认可；并且，对于显名股东的侵权行为，事后往往难以弥补。对此，我们提出如下几点建议：

1. 应当签订委托持股协议，以防范股东资格不被认可的风险。

在【(2013)苏中商终字第0828号】案件中，原告未能提供委托持股的相关证据，法院认为原告仅提供显名股东入股的资金来源，不足以否定显名股东身份。隐名股东在需要显名时，必须向法院提供委托持股关系的证明，而双方签订的委托持股协议就是最直接有力的证据。因此，必须签订委托持股协议，以防双方的关系转化为债权，从而丧失因股东身份而享有的利益。

2. 应设置较高的违约金，或股权质押担保，以防范名义股东擅自转让股权等风险。

在【(2014)泰中商终字第0045号】案中，显名股东未经隐名股东同意而直接向第三人转让股权，隐名股东因此诉至法院要求确认自己的股东资格。该案中，法院依法律规定及外观主义原则，认为隐名股东不得以股权转让未经其同意为由对抗受让股权的善意第三人。我们认为，显名股东的侵害行为一旦发生，事后很难回转。因此，最好在签署委托持股协议时，对显名股东损害实际出资人的情形明确约定违约责任，如确定一定数额的违约金或者违约金的计算方法。还有一种做法是，将登记在显名股东名下的股权设定质押担保，以此增加隐名股东违反协议的成本，防止其擅自转让股权或向第三方提供担保等行为。

3. 明确排除显名股东对代持股权享有财产权益，防范因显名股东死亡涉及继承、离婚等风险。

如果协议中明确约定了股权归属于隐名股东，则在显名股东出现意外死亡、离婚分割等情况时，相应的财产权益也就不能作为遗产或者共同财产进行分割。这样就确保了隐名股东的财产所有权，也避免了不必要的纷争。

三、隐名股东在出资时尽可能取得其他股东同意其适时显名的书面承诺，防止将来存在显名障碍

《公司法司法解释(三)》第25条第3款规定，实际出资人显名须经公司其他股东半数以上同意。如果隐名股东并不需要对公司隐瞒自己的身份，则完全

可以事先将隐名身份与委托持股关系告知公司及股东,并取得其他股东同意其将来成为显名股东的书面承诺。在司法实践中,有的法院还会以发生纠纷时其他股东是否同意为判断标准。因此,对上述承诺,建议增加有效期、违反后果之类的约束条款。

四、隐名股东应关注出资款是否真正成为公司注册资本,防止名义股东挪作他用

在【(2014)通中商终字第0657号】案件中,因原告向公司交付现金并未成为公司注册资本的一部分,故法院认为其取得的现金交款单并不真正具有出资证明书的性质与法律效力。法院还认为,凭出资或认购股权获取股东资格必须满足的一个要件是,其所出资或认购股权应为公司注册资本合法有效的组成部分,那些并非构成公司注册资本的出资或者股权认购,不是真正法律意义上的出资与认购股权。因此,隐名股东不能因已向显名股东交付出资款并取得收据而掉以轻心,必须关注该款项是否真正成为公司的注册资本,具体可以向公司核实或者要求显名股东提供其将相应款项支付至公司验资账户的支付凭证以及公司的验资报告等文件。如名义股东将出资款项挪作他用、未能办理相关验资手续,隐名股东的资格将难以得到确认。

五、工商登记是确认和彰显股东身份最直接、最有效的方式

在【(2013)苏商申字第534号】案件中,增资扩股的出资人依约履行了出资义务,但未与公司就出资的比例、股权份额等进行约定,也未及时要求公司办理股东变更登记手续。在嗣后起诉要求确认股东资格时,法院认为:尽管出资合同有效,但其他多数股东并不同意其取得股东身份,该协议事实上无法履行,出资人不能要求该公司继续履行赋予其股东身份的义务。

事实上,除隐名股东情形外,工商登记的公示效力在判断股东资格时具有最直接的作用。《公司法》第32条第3款规定:“公司应当将股东的姓名或者名称向公司登记机关登记;登记事项发生变更的,应当办理变更登记。未经登记或者变更登记的,不得对抗第三人。”因此,其他股东均应依法及时办理该手续。例如,在【(2013)常商终字第81号】案件中,在先受让人因未及时办理股权变更手续,法院认定取得变更登记的在后受让人具有股东资格。因此,股权转让的情形下,为了防止一股二卖,也需要及时办理股权变更登记手续。

六、采用"职工股东"做法的公司，应在公司章程或股东会决议中确定切实可行的退出机制，防范员工离职后拒绝转让股权的风险

在将股东资格与职工身份挂钩的情况下，许多案例中，员工离职后认为自己并未丧失公司的股东资格，并与公司发生纠纷。如果公司章程没有明确规定，则很可能承担相应风险。例如，员工有可能要求继续参与公司事务的决策，要求公司继续给付红利；在公司要求员工转让股权时，往往因无法达成股权转让对价从而无法推动问题的解决。因此，建议公司在章程中就员工在退休、离职后是否自动丧失股东资格、是否仍享有权益及以何种方式享有利益等进行明确规定，以免日后产生争议。

第十三章　股东出资纠纷

第一部分　报告背景及数据来源

股东出资纠纷是公司股东在公司设立或增加资本时，未按照法律、公司章程的规定以及协议的约定向公司交付财产或履行其他给付义务以取得股权，公司、股东或者公司债权人认为相关股东的行为损害其权益而发生的纠纷。最高人民法院《民事案件案由规定》中专门规定了“股东出资纠纷”案由，公司纠纷案件审理中常见的股东出资纠纷包括以下几种类型：虚假出资纠纷、抽逃出资纠纷、出资不足纠纷、逾期出资纠纷等。

我们对最高人民法院、江苏省高级人民法院近4年的股东出资纠纷裁判文书进行了数据分析，形成了本研究报告。具体而言，我们主要从“中国裁判文书网”“北大法宝”等裁判文书数据库中进行搜索，搜索时间为2011年3月1日至2016年12月31日。

需要指出的是，2013年10月，国务院决定取消有限公司、一人公司、股份公司的最低注册资本额登记限制，同时推进公司注册资本由实缴登记制改为认缴登记制，实行由公司股东自主约定认缴出资额、出资方式、出资期限等的制度。2013年12月28日，第十二届全国人民代表大会常务委员会第六次会议审议通过了关于修改《公司法》的决定，最新修订的《公司法》于2014年3月1日起施行。本次《公司法》的修改主要涉及三方面：

第一，将注册资本实缴登记制改为认缴登记制。除法律、行政法规以及国务院决定对公司注册资本实缴另有规定的外，取消了关于公司股东（发起人）应当自公司成立之日起两年内缴足出资、投资公司可以在5年内缴足出资的规定；取消了一人公司股东应当一次足额缴纳出资的规定。公司股东（发起人）自主约定认缴出资额、出资方式、出资期限等，并记载于公司章程。

第二，放宽注册资本登记条件。除法律、行政法规以及国务院决定对公司注册资本最低限额另有规定的外，取消了有限责任公司最低注册资本3万元、一人有限责任公司最低注册资本10万元、股份有限公司最低注册资本500万元的限制；不再限制公司设立时股东（发起人）的首次出资比例；不再限制股东（发起人）的货币出资比例。

第三，简化登记事项和登记文件。有限责任公司股东认缴出资额、公司实收资本不再作为公司登记事项。公司登记时，不需要提交验资报告。

根据修改后重新公布的《公司法》，最高人民法院审判委员会于2014年2月17日通过最高人民法院《关于修改关于适用〈中华人民共和国公司法〉若干问题的规定的决定》（2014年3月1日起施行），对最高人民法院公司法司法解释（一）、（二）、（三）的相关内容进行了相关修订，其中第8点规定：删去《公司法司法解释（三）》第12条第1项，并将该条修改为“公司成立后，公司、股东或者公司债权人以相关股东的行为符合下列情形之一且损害公司权益为由，请求认定该股东抽逃出资的，人民法院应予支持：（一）制作虚假财务会计报表虚增利润进行分配；（二）通过虚构债权债务关系将其出资转出；（三）利用关联交易将出资转出；（四）其他未经法定程序将出资抽回的行为”。

上述修改对公司纠纷特别是股东出资纠纷的司法适用与裁判提出了新挑战，但由于从股东出资到公司经营直至产生纠纷，需要一定的时间，且囿于从公开渠道查询的法律文书的公开时间有一定的滞后性，因此，本报告形成所依据的最高人民法院、江苏省高级人民法院的裁判案例大部分还是依据最新修订之前的《公司法》及司法解释作出的。关于修订前后的司法解释如何适用的问题，依据最新修订的《公司法司法解释（三）》第13条规定：本决定施行后尚未终审的股东出资相关纠纷案件，适用本决定；本决定施行前已经终审的，当事人申请再审或者按照审判监督程序决定再审的，不适用本决定。

第二部分　案件数据及裁判特点

在“北大法宝”的裁判文书数据库中,以案由进行搜索,可得到从 2011 年 3 月 1 日至2016 年 12 月 31 日期间,最高人民法院共有公司类案例文书367 份,江苏省高级人民法院共有 195 份。根据案由进行分类,上述两级法院的股东出资纠纷案件共有 36 份,经“中国裁判文书网”案例的补充,最终确定案例为 43 份。在此基础上,我们对这些裁判文书数据进行了相关分析。

一、股东出资纠纷在公司纠纷中占比相对较多

表 13－1　公司类纠纷案由分布

江苏省高级人民法院		最高人民法院	
案由	数量(件)	案由	数量(件)
股权转让纠纷	126	股权转让纠纷	238
股东资格确认纠纷	15	损害公司利益责任纠纷	43
损害公司利益责任纠纷	14	股东出资纠纷	25
股东损害公司债权人利益责任纠纷	13	股东资格确认纠纷	20
股东出资纠纷	11	公司盈余分配纠纷	8
公司解散纠纷	6	损害股东利益责任纠纷	7
公司盈余分配纠纷	6	公司解散纠纷	7
股东知情权纠纷	4	股东损害公司债权人利益责任纠纷	4
公司决议纠纷	4	公司增资纠纷	4
公司证照返还纠纷	2	申请公司清算	3
公司关联交易损害责任纠纷	2	股东知情权纠纷	2
股东名册记载纠纷	1	公司决议纠纷	2
请求变更公司登记纠纷	1	请求变更公司登记纠纷	1
公司分立纠纷	1	请求公司收购股份纠纷	1

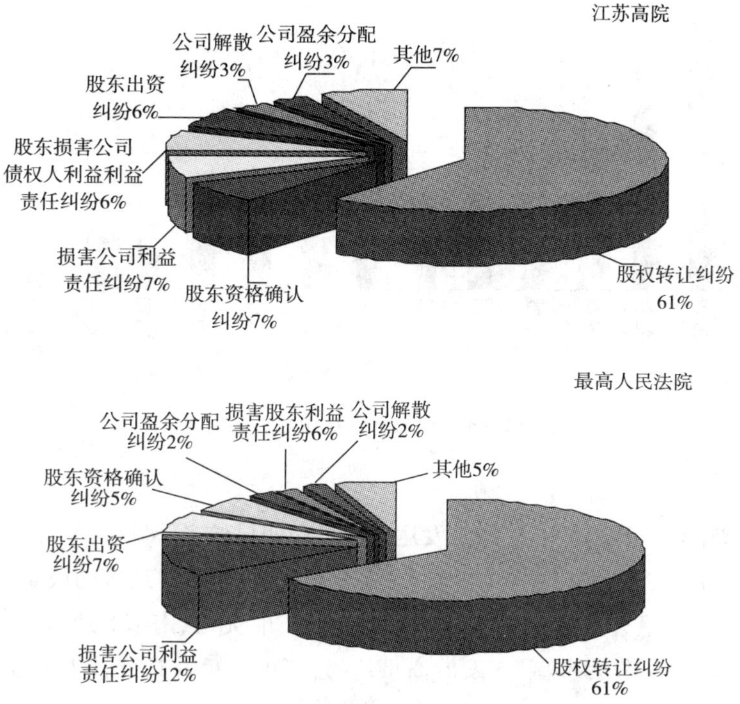

图 13－1 公司类纠纷案由分布

从分析表 13－1 和图 13－1，我们可以清晰地发现，无论是最高人民法院还是江苏省高级人民法院，股权转让纠纷都是占比最多的公司纠纷类型，占比均在 60% 以上。除此之外，股东出资纠纷亦属于较为多发的案件，总体上在各类公司纠纷案由中所占比重处于前列。

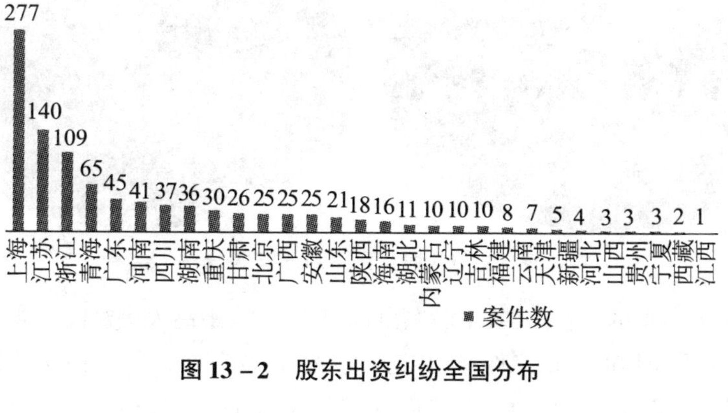

图 13－2 股东出资纠纷全国分布

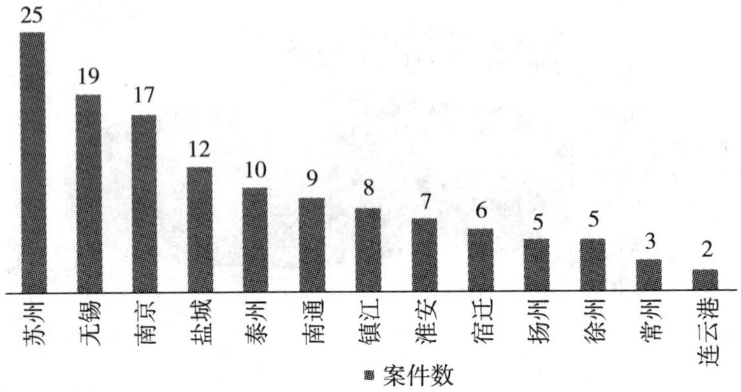

图 13－3　股东出资纠纷江苏省分布

二、地区分布差异明显，经济发达地区数量明显较多

从图 13－2 和图 13－3 可以看出，在全国来看，江浙沪地区的股东出资纠纷案件占据全国绝大多数；而在江苏境内，又以苏州、无锡、南京等地居多。股东出资纠纷作为一类较为典型、多发的商事纠纷，不可避免地具有较大的地域差异，其中，经济社会发展较快的地区发生此类纠纷的比率明显较高。

三、一审案件主要分布在基层和中级法院

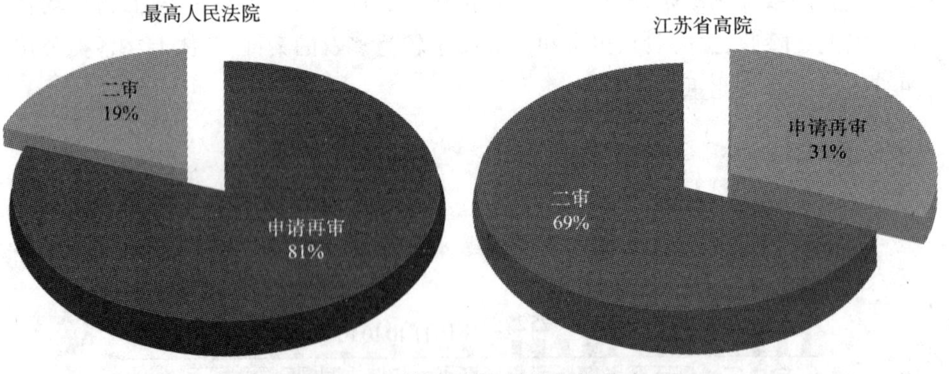

图 13－4　股东出资纠纷审级分布

从图 13－4 可以看出，对于股东出资纠纷案件，最高人民法院主要审理再审案件，其次为少量的二审案件，而并无一审案件；江苏省高级人民法院则主要审理二审案件，其次为少数的再审案件，也无一审案件。综合而言，考虑到再审案

件一般均经过了一审和二审程序，再结合我国的审级制度，可以看出，股东出资纠纷案件的一审案件管辖在最近几年以各地中级法院和基层法院为主，而高级法院则相对较少。

四、管辖级别将出现下降趋势

表 13-2　股东出资纠纷诉讼标的额

诉讼标的额	
范围	案件数量(件)
500 万元以下	10
500 万元～1000 万元	3
1000 万元～3000 万元	5
3000 万元～1 亿元	10
1 亿元以上	1

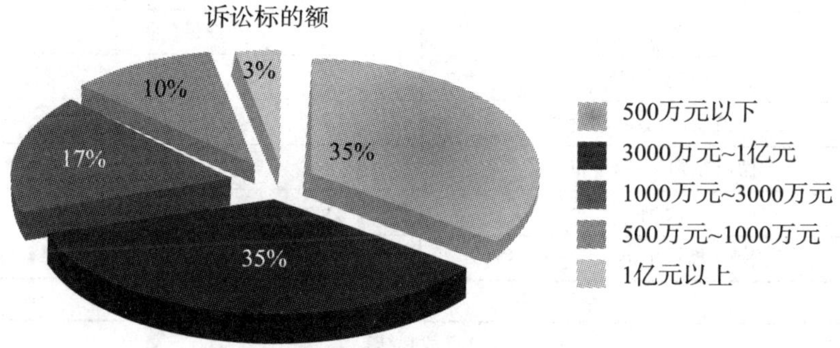

图 13-5　股东出资纠纷诉讼标的额分布

在 43 份裁判文书中，可以反映出诉讼标的金额的裁判文书共有 29 份。从表 13-2 和图 13-5 可以看出，股东出资纠纷的标的额差异较大，这与公司注册资本差别较大相吻合，其中 1000 万元以下案件占比合计 45%，1000 万元以上案件占比合计 55%，其中 1 亿以上占比 3%。按照最高人民法院 2008 年《全国各省、自治区、直辖市高级人民法院和中级人民法院管辖第一审民商事案件标准》，以江苏地区为例，江苏省高级人民法院管辖标的额 2 亿元以上民商事案件，以及标的额 1 亿元以上且一方不在本辖区的案件，而南京、苏州、无锡三地区的中级法院则管辖标的额3000万元以上的案件,以及标的额1000万元以上且一方不在本辖区的案件,而扬州、南通、泰州等地区的中级法院则管辖标准更低。因此,上述股东出资纠纷在江苏地区由中级法院、基层法院管辖的均占有较多比例。而在全国其他省市,级别管辖标准大多低于江苏地区,因而上述特征更加明显。这也与前述第三部分的分析相互印证。

然而,2015年5月,最高人民法院发布的《关于调整高级人民法院和中级人民法院管辖第一审民商事案件标准的通知》开始实施,其中对各高级法院和中级法院的管辖案件标的额进行了大幅提高,如在江浙沪三地区,所有辖区内中级人民法院均管辖诉讼标的额1亿元以上一审民商事案件。可以预见,今后股东出资纠纷案件的一审管辖将会出现下调趋势,由基层人民法院一审管辖的案件将进一步增多。

五、二审和再审维持率高

表13-3 股东出资纠纷裁判结果

二审裁判结果	
类型	数量(件)
维持原判	11
撤销原判,驳回起诉	1
撤销原判,发回重审	1
改判	1
撤回上诉	1

再审裁判结果	
类型	数量(件)
驳回申请	21
指令下级法院再审	3
本院提审	2
撤销原判,驳回起诉	1
撤回再审申请	1

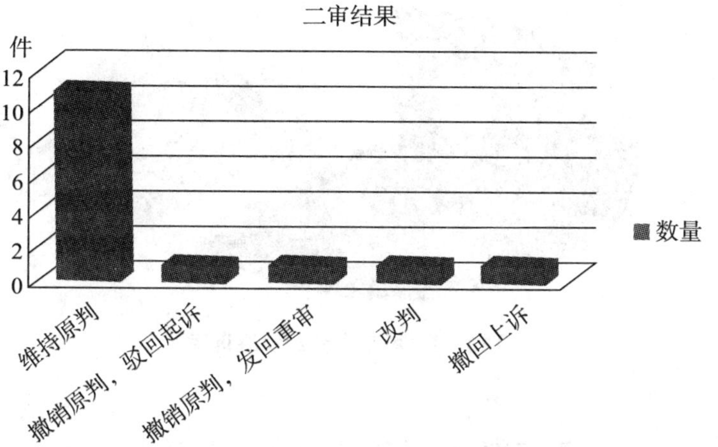

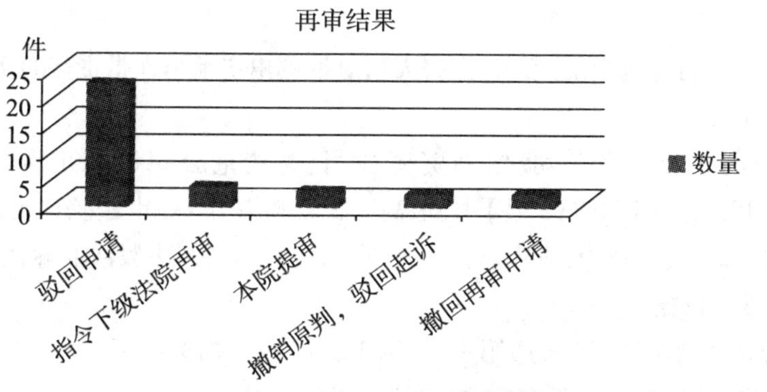

图 13－6　股东出资纠纷裁判结果

从表 13－3 和图 13－6 可以清楚地看出，股东出资纠纷中，二审维持原判的比例以及再审驳回申请的比例占绝对多数。这表明此类纠纷较之一般案件尤其应当重视一审程序的应对，不能过多地寄希望于通过上诉或申请再审来改判。

六、一审原告胜诉率较高

根据对 43 份裁判文书的裁判结果的分析，可以发现，涉及一审原告胜诉与否的文书共有 27 份，其中一审原告胜诉的有 17 份，占比达 63%，败诉的有 10 份，占比达 37%。由此可以看出，股东出资纠纷案件中，一审起诉方获胜的比例相对较高。如图 13－7 所示：

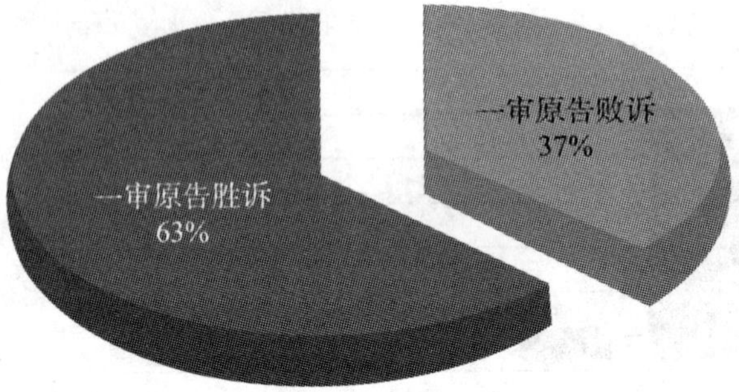

图 13－7　股东出资纠纷胜诉率

第三部分　裁判意见整理与分析

一、公司的其他股东、董事、高管人员对抽逃出资承担连带责任的认定

☞ 案例

袁某与光彩宝龙公司、宝纳资源公司、龙湾港公司股东出资纠纷一案【(2014)民二终字第 00092 号】中,最高人民法院认定:一审法院认定袁某实施了协助抽逃出资的行为,应当承担连带责任并无不妥,判决驳回上诉,维持原判。

☞ 裁判依据

《公司法司法解释(三)》第 14 条第 1 款:“股东抽逃出资,公司或者其他股东请求其向公司返还出资本息、协助抽逃出资的其他股东、董事、高级管理人员或者实际控制人对此承担连带责任的,人民法院应予支持。”

☞ 裁判意见

以上判决对于《公司法司法解释(三)》第 14 条第 1 款的理解,有以下两个方面需要关注:

1. 在法定代表人利益和公司利益存在冲突时,未经法定代表人委托或者股东会决议,公司可以直接提起诉讼。

一审法院认为:关于袁某答辩认为原告公司未经法定代表人委托或者股东会决议直接提起诉讼的问题。法院认为,作为拟制法人,一般情况下,公司的法定代表人有权对外代表公司处理事务,法定代表人的行为后果由公司承受。但是,担任法定代表人的股东或董事,与公司发生纠纷引发诉讼时,股东、董事的个人利益与公司利益发生冲突。为确保案件审理的正常进行,依法维护公司的合法权益,法院可指定与担任法定代表人的股东、董事提起的诉讼没有明显利害关系的其他股东作为公司诉讼代表人。本案中,袁某虽是光彩宝龙公司的法定代表人,但袁某与光彩宝龙公司之间存在利益冲突,故袁某不应再担任光彩宝龙公司的诉讼代表人。

2. 协助行为对抽逃出资所起作用的大小以及是否为抽逃出资的必要条件等,不影响连带责任的认定。

最高人民法院认为,从本案的一系列事实分析判断,有充足的理由使人相信,袁某对通过其担任法定代表人的三个关联公司之间故意虚构债务以抽逃出资的行为主观上存在过错,客观上也实施了协助的行为,应当承担连带返还责任。据《公司法司法解释(三)》第 14 条第 1 款规定,公司的其他股东、董事、高管人员等,只要实施了协助股东抽逃出资的行为,即应承担连带责任,而与协助行为对抽逃出资所起作用的大小、是否为抽逃出资的必要条件等无关。

二、股东出资义务不因股权转让、公司净资产增加而免除

☞ 案例

曹某与庆瑞都公司股东出资纠纷一案【(2014)苏商终字第 0011 号】,不服江苏省高级人民法院二审判决,向最高人民法院申请再审,最高人民法院作出【(2014)民申字第 1146 号】裁定书,驳回再审申请。此外,董某在其与曹某股权转让纠纷一案【(2012)海商初字第 0147 号】中,以江苏省高级人民法院上述【(2014)苏商终字第 0011 号】民事判决书所认定的曹某没有在庆瑞都公司出资为由,向江苏省连云港市中级人民法院申请再审,连云港市中院作出【(2014)连商申字第 00021 号】裁定书。

☞ 裁判依据

《公司法》第 28 条第 1 款规定:“股东应当按期足额缴纳公司章程中规定的各自所认缴的出资额。股东以货币出资的,应当将货币出资足额存入有限责任公司在银行开设的账户;以非货币财产出资的,应当依法办理其财产权的转移手续。”《公司法司法解释(三)》第 12 条第(1)项:“(一)制作虚假财务会计报表虚增利润进行分配”;第 13 条第 1 款:“股东未履行或者未全面履行出资义务,公司或者其他股东请求其向公司依法全面履行出资义务的,人民法院应予支持”;第 14 条第 1 款:“股东抽逃出资,公司或者其他股东请求其向公司返还出资本息、协助抽逃出资的其他股东、董事、高级管理人员或者实际控制人对此承担连带责任的,人民法院应予支持”;第 18 条第 1 款:“有限责任公司的股东未履行或者未全面履行出资义务即转让股权,受让人对此知道或者应当知道,公司请求该股东

履行出资义务、受让人对此承担连带责任的,人民法院应予支持;公司债权人依照本规定第十三条第二款向该股东提起诉讼,同时请求前述受让人对此承担连带责任的,人民法院应予支持。”

☞ 裁判意见

1. 转让股东的出资义务不因股权转让而解除。

江苏省高级人民法院认为:有限责任公司股东未尽出资义务即转让股权,转让股东的出资义务并不因股权转让而解除,公司仍有权请求转让股东履行出资义务。本案中,曹某原为庆瑞都公司的股东,庆瑞都公司原审起诉认为,曹某在将其持有的股权转让给董某时,并未完成对公司的出资义务,应承担补足出资的责任。因此,庆瑞都公司的起诉符合法律规定,曹某为本案适格的被告。

2. 净资产超过注册资本,未尽出资义务股东仍负有补充出资义务。

江苏省高级人民法院认为,即使曹某所称因经营等原因,庆瑞都公司的资产数额超过1200万元属实,该情形也属于公司资产增值所致,相应资产的所有权属于公司,股东对公司的补足出资义务并不因此而免除。

最高人民法院认为:庆瑞都公司的资产数额属于公司资产增值所致,相应资产的所有权属于公司,股东对公司的补足出资义务并不因此而免除,股东不论是退出公司或将公司股份转让,其对公司补足出资的责任也并不因此免除。

3. 股东未履行或者未全面履行出资义务即转让股权并不导致股权转让行为无效。

连云港市中级人民法院复查认为,江苏省高级人民法院【(2014)苏商终字第0011号】民事判决裁判的是作为庆瑞都公司的股东曹某依法应当承担的对公司的出资义务,股东对公司的出资义务与股东之间的股权转让并非同一法律关系。根据《公司法司法解释(三)》第18条的规定,股东未履行或者未全面履行出资义务即转让股权并不导致股权转让行为无效。本案申请人董某与被申请人曹某之间关于股权转让的协议,并未违反法律的强制性规定,该协议对双方当事人依法具有约束力。原判决判令申请人董某向被申请人曹某支付股权转让款符合法律规定。

三、股权代持协议不能成为名义股东不履行出资义务的理由

☞ 案例

前锋公司与五洲证券缴纳出资纠纷一案,不服河南省高级人民法院作出的【(2011)豫法民二初字第7号】民事判决,向最高人民法院提起上诉。最高人民

法院作出【(2014)民二终字第22号】判决书。前锋公司不服二审判决,向最高人民法院申请再审,最高人民法院于2014年12月16日作出【(2014)民申字第1761号】裁定书,驳回前锋公司的再审申请。

☞ 裁判依据

《公司法司法解释(三)》第17条第1款规定:"公司债权人以登记于公司登记机关的股东未履行出资义务为由,请求其对公司债务不能清偿的部分在未出资本息范围内承担补充赔偿责任,股东以其仅为名义股东而非实际出资人为由进行抗辩的,人民法院不予支持。名义股东根据前款规定承担赔偿责任后,向实际出资人追偿的,人民法院应予支持。"

☞ 裁判意见

即使前锋公司为五洲证券名义股东,与山东鑫融公司有股权代持的约定,但该约定也仅在定约人之间产生效力,不能对抗公司,即不能成为其不履行出资义务的理由,仍应按照公司章程的规定向五洲证券依法全面履行出资义务。

四、已履行出资义务的股东,在对未履行出资义务股东提起的股东出资纠纷诉讼中,为适格的原告主体

☞ 案例

协和公司与天诚公司股东出资纠纷一案,不服江苏省南通市中级人民法院【(2012)通中商初字第0089号】民事判决,向江苏省高级人民法院提起上诉,江苏省高院作出【(2013)苏商终字第0257号】二审判决书。

☞ 裁判依据

《公司法司法解释(三)》第13条第1款规定:"股东未履行或未全面履行出资义务,公司或者其他股东请求其向公司依法全面履行出资义务的,人民法院应予支持。"

☞ 裁判意见

一审法院认为:最高人民法院《公司法司法解释(三)》第13条第1款规定:"股东未履行或未全面履行出资义务,公司或者其他股东请求其向公司依法全面履行出资义务的,人民法院应予支持。"依照该规定,对于未履行或未全面履行出资义务的股东,公司或者其他股东均享有诉权。本案中,天诚公司认为协和公司作为协和天诚公司的股东未全面履行出资义务,其以协和天诚公司的股东身份提出诉讼,主体适格。

二审法院认为:天诚公司作为原告提起本案诉讼的主体资格适格。第一,天诚公司提起本案诉讼依据的是合作协议,其作为合作协议的一方当事人,依据合

作协议要求合同相对人协和公司履行合同义务，承担违约责任，具有适格的原告主体资格；第二，合作协议约定天诚公司和协和公司共同出资成立协和天诚公司，在协和公司未按合作协议、公司章程约定履行出资义务时，天诚公司作为协和天诚公司其他股东，亦有权主张协和公司向协和天诚公司依法全面履行出资义务。

五、以土地使用权出资但未办理变更登记的，法院判决由股东限期办理国有出让土地使用权过户的相关手续

☞ 案例

协和公司与天诚公司股东出资纠纷一案，不服江苏省南通市中级人民法院【（2012）通中商初字第0089号】民事判决，向江苏省高级人民法院提起上诉，江苏省高院作出【（2013）苏商终字第0257号】二审判决书。

☞ 裁判依据

《公司法》第28条规定："股东应当按期足额缴纳公司章程中规定的各自所认缴的出资额。股东以货币出资的，应当将货币出资足额存入有限责任公司在银行开设的账户；以非货币财产出资的，应当依法办理其财产权的转移手续。股东不按照前款规定缴纳出资的，除应当向公司足额缴纳外，还应当向已足额缴纳出资的股东承担违约责任。"

《公司法司法解释三》第10条第1款规定："出资人以房屋、土地使用权或者需要办理权属登记的知识产权等财产出资，已经交付公司使用但未办理权属变更手续，公司、其他股东或者公司债权人主张认定出资人未履行出资义务的，人民法院应当责令当事人在指定的合理期间内办理权属变更手续；在前述期间内办理了权属变更手续的，人民法院应当认定其已经履行了出资义务；出资人主张自其实际交付财产给公司使用时享有相应股东权利的，人民法院应予支持。"

☞ 裁判意见

一审判决：协和公司应当将位于南通市经济技术开发区港口工业三区张江路南、江堤东的约30亩（20,000.05平方米）国有出让土地使用权变更至协和天诚公司名下。

二审判决：协和公司未按约履行义务，且直至本案二审，案涉土地使用权不存在法律上或客观上不能办理过户手续的情况，故协和公司应继续履行合作协议和公司章程规定的义务，办理完成土地过户的相关手续。但由于土地使用权变更登记是国土管理部门的行政行为，故原审判决协和公司将案涉土地使用权变更至协和天诚公司名下缺乏法律依据，本院予以纠正。

六、公司解散并不免除股东的出资义务

☞ 案例

(株)圃木园控股因与福生公司、张小宝公司、一审第三人圃园福生公司股东出资纠纷一案,不服上海市高级人民法院【(2013)沪高民二(商)终字第36号】民事判决,向最高人民法院申请再审。最高人民法院于2014年12月30日作出【(2014)民提字第170号】裁定书,裁定撤销原审判决;驳回福生公司、张小宝公司的起诉。

裁判依据:《公司法司法解释三》第13条第1款规定:"股东未履行或者未全面履行出资义务,公司或者其他股东请求其向公司依法全面履行出资义务的,人民法院应予支持。"

☞ 裁判意见

最高人民法院认为:本案系出资纠纷。对于股东未按期缴纳出资的问题,我国公司法规定了股东有义务向公司足额缴纳,公司解散的,欠缴出资作为公司清算财产,并不免除股东的出资义务。根据最高人民法院《公司法司法解释三》第13条第1款规定:"股东未履行或者未全面履行出资义务,公司或者其他股东请求其向公司依法全面履行出资义务的,人民法院应予支持。"因此,(株)圃木园控股主张合资合同已被香港仲裁裁决解除,其履行最后一期出资义务已无实质意义的申请再审理由不能成立。

七、股东抽逃出资后转让股权的,公司不能要求受让人承担连带责任

☞ 案例

东平美景公司因与聊城美景公司股东出资纠纷一案,不服山东省高级人民法院【(2012)鲁商终字第205号】民事判决,向最高人民法院申请再审。最高人民法院于2014年2月27日作出【(2013)民申字第1795号】裁定书,裁定驳回再审申请。

☞ 裁判依据

《公司法司法解释三》第19条第1款:"有限责任公司的股东未履行或者未全面履行出资义务即转让股权,受让人对此知道或者应当知道,公司请求该股东履行出资义务、受让人对此承担连带责任的,人民法院应予支持;公司债权人依照本规定第十三条第二款向该股东提起诉讼,同时请求前述受让人对此承担连带责任的,人民法院应予支持。"

☞ 裁判意见

《公司法司法解释三》第19条的字面意思只规定了原股东虚假出资转让股

权后,受让股东明知或应知的,对公司承担连带责任。对于原股东抽逃的责任是否也由受让股东承担没有明确。从《公司法司法解释(三)》规定的前后体例看,涉及虚假出资和抽逃出资的相关规定,并未全部作为同一条文规定,也没有基于互相包含的关系而只列举一种情形规定,因此,严格按照文义理解更符合该规定的精神。抽逃出资和虚假出资从后果看,都是导致公司不拥有该部分注册资本,但从内涵上讲是有区别的。虚假出资是公司成立之前的股东单方行为,因公司尚未成立,故公司不能够表达否定意志,责任在于股东,新股东受让后原则上要对公司承担原股东的义务,此时可谓公司没有过错。抽逃出资行为是发生在公司设立之后,任何股东抽逃出资都必须经公司履行相关手续,从形式上看公司作出的是"同意"的意思表示,此时推定公司具有过错,股权转让后,公司不能够在"同意"原股东抽逃行为的前提下,又向新股东主张责任,否则,有悖诚实信用原则。因此,二审法院对《公司法司法解释(三)》第19条的解释不包括股东抽逃出资的情形,聊城美景公司不应承担连带责任的结论正确。

八、债权人会议决议不追索瑕疵出资股东责任的,破产程序终结后,债权人仍可以自行向瑕疵出资股东主张权利

☞ 案例

海南金厦建设股份有限公司等诉中国农业银行股份有限公司深圳市分行股东出资纠纷案,不服广东省高级人民法院【(2013)粤高法民二终字第79号】民事判决,向最高人民法院申请再审,最高人民法院于2014年10月31日作出【(2014)民申字第1693号】裁定书,驳回再审申请。

☞ 裁判依据

《公司法司法解释三》第13条第2款规定:"公司债权人请求未履行或者未全面履行出资义务的股东在未出资本息范围内对公司债务不能清偿的部分承担补充赔偿责任的,人民法院应予支持;未履行或未全面履行出资义务的股东已经承担上述责任,其他债权人提出请求的,人民法院不予支持。"

☞ 裁判意见

最高人民法院认为:本案主要涉及农行深圳分行能否通过普通民事诉讼程序主张债权的问题。根据原审查明的事实,在本案涉及的北大中基公司破产程序中,清算组已发现北大中基公司的部分股东存在虚假出资、抽逃出资的情形,考虑到向股东提起追偿之诉需要各债权人按比例垫付诉讼费用问题,过半数的债权人不同意追索。债权人会议的该项决定对全体债权人均有约束力,包括海南金厦公司在内的债权人不得要求清算组在破产程序中追索瑕疵出资股东的责任，更无权在破产程序终结后再行要求清算组追索。

同时，债权人会议并没有免除债务人所负债务的职权，其有关不在破产程序中追索公司瑕疵出资股东责任的决定，亦无免除债务人债务的意思，不妨碍愿意追索的债权人在破产程序终结后根据普通民事诉讼程序向虚假出资、抽逃出资的股东主张债权。中国农业银行深圳分行在破产程序终结后提起本案股东出资之诉，并不违反法律规定，亦未损害北大中基公司其他债权人的利益，原审法院予以受理并无不当。

第四部分 律师建议

通过上述对最高人民法院和江苏省高院有关股东出资纠纷案件裁判文书的整理、分析，我们可以看出，该类纠纷中很多情形原本可以通过合理的公司治理和风险防范予以规避。下面，我们针对该类纠纷中比较突出和多发的问题，结合公司法的相关规定以及现实状况，提出如下几点风险防范建议：

一、运用注册资本认缴制防范抽逃出资风险

新的公司法在公司资本制度上实行认缴注册资本制，《公司法》第26条第1款规定："有限责任公司的注册资本为在公司登记机关登记的全体股东认缴的出资额。"第83条第1款规定："以发起设立方式设立股份有限公司的，发起人应当书面认足公司章程规定其认购的股份，并按照公司章程规定缴纳出资。以非货币财产出资的，应当依法办理其财产权的转移手续。"这一规定取消了公司最低注册资本额限制，也取消了股东缴足出资的时间限制，将这一事项完全交由公司自行约定。这体现了我国公司法对原有的"注册资本信用观"的扭转。

在本报告所收集的诸多案例中，许多纠纷均为公司股东虚假出资、抽逃出资等情形，其中的典型情形是，股东通过借贷等方式出资，待完成验资手续后又通过虚构账目方式将资金归还，从而被认定为抽逃出资。结合公司法规定，我们对此提出如下建议：

由于公司初创时资金并不充裕，因此，股东（发起人）无须在公司设立时即缴纳出资，可以考虑在认缴一定注册资本额后，在章程中约定一个较为宽松、灵活的实缴期间、实缴方式，从而缓解初期的资金压力，这样也可以避免后期被认定抽逃出资从而承担法律责任的风险。

二、公司其他股东、董事、高管和实际控制人应注意防范对出资不实股东承担连带责任的风险

股东未履行出资义务,不仅自身应当承担法律责任,公司的其他股东、董事、高管和实际控制人均有可能承担相应责任,具体规定在《公司法》《公司法司法解释(二)》《公司法司法解释(三)》的相关条文中。归纳而言,公司的其他股东、董事、高级管理人员、实际控制人在下列情形下应当承担连带责任:第一,在公司设立时,股东未履行或者未全面履行出资义务的,设立时的其他股东或发起人应当承担连带责任;第二,在公司增资时,股东未履行或未全面履行出资义务的,未尽到忠实、勤勉义务的董事、高级管理人员应当承担相应责任;第三,股东抽逃出资的,协助抽逃出资的其他股东、董事、高级管理人员或者实际控制人应当承担连带责任。在我们搜集的诸多案例中,不乏有公司的法定代表人因为被认定协助抽逃出资而承担连带责任的情形,且按照法院的意见,对协助抽逃出资的认定不论其协助行为是否必要及所起作用大小。对此,我们提出如下建议:

1. 在发起人协议或者公司章程中,各股东可以对有关出资义务的履行时间、履行程序等要求作出明确的规定,并建立较为规范的制度,以管理、监督各股东履行出资义务,避免日后纠纷的发生。

2. 董事、高级管理人员或者实际控制人应当审慎履行职务,及时向出资不实的股东发出催缴出资的书面通知,或者采取其他能够反映其履行勤勉义务的措施,并注意保留证据。在具体操作方法上,可以向法务部门或者律师事务所咨询,寻求专业的法律服务,尽可能地规避法律风险。

三、股权受让人应注意核实原股东是否存在出资不实问题

《公司法司法解释(三)》第18条第1款规定:“有限责任公司的股东未履行或者未全面履行出资义务即转让股权,受让人对此知道或者应当知道,公司请求该股东履行出资义务、受让人对此承担连带责任的,人民法院应予支持;公司债权人依照本规定第十三条第二款向该股东提起诉讼,同时请求前述受让人对此承担连带责任的,人民法院应予支持。”第2款规定:“受让人根据前款规定承担责任后,向该未履行或者未全面履行出资义务的股东追偿的,人民法院应予支持。但是,当事人另有约定的除外。”

该条对瑕疵出资股东的股权转让问题进行规定,但实践中对此仍然存在一些争议。例如,该股权转让行为的效力应当如何认定;该条的规制范围是否也包括抽逃出资行为;如何追究受让人的连带责任等。针对上述问题,根据前述我们对所搜

集的裁判文书的分析可以发现，最高人民法院的意见认为，股权转让行为并不因为转让股权股东未履行出资义务而无效，其效力判断仍要根据《公司法》与《合同法》的相关规定。同时，最高人民法院还认为，抽逃出资后转让股权的，不适用《公司法司法解释三》第 18 条的规定，即对于抽逃出资后股权转让的受让人不要求承担连带责任。

对此，我们提出如下建议：

1. 在股权转让交易过程中，受让人应当尽到必要的审查义务，可以要求对方提供公司章程、出资证明、验资报告等相关文件，同时还可以向公司以及其他股东核实该股东是否存在虚假出资和抽逃出资等出资不实行为，并要求公司和其他股东出具书面确认文件，从而在最大限度上防范后期被要求对原股东出资不实承担连带责任的风险；

2. 在股权转让合同中，受让人可以要求原股东明确承诺其对该转让的股权已经履行了出资义务，且受让人已经尽到了必要的审查义务。同时，合同中应约定明确的违约责任；此外，受让人还可以要求原股东提供一定的担保。

四、股权代持人应注意防范隐名股东出资不实的法律风险

《公司法司法解释三》第 26 条规定："公司债权人以登记于公司登记机关的股东未履行出资义务为由，请求其对公司债务不能清偿的部分在未出资本息范围内承担补充赔偿责任，股东以其仅为名义股东而非实际出资人为由进行抗辩的，人民法院不予支持。名义股东根据前款规定承担赔偿责任后，向实际出资人追偿的，人民法院应予支持。"

该条文规定了股权代持人应当承担隐名股东出资不实的法律责任，在我们搜集到的裁判文书中，也出现了这类情形。由于司法解释已经对此作出了比较明确的认定，因此，其中的法律争议并不多，实践中股权代持人应当注意主动防范此类风险，建议如下：

1. 股权代持人可以要求实际出资人提供公司章程、出资证明、验资报告等材料，审查实际出资人是否全面履行出资义务。

2. 股权代持人可以在代持合同中约定违约金条款，即因实际出资人未履行出资义务而给代持人造成损失的，代持人除有权利依法向实际出资人追偿外，还可要求实际出资人赔偿一定数额的违约金。

3. 股权代持人还可以要求实际出资人对上述责任提供一定的担保。

第十四章　新增资本认购纠纷

第一部分　报告背景及数据来源

新增资本认购纠纷，是最高人民法院发布的《民事案件案由规定》中明确规定的一类案由，包括有限责任公司新增资本认购以及股份有限公司发行新股认购而产生的纠纷，既可能发生在新出资人与公司之间，也可能发生在原股东与公司之间。

投资人在认购公司新增资本时，很容易产生纠纷。比较常见的纠纷是，股东或者公司外部的投资人起诉要求确认享有公司股权或者要求返还出资款项。这种情形里，法院往往会结合公司法中关于股东资格的相关规定，确认股东是否已享有公司股权。如果一方未取得合同约定的股权，未能享有股东身份，则可能会依据认购合同追究相关主体的违约责任，要求返还出资款项及利息。

另外，公司法对于新增资本认购的规定尚有一些需要进一步完善的问题。比如，股东行使优先认缴公司新增资本的权利是否应当限定一个合理期间。虽然公司法本身未对优先认购权的行使期限作出明确规定，但最高人民法院审理的一则案例中就提出，为维护交易安全和稳定经济秩序，该权利应当在一定合理期间内行使，并且由于这一权利的行使属于典型的商事行为，对于合理期间的认定应当比通常的民事行为更加严格。

为了更深入地了解新增资本认购纠纷的司法实践，我们对全国各地的高级人民法院以及中级人民法院近 5 年审理的新增资本认购纠纷的裁判文书进行了数据分析，形成了本研究报告。相关裁判文书主要来源于“中国裁判文书网”

“无讼案例”“北大法宝”等裁判文书数据库，裁判文书检索时间为2012年1月1日至2016年12月31日。

第二部分　案件数据及裁判特点

在“无讼案例”的裁判文书数据库中，以“新增资本认购纠纷”为案由进行搜索，并经北大法宝数据库的补充，可得到从2012年1月1日至2016年12月31日期间的裁判文书共计59份，其中各省高级人民法院的裁判文书9份，各地中级人民法院的裁判文书50份。下面，我们将对这些裁判文书进行分析。

一、二审裁判结果分布情况

表14－1　二审裁判结果统计

类型	数量(件)
驳回上诉，维持原判	33
直接改判	9
撤回上诉	7
发回重审	2
驳回起诉	1

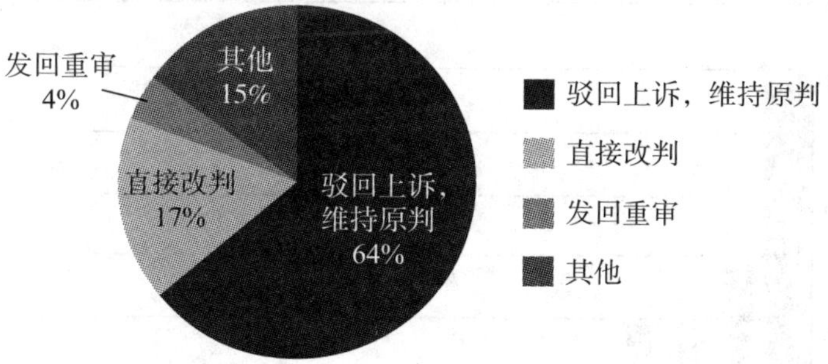

图14－1　二审裁判结果统计

在本报告收集的裁判文书中，可供分析的二审裁判文书共有52份。从表14－1和图14－1可以看出，新增资本认购纠纷案件中，二审法院驳回上诉、维持原判的比例为64%，而法院直接予以改判和发回重审的共占到21%。相较于其他一些二审维持率较高的案由，此类案件二审改判和发回重审的概率稍大一些。

二、案件发生地域分布情况

表 14－2　案件地区分布

地区	数量(件)
云南	14
上海	8
江苏	6
陕西	6
重庆	4
广西	4
广东	4
湖北	3
北京	2
福建	2
海南	2
新疆	1
浙江	1
山东	1
河南	1
总计	61

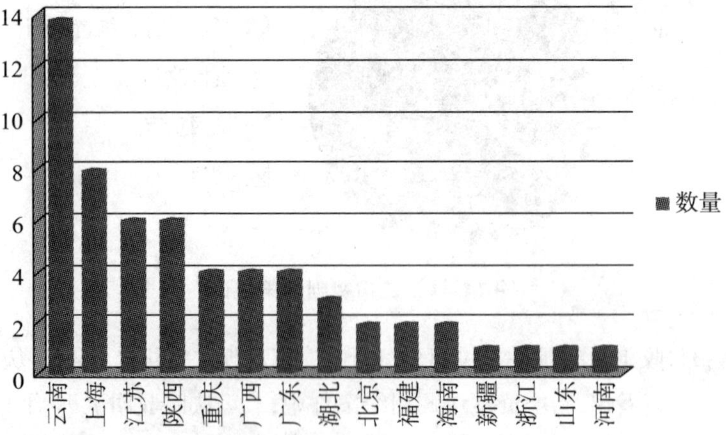

图 14－2　案件地区分布

从表 14 - 2 和图 14 - 2 可以看出,新增资本认购纠纷的案例在全国各地区的分布上差异比较明显,云南、上海、江苏、陕西等地区近几年来该类案件出现较多。

由于公司在安排新增资本认购过程中,往往涉及多个股东或公司外的投资人,因而在出现纠纷时常会出现合并审理的共同诉讼案件。例如,表 14 - 2 和图 14 - 2 中的云南地区,十几个案件均为同一家公司与投资人之间产生的纠纷。

三、主要法律争议集中在股东优先认购权、认购者的股东身份确认以及管辖权异议三大方面

表 14 - 3　案件主要争议焦点情况

类型	数量(件)
优先认购权成立与否	15
股东资格认定	13
管辖权异议	12
确定股权份额	2
其他	5

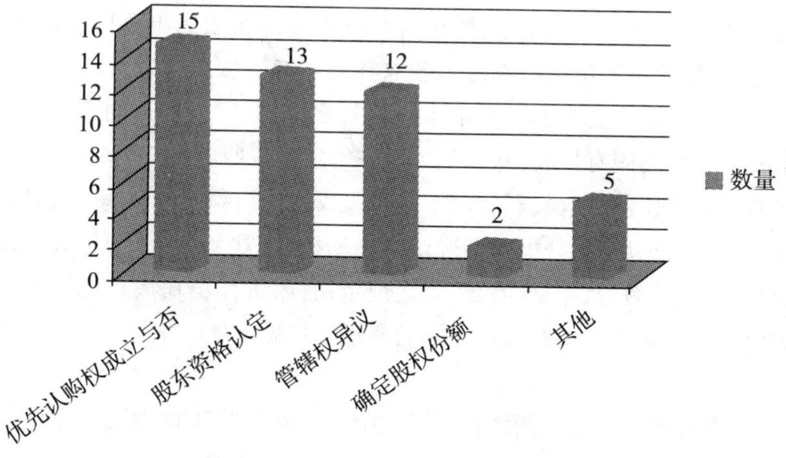

图 14 - 3　案件主要争议焦点情况

在本报告所收集的案例中,除去部分单纯程序性的法律文书外,可以供分析主要法律争议点的案例共有 47 份。如表 14 - 3 和图 14 - 3 所示,在新增资本认购纠纷案件中,主要法律争议集中在股东优先认购权是否成立、认购者是否已获

得股东身份,以及管辖权异议这三大方面。

第三部分　裁判意见整理与分析

一、全体股东仅约定不按出资比例分红时,对于公司新增资本,仍应按照实缴出资比例认缴出资,而不是按照约定的分红比例认缴出资

☞ 案例

谢某、圣某等与王某等新增资本认购纠纷一案,不服湖北省汉江市中级人民法院【(2013)鄂汉江中民二初字第00040号】民事判决,向湖北省高级人民法院申请再审。湖北省高级人民法院于2014年12月21日作出【(2014)鄂民二终字第00043号】民事判决,驳回上诉,维持原判。

☞ 裁判依据

《公司法》第34条规定:"股东按照实缴的出资比例分取红利;公司新增资本时,股东有权优先按照实缴的出资比例认缴出资。但是,全体股东约定不按照出资比例分取红利或者不按照出资比例优先认缴出资的除外。"

☞ 裁判意见

湖北省高级人民法院认为,《公司法》第34条规定:"股东按照实缴的出资比例分取红利;公司新增资本时,股东有权优先按照实缴的出资比例认缴出资。但是,全体股东约定不按照出资比例分取红利或者不按照出资比例优先认缴出资的除外",上述规定为利润分配请求权的规定,而非股权确认的规定。利润分配请求权是股东的固有权利,除非全体股东约定不按照出资比例分取红利外,应按照实缴的出资比例分取红利。而本案为股权确认纠纷而非利润分配请求权纠纷,股权比例不应以利润分配比例确认。根据《公司法》的相关规定和最高人民法院《公司法司法解释(三)》第23条之规定,有限责任公司股东的股权比例应当根据股东出资额与公司总股本之间的比例予以确定。

二、投资人在认购公司新增资本过程中与原股东签订的"对赌条款"有效

☞ 案例

励某甲、励某乙与上海鑫坤投资管理有限公司、胡某、浙江启鑫新能源科技股份有限公司新增资本认购纠纷一案,不服上海市徐汇区人民法院【(2013)徐民二(商)初字第1679号】民事判决,向上海市第一中级人民法院提起上诉。上海市第一中级人民法院于2015年4月27日作出【(2015)沪一中民四(商)终字

第79号】民事判决，驳回上诉，维持原判。

☞ 裁判依据

《合同法》第8条第1款："依法成立的合同，对当事人具有法律约束力。当事人应当按照约定履行自己的义务，不得擅自变更或者解除合同。"

第107条规定："当事人一方不履行合同义务或者履行合同义务不符合约定的，应当承担继续履行、采取补救措施或者赔偿损失等违约责任。"

☞ 裁判意见

上海市第一中级人民法院认为，双方当事人签订的增资合同及补充合同一、补充合同二及《股权转让协议》均系双方当事人的真实意思表示。同时，前述补充合同一、补充合同二中均包括融资方与投资者所共同约定设置的估值调整机制，即投资业内所述的"对赌条款"，综观该些条款的内容，该补充合同一、补充合同二的合同相对方系启鑫公司的控股股东，而该条款本身并不会对启鑫公司的利益及该公司债权人的利益造成损害，也不存在违反法律规定的禁止性规定之处，因此，双方当事人均应恪守上述协议。

三、仅有限责任公司的股东对于公司新增资本享有优先认购权

☞ 案例

赵某与云南纺织（集团）股份有限公司新增资本认购纠纷一案，不服昆明市西山区人民法院【（2015）西法民初字第593号】民事判决，向昆明市中级人民法院提起上诉。昆明市中级人民法院于2015年7月14日作出【（2015）昆民五终字第34号】民事判决，驳回上诉，维持原判。

☞ 裁判依据

《公司法》第34条："股东按照实缴的出资比例分取红利；公司新增资本时，股东有权优先按照实缴的出资比例认缴出资。但是，全体股东约定不按照出资比例分取红利或者不按照出资比例优先认缴出资的除外。"

☞ 裁判意见

公司进行增资扩股系公司内部治理的经营决策行为，由公司的决策机构作出决议并遵照执行。《公司法》第34条规定的股东增资优先认购权，是公司法基于保护有限责任公司人和性的经营特征，对有限责任公司增资扩股行为发生时所做的强制性规范，目的在于保护有限责任公司基于人和基础搭建起来的经营运行稳定性，该规定仅适用于有限责任公司。对于股份有限公司，基于其资合性的组织形式与管理运行模式，公司法并未对其增资扩股行为设

定优先认购权的强制性规范,股份有限公司的增资扩股行为系其内部经营决策合意的结果,在不违反相关强制性法律法规的前提下,公司具体的增资方式、增资对象、增资数额、增资价款等均由其股东会决议并遵照执行。

四、新增资本认购纠纷为公司纠纷,由公司住所地法院管辖

☞ 案例

重庆科友医药有限公司与代某新增资本认购纠纷管辖权异议一案,不服重庆市江北区人民法院【(2013)江法民管异初字第66号】民事裁定,向重庆市第一中级人民法院提出上诉。重庆市第一中级人民法院于2013年5月28日作出【(2013)渝一中法民管异终字第00299号】民事裁定,驳回上诉,维持原裁定。

☞ 裁判依据

《民事诉讼法》第26条:"因公司设立、确认股东资格、分配利润、解散等纠纷提起的诉讼,由公司住所地人民法院管辖。"

☞ 裁判意见

重庆市第一中级人民法院认为,依据被上诉人起诉请求、事实和理由及提交的基础证据,可认定本案系因新增资本认购纠纷提起的诉讼,属于公司诉讼范围,依法应由上诉人公司住所地的重庆市江北区人民法院管辖。上诉人的上诉理由不能成立,本院不予采纳。

五、公司股东会虽已作出合法有效的增资决议,但尚未安排认缴,此时股东尚不能要求认购新增资本

☞ 案例

马某与北京合祥福地农业生态园新增资本认购纠纷一案,不服北京市顺义区人民法院【(2014)顺民初字第1147号】民事裁定,向北京市第三中级人民法院提起上诉。北京市第三中级人民法院于2014年8月28日作出【(2014)三中民终字第11309号】民事裁定,驳回上诉,维持原裁定。

☞ 裁判依据

《公司法》第34条:"股东按照实缴的出资比例分取红利;公司新增资本时,股东有权优先按照实缴的出资比例认缴出资。但是,全体股东约定不按照出资比例分取红利或者不按照出资比例优先认缴出资的除外。"

☞ 裁判意见

法院认为，根据法律规定，公司新增资本时，股东有权优先按照实缴的出资比例认缴出资，但是，股东要求认购新增资本的前提条件是公司股东会或者股东大会关于增加公司注册资本的决议合法有效，且公司股东会或者股东大会决议新增资本总额已经安排认缴，现马某仅以公司股东大会做出了合法有效的增资决议为由要求认购全部新增资本并变更工商登记，但是否安排认缴新增资本属于公司自治的范畴，不属于法院受理范围。

六、当事人向公司支付出资款后，最终未能成为股东的，可以要求公司返还出资款及利息

☞ 案例

北京市万达木材有限公司与王某新增资本认购纠纷一案，不服北京市通州区人民法院【（2013）通民初字第13853号】民事判决，向北京市第三中级人民法院提起上诉。北京市第三中级人民法院于2014年3月6日作出【（2014）三中民终字第01870号】民事判决，驳回上诉，维持原判。

☞ 裁判依据

《合同法》第107条规定："当事人一方不履行合同义务或者履行合同义务不符合约定的，应当承担继续履行、采取补救措施或者赔偿损失等违约责任。"

☞ 裁判意见

法院认为，万达木材公司收到王某入股费10万元后向王某出具了收条，证明已收到该款，但万达木材公司在工商行政管理部门登记注册材料中的股东成员没有变化，也没有证据证明万达木材公司已将上述款项退还王某，故万达木材公司应将收到的10万元款项退还王某。现王某主张要求万达木材公司返还10万元的诉讼请求，理由正当，予以支持；因万达木材公司一直未将款项返还王某，故王某要求万达木材公司给付利息损失（以10万元为基数，自2002年6月26日起计算至判决判令款项支付之日止，按中国人民银行同期贷款利率计算）的诉讼请求，依法予以支持。

七、当事人认购新股后，虽未办理变更登记，但已实际行使股东权利的，不能再要求返还出资款

☞ 案例

随州市新时代汽车销售服务有限公司、黄某与刘某新增资本认购纠纷一案，

因不服湖北省随州市曾都区人民法院【(2014)鄂曾都民初字第00586号】民事判决，向湖北省随州市中级人民法院提起上诉。随州市中级人民法院于2015年6月5日作出【(2015)鄂随州中民二终字第00040号】民事判决。

☞ 裁判依据

《公司法》第32条第2款："公司应当将股东的姓名或者名称向公司登记机关登记；登记事项发生变更的，应当办理变更登记。未经登记或者变更登记的，不得对抗第三人。"

第35条规定："公司成立后，股东不得抽逃出资。"

☞ 裁判意见

法院认为，刘某依据《投资协议》向公司交付100万元认购了公司的新增资本，刘某已经成为该公司的实际出资人。公司法虽然规定了公司增资以及股东变更应当向公司登记机关办理变更登记，但并不否认实际出资人的股东权利，股东未经变更登记只是"不得对抗第三人"。

刘某在签订《投资协议》后，向新时代公司交付新增资本认购款100万元，系履行《投资协议》。后刘某又担任了新时代公司的副总经理职务，从提交的证据"2010年股东会议记录"看，刘某在会议记录上先后发言三次，并且在会议记录上签字确认，属于行使股东权利。因此，刘某按照《投资协议》认购了新时代公司的新增资本100万元，已成为公司的实际出资人，依照《公司法》第35条"公司成立后，股东不得抽逃出资"的规定，其要求新时代公司及黄某连带返还上述100万元出资无事实和法律依据，本院不予支持。

八、股东对新增资本的优先认购权，应当在合理期间内行使

☞ 案例

绵阳高新区科创实业有限公司、福建省固生投资有限公司、陈某与绵阳市红日实业有限公司股东会决议效力及公司增资纠纷一案，不服四川省高级人民法院【(2006)川民终字第515号】民事判决，向最高人民法院申请再审。最高人民法院于2010年11月8号作出【(2010)民提字第48号】民事判决。

☞ 裁判依据

《公司法》第34条："股东按照实缴的出资比例分取红利；公司新增资本时，股东有权优先按照实缴的出资比例认缴出资。但是，全体股东约定不按照出资比例分取红利或者不按照出资比例优先认缴出资的除外。"

☞ 裁判意见

最高人民法院认为,股东优先认缴公司新增资本的权利属形成权,虽然现行法律没有明确规定该项权利的行使期限,但为维护交易安全和稳定经济秩序,该权利应当在一定合理期间内行使,并且由于这一权利的行使属于典型的商事行为,对于合理期间的认定应当比通常的民事行为更加严格。

本案中,红日公司和蒋某在科创公司2003年12月16日召开股东会时已经知道其优先认缴权受到侵害,且作出了要求行使优先认缴权的意思表示,但并未及时采取诉讼等方式积极主张权利。在此后科创公司召开股东会、决议通过陈某将部分股权赠予固生公司提案时,红日公司和蒋某参加了会议,且未表示反对。红日公司和蒋某在股权变动近两年后又提起诉讼,争议的股权价值已经发生了较大变化,此时允许其行使优先认缴出资的权利将导致已趋于稳定的法律关系遭到破坏,并极易产生显失公平的后果,故原审法院认定红日公司和蒋某主张优先认缴权的合理期间已过并无不妥。故本院对红日公司和蒋某行使对科创公司新增资本优先认缴权的请求不予支持。

第四部分　律 师 建 议

通过前述对全国各地高级人民法院、中级人民法院相关裁判文书的分析,可以发现,在新增资本认购纠纷中,包含有多个法律争议问题。投资人、公司股东应当及早认清这一纠纷中可能存在的法律风险,从而避免遭受损失。针对该类纠纷中比较突出和多发的问题,结合公司法的相关规定以及现实状况,我们提出几点风险防范建议:

一、通过新增资本认购协议合理规范各方权利义务,以规避风险

在新增资本认购过程中,认购新增资本的原股东或公司外的投资人往往会与公司签订相关的认购协议,依据这些认购协议,认购者与公司的权利义务得以明确。然而,实践中很多认购者并未与公司签订较为完善、规范的书面认购协议,因而,在认购款项的支付、认购股权份额等合同履行方面容易出现纠纷。

对此,结合公司法规定,我们提出如下建议:

1. 认购者与公司订立认购协议时应当全面规定各项权利义务,可以通过向法务部门或者律师事务所咨询,寻求专业的法律服务,规避法律风险,实现利益最大化;

2. 认购者还可以在认购协议中与公司股东约定“对赌”性质的条款,引入适

当的估值调整机制,以弥补企业价值被低估或高估而可能给各方造成的损失;

3. 在股权投资领域,很多专业的股权投资机构已经设计出较为成熟的增资协议,其中涉及的“对赌条款”、共同出售权(随售权)、强制出售权(拖售权)、特别清算与清算优先权等,这些条款往往都是用于保护新进的投资人,对于原始股东及公司而言,可能会造成很大的负担。对此,原始股东和公司应当重视这些条款的法律后果,审慎评估后确定是否可以接受,而不能为了引进投资的一时需求而给公司发展或原始股东的长远利益留下“定时炸弹”。

二、股东应当根据公司法和章程规定,妥善行使新增资本优先认购权

《公司法》第34条规定:“股东按照实缴的出资比例分取红利;公司新增资本时,股东有权优先按照实缴的出资比例认缴出资。但是,全体股东约定不按照出资比例分取红利或者不按照出资比例优先认缴出资的除外。”

该条是股东的新增资本优先认购权的主要法律依据,从法律的体系解释看,该条文规定在有限责任公司部分,因而股份有限公司的股东不享有优先认购权。从本报告所搜集的案例看,法院认为,股东的优先认购权是公司法基于保护有限责任公司人和性的经营特征,对有限责任公司增资扩股行为发生时所做的强制性规范,目的在于保护有限责任公司基于人和基础搭建起来的经营运行稳定性,该规定仅适用于有限责任公司。

此外,最高人民法院还认为,股东的优先认购权属于形成权,虽然现行法律没有明确规定该项权利的行使期限,但为维护交易安全和稳定经济秩序,该权利应当在一定合理期间内行使,并且由于这一权利的行使属于典型的商事行为,对于合理期间的认定应当比通常的民事行为更加严格。

对此,结合公司法规定,我们提出如下建议:

1. 股东原则上均应当按照实缴出资比例行使优先认购权,但也可以根据需要,通过公司章程、股东会决议等形式,一致同意不按照实缴出资比例行使优先认购权;

2. 股东行使优先认购权,应当在合理期间内及时行使。

第十五章　股东知情权纠纷

第一部分　报告背景及数据来源

股东知情权纠纷，是最高人民法院发布的《民事案件案由规定》中明确列明的一项案由，指的是公司侵害股东知悉公司经营信息和财务信息的合法权利时，股东有权向法院寻求救济。

知情权是股东行使一切股东权利的前提和基础。知情权不仅行使成本低，而且有利于扶持小股东弱势地位、监督大股东和管理层。实践中，许多小股东之所以长期被公司大股东和管理层压制，甚至难以获得正常的盈余分配，其主要原因即为双方之间对于公司财务状况和运营状况的信息不对称。然而，股东知情权的行使，也容易为某些不正当目的所利用，尤其当股东要求查阅公司会计账簿等资料时，其存在损害公司合法权益的风险。因此，《公司法》通过第 33 条、第 96 条、第 97 条、第 116 条、第 165 条对股东知情权相关内容进行了规定。

然而，实践中法院对股东知情权纠纷的处理依然存在很多争议，例如，股东知情权的界限如何认定，查阅的会计账簿是否应当包含原始会计凭证；又如，应当如何理解股东查账目的的正当性；再如，股东是否可以委托其他专业人员代为查阅会计账簿等。本数据分析报告将对相关的司法裁判文书展开研究，并提出相应的律师建议。

我们对最高人民法院、江苏省高级人民法院以及江苏省下辖的各个地市的中级人民法院在近四年的股东知情权纠纷裁判文书进行了数据分析,形成了本研究报告。具体而言,我们主要从《北大法宝》、“无讼案例”等裁判文书数据库中进行案例检索,检索区间为 2011 年 3 月 1 日至 2016 年 8 月 1 日。

第二部分　案件数据及裁判特点

在“北大法宝”“无讼案例”的裁判文书数据库中,以“股东知情权纠纷”为案由进行搜索,可得到从 2011 年 3 月 1 日至 2016 年 8 月 1 日期间,最高人民法院共审理股东知情权纠纷案件 3 件,江苏省高级人民法院 7 件,江苏省下辖各地区的中级人民法院共审理 121 件,以上总计 131 件。下面,将对上述裁判文书数据进行相关分析。

一、地区分布差异明显,经济发达地区数量明显较多

表 15－1　江苏地区股东知情权案件分布

地区	案件数(件)	所占比例(%)
南京市中级人民法院	38	29.69
苏州市中级人民法院	16	12.50
无锡市中级人民法院	15	11.72
南通市中级人民法院	11	8.59
常州市中级人民法院	9	7.03
江苏省高级人民法院	7	5.47
泰州市中级人民法院	7	5.47
徐州市中级人民法院	7	5.47
扬州市中级人民法院	7	5.47
宿迁市中级人民法院	4	3.13
淮安市中级人民法院	3	2.34
连云港市中级人民法院	3	2.34
镇江市中级人民法院	1	0.78
总计	128	100

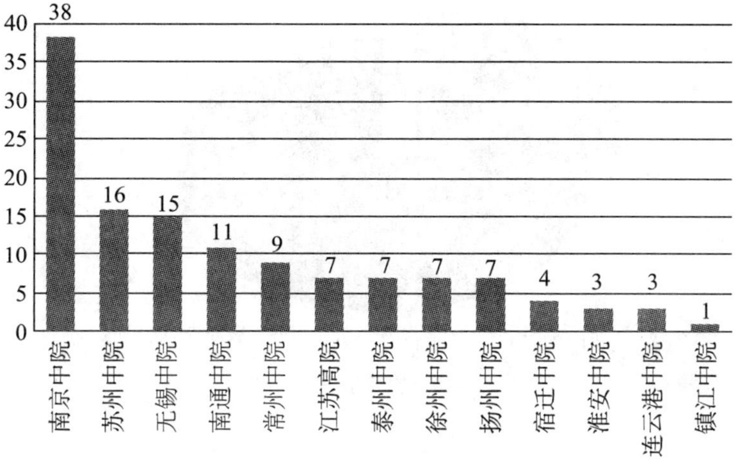

图 15－1　江苏地区股东知情权案件分布

从图 15－1 和表 15－1 可以看出，在江苏地区，股东知情权纠纷案件以南京、苏州、无锡地区为多，共占比达 50.91%。这表明此类纠纷案件地区差异大，在经济较为发达的苏南地区纠纷明显偏多。

二、原告股东的胜诉比例明显较高

由于江苏地区股东知情权纠纷案件以南京、苏州、无锡为多，且具有典型性，因此，我们对这三地的中级人民法院审理的股东知情权纠纷案例的胜诉情况进行了分析。在这三个中级人民法院的共计 69 个案例中，除去有关管辖权异议、原告撤诉等无法表明原告股东胜诉情况的案例外，共有可供分析案例 48 个。

从表 15－2 和图 15－2 可以清晰看出，原告股东的诉讼请求获得法院支持的案件比例高达 77%。这反映出法院在处理股东知情权纠纷案件时，通常倾向于保护股东知情权的正当行使。

表 15－2　原告股东胜诉情况

诉讼结果	案件数（件）	比例（%）	备注
原告胜诉或基本胜诉	37	77	“基本胜诉”主要为原告要求查阅并复制会计账簿，而其中“复制”的请求被法院驳回
原告完全败诉	5	10.50	包含被驳回起诉情形
原告部分胜诉	6	12.50	原告的部分诉讼请求未被支持
总计	48	100	

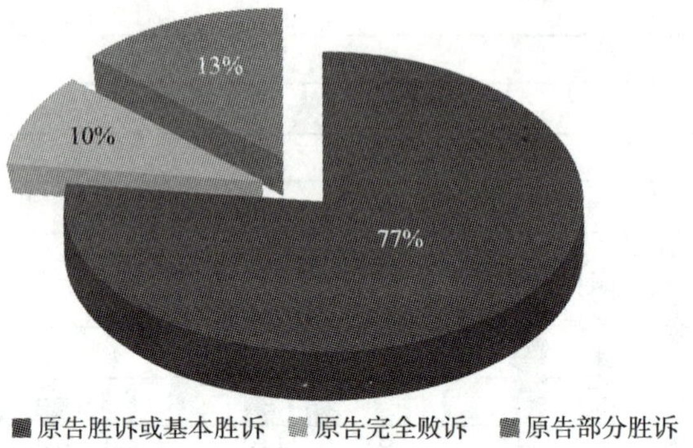

图 15－2　原告股东胜诉情况

三、案件涉及行业以制造业、信息技术服务以及销售行业为多

表 15－3　案件所涉行业分布

行业	数量(件)	所占比例(%)
制造业	13	22.40
信息传输、软件和信息技术服务业	10	17.20
批发和零售业	8	13.80
房地产业	7	12.10
住宿和餐饮业	5	8.60
科学研究和技术服务业	4	6.90
建筑业	3	5.20
交通运输、仓储和邮政业	3	5.20
租赁和商务服务业	3	5.20
采矿业	1	1.70
电力、热力、燃气及水生产和供应业	1	1.70
总计	58	100

从案件所分布的行业角度来看,仍然以南京、苏州、无锡三地的中级人民法院为分析对象,在三地区法院 69 个案例中,排除部分已经被工商部门注销的企业,以及公布的裁判文书中隐去企业名称的情形,可供分析的案例共 58 件。

通过全国企业信用信息公示系统查询上述被告企业的工商信息,按照国家统计局网站公布的行业分类标准,可以得出表 15－3 数据。从中可以看出,制造业、信息技术服务业以及销售行业占据较多比例，这也与我国当前的总体产业结构有关。这些领域准入门槛相对较低，行业内在企业管理规范化程度上参差不齐，容易出现部分企业侵犯股东权利等违法违规行为。律师等法律从业人员应当更多地关注这些行业的法律问题。

四、原被告双方委托律师的比例相当，被告方（企业）对此应给予更多重视

表 15－4　律师担任诉讼代理人情况

类别	案件数（件）	所占比例（%）
原告委托律师代理	71	59
被告委托律师代理	68	56

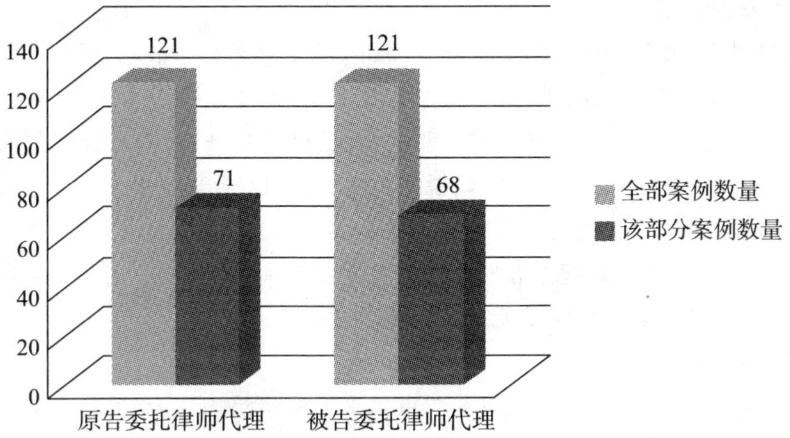

图 15－3　律师担任诉讼代理人情况

江苏省下辖各地区的中级人民法院共审理股东知情权案例 121 件，对这些案例的裁判文书进行梳理，可以统计得出上述图 15－3 和表 15－4 数据。从中可以看出，原被告双方委托律师担任诉讼代理人的比例基本相当，均接近总数量的 60%。同时，考虑到实务中部分裁判文书可能并不列明诉讼代理人的信息，因此，事实上上述比例很可能更高一些。但结合前述关于原告股东胜诉率明显偏高的分析，可以看出，相对于原告，被告一方委托律师担任诉讼代理人的意义应该更大，被告（公司）对此应当予以重视。

第三部分　裁判意见整理与分析

一、关于有权行使知情权的股东资格问题

(一)母公司是否委派人员担任子公司的法定代表人或其他管理人员,不影响母公司主张股东知情权

☞ 案例

北方食品公司因与捷成公司股东知情权纠纷一案,不服天津市高级人民法院【(2011)津高民四终字第170号】民事判决,向最高人民法院申请再审,最高人民法院于2012年9月20日作出【(2012)民申字第635号】民事裁定,驳回再审申请,维持生效判决。

☞ 裁判依据

《公司法》第34条(现已修改为第33条)第1款规定:“股东有权查阅、复制公司章程、股东会会议记录、董事会会议决议、监事会会议决议和财务会计报告。”第2款规定:“股东可以要求查阅公司会计账簿。股东要求查阅公司会计账簿的,应当向公司提出书面请求,说明目的。公司有合理根据认为股东查阅会计账簿有不正当目的,可能损害公司合法利益的,可以拒绝提供查阅,并应当自股东提出书面请求之日起十五日内书面答复股东并说明理由。公司拒绝提供查阅的,股东可以请求人民法院要求公司提供查阅。”

☞ 裁判意见

一审天津市高级人民法院以及二审最高人民法院均认为,尽管李某作为北方食品公司的法定代表人、李某鸿作为北方食品公司的董事,乃基于母公司捷成公司的委派,其完全可能知悉北方食品公司财务状况。但捷成公司是否委派人员担任北方食品公司的经营管理人员,并非捷成公司主张股东知情权的预设条件。也就是说,李某是否被捷成公司委派或撤换,不影响捷成公司主张股东知情权。

(二)有证据证明自己是公司的股东,即便未作工商登记,也有权行使股东知情权

1. 王某、张某文、高某、苗某、潘某、张某侠、陈某与徐州新彩卷烟印刷有限责任公司之间股东知情权纠纷一案,徐州市中级人民法院【(2011)徐商终字第0206号】判决书

2. 叶某与北京紫阳时代汽车配件有限公司之间股东知情权纠纷一案,北京市第二中级人民法院(2009)二中民终字第16949号民事判决书,注:该案不在我

们开展数据分析的裁判文书范围内，但基于问题的相关性，我们也将其整理在此。

3. 李某与北京华泰贝通科技贸易有限责任公司之间股东知情权纠纷一案，北京市第二中级人民法院【（2009）二中民终字第09585号】民事判决书，注：该案不在我们开展数据分析的裁判文书范围内，但基于问题的相关性，我们也将其整理在此。

☞ 裁判意见

提起股东知情权诉讼的原告当然应当是被告公司的股东，原告应当首先举证证明自己是被告公司的股东，在多数案件中这不是一个太大的问题，原告提交公司章程，或者提交在工商局查询的证明即可以。但是，有的人取得了股东身份，但公司没有在工商局办理股东的变更登记、没有发给股东出资证明书。如果入股协议有效，或者其他情形（比如法院判决已经确认股东身份），即使未变更公司章程和工商登记，也不影响其行使股东知情权。

尤其是在法院生效判决已确认原告的股东身份的情况下，原告依法享有股东知情权。“虽未办理工商登记手续，但不影响其成为股东并依法行使对公司的知情权。”

实际出资人如果已经为公司所知悉并承认，则可以允许实际出资人现身行权；但是，如果公司对其股东身份提出异议、不予认可，且原告不能举证证明自己是公司的实际出资人或隐名股东的，则法院认为其不具备知情权诉讼的原告主体资格，裁定驳回起诉。

（三）登记股东是否存在出资瑕疵，应另案解决，暂不影响其在本案中主张股东知情权的行使

1. 南通美利昌公司与陈某等股东知情权纠纷案，不服江苏省南通市中级人民法院【（2012）通中商外初字第0001号】民事判决，向江苏省高级人民法院上诉，江苏省高级人民法院于2012年11月6日作出【（2012）苏商外终字第0041号】民事判决，驳回上诉，维持原判。

2. 南京虹吸工程技术有限公司与王某股东知情权纠纷上诉案【南京市中级人民法院（2015）宁商终字第595号】

3. 盛发公司与杨某某股东知情权纠纷上诉案【无锡市中级人民法院（2011）锡商终字第359号】

☞ 裁判意见

在【（2012）苏商外终字第0041号】案中，江苏省高级人民法院认为，股东知情权是股东参与公司经营管理、依照法律和公司章程行使和维护其他权利的基础,故对股东的知情权应给予充分保护。本案中,陈某、吴某身为美利昌公司的股东,要求查阅美利昌公司的财务会计报告、会计账簿及会计凭证,属于行使股东知情权的行为。除因法定事由,美利昌公司不得拒绝提供查阅。对于股东要求查阅公司财务会计报告,我国公司法没有设置任何限制条款,故陈某、吴某作为登记股东,有权查阅美利昌公司的财务会计报告。

在【(2015)宁商终字第595号】案中,原审南京市六合区人民法院认为:股东是否实际履行出资义务与其是否享有知情权并无直接联系,两者系不同的法律关系,故虹吸公司以王某未实际出资为由对王某作为股东行使知情权提出的上述抗辩,于法无据。二审南京市中级人民法院认为:虽然出资是股东的基本义务,但我国《公司法》对有限责任公司的注册资本实行认缴制,且有限责任公司的股东以其认缴的出资额为限对公司承担责任,如股东不按期足额缴纳出资的,除应当向公司足额缴纳外,还应当向已按期足额缴纳出资的股东承担违约责任。故即使王某并未实际出资,也不表明其必然不具有虹吸公司股东资格。

在【(2011)锡商终字第359号】案中,无锡市中级人民法院认为,无论杨某某出资与否,在盛发公司依照最高人民法院《公司法司法解释(三)》第18条履行解除其股东资格的手续之前,其股东资格依然存续。无论杨某某出资与否,其股东知情权均未受到限制。

二、关于股东有权知情的内容范围

(一)股东行使知情权有权查阅的公司会计账簿,包括会计原始凭证

1. 南京美尔诺电子有限公司与吴某股东知情权纠纷上诉案【南京市中级人民法院(2013)宁商终字第20号】

2. 苏州净化设备有限公司与计某股东知情权纠纷上诉案【苏州市中级人民法院(2011)苏中商终字第0619号】

☞ 裁判意见

在【(2013)宁商终字第20号】中,南京市中级人民法院认定:查阅公司会计账簿应当包括查阅原始凭证,美尔诺公司主张吴某查阅公司原始会计凭证违反法律规定,依据不足。

在【(2011)苏中商终字第0619号】中,原审苏州市吴中区人民法院认定:计某有权查阅公司会计账簿(含总账、明细账、日记账和其他辅助性账簿)、会计凭证(含记账凭证、相关原始凭证及应作为原始凭证附件入账备查的有关资料)。

对于这个问题，在香港捷成有限公司与天津北方食品有限公司股东知情权纠纷案[（2012）民申字第635号]中最高人民法院认为，虽然《公司法》没有明确规定股东可以查阅会计凭证，然而基于利益平衡以及确保信息真实的考虑，知情权范围不宜限定在一个不可伸缩的区域，尤其对于人合性较高的有限责任公司，严格限定知情权范围并不利于实现知情权制度设置的目的。因此，天津市高院支持捷成公司查阅北方食品公司会计凭证的诉讼请求，并无不妥。

并且，在江苏佳弗林公司与王某股东知情权纠纷案【（2014）苏审三商申字第0164号】、吴江东方大王公司与蔡某股东知情权纠纷案【（2011）苏商外终字第0064号】、南通美利昌公司与陈某等股东知情权纠纷案【（2012）苏商外终字第0041号】中，江苏高院、南京中院、苏州中院、南通中院、南京市鼓楼区法院均持上述观点。同时，收录于《最高人民法院公报》（2011年卷）的李某等诉江苏佳德置业公司股东知情权纠纷案，法院亦持上述观点。

（二）对于公司法列举的查阅范围之外的公司文件，除非公司章程有明确规定，否则股东不能查阅

1. 季某等与南京凯德实业有限公司股东知情权纠纷上诉案【南京市中级人民法院（2014）宁商终字第160号】

2. 杨某等与南京寻憬艺术设计咨询有限公司股东知情权纠纷上诉案【南京市中级人民法院（2014）宁商终字第1号】

3. 江苏硕德电力技术有限公司与姚某股东知情权纠纷上诉案【南京市中级人民法院（2012）宁商终字第551号】

4. 赵某与南京悦昌五金制品有限公司股东知情权纠纷上诉案【南京市中级人民法院（2014）宁商终字第1534号】

☞ 裁判意见

在【（2014）宁商终字第160号】案中，南京市中级人民法院认定：股权变更情况、现有股东名单和持股数、董监高收入情况、公积金存放银行、公司房屋出租收入情况、公司向特定股东分红金额、接受股权激励的股东名单和原始出资凭证、历年净资产和分红情况均不属于股东知情权的范围。

在【（2014）宁商终字第1号】案中，原审南京市玄武区人民法院认定：杨某、宣某要求查阅、复制人事任免证明、议事录、契约书、通信、纳税申报书等材料的主张，明显超出了公司法律规定的股东行使知情权的查阅范围。

在【（2012）宁商终字第551号】案中，原审南京市浦口区人民法院认定：姚某要求查阅、复制硕德公司的会计账簿、议事录、契约、通信、纳税申报书（含会计原始凭证、电传、书信、电话记录、电文、传票等)等所有资料的诉请不能全部得以支持……除公司章程、股东会会议记录、董事会会议决议、监事会会议决议和财务会计报告外,姚某应举证证明硕德公司持有电传、书信、电话记录、电文、传票等资料并明确查阅内容,因其未能举证证明,对姚某的关于目录以外的查阅申请,不予支持。

在【(2014)宁商终字第1534号】案中,原审南京市江宁区人民法院认定:邮件不属于《公司法》规定的股东知情权的范围。

综上可以看出:《公司法》第33条的列举为有限列举,即法律规定有限责任公司股东行使知情权的范围限于公司章程、股东会会议记录、董事会会议决议、监事会会议决议、财务会计报告和公司会计账簿这六种,超出这六种的其他材料均不属于法定的有限责任公司股东知情权范围,人民法院一般不予支持。

三、关于股东行使知情权的时间范围

(一)股东是否有权查阅其入股之前的公司账簿,司法实践存在争议

☞ 案例

1. 南京科宁冷暖工程有限公司与吴某股东知情权纠纷上诉案【南京市中级人民法院(2015)宁商终字第675号】

2. 南京状元科技有限公司与邓某股东知情权纠纷上诉案【南京市中级人民法院(2014)宁商终字第1141号】

3. 上海申通驾驶员培训二部有限公司与刘某某股东知情权纠纷案【上海市第二中级人民法院(2009)沪二中民三(商)终字第555号】注:该案不在我们开展数据分析的裁判文书范围内,但基于问题的相关性,我们也将其整理在此。

4. 张某与北京康克世纪化工有限公司股东知情权纠纷案【北京市大兴区人民法院(2013)大民初字第1785号】注:该案不在我们开展数据分析的裁判文书范围内,但基于问题的相关性,我们也将其整理在此。

5. 阮某与河南兴科公司因股东知情权纠纷案【北京市第二中级人民法院(2009)二中民终字第18153号】注:该案不在我们开展数据分析的裁判文书范围内,但基于问题的相关性,我们也将其整理在此。

☞ 裁判意见

在【(2015)宁商终字第675号】案中,原审南京市鼓楼区人民法院认为:无论股东是通过何种方式取得公司股份,自其成为公司股东之日起,其有权继受前手股东的相关权利,知情权亦不例外;同时,公司经营状况具有承继性,股东有权

全面了解公司成立以来的所有情况，这是股东权利的应有之义，股东知情权的行使期间，与股东持股期间并非一一对应关系，股东有权利了解其在参股之前及之后公司的全面经营状况，故吴某有权查阅公司自成立以来至起诉时的相关文件及会计账簿。

在【（2014）宁商终字第1141号】中，南京市中级人民法院认为：公司的运营是一个持续的过程，邓某于2013年5月30日成为公司股东后其切身利益便与公司利益密切相关，正鉴于此，邓某了解此前公司经营状况的愿望才尤为迫切。公司股东有权全面了解公司的经营状况，对于以继受方式取得股权的股东来说，其知情权行使的时间范围应包括自公司设立之日起至其成为公司股东之时。

在【（2009）沪二中民三（商）终字第555号】案中，上海市第二中级人民法院认为，法律并未禁止后续股东查阅、复制其加入公司前的公司财务会计报表。更何况，公司运营是个持续性过程，如果拒绝公司的后续股东行使对加入公司前的公司信息的知情权，将导致股东获得的相关信息残缺不全，从而减损股东知情权的制度价值。

以上都是持肯定态度的裁判意见。

但是，并非所有法院都持上述态度，比如，在【（2013）大民初字第1785号】案和【（2009）二中民终字第18153号】案中，北京地区的法院便认为：股东如果不是公司成立时取得股东身份，而是通过受让股权、增加注册资本等方式而成为一个公司的股东，则对于其成为股东之前的财务会计报告、会计账簿与起诉的原告没有关联，原告无权查阅，其只能查阅其成为股东之后的财务会计报告、会计账簿等。

（二）已经转让股权的股东是否有权要求查阅其股权转让之前的公司账簿

在我们分析的案例范围内，没有这类案例，但是就这个问题而言，各地法院意见并不统一。

比如，在北京市第一中级人民法院【（2009）一中民终字第7089号】案中，法院认为：股权全部转让后，已不再是该公司的股东，故其不具备作为本案原告的诉讼主体资格，不享有诉权。

当然，也有相反的判决。比如，北京市第一中级人民法院【（2009）一中民终字第14481号】案中，法院认为，依据公司法的规定，且在公司的公司章程中亦无限制性规定的情况下，上诉人可以继承股东资格，享有股东权利。故上诉人应依法享有被继承人死亡后至将其股份转让给受让人期间的股东知情权。

☞ 最新动态

最高人民法院《公司法司法解释四》第7条第2款:公司有证据证明前款规定的原告在起诉时不具有公司股东资格的,人民法院应当驳回起诉,但原告有初步证据证明在持股期间其合法权益受到损害,请求依法查阅或者复制其持股期间的公司特定文件材料的除外。

据此,一般情况下原告应在起诉时具有股东资格才能行使知情权。对于已经转让股权的股东,原则上是不能再行使其持股期间的知情权的,除非有初步证据证明在持股期间其合法权益遭受损害。

四、关于股东行使知情权的具体方法问题

(一)会计账簿只能查阅不能复制,其他法定范围内的文件可以查阅、复制、摘录

☞ 案例

1. 南京德文房地产开发有限公司与南京八富罗投资管理有限公司股东知情权纠纷上诉案【南京市中级人民法院(2011)宁商终字第65号】

2. 南京美尔诺电子有限公司与吴某股东知情权纠纷上诉案【南京市中级人民法院(2013)宁商终字第20号】

3. 无锡市得华科技有限公司与华某股东知情权纠纷上诉案【无锡市中级人民法院(2013)锡商终字第0611号】

☞ 裁判意见

在【(2011)宁商终字第65号】案中,原审南京市溧水区人民法院认定:《公司法》将股东有权复制的文件限定于公司章程、股东会会议记录、董事会会议决议、监事会会议决议和财务会计报告。规定股东可以查阅公司财务会计账簿,但并未规定可以复制。

在【(2013)宁商终字第20号】案中,原审南京市雨花台区人民法院认为:吴某要求查阅公司全部会计账簿、会计凭证,重点部分可以摘录。

在【(2013)锡商终字第0611号】中,无锡市中级人民法院认为:《公司法》第34条将股东有权查阅、复制与查阅的对象分别表述,其区别在于股东如需复印后者应承担复印的必要费用,立法既然规定股东有权查阅当然就暗含股东有权复印……在符合《公司法》第34条规定的条件下,应当允许股东查阅和复制、摘抄需要的内容。

（二）股东可以委托其他专业人士查阅会计账簿，司法实践存在一定争议

☞ 案例

1. 赵某与南京悦昌五金制品有限公司股东知情权纠纷一案，不服南京市江宁区人民法院【（2014）江宁商初字第265号】民事判决，向南京市中级人民法院提起上诉，南京市中级人民法院作出【（2014）宁商终字第1534号】二审判决。

2. 南京昌硕达化工有限公司与夏某股东知情权纠纷上诉案【南京市中级人民法院（2014）宁商终字第690号】

3. 张某某与舟山市定海区××土产××杂品有限公司之间股东知情权纠纷案【浙江省舟山市中级人民法院（2010）浙舟商终字第88号】注：该案不在我们开展数据分析的裁判文书范围内，但基于问题的相关性，我们也将其整理在此。

4. 南京博兰泽酒店投资管理集团有限公司与江某股东知情权纠纷上诉案【南京市中级人民法院（2014）宁商终字第1333号】

☞ 裁判意见

在【（2014）宁商终字第1534号】案中，一审南京市江宁区人民法院认为：赵某要求悦昌公司提供相关资料给其及其委托的专业人员查阅，该主张不违反法律规定，应当予以支持。但赵某委托的专业人员应为会计师事务所、审计师事务所等专业机构的从业人员，相关人员应保守秘密。二审南京市中级人民法院认为：赵某要求悦昌公司提供上述资料给其委托的专业人士查阅，并不违反相关法律规定，原审判决在要求相关人士应保守秘密的前提下予以准许，并无不当，应予维持。【（2014）宁商终字第690号】案中，也是同样的立场。

在浙江省舟山市中级人民法院【（2010）浙舟商终字第88号】判决书中，法院认为：由于文化水平、知识结构或者其他方面的限制，股东不可能都理解会计账簿等材料。因此，委托有关专业人士代为行使公司会计账簿查阅权，应属于合理范围内的权利行使。同时为解决由他人代为查阅有可能带来的公司商业秘密泄露的问题，应对股东委托的“他人”予以限定，即“他人”只能是与公司无利害关系的、具有执业资格的注册会计师或者律师，通过注册会计师、律师的行业执业纪律责任来解决有关商业秘密的问题。因此，股东有权委托他人代行公司会计账簿查阅权，除非公司有证据证明股东委托他人代行知情权有不正当之目的。

但是，也有一些法院认为，会计账簿只能由股东本人查阅，要求审计无法律法规依据，如果也没有公司章程的依据，不支持要求审计的诉讼请求。

而【（2014）宁商终字第1333号】案则采取了回避态度，南京市中级人民法院认为：股东知情权的权利主体为股东，江某委托他人代为查阅，系其依据委托

关系具体行使股东知情权的方式，不属于股东知情权纠纷处理范围，故对江某的该项诉讼请求本院不予支持。

☞ 最新动态

最高人民法院《公司法司法解释四》第10条第2款：股东依据人民法院生效判决查阅公司文件材料的，在该股东在场的情况下，可以由会计师、律师等依法或者依据执业行为规范负有保密义务的中介机构执业人员辅助进行。

第11条：股东行使知情权后泄露公司商业秘密导致公司合法利益受到损害，公司请求该股东赔偿相关损失的，人民法院应当予以支持。

根据本规定第10条辅助股东查阅公司文件材料的会计师、律师等泄露公司商业秘密导致公司合法利益受到损害，公司请求其赔偿相关损失的，人民法院应当予以支持。

根据上述规定，今后司法实践中将统一为：股东可以委托专业人士查阅公司的相关文件材料，但股东和专业人士都负有保守查阅过程中所知悉的公司商业秘密的义务。

（三）股东行使知情权是否受到次数限制，司法实践中并不统一

☞ 案例

1. 赵某与南京悦昌五金制品有限公司股东知情权纠纷上诉案【南京市中级人民法院（2014）宁商终字第1534号】

2. 江苏硕德电力技术有限公司与姚某股东知情权纠纷上诉案【南京市中级人民法院（2012）宁商终字第551号】

3. 王某、北京贵德和时科技有限公司诉股东知情权纠纷案【北京市第一中级人民法院（2013）一中民终字第9866号】注：该案不在我们开展数据分析的裁判文书范围内，但基于问题的相关性，我们也将其整理在此。

☞ 裁判意见

在【（2014）宁商终字第1534号】案中，南京市中级人民法院认为：法律对于股东知情权的行使次数并无限制性规定。

而在【（2012）宁商终字第551号】案中，原审南京市浦口区人民法院认为：姚某应当查阅其知情权范围内的相关资料，而非对公司全面审查，故查阅时间及次数不宜无休止。

此外，在【（2013）一中民终字第9866号】案中，北京市第一中级人民法院认为，股东不宜反复、无限期查阅，不应干扰公司经营，应协商确定合理期限，或在执行程序中由法院确定。

五、关于股东行使知情权的前置程序

（一）股东知情权有绝对知情权和相对知情权之分，其中相对知情权的行使必须履行书面申请的前置程序

☞ 案例

1. 江苏科宁舒适家居系统集成有限责任公司与吴某股东知情权纠纷上诉案【南京市中级人民法院（2015）宁商终字第 671 号】

2. 董某诉张某股东知情权纠纷案【北京市第二中级人民法院（2008）二中民终字第 19038 号】注：该案不在我们开展数据分析的裁判文书范围内，但基于问题的相关性，我们也将其整理在此。

3. 北京名医名仕医疗信息咨询有限公司诉徐某股东知情权纠纷【北京市第二中级人民法院（2009）二中民终字第 09957 号】注：该案不在我们开展数据分析的裁判文书范围内，但基于问题的相关性，我们也将其整理在此。

☞ 裁判意见

在【（2015）宁商终字第 671 号】案中，南京市中级人民法院认为：有限责任公司股东所享有的知情权包括绝对知情权和相对知情权，这两种知情权的行使具有不同的法定条件：（1）根据《公司法》第 33 条第 1 款之规定，股东对公司章程、董事会会议决议和财务会计报告等内容享有绝对知情权。绝对知情权是指基于股东身份而享有的、无权利行使限制的知情权，股东查阅公司章程、董事会会议决议和财务会计报告等内容无需说明查阅目的，公司应无条件地根据股东的要求予以提供。该项权利行使一旦遭到公司拒绝，股东便可以向法院提起诉讼，法律未设定司法救济的前置条件。（2）根据《公司法》第 33 条第 2 款之规定，股东对会计账簿查阅权的行使则受到法律的限制，属于相对知情权的范畴。股东行使账簿查阅权时须符合一定的程序：其一，股东应向公司提出书面请求，并说明查阅目的；其二，当公司有合理根据认为股东查阅会计账簿有不正当目的，可能损害公司合法利益的，可以拒绝提供查阅，并应当自股东提出书面请求之日起 15 日内书面答复股东并说明理由。

在【（2008）二中民终字第 19038 号】案中，北京市第二中级人民法院认为：原告不能证明其向法院起诉前已经先向公司书面提出查阅账簿的申请，故其直接向法院起诉要求查阅公司账簿、依法进行审计并按照审计的结果分配股东权益没有法律依据。二审过程提交的自己亲属收件的证明法院不予认可。

至于发出查阅请求的时间，北京市第二中级人民法院在【（2009）二中民终

字第09957号】案中认为:诉讼前未发查阅申请,诉讼过程发查阅请求,法院也予以认可。

(二)股东查阅公司会计账簿的书面申请应当符合一定的要求

☞ 案例

1. 蔡某与南京万恒房地产开发有限责任公司股东知情权纠纷上诉案【南京市中级人民法院(2014)宁商终字第67号】

2. 季某等与南京凯德实业有限公司股东知情权纠纷上诉案【南京市中级人民法院(2014)宁商终字第160号】

☞ 裁判意见

在【(2014)宁商终字第67号】案中,南京市中级人民法院认为:蔡某向万恒公司提出查阅会计账簿的书面申请已经获得允许,但蔡某临时委托会计师查阅会计账簿,变更了股东知情权的行使方式,应属于新的申请。

在【(2014)宁商终字第160号】案中,南京市中级人民法院认为:季某等15人虽提供补偿股东分红损失提案,但该提案从主体上看,系向凯德公司董事会发出,并非向凯德公司提出;从内容上看,系要求公布分红金额、原始凭证等,并非请求查阅会计账簿;从目的上看,系主张补偿股东分红损失,并非了解公司经营状况,均不符合股东知情权书面请求之法律特征。因此,季某等八上诉人据此主张其已向凯德公司提出股东知情权书面请求,缺乏依据,本院不予支持。

概括而言,股东查阅公司会计账簿的书面申请应当符合以下要求:(1)主体,向公司提出;(2)内容,明确要求查阅会计账簿;(3)目的,合理的查阅目的,如了解公司经营状况等;(4)如需委托专业人员查阅,应当注明。此外,还应当注意以下几点:(1)单独制作、寄送,不与其他文件如股东会提案相混淆;(2)明确申请人的股东身份;(3)明确需要公司配合提供的全部内容,如原始凭证、记账凭证等;(4)明确查阅、复制或委托查阅等要求;(5)给予公司合理的答复期限。

(三)股东在无法确定公司准确收件地址的情况下,可以将查阅申请书邮寄至公司的实际办公地或工商注册地

☞ 案例

1. 北京亚富乐科技发展有限公司诉杨某股东知情权纠纷案【北京市第二中级人民法院(2009)二中民终字第23238号】注:该案不在我们开展数据分析的裁判文书范围内,但基于问题的相关性,我们也将其整理在此。

2. 北京世纪驰骋劳务服务有限公司诉张某股东知情权纠纷案【北京市第二

中级人民法院(2011)二中民终字第 18196 号】注:该案不在我们开展数据分析的裁判文书范围内,但基于问题的相关性,我们也将其整理在此。

☞ 裁判意见

在【(2009)二中民终字第 23238 号】案中,法院认为:原告已向法院提交了 2010 年 11 月 18 日邮件详情单 1 张、投递查询单 1 张,用于证明其已经在 2010 年 11 月 18 日向被告公司的办公地址发出了要求查阅公司会计报告和账簿的函件,被告公司超期并未作出回复。虽然被告公司否认收到过该邮件,但考虑到该邮件的送达地址系被告公司的办公地址,收件人的名字虽存在涂改痕迹,但与被告公司的办公室主任的名字相符,电话号码相符,且该文件已经签收,故在被告公司不能提供充分反证并当庭拒绝原告查阅会计账簿要求的情况下,按照法律的相关规定,应当认定原告已经履行完毕了内部请求程序,其该项上诉主张,本院应予支持。

在【(2011)二中民终字第 18196 号】案中,法院认为:原告已经按照公司的注册地址向公司邮寄了查阅会计账簿申请书,但因公司经营地址迁移而被退回。原告在无从查找公司新的经营地址的情况下不具备向公司提出申请的条件。而原告在起诉书中提出了查阅公司会计账簿的请求,公司在法庭给予的答辩期内未同意原告的查阅请求,故应当视为公司拒绝了原告的查阅请求,故原告起诉行使知情权符合法律的规定。

六、公司拒绝股东查阅会计账簿的理由——“不正当目的”之认定

(一)股东实际控制的其他公司与本公司存在同业竞争关系时,股东要求查阅本公司财务账簿可能被认定为具有不正当目的,但并非必然

☞ 案例

1. 南京虹吸工程技术有限公司与王某股东知情权纠纷一案,不服南京市六合区人民法院【(2014)六商初字第 81 号】民事判决,向南京市中级人民法院提起上诉,南京市中级人民法院作出【(2015)宁商终字第 595 号】二审判决。

2. 杨某等与南京寻憬艺术设计咨询有限公司股东知情权纠纷上诉案【南京市中级人民法院(2014)宁商终字第 1 号】

3. 王某、北京贵德和时科技有限公司诉股东知情权纠纷【北京市第一中级人民法院民事判决书(2013)一中民终字第 9866 号】注:该案不在我们开展数据分析的裁判文书范围内,但基于问题的相关性,我们也将其整理在此。

4. 张某诉北京同力紫光华盛环保科技发展有限责任公司股东知情权纠纷

【北京市第二中级人民法院(2008)二中民终字第14810号】注:该案不在我们开展数据分析的裁判文书范围内,但基于问题的相关性,我们也将其整理在此。

5. 海盟国际保险经纪(北京)有限公司诉谭某股东知情权纠纷【北京市第二中级人民法院(2008)二中民终字第12636号】注:该案不在我们开展数据分析的裁判文书范围内,但基于问题的相关性,我们也将其整理在此。

6. 南京新联盛实业有限公司与吴某股东知情权纠纷上诉案【南京市中级人民法院(2014)宁商终字第312号】

☞ 裁判意见

在【(2015)宁商终字第595号】案中,南京市中级人民法院认为:对于上述"正当目的"的认定应当包含两方面的内容:一是股东查阅的范围应当与其查阅目的具有关联性,并且应当与股东的投资利益相关联,即与实现股东在公司中的利益或者公司本身的整体利益相关联;二是该目的还应当与公司利益保持一致,不能给公司带来损害,即应实现股东及公司利益的衡平。这种衡平应通过举证责任的分配来实现,即对正当性目的的举证由股东完成,对不正当性的举证则由公司完成。本案中,王某向虹吸公司提出书面请求说明其行使知情权的目的是了解公司实际经营现状、更好地行使股东权利,在一审庭审中称其目的为了解公司经营状况并转让股份,显属其作为有限责任公司股东应享有的知情权。虹吸公司以王某具有不正当目的为由拒绝其查阅,则应对王某是否具有不正当目的并可能损害其合法利益承担举证责任。根据在案证据分析,王某实际控制经营的荣成公司与虹吸公司之间存在竞业关系及竞业事实,其要求查阅虹吸公司会计账簿,存在损害虹吸公司利益的可能,应认定为具有《公司法》规定的不正当目的,虹吸公司有权拒绝王某的该查阅申请……在虹吸公司已举证证明王某经营的荣成公司与虹吸公司存在同业竞争的情况下,王某无证据证明虹吸公司财务会计报告等资料不真实,且即使有证据证明财务会计报告不真实,其查阅范围也应仅限于虚假材料所涉会计账簿,即直接要求查阅虹吸公司会计账簿,未完成其查阅目的具有正当性的举证义务,应承担举证不能的不利后果。

在【(2014)宁商终字第1号】案中,原审南京市玄武区人民法院认为:由于寻憬公司未设立董事会,杨某、宣某既是寻憬公司股东,同时也曾是寻憬公司的职员,熟悉寻憬公司的日常运作,而杨某、宣某现在共同设立的光与影公司,其经营范围又与寻憬公司基本一致,与寻憬公司之间在业务上存在竞争关系,杨某更是担任光与影公司的法定代表人,在审理中杨某、宣某也表示,在寻憬公司和光与影公司两者利益发生冲突时,其选择维护光与影公司的利益。所以,如果允许杨某、宣某查阅、复制寻憬公司的会计账簿，掌握了寻憬公司的商业机密和核心竞争力，那么不能排除杨某、宣某可能利用上述资源来换取其他利益，从而损害寻憬公司合法利益的嫌疑。由于寻憬公司有合理根据认为杨某、宣某具有不正当的目的，原审法院对杨某、宣某的请求不予支持。

在【(2013)一中民终字第9866号】案中，北京市第一中级人民法院同样认为：原告设立竞争性公司后，不能排除其与公司的竞争关系，未能证明其正当性、合理性，对其自己新设立公司成立后被告公司的账簿的查阅不支持……仍然不排除同业竞争的可能，王某查阅被告公司会计账簿，亦有可能损害被告公司的权益，故本院对原告要求查阅被告公司2011年3月30日以后的原始记账凭证的上诉意见，不予支持。

但是，股东控制的其他公司与本公司之间有同业竞争关系，查阅本公司财务账簿并不必然损害公司利益，要视具体情况而定。

在【(2008)二中民终字第14810号】案中，北京市第二中级人民法院认为：同力紫光公司认为张某系同力机械公司的股东及法定代表人，该公司的经营范围与同力紫光公司相雷同，有着同业竞争关系一节，本院认为，同力机械公司的经营范围虽然与同力紫光公司所从事的经营范围相同，但同力机械公司早于同力紫光公司成立，且一直生产、销售水处理设备，而同力紫光公司在成立时，对张某系同力机械公司的股东，并担任该公司法定代表人的情况是明知的。故同力紫光公司以与同力机械公司存在同业竞争而认为张某要求查阅同力紫光公司财务账簿的目的不正当的理由，缺乏事实依据，本院不予采信。

在【(2008)二中民终字第12636号】案中，北京市第二中级人民法院认为：法律对于股东的投资，并没有做出在一个行业只能投资一家公司的限制性规定。股东知情权是基于股东身份而享有的一项法定权利，而且海盟公司并没有证据证明谭某查阅会计账簿有不正当目的，可能损害公司合法利益。故谭某要求海盟公司提供全部财务会计报告供查阅并复制、全部会计账簿供查阅的诉讼请求，于法有据，法院予以支持。

在【(2014)宁商终字第312号】案中，原审南京市栖霞区人民法院认为：仅凭吴某参股、控股的公司与新联盛公司经营范围均包含粉煤灰销售这一事实，不足以认定吴某要求查阅公司会计账簿具有不正当目的；二审南京市中级人民法院认为：法律并未作出股东在一个行业只能投资一家公司的限制性规定。新联盛公司并未举证证明吴某利用其上述股东身份侵害新联盛公司的合法权益，故新联盛公司以此主张吴某查阅新联盛公司账簿具有不正当目的，缺乏事实依据。

(二)股东离职后到新单位担任除股东、高管等经营管理岗位以外的其他职务,公司不得以此为由拒绝该股东查阅财务账簿

☞ 案例

江苏科宁舒适家居系统集成有限责任公司与吴某股东知情权纠纷一案,不服南京市鼓楼区人民法院【(2015)鼓商初字第32号】民事判决,向南京市中级人民法院提起上诉,南京市中级人民法院作出【(2015)宁商终字第671号】二审判决

☞ 裁判意见

南京市中级人民法院认为:公司以不正当目的抗辩股东行使会计账簿查阅权的,公司应对股东的不正当目的承担举证责任,且举证必须充分,而不能仅是臆测和怀疑,股东的不正当目的主要体现为:股东是公司竞业者或成为竞业公司的股东及高管人员,查阅是为了获得从事竞业活动的利益;获得公司与商业秘密相关信息的目的是将其提供给竞争对手;为了获得非与公司股东相关的个人利益等。本案中江苏科宁公司认为吴某从江苏科宁公司离职后去了同业公司任职,允许其查阅会计账簿会损害江苏科宁公司的利益。针对江苏科宁公司的该项主张,本院认为,首先,吴某在江苏科宁公司离职后去了斯铂瑞冷暖设备公司、斯铂瑞环境工程公司担任经营管理顾问,并非该两家公司的股东,且江苏科宁公司亦未提供证据证明吴某在这两家公司担任高管职务或负责具体的经营管理,故不能认定吴某查阅会计账簿的目的在于获取竞业行为的利益。其次,吴某要求行使股东知情权的截止时间为本案起诉之日,而斯铂瑞冷暖设备公司、斯铂瑞环境工程公司的设立时间均在吴某提起本案诉讼之后,故不能认定吴某具有将商业秘密提供给竞争对手的目的。最后,江苏科宁公司未提供证据证明吴某具有获取非与公司股东相关的个人利益的证据。据此,江苏科宁公司限制吴某会计账簿查阅权的主张不能成立,本院不予采信。

(三)对于股东查阅财务账簿所希望实现的目的,如果该股东存在其他更为便捷的实现途径的,则法院可能认为其要求查阅财务账簿存在不正当目的

☞ 案例

1.上海开伦造纸印刷集团有限公司诉上海实宏纸业有限公司股东知情权纠纷【上海市第一中级人民法院(2010)沪一中民四(商)终字第1273号】注:该案不在我们开展数据分析的裁判文书范围内,但基于问题的相关性,我们也将其整理在此。

2.田××诉沈阳××公司股东知情权纠纷【沈阳市中级人民法院(2011)沈

中民三终字第736号】注：该案不在我们开展数据分析的裁判文书范围内，但基于问题的相关性，我们也将其整理在此。

☞ 裁判意见

在【(2010)沪一中民四(商)终字第1273号】案中，上海市第一中级人民法院认为：公司已经进入清算，原告还有机会通过参加清算掌握公司债权债务与资产情况。法院综合各种情况，认为有理由相信公司所述股东查阅会计账簿有不正当目的、可能损害公司合法利益。

在【(2011)沈中民三终字第736号】案中，沈阳市中级人民法院认为：股东已经作为公司清算组成员参与清算，已经行使了知情权。

☞ 最新动态

最高人民法院《公司法司法解释四》第8条：有限责任公司有证据证明股东存在下列情形之一的，人民法院应当认定股东有公司法第三十三条第二款规定的“不正当目的”：

(一)股东自营或者为他人经营与公司主营业务有实质性竞争关系业务的，但公司章程另有规定或者全体股东另有约定的除外；

(二)股东为了向他人通报有关信息查阅公司会计账簿，可能损害公司合法利益的；

(三)股东在向公司提出查阅请求之日前的三年内，曾通过查阅公司会计账簿，向他人通报有关信息损害公司合法利益的；

(四)股东有不正当目的的其他情形。

上述规定对股东查阅公司会计账簿可能有的“不正当目的”作了列举，明确划定了公司拒绝权的行使边界，有利于司法实践中统一认定标准。

七、除有限责任公司和股份有限公司以外其他形式企业的股东可以依照其所在企业适用的特殊条例和企业章程的规定行使知情权

☞ 案例

张某与江阴市塑料制品二厂等股东知情权纠纷一案，不服江苏省江阴市人民法院【(2013)澄商初字第0599号】民事判决，向江苏省无锡市中级人民法院提起上诉，无锡市中级人民法院作出【(2013)锡商终字第490号】二审判决。

☞ 裁判意见

原审江苏省江阴市人民法院认为：《公司法》明确将调整范围确定在有限责任公司和股份有限公司，故集体所有制企业、股份合作制企业等所有制形式的股

东不适用《公司法》第34条规定的股东知情权，非有限责任公司和股份有限公司的股东依照其所在企业所适用的特殊条例和企业章程规定的内容行使知情权。

无锡市中级人民法院认为：根据《公司法》第34条的规定，行使股东知情权应以股东身份为前提，丧失股东身份后，原股东就不能主张其任股东期间的知情权。《合伙企业法》对合伙人的知情权作了相同规定。本案中，糜某已经按其与张某在2005年11月3日签订的协议书，向张某支付了相应的股权补偿金，故张某丧失了相应的权利，其要求复制、查阅塑料制品二厂自2001年5月到现在的有关经营财务状况资料没有法律依据。

第四部分　律师建议

股东知情权纠纷往往发生在公司（实际控制人）与其他股东之间，案件标的虽然不涉及财产，但对于公司股东，尤其是中小股东来说，提起知情权诉讼却可能是其了解公司运营情况的唯一途径，也是股东主张其他权利的基础。因而，股东知情权纠纷在股东权益纷争中占有重要地位。根据我们总结出的人民法院倾向性裁判意见，我们认为公司和股东应当特别注意以下方面的内容，以维护自身合法权益：

一、在法律规定尚不完善的情况下，尽可能在公司章程中对知情权的范围、行使方式等问题作出细化规定

通过上述对最高人民法院、江苏省高级人民法院和南京市中级人民法院等有关股东知情权纠纷案件裁判文书的整理、分析，我们发现，绝大多数产生知情权纠纷的公司在其章程中均没有对股东知情权进行特别规定。实际上，公司章程作为股东之间通过意思自治的方式就公司设立、组织形式、经营管理、股东、董事、监事、高级管理人员的权利义务等事宜形成的准则性文件，是公司的宪章。在不违反法律禁止性规定的情况下，章程的规定应认定有效，对公司、股东、董事、监事、高级管理人员等均具有约束力，股东有权依据公司章程的规定主张相应的知情权利。因此，从风险防范角度考虑，公司股东可以在章程中就股东知情权的范围、行使方式、程序、能否委托专业机构行使等事项进行详细规定；但值得注意的是，公司章程对于股东知情权的规定应当遵循合理性原则，即以不影响公司正常经营为限度。否则，即使公司章程有规定，人民法院也可能驳回股东的不合理请求。对此，《公司法司法解释四》第9条规定："公司章程、股东之间的协

议等实质性剥夺股东依据公司法第三十三条、第九十七条规定查阅或者复制公司文件材料的权利，公司以此为由拒绝股东查阅或复制后，人民法院不予支持。”

二、股东在提起知情权诉讼时，应当注意履行前置程序、合理说明查阅会计账簿的正当目的

为防止司法对于公司内部治理的过度干预，《公司法》第33条对于股东查阅公司会计账簿进行了特别规定，但对于股东查阅公司章程、股东会会议记录、董事会会议决议等则无特别要求。因此，股东起诉要求行使知情权的败诉风险主要集中在股东要求查阅公司会计账簿的案件中。

（一）查阅会计账簿前要依法履行诉讼前置程序

根据《公司法》第33条的规定，股东起诉要求查阅公司会计账簿（包括会计凭证、原始凭证等）应当满足几个条件：(1)向公司提出出面请求；(2)说明目的；(3)公司拒绝提供查阅或在15日内未予答复。以上条件必须全部具备，否则，股东将因违反前置程序的规定而败诉。

同时，股东查阅公司会计账簿的书面申请应当符合以下要求：

（1）主体：向公司提出；

（2）内容：明确要求查阅的全部内容，是否包括原始凭证和记账凭证等；

（3）目的：合理的查阅目的，如了解公司经营状况等；

（4）如需委托专业人员查阅，应当注明；

（5）给予公司合理的答复期限；

（6）单独制作、寄送，不与其他文件如股东会提案相混淆。否则，可能影响股东书面申请的性质和法律效力。

（二）要合理说明查阅公司会计账簿的目的正当性

根据现有案例，关于正当目的的举证责任首先由公司承担。即公司如认为股东行使知情权具有不正当目的，则应当举证证明；而股东仅需合理说明其目的，无须提供证据进行证明。然而，当公司能够举证证明股东行使知情权具有不正当目的或可能损害公司利益时，股东仍须对其目的的正当性进行证明。并且，股东此时举证应达到能够反驳公司主张的程度，例如，有证据表明公司存在财务造假、实际控制人损害公司利益等。否则，股东可能承担败诉风险。

（三）股东如具有特殊身份，则需要防范因此对自己行使知情权的目的正当性的不利影响

股东查阅会计账簿的不正当目的主要体现为：股东是公司竞业者或成为竞

业公司的股东及高管人员,查阅是为了获得从事竞业活动的利益;获得公司与商业秘密相关信息的目的是将其提供给竞争对手;为了获得非与公司股东相关的个人利益等。因此,当股东成为竞业公司的股东或高管时,股东查阅会计账簿的请求很可能被认为损害公司利益,从而被驳回。

因此,这类股东在提起诉讼时,需要根据自己的实际情况,对照《公司法司法解释四》第8条列举的“不正当目的”的具体情形,向法院解释清楚自己行使知情权的目的具有正当性,重点防范因为上述问题而对自己行使知情权目的的不利影响。比如,可以考虑对自己所述的正当目的进一步举证,同时通过签订保密协议、出具承诺函等方式减少不利影响。

三、对于公司提出的抗辩理由,股东应当知己知彼、有的放矢地回应

(一)公司很容易犯抗辩重点上的选择错误

现有案例中,很多公司会提出“股东未实际出资”“股东出资存在瑕疵”的抗辩。这一抗辩并非毫无根据。《江苏省高院公司法意见(试行)》第70条规定:“未出资的股东行使知情权的,不予支持。”然而,该《意见》出台时间已久,随着注册资本实缴登记制向认缴登记制的转变,这一规定在实践中已逐渐不再适用。根据当前人民法院的观点,股东是否享有知情权取决于是否具有股东资格,而股东资格的认定应当综合判断(参见本书第十二章关于股东资格确认纠纷的数据报告),而不仅仅取决于是否实际出资。因此,在知情权纠纷案件中,公司如提出未实际出资的抗辩,应当从股东不具有股东资格角度考虑组织证据,否则该抗辩没有实际效果。对此,行使知情权的股东应当知晓。

(二)要重点审查公司在“目的不正当性”上的举证是否到位

在股东要求查阅会计账簿的案件中,公司对股东的抗辩通常从前置程序不合法、股东查阅具有不正当目的两个方面展开。其中不正当目的的证明直接关系到案件的结果。公司在论证股东查阅目的不正当时,往往会从诸如股东曾在公司担任总经理甚至法定代表人、股东与公司存在纠纷(损害公司利益责任纠纷除外)、股东未实际出资等方面进行展开。然而,从现有案例的裁判规则来看,此类抗辩一般属于无效抗辩。公司对于股东目的“不正当性”的举证应当从以下几个方面入手:(1)股东系竞业公司的股东或高管;(2)股东存在侵害公司商业秘密,或其他损害公司利益的行为;(3)股东查阅会计账簿的目的通过其他渠道也能实现。对此,《公司法司法解释四》第8条已经明确列举了构成“不正当目的”的四种情形,作为行使知情权股东应当重点审查其举证是否已经到位,并作出相应的合理回应。

第十六章　股权转让纠纷

第一部分　报告背景及数据来源

公司的本质是股东的集中，而股东作为个人意志的支配者，其处分自身权利的自由往往会造成股东与股东之间，以及股东与非股东之间的利益冲突，进而产生相应的股权纠纷。股权转让纠纷是股权在转让股权的过程中所发生的纠纷的总称，包括股东之间因股权转让产生的纠纷，以及股东与非股东之间因股权转让产生的纠纷。

股权转让是指公司股东依法将自己的股份让渡给他人，使他人成为公司股东的民事法律行为，包括了有限责任公司股东的股权转让，也包括了股份有限公司的股权转让。

股权转让是股东行使股权的一种常见方式，我国《公司法》规定股东有权通过法定方式转让其全部出资或者部分出资。但是，有限公司股东和股份公司股东的股权转让规则存在差异。

就有限公司而言，《公司法》第 71 条第 1 款规定："有限责任公司的股东之间可以相互转让其全部或者部分股权。"第 2 款规定："股东向股东以外的人转让股权，应当经其他股东过半数同意。股东应就其股权转让事项书面通知其他股东征求同意，其他股东自接到书面通知之日起满三十日未答复的，视为同意转让。其他股东半数以上不同意转让的，不同意的股东应当购买该转让的股权；不购买的，视为同意转让。"第 4 款："公司章程对股权转让另有规定的，从其规定。"

对股份公司而言。《公司法》第 137 条规定："股东持有的股份可以依法转让。"第 138 条规定："股东转让其股份，应当在依法设立的证券交易场所进行或者按照国务院规定的其他方式进行。”第139条第1款:“记名股票,由股东以背书方式或者法律、行政法规规定的其他方式转让;转让后由公司将受让人的姓名或者名称及住所记载于股东名册。”第140条:“无记名股票的转让,由股东将该股票交付给受让人后即发生转让的效力。”第141条第1款:“发起人持有的本公司股份,自公司成立之日起一年内不得转让。公司公开发行股份前已发行的股份,自公司股票在证券交易所上市交易之日起一年内不得转让。”第2款:“公司董事、监事、高级管理人员应当向公司申报所持有的本公司的股份及其变动情况,在任职期间每年转让的股份不得超过其所持有本公司股份总数的百分之二十五;所持本公司股份自公司股票上市交易之日起一年内不得转让。上述人员离职后半年内,不得转让其所持有的本公司股份。公司章程可以对公司董事、监事、高级管理人员转让其所持有的本公司股份作出其他限制性规定。”

在公司纠纷的所有类型中,股权转让纠纷占比最大。我们通过“威科先行”进行检索,以2010年9月1日至2016年12月31日为时间节点,以最高人民法院的裁判案例为基础,先后以“股权纠纷”和“股权转让纠纷”为关键词进行筛选,初步统计发现:“股权转让纠纷”占“股权纠纷”的比例大约在45%~50%。

为对此类纠纷开展研究,我们收集了最高人民法院近年来审理的744件股权转让纠纷案件,对其进行数据分析,试图找出公司股权转让纠纷的共通之处,以及最高院在这类案件中的裁判观点。

第二部分 案件数据及裁判特点

一、案件数量

如图16-1所示,我们收集的744件公司股权转让纠纷案件中,由最高人民法院再审的案件有491件,占比66%;其余253件为最高人民法院二审的案件。

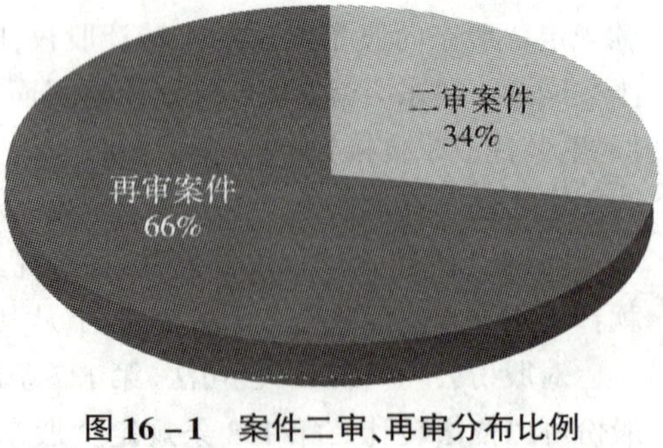

图16-1 案件二审、再审分布比例

二、历年案件数量

本次分析的股权转让纠纷案件时间跨度从 2010 年至 2016 年，从图 16－2 和表 16－1 可知，2011 年之后最高院审理的股权转让纠纷案件数量有扩大趋势。尽管全国裁判文书公开的时间存在滞后性，但从 2013 年以来，最高人民法院审理的股权转让纠纷案件数量逐年递增。虽然增加幅度并不是很大，但足以说明股权转让纠纷是商事领域的高发问题。

表 16－1 历年案件数量

年份	数量(件)
2010	1
2011	16
2012	43
2013	147
2014	148
2015	188
2016	201

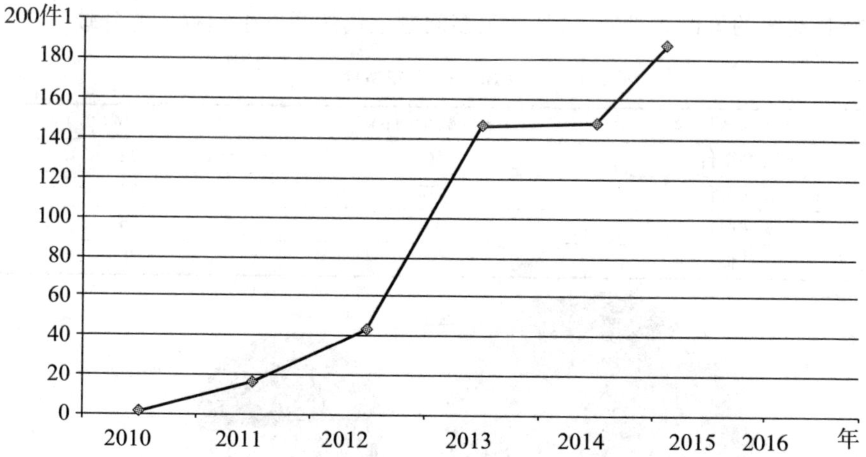

图 16－2 历年案件数量

注：因官方数据公布的时间问题，故此图可能存在偏差。

三、二审案件裁判结果

表 16 –2　二审案件

结案方式	案件数量(件)	所占比例(%)
判决结案	134	53
裁定结案	118	46
调解结案	1	1
案件总数	253	—

在本次数据分析中,最高人民法院作为二审法院审理股权转让纠纷案件数量为 253 件,占 34%。其中,以“判决”方式结案的有 134 个;以“裁定”方式结案的数量为 118 件;以“调解”方式结案的仅有 1 件。总体而言,最高人民法院在二审裁判时的裁定结案率与判决结案率较为持平。

从具体的裁判结果来看,如图 16 –3 和表 16 –3 所示,253 件二审案件中,“驳回上诉”的数量达 137 件,超过了总体数据的 50%,而“改判”案件(包括部分改判)数量仅 56 件,仅占总数据的 22%,此外“发回重审”的案件比例也达到 15%。由此可见,在逾半数的上诉案件中,当事人的诉讼请求都会被驳回。不过,22% 的改判率和 15% 的发回率,与其他案由比起来已经不低,这也表明:股权转让纠纷的争议纠纷较大,且在很多问题上仍然会发生理解上的分歧。

表 16 –3　二审案件

裁判结果	案件数量(件)	所占比例(%)
改判案件	56	22
驳回案件	137	54
发回原审	38	15
其他	22	9

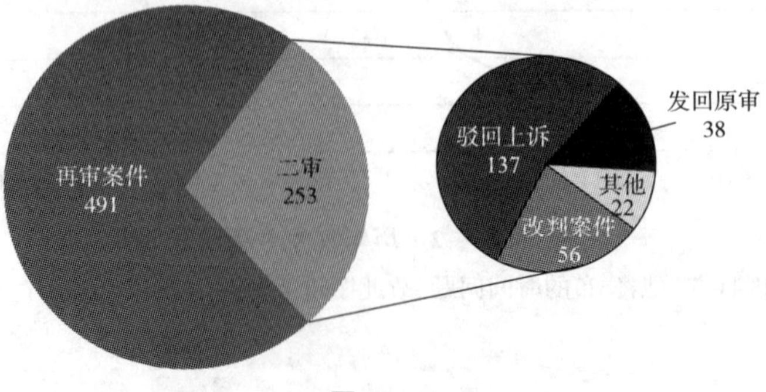

图 16 –3

四、再审案件裁判结果

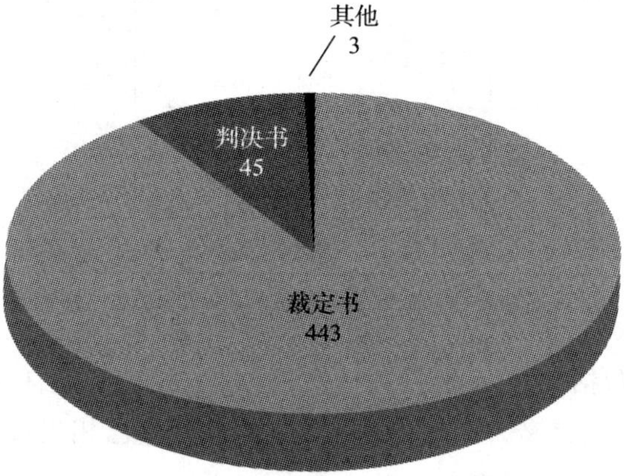

图 16－4

在本次数据分析中，再审案件数量为 491 件。其中，以“裁定”方式结案的有 443 件，占总体比例的 90.2%；而以“判决”方式结案的仅有 45 件，占总体数据的 9.1%。

从再审案件的启动程序上看，“检察院抗诉”的案件仅有 19 件，占申请再审及再审案件总数的 3.9%。由此可见，与其他类型的案件一样，股权转让纠纷虽然争议点较多，但绝大多数案件仍是当事人申请，检察院抗诉或者法院依职权决定再审的比例是极低的。

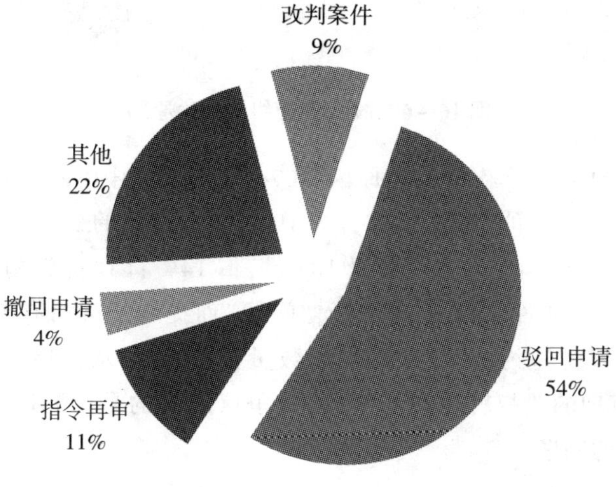

图 16－5　再审案件裁判结果

表 16－4　再审案件

裁判结果	数量(件)	比例(%)
改判案件	41	8
驳回申请	262	54
指令再审	33	11
撤回申请	21	4
其他	108	22

从具体的裁判结果来看，“驳回再审申请”的案件数量达 262 件，占比 54%；而最终“改判”(包括部分改判)的案件数量为 41 件，占案件总数的 8%。与其他案由的纠纷比起来，最高人民法院再审 8% 的改判率已相当可观。这再次体现出股权转让纠纷案件争议之大。

五、纠纷原因

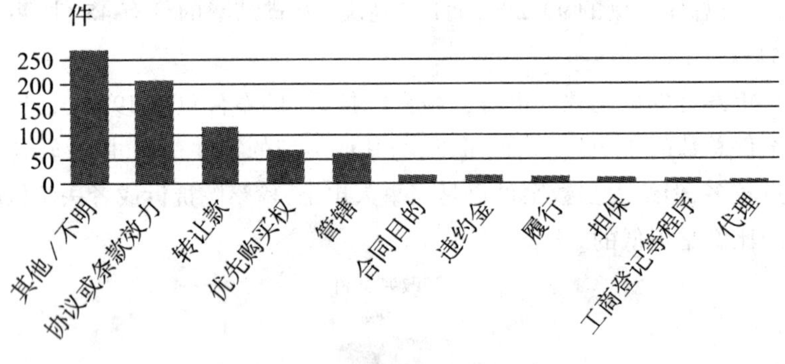

图 16－6　股权转让纠纷产生原因

从股权转让纠纷产生的具体原因看，744 件案件中因“协议的效力”或“协议条款的效力”产生争议的案件数量为 192 件，占总数的 26%；紧随其后的是因“转让款”而导致纠纷的案件数量 107 件，占 14%；因“优先购买权”导致纠纷的案件数量为 64 件，占 9%；因“管辖问题”而提起的诉讼有 58 件，占 8%；因“合同目的”及“违约金”导致的纠纷数量各 17 件。从整体数据上看，在最高人民法院审理的股权转让纠纷案件中，争议最多的是“协议效力”和“转让款”这两方面的问题。

六、案件地域分布

表 16 –5　案件地域分布

地区	数量(件)	比例(%)
广东省	57	7.9
山东省	53	7.1
福建省	46	6.2
河北省	43	5.8
湖南省	36	4.8
内蒙古自治区	35	4.7
江苏省	34	4.6
新疆维吾尔自治区	35	4.4
天津市	32	3.8
浙江省	28	3.6
安徽省	27	3.6
北京市	26	3.5
湖北省	25	3.4
四川省	23	3.1
河南省	23	3.1
云南省	22	3
辽宁省	21	2.8
青海省	20	2.7
山西省	20	2.7
上海市	19	2.6
重庆市	17	2.3
广西壮族自治区	17	2.3
陕西省	15	2
甘肃省	14	1.4
黑龙江省	12	1.6
吉林省	9	1.2
江西省	7	0.9
宁夏回族自治区	7	0.9
贵州省	5	0.7
西藏自治区	3	0.4

经统计，在本次分析的最高人民法院裁判的公司股权转让纠纷案件中，原审数量排名前三的省份分别是广东省、山东省、福建省。从上图可知，虽然总体上公司股权转让纠纷的发生率与各地经济发展水平以及公司注册数量有关，但进入最高人民法院审理的案件数量未必就是经济发达地区多，如内蒙古自治区和新疆维吾尔自治区两地进入最高人民法院审理的股权转让纠纷案件数量就比北京市、上海市、江苏省、浙江省、天津市等经济发达地区要多。

从本次分析的数据来看，股权转让纠纷案件数量较少的省份主要有吉林省、江西省、宁夏回族自治区、贵州省、西藏自治区等，从数据库中能查找到的这几个省份 2010 年以来的股权转让纠纷案件数量均不足 10 件。

七、纠纷所涉公司的类型

从图 16－7 可以看出：发生股权转让纠纷的公司类型以“有限责任公司”为主，占比达到 91%，“股份有限公司”仅占 4%，剩余的主要是“集体企业”等其他组织形态。“有限责任公司”作为占比最高的公司类型，相应地发生较多的股权转让纠纷案件，不足为奇。

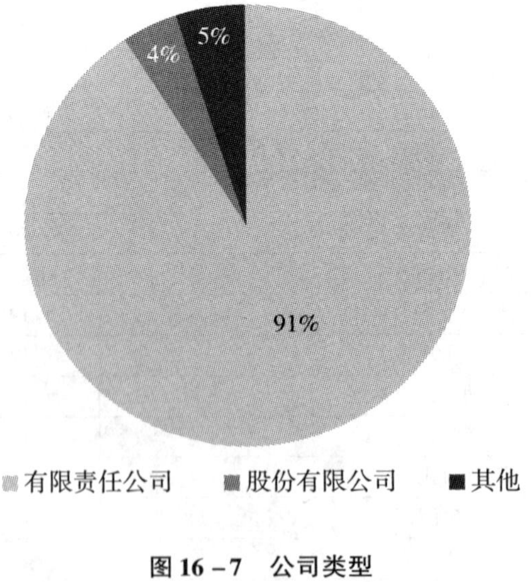

图 16－7　公司类型

八、转让对象

表 16-6　转让对象情况

转让对象	数量(件)	比例(%)
对内转让	67	9
对外转让	603	81
不明	74	10

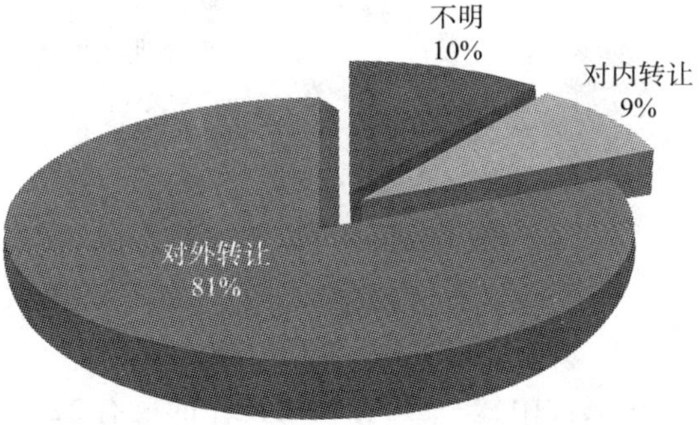

图 16-8　转让对象一览

公司股权转让的对象包括股东和非股东，前者可以称为“对内转让”，后者则为“对外转让”。在有限责任公司中，对内转让和对外转让的法律规则存在差异。从表 16-6 和图 16-8 可知：股权对外转让时发生纠纷的案件数量要远高于对内转让时。

九、股东性质

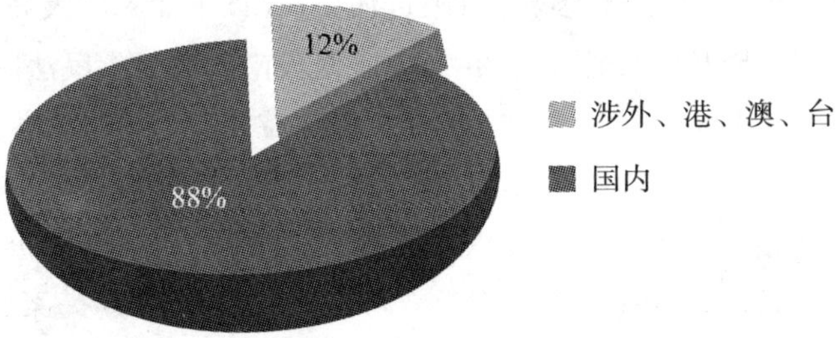

图 16-9　股权对外转让

在本次分析的最高人民法院股权转让案件中,涉及外资(包括港、澳、台)股东的案件有33个,占比12%。这一方面与外商投资企业的数量相对要少有关,另一方面也与我国法律对外商投资企业股权转让的审批要求以及相关产业政策对外方投资者股权比例的要求有关。

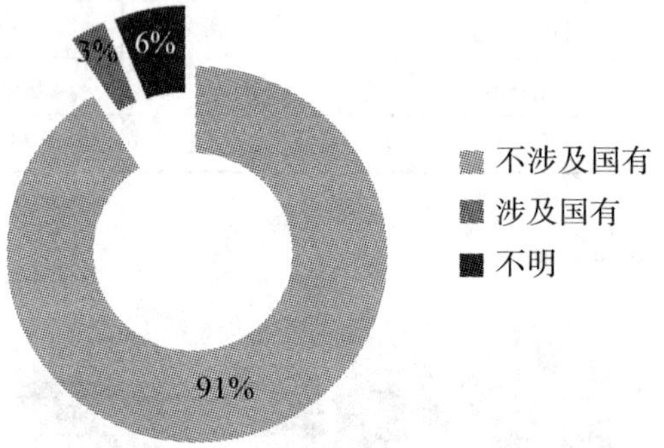

图16－10　股东性质分布

此外,在这744个案件中,涉及国有股权转让的仅有22个,占比相对较低。这与我国国有股权转让涉及国有资产监管、转让程序相对复杂有关。这也从侧面反映出国有股权的转让在经过多重相关审批程序后,相对于一般的股权转让而言,发生法律风险及争议的概率有所降低。

第三部分　裁判意见整理与分析

一、股权转让合同可撤销的情形

☞ 案例

1. 再审申请人巍山县红大锑业有限责任公司(以下简称红大公司)、陶某因与被申请人霍某、周某股权转让纠纷一案,不服云南省高级人民法院【(2013)云高民二终字第19号】民事判决,向最高人民法院申请再审,最高人民法院于2014年9月29日作出【(2014)民申字第1312号】民事裁定。

2. 上诉人联大集团有限公司(以下简称联大集团)因与被上诉人安徽省高速公路控股集团有限公司(以下简称安徽高速)股权转让纠纷一案,不服江苏省高级人民法院【(2010)苏商初字第0002号】民事判决,向最高人民法院提起上诉,最高人民法院于2013年11月28日作出【(2013)民二终字第33号】终审判决。

3. 申请再审人吴某、王某与被申请人牛某股权转让纠纷一案，不服新疆维吾尔自治区高级人民法院【(2011)新民二初字第00001号】民事判决，向最高人民法院申请再审，最高人民法院于2013年2月1日作出【(2012)民申字第691号】民事裁定。

4. 再审申请人徐某因与被申请人邱某股权转让合同纠纷一案，不服福建省高级人民法院【(2013)闽民终字第1220号】民事判决，向最高人民法院申请再审，最高人民法院于2014年12月5日作出【(2014)民申字第1668号】民事裁定。

☞ 裁判依据

《合同法》第54条："下列合同，当事人一方有权请求人民法院或者仲裁机构变更或者撤销：(一)因重大误解订立的；(二)在合同订立时显失公平的。一方以欺诈、胁迫的手段或者乘人之危，使对方在违背真实意思的情况下订立合同，受损害方有权请求人民法院或者仲裁机构变更或者撤销……"

《合同法》第55条："有下列情形之一的，撤销权消灭：(一)具有撤销权的当事人自知道或者应当知道撤销事由之日起一年内没有行使撤销权；(二)具有撤销权的当事人知道撤销事由后明确表示或者以自己的行为放弃撤销权。"

☞ 裁判意见

在【(2014)民申字第1312号】案中，最高人民法院认为：双方对南诏公司可能遗存的债权债务均有预期并约定了处理办法，霍某、周某亦承诺对此承担双倍赔偿责任。如红大公司、陶某有证据证明南诏公司对外负有债务或债权且无法收回，可依协议约定主张权利。但其以此主张对方在签约时存在欺诈行为、《协议书》应予撤销证据不足，该项理由不成立。

在【(2013)民二终字第33号】案中，最高人民法院认为：各方对案涉《审计报告》华普审字(2003)第0240号不持异议，该审计报告显示，截至2002年12月31日，安徽安联高速公路有限公司49%的股权由原始出资的3.43亿元贬值至2.6亿元，各方协商确定的股权转让金为4.5亿元，远远高出其当时的市值。联大集团上诉请求与事实不符，原审法院关于双方约定的转让价格基本符合市场行情的事实认定正确，应予确认。同时，根据《合同法》第54条第1款第(2)项之规定，当事人对合同订立时显失公平的，有权请求人民法院变更或撤销。据此，鉴于上诉人在诉讼期间始终未提出撤销诉请，故对其此点上诉主张本院不予支持。

在【(2012)民申字第691号】案中，最高人民法院认为：吴某、王某并未在法定期限内主张撤销股权转让协议第3条。合同撤销权的行使期间为自知道或者应当知道撤销事由起1年内,即吴某、王某应在知道或者应当知道牛某违背其真实意思篡改协议第3条后主张撤销该协议条款。按照吴某、王某陈述,其应当在酒醒后知道协议第3条被篡改的情况,但自协议于2007年2月1日签订后,直至2009年向新疆维吾尔自治区高级人民法院申请再审时,才首次提出请求撤销该协议的主张,已经超过撤销权行使期间。

在【(2014)民申字第1668号】案中,最高人民法院认为:徐某未能提交证据证明其受让前股东黄某的股权支付了合理的对价或者其已经补足抽逃的出资,二审判决认为其将存在抽逃出资瑕疵的股权承诺为真实出资并转让给邱某的行为构成欺诈,依照《合同法》第54条的规定判决撤销案涉股权转让协议,有相关事实和法律依据,亦无不当。

二、股权转让合同无效的情形

☞ 案例

1. 再审申请人高某因与被申请人梁某股权转让纠纷一案,不服云南省高级人民法院【(2013)云高民二终字第24号】民事判决,向最高人民法院申请再审。最高人民法院于2014年7月30日作出【(2013)民申字第2229号】民事裁定。

2. 上诉人王某为与被上诉人刘某、原审被告王某、昌吉市晋煤煤矿有限责任公司、原审第三人平某股权转让纠纷一案,不服新疆维吾尔自治区高级人民法院【(2011)新民二初字第5号】民事判决,向最高人民法院提起上诉。最高人民法院于2013年12月10日作出【(2013)民二终字第120号】民事判决。

3. 再审申请人靳某因与被申请人山东泰宝防伪技术产品有限公司(以下简称泰宝公司)股权转让合同纠纷一案,不服山东省高级人民法院【(2010)鲁民四终字第229号】民事判决,向最高人民法院申请再审,最高人民法院于2013年9月25日作出【(2013)民申字第1053号】民事裁定。

4. 再审申请人王某因与被申请人徐某、青海南部矿业有限公司及一审第三人中国冶金地质总局西北地质勘查院、西北有色地质勘查局物化探总队股权转让合同纠纷一案,不服青海省高级人民法院【(2012)青民二终字第62号】民事判决,向最高人民法院申请再审,最高人民法院于2014年9月17日作出【(2014)民申字第1421号】民事判决。

5. 申请再审人中国中旅(集团)公司为与被申请人华证资产管理有限公司股权转让合同纠纷一案,不服北京市高级人民法院【(2011)高民终字第495号】

民事判决,向最高人民法院申请再审,最高人民法院于2011年10月18日作出【(2011)民申字第979号】民事裁定,提审本案。最高人民法院于2012年12月24日作出【(2012)民提字第175号】民事判决。

6. 再审申请人中国农产品交易有限公司因与被申请人王某、武汉天九工贸发展有限公司、武汉白沙洲农副产品大市场有限公司股权转让合同纠纷一案,不服最高人民法院于2014年12月31日作出的【(2014)民四终字第33号】民事判决,向最高人民法院申请再审。最高人民法院于2015年12月22日作出【(2015)民申字第1868号】民事裁定。

7. 上诉人联大集团有限公司(以下简称联大集团)为与被上诉人安徽省高速公路控股集团有限公司(以下简称安徽高速)股权转让纠纷一案,不服江苏省高级人民法院【(2010)苏商初字第0002号】民事判决,向最高人民法院提起上诉,最高人民法院于2013年11月28日作出【(2013)民二终字第33号】终审判决。

☞ 裁判依据

《合同法》第52条:"有下列情形之一的,合同无效:(一)一方以欺诈、胁迫的手段订立合同,损害国家利益;(二)恶意串通,损害国际、集体或者第三人利益;(三)以合法形式掩盖非法目的;(四)损害社会公共利益;(五)违反法律、行政法规的强制性规定。"

《合同法司法解释(一)》第4条:"合同法实施以后,人民法院确认合同无效,应当以全国人大及其常委会制定的法律和国务院制定的行政法规为依据,不得以地方性法规、行政规章为依据。"

《合同法司法解释(一)》第10条:"当事人超越经营范围订立合同,人民法院不因此认定合同无效。但违反国家限制经营、特许经营以及法律、行政法规禁止经营规定的除外。"

《合同法司法解释(二)》第14条:"合同法第五十二条第(五)项规定的'强制性规定',是指效力性强制性规定。"

《民法通则》第58条:"下列民事行为无效:(一)无民事行为能力人实施;(二)限制民事行为能力人依法不能独立实施的;(三)一方以欺诈、胁迫的手段或者乘人之危,使对方在违背真实意思的情况下所为的;(四)恶意串通,损害国家、集体或者第三人利益的;(五)违反法律或者社公共利益的;(六)以合法形式掩盖非法目的的。无效的民事行为,从行为开始起就没有法律约束力。"

《国有资产评估管理办法》第三条规定:"国有资产占有单位(以下简称占有单位)有下列情形之一的,应当进行资产评估:(一)资产拍卖、转让;(二)企业兼并、出售、联营、股份经营;(三)与外国公司、企业和其他经济组织或者个人开办中外合资经营企业或者中外合作经营企业;(四)企业清算;(五)依照国家有关规定需要进行资产评估的其他情形。”

☞ 裁判意见

在【(2013)民申字第2229号】案中,最高人民法院认为:《终止合作及退款协议》涉及股权转让及先前《共同投资开发协议》项下投资款项的返还内容,系当事人真实意思表示,不存在《合同法》第52条规定的有关合同无效的情形,二审判决认定该协议合法有效正确。梁某是否出资不实、抽逃出资与《终止合作及退款协议》的法律效力及应否返还180.7万元款项并无直接关联,高某该主张可通过其他途径解决。

在【(2013)民二终字第120号】案中,最高人民法院认可一审法院关于刘某与王某签订的《股权转让合同》的效力的认定。该院认定刘某不仅明知“老晋煤公司”的股东构成、撤销情况和“新晋煤公司”的设立情况,也明知涉案采矿许可证、煤炭生产许可证、安全生产许可证等证照均登记在“老晋煤公司”名下这一事实,在此情况下,其仍与王某签订《股权转让协议》,实际是为了实现由“新晋煤公司”取得登记在“老晋煤公司”名下的采矿许可证、煤矿安全生产许可证的最终目的,该行为构成恶意。根据《合同法》第52条第(2)项之规定,该院认定刘某与王某签订的《股权转让协议》,损害了第三人王某、平某的合法利益,属于无效合同。第三人王某请求确认《股权转让协议》无效的诉求依法成立,予以支持。

在【(2013)民申字第1053号】案中,最高人民法院认为:《合同法司法解释(一)》第4条规定:“合同法实施以后,人民法院确认合同无效,应当以全国人大及其常委会制定的法律和国务院制定的行政法规为依据,不得以地方性法规、行政规章为依据。”《中华人民共和国外汇管理条例》中没有关于外商投资企业股权转让款必须以外汇形式支付的强制性规定,《股权转让协议》的内容没有违反法律和行政法规的强制性规定,合法有效。另外,最高人民法院还认为:关于行政审批机关对股权变更的审批是否违反法定程序的问题,靳某的诉讼请求是请求确认《股权转让协议》无效或解除,行政审批过程中的程序性问题与《股权转让协议》的效力问题无关。

在【(2014)民申字第1421号】案中,最高人民法院认为:由于法人的财产独立于股东,股东不能直接支配矿业权,仅股权的变化不能认定为矿业权人的变化,一、二审判决查明的事实以及王某新自己提交的证据均能证明在本案股权转让前后,矿业权人没有发生变化,故涉案合同属于股权转让合同而非矿业权转让合同。法律并未禁止民事主体通过转让股权的形式,成为享有矿业权的法人的股东。当事人通过股权转让间接变更对矿业权的实际经营,在股权转让不影响矿业权归属的情况下,一方当事人以合同双方真实意思是变更矿业权人,进而主张合同无效,不能予以支持。

在【(2012)民提字第175号】案中,最高人民法院认为:当事人订立的《股份转让合同》合法有效,且未终止,华证公司无权要求中旅集团返还股权转让款。华证公司认为本案的《股份转让合同》违反原《公司法》第147条的规定,并提起确认合同无效之诉,但603号判决已经对此进行审理,并认为该《股份转让合同》不因违反以上规定而无效,该《股份转让合同》仍有效存在。从现有法律来看,合同是否能够履行并不当然影响合同的效力,更不会直接导致合同终止,因此,股权无法交付并不导致股权转让合同无效或者终止。

在【(2015)民申字第1868号】案中,最高人民法院认为:当事人串通签订《0.89亿股权转让协议》,目的是规避必要的较为严格的行政审批要求,破坏了国家对外商投资、对外投资的监管秩序和外汇管理秩序,属于双方恶意串通,损害国家利益;也属于以合法形式掩盖规避更严格审批要求的非法目的,应依照《合同法》第52条第2项、第3项的规定,认定该协议无效,并不存在缺乏证据证明、认定事实和适用法律错误的问题。

在【(2013)民二终字第33号】案中,最高人民法院认为:1992年国务院发布的《国有资产评估管理办法》性质为行政法规,其第3条关于国有资产占有单位在资产拍卖、转让等五种情形下,应当进行评估的规定虽为强制性规定,但根据《合同法》第52条及最高人民法院《合同法司法解释(二)》第14条规定,该内容并非效力性强制性规定。

三、未经审批的股权转让合同的效力认定

☞ 案例

1. 上诉人陈某为与被上诉人云南红塔集团有限公司(以下简称红塔有限公司)股权转让纠纷一案,不服云南省高级人民法院【(2012)云高民二初字第1号】民事判决,向最高人民法院提起上诉,最高人民法院于2014年7月16日作出【(2013)民二终字第42号】终审判决。

2. 上诉人广东梅雁水电股份有限公司(以下简称梅雁公司)为与被上诉人吉富创业投资股份有限公司(原名深圳吉富创业投资股份有限公司,以下简称

吉富公司)、原审第三人广州高金技术产业集团有限公司(以下简称高金公司)、普宁市信宏实业投资有限公司(以下简称信宏公司)、宜华企业(集团)有限公司(以下简称宜华公司)、湖北水牛实业发展有限公司(原名湖北水牛房地产开发有限公司,以下简称水牛公司)股权转让纠纷一案,不服广东省高级人民法院(以下简称广东高院)【(2008)粤高法民二初字第17号】民事判决,向最高人民法院提起上诉,最高人民法院于2014年6月10日作出【(2009)民二终字第00117号】终审判决。

3. 申请再审人中国银行股份有限公司重庆九龙坡支行(以下简称九支行)与被申请人宁源国际有限公司(以下简称宁源公司)等股权转让纠纷一案,九支行不服重庆市高级人民法院【(2010)渝高法民终字第220号】民事判决,向最高人民法院申请再审,最高人民法院于2013年6月25日作出【(2013)民申字第36号】民事裁定。

4. 再审申请人绍兴中兴商城发展有限公司(以下简称中兴商城)、绍兴大厦有限责任公司(以下简称绍兴大厦)因与再审被申请人黄某股权转让合同纠纷一案,不服浙江省高级人民法院【(2009)浙商外终字第65号】民事判决,向最高人民法院申请再审,最高人法院于2011年5月3日作出【(2011)民申字第22号】民事裁定。

5. 再审申请人福建海玉投资有限公司(以下简称海玉公司)因与被申请人王某股权转让合同纠纷一案,不服福建省高级人民法院(以下简称福建高院)【(2012)闽民终字第424号】民事判决,向最高人民法院申请再审。最高人民法院于2013年11月14日作出【(2013)民申字第733号】民事裁定对本案进行提审。最高人民法院于2014年10月29日作出【(2013)民提字第240号】民事判决。

6. 再审申请人中国宝安集团股份有限公司、深圳恒安房地产开发有限公司、深圳市恒基物业管理有限公司、恒丰国际投资有限公司因与被申请人内蒙古嘉泰投资集团有限公司股权转让纠纷一案,不服广东省高级人民法院【(2012)粤高法民四终字第114号】民事判决,向最高人民法院申请再审。最高人民法院于2014年9月24日以【(2014)民申字第65号】民事裁定提审本案,最高人民法院于2015年4月29日作出【(2015)民提字第21号】民事判决。

☞ 裁判依据

1.《合同法》第44条第2款:"法律、行政法规规定应当办理批准、登记等手续生效的,依照其规定。"

2.《合同法司法解释(一)》第9条“依照合同法第四十四条第二款的规定，法律、行政法规规定合同应当办理批准手续，或者办理批准、登记等手续才生效，在一审法庭辩论终结前当事人仍未办理批准手续的，或者仍未办理批准、登记等手续的，人民法院应当认定该合同未生效，法律、行政法规规定合同应当办理登记手续，但未规定登记后生效的，当事人未办理登记手续不影响合同的效力，合同标的物所有权及其他物权不能转移。”

3.《企业国有资产监督管理暂行条例》第23条：“国有资产监督管理机构决定其所出资企业的国有股权转让。其中，转让全部国有股权致使国家不再拥有控股地位的，报本级人民政府批准。”

4.《企业国有资产监督管理暂行条例》第24条：“所出资企业投资设立的重要子企业的重大事项，需由所出资企业报国有资产监督管理机构批准的，管理办法由国务院资产监督管理机构另行制定，报国务院批准。”

5.《国有股东转让所持上市公司股份管理暂行办法》第14条：“国有股东拟协议转让上市公司股份的，在内部决策后，应当及时按照规定程序逐级书面报告省级或省级以上国有资产监督管理机构，并应当同时将拟协议转让股份的信息书面告知上市公司，由上市公司依法公开披露该信息，向社会公众进行提示性公告。公开披露文件中应当注明，本次股份拟协议转让事项须经相关国有资产监督管理机构同意后才能组织实施。”

6.《证券法》第129条第1款：“证券公司设立、收购或者撤销分支机构，变更业务范围，增加注册资本且股权结构发生重大调整，减少注册资本，变更持有百分之五以上股权的股东、实际控制人，变更公司章程中的重要条款，合并、分立、停业、解散、破产，必须经国务院证券监督管理机构批准。”

7.《证券公司监督管理条例》第14条：“任何单位或者个人有下列情形之一的，应当事先告知证券公司，由证券公司报国务院证券监督管理机构批准：(一)认购或者受让证券公司的股权后，其持股比例达到证券公司注册资本的5%；(二)以持有证券公司股东的股权或者其他方式，实际控制证券公司5%以上的股权。未经国务院证券监督管理机构批准，任何单位或者个人不得委托他人或者接受他人委托持有或者管理证券公司的股权。证券公司的股东不得违反国家规定，约定不按照出资比例行使表决权。”

8.《最高人民法院关于审理外商投资企业纠纷案件若干问题的规定(一)》第1条第1款：“当事人在外商投资企业设立、变更等过程中订立的合同，依法律、行政法规的规定应当经外商投资企业审批机关批准后才生效的，自批准之日起生效;未经批准的,人民法院应当认定该合同未生效。当事人请求确认该合同无效的,人民法院不予支持。"

9.《中外合资经营企业法实施条例》第20条:"合营一方向第三者转让其全部或者部分股权的,须经合营他方同意,并报审批机构批准,向登记管理机构办理变更登记手续……违反上述规定的,其转让无效。"

10.《外资企业法实施细则》第23条:"外资企业注册资本的增加、转让,须经审批机关批准并向工商行政管理机关办理变更登记手续。"

☞ 裁判意见

在【(2013)民二终字第42号】案中,最高人民法院认为:本案所涉《股份转让协议》依法属于应当办理批准手续的合同,需经财政部批准才能生效,但因红塔有限公司上级主管部门中烟总公司不同意本次股权转让,报批程序已经结束,《股份转让协议》已确定无法得到有权机关批准,故应依法认定为不生效合同。值得注意的是,《合同法》第44条和《合同法司法解释(一)》第9条对合同生效的要求,是合同的法定生效条件,属于强制性规定,不允许当事人通过约定的方式予以变更,故尽管当事人对合同生效有相关约定,仍应依据以上法律规定来判断合同的效力。综上,《股份转让协议》依法应认定不生效。

在【(2009)民二终字第00117号】案中,最高人民法院认为:本案中梅雁公司与吉富公司签订的《股权转让协议》及《股权转让协议之补充协议》出于双方真实意思表示,维持该合同效力并不损害公共利益,不能仅以梅雁公司与吉富公司协议转让广发证券8.4%的股权未经证券监管机构批准而认定双方签订的转让合同无效……该股权转让合同有效。梅雁公司关于其与吉富公司签订的《股份转让协议》与《股份转让协议之补充协议》未生效或无效的主张,没有法律依据,本院不予支持。

在【(2013)民申字第36号】案中,最高人民法院认为:上述三份协议(《投资股权转让框架协议》《股权转让协议》《零价格项目整体划转移交三方协议》)的约定均涉及处分中原公司资产、转让中原公司股权。上述约定未经中原公司外方股东宁源公司的同意,未报审批机关批准,未向登记管理机构办理变更登记手续,根据《最高人民法院关于审理外商投资企业纠纷案件若干问题的规定(一)》第1条"当事人在外商投资企业设立、变更过程中订立的合同,依法律、行政法规的规定应当经外商投资企业审批机关批准后才生效的,自批准之日起生效;未经批准的,人民法院应当认定该合同未生效。当事人请求确认该合同无效的,人民法院不予支持。"宁源公司无权主张相关合同无效。

在【(2011)民申字第22号】案中,最高人民法院认为:根据《合同法司法解释(一)》第9条第1款规定:"依照合同法第四十四条第二款的规定,法律、行政法规规定合同应当办理批准手续,或者办理批准、登记等手续才生效,在一审法庭辩论终结前当事人仍未办理批准手续的,或者仍未办理批准、登记等手续的,人民法院应当认定该合同未生效;法律,行政法规规定合同应当办理登记手续,但未规定登记后生效的,当事人未办理登记手续不影响合同的效力,合同标的物所有权及其他物权不能转移。"综上,应当认定利大贸易公司与绍兴大厦的股权转让协议未生效,不发生股权转让的效力,利大贸易公司仍是中兴商城股东。

在【(2013)民提字第240号】案中,最高人民法院认为:王某与海玉公司签订的《股权转让协议书》及其补充协议虽是当事人真实意思表示,但未经审批机关批准,根据相关行政法规和司法解释的规定,合同成立但未生效。福建高院未对王某与海玉公司签订的《股权转让协议书》及其补充协议的效力作出正确认定,应予纠正。海玉公司关于其与王某签订的《股权转让协议书》及其补充协议的效力系未生效的再审理由,有相关法律依据,本院予以支持。

在【(2015)民提字第21号】案中,最高人民法院认为:涉案协议属于各方当事人就转让相关企业股权达成的预先约定,这样的预约协议并不需要报经外商投资企业审批机构的批准,二审判决认定涉案协议未经审批而应认定未生效属于法律适用错误。

四、涉及股权质押的股权转让合同效力问题

(一)股权转让合同并不因为标的股权已经出质而无效

☞ 案例

再审申请人贺某因与被申请人宋某、重庆西子置业发展有限公司股权转让纠纷一案,不服重庆市高级人民法院【(2013)渝高法民终字第00185号】民事判决,向最高人民法院申请再审。最高人民法院于2013年12月27日作出【(2013)民申字第2024号】民事裁定。

☞ 裁判依据

《物权法》第226条:"以基金份额、股权出质的,当事人应当订立书面合同。以基金份额、证券登记结算机构登记的股权出质的,质权自证券登记结算机构办理出质登记时设立;以其他股权出质的,质权自工商行政管理部门办理出质登记时设立。基金份额、股权出质后,不得转让,但经出质人与质权人协商同意的除外。出质人转让基金份额、股权所得的价款,应当向质权人提前清偿债权或者提存。"

☞ 裁判意见

在【(2013)民申字第2024号】案中,最高人民法院认为:关于股权出质后不得转让的规定并不属于对合同的效力性强制性规定。因转让出质的股权而签订的股权转让合同,其合同本身应当是有效的,即合同在债权领域应当发生效力,只是在物权领域其效力无法发生变动。宋某提供了质权人杨某的《放弃质权声明书》,结合《补充协议书》的内容,应当认为质权人与出质人已经同意转让股权,同时贺某所转让的股权是否设置质押以及杨某是否放弃质权,均不影响贺某对外转让股权合同本身的效力。

(二)股权质押合同中的流质条款无效

☞ 案例

申请再审人河南豫新投资有限公司为与被申请人河南万基铝业股份有限公司、被申请人万基控股集团有限公司股权转让纠纷一案,不服河南省高级人民法院【(2012)豫法民一终字第58号】民事判决,向最高人民法院申请再审。最高人民法院于2013年7月29日以【(2013)民申字第491号】民事裁定书,裁定提审本案,后于2014年9月23日作出【(2014)民提字第92号】民事判决。

☞ 裁判依据

《担保法》第66条:"出质人和质权人在合同中不得约定在债务履行期届满质权人未受清偿时,质物的所有权转移为质权人所有。"

《担保法司法解释》第57条第1款之规定:"当事人在抵押合同中约定,债务履行期届满抵押权人未受清偿时,抵押物的所有权转移为债权人所有的内容无效。该内容的无效不影响抵押合同其他部分内容的效力。"

《担保法》第78条第1款:"以依法可以转让的股票出质的,出质人与质权人应当订立书面合同,并向证券登记机构办理出质登记。质押合同自登记之日起生效。"

☞ 裁判意见

在【(2014)民提字第92号】案中,最高人民法院认为:《股权质押合同》是豫新公司与万基控股的真实意思表示,不违反法律法规的禁止性规定,合法有效。但在设定质押的同时,该合同第6条第2款还约定了质押权利的实现方式,即在主债务履行期间届满、万基控股代偿债权后即将质押股权转移为万基控股所有,根据《担保法》及司法解释,该条款约定的内容属于无效的流质条款,但该条款的无效不影响《股权质押合同》其他部分内容的效力。

五、股权转让合同的履行抗辩权问题

☞ 案例

1. 中建集团有限公司与湖北省和济投资有限公司、湖北三星贸易发展实业总公司、瑞华置业有限公司股权转让纠纷一案，最高人民法院于2012年12月4日作出【(2011)民四终字第39号】民事判决，已经发生法律效力。中建公司不服上述判决，向最高人民法院申请再审，最高人民法院于2013年10月23日作出【(2013)民申字第431号】民事裁定。

2. 上诉人浙江宋都控股有限公司因与被上诉人百科投资管理有限公司、原审被告宋都基业投资股份有限公司股权转让纠纷一案，不服辽宁省高级人民法院【2011)辽民二初字第34号】民事判决，向最高人民法院提起上诉，最高人民法院于2013年6月8日作出【(2013)民二终字第26号】民事判决。

3. 申请再审人丁某甲、丁某乙因与被申请人曾某股权转让合同纠纷一案，不服山东省高级人民法院【(2011)鲁商终字第89号】民事判决，向最高人民法院申请再审，最高人民法院于2012年6月26日作出【(2011)民申字第1740号】民事裁定。

☞ 裁判依据

《合同法》第67条："当事人互负债务，有先后履行顺序，先履行一方未履行的，后履行一方有权拒绝其履行要求。先履行一方履行债务不符合约定的，后履行一方有权拒绝其相应的履行要求。"

《合同法》第107条："当事人一方不履行合同义务或者履行合同义务符合约定的，应当承担继续履行、采取补救措施或者赔偿损失等违约责任。"

☞ 裁判意见

在【(2013)民申字第431号】案中，最高人民法院认为：和济公司享有先履行抗辩权。虽然双方在《股权收购协议书》中约定，和济公司分期支付股权转让款，中建公司分期办理股权过户登记手续，但在实际履行中，为避免多次审批，中建公司向有关部门及东西湖分局申请一次性办理高尔夫公司100%股权过户登记手续。中建公司的一次性履行有利于和济公司，和济公司也未对此提出异议，但这并不意味着和济公司放弃了其依约享有的先履行抗辩权。根据《股权收购协议》约定，只有中建公司办理了30%高尔夫公司股权过户登记手续后，和济公司才负有继续付款的义务。

在【(2013)民二终字第26号】案中，最高人民法院认为：宋都控股在给付百科投资2亿元后，百科投资也未将解押后的土地抵押给宋都基业，宋都控股在此情况下仍继续履行了第三步，给付百科投资最后1亿元中的5000万元。这足以说明宋都控股对百科投资未将解押后的土地抵押给宋都基业的事实是接受并认可的，所以，百科投资未有在先义务未履行，宋都控股也不具有先履行抗辩权。

在【(2011)民申字第1740号】案中，最高人民法院认为：《济南立佳置业有限公司股权转让补充协议》第4条约定了曾某甲、曾某乙与丁某甲、丁某乙的履行顺序……在协议签订后，先履行方曾某甲、曾某乙已将立佳公司全部股权过户至丁某甲、丁某乙名下，而后履行方丁某甲、丁某乙尚欠710万元股权转让款未支付。依据《合同法》第67条规定，只有在先履行方曾某履行债务不符合约定的情况下，后履行方丁某甲、丁某乙才能够行使履行抗辩权。

六、股权转让款的支付问题

☞ 案例

1. 上诉人杨某因与被上诉人屠某、新疆源泰矿业有限责任公司（以下简称源泰公司）股权转让合同纠纷一案，不服新疆维吾尔自治区高级人民法院【(2012)新民二初字第1号】民事判决，向最高人民法院提起上诉，最高人民法院于2013年8月19日作出【(2013)民二终字第16号】民事裁定。

2. 再审申请人赵某因与被申请人杨某、二审上诉人赤峰双源矿业有限公司股权转让纠纷一案，不服内蒙古自治区高级人民法院【(2013)内商终字第40号】民事判决，向最高人民法院申请再审，最高人民法院于2013年12月5日作出【(2013)民申字第1587号】民事裁定。

3. 申请再审人黄某因与被申请人李某股权转让合同纠纷一案，不服山东省高级人民法院【(2010)鲁商终字第88号】民事判决，向最高人民法院申请再审。最高人民法院于2011年8月24日作出【(2011)民申字第60号】民事裁定，提审本案。最高人民法院于2011年11月29日作出【(2011)民提字第308号】民事判决。

4. 再审申请人卢某因与被申请人孙某股权转让合同纠纷一案，不服青海省高级人民法院【(2015)青民二终字第32号】民事判决，向最高人民法院申请再审，最高人民法院于2015年6月26日作出【(2015)民申字第1382号】民事裁定。

5. 再审申请人龚某因与被申请人王某、程某股权转让纠纷一案，不服湖南省高级人民法院【(2014)湘高法民二终字第19号】民事判决，向最高人民法院申请再审,最高人民法院于2014年10月25日作出【(2014)民申字第1585号】民事裁定。

☞ 裁判依据

《合同法》第71条:“债权人可以拒绝债务人提前履行债务,但提前履行不损害债权人利益的除外。债务人提前履行债务给债权人增加的费用,由债务人负担。”

《合同法》第60条第1款:“当事人应当按照约定全面履行自己的义务。”

《合同法》第109条:“当事人一方未支付价款或者报酬的,对方可以要求其支付价款或者报酬。”

《合同法》第61条:“合同生效后,当事人就质量、价款或者报酬、履行地点等内容没有约定或者约定不明确的,可以协议补充;不能达成补充协议的,按照合同有关条款或者习惯确定。”

《合同法》第62条第(2)项:“当事人就有关合同内容约定不明确,依照本法第六十一条的规定仍不能确定的,适用下列规定:(二)价款或者报酬不明确的,按照订立合同时履行地的市场价格履行;依法应当执行政府定价或者政府指导价的,按照规定履行。”

☞ 裁判意见

在【(2013)民二终字第16号】案中,最高人民法院认为:鉴于本案起诉时卡特里西铜锌矿尚未进入实际采掘作业,且依约定10年内完成付款的期限也尚未届满,故一审据此做出的杨某智要求屠某立即支付剩余转让价款缺乏事实及法律依据的认定并无不当。但因屠某在本案一审中表示愿意提前支付剩余股权转让款,杨某智亦未拒绝,根据《合同法》第71条之规定,对双方关于提前支付股权转让款的协定本院予以支持。

在【(2013)民申字第1587号】案中,最高人民法院认为:杨某玉与赵某于2011年9月27日签订的《股权转让合同》中并未约定杨某玉向赵某提供双源公司财务账目是赵某支付股权转让款的条件。所以,在杨某玉依据上述《股权转让合同》请求赵某支付股权转让款及相应违约金的情形下,赵某以杨某未提供公司财务账目为由进行抗辩,该抗辩不能成立。

在【(2011)民提字第308号】案中,最高人民法院认为:一审判决已查明,工商登记机关办理股权登记手续不审查股权转让款是否支付,黄某主张该表述(在2007年7月29日前已缴清)是为办理工商登记,缺乏事实依据,本院不予采信。

在【(2015)民申字第1382号】案中,最高人民法院认为:本案中,卢某主张因孙某未履行协助公司办理采矿权变更登记义务，导致采矿许可证被吊销，拒绝支付剩余股权转让款，但未能举证证明其在2011年7月18日登记成为永昌公司法定代表人至2013年10月14日永昌公司采矿许可证到期的两年多时间内，曾代表永昌公司向原发证机关提出采矿权变更登记申请，亦不能举证证明其曾要求孙某协助办理采矿权变更登记而遭孙某拒绝，其对于采矿许可证未能获批延期应负主要责任，故孙某有权要求卢某支付剩余股权转让款。

在【(2014)民申字第1585号】案中，最高人民法院认为：龚某起诉主张与程某之间另行签订了股权转让协议、约定了股权转让价款，但龚某未提供该协议，程某亦否认该协议存在，故龚某所提到的该协议内容无法查实，不能作为本案的定案依据。根据《合同法》第61条、第62条之规定，当事人对转让价款约定不明的，在不存在补充协议、按照合同有关条款或者交易习惯仍不能确定时，可以通过评估按照市场价格履行。但在案件审理期间，龚某并未提出此种主张，故公司转让时的股权价值目前无法查明。

七、股权转让的工商变更登记问题

☞ 案例

1. 再审申请人凌某因与被申请人陈某、一审第三人珠海迈特尔金属有限公司股权转让纠纷一案，不服广东省高级人民法院【(2013)粤高法民四终字第2号】民事判决，向最高人民法院申请再审，最高人民法院于2014年7月24日作出【(2014)民申字第4号】民事裁定。

2. 再审申请人苏某与被申请人上海中镖实业有限公司(以下简称中镖公司)、一审被告上海通用阀门真空设备有限公司(以下简称阀真公司)股权转让纠纷一案，不服上海市高级人民法院【(2011)沪高民二(商)终字第70号】民事判决，向最高人民法院申请再审，最高人民法院于2012年3月9日作出【(2012)民申字第60号】民事裁定。

3. 再审申请人西安新世纪通信有限公司为与被申请人西安高新技术产业风险投资有限责任公司、第三人西安翔宇航空科技股份有限公司股权转让纠纷一案，不服陕西省高级人民法院【(2014)陕民二终字第00003号】民事判决，向最高人民法院申请再审，最高人民法院于2014年12月29日作出【(2014)民申字第1918号】民事裁定。

☞ 裁判依据

《公司法》第32条第2款规定："记载于股东名册的股东，可以依股东名册主张行使股东权利。"第3款规定："公司应当将股东的姓名或者名称向公司登记机关登记；登记事项发生变更的，应当办理变更登记。未经登记或者变更登记的，不得对抗第三人。"

《公司法》第139条第1款规定："记名股票，由股东以背书方式或者法律、行政法规规定的其他方式转让；转让后由公司将受让人的姓名或者名称及住所记载于股东名册。"

☞ 裁判意见

在【(2014)民申字第4号】案中，最高人民法院认为：金属公司作为模具公司法定代表人及董事长的委派方，在模具公司法定代表人变更登记事宜上应起主导作用。凌某是金属公司的股东和法定代表人，原审判决认定2011年4月16日之后，模具公司法定代表人变更登记的义务归责于凌某是正确的。凌某不主动履行该义务，对陈某的协助要求也未予以配合，致使模具公司法定代表人的变更手续无法办理，其行为有悖诚实信用原则，属于恶意阻却《还款协议书》生效条件成就的情形。原审判决的认定是正确的，凌某的该项理由不能成立。

在【(2012)民申字第60号】案中，最高人民法院认为：阀真公司的公章及营业执照正、副本自2009年4月起即由苏某控制；中镖公司在2009年10月及2010年3月发函给苏某催促其办理工商登记事宜，苏某及阀真公司在【(2010)虹民二(商)初字第497号】诉讼中确认收到中镖公司2010年3月发出的催促函；苏某在【(2009)虹民二(商)初字第1508号】诉讼中与法院进行谈话时称，不配合办理工商登记变更的原因是"涉及电气总公司转让不实"。上述事实和证据表明，在阀真公司的股权转让完成后，未及时办理工商变更登记的责任在苏某一方，苏某称系因中镖公司的原因所致，缺乏证据支持。

在【(2014)民申字第1918号】案中，最高人民法院认为：翔宇公司发起成立时及以后并未向股东签发记名股票，双方在《股权转让协议》中亦未约定背书转让记名股票事宜，是否取得股票并不影响新世纪公司获得股东身份。新世纪公司在已被记载于股东名册的情况下，仍以风险投资公司没有背书转让、没有股东大会决议，没有履行协助办理工商变更登记义务等导致合同目的无法实现为由要求解除合同，没有法律依据。

八、涉及股权转让的相关协议的法律性质问题

☞ 案例

1. 再审申请人邱某雄、龙某因与被申请人北川羌族自治县天健建材有限公司、邱某辉股权转让纠纷一案,不服湖南省高级人民法院【(2012)湘高法民二终字第74号】民事判决,向最高人民法院申请再审,最高人民法院于2013年12月23日作出【(2013)民申字第2057号】民事裁定。

2. 上诉人许某、吴某因与被上诉人何某、张某黎、张某平股权转让纠纷一案,不服江苏省高级人民法院【(2012)苏商初字第0011号】民事判决,向最高人民法院提起上诉,最高人民法院于2013年6月27日作出【(2013)民二终字第52号】民事判决。

3. 上诉人海南嘉博投资开发有限公司为与被上诉人张某、海口南川实业有限公司、海南南国置业有限公司股权转让合同纠纷一案,不服海南省高级人民法院【(2010)琼民一初字第1号】民事判决,向最高人民法院提起上诉,最高人民法院于2011年4月21日作出【(2011)民二终字第10号】民事判决。

4. 再审申请人陈某与被申请人宾某、谭某股权转让合同纠纷一案,不服湖南省高级人民法院于2013年6月28日作出【(2013)湘高法民二终字第49号】民事判决,向最高人民法院申请再审。最高人民法院于2014年12月4日作出【(2014)民申字第1292号】民事裁定。

5. 再审申请人龙门县茶排铅锌矿有限公司因与被申请人广州君富投资有限公司股权转让纠纷一案,不服广东省高级人民法院【(2011)粤高法民二终字第116号】民事判决,向最高人民法院申请再审。最高人民法院2013年12月7日作出【(2013)民申字第1602号】民事裁定,提审本案。最高人民法院于2014年12月29日作出【(2014)民提字第210号】民事判决。

☞ 裁判依据

1.《公司法》第28条:"股东应当按期足额缴纳公司章程中规定的各自所认缴的出资额。股东以货币出资的,应当将货币出资足额存入有限责任公司在银行开设的账户;以非货币财产出资的,应当依法办理其财产权的转移手续。股东不按照前款规定缴纳出资的,除应当向公司足额缴纳外,还应当向已按期足额缴纳出资的股东承担违约责任。"

2.《担保法司法解释》第115条的规定:"当事人约定以交付定金作为订立主合同担保的,给付定金的一方拒绝订立主合同的,无权要求返还定金;收受定

金的一方拒绝订立合同的，应当双倍返还定金。”

☞ 裁判意见

在【(2013)民申字第2057号】案中，最高人民法院认为：邱某雄、龙某认为邱黄辉在签订《退股协议》时代表的是公司而非个人，因而二人是与公司签订的《退股协议》，但并未对此提供证据，且协议中关于保本保息和公司责任的约定，也因违反《公司法》关于股东出资和股权转让的规定而归于无效。因此，二审法院根据《退股协议》的签订主体和约定股权转让款的支付主体等事实认定《退股协议》实为股权转让协议并无不当。

在【(2013)民二终字第52号】案中，最高人民法院认为：许某、吴某与何某签订《股权置换协议》时，虽约定双方通过置换的方式，将各自持有或享有权利的股份转让给对方，但在双方同日签订的《借款协议》和《委托处置股份协议》中，因何健向许某、吴某提供借款而形成3.92亿元债务，双方约定该债务与何某《股权置换协议》应履行的交付苏宁环球公司2200万股份的债务相互抵销，即何某无须再向许某、吴某履行转让苏宁环球公司股份的义务。因此，双方当事人通过签订系列协议的方式，对双方之间的股权转让达成了一致的意思表示……原审判决关于本案当事人之间形成的是股权转让关系的认定正确，应予维持。

在【(2011)民二终字第10号】案中，最高人民法院认为：嘉博公司与张某、南川公司签订的《股权转让意向书》是双方当事人的真实意思表示，内容不违反法律、法规的强制性规定，为有效合同。《股权转让意向书》就订立《股权转让协议》的时间、步骤及违反意向书的违约责任等均作出了明确约定，应当认定为三方当事人为订立《股权转让协议》而签订的预约合同。

在【(2014)民申字第1292号】案中，最高人民法院认为：因案涉吉意风景区系由丽江比依山公司投资建设，投资形成的设施设备等资产应属于该公司所有，且《协议书》约定的双方权利义务及案涉《承诺书》内容均表明协议双方的真实意思在于转让公司股权，故《协议书》关于资产转让的内容系为确定股权价值而约定，并非单独转让公司资产的意思表示。对陈某关于一审、二审法院就本案定性错误的主张，本院不予支持。

在【(2014)民提字第210号】案中，最高人民法院认为：在双方明确约定转让公司股权的情况下，不可能同时再单独转让资产、经营权和采矿权，因此有关茶排公司资产、经营权和采矿权的移交实为转让公司股权义务的一项附随义务。综合以上分析，本案《资产和经营权转让协议》实为公司股权整体转让的协议。一审法院认定本案系企业出售合同纠纷不当，该院予以纠正。

九、股权转让中涉及的债权债务处理问题

☞ 案例

1. 再审申请人黑龙江省完达山乳业股份有限公司为与河北中业科技有限公司、宁晋县春光乳品厂股权转让纠纷一案，不服河北省高级人民法院【(2013)冀民二终字第82号】判决书，向最高人民法院申请再审，最高人民法院于2014年8月1日作出【(2014)民申字第885号】民事裁定。

2. 再审申请人周某俊因与被申请人周某伦、周某戌股权转让纠纷一案，不服河北省高级人民法院【(2013)冀民二终字第87号】民事判决，向最高人民法院申请再审，最高人民法院于2014年7月2日作出了【(2014)民申字第150号】民事裁定。

3. 再审申请人海南金脉投资集团有限公司因与被申请人山东黄金有色矿业集团有限公司、海南省地质局、海南山金矿业有限公司、海南龙剑实业有限公司股权转让纠纷一案，不服海南省高级人民法院【(2013)琼民二终字第1号】民事判决，向最高人民法院院申请再审，最高人民法院于2013年12月6日作出【(2013)民申字第2032号】民事裁定。

☞ 裁判依据

最高人民法院《关于审理买卖合同纠纷案件适用法律问题的解释》[法释(2012)8号]第33条规定："买受人在缔约时知道或者应当知道标的物质量存在瑕疵，主张出卖人承担瑕疵担保责任的，人民法院不予支持，但买受人在缔约时不知道该瑕疵会导致标的物的基本效用显著降低的除外。"

《公司法》第6条："公司是企业法人，有独立的法人财产，享有法人财产。公司以其全部财产对公司的债务承担责任。有限责任公司的股东以其认缴的出资额为限对公司承担责任；股份有限公司的股东以其认购的股份为限对公司承担责任。"

《公司法》第21条："公司的控股股东、实际控制人、董事、监事、高级管理人员不得利用其关联关系损害公司利益。违反前款规定，给公司造成损失的，应当承担赔偿责任。"

☞ 裁判意见

在【(2014)民申字第885号】案中，最高人民法院认为：中业公司、春光厂作为股东自愿承担贝兰德公司的相关债务，并不违背法律、行政法规的强制性规定，依法应当认定为有效合同，中业公司、春光厂应当履行其对贝兰德公司所做

出的债务承担之承诺。根据《公司法》第3、20条第1款之规定，贝兰德公司作为独立法人，依法应当与其股东完达山公司、中业公司、春光厂在人格、财产和责任方面相互独立，完达山公司作为控股股东亦不得滥用其控制地位损害贝兰德公司的利益。

在【(2014)民申字第150号】案中，最高人民法院认为：《审计报告》的确载明了在一定时间节点永胜公司的对外债权数额，但综合《审计报告》及其他证据的全部内容，并不能反映周某伦、周某戌应回收的债权具体数额，也没有最终体现永胜公司债权债务抵扣后的资产情况，周某俊一、二审期间未对此具体举证证实，在此情况下，一、二审法院判决周某俊给付周某伦股权转让款3,500,000元、给付周某戌股权转让款2,520,873.96元也并不损害周某俊的实际权益。

在【(2013)民申字第2032号】案中，最高人民法院认为：协议当事人之间关于债务承担的约定，在未经债权人同意的情况下，对债权人不发生法律效力，但对协议当事人仍产生法律效力。金脉公司和地质局为金大丰公司的股东，承担金大丰公司的债务，并未损害金大丰公司的利益。因此，《股权转让协议》第4.1.12条关于金脉公司、金大丰公司、地质局负责清理完毕股权转让完成之日前金大丰公司所有的债权债务的约定合法有效。

十、股权转让中的优先购买权问题

☞ 案例

1. 申诉人丁某、李某、冯某因与被申诉人瞿某优先认购权纠纷一案，不服浙江省高级人民法院【(2007)浙民二终字第121号】民事判决，向检察机关申诉，最高人民检察院向最高人民法院提出抗诉。最高人民法院于2012年4月11日作出【(2012)民抗字第31号】民事裁定，决定提审本案；后于2013年12月22日作出【(2012)民抗字第31号】民事判决。

2. 再审申请人方某等八名股东与被申请人楼某股权转让优先购买权纠纷一案，不服浙江省高级人民法院【(2010)浙商终字第27号】终审民事判决，方某等八名股东向最高人民法院提出再审申请，最高人民法院以【(2010)民申字第1027号】民事裁定提审本案；后于2011年11月15日作出【(2011)民提字第113号】民事判决。

3. 再审申请人上海鼎庞贸易有限公司因与被申请人有限会社小林商会、上海运标运输有限公司、上海林鹤汽车配件有限公司及一审第三人上海下沙汽车修配厂股权转让纠纷一案，不服上海市高级人民法院【(2013)沪高民二(商)终字第28号】民事判决,向最高人民法院申请再审。最高人民法院于2014年11月25日作出【(2014)民申字第1971号】民事判决。

☞ 裁判依据

《公司法》第71条:"有限责任公司的股东之间可以相互转让其全部或者部分股权。股东向股东以外的人转让股权,应当经其他股东过半数同意。股东应就其股权转让事项书面通知其他股东征求同意,其他股东自接到书面通知之日起满三十日未答复的,视为同意转让。其他股东半数以上不同意转让的,不同意的股东应当购买该转让的股权;不购买,视为同意转让。经股东同意转让的股东的股权,在同等条件下,其他股东有优先购买权。两个以上股东主张行使优先购买权,协商确定各自的购买比例;协商不成的,按照转让时各自的出资比例行使优先购买权。公司章程对股权转让另有规定的,从其规定。"

☞ 裁判意见

在【(2012)民抗字第31号】案中,最高人民法院认为:瞿某主张其行使优先购买权的条件已经成就,并以其与陈某某等五名股东签订的股权转让协议作为向丁某等三人行使优先购买权的同等条件,缺乏事实和法律依据,不予支持。

在【(2011)民提字第113号】案中,最高人民法院认为:方某等八名股东已经同意将股权转让给楼某,并将公司与股东及公司以外的其他债务均一并进行了处理,但方某等八名股东在签订协议后又反悔。在此情形下,本院如果支持了方某等八名股东的再审主张,允许方某等八名股东多次随意变更意思表示,不顾及对交易相对人合理利益的维护,对依法享有优先购买权的公司其他股东明显不公平,同时也纵容了不诚信的行为。

在【(2014)民申字第1971号】案中,最高人民法院认为:从《承诺书》的内容上看,"对公司发展有利"只表明了鼎庞公司对运标公司与小林商会之间股权转让行为的态度或理解,并非鼎庞公司放弃优先购买权的预设条件。鼎庞公司既然在2003年2月就已拥有小林商会在林鹤公司的30%股权,则根据该公司向林鹤公司出具的《承诺书》,可以认定其已知晓运标公司与小林商会之间的股权转让事宜,并且承诺其在完成登记注册手续后对该转让行为不反对。二审判决据此认定其已放弃优先购买权并无不当。

☞ 最新动态

《公司法司法解释四》针对股东的优先购买权问题专门作出了规定,涉及行使股东优先购买权的程序规则、股东优先购买权的行使边界和损害救济制度、损害股东优先购买权的股权转让合同效力等问题。具体条款如下:

第十六条　有限责任公司的自然人股东因继承发生变化时，其他股东主张依据公司法第七十一条第三款规定行使优先购买权的，人民法院不予支持，但公司章程另有规定或者全体股东另有约定的除外。

第十七条　有限责任公司的股东向股东以外的人转让股权，应就其股权转让事项以书面或者其他能够确认收悉的合理方式通知其他股东征求同意。其他股东半数以上不同意转让，不同意的股东不购买的，人民法院应当认定视为同意转让。

经股东同意转让的股权，其他股东主张转让股东应当向其以书面或者其他能够确认收悉的合理方式通知转让股权的同等条件的，人民法院应当予以支持。

经股东同意转让的股权，在同等条件下，转让股东以外的其他股东主张优先购买的，人民法院应当予以支持，但转让股东依据本规定第二十条放弃转让的除外。

第十八条　人民法院在判断是否符合公司法第七十一条第三款及本规定所称的"同等条件"时，应当考虑转让股权的数量、价格、支付方式及期限等因素。

第十九条　有限责任公司的股东主张优先购买转让股权的，应当在收到通知后，在公司章程规定的行使期间内提出购买请求。公司章程没有规定行使期间或者规定不明确的，以通知确定的期间为准，通知确定的期间短于三十日或者未明确行使期间的，行使期间为三十日。

第二十条　有限责任公司的转让股东，在其他股东主张优先购买后又不同意转让股权的，对其他股东优先购买的主张，人民法院不予支持，但公司章程另有规定或者全体股东另有约定的除外。其他股东主张转让股东赔偿其损失合理的，人民法院应当予以支持。

第二十一条　有限责任公司的股东向股东以外的人转让股权，未就其股权转让事项征求其他股东意见，或者以欺诈、恶意串通等手段，损害其他股东优先购买权，其他股东主张按照同等条件购买该转让股权的，人民法院应当予以支持，但其他股东自知道或者应当知道行使优先购买权的同等条件之日起三十日内没有主张，或者自股权变更登记之日起超过一年的除外。

前款规定的其他股东仅提出确认股权转让合同及股权变动效力等请求，未同时主张按照同等条件购买转让股权的，人民法院不予支持，但其他股东非因自身原因导致无法行使优先购买权，请求损害赔偿的除外。

股东以外的股权受让人，因股东行使优先购买权而不能实现合同目的的，可以依法请求转让股东承担相应民事责任。

第二十二条 通过拍卖向股东以外的人转让有限责任公司股权的,适用公司法第七十一条第二款、第三款或者第七十二条规定的“书面通知”“通知”“同等条件”时,根据相关法律、司法解释确定。

在依法设立的产权交易场所转让有限责任公司国有股权的,适用公司法第七十一条第二款、第三款或者第七十二条规定的“书面通知”“通知”“同等条件”时,可以参照产权交易场所的交易规则。

十一、股权转让中的无权处分与善意取得问题

☞ 案例

1. 上诉人泛马机械(天津)有限公司、中信(香港)有限公司因与泛马有限公司股权转让合同纠纷一案,不服天津市高级人民法院【(2012)津高民四初字第1号】民事判决,向最高人民法院提起上诉,最高人民法院于2014年8月18日作出【(2014)民四终字第4号】民事判决。

2. 再审申请人张某因与被申请人襄樊市奎晟房地产开发有限公司、张某、李某、高某股权转让纠纷一案,不服湖北省高级人民法院【(2011)鄂民二终字第80号】民事判决,向最高人民法院申请再审,最高人民法院于2013年6月25日作出【(2013)民申字第104号】民事裁定。

3. 申请再审人台湾理建营造股份有限公司因与被申请人周某确认股权转让协议无效纠纷一案,不服福建省高级人民法院【(2010)闽民终字第156号】民事判决,向最高人民法院申请再审,最高人民法院于2012年12月4日作出【(2012)民申字第1212号】民事裁定。

4. 申请再审人郭某因与被申请人王某、安宁龙鑫经贸有限公司、深圳市中荟实业有限公司及一审第三人黄某股权转让纠纷一案,不服四川省高级人民法院【(2011)川民终字第154号】民事判决,向最高人民法院申请再审,最高人民法院于2012年5月10日作出【(2012)民申字第417号】民事裁定。

5. 上诉人四川京龙建设集团有限公司与上诉人简阳三岔湖旅游快速通道投资有限公司、刘某、深圳市鼎泰嘉业房地产投资管理有限公司及被上诉人深圳市合众万家房地产投资顾问有限公司、呼和浩特市华仁世纪房地产开发有限责任公司因股权确认纠纷一案,均不服四川省高级人民法院【(2011)川民初字第3号】民事判决,向最高人民法院提起上诉最高人民法院于2013年8月20日作出【(2013)民二终字第29号】民事判决。

☞ 裁判依据

《合同法》第49条："行为人没有代理权、超越代理权或者代理权终止后以被代理人名义订立合同，相对人有理由相信行为人有代理权的，该代理行为有效。"

《合同法》第50条："法人或者其他组织的法定代表人、负责人超越权限订立的合同，除相对人知道或者应当知道其超越权限的以外，该代表行为有效。"

《合同法》第51条："无处分权的人处分他人财产，经权利人追认或者无处分权的人订立合同后取得处分权的，该合同有效。"

《物权法》第106条第1款："无处分权人将不动产或者动产转让给受让人的，所有权人有权追回；除非法律另有规定外，符合下列情形的，受让人取得该不动产或者动产的所有权：（一）受让人受让该不动产或者动产时是善意的；（二）以合理的价格转让；（三）转让的不动产或者动产依照法律规定应当登记的已经登记，不需要登记的已经交付给受让人。"

《公司法司法解释（三）》第27条第1款："股权转让后尚未向公司登记机关办理变更登记，原股东将仍登记于其名下的股权转让、质押或者以其他方式处分，受让股东以其对于股权享有实际权利为由，请求认定处分股权行为无效的，人民法院可以参照物权法第一百零六条规定处理。"

《公司法》第32条第3款规定："公司应当将股东的姓名或者名称向公司登记机关登记；登记事项发生变更的，应当办理变更登记。未经登记或者变更登记的，不得对抗第三人。"

☞ 裁判意见

在【（2014）民四终字第4号】案中，最高人民法院认为：因泛马有限公司董事的无权处分行为和郑某、于某的无权代理行为没有得到过泛马有限公司的追认，故本案所涉股权转让行为是否有效，根据《合同法》第50条和《物权法》第106条第1款的规定，取决于中信公司取得泛马机械公司股权的行为是否构成善意以及是否支付了合理的对价。

在【（2013）民申字第104号】案中，最高人民法院认为：两份协议（《执行和解协议书》与《股权转让合同书》）同为高某签字，形式与《股权转让合作经营合同》相同，内容与《股权转让合作经营合同》密切相关，是《股权转让合作经营合同》的合理沿袭，再结合高某与张某系夫妻关系的事实，足以使奎晟公司一方相信高某系有权代理。根据《合同法》第49条的规定，即使高某未经张某授权，其代理张某签订《执行和解协议书》与《股权转让合同书》仍应有效。

在【(2012)民申字第1212号】案中,最高人民法院认为:李某作为理建公司的股东、董事、总经理,曾代表理建公司在大陆合作兴建"鸿翔大厦",被委派担任过"台湾理建营造股份有限公司驻厦门代表处"的副首席代表,且仅凭个人签名即可代表理建公司向外资主管部门申请设立鸿翔公司……原审法院根据《合同法》第49条的规定,认定李某的行为构成表见代理,周某完全有理由相信李某有权代表理建公司转让鸿翔公司股权,并无不当,本院予以确认。

在【(2012)民申字第417号】案中,最高人民法院认为:大银厂公司法定代表人郭某以大银厂公司名义而没有以三位股东名义签订《收购合同书》,并不影响该合同的效力。(1)根据《公司法》的相关规定,公司股东可转让其所享有的公司股权,公司不可能成为自己股权的转让人。(2)该《收购合同书》虽仅有郭某签字,作为股权转让人的黄某、中荟公司并未签订合同,但中荟公司在本案诉讼中对郭某代表其转让股权的行为自始不提异议,并实际代表转让方收取了全部股权转让款1000万元。

在【(2013)民二终字第29号】案中,最高人民法院认为:本案中锦云公司及思珩公司的股权已变更登记在合众公司名下,华仁公司基于公司股权登记的公示方式而产生对合众公司合法持有锦云公司及思珩公司股权之信赖,符合《物权法》第106条所规定的维护善意第三人对权利公示之信赖,以保障交易秩序的稳定及安全之意旨。故本案可类推适用《物权法》第106条有关善意取得之规定。

十二、股权转让合同的解除问题

(一)股权转让合同的法定解除

☞ 案例

1. 上诉人叶某为与被上诉人郑某股权转让纠纷一案,不服福建省高级人民法院【(2012)闽民初字第42号】民事判决,向最高人民法院提起上诉。最高人民法院于2013年12月19日作出【(2013)民二终字第73号】民事判决。

2. 再审申请人梁某因与被申请人宋某股权转让纠纷一案,不服吉林省高级人民法院【(2012)吉民三终字第59号】民事判决,向最高人民法院申请再审,最高人民法院于2014年7月9日作出【(2014)民申字第713号】民事裁定。

3. 申请再审人郭某、张某因与被申请人刘某股权转让纠纷一案,不服河南省高级人民法院【(2012)豫法民三终字第101号】民事判决,向最高人民法院申请再审。最高人民法院于2013年7月29日作出【(2013)民申字第668号】民事裁定，提审本案，后于 2014 年 2 月 28 日作出【(2013)民提字第 170 号】民事判决。

4. 北京九洲华汉广告中心(以下简称九洲华汉)与管某、金某股权转让纠纷一案，上海市第一中级人民法院于 2011 年 9 月 5 日作出【(2011)沪一中民四(商)终字第 1360 号】民事判决，已经发生法律效力。九洲华汉不服二审判决，向上海市高级人民法院申请再审，上海市高级人民法院作出【(2011)沪高民二(商)申字第 261 号】民事裁定，驳回九洲华汉的再审申请。九洲华汉不服，向最高人民法院申诉。最高人民法院于 2012 年 9 月 21 日作出【(2012)民监字第 394 号】民事裁定，指令上海市高级人民法院再审本案。上海市高级人民法院于 2013 年 8 月 21 日作出【(2013)沪高民二(商)再提字第 4 号】民事判决，维持了【(2011)沪一中民四(商)终字第 1360 号】判决。九洲华汉不服，继续向最高院申诉。最高院经复查于 2015 年 11 月 28 日以【(2012)民监字第 394 - 1 号】民事裁定提审本案，后于 2015 年 7 月 15 日作出【(2015)民提字第 45 号】民事判决。

5. 上诉人(一审本诉原告、反诉被告)新疆西域荣光矿业有限公司为与被上诉人(一审本诉原告、反诉被告)朱某珍、李某、朱某峰、李某、王某、朱某忠股权转让纠纷一案，不服新疆维吾尔自治区高级人民法院【(2013)新民二初字第 16 号】民事判决，向最高人民法院提起上诉。最高人民法院于 2015 年 3 月 1 日作出【(2014)民二终字第 255 号】民事判决。

☞ 裁判依据

《合同法》第 94 条："有下列情形之一的，当事人可以解除合同：(一)因不可抗力致使不能实现合同目的；(二)在履行期限届满之前，当事人一方明确表示或者以自己的行为表明不履行主要债务；(三)当事人一方迟延履行主要债务，经催告后在合理期限内仍未履行；(四)当事人一方迟延履行债务或者有其他违约行为致使不能实现合同目的；(五)法律规定的其他情形。"

《合同法司法解释(二)》第 26 条："合同成立以后客观情况发生了当事人在订立合同时无法预见的、非不可抗力造成的不属于商业风险的重大变化，继续履行合同对于一方当事人明显不公平或者不能实现合同目的，当事人请求人民法院变更或者解除合同的，人民法院应当根据公平原则，并结合案件的实际情况确定是否变更或者解除。"

《合同法》第 111 条："质量不符合约定的，应当按照当事人的约定承担违约责任。对违约责任没有约定或者约定不明确，依照本法第六十一条的规定仍不能确定的，受损害方根据标的的性质以及损失的大小，可以合理选择要求对方承担修理、更换、重作、退货、减少价款或者报酬等违约责任。”

☞ 裁判意见

在【(2013)民二终字第73号】案中，最高人民法院认为：叶某与吕某签订的《股权转让合同》和叶某与郑某签订的《福州鸿业房地产有限公司股权转让协议》的确相互关联。但就叶某与吕某2011年2月19日签署的《股权转让合同》的解除问题，本院已以【(2013)民二终字第74号】民事判决驳回了叶某的诉讼请求。同时，因郑某并非系《股权转让合同》及《承诺书》约定的付款义务人，其没有支付2.5亿元股权转让款的合同义务。鉴于本案股权转让已经过户完毕，案涉偿债项目也已经大部分得到履行，不存在合同目的不能实现的情况，故叶某发出的解除通知不能产生解除合同的法律效力。

在【(2014)民申字第713号】案中，最高人民法院认为：本案双方对梁某未如约足额付款的事实并无争议，且在《补充协议(二)》《备忘录》等后续协议中对梁某未按约定履行付款义务均有明确记载，其迟延履行的行为已构成违约。宋某以梁某迟延履行致使不能实现合同目的而诉请解除股权转让相关协议有事实与法律依据，应予支持。

在【(2013)民提字第170号】案中，最高人民法院认为：因煤层气公司发布的紧急通知仅要求案涉煤矿从即日起停止井下隐患整改作业活动，而未要求即行关闭案涉煤矿，故该通知并未产生《退股协议》无法继续履行、合同目的无法实现的法律后果。同时，因《退股协议》的股权受让方并未按照合同约定按期履行支付股权转让款的义务，系合同违约方，故其并不享有《合同法》第94条所规定的法定解除权。因此，即使股权受让方在此前通知刘艳伟解除《退股协议》，亦不能产生《退股协议》解除的法律后果。

在【(2015)民提字第45号】案中，最高人民法院认为：九洲华汉付款7年以后，依然没有获得股东身份，股权仍然没有变更，违背了合同订立的目的，属于根本违约。根据《合同法》第94条的规定，当事人一方迟延履行主要债务，经催告后在合理期限内仍未履行的，当事人可以解除合同。本案属于经催告后在合理期限内仍未履行，致使合同目的不能实现的情形，因此，九洲华汉请求解除合同，并要求返还股权转让款的请求合法有据，应予支持。

在【(2014)民二终字第255号】案中，最高人民法院认为：首先，迟延移交相关的证照、资料等档案资料并未影响到工商变更登记手续的办理和企业经营权的移交，西域荣光公司实际接管并继续经营华珍煤业公司的合同目的并未因此受到影响；其次，在西域荣光公司接受华珍煤业公司的经营之后，相关的改扩建工程的开展、报批应当由西域荣光公司主导，西域荣光公司应当自行承担的正常商业风险；最后，西域荣光公司在签约前已经进行了调查，且本案并无证据表明被上诉人在签约前向西域荣光公司隐瞒了相关重大事实。综上，朱某珍、李某、朱某峰、李某、王某，朱某忠在履行协议中不存在根本违约行为并以此导致西域荣光公司合同目的不达的问题。

（二）股权转让合同的约定解除

☞ 案例

1. 再审申请人张某丽、闫某、李某杰因与被申请人徐某股权转让纠纷一案，不服新疆维吾尔自治区高级人民法院【（2012）新民二终字第6号】民事判决，向最高人民法院申请再审。最高人民法院于2013年9月29日作出【（2013）民申字第1319号】民事裁定。

2. 石某、罗某、张某霞因与被申请人云南滇池教育培训有限公司及原审被告黄某、原审第三人北京国教投资有限公司股权转让纠纷一案，不服云南省高级人民法院【（2014）云高民二终字第19号】民事判决，向最高人民法院申请再审。最高人民法院于2014年10月13日作出【（2014）民申字第1553号】民事裁定。

3. 原告成都天齐实业（集团）有限公司诉被告四川欧德曼投资有限公司、成都益邦投资有限公司、四川仁缘投资有限公司、赵某、成都巅峰软件有限公司、范安禄，第三人成都天齐科技发展有限公司，股权转让纠纷一案，成都市中级人民法院于2012年10月29日作出【（2012）成民初字第274号】民事判决。欧德曼投资公司不服，向四川省高级人民法院提起上诉，该院于2013年7月15日作出【（2013）川民终字第278号】民事判决。天齐实业公司不服，向最高人民法院申请再审。最高人民法院于2013年11月29日作出【（2013）民再申字第1665号】民事裁定，决定对本案提起再审；后于2014年11月30日作出【（2014）民提字第162号】民事判决。

4. 再审申请人李某与被申请人林某股权转让纠纷一案，不服福建省高级人民法院【（2014）闽民终字第136号】民事判决，向最高人民法院申请再审。最高人民法院于2015年6月26日作【（2015）民申字第1408号出】民事裁定。

☞ 裁判依据

《合同法》第93条："当事人协商一致，可以解除合同。当事人可以约定一方解除合同的条件。解除合同的条件时，解除权人可以解除合同。"

《合同法》第45条："当事人对合同的效力可以约定附条件。附生效条件的合同，自条件成就时生效。附解除条件的合同，自条件成就时失效。当事人为自己的利益不正当地阻止条件成就的,视为条件已成就;不正当地促成条件成就的,视为条件不成就。”

☞ 裁判意见

在【(2013)民申字第1319号】案中,最高人民法院认为:一、二审法院依据《致函》这一合法有效的具体行政行为,确认华阜天成被取消2009-C-180宗地的竞得资格,未取得《股权转让协议》中约定的土地,从而作出《股权转让协议》约定的解除条件已经成就的认定,并无不当。况且,根据《合同法》第97条“合同解除后,尚未履行的,终止履行;已经履行的,根据履行情况和合同性质,当事人可以要求恢复原状、采取其他补救措施、并有权要求赔偿损失”之规定,合同解除不以恢复原状为必要。

在【(2014)民申字第1553号】案中,最高人民法院认为:为确保合同目的的实现,各方当事人明确约定了应当履行的合同义务,同时也约定了解除合同的条件,其内容并不违反法律及行政法规规定,对双方当事人具有法律约束力。本案原审中,各方当事人一致认可《框架协议》第3条约定的事项并未完成。事实证明,双方约定的解除合同的条件已经成就。因此,根据《合同法》第93条第2款的规定,滇池教育公司有权解除《框架协议》。

在【(2014)民提字第162号】案中,最高人民法院认为:天齐科技公司至今未能按合同约定的条件取得案涉土地使用权,系其为自己的利益自行申请调整用地性质所致。根据《合同法》第45条第2款的规定,股权转让协议解除条件不成就,天齐实业公司不能以其现有理由单方解除股权转让协议。

在【(2015)民申字第1408号出】案中,最高人民法院认为:尽管《股权转让协议》第5条对“协议的变更与解除”进行了约定,但在不具备约定解除条件下并不排斥当事人依据《合同法》的规定诉请解除合同。本案中,因李某未依《股权转让协议》的约定支付股权转让款,经林某催告后仍未履行,二审判决认定“林某有权行使合同法规定的法定解除权”,并维持解除《股权转让协议》的一审判决并无不当。

(三)解除权行使的方式与期限

☞ 案例

上诉人杜某为与被上诉人夏某股权转让合同纠纷一案,不服安徽省高级人民法院于2014年9月15日作出的【(2013)皖民二初字第00017号】民事判决,向最高人民法院提起上诉。最高人民法院于2015年6月24日作出【(2015)民四终字第21号】民事判决。

再审申请人沈某因与被申请人杨某、衷某股权转让纠纷一案，不服山东省高级人民法院【(2014)鲁商终字第384号】民事判决，向最高人民法院申请再审。最高人民法院于2015年6月1日作出【(2015)民申字第382号】民事裁定。

☞ 裁判依据

《合同法》第95条："法律规定或者当事人约定解除权行使期限，期限届满当事人不行使的，该权利消灭。法律没有规定或者当事人没有约定解除权行使期限，经对方催告后在合理期限内不行使的，该权利消灭。"

《合同法》第96条："当事人一方依照本法第九十三条第二款、第九十四条的规定主张解除合同的，应当通知对方。合同自通知到达对方解除。对方有异议的，可以请求人民法院或者仲裁机构确认解除合同的效力。法律、行政法规规定解除合同应当办理批准、登记等手续的，依照其规定。"

《合同法》第97条："合同解除后，尚未履行的，终止履行；已经履行的，根据履行情况和合同性质，当事人可以要求恢复原状、采取其他补救措施，并有权要求赔偿损失。"

☞ 裁判意见

在【(2015)民四终字第21号】案中，最高人民法院认为，根据《合同法》第95条之规定精神，合同解除的权利属于形成权，虽然现行法律没有明确规定该项权利的行使期限，但为维护交易安全和稳定经济秩序，该权利应当在一定合理期间内行使，并且由于这一权利的行使属于典型的商事行为，对于合理期间的认定应当比通常的民事行为更加严格。本案双方当事人在合同中没有约定合同解除权期限，杜某在近四年期间内未行使合同解除权，显然超过合理期限，不利于维护交易安全和稳定经济秩序。

在【(2015)民申字第382号】案中，最高人民法院认为：本案中，双方当事人没有约定解除权的行使期间，因履行合同产生争议后，双方均未对解除合同事宜进行催告和通知，而是采取提起诉讼的方式行使各自的权利。杨某、衷某在反诉中提出解除合同的诉讼请求，应当视为向沈某履行了通知义务，其行使解除权亦未超过合理的期限。本院《关于审理买卖合同纠纷案件适用法律问题的解释》中"关于买卖合同的有关规定"，系指该司法解释的相关适用问题。案涉合同解除权问题，亦无相关司法解释指向适用《关于审理商品房买卖合同纠纷案件适用法律若干问题的解释》的相关规定。

十三、股权转让合同的违约问题

(一)违约行为认定

☞ 案例

1. 再审申请人吴某因与被申请人刘某、一审第三人高某股权转让纠纷一案,不服黑龙江省高级人民法院【(2012)黑商终字第76号】民事判决,向最高人民法院申请再审。最高人民法院于2013年11月26日作出【(2013)民申字第917号】民事裁定。

2. 上诉人赵某、窦某、樊某、唐山市丰润区金洋商贸有限公司(以下简称金洋公司)为与被上诉人广州市万正投资有限公司(以下简称万正公司)、广州市太行投资有限公司(以下简称太行公司)股权转让纠纷一案,不服河北省高级人民法院【(2010)冀民二初字第5号】民事判决,向最高人民法院提起上诉。最高人民法院于2012年10月31日作出【(2012)民二终字第38号】民事判决。

3. 再审申请人深圳市朗钜实业集团有限公司因与再审申请人百京腾投资咨询(上海)有限公司及被申请人天津朗钜地产有限公司股权转让纠纷一案,不服广东省高级人民法院【(2012)粤高法民二终字第17号】民事判决,向最高人民法院申请再审。最高人民法院于2013年10月30日作【(2013)民申字第770号】民事裁定。

☞ 裁判依据

《合同法》第60条:“当事人应当按照约定全面履行自己的义务。当事人应当遵循诚实信用原则,根据合同的性质、目的和交易习惯履行通知、协助、保密等义务。”

《合同法》第67条:“当事人互负债务,有先后履行顺序,先履行一方未履行的,后履行一方有权拒绝其履行要求。先履行一方履行债务不符合约定的,后履行一方有权拒绝其相应的履行要求。”

《合同法》第97条:“合同解除后,尚未履行的,终止履行;已经履行的,根据履行情况和合同性质,当事人可以要求恢复原状、采取其他补救措施,并有权要求赔偿损失。”

《合同法》第98条:“合同的权利义务终止,不影响合同中结算和清理条款的效力。”

《合同法》第107条:“当事人一方不履行合同义务或者履行合同义务不符合约定的,应当承担继续履行、采取补救措施或者赔偿损失等违约责任。”

《合同法》第113条:“当事人一方不履行合同义务或者履行合同义务不符合约定,给对方造成损失的,损失赔偿额应当相当于因违约所造成的损失,包括合同履行后可以获得的利益,但不得超过违反合同一方订立合同时预见到或者应当预见到的因违反合同可能造成的损失。经营者对消费者提供商品或者服务有欺诈行为的,依照《中华人民共和国消费者权益保护法》的规定承担损害赔偿责任。”

《合同法》第121条规定:“当事人一方因第三人的原因造成违约的,应当向对方承担违约责任。当事人一方和第三人之间的纠纷,依照法律规定或者按照约定解决。”

☞ 裁判意见

在【(2013)民申字第917号】案中,最高人民法院认为:根据吴某与刘某签订的《黑龙江省华山泉饮品有限公司股权及资产转让合同书》(以下简称《转让合同》)约定,吴某将其持有的黑龙江省华山泉饮品有限公司100%股权以及该公司全部资产转让给刘某,转让的商标有“世宝泉”和“盘古泉”,但吴某未将“盘古泉”商标证照交付给刘某,刘某通过补办方式重新办理了该商标证书后,第三人高某主张其与吴某订立了承包合同,该合同尚未解除,其阻止刘某进行生产,影响刘某的使用经营,使其合同目的不能全部实现,吴某已构成违约。因吴某与高某就承包合同发生的纠纷,造成吴某违约,吴某应当向刘某承担违约责任。

在【(2012)民二终字第38号】案中,最高人民法院认为:根据《唐山建源钢铁有限公司股权转让协议》第13条的约定以及万正公司(甲方)、魏某等(乙方)、赵某(丙方)于2010年2月9日签订的《协议书》之约定,建源公司债权债务的清理工作由清理小组全权负责,赵某应向清理小组支付1亿元专项资金用于从事清理债权债务工作,清偿建源公司债务的资金来源包括清收的债权、赵某支付的1亿元资金和建源公司的资产盈余三个部分;对以上三个部分的收入不足以清偿债务的部分,由万正公司承担连带责任。但在本案中,赵某在接手建源公司之后,并未依约支付该部分偿债资金,导致清理小组未能如约开展债权债务的催收清偿工作,系违约行为。因股权转让双方并未约定股群转让款的给付以完成建源公司债权债务清理为条件,故赵某拒付剩余转让款违约,一审判决股权转让款的相应违约金并无不当。

在【(2013)民申字第770号】案中,最高人民法院认为:虽然深圳朗钜公司未按《股权转让补充合同》的约定按期向百京腾公司支付股权转让款,但是《股权转让合同书》第2条第3款中约定的“确定股权转让对价的前提条件”在合同签订时尚未完全具备,百京腾公司对纠纷发生负有一定责任,故对其请求深圳朗钜公司支付违约金的主张不予支持。《股权转让补充合同》中约定天津朗钜公司以其名下的房产折抵部分股权转让款,但是天津朗钜公司系独立法人,其并非《股权转让合同书》及《股权转让补充合同》的合同当事人,在未经天津朗钜公司事先同意或事后追认的情况下,上述约定对其不产生约束力。从天津朗钜公司与百京腾公司于 2008 年 11 月 13 日签订的《朗钜天域别墅认购书》的内容,亦不能推断出天津朗钜公司有同意代替深圳朗钜公司支付股权转让款的意思表示,若百京腾公司对该认购书的履行存在异议,可另行主张权利。故对百京腾公司请求天津朗钜公司承担连带责任的主张不予支持。

(二)一般违约与根本违约

☞ 案例

再审申请人池某、陈某、戴某与江苏天工集团有限公司、安化华林钒业有限公司股权转让纠纷一案,不服江苏省高级人民法院【(2012)苏商终字第 0040 号】民事判决,向最高人民法院申请再审。最高人民法院于 2014 年 4 月 18 日作出【(2013)民提字第 181 号】民事判决。

☞ 裁判依据

《合同法》第 93 条:"当事人协商一致,可以解除合同。当事人可以约定一方解除合同的条件。解除合同的条件成就时,解除权人可以解除合同。"

《合同法》第 94 条:"有下列情形之一的,当事人可以解除合同:(一)因不可抗力致使不能实现合同目的;(二)在履行期限届满之前,当事人一方明确表示或者以自己的行为表明不履行主要债务;(三)当事人一方迟延履行主要债务,经催告后在合理期限内仍未履行;(四)当事人一方迟延履行债务或者有其他违约行为致使不能实现合同目的;(五)法律规定的其他情形。"

☞ 裁判意见

在【(2013)民提字第 181 号】案中,最高人民法院认为:(1)本案所涉股权转让协议、补充协议合法有效,各方当事人均应依约履行合同义务。股权转让协议第六部分第 2 款约定,池某等三人向天工公司移交安全生产许可证(正在办理之中,乙方肯定办到)。再审中,池某等三人认可该条约定中的安全生产许可证包括楚凡钒矿的安全生产许可证。因此,应当认定池某等三人作出了保证办到楚凡钒矿安全生产许可证的承诺。《战略合作补充协议》及会议纪要进一步证明办理楚凡钒矿安全生产许可证所需的安全生产基础设施投入费用由池某等三人负担是合同当事人的真实意图。《安化县人民政府县长办公会议纪要》虽记载安全生产许可证办证费用在70万元内包干使用,但并未改变股权转让协议对办证义务的约定,天工公司与池某等三人仍应按股权转让协议及补充协议履行各自义务。因楚凡钒矿至今仍未取得安全生产许可证,池某等三人未依约履行合同义务,已构成违约。(2)池某等三人未能办妥楚凡钒矿安全生产许可证,虽已构成违约,但该行为并未构成根本性违约,天工公司无权以此为由解除合同。其一,天工公司未能证明合同的主要目的是获得楚凡钒矿的控制经营权。其二,池某等三人的违约行为并不必然导致合同目的无法实现。综上,池某等三人负有促成楚凡钒矿具备安全生产条件并办理安全生产许可证的义务,经天工公司催告后,池某等三人仍未办妥楚凡钒矿安全生产许可证,已构成违约。但该行为并未构成根本性违约,天工公司无权以此为由解除合同。

(三)关于合同中违约金条款的适用与调整

☞ 案例

1. 上诉人简阳三岔湖旅游快速通道投资有限公司(以下简称三岔湖公司)、刘某与成都山鼎阳光房地产投资有限公司(以下简称山鼎公司)因股权转让纠纷一案,不服四川省高级人民法院【(2011)川民初字第8号】民事判决,向最高人民法院提起上诉。最高人民法院于2012年5月7日作出【(2012)民二终字第22号】民事判决。

2. 上诉人湖南金长润科技实业有限公司(以下简称金长润公司)、湖南兴嘉置业发展有限公司(以下简称兴嘉公司)与深圳泰邦地产有限公司(以下简称泰邦公司)及被上诉人龚某、彭某、湖南兴荣投资有限公司(以下简称兴荣公司)、原审第三人深圳市合荣讯建筑材料有限公司(以下简称合荣讯公司)、青岛海尔地产集团有限公司(以下简称海尔地产公司)和福建省泉州市丰盛集团有限公司(以下简称丰盛集团公司)股权转让合同纠纷一案,金长润公司、兴嘉公司、泰邦公司不服湖南省高级人民法院【(2011)湘高法民二初字第2号】民事判决,向最高人民法院提起上诉。最高人民法院于2012年12月24日作出【(2012)民二终字第23号】民事判决。

3. 上诉人合肥鑫城国有资产经营有限公司与安徽实嘉房地产开发有限公司、安徽蓝鼎控股集团有限公司股权转让纠纷一案,不服安徽省高级人民法院【(2012)皖民二初字第00004号】判决,向最高人民法院提起上诉。最高人民法院于2013年12月13日作出【(2013)民二终字第67号】民事判决。

4. 再审申请人山西中进实业集团有限公司(以下简称中进公司)、太原吉祥房屋开发有限公司(以下简称吉祥公司)、马某因与被申请人北京中海宏洋地产有限公司(以下简称中海公司)股权转让纠纷一案,不服北京市高级人民法院【(2014)高民终字第1043号】民事判决,向最高人民法院申请再审。最高人民法院于2015年5月22日作出【(2015)民申字第475号】民事裁定。

☞ 裁判依据

《合同法》第114条:"当事人可以约定一方违约时应当根据违约情况向对方支付一定数额的违约金,也可以约定因违约产生的损失赔偿额的计算方法。约定的违约金低于造成的损失的,当事人可以请求人民法院或者仲裁机构予以增加;约定的违约金过分高于造成的损失的,当事人可以请求人民法院或者仲裁机构予以适当减少。当事人就迟延履行约定违约金的,违约方支付违约金后,还应当履行债务。"

《合同法》第119条:"当事人一方违约后,对方应当采取适当措施防止损失的扩大;没有采取适当措施致使损失扩大的,不得就扩大的损失要求赔偿。当事人因防止损失扩大而支出的合理费用,由违约方承担。"

最高人民法院《关于当前形势下审理民商事合同纠纷案件若干问题的指导意见》第8条:"为减轻当事人诉累,妥当解决违约金纠纷,违约方以合同不成立、合同未生效、合同无效或者不构成违约进行免费抗辩而未提出违约金调整请求的,人民法院可以就当事人是否需要主张违约金过高问题进行释名。人民法院要正确确定举证责任,违约方对于违约金约定过高的主张承担举证责任,非违约方主张违约金约定合理的,亦应提供相应的证据。合同解除后,当事人主张违约金条款继续有效的人民法院可以根据合同法第九十八条的规定进行处理。"

《合同法司法解释(二)》第29条:"当事人主张约定的违约金过高请求予以适当减少的,人民法院应当以实际损失为基础,兼顾合同的履行情况、当事人的过错程度以及预期利益等综合因素,根据公平原则和诚实信用原则予以衡量,并作出裁决。当事人约定的违约金超过造成损失的百分之三十的,一般可以认定为合同法第一百一十四条第二款规定的'过分高于造成的损失'。"

☞ 裁判意见

在【(2012)民二终字第22号】案中,最高人民法院认为:虽然双方之间签订的《目标公司股权转让协议》中约定,"如一方违约,则应向另一方支付1亿元的违约金及相应的滞纳金",但是,违约金的性质应属"以补偿性为主、惩罚性为辅"。而原审法院及本院均已查明,在山鼎公司违约后,三岔湖公司亦有违约的事实。在双方均已违约且三岔湖公司、刘某不能提供因山鼎公司违约而给其造成实际损失具体数额的情况下,原审法院依照《合同法》第114条和最高人民法院《合同法司法解释(二)》第29条的相关规定,并根据双方的违约事实,违约的后果等综合评判认定山鼎公司承担100万元的违约金,并无不妥,三岔湖公司、刘某对此的上诉请求不能成立。

在【(2012)民二终字第23号】案中,最高人民法院认为:关于泰邦公司、兴荣公司未及时配合办理怡和山庄和披塘路建设相关手续应承担的违约责任问题,双方《股权转让内部合同书》未专门规定此项违约责任的计算方法,该合同书第6条第8项约定,"各方迟延履行合同义务,每逾期一日,应当按照当期合同义务所对应的金额向守约方支付千分之五的滞纳金",原审判决认定该约定应适用于计算未履行配合义务的违约赔偿金。但本案中泰邦公司、兴荣公司应协助履行的盖章、配合办理竣工验收手续等合同义务并不属于金钱债务,也不属于可以以金钱计价的合同义务,并没有对应的金额。为确定上述配合义务所对应的金额,原审判决将应由兴荣公司加盖公章的发票票面金额、购房合同约定的购房款额等累加(总额为34,747,108.68元)作为其配合义务所对应的金额,并以此为基数计算违约金。对此,因上述合同条款中约定的"滞纳金"通常系指迟延履行金钱债务的违约金,原审判决将其适用于没有给付金额的配合行为,与合同条款的含义不符。因此,无论是根据当事人合同条款的含义和目的,还是依据本案查明的事实,前述合同书第6条第8项约定的交纳滞纳金的责任均不应适用于计算未履行配合义务的违约赔偿金。

在【(2013)民二终字第67号】案中,最高人民法院认为:案涉《产权转让合同》第9条分别约定了迟延履行违约金、不履行违约金,第10条约定的违约金则既可为迟延或瑕疵履行违约金,亦可为不履行违约金,并不能同时予以适用。而违约金的性质实质在于补偿守约方因违约方的违约行为所遭受的损失,同时兼具惩罚性。原审法院根据案涉股权转让方就转让标的相关情况的信息披露义务和受让方审慎审查义务的履行情况,并兼顾双方之间产生纠纷的客观影响,基于实嘉公司迟延付款而给鑫城公司造成的利息损失作出了认定,同时,依据公平原则和诚实信用原则,认为鑫城公司在部分信息披露上存在一定瑕疵,调整了利息。最高人民法院认为,原审法院作出的该部分判决结果符合本案的履约实际情况,应予维持。

在【(2015)民申字第475号】案中,最高人民法院认为:《转让协议》履行过程中,中海公司在付款条件成就时未依约向中进公司支付晋商大厦项目补偿费用5000万元,该行为构成违约,应当承担继续给付款项并赔偿损失的相关违约责任。首先,违约金数额的确定应当以守约方的实际损失为基础。其次,违约金的调减还应兼顾合同的实际履行情况、当事人的过错程度等因素。此外,违约金数额的调减应考虑的另外一个因素是守约方的预期利益损失。

十四、股权转让所涉及的保证责任问题

☞ 案例

1. 河南福田联合一百置业有限公司为与陈某、田某股权转让合同纠纷一案,不服河南省高级人民法院于 2013 年 12 月 20 日作出【(2013)豫法民三终字第 100 号】民事判决,向最高人民法院申请再审,最高人民法院于 2014 年 7 月 24 日作出【(2014)民申字第 797 号】民事裁定。

2. 再审申请人李某因与被申请人蒋某,一审被告、二审上诉人龚某、黄某、郴州中德房地产开发有限公司、郴州市金石投资有限公司以及一审第三人华润三九(郴州)制药有限公司股权转让纠纷一案,不服湖南省高级人民法院【(2012)湘高法民二终字第 45 号】民事判决,向最高人民法院申请再审。最高人民法院于 2013 年 9 月 29 日作出【(2013)民申字第 990 号】民事裁定。

3. 再审申请人林某镖、林某良、林某川为与被申请人叶某、林某股权转让纠纷一案,不服福建省高级人民法院【(2014)闽民终字第 532 号】民事判决,向最高人民法院申请再审,最高人民法院于 2014 年 12 月 30 日作出【(2014)民申字第 1779 号】民事裁定。

4. 再审申请人北京市凯龙房地产开发有限公司张家口分公司、北京市凯龙房地产开发有限公司、唐某因与被申请人于某投资收益权转让纠纷一案,不服河北省高级人民法院【(2013)冀民二终字第 19 号】民事判决,向最高人民法院院申请再审,最高人民法院于 2013 年 12 月 28 日作出【(2013)民申字第 1007 号】民事裁定。

5. 再审申请人康某、株洲金冠置业有限公司因与被申请人王某股权转让纠纷一案,不服湖南省高级人民法院【(2014)湘高法民二终字第 13 号】民事判决,向最高人民法院申请再审,最高人民法院于 2014 年 9 月 29 日作出【(2014)民申字第 1262 号】民事裁定。

☞ 裁判依据

《担保法》第 19 条规定:"当事人对保证方式没有约定或者约定不明确的,按照连带责任保证承担保证责任。"

《担保法司法解释》第 30 条规定:"保证期间,债权人与债务人对主合同数量、价款、币种、利率等内容作了变动,未经保证人同意的,如果减轻债务人的债

务的，保证人仍应当对变更后的合同承担保证责任；如果加重债务人的债务的，保证人对加重的部分不承担保证责任。债权人与债务人对主合同履行期限作了变动，未经保证人书面同意的，保证期间为原合同约定的或者法律规定的期间。债权人与债务人协议变动主合同内容，但并未实际履行的，保证人仍应当承担保证责任。”

《担保法》第13条：“保证人与债权人应当以书面形式订立保证合同。”

《担保法》第29条：“企业法人的分支机构未经法人书面授权或者超出授权范围与债权人订立保证合同的，该合同无效或者超出授权范围的部分无效，债权人和企业法人有过错的，应当根据其过错各自承担相应的民事责任；债权人无过错的，由企业法人承担民事责任。”

《担保法司法解释》第17条第1款规定：“企业法人的分支机构提供的保证无效后应当承担赔偿责任的，由分支机构经营管理的财产承担。企业法人有过错的，按照担保法第二十九条的规定处理。”

《担保法司法解释》第4条：“董事、经理违反《中华人民共和国公司法》第六十条的规定，以公司资产为本公司的股东或者其他个人债务提供担保的，担保合同无效。除债权人知道或者应当知道的外，债务人、担保人应当对债权人的损失承担连带赔偿责任。”

《公司法》第16条：“公司向其他企业投资或者为他人提供担保，应当按照公司章程的规定，由董事会或者股东会、股东大会决议；公司章程对投资或者担保的总额及单项投资或者担保的数额有限规定的，不得超过规定的限额。公司为公司股东或者实际控制人提供担保的，必须经股东会或者股东大会决议。前款规定的股东或者受前款规定的实际控制人支配的股东，不得参加前款的规定事项的表决。该项表决由出席会议的其他股东所持表决权的过半数通过。”

☞ 裁判意见

在【(2014)民申字第797号】案中，最高人民法院认为：根据《担保法》第19条“当事人对保证方式没有约定或者约定不明确的，按照连带责任保证承担保证责任”规定，本案原告选择保证人起诉，而没有起诉主债务人，是符合有关法律规定的。原审没有追加主债务人作为本案共同被告，合法有据，不存在程序违法。

在【(2013)民申字第990号】案中，最高人民法院认为：由于《还款计划》实质上系对案涉股权转让协议所确定债务的减免，亦即变更内容实质上是减轻了保证人李某的责任，即使前述协议确因《借条》《还款计划》及《情况说明》的出具而发生变更,李某的保证责任亦不能免除。再者,现中德房地产公司系李某的独资公司,中德房地产公司已承诺为龚某支付股权转让款承担无限连带责任,李某作为中德房地产公司的全额出资人,依法应对中德房地产公司的债务承担无限责任,现二审判决判由李某和中德房地产公司共同为龚某和黄某的债务承担连带责任并无不当。

在【(2014)民申字第1779号】案中,最高人民法院认为:《担保法》第13条规定,保证人与债权人应当以书面形式订立保证合同。本案《股权转让协议书》没有保证条款,当事人之间也未签订保证合同。二审判决认为林某丙、林某甲、林某乙对嘉隆公司案涉债务承担连带保证责任,属于基本事实认定缺乏证据证明,适用法律错误。

在【(2013)民申字第1007号】案中,最高人民法院认为:张家口分公司作为凯龙房地产公司的分支机构,不具备企业法人资格,也无证据证实其提供担保经过凯龙房地产公司书面授权,故其保证无效,但仍应承担相应责任。因债权人无过错,在唐某不能按时支付合同价款时,张家口分公司应当以其经营管理财产承担赔偿责任,凯龙房地产公司对未付款项承担赔偿责任。

《担保法司法解释》第4条规定和金冠公司《公司章程》第30条第2款规定均是限制"董事、经理"以公司资产为本公司的股东或者其他个人债务提供担保,而在《担保协议》上签字的李某、胡某、康某为金冠公司的股东和实际控制人,故该解释第4条规定和金冠公司章程第30条的规定不影响案涉《担保协议》的效力。《公司法》第16条规定了公司对外担保的程序及权限,但并未规定与该条不符的公司对外担保行为的效力。故金冠公司、康某以原判决违反《公司法》第16条的规定,错误认定案涉《担保协议》效力的理由不能成立。

第四部分　律师建议

股权转让纠纷作为最常见的公司纠纷类型,其中涉及的法律问题较多,需要注意的问题点也较多。为此,结合前面整理的裁判意见,以及实践中常见的争议问题点,我们对以下几个法律问题作重点提示:

一、主张股权转让合同撤销或无效时需要注意的问题

1. 撤销股权转让合同须注意撤销期限

撤销权是指撤销权人依其单方的意思表示使合同等法律行为溯及既往地消

灭权利，撤销权人可以向人民法院或者仲裁机构请求撤销或者变更该合同。撤销权作为一种形成权，具有一定除斥期间，根据《合同法》第55条规定，有下列情形之一的，撤销权消灭：（1）具有撤销权的当事人自知道或者应当知道撤销事由之日起一年内没有行使撤销权；（2）具有撤销权的当事人知道撤销事由后明确表示或者以自己的行为表示放弃撤销权。同时，根据《合同法司法解释（一）》第8条的规定，《合同法》第55条规定的"1年"为不变期间，不适用诉讼时效中止、中断或者延长的规定。所以，如果存在可撤销情形，务必注意不要错过了撤销期限。

2. 主张股权转让合同无效，须以法律、行政法规为依据，不得以地方性法规、行政规章为依据

无效股权转让合同因严重欠缺法律行为的生效要件，而不能产生当事人预期法律后果。根据《合同法》第52条第（5）项的规定：违反法律、行政法规的强制性规定的合同无效。《合同法司法解释（一）》第4条对此进一步规定：合同法实施以后，人民法院确认合同无效，应当以全国人大及常委会制定的法律和国务院制定的行政法规为依据，不得以地方性法规、行政规章为依据。同时，《合同法司法解释（二）》第14条对于"强制性规定"作出解释，是指效力性强制性规定。因此，股权转让合同因为违反法律、行政法规而被确认无效需要满足两个条件：（1）以全国人大及其常委会制定的法律和国务院制定的行政法规为依据；（2）违反法律、行政法规中效力性强制规定。

二、通过阴阳合同规避行政审批要求而签订的《股权转让合同》可能被认定无效，但通过转让项目公司股权的方式间接转让矿业权、土地使用权时，一般不会认定相关股权转让合同无效

合同当事人就同一事项订立两份内容不相同的协议，其中一份为对内协议，是双方真实意思表示；另一份对外协议，并非当事人真实意思表示，而是为了规避行政机关更严格的审批要求。此类合同被称为"阴阳合同"，法院一般会以"阴阳合同"恶意串通，损害国家利益或者以合法形式掩盖非法目的确认该股权转让协议无效。

实践中经常存在以股权转让的方式间接转让矿业权、建设用地使用权的做法，即转让方将其对矿业公司或项目公司的全部或者大部分股权转让给受让方，受让方成为矿业公司或项目公司的唯一股东或者大股东，通过对矿业公司或项目公司的股权控制，间接实现了控制矿业公司矿业权或项目公司土地使用权的

目标。通过股权转让的交易安排，一方面，简化了交易手续，无须经行政机关审批；另一方面，节省了交易成本，股权转让为转让方节省了营业税及附加，为受让方节省了契税、交易手续费等。

不过，正是由于股权转让相比较于矿业权或土地使用权转让的较为便利并且节省成本，一方当事人或者第三人往往会以"合法形式掩盖非法目的""意思表示不真实"等理由，请求法院确认该股权转让合同无效。

通过对相关裁判意见的整理，我们认为：法律并没有禁止民事主体通过转让股权形式，成为享有矿业权、建设用地使用权的法人的股东，根据"法不禁止即自由"原则，该类股权转让合同一般被确认为合法有效合同。

三、外商投资企业或国有参股公司的股权转让合同应注意依法履行相应的行政审批手续，以防止股权转让合同不能发生法律效力

对于外商投资企业来说，由于外资股权的转让涉及政府对于外资准入控制以及对于投资行业范围的引导，我国法律对于外商投资企业新设、变更都规定了程序履行审批、核准手续。《外资企业法》第10条、《中外合资经营企业法实施条例》第20条、《外资企业法实施细则》第23条等都规定了外商投资企业股权转让需报经相关行政审批机关批准。对此最高人民法院在2010年颁布的最高人民法院《关于审理外商投资企业纠纷案件若干问题的规定（一）》第1条第1款就明确规定："当事人在外商投资企业设立、变更等过程中订立的合同，依法律、行政法规的规定应当经外商投资企业审批机关批准后才生效的，自批准之日起生效；未经批准的，人民法院应当认定该合同未生效。当事人请求确认该合同无效的，人民法院不予支持。"

对于国有股权转让问题，为防止国有资产的流失，国有股权的转让坚持有偿转让和审查批准的原则。对此，《企业国有资产监督监理暂行条例》第23条和第24条、《国有股东转让所持上市公司股份管理暂行办法》第14条、《企业国有产权转让管理暂行办法》第11条都不同程度上规定国有股权转让，需经有关机关进行审批。尽管《企业国有股权转让管理暂行办法》只是部门规章，而《合同法》对于合同效力的依据只能是法律、行政法规，并不包括部门规章等，但是该部门规章的规定涉及国有产权的利益，人民法院会考虑到该办法规定的审批程序对国有股权转让效力问题的影响。

四、受让方在签订股权转让合同时应注意标的股权是否存在质押等权利瑕疵

标的股权被质押，表明标的股权存在权利瑕疵，根据《物权法》第 226 条的规定："……股权出质后，不得转让，但经出质人与质权人协商同意的除外。"但是《物权法》第 226 条股权出质不得转让的规定并不属于对合同的效力性强制性规定。因此，股权转让合同本身是有效的，只是无法据此办理股权变更登记。

当然，出让股东明知其拟出让的股权存在出质的情形，但故意未将该股权出质的情况告知受让人，并且受让人在交易当时亦不知股权被出质而与出让股东缔结合同的情形下，出让股东的行为可能构成《合同法》上的欺诈，此时出质股权转让合同的效力为可变更或可撤销，受损害的受让人可依据《合同法》第 54 条、第 55 条之规定，请求人民法院或者仲裁机构变更或撤销。

五、签订股权转让意向书后务必签订正式的股权转让协议，否则可能无法强制要求对方转让股权或支付股权转让款

转让人与受让人在平等、自愿基础上，为签订《股权转让协议》而预先签订股权转让意向书，该意向书系双方当事人的真实意思表示，内容不违反法律、法规的强制性规定，故应当认定该意向书合法有效，并具有预约合同的性质。

预约合同，即合同主体为将来订立确定性合同达成的书面允诺或协议，与其对应的为本约合同。预约作为一种订约程序，是本约成立过程中的一个先行准备阶段。根据有关法理，预约合同具有诺成性即合同主体达成合意预约即告成立，不受其他要件的约束，其标的亦为合同主体的作为行为，即为订立本约合同而履行商谈的义务。

由此可见，预约合同未涉及本约的具体内容，在本约合同的主要条款仍需当事人通过进一步协商确定的情况下，根据契约自由原则，一方当事人不可凭借预约合同要求对方强制履行签约义务，双方当事人只需按照诚信原则为订立本约进行协商即可。双方签订的意向书系预约合同而非股权转让协议本约，若转让人已经表示不愿意签订《股权转让协议》的情况下，受让人不得请求转让人强制履行订约义务。

六、支付股权转让款需要注意的问题

1. 工商登记机关办理股权变更登记并不审查股权转让款是否已经支付

根据 2014 年新修订的《公司登记管理条例》第 27 条第 1 款就明确规定：公

司申请变更登记,应当向公司登记机关提交下列文件:(1)公司法定代表人签署的变更登记申请书;(2)依照《公司法》作出的变更决议或决定;(3)国家工商行政管理总局规定要求提交的其他文件。同时,该条例的第34条第1款规定:有限责任公司变更股东的,应当自变更之日起30日内申请变更登记,并应当提交新股东的主体资格证明或者自然人身份证明。上述两个条款都没有提及公司登记机关变更股权或股东登记需要审查是否已经支付股权转让款。

2. 股权转让合同对于价款约定不明的,按照合同相关条款或者交易习惯仍不能确定时,可以通过评估按照市场价格履行

股权转让合同对于价款约定不明的,当事人可以通过以下方式确定:(1)当事人可以通过签订补充协议方式来确定股权转让款,《合同法》第61条对于合同生效后,当事人就价款没有约定或者约定不明确的,可以协议补充。(2)当事人未能就价款达成补充协议的,可以按照合同有关条款或者交易习惯确定,《合同法》第61条的后半句明确规定:"……不能达成补充协议的,按照合同有关条款或者交易习惯确定。"(3)当事人既没有达成补充协议,又不能按照合同相关条款或者交易习惯确定的,可以按照订立合同时履行地的市场价格履行,由于股权转让合同不同于其他类型,一般会通过评估的方式来确定市场价格。《合同法》第62条第(2)项就明确规定:"价款或者报酬不明确的,按照订立合同时履行地的市场价格履行;依法应当执行政府定价或者政府指导价的,按照规定履行。"

七、股份有限公司股权转让不需要办理工商变更登记手续

《公司法》第32条明确规定了有限责任公司股东发生变更的应当办理变更登记,未经登记或者变更登记的,不得对抗第三人。然而,对于股份有限公司是否需要进行工商变更登记,我国《公司法》和《公司登记管理条例》并没有明确要求。

因此,对于股份有限公司而言,股权转让不进行工商变更登记,并不影响受让方股东权利的行使。另外,如果股份公司发行记名股票的,根据《公司法》第139条规定,记名股票由股东以背书的方式或者法律、行政法规规定的其他方式转让,转让后由公司将受让人的姓名或者名称及住所记载于股东名册。所以,股份有限公司无论是记名股票还是不记名股票转让都不要进行工商变更登记,记名股票受让人股东资格是以记载股东名册即发生效力,无记名股票受让人股东资格是将股票交付给受让人即发生效力。

八、在公司股权转让过程中，经常遇到善意取得的问题

无权处分人处分自己不享有所有权的财产时，如果第三人的行为符合《物权法》的规定，可以构成善意取得，该财产仍为第三人所有。而出资行为在性质上属于处分行为，如果出资人用非自有财产出资，属于无权处分，公司等第三人在善意的情形下，也可适用善意取得制度，这有利于维持公司资本，从而保障交易相对人的利益。《公司法司法解释(三)》第7条第1款规定："出资人以不享有处分权的财产出资，当事人之间对于出资行为效力产生争议的，人民法院可以参照物权法第一百零六条的规定予以认定。"

此外，《公司法》规定了股权转让股东发生变更后，应当向公司登记机关办理变更登记，否则不能对抗善意第三人。这对于"一股二卖"或是"一股多卖"中股权的归属有重大意义。当股东向两人或者多人签订股权转让协议并经其他股东同意，此处的两个或者多个股权转让协议都是有效的，但是股权的归属只有一个，即属于办理了变更登记的股权受让者，此受让者可以对抗其他未办理变更登记的受让者。

还有，夫妻一方未经对方同意有偿转让其共有股权时，第三人可主张适用善意取得。夫妻一方处分夫妻共有财产，关系到第三人的利益和另一方共有人的利益。最高人民法院《关于适用〈中华人民共和国婚姻法〉若干问题的解释(一)》第17条第2款规定："夫或妻非因日常生活需要对夫妻共同财产做重要处理决定，夫妻双方应当平等协商，取得一致意见。他人有理由相信其为夫妻双方共同意思表示的，另一方不得以不同意或不知道为由对抗善意第三人。"夫妻一方处分夫妻共有财产的行为构成表见代理，须符合以下条件：第一，处分人存在使交易相对人相信其有处分夫妻共有财产的外观；第二，交易相对人主观上是善意与无过失的。夫妻双方共同共有公司股权的，夫或妻一方与他人订立股权转让协议的效力问题，应当根据案件事实，结合另一方对股权转让是否明知、受让人是否为善意等因素进行综合分析。如果能够认定另一方明知股权转让，且受让人是善意的，则股权转让协议对于另一方具有约束力。

九、股东行使优先购买权应注意的问题

1. 拟出让股东与第三人已就股权转让价款、付款时间、付款方式等在内的完整对价达成合意后，其他股东才可行使优先购买权

股东优先购买权是相比于股东以外的买受人而享有的优先权，因此，股东行

使优先购买权的前提是，拟出让股东与股东以外的人已经就股权转让达成合意，该合意不仅包括对外转让的意思表示，还应包括价款数额、付款时间、付款方式等在内的完整对价。参照《公司法司法解释四》第18条对于"同等条件"的定义，"同等条件"所考虑的主要因素包括股权的转让数量、价格、付款方式及期限等。如果拟出让股东向股东以外的人转让股权未就价款数额、付款时间、付款方式达成合意的话，那么其他股东就不能在"同等条件"行使优先购买权。

2. 股东行使优先购买权的操作规则

根据《公司法司法解释四》第17条、第19条和第21条的规定，股东优先购买权的行使应当按照以下程序规则操作：

(1)有限责任公司的股东向股东以外的人转让股权，应就其股权转让事项以书面或者其他能够确认收悉的合理方式通知其他股东征求同意。其他股东半数以上不同意转让，不同意的股东不购买的，人民法院应当认定视为同意转让。

(2)经股东同意转让的股权，其他股东主张转让股东应当向其以书面或者其他能够确认收悉的合理方式通知转让股权的同等条件的，人民法院应当予以支持。

(3)经股东同意转让的股权，在同等条件下，转让股东以外的其他股东主张优先购买的，人民法院应当予以支持，但转让股东依据《公司法司法解释四》第二十条放弃转让的除外。

(4)有限责任公司的股东主张优先购买转让股权的，应当在收到通知后，在公司章程规定的行使期间内提出购买请求。公司章程没有规定行使期间或者规定不明确的，以通知确定的期间为准，通知确定的期间短于30日或者未明确行使期间的，行使期间为30日。

(5)有限责任公司的股东向股东以外的人转让股权，未就其股权转让事项征求其他股东意见，或者以欺诈、恶意串通等手段，损害其他股东优先购买权，其他股东主张按照同等条件购买该转让股权的，人民法院应当予以支持，但其他股东自知道或者应当知道行使优先购买权的同等条件之日起30日内没有主张，或者自股权变更登记之日起超过一年的除外。如果其他股东仅提出确认股权转让合同及股权变动效力等请求，未同时主张按照同等条件购买转让股权的，人民法院不予支持，但其他股东非因自身原因导致无法行使优先购买权，请求损害赔偿的除外。

(6)股东以外的股权受让人，因股东行使优先购买权而不能实现合同目的的，可以依法请求转让股东承担相应民事责任。

3.“同等条件”对于股东行使优先购买权的重要性

《公司法》第72条规定：“有限责任公司的股东之间可以相互转让其全部或者部分股权。股东向股东以外的人转让股权，应当经其他股东过半数同意。股东应就其股权转让事项书面通知其他股东征求同意，其他股东自接到书面通知之日起满三十日未答复的，视为同意转让。其他股东半数以上不同意转让的，不同意的股东应当购买该转让的股权；不购买的，视为同意转让。经股东同意转让的股权，在同等条件下，其他股东有优先购买权。两个以上股东主张行使优先购买权的，协商确定各自的购买比例；协商不成的，按照转让时各自的比例行使优先购买权。公司章程对股权转让另有规定的，从其规定。”从上述的规定可以看出，有限责任公司的股东对外转让股权时，应当以书面形式通知其他股东，并征求其他股东的意见，在同等条件下，其他股东对转让的股权享有优先购买权。

根据相关理论研究，此处的“同等条件”应当从以下的四个方面进行判断：第一，转让的价格。应当保证行使优先购买权的股东以相同的价格受让。第二，转让数量。行使优先购买权的股东受让的股权数量应当与股东拟定转让的数量相等，而不能多于或者少于股东拟定转让的股权。第三，交付转让价款的时间及方式。行使优先购买权的股东应当在与拟定股权受让人相同的时间，采取与拟定股权受让人相同的方式向股东购买股权。第四，违约责任。行使优先购买权的股东承担的违约责任应当与拟定股权受让人承担的违约责任一致。

比如，转让人与受让人在达成股权转让协议时约定：受让人以分期付款的方式向转让人支付股权转让款，但是，在公司的其他股东主张行使优先购买权并为此召开临时股东会时，转让人并未将其与受让人约定的付款方式告知于其他股东，而是在保留股权转让价格的情况下，直接将付款方式变更为一次性支付。由于这种支付方式明显增加了受让股东应当承担的义务，故可以认定该情形不符合“同等条件”要求。

4.其他股东主张优先购买权时，拟转让股东有权利放弃转让，但是，公司章程另有规定或全体股东另有约定的除外

关于“优先购买权”的性质问题，在理论界与实务界存在不小的争议，不少法官和学者认为优先购买权是一种形成权。浙江省高级人民法院就认为：一旦转让股东与股东以外的第三人达成股权转让协议，公司其他股东只要以转让的同等条件行使优先购买权，其将取代第三人的地位，成为股权转让协议的受让方当事人，股权转让股东与第三人签订的相关股权转让协议约定的权利义务继而约束转让股东与行使优先购买权的股东。还一种观点认为，“优先购买权”是一

种期待权,优先购买权并不是优先权股东随时都可以行使的现实权利,而只是一种现实可能性,只有股权转让条件成就时,优先权股东才能实际行使一种权利,使之由可能性转变为现实性。最高人民法院《公司法司法解释四》第20条就规定:“有限责任公司的转让股东,在其他股东主张优先购买后又不同意转让股权的,对其他股东优先购买的主张,人民法院不予支持,但公司章程另有规定或者全体股东另有约定的除外。其他股东主张转让股东赔偿其损失合理的,人民法院应当予以支持。”

十、股票禁售期内可以签订股权转让合同,禁售期满后可继续履行合同

依据《公司法》第147条之规定,“发起人持有的本公司股份,自公司成立之日起三年内不得转让”。因此发起人在三年禁售期内不得转让本公司股票,但其在禁售期内与受让人签订股权转让合同,约定禁售期满后办理股权转让手续,禁售期内由受让人托管股票的,并不违反法律、法规禁止性规定,应认定股权转让合同有效,发起人与受让人均受该合同约束。禁售期满后,受让人不得以股权转让合同违反行政规章为由拒绝履行合同。

有一则案例,股份公司设立三年内,发起人与受让人签订股权转让合同,约定在其股票禁售期满后办理股权转让手续。受让人在股权禁售期满后,不仅未履行股权转让合同,还以违反股权转让合同违反行政规章为由,提起确认合同无效之诉。法院经审理,判决双方继续履行股权转让合同,但受让人仍拒绝履行股权转让合同,并以股票发行人进入破产程序,没有必要以继续履行股权转让合同为由,请求终止履行该合同,转让人返还已付股权转让款并赔偿损失。对此,法院认为:股权转让合同已经明确约定禁售期满双方即办理股权转让手续,转让人也履行了相应合同义务,而受让人却拒绝办理股权过户手续,致使合同履行期限届满后股权仍未过户,由此造成股权无法交付的过错在与受让人。

十一、多个股权转让方具有整体性时,其中部分转让方不履行合同导致无法实现合同目的,受让方可以解除合同

《合同法》规定,在履行期限届满之前,当事人一方明确表示或者以自己的行为表明不履行主要债务的,相对方可以解除合同。根据该规定,当事人基于真实意思表示订立合同后,应当遵循合同的约定履行各自的义务。在合同约定的履行期限未满之前,当事人不得拒绝履行合同义务,违反该规定的,相对方有权

解除合同。但是，对于合同一方系多个当事人，其中在部分当事人明确表示拒绝履行合同义务的情况下，相对方能否解除合同，法律尚无明确规定。

如果多个当事人作为合同的一方，共同履行合同才能实现合同目的，此时转让方虽为多个当事人，但具有整体性，共同履行合同义务才能实现合同目的。此时，其中部分当事人拒绝履行合同，即会产生合同目的不能实现的后果，在此情况下，合同相对方有权解除合同。

十二、股权受让方未履行办理相关手续的辅助义务时，转让方无权要求受让方支付违约金

合同滞纳金，一般是指合同主体在订立合同时，对于任意一方迟延履行相应的金钱债务时需要向对方支付的违约金。根据该理论可知，滞纳金的适用条款必须特指对金钱债务的违约。

股权转让人与受让人订立股权转让合同时，约定受让人迟延履行支付股权转让款义务时，应当向转让人支付违约金，该违约金即具有滞纳金的性质。虽然该合同同时约定了受让人负有配合办理相关手续的义务，但因该辅助义务并非金钱债务，也无金钱对价，因此，即使受让人未履行该义务，转让人亦不能要求受让人支付未履行该义务的滞纳金。

十三、股权质押须到工商局办理质押登记方可生效

质押担保是指债务人或第三人将其特定财产移交给债权人占有，作为债权的担保，在债务人不履行债务时，债权人有权依法以该财产折价或拍卖、变卖该财产的价金优先受偿。

股权质押是常见的质押形态。出质人以其拥有的公司股权作为质押标的物而设立质权，在其未能清偿债务的情况下，债权人有权对该股权行使质押权。股权质押除应具备质押担保的一般要件外，还需具备如下生效要件：首先，出质人必须以其合法持有的公司股权为质押标的设立质押，即出质的股权不存在权属争议，出质人依法享有所有权；其次，股权质押应向工商管理部门办理质押登记。在满足上述条件的情况下，股权质押方可生效，质押权人才有权主张质押权利。

十四、以转让股权的方式担保债务履行，该股权转让合同有效

实践中有些债务人与债权人约定：债务人为保证履行清偿义务，将其持有的股权过户到债权人名下，待债务人清偿借款后，债权人再将该股权过户给债务人;债务人未能在约定的期限内清偿借款的,债权人有权取得股权。为此,双方又签订股权转让协议,债务人亦依约将股权过户给债权人。

从上述情形上看,债务人系在基于担保债务履行的情况下,才与债权人签订股权转让协议,其真实目的并非转让股权。此情形实际上符合"让与担保"的构成条件,债务人与债权人签订的股权转让合同系双方在意思表示真实的情况下签订的,合同内容亦不违反法律法规的规定,故应当认定其合法有效。

基于物权法定的原则,我国法律尚未规定"让与担保"的物权形态。在上述情形下,未能履行清偿义务的债务人如果以双方本质上是设立担保、不存在转让股权的真实意思表示为由主张合同无效,是很难得到支持的。当然,如果债务人在此后清偿了债务,那么其根据合同约定是可以要求债权人返还股权的。

第十七章　公司决议纠纷

第一部分　报告背景及数据来源

一、报告背景

公司决议纠纷,是最高人民法院《民事案件案由规定》中明确规定的一项案由。公司决议纠纷是指公司股东(大)会、董事会决议的内容违反法律、行政法规,股东会或股东大会、董事会的会议召集程序、表决方式违反法律、行政法规或者公司章程,或者决议内容违反公司章程的,股东向人民法院提起诉讼,要求确认股东(大)会、董事会决议的效力或者撤销股东(大)会、董事会决议引发的纠纷。

公司作为拥有独立人格的法人主体,股东(大)会是其意思表示的形成机构。股东(大)会决议和董事会决议作为团体意思表示,其产生必须要履行一定的程序。只有按照规定的程序形成的决议才能保证决议参与者平等、充分的表达意思,才能发生公司团体意志的效力。

股东(大)会决议或董事会决议瑕疵可分为内容上的瑕疵和程序上的瑕疵,根据瑕疵内容及其性质,部分瑕疵可通过事后补救的方式加以消除,部分瑕疵则构成决议效力不可逆转的缺陷。结合这一理论,我国《公司法》将公司决议瑕疵纠纷进一步区分为“决议内容违反法律、行政法规”的确认决议无效诉讼和“会议召集程序、表决方式违反法律、行政法规或公司章程,或者决议内容违反公司章程”的撤销决议诉讼两种情形。相应地,在“公司决议效力纠纷”这一案由下,根据原告请求的不同,进一步区分为公司决议效力确认纠纷、公司决议撤销纠纷两个子案由。

本报告以公司决议效力纠纷案件的公开裁判文书作为分析对象，期望通过案件数据收集与分析，厘清此类纠纷的诉讼特点，以为报告使用者防控法律风险、制定诉讼方案及厘清问题解决思路提供参考。

二、分析数据

本报告主要分析2011年3月1日至2016年12月31日江苏省高级人民法院及江苏13个地市中级人民法院审理的公司决议效力纠纷案件裁判文书；同时考虑到相关裁判意见的权威性，我们也对最高人民法院相同时段、相同案由的裁判文书开展了分析。

本报告分析案例数据主要来源于“威科先行”“中国裁判文书网”及“律商网”。具体检索方式为：在数据库案由一栏中，采用“民事”—“与公司、证券、保险、票据等有关的民事纠纷”—“与公司有关的纠纷”—“公司决议纠纷”四级案由分类中定位于“公司决议纠纷”，并将审理法院分别设置为“最高院”“江苏省”；后又以“中国裁判文书网”“律商网”查漏补缺，删除部分撤回起诉、撤回上诉裁定，最后，将最高人民法院、江苏省高级人民法院和江苏省各地级市中级人民法院最近五年多内（2011年3月1日至2016年12月31日）公开的公司决议纠纷裁判文书作为本报告的研究样本，通过对样本进行数据分析和整理，形成了本报告。

第二部分　案件数据及裁判特点

在“中国裁判文书网”“威科先行”的裁判文书数据库中，以“公司决议纠纷”为案由进行搜索，去除撤诉裁定外，可得到从2011年3月1日至2016年7月31日期间的公司决议纠纷案件总计203件，其中包括最高人民法院3件、江苏省高级人民法院22件、江苏13个地市中级人民法院共175件裁判文书，作为本数据报告的分析对象。

一、案件地域分布情况

从江苏省内“公司决议纠纷”案件的分布情况来看，南京地区该类案件数量最多。

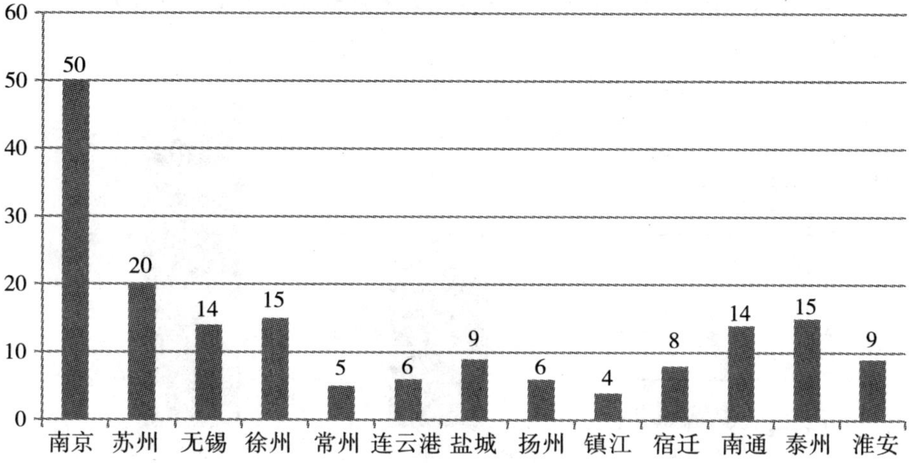

图 17－1　案件数量

二、级别管辖分布情况

（一）中级人民法院受理的公司决议纠纷案件的审理阶段分布情况

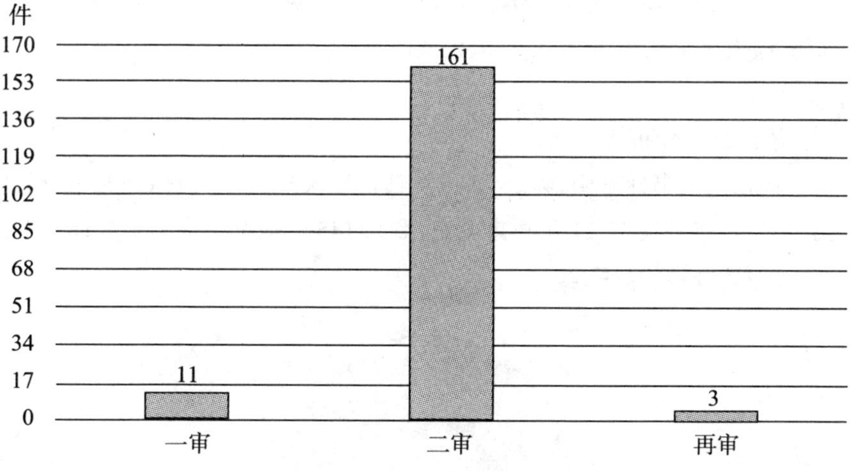

图 17－2　中院审理情况

(二)高级人民法院受理的公司决议纠纷案件的审理阶段分布情况

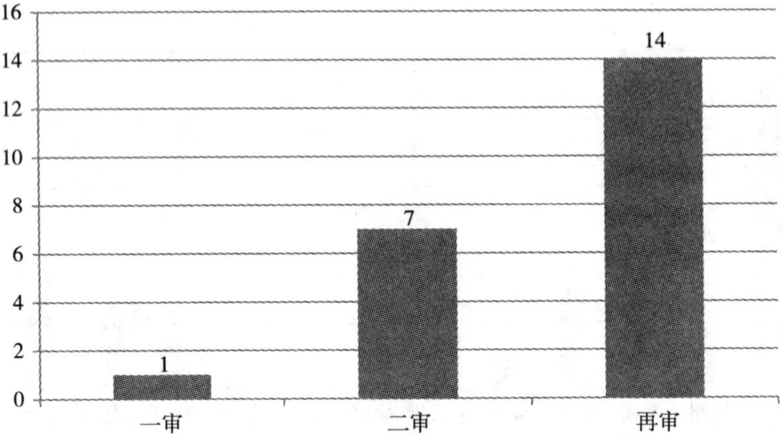

图 17-3 高级人民法院受理的公司决议纠纷案件的审理阶段分布情况

从图 17-2 和图 17-3 可以看出,中级人民法院和高级人民法院审理的公司决议纠纷案件中,一审案件少,二审案件多。中级人民法院审理的一审案件均为涉外案件,二审案件中包括管辖权异议二审。可见,公司决议纠纷案件的一审管辖以基层人民法院为主,以中级人民法院为辅。

三、裁判结果分布情况

203 件裁判文书样本中,除去 15 份管辖权异议裁定,20 份撤回起诉、撤回上诉裁定,2 份再审判决书,21 份再审裁定,剩余 145 份裁判文书结果统计如下:

(一)原告胜诉情况统计

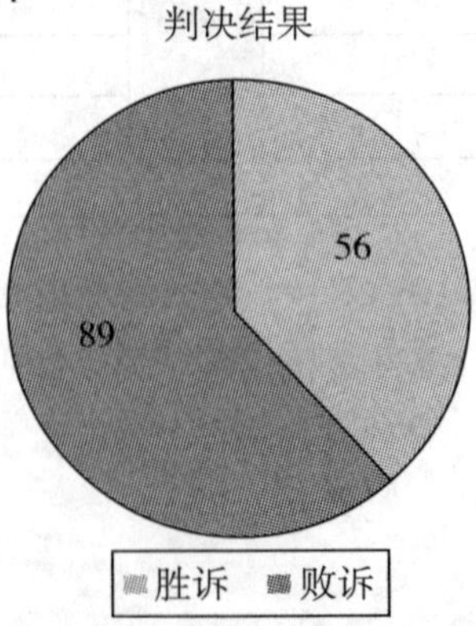

图 17-4 裁判结果分布情况

上述145份判决中，共有2份一审判决，143份二审判决，其中原告胜诉判决共56份，占本类判决总数的38.62%；原告败诉判决共89份，占本类判决总数的61.38%。

（二）二审判决结果统计

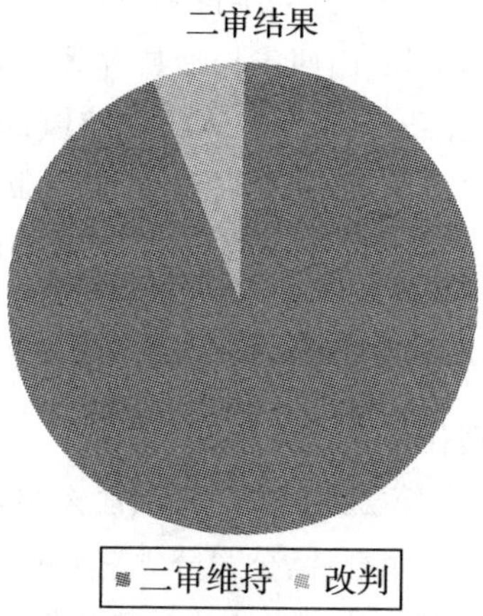

图17－5　原告胜诉情况统计

上述143份二审判决中，驳回上诉、维持原判的二审判决共有134份，占93.70%；依法改判的二审判决共9份，占6.30%。

（三）再审申请情况

上述11件再审申请案，均被江苏省高级人民法院或最高人民法院依法驳回。

第三部分　裁判意见整理与分析

一、地域管辖：公司决议纠纷适用公司诉讼案件特殊地域管辖的规定，由公司住所地人民法院管辖

☞ 案例

1. 太仓中凯联投资发展有限公司因与张某、林某、吴某朝、吴某林及第三人林某公司决议效力确认纠纷管辖权异议一案，不服太仓市人民法院【（2015）太商初字第00842－1号】民事裁定，向苏州市中级人民法院提起上诉，苏州市中级人民法院作出【（2015）苏中商辖终字第00772号】二审裁定书，驳回上诉，维持原裁定。

2. 南京西郊物资商场有限责任公司因与刘某公司决议效力确认纠纷管辖权异议一案,不服南京市秦淮区人民法院【(2016)苏0104民初1966号】民事裁定,向南京市中级人民法院提起上诉。南京市中级人民法院作出【(2016)苏01民辖终545号】二审裁定书,驳回上诉,维持原裁定。

3. 刘某玉因与周某,刘某如、山西省长治县犇盛化工有限公司公司决议效力确认纠纷一案,不服江苏省淮安市淮阴区人民法院【(2012)淮商初字第0404－1号】民事裁定,向淮安市中级人民法院提出上诉。淮安市中级人民法院作出【(2012)淮中商辖终字第0032号】民事裁定书,驳回上诉,维持原裁定。

☞ 裁判依据

《民事诉讼法》第26条规定:"因公司设立、确认股东资格、分配利润、解散等纠纷提起的诉讼,由公司住所地人民法院管辖。"

《民事诉讼法司法解释》第22条规定:"因股东名册记载、请求变更公司登记、股东知情权、公司决议、公司合并、公司分立、公司减资、公司增资等纠纷提起的诉讼,依照《民事诉讼法》第二十六条规定确定管辖。"

☞ 裁判意见

公司决议纠纷,应由公司所在地人民法院管辖。原告存在多项诉讼请求时,根据原告的诉讼请求及理由,如案件属涉及公司诉讼的案件,依法应当由公司所在地人民法院管辖。

淮安市中级人民法院【(2012)淮中商辖终字第0032号】民事裁定书认为:由于股东大会和董事会均为公司的机关,诉讼的结果是确认决议的效力,因此诉讼案件的被告为公司,对决议涉及的相对利害关系人,可以列为共同被告或者第三人。依据《民事诉讼法》规定,对公民、法人或者其他组织提起的民事诉讼,由被告住所地人民法院管辖。同一诉讼的几个被告住所地、经常居住地在两个以上人民法院辖区的,各该人民法院都有管辖权。本案被告刘某玉、刘某如的住所地均在江苏省淮安市淮阴区,故一审法院对本案有管辖权。

二、级别管辖:公司决议纠纷一般不涉及具体标的金额,由基层人民法院管辖;公司决议效力确认纠纷如涉及具体金额的,应参考金额确定管辖法院

☞ 案例

1. 上海华晖建设(集团)有限公司、上海宁国房地产有限公司因与东庐湖发展有限公司、华人(中国)置业有限公司、华人国际投资有限公司、甘某、嵇某公司决议效力确认纠纷一案，不服江苏省高级人民法院【（2012）苏商初字第0002号】民事裁定，向最高人民法院提起上诉。最高人民法院作出【（2012）民二终字第125号】民事裁定书。

2. 太仓中凯联投资发展有限公司因与张某、林三、吴某朝、吴某林及第三人林某群公司决议效力确认纠纷管辖权异议一案，不服太仓市人民法院【（2015）太商初字第00842－1号】民事裁定，向苏州市中级人民法院提起上诉，苏州市中级人民法院作出【（2015）苏中商辖终字第00772号】二审裁定书，驳回上诉，维持原裁定。

3. 昆山美博通讯科技有限公司因与WEISHI公司决议撤销纠纷一案，不服昆山市人民法院【（2015）昆知商外初字第0012－1号】民事裁定，向苏州市中级人民法院提起上诉。苏州市中级人民法院作出【（2015）苏中商外辖终字第00005号】二审裁定书，驳回上诉，维持原裁定。

4. 南京悦昌五金制品有限公司因与赵某公司决议纠纷一案，不服南京市江宁区人民法院【（2015）江宁商初字333号】民事裁定，向南京市中级人民法院提起上诉。南京市中级人民法院作出【（2015）宁商辖终字第329号】二审裁定书，驳回上诉，维持原裁定。

☞ 裁判依据

《民事诉讼法》第18条规定："中级人民法院管辖下列第一审民事案件：（一）重大涉外案件；（二）在本辖区有重大影响的案件；（三）最高人民法院确定由中级人民法院管辖的案件。"

☞ 裁判意见

公司决议纠纷，应由公司所在地人民法院管辖。除构成重大涉外案件及在本地有重大影响案件外，一般应由基层人民法院管辖。

苏州市中级人民法院【（2015）苏中商外辖终字第00005号】二审裁定书认为：本案为公司决议撤销纠纷，其中一方当事人为美国籍公民，属于涉外民商事案件，且本案没有诉讼标的额，因此昆山法院对本案具有管辖权。本案不应当以美博公司的注册资本数额作为认定诉讼标的额的标准。

南京市中级人民法院【（2015）宁商辖终字第329号】二审裁定书认为：虽然赵某连续提起5起诉讼，但本案系普通公司决议纠纷，不属于在本辖区有重大影响的案件，依法应由公司住所地的基层人民法院管辖。

最高人民法院【（2012）民二终字第125号】民事裁定书认为：关于本案确认之诉的级别管辖问题。一审法院以本案确认之诉是否属于非财产案件为标准确定其级别管辖,法律依据不足。根据《诉讼费用交纳办法》的规定,财产案件和非财产案件的案件受理费交纳标准不同,是否属于非财产案件系确定案件受理费的依据,而非确定案件级别管辖的依据。根据《民事诉讼法》和最高人民法院《民事诉讼法司法解释》关于级别管辖问题的规定,人民法院应依据案件的影响、案件的性质、案情的复杂程度、诉讼标的金额的大小等确定案件的级别管辖。本案系公司决议效力纠纷,各方当事人对该决议涉及的增资数额为 2 亿元并无异议,故本案确认之诉的诉讼标的额为 2 亿元,华晖公司、宁国公司住所地不在江苏省高院辖区,且本案不属于最高人民法院《关于调整高级人民法院和中级人民法院管辖第一审民商事案件标准的通知》【法发〔2008〕10 号】文件规定一般应由基层人民法院管辖的婚姻、继承、家庭、物业服务、人身损害赔偿、交通事故、劳动争议等案件以及群体性纠纷案件。故本案的确认之诉部分应由江苏高院作为第一审民商事案件审理。

三、关于公司决议纠纷案件的诉讼主体问题

(一)原告一般应为公司股东,但有观点认为应有所扩张,被告则应为公司

☞ 案例

1. 曾某因与江苏沙钢集团有限公司、包某、贾某公司决议效力确认纠纷一案,不服江苏省张家港市人民法院【(2015)张商外初字第 00003 号】民事判决,向苏州市中级人民法院提起上诉。苏州市中级人民法院作出【(2015)苏中商外终字第 00006 号】民事判决书。

2. 昆山尤尼康工业技术有限公司因与周三义公司决议纠纷一案,不服江苏省昆山市人民法院【(2013)昆商初字第 2907 号】民事判决,向苏州市中级人民法院提起上诉。苏州市中级人民法院作出【(2015)苏中商终字第 00112 号】民事判决书。

3. 江苏省金舸置业有限公司因与施某公司公司决议效力确认纠纷一案,不服南京市栖霞区人民法院【(2014)栖商初字第 98 号】民事判决,向南京市中级人民法院提起上诉。南京市中级人民法院作出【(2014)宁商终字第 1220 号】民事判决书。

☞ 裁判依据

《公司法》第 22 条:"对股东会或者股东大会、董事会的会议召集程序、表决方式违反法律、行政法规或者公司章程,或者决议内容违反公司章程的,股东可以自决议作出之日起六十日内,请求人民法院撤销。"

☞ 裁判意见

1. 苏州市中级人民法院【(2015)苏中商外终字第00006号】民事判决书：上诉人主张以董事身份行使股东的撤销权，于法无据。

2. 苏州市中级人民法院【(2015)苏中商终字第00112号】民事判决书：本院认为：依据《公司法》第22条之规定，提起股东会决议无效之诉的主体应为股东，即反对公司决议的股东为原告，公司为被告，提起公司决议内容无效之诉。本案中尤尼康公司作为原告起诉，将周某列为被告，原被告主体均不适格，原审法院驳回尤尼康公司起诉，并无不当。

3. 南京市中级人民法院【(2014)宁商终字第1220号】民事判决书：本院认为，针对金舸公司2011年11月1日股东会决议的效力问题，提起该类诉讼的主体系股东，并非公司，应由相关权利主体另案诉讼。金舸公司将其作为抗辩提出不属本案审理范围，本院不予理涉。

☞ 最新动态

1. 确认之诉的原告主体资格有所扩张

最高人民法院《公司法司法解释四》第1条：公司股东、董事、监事等请求确认股东会或者股东大会、董事会决议无效或者不成立的，人民法院应当依法予以受理。

第二条　依据公司法第二十二条第二款请求撤销股东会或者股东大会、董事会决议的原告，应当在起诉时具有公司股东资格。

根据上述规定，提出公司决议无效或不成立之诉的原告不再仅仅仅限于公司股东，还包括公司董事、监事等，这在一定程度上扩大了《公司法》第22条规定的原告范围。但是，请求撤销决议之诉的原告，仍然仅限于公司股东，且在起诉时需要具备股东资格。

2. 诉讼中如何确定被告

最高人民法院《公司法司法解释四》第3条第1款：原告请求确认股东会或者股东大会、董事会决议不成立、无效或者撤销决议的案件，应当列公司为被告。对决议涉及的其他利害关系人，可以依法列为第三人。

（二）如何判定是否具有股东身份

☞ 案例

1. 南京峰缘光学仪器有限公司因与马某、蒋某公司决议纠纷一案，不服南京市江宁区人民法院【(2015)江宁商初字第835号】，向南京市中级人民法院提起上诉，南京市中级人民法院作出【(2016)苏01民终1446号】民事判决书。

2. 江苏名豪国际大酒店有限公司、胡某因与夏某及第三人翁某、褚某、陈某、张某、林某、汤某撤销股东会决议纠纷一案，不服宿迁市泗阳县人民法院【(2013)泗商初字第0370号】民事判决，向宿迁市中级人民法院提起上诉，宿迁市中级人民法院作出【(2014)宿中商终字第0117号】民事判决书。

3. 泰州市金马机电设备有限公司因与马某喜，马某亭、曹某公司决议效力确认纠纷一案，不服泰州市姜堰区人民法院【(2015)泰姜商初字第00347号】民事判决，向泰州市中级人民法院提起上诉。泰州市中级人民法院作出【(2015)泰中商终字第00301号】民事判决书。

☞ 裁判依据

《公司法》第25条第2款："股东应当在公司章程上签名、盖章。"

《公司法》第31条第1款："有限责任公司成立后，应当向股东签发出资证明书。"

《公司法》第32条："有限责任公司应当置备股东名册，记载下列事项：(一)股东的姓名或者名称及住所；(二)股东的出资额；(三)出资证明书编号。记载于股东名册的股东，可以依股东名册主张行使股东权利。公司应当将股东的姓名或者名称向公司登记机关登记；登记事项发生变更的，应当办理变更登记。未经登记或者变更登记的，不得对抗第三人。"

最高人民法院《公司法司法解释(三)》(2014年修正)第23条："当事人依法履行出资义务或者依法继受取得股权后，公司未根据公司法第三十一条、第三十二条的规定签发出资证明书、记载于股东名册并办理公司登记机关登记，当事人请求公司履行上述义务的，人民法院应予支持。"

☞ 裁判意见

1. 南京市中级人民法院【(2016)苏01民终1446号】民事判决书：关于马某、蒋某是否系峰缘公司股东，本院认为：峰缘公司已依法设立，各方当事人对此均不持异议。马某、蒋某已向公司实缴了全部出资，并由公司登记机关依法进行了工商登记，且峰缘公司的章程对该两人的股东身份亦予以了确认，故马某、蒋某系峰缘公司股东，依据《公司法》及公司章程的规定享有股东权利。

2. 宿迁市中级人民法院【(2014)宿中商终字第0117号】民事判决书认为：夏某受让名豪酒店原股东林某、汤某的股权，业经名豪酒店所有其他股东的同意，且夏某为名豪酒店的股东已为法院的生效判决书所确认，故即便夏某未经工商变更登记为股东，并不影响其股东身份及对内行使股东权利。

3. 泰州市中级人民法院【(2015)泰中商终字第00301号】民事判决书认为：

股东资格的认定应从出资行为、公司章程、工商登记、验资报告、股东名册、出资证明及实际享有股东权利等方面进行考量。从金马公司开设的验资账户款项的记载，截至2008年1月25日马某以现金的方式向金马公司的验资账户存入30万元作为其出资，已履行了出资义务。金马公司的公司章程、验资报告等工商登记资料均显示马某喜已实际出资，故对其股东身份本院予以确认。

（三）股东在起诉时和审理过程中是否应当具备股东身份

☞ 案例

刘某因与张某确认股东会决议无效纠纷一案，不服徐州市云龙区人民法院【（2011）云商初字第0757号】民事判决，向徐州市中级人民法院提起上诉。徐州市中级人民法院作出【（2013）徐商终字第0032号】民事判决书。

☞ 裁判依据

《公司法》第22条第1款、第2款："公司股东会或者股东大会、董事会的决议内容违反法律、行政法规的无效。股东会或者股东大会、董事会的会议召集程序、表决方式违反法律、行政法规或者公司章程，或者决议内容违反公司章程的，股东可以自决议作出之日起六十日内，请求人民法院撤销。"

☞ 裁判意见

一审法院认为：出资者向公司投入资产，即由原来对自有财产的占有、使用、收益和处分的权利，演变成从公司经营该资产的成果中获得收益、参与公司作出重大决策以及选择公司具体经营管理者等权利，该出资者就成为公司的股东，依法享有法定权利。本案中，刘某于2008年1月与徐重海虹公司签订"所持股金退回"的约定，该事实已经两级人民法院发生法律效力的判决书所确认，即刘某不再具有徐重海虹公司股东身份，亦不能享有相应的股东权利，对于其后徐重海虹公司的经营、决策和选择管理者等均无权参与，故刘某要求确认张某伪造和假冒股东签名的2008年10月15日"股权转让协议"及"董事会决议""公司章程修正案""股东会决议""公司执行董事决议"等文件无效的诉讼请求，缺乏事实及法律依据，依法不予支持。

二审法院认为：刘某要求确认徐重海虹公司有关"股东会决议""董事会决议""公司执行董事决议""公司章程修正案""股权转让协议"等文件无效的诉讼请求，其请求权基础为刘某具有相应的股东权益。而本案中刘某提起诉讼时已经不具备徐重海虹公司的股东身份。因此其有关请求权基础在法律层面不成立，依据《公司法》等有关规定要求确认上述公司文件无效的诉讼请求，不应得到支持。

☞ 最新动态

最高人民法院《公司法司法解释四》第二条　依据公司法第二十二条第二款请求撤销股东会或者股东大会、董事会决议的原告,应当在起诉时具有公司股东资格。

(四)隐名股东能否提起公司决议效力确认或公司决议撤销之诉

☞ 案例

1. 蔡某、刘某因与连云港利华置业有限公司公司决议纠纷一案,不服连云港市海州区人民法院【(2014)海商初字第00994号】民事判决,向连云港市中级人民法院提起上诉。连云港市中级人民法院作出【(2015)连商终字第00284号】民事判决书。

2. 季某因与被上诉人南京凯德实业有限公司、原审原告张某、尹某、李某、丁某、王某、陈某、周某、乔某、刘某、汪某、杨某、戚某、查某、常某公司决议撤销纠纷一案,不服南京市栖霞区人民法院【(2013)栖商初字第421号】民事判决,向南京市中级人民法院提起上诉。南京市中级人民法院作出【(2014)宁商终字第193号】民事判决书。

3. 徐某等17人因与海门市设备安装工程有限公司(以下简称海门安装公司)公司决议撤销纠纷一案,不服江苏省海门市人民法院【(2013)门商初字第0336号】民事判决,向南通市中级人民法院提起上诉。南通市中级人民法院作出【(2014)通中商终字第00445号】民事判决书。

4. 曹某、周某因与泰兴市苏星有限责任公司、赵某、吴某股东会决议效力确认纠纷一案,不服泰兴市人民法院【(2015)泰商初字第0071号】民事裁定,向泰州市中级人民法院提起上诉。泰州市中级人民法院作出【(2015)泰中商终字第00258号】民事裁定书。

☞ 裁判依据

《公司法司法解释(三)》(2014年修正)第24条规定:"有限责任公司的实际出资人与名义出资人订立合同,约定由实际出资人出资并享有投资权益,以名义出资人为名义股东,实际出资人与名义股东对该合同效力发生争议的,如无合同法第五十二条规定的情形,人民法院应当认定该合同有效。前款规定的实际出资人与名义股东因投资权益的归属发生争议,实际出资人以其实际履行了出资义务为由向名义股东主张权利的,人民法院应予支持。名义股东以公司股东名册记载、公司登记机关登记为由否认实际出资人权利的,人民法院不予支持。实际出资人未经公司其他股东半数以上同意,请求公司变更股东、签发出资证明书、记载于股东名册、记载于公司章程并办理公司登记机关登记的，人民法院不予支持。"

☞ 裁判意见

1. 连云港市中级人民法院【(2015)连商终字第00284号】民事判决书认为：《公司法司法解释(三)》第24条规定，实际出资人未经公司其他股东半数以上同意，请求公司变更股东、签发出资证明书、记载于股东名册、记载于公司章程并办理公司登记机关登记的，人民法院不予支持。根据上述规定，实际出资人与名义股东签订的隐名投资合同属于双方之间的内部约定，在合同双方内部产生法律约束，不能发生对外效力，名义股东系公司文件登记的股东，有权直接行使股权。经由公司其他股东过半数同意时，实际出资人才能取代原名义股东成为公司股东，否则实际出资人不能成为公司股东。本案中，蔡某、刘某作为实际出资人，在法院判决确认其具有利华公司股东资格前不属于公司股东，无权直接行使股东权利。蔡某、刘某在2007年1月7日、8月18日利华公司股东会召开时并非公司股东，故上述股东会召开时是否通知蔡某、刘某并不足以导致上述股东会作出的决议无效。因此，蔡某、刘某上诉称上述股东会增资决议因召集程序违法而无效，缺乏依据，本院不予采纳。

2. 南京市中级人民法院【(2014)宁商终字第193号】民事判决书认为：根据《公司法》规定，关于张某等14人，虽然凯德公司向其颁发了"股东出资证明书"，但工商部门登记的股东为凯德工会。出资证明书表明张某等14人履行了出资义务，但并不是认定股东资格的必要条件，其并非公司法上所称的股东。故，张某等14人不具有股东撤销权的主体资格，但根据《股东、股东会规则》第13条的规定：隐名股东除不能以股东名义在工商部门登记和出席股东大会并直接行使表决权外，与显名股东享有同等权利。该约定合法有效，根据该约定张某等14人享有相当于股东的撤销权。

3. 南通市中级人民法院【(2014)通中商终字第00445号】民事判决书认为：依据《公司法》的相关规定，有限责任公司股东资格的确认，要综合考虑公司章程、工商登记、股东名册、出资证明书等多种因素。本案中，被上诉人的章程和工商登记均没有上诉人持股情况的记载，上诉人为被上诉人的实际出资人，之所以记载于内部股东花名册，是基于企业改制时上诉人与被上诉人及被上诉人的其他出资人的内部约定，不能对抗第三人，即不能称为公司法上的有公示公信效力的股东。按照《公司法解释(三)》第25条第3款的规定，结合本案，上诉人的出资能否记载于被上诉人公司章程，取决于被上诉人其他股东的决议，现无证据证明被上诉人的其他股东半数以上已同意将其载于公司章程，故其不能成为被上诉人公司法意义上的股东。综上所述，上诉人并不具备被上诉人的股东资格，故对其关于撤销公司相关决议或确认决议无效的诉请，本院不予支持。

4. 泰州市中级人民法院【(2015)泰中商终字第00258号】民事裁定书认为，确认有限责任公司股东身份，应当从以下几方面进行综合考量：(1)公司章程上有否记载为股东，股东有否在公司章程或公司设立协议书上签名或盖章；(2)公司的工商登记注册文件中有无明确列名为股东；(3)相关事项有无记载于公司股东名册；(4)公司有关股东会会议决议等有无行使股东权利并签署股东会决议等。本案中，上诉人虽然在企业改制时实际出资，但该出资由职工代表代持，且在公司章程、工商登记注册文件以及发起人协议书等文件中均未出现上诉人名称，且上诉人在公司经营过程中并未实际行使股东权利，故其不应成为公司法意义上的股东，相关股东权利应当通过代持代表行使。

四、公司决议撤销之诉必须在决议作出之日起六十日内提出，不以股东知道或应当知道决议内容为起算日，但是决议无效或决议不存在的不受上述期限限制

☞ 案例

1. 三亚保力房地产投资开发有限公司因与宝恒投资有限公司、第三人海南天久置业有限公司公司决议撤销纠纷一案，不服海南省高级人民法院【(2015)琼民二终字第18号】民事判决，向最高人民法院申请再审。最高人民法院作出【(2016)最高法民申300号】民事裁定书。

2. 王某因与黄某、一审被告、二审上诉人南通南黄海旅游服务有限责任公司、一审被告陆某、任某公司决议效力确认纠纷一案，不服江苏省南通市中级人民法院【(2013)通中商终字第0377号】民事判决，向江苏省高级人民法院申请再审。江苏省高级人民法院作出【(2014)苏审二商申字第00393号】民事裁定书。

3. 包某等74人因与南通斯材佳建材有限公司、一审原告朱某等8人股东会决议效力确认纠纷一案，不服江苏省南通市中级人民法院【(2011)通中商终字第0116号】民事判决，向江苏省高级人民法院申请再审。江苏省高级人民法院作出【(2013)苏商申字第562号】民事裁定书。

4. 苏某、朱某因与徐州意创化工科技有限公司股东会决议撤销纠纷一案，不服徐州市鼓楼区人民法院【(2013)鼓商初字第0573号】民事裁定，向徐州市中

级人民法院提起上诉。徐州市中级人民法院作出【(2014)徐商终字第170号】民事裁定书。

5. 蔡某因与徐州伟丰高强度标准件有限公司公司决议撤销纠纷一案，不服徐州市鼓楼区人民法院【(2013)鼓商初字第0149号】民事裁定，向徐州市中级人民法院提起上诉。徐州市中级人民法院作出【(2013)徐商终字第0440号】民事裁定书。

6. 江苏江都古典园林建设有限公司因与刘某、刘某刚、仇某、谈某、谢某、范某公司决议效力确认纠纷一案，不服江苏省扬州市江都区人民法院【(2014)扬江商初字第0117号】民事判决，向扬州市中级人民法院提起上诉。扬州市中级人民法院作出【(2014)扬商终字第00279号】民事判决书。

7. 徐某、朱某、彭某、陆某、严某、刘某因与无锡市联众出租汽车有限公司公司决议撤销纠纷一案，不服无锡市北塘区人民法院【(2014)北商初字第0075号】民事判决，向无锡市中级人民法院提起上诉。无锡市中级人民法院作出【(2014)锡商终字第0788号】民事判决书。

8. 包某等74人因与南通斯材佳建材有限公司股东会决议效力确认纠纷一案，不服江苏省如东县人民法院【(2011)东民初字第0358号】民事判决，向南通市中级人民法院提起上诉。南通市中级人民法院作出【(2011)通中商终字第0116号】民事判决书。

9. 尹某因与徐州建筑工程机械有限公司、第三人任某股东会决议撤销纠纷一案，不服徐州市鼓楼区人民法院【(2014)鼓商初字第151号】民事裁定，向徐州市中级人民法院提起上诉。徐州市中级人民法院作出【(2014)徐商终字第0474号】民事裁定书。

10. 马某与香港新世纪医疗投资管理有限公司、李某股东大会决议撤销纠纷一案，扬州市中级人民法院作出【(2010)扬商外初字第0009号】民事裁定书。

11. 南京纳泉高科材料股份有限公司因与南京兰埔成实业有限公司公司决议撤销纠纷一案，不服南京市溧水区人民法院【(2012)溧商初字第471号】民事判决，向南京市中级人民法院提起上诉。南京市中级人民法院作出【(2012)宁商终字第986号】民事判决书。

☞ 裁判依据

《公司法》第22条第2款的规定："股东会或者股东大会、董事会的会议召集程序、表决方式违反法律、行政法规或者公司章程，或者决议内容违反公司章程的，股东可以自决议作出之日起六十日内，请求人民法院撤销。"

《公司法司法解释(一)》第3条规定:“原告以公司法第二十二条第二款、第七十五条第二款规定事由,向人民法院提起诉讼时,超过公司法规定期限的,人民法院不予受理。”

☞ 裁判意见

1. 最高人民法院【(2016)最高法民申300号】民事裁定书:再审申请人保力公司认为原审法院适用法律错误,被申请人宝恒公司在超过60日法定除斥期间后起诉撤销股东会决议、董事会决议,其法定的撤销权已经丧失。本院认为,《公司法》第22条关于“股东会或者股东大会、董事会的会议召集程序、表决方式违反法律、行政法规或者公司章程,或者决议内容违反公司章程的,股东可以自决议作出之日起60日内,请求人民法院撤销”的规定,是针对实际召开的公司股东会的会议决议作出的规定,即在此情况下请求撤销相关会议决议应受60日期限的限制,逾期则不予支持。本案中,相关会议决议均为天久公司单方作出,如前所述,保力公司只有天久公司与宝恒公司两个股东,此种情形下相关会议决议不具有相应效力,应认定其实质上并不存在。故宝恒公司可以从知道或者应当知道自己的股东权利被侵犯后,在法律规定的诉讼时效内提起诉讼,可以不受《公司法》第22条关于股东申请撤销股东会决议期限的限制。故本院对再审申请人保力公司的该申请理由不予支持。

2. 江苏省高级人民法院【(2014)苏审二商申字第00393号】民事裁定书:《公司法》并未规定确认股东会决议无效应受60日时限限制。本案所涉股东会决议属无效决议,黄某提起的是确认股东会决议无效之诉,并非撤销股东会决议之诉。故王某主张黄某请求法院撤销股东会决议早已超过时效,于法无据。

3. 江苏省高级人民法院【(2013)苏商申字第562号】民事裁定书:2005年修订的《公司法》第22条规定,公司股东会或者股东大会、董事会的决议内容违反法律、行政法规的无效;股东会或者股东大会、董事会的会议召集程序、表决方式违反法律、行政法规或者公司章程,或者决议内容违反公司章程的,股东可以自决议作出之日起60日内,请求人民法院撤销。《公司法》在2005年10月27日修订之前无此规定。最高人民法院《公司法司法解释(一)》第2条规定,因2005年修订的《公司法》实施前有关民事行为或者事件发生纠纷起诉到人民法院的,如当时的法律法规和司法解释没有明确规定时,可参照适用2005年修订的《公司法》的有关规定。本案中,包某等人的诉讼请求为要求确认斯材佳公司于2000年8月11日形成的股东会决议无效,该决议形成于2005年修订的《公司法》施行之前,故本案可以参照适用2005年修订的《公司法》第22条的相关规定。从该决议的内容来看,并无违反法律、行政法规的情形,包某等人认为该决议无效的主张不能成立。包某等人主张决议无效的理由包括召集程序、表决方式不当,此两种情形均属于2005年修订的《公司法》规定的行使撤销权的事由,但即使从2005年修订的《公司法》施行之日起,即从2006年1月1日起计算60日的撤销权行使期间,包某等人于2011年1月27日提起本案诉讼,对会议召集程序、表决方式提出异议,也已超过法律规定的60日期限。

4. 徐州市中级人民法院【(2014)徐商终字第170号】民事裁定书认为:股东请求撤销股东会决议时限的起算点应当为决议作出之日。股东会决议的作出,则须以完成股东会就审议事项的表决程序为前提,决议未经表决则应当认为未作出决议。依照《公司法》第38条第2款的规定,对股东会审议事项,股东可以书面形式直接作出决定,并由全体股东在决定文件上签名、盖章。2011年1月19日,被上诉人意创公司向二上诉人邮寄了仅有被上诉人股东陈某伯、陈某、张某三人签字股东会决议,该行为应当视为被上诉人意创公司对股东会表决方式采取书面方式进行表决而作出股东会决议。通过书面表决方式对审议事项进行表决,应当以最后一位股东知悉决议内容为股东会决议作出之日。被上诉人于2011年1月21日向上诉人发送股东会决议,上诉人也只能在收到后方能行使表决权,完成表决程序,故本案诉争股东会决议最早的作出时间不会早于2011年1月21日。而一审法院以被上诉人股东陈某伯、陈某、张某三人签字时间2011年1月19日为股东会决议作出之日,为适用法律错误,应予纠正。上诉人于2011年3月22日起诉至人民法院,并未超出法律规定的60日的起诉期限。

5. 徐州市中级人民法院【(2013)徐商终字第0440号】民事裁定书认为:在二审开庭时,上诉人蔡某明确陈述其要求撤销伟丰股决议(2011)8号股东会决议的法律依据为《公司法》第22条第2款。蔡某在2011年8月2日与李某在徐州市欧洲商城两岸咖啡厅的谈话中多次作出"李某这个法人绝对合法""这个决议都不一定合法,如果鉴定合法,明天可以生产经营""股东会决议是违法的东西,我为什么不能抵抗"等类似陈述,从上述陈述可以推知上诉人蔡某在2011年8月2日就知晓伟丰股决议(2011)8号股东会决议的相关内容,且李某于2011年8月10日以伟丰公司董事长的身份主持召开了伟丰公司董事会,蔡某作为副董事长参加了该次董事会,进一步证实了上诉人蔡某知晓李某担任伟丰公司董事长的事实,因此可以确认蔡某至迟也应在2011年8月10日就已知晓伟丰股决议(2011)8号股东会决议的相关内容,而上诉人蔡某于2011年10月13日才向徐州市泉山区人民法院起诉要求撤销伟丰股决议(2011)8号股东会决议,已经超过了《公司法》第22条规定的60日期间。

6. 扬州市中级人民法院【(2014)扬商终字第00279号】民事判决书:六异议股东申请确认本案所涉及股东会议决议无效。2009年11月23日古建公司召开股东会时,六异议股东已不在古建公司工作,诉讼时效期间从六异议股东知道或者应当知道权利被侵害时起计算。六异议股东于2014年通过工商部门查询得知古建公司注册资本已增加,后向法院起诉,未超过诉讼时效。何况,即便六异议股东中的刘某在2010年或2011年时就应当知道古建公司已增加注册资本,但六异议股东是各自独立的自然人,古建公司也并无证据证明其他五位异议股东也必然与刘某同时知晓了增资情况,故古建公司认为六异议股东的起诉超过诉讼时效的上诉理由本院不予采纳。

7. 无锡市中级人民法院【(2014)锡商终字第0788号】民事判决书:60日的起诉期限是从决议作出之日开始起算,并不以权利人是否知晓为前提。朱某、彭某、陆某、徐某、严某、刘某要求撤销2013年2月23日联众公司的股东会决议和董事会决议的主张,已经超过60日的期限,不应得到支持。

8. 南通市中级人民法院【(2011)通中商终字第0116号】民事判决书:依我国法律规定,诉讼时效仅适用于债权请求权,本案中上诉人的诉讼请求系确认股东会决议无效,而不是主张剩余60%股本金的退还,因此上诉人的诉讼请求不属于债权请求权。况且对于无效的股东会决议,由于其具有违法性,不能因为时效超过就转化为合法,因此不属诉讼时效制度调整的范围。

9. 徐州市中级人民法院【(2014)徐商终字第0474号】民事裁定书认为:根据上诉人尹某等八位股东向徐州建筑工程机械有限公司另两名股东王某、徐某邮寄的"告知书"可知,上诉人尹某对被上诉人徐州建筑工程机械有限公司拟于2008年12月21日召开股东会的事实是知晓的,且已收到了会议通知。徐州建筑工程机械有限公司在作出决议后,也已于2008年12月31日向尹某邮寄送达了股东会决议,因此,尹某对该股东会决议的主要内容是知晓的。因此,尹某迟至2014年2月才向原审法院申请撤销该决议,显已超过了法律规定的期限。关于在工商局备案的股东会决议与尹某收到的决议内容是否一致,应否撤销的问题。一方面,该决议内容在2008年即已经工商行政部门备案,至今已历时6年;另一方面,该决议的实质内容与尹某收到的决议内容并无二致,且与公司目前的董事会成员、监事是一致的。因此,尹某申请撤销该股东会决议的请求,也因已超过了法律规定的期限,本院不予支持。

10. 扬州市中级人民法院【(2010)扬商外初字第0009号】民事裁定书:原告认为新世纪公司召开股东会未通知原告,主张新世纪公司2009年8月6日股东会决议无效的请求权基础是《公司法》第22条第1款,即公司股东会或者股东大会、董事会的决议内容违反法律、行政法规的无效。而《公司法》第22条第2款规定,股东会的会议召集程序违反法律、行政法规或者决议内容违反公司章程的,股东可以自决议作出之日起60日内,请求人民法院撤销。《公司法》第42条规定,公司召开股东会会议,应当于会议召开15日以前通知全体股东。因此原告主张被告新世纪公司在2009年8月6日召开股东大会时未按规定通知原告,应属于召开会议程序违法的情形。对此,原告可以作为申请撤销股东会决议的事由,但不能作为主张股东会决议无效的事由。对股东会决议的撤销权的起算点是决议作出之日,法律明确规定该期间是不可变期间,不能中止、中断、延长,期间届满,诉权即消灭。原告于2010年9月16日向本院提起诉讼,对新世纪公司2009年8月6日股东会决议的召集程序所提出的异议事由,超过了法律规定的期间。

11. 南京市中级人民法院【(2012)宁商终字第986号】民事判决书认为:《公司法》已明确将决议作出之日作为法定期限的起算日,而并不将股东知道或应当知道决议内容之日作为起算日。据此,对董事会决议、股东大会决议行使撤销权的起算点为决议作出之日,且60日的期间为不变期间,既区别于诉讼时效,也不同于除斥期间,不适用诉讼时效中的中止、中断或延长制度。

五、认定决议无效或撤销之前应首先判断公司决议是否存在或成立。有关公司决议不存在、未成立的情形,虽然相关判决书已有提及,但具体判断标准还有待司法解释进一步明确

☞ 案例

1. 三亚保力房地产投资开发有限公司因与宝恒投资有限公司、第三人海南天久置业有限公司公司决议撤销纠纷一案,不服海南省高级人民法院【(2015)琼民二终字第18号】民事判决,向最高人民法院申请再审。最高人民法院作出【(2016)最高法民申300号】民事裁定书。

2. 高某因与南京环宇酒店用品有限公司、张某确认股东会决议无效纠纷一案,不服南京市鼓楼区人民法院【(2014)鼓商初字第1021号】民事判决,向南京市中级人民法院提起上诉。南京市中级人民法院作出【(2014)宁商终字第1134号】民事判决书。

3. 刘某因与华泉、南京运得投资发展有限公司股权转让、公司决议纠纷一案，不服南京市玄武区人民法院【(2012)玄商初字第174号】民事判决，向南京市中级人民法院提起上诉。南京市中级人民法院作出【(2013)宁商终字第887号】民事判决书。

4. 常州富美钢结构工程有限公司、郑某因与被上诉人常州富美装饰工程有限公司公司决议效力确认纠纷一案，不服江苏省常州市新北区人民法院【(2014)新商初字第284号】民事判决，向常州市中级人民法院提起上诉。常州市中级人民法院作出【(2015)常商终字第483号】民事判决书。

5. 大丰市珍鹿有限责任公司、李某、杨某、陈某因与沈某、第三人王某等公司决议效力确认纠纷一案，不服江苏省大丰市人民法院【(2014)大商初字第0445号】民事判决，向盐城市中级人民法院提起上诉。盐城市中级人民法院作出【(2015)盐商终字第0051号】民事判决书。

☞ 裁判依据

参照适用《公司法》第22条规定："公司股东会或者股东大会、董事会的决议内容违反法律、行政法规的无效。……公司根据股东会或者股东大会、董事会决议已办理变更登记的，人民法院宣告该决议无效或者撤销该决议后，公司应当向公司登记机关申请撤销变更登记。"

☞ 裁判意见

1. 最高人民法院【(2016)最高法民申300号】民事裁定书认为：本案中，保力公司只有天久公司与宝恒公司两个股东，且天久公司为持有90%股份的大股东，在宝恒公司未参加临时股东会和董事会的情形下，临时股东会和董事会的召集程序和表决方式应认为存在重大瑕疵，形式上虽有临时股东会决议和董事会决议存在，实质上的临时股东会决议和董事会决议应认为不存在，即未经依法召开股东会或董事会并作出会议决议，而是由实际控制公司的股东单方召开或虚构公司股东会、董事会及其会议决议的，即使该股东实际享有公司绝大多数的股份及相应的表决权，其单方形成的会议决议不能具有相应效力。

2. 南京市中级人民法院【(2014)宁商终字第1134号】民事判决书：一审法院认为，股东会决议生效须以决议成立为前提，缺乏股东意思表示的决议不符合公司决议共同行为的本质要求，应系未成立，而非无效。就本案而言，由于该股东会决议上高某签名系张某伪造，高某对此不知情，故该决议并非高某的真实意思表示，应当认定该股东会决议并未成立。二审法院认为，股东会决议实质是公司股东通过股东会议行使股权，决定变更其自身与公司的民事法律关系的过程，公司股东实际参与股东会议并作出真实意思表示，是股东会议作出决议的前提。如部分股东并未参加股东会议并就决议事项进行表决，则其他股东制作的股东会决议应属虚构，视为该股东会决议自始不存在。对不存在的股东会决议，无从判断其是否无效问题。本案中，环宇公司和张某并未提供证据证明其就变更经营期限的事项召开过股东会会议、高某实际参与股东会议并进行表决，故案涉"股东会决议"实际上并不存在，其法律效力问题无从谈起。

3. 南京市中级人民法院【(2013)宁商终字第887号】民事判决书认为，股东会决议实质是公司股东通过股东会议行使股权，决定变更其自身与公司的民事法律关系的过程，故公司股东实际参与股东会议并作出真实意思表示，是股东会议作出决议的前提。如部分股东并未参加股东会议并就决议事项进行表决，则其他股东制作的股东会决议应属虚构，视为该股东会决议自始不存在。对不存在的股东会决议，不存在判断其是否无效的问题。本案中，华泉、运得公司并未提供证据证明其就刘某与华泉之间股权转让的事项召开过股东会会议、刘某实际参与股东会议并进行表决，故案涉"股东会决议"实际上并不存在，不产生法律效力。但刘某诉称实际上不存在的案涉"股东会决议"无效，缺乏法律依据，本院亦不予支持。

4. 常州市中级人民法院【(2015)常商终字第483号】民事判决书：一审法院认为，本案讼争的股东会决议效力，首先应确认股东会决议是否成立，根据我国《公司法》的规定，关于有限责任公司的股东会需要对有关事项作出决议时，应由股东依照法律、章程规定的表决权比例方可形成股东会决议，公司通过股东会议、变更公司章程内容等事项，就是股东通过参加股东会，行使表决权等法律行为的实施，变更自身及公司民事法律关系的过程，该行为成立的前提是各股东的参与且真实意思表示的客观存在，包括股东明示或行为放弃参加股东会等表示。2013年6月2日的股东会决议及章程上加盖的公章字体及编码均模糊不清，无法辨认，不能证实系富美装饰公司加盖，且富美钢结构公司、郑某至今也未能提供证据证实已通知富美装饰公司且其参加了股东会议，故股东会的召集程序违反了公司章程和法律规定，没有形成法律意义上的股东会决议，因此，作出的股东会决议并非富美装饰公司的真实意思表示，因而对富美装饰公司并不产生法律效力，应属无效。二审法院认为，富美钢结构公司于2013年6月2日作出的股东会决议无效，理由如下：(1)富美钢结构公司提交的2013年6月2日的股东会决议及公司章程上加盖的公章字体及编码均模糊不清，无法证实系富美装饰公司加盖，且富美钢结构公司、郑某也确认并未书面通知富美装饰公司参加股东会议,也未能提供证据证实已以口头方式通知了富美装饰公司,故该股东会决议并非富美装饰公司的真实意思表示,决议实际上并不存在;(2)决议不存在比可撤销决议的瑕疵程度更为严重。富美钢结构公司未履行通知义务,且以完全无法辨认的公章作出实际上并不存在的股东会决议,其行为建立在完全剥夺富美装饰公司股东表决权的基础上,还使受侵害的股东无法及时主张权利救济,系对股东基本权利的侵害,应直接以否定方式而非以是否可撤销来评判。故案涉股东会决议并不属于《公司法》第22条第2款规定的可申请撤销的股东会决议,应认定无效。

5. 盐城市中级人民法院【(2015)盐商终字第0051号】民事判决书认为:根据《公司法》的相关规定,除章程另有规定及全体股东另有约定外,召开股东会会议应当于会议召开15日以前通知全体股东,且股东会应当对所议事项的决定作成会议记录,出席会议的股东应当在会议记录上签名。上诉人珍鹿公司对股东会召集程序、会议记录及决议的形成负有举证责任,但其未能就上述事实提供充分证据证明,应当承担举证不能的法律后果。涉案两份股东会决议的形成,珍鹿公司未实际召开股东会,未经股东表决程序,故珍鹿公司就讼争的议决事项并未形成公司的意志,应当认定讼争的两份股东会会议决议系虚构股东会会议所形成,其自始不存在。

最高人民法院《公司法司法解释四》增加了"决议不成立"的情形:

第五条 股东会或者股东大会、董事会决议存在下列情形之一,当事人主张决议不成立的,人民法院应当予以支持:

(一)公司未召开会议的,但依据公司法第三十七条第二款或者公司章程规定可以不召开股东会或者股东大会而直接作出决定,并由全体股东在决定文件上签名、盖章的除外;

(二)会议未对决议事项进行表决的;

(三)出席会议的人数或者股东所持表决权不符合公司法或者公司章程规定的;

(四)会议的表决结果未达到公司法或者公司章程规定的通过比例的;

(五)导致决议不成立的其他情形。

六、关于会议召集、召开程序瑕疵对于决议应否撤销的影响

(一)未能依法通知股东参加会议,由此形成的股东会决议应予撤销

☞ 案例

1. 启东市医药药材有限公司因与郁某公司决议纠纷一案,不服启东市人民

法院【(2015)启商初字第01209号】民事判决,向南通市中级人民法院提起上诉。南通市中级人民法院作出【(2016)苏06民终549号】民事判决书。

2.陶某、陈某明、杨某因与被上诉人张家港市香山医院有限公司及原审陈某平公司决议效力确认纠纷一案,不服江苏省张家港市人民法院【(2015)张商初字第00724号】民事判决,向苏州市中级人民法院提起上诉。苏州市中级人民法院作出【(2015)苏中商终字第01281号】民事判决书。

☞ 裁判依据

《公司法》第22条第1款、第2款规定:"公司股东会或者股东大会、董事会的决议内容违反法律、行政法规的无效。股东会或者股东大会、董事会的会议召集程序、表决方式违反法律、行政法规或者公司章程,或者决议内容违反公司章程的,股东可以自决议作出之日起六十日内,请求人民法院撤销。"

☞ 裁判意见

1.南通市中级人民法院【(2016)苏06民终549号】民事判决书:启东医药公司于2015年9月6日召开临时股东会,根据其章程规定,其应予召开15日前通知全体股东参会。启东医药公司确认未通知郁某参会,也未能提供证据证明其向七位未能通知到的股东尽到通知义务,故郁某请求撤销案涉瑕疵决议,依法有据。

2.苏州市中级人民法院【(2015)苏中商终字第01281号】民事判决书:本案陶某、陈某明、杨某主张因陈某平担任香山医院法定代表人期间损害其股东利益,故其三人于2015年3月6日召开临时股东会并形成罢免陈某平法定代表人及院长职务的决议,但香山医院及股东陈某平对此并不认可,双方由此发生争议,故陶某、陈某明、杨某起诉要求确认2015年3月6日股东会决议效力属于法院受理审查范围。本院审查后认为,首先,根据香山医院公司章程规定的"股东会会议由执行董事召集并主持,执行董事因特殊原因不能履行职务时,由执行董事书面委托其他人召集并主持"及"股东会会议须由股东按照出资比例行使表决权通过方具有法律效力",现陶某、陈某明、杨某并未提供证据证明就2015年3月6日股东会的召开通知股东陈某平,且事后陈某平对该股东会议内容明确不予认可。其次,《公司法》第4条规定:"股东依法享有资产收益、参与重大决策和选择管理者的权利。"本案中陈某平持有香山医院66.225%的股权,亦无证据表明陈某平存在无法参加股东会的事由,陶某、陈某明、杨某在未通知其参加股东会的情况下,直接免除其公司法定代表人职务,不仅损害香山医院已经合法形成的管理机制,还直接损害了陈某平作为公司股东的合法权益。因此,本案诉争的《临时股东会决议》不仅形成程序上不符公司章程规定,内容上亦违反法律规定,案涉《临时股东会决议》无效。

(二)即便公司内部已有相关文件明确股东会和董事会的召开时间和地点,仍应履行召集和通知程序

☞ 案例

南京市江北煤炭石油有限公司因与南京大华特种带织造有限公司董事会决议撤销纠纷一案,不服南京市六合区人民法院【(2013)六商初字第206号】民事判决,向南京市中级人民法院提起上诉。南京市中级人民法院作出【(2014)宁商终字第523号】民事判决书。

☞ 裁判依据

《公司法》第22条第1款、第2款规定:"公司股东会或者股东大会、董事会的决议内容违反法律、行政法规无效。股东会或者股东大会、董事会的会议召集程序、表决方式违反法律、行政法规或者公司章程,或者决议内容违反公司章程的,股东可以自决议作出之日起六十日内,请求人民法院撤销。"

☞ 裁判意见

南京市中级人民法院【(2014)宁商终字第523号】民事判决书认为:大华公司2013年定期董事会议的召开未依照上述法律和公司章程的规定履行通知召集程序,因此所形成的南京大华董字(1)、(2)、(3)号决议应予撤销。大华公司南京大华董字2012(4)号决议和2011(5)号决议虽确定了大华公司每年定期会议召开的时间、地点及议程,但不能就此免除上述法律和大华公司章程规定的召集和通知义务的履行。大华公司关于南京大华董字2011(5)号决议和2012(4)号决议确定了每年定期会议召开的时间、地点和相关内容,因而无须再行召集和通知的抗辩意见于法无据,亦与公司章程规定相悖,本院不予支持。

(三)股东会会议过程中因发生矛盾而中止,部分股东临时变更地点商议后作出的股东会决议,因未通知其他股东参加而存在程序瑕疵,其他股东可以请求撤销

☞ 案例

徐州意创化工科技有限公司因与苏某、朱某公司决议撤销纠纷一案,不服徐州市鼓楼区人民法院【(2015)鼓商初字第9号】民事判决,向徐州市中级人民法院提起上诉。徐州市中级人民法院作出【(2015)徐商终字第0695号】民事判决书。

☞ 裁判依据

《公司法》第22条第1款、第2款规定："公司股东会或者股东大会、董事会的决议内容违反法律、行政法规的无效……可以自决议作出之日起六十日内，请求人民法院撤销。"

☞ 裁判意见

徐州市中级人民法院【(2015)徐商终字第0695号】民事判决书认为：意创化工公司虽按照公司章程的规定通知苏某、朱某参加2010年12月18日的股东会议，苏某、朱某亦如期参会，但会议期间因股东之间发生冲突，致该股东会议被迫中止。之后，虽苏某、朱某建议其他三位股东更换地点另行商议，但商议的事项仅为关于股权转让与资产评估机构选择问题，并非涉案股东会决议事项，因此，不能认定涉案股东会召开地点的改变系经苏某、朱某同意。意创化工公司在未通知苏某、朱某的情况下，由其他三股东在其他会议地点另行召开股东会，并形成涉案股东会决议，因此，对于意创化工公司部分股东违反公司章程规定的股东会通知程序所作出的股东会决议，苏某、朱某作为意创化工公司的股东，有权依据上述法律规定及公司章程的规定，请求人民法院依法予以撤销。

(四)会议通知寄出后，个别股东回函拒绝参加股东会会议，并不会影响通知程序的合法性，但是如果通知邮件被退回且无证据证明收件地址有效，则会影响通知程序的合法性

☞ 案例

1.尹某因与徐州建筑工程机械有限公司、任某公司决议效力确认纠纷一案，不服徐州市鼓楼区人民法院【(2014)鼓商初字第0447号】民事判决，向徐州市人民法院提起上诉。徐州市人民法院作出【(2014)徐商终字第0715号】民事判决书。

2.江苏名豪国际大酒店有限公司、胡某因与被上诉人夏某及第三人翁某、褚某、陈某、张某、林某、汤某撤销股东会决议纠纷一案，不服宿迁市泗阳县人民法院【(2013)泗商初字第0370号】民事判决，向宿迁市中级人民法院提起上诉。宿迁市中级人民法院作出【(2014)宿中商终字第0117号】民事判决书。

☞ 裁判依据

《公司法》第22条第1款、第2款规定："公司股东会或者股东大会、董事会的决议内容违反法律、行政法规的无效……可以自决议作出之日起六十日内，请求人民法院撤销。"

☞ 裁判意见

1. 徐州市人民法院【(2014)徐商终字第0715号】民事判决书:本院认为:徐州建筑公司于2008年12月21日召开股东会之前通过快递方式向尹某寄送了股东会会议通知,尹某于2008年12月19日回函明确表示拒绝参加本次股东会。徐州建筑公司于2008年12月31日向尹某邮寄了本次股东会决议。上述事实能够证明徐州建筑公司于2008年12月21日召开股东会程序上并不违反法律规定。虽然2008年12月21日徐州建筑公司的股东会决议存在两份格式,即邮寄给尹某的格式和在工商部门备案登记格式,但两份格式的股东会决议内容一致,即涉及选举公司新的董事、监事、修改公司章程,且工商局备案登记的股东会决议中选举的新的董事会成员及监事与尹某收到的股东会决议中选举的新的董事会成员及监事是一致的,因此,在工商部门备案的股东会决议内容并没有改变尹某收到的股东会决议内容,故对尹某上诉认为其收到的股东会决议与在工商部门登记本案格式不同,因此,股东会决议无效的主张,不予支持。

2. 宿迁市中级人民法院【(2014)宿中商终字第0117号】民事判决书:公司法及名豪酒店的章程均明确约定,召开股东会应于召开15日前通知全体股东,故名豪酒店有义务通知夏某参加名豪酒店的股东会。名豪酒店虽已向宿迁恒大置业有限公司邮寄通知的方式通知夏某,但邮件被退回,夏某并未接收到通知,且宿迁恒大置业有限公司并非夏某的经常住所地或户籍所在地,亦非夏某确认的接收名豪酒店相关通知的送达地址,故名豪酒店并未有效地完成通知的义务,视为未通知。如此,名豪酒店召开股东会的召集程序,违反了公司法规定及公司章程的约定,并侵犯了夏某作为公司股东所应享有的股东权利,故该次股东会决议应予撤销。

(五)有证据证明会议通知能够送达给被通知人,即使被通知人抗辩未收到开会通知,也不应影响会议通知方式的有效性

☞ 案例

闻某因与中润公司撤销公司决议纠纷一案,不服无锡市崇安区人民法院【(2011)崇商初字第0407号】民事判决,向无锡市中级人民法院提起上诉。无锡市中级人民法院作出【(2011)锡商终字第0558号】民事判决书。

☞ 裁判意见

无锡市中级人民法院【(2011)锡商终字第0558号】民事判决书认为,关于会议通知是否有效送达闻某问题。闻某原系中润公司董事长,在原单位留有家庭住址和电子邮箱。现有证据证实：首先，中润公司在召开股东会议前一周，通过特快专递、电子邮件及电话形式等多种途径，向闻某履行了通知义务。闻某虽提出电子邮箱已经变更、家中无人收取快递等抗辩理由，但其并未将电子邮箱变更等情况提前通知中润公司，故即使其抗辩理由成立，闻某未提前5天收到会议通知的责任也不能归咎于中润公司，应由其本人承担相应的法律后果。其次，根据张某的证言，其已将会议通知发至闻某的新邮箱，且亦电话通知了闻某。闻某在参加股东会议时，在会议签到清单上已经签字。而清单上明确载明中润公司已经通过电子邮箱、快递及电话等方式进行了通知，该签字确认的内容与张某的证言相一致。最后，闻某准时参加了中润公司召集的股东会，依法行使了股东的权利，其合法权益并未受到影响。

（六）没有提前足够时间发出会议通知，或者没有告知会议议题，属于召集程序不符合规定，由此形成的公司决议可以依法予以撤销

☞ 案例

章某因与海安县新苏中实业有限公司（以下简称新苏中公司）公司决议撤销纠纷一案，不服江苏省南通市海安县人民法院【（2014）安商初字第0107号】民事判决，向南通市中级人民法院提起上诉。南通市中级人民法院作出【（2014）通中商终字第0462号】民事判决书。

☞ 裁判意见

南通市中级人民法院【（2014）通中商终字第0462号】民事判决书认为，股东会会议通知是股东得以参加股东会并行使其干预权的前提，尤其是在经营者和控股股东合二为一的情况下，股东会已成为少数股东要求大股东解决其政策并提出反对意见的唯一场所。股东会会议通知制度的立法目的，在于成功地向股东通知开会事宜，保障公司股东为开会事宜做好充分准备并按时参加股东会正常行使股东权利，防止控股股东利用突袭手段控制股东会。案涉股东会开会之前，召集会议的公司执行董事傅某仅提前一两天通知其他股东，且没有明确告知开会的主要事宜，显然违反了公司法及公司章程的规定。虽然新苏中公司之前召开股东会经常以口头通知的方式作出，但不能以此证明公司形成了股东会会议召开无须按照公司法及公司章程的规定进行通知的惯例。况且，本案股东会会议讨论的事宜系对公司重大资产的处置，即便如新苏中公司所抗辩的系股权转让，股东在没有提前15日接到通知的情形下，显然对公司资产或持有的股权是否转让、以何种价格转让、转让给谁等事项没有调查、思考和准备的时间，不利于在股东会决议时作出充分判断和表决。事实上，新苏中公司的另外两位在股东会决议上签字的股东贲某甲、贲某乙也提出了异议。因此,本案股东会会议的召集程序显然违反了法律及公司章程的规定,而新苏中公司违反程序召集股东会的行为影响了股东正常行使其股东权利,不符合法律规定股东会会议通知制度的立法目的。综上所述,本案股东会召集程序违反了公司章程的规定,应予撤销。

(七)股东会会议记录是否在股东会决议当天形成,对于是否撤销股东会决议没有必然影响

☞ 案例

蔡某因与南通博邦机械制造有限公司、第三人刘某、俞某股东会决议撤销纠纷一案,不服如东县人民法院【(2013)东商初字第0461号】民事判决,向南通市中级人民法院提起上诉。南通市中级人民法院作出【(2014)通中商终字第0129号】民事判决书。

☞ 裁判意见

南通市中级人民法院【(2014)通中商终字第0129号】民事判决书认为,股东会决议只有在符合公司法规定的无效或可撤销事由时,才能由符合公司法规定的股东按照公司章程或公司法规定的程序提起确认公司股东会决议无效或撤销股东会决议之诉。蔡某称刘某召集临时股东会程序违法,因为当时蔡某作为公司执行董事并未拒绝召集股东会,且其认为2013年5月14日股东会决议是事后补写。对此本院认为,股东会会议记录是否为会后补写不是公司法规定的可以请求撤销该股东会决议的事由。蔡某作为公司执行董事没有认真履行职责,擅自运走公司设备,在刘某书面通知后未召集股东会,其行为显然表明其未履行执行董事的职责。刘某作为监事按程序通知蔡某召开股东会、刘某、俞某参加了股东会并形成决议,程序并未违反公司法或者公司章程的规定。刘某、俞某均认可5月14日的股东会决议,蔡某称未收到召开股东会的通知、股东会决议不真实与现有证据矛盾。股东会决议是否应被撤销应当考量该股东会决议的召集程序、表决方式、决议内容,至于案涉股东会决议、股东会会议记录是否是同一时间形成、是否于5月14日当天形成,与蔡某撤销该股东会决议是否符合公司法规定的条件没有必然联系。且该股东会记录证据表面无瑕疵,蔡某认为该会议记录虚假并应当承担举证责任,其并未提供初步证据证明股东会会议记录是2013年5月14日之后形成,对该决议形成时间进行司法鉴定并非必要,同时鉴定未成的法律后果亦应由蔡某承担。原审法院查明事实清楚,处理正确,应予维持。

（八）会议召集和主持的人选应当符合法律或章程规定

☞ 案例

柳某因与花某、原审被告江苏美镜电子科技有限公司公司决议撤销纠纷一案，不服江苏省常州市钟楼区人民法院【（2015）钟商初字第939号】民事判决，向常州市中级人民法院提起上诉。常州市中级人民法院作出【（2016）苏04民终193号】民事判决书。

☞ 裁判依据

《公司法》第48条规定："董事会会议由董事长召集和主持；董事长不能履行职务或者不履行职务的由副董事长召集和主持；副董事长不能履行职务或者不履行职务的，由半数以上董事共同推举一名董事召集和主持。"

☞ 裁判意见

常州市中级人民法院【（2016）苏04民终193号】民事判决书：本案中，美镜公司2014年9月12日的章程规定："临时股东会会议由代表十分之一以上表决权的股东、执行董事或者监事提议方可召开……股东会会议由执行董事召集和主持，执行董事因特殊原因不能履行职务时，由监事召集和主持；监事不能召集和主持的，代表十分之一以上表决权的股东可以自行召集和主持"。美镜公司2015年7月31日召开的2015年第一次临时股东会会议，柳某作为公司监事在未提议召开临时股东会议的情况下，直接作为会议召集和主持人，并形成美镜公司2015年第一次临时股东会会议决议，该临时股东会的召开程序违反了美镜公司上述公司章程的规定，依照《公司法》规定，应予撤销。

☞ 最新动态

最高人民法院《公司法司法解释四》第4条规定：股东请求撤销股东会或者股东大会、董事会决议，符合公司法第二十二条第二款规定的，人民法院应当予以支持，但会议召集程序或者表决方式仅有轻微瑕疵，且对决议未产生实质影响的，人民法院不予支持。

七、决议内容违反公司章程或股东间一致约定的，应当予以撤销

☞ 案例

1. 南京舒乘科技有限公司因与李某公司决议撤销纠纷一案，不服南京市江宁区人民法院【（2014）江宁商初字第71号】民事判决，向南京市中级人民法院提起上诉。南京市中级人民法院作出【（2014）宁商终字第736号】民事判决书。

2. 徐州储运有限责任公司因与常某董事会决议撤销纠纷一案，不服徐州市

鼓楼区人民法院【(2011)鼓商初字第0542号】民事判决,向徐州市中级人民法院提起上诉。徐州市中级人民法院作出【(2012)徐商终字第121号】民事判决书。

3. 友创投资江苏有限公司、响水恒祥置业有限公司因与南通市恒祥置业有限公司股东会决议撤销纠纷一案,不服江苏省响水县人民法院【(2013)响商初字第0170号】民事判决,向盐城市中级人民法院提起上诉。盐城市中级人民法院作出【(2015)盐商终字第00105号】民事判决书。

4. 昆山美博通讯科技有限公司因与WEISHI公司决议撤销纠纷一案,不服江苏省昆山市人民法院【(2015)昆商外初字第0012号】民事判决,向苏州市中级人民法院提起上诉。苏州市中级人民法院作出【(2015)苏中商外终字第00012号】民事判决书。

5. 无锡市通惠置业有限公司因与袁某、原审被告陶某公司决议效力确认纠纷一案,不服无锡市北塘区人民法院【(2013)北商初字第0324号】民事判决,向无锡市中级人民法院提起上诉。无锡市中级人民法院作出【(2013)锡商终字第0589号】民事判决书。

☞ 裁判依据

《公司法》第22条第1款、第2款规定:"公司股东会或者股东大会、董事会的决议内容违反法律、行政法规的无效。股东会或者股东大会、董事会的会议召集程序、表决方式违反法律、行政法规或者公司章程,或者决议内容违反公司章程的,股东可以自决议作出之日起六十日内,请求人民法院撤销。"

☞ 裁判意见

1. 南京市中级人民法院【(2014)宁商终字第736号】民事判决书认为,李某提起的是公司决议撤销之诉,依据的是《公司法》(2005年修订)第22条第2款的规定,该类案件中需要审查的内容有:会议召集程序、表决方式是否违反法律、行政法规或者公司章程,以及决议内容是否违反公司章程。就其表决方式,虽然欠缺股东会会议记录的书面记载,但依据委托书关于授权毕某代为行使表决权等合法权利的内容结合两名授权股东事后在股东会决议上补签名的事实,应当推定同意决议内容的股东系按照公司章程规定的表决方式行使股东权利。就其决议内容,李某与公司其他多数股东之间的争议在于公司设立之初章程记载的毕某、李某出资额分别为10万元、9万元是否真实,以及两人第2期出资是否由其本人据实缴付。该争议的实质属于股权确认的范畴,在不能协商一致的情况下,应当诉诸司法程序解决,对该争议事项的评判并不属于舒乘公司股东会的职权范围。退一步而言，即使舒乘公司多数股东拟通过股东会决议的方式分割毕某、李某名下各5万元股权，从形式上看也属于对公司章程内容的修改。根据股东会议事规则第2项，修改公司章程决议须经2/3以上表决权的股东通过，现持同意意见的股东按章程记载的出资比例享有的表决权亦达不到该比例，也即该项决议并未获得通过，故李某请求撤销一项并未获得通过的股东会决议，法律依据不足。综上，一审判决将实质上并不属于股东会职权范围内的事项，形式上亦未经表决通过的第1项、第3项决议内容予以撤销系适用法律不当。就案涉股东会决议第2项内容，因舒乘公司确认公司的盈利就是管理费的结余，因此，对于公司盈利的处分具有分红的性质。虽然同意该项决议已经1/2以上表决权的股东通过，但是依据公司章程关于股东按出资额所占比例分取红利的规定，该决议内容因违反公司章程的规定，依法应予撤销。

2. 徐州市中级人民法院【(2012)徐商终字第121号】民事判决书认为：从其表决内容来看，该决议罢免了常某的董事长职务，并选举周某代理董事长职务。根据《公司法》第45条第3款规定，“董事长、副董事长的产生办法由公司章程规定”。根据上诉人储运公司1998年12月25日制定的公司章程第19条、第29条之规定，“董事长及副董事长由股东大会选举产生”，“股东会行使下列职权：……2. 选举和更换董事，决定有关董事的报酬事项……”由此可见，董事长及董事应由股东大会选举和更换，故上诉人储运公司通过董事会决议罢免被上诉人常某的董事长职务，超越了董事会的职权，违反了法律和公司章程的规定。被上诉人常某据此请求撤销上述董事会决议应予支持，一审判决并无不当。上诉人储运公司关于董事长人选的争议应当通过合法程序另行解决。

3. 盐城市中级人民法院【(2015)盐商终字第00105号】民事判决书认为：本案中，由响水恒祥公司执行董事提议于2013年6月3日召开的临时股东会程序为合法。在该股东会议上形成了三条股东会决议，上诉人认为第2条即“将公司董事长、总经理年薪上调30%”及第3条即“任命张某担任公司总经理”决议内容均为合法有效。经审查，就董事长、总经理的年薪问题，双方在2007年1月19日的补充协议中已有明确约定各为20万元。2009年8月5日，响水恒祥公司召开临时股东会议表决通过的给予公司执行董事及总经理加薪的决议内容已被盐城市亭湖区人民法院判决撤销，并且该判决被本院二审予以维持。现上诉人友创公司以物价上涨为由再次提出要上调董事长、总经理的年薪，并以其表决优势通过该项决议。因该项决议内容与补充协议内容相悖，且年薪20万元在响水县当地应为不低的收入，友创公司事实上也未能就上调年薪给予充分的理由说明，故该决议内容不排除是友创公司为了自身的利益而设置,原审对此予以撤销是正确的。关于总经理人选问题。根据双方合作协议约定,南通恒祥公司享有响水恒祥公司总经理人选的提名权。现友创公司在未能提供证据证明南通恒祥公司放弃总经理人选的提名权或南通恒祥公司存在怠于提名等不利于公司发展的行为的情况下,任命张某担任响水恒祥公司总经理明显违背了双方合作协议的约定,对此亦应予以撤销。

4.苏州市中级人民法院【(2015)苏中商外终字第00012号】民事判决书认为,本案中,美博公司章程规定公司设董事会,是公司的权力机构,并规定章程的修改,必须经公司董事会通过。可见,合营各方对于公司组织架构及公司章程的修改权限是有明确约定的,该约定最终体现在其共同制定的章程中,系合营各方当事人之间真实意思表示,并不违反法律、行政法规的规定,合法有效,合营各方应严格按照章程的规定行使权利、履行义务。现美博公司于2014年12月28日所形成的名为"股东会决议"中涉及公司章程修改事项,而该事项依照公司章程规定属于董事会所行使的职权并应当按照董事会议事规则进行表决,美博公司上诉称其股东会有权行使该项职权并可依据股东会议事规则进行表决显然与章程规定不符,故一审法院认定该决议内容违反公司章程并无不当。

5.无锡市中级人民法院【(2013)锡商终字第0589号】民事判决书认为,袁某与陶某作为通惠置业公司的股东,分别占有49%与51%的股份,后双方签订《补充协议》,袁某将其拥有的34%的股权转让给陶某,双方的持股比例为15%与85%。为防止大股东稀释股份,双方签订了《补充协议二》,该协议明确约定,在合作期间,双方均不允许增资扩股,在该地块开发完毕后,如因新项目需要,需增资扩股的,须双方协商同意;本补充协议与2005年9月30日签订的合作协议、2007年4月6日的补充协议以及公司现章程规定或今后修改公司章程所作规定约定不一致的,均以本补充协议约定为准。此为袁某与陶某对增资是否需要双方一致同意的特别约定,也系双方真实意思表示,故《补充协议二》与章程约定的关于增资是否需要一致同意冲突时,应以《补充协议二》约定的内容为准。陶某利用大股东的优势,通过股东会决议作出增资的决定违反了《补充协议二》的约定,稀释了小股东袁某的持股比例,侵害了袁某的合法利益,因股东会决议受到侵害的公司股东请求确认股东会决议无效的,人民法院应予支持。

八、决议内容违反法律、行政法规的，应属无效

（一）决议内容违反法律、行政法规而无效，指的是法律、行政法规的强制性规定

☞ 案例

田某因与江苏泰州农村商业银行股份有限公司公司决议无效之诉纠纷一案，因不服泰州市海陵区人民法院【（2015）泰海商初字第1381号】民事判决，向泰州市中级人民法院提起上诉。泰州市中级人民法院作出【（2016）苏12民终178号】民事判决书。

☞ 裁判依据

《公司法》第22条第1款、第2款规定："公司股东会或者股东大会、董事会的决议内容违反法律、行政法规的无效。股东会或者股东大会、董事会的会议召集程序、表决方式违反法律、行政法规或者公司章程，或者决议内容违反公司章程的，股东可以自决议作出之日起六十日内，请求人民法院撤销。"

☞ 裁判意见

泰州市中级人民法院【（2016）苏12民终178号】民事判决书：本院认为，公司决议无效之诉的性质为确认之诉，根据《公司法》第22条第1款的规定，决议无效之诉的诉由为决议的内容违反法律、行政法规，即决议的内容存有瑕疵、缺乏实质的生效要件，属于《合同法》第52条第（5）项规定的"违反法律、行政法规的强制性规定"的情形，应视为绝对无效。本案上诉人主张相关决议无效的理由是，独立董事高某在选举的时候，其身份为公务员。尽管我国《公务员法》第53条第14款和第102条第1款均有公务员不得从事参与营利性活动的相关规定，但违反相关规定的法律后果为惩戒、清退、罚款等人事管理部门及行政管理部门予以处分，并不因此导致否认行为的民事效力。关于独立董事的强制性规定应依照《公司法》第146条的相关条款，该法条明确规定了不得担任公司董事的各种情形，本案情形不在其列。故上诉人的上诉理由没有法律依据，本院不予采信。

（二）对股东会决议效力的否定仅限于决议内容违反法律、行政法规的效力性强制规定，并不涉及对决议内容进行商业判断

☞ 案例

1. 姜某因与江苏大方金圣鸿客运有限公司公司决议效力确认纠纷一案，不服南京市鼓楼区人民法院【（2014）鼓商初字第478号】民事判决，向南京市中级

人民法院提起上诉。南京市中级人民法院作出【(2015)宁商终字第402号】民事判决书。

2. 王某因与连云港万锦房地产开发有限公司、连云港灵江房地产开发有限公司、合肥灵江房地产开发有限公司、任某公司决议效力确认纠纷一案,不服连云港市海州区人民法院【(2015)海商初字第02640号】民事判决,向连云港市中级人民法院提起上诉。连云港市中级人民作出【(2016)苏07民终425号】民事判决书。

☞ 裁判依据

《公司法》第22条第1款、第2款:"公司股东会或者股东大会、董事会的决议内容违反法律、行政法规的无效。股东会或者股东大会、董事会的会议召集程序、表决方式违反法律、行政法规或者公司章程,或者决议内容违反公司章程的,股东可以自决议作出之日起六十日内,请求人民法院撤销。"

☞ 裁判意见

1. 南京市中级人民法院【(2015)宁商终字第402号】民事判决书认为,对股东会决议效力的否定仅限于决议内容违反法律、行政法规的规定,并不涉及对决议内容进行商业判断。此处的"法律、行政法规规定"应指法律和行政法规中的效力性、强制性规定。《公司法》第20条规定了滥用权利的股东与公司或滥用权利的股东与其他被损害股东间的法律关系。《公司法》第21条规定了公司管理人利用关联交易损害公司利益的问题,责任主体是关联人而非公司。《公司法》第149条规定了公司高级管理人员的禁止行为,责任主体是公司高管亦非公司。上述三条规定与公司股东会决议无效并无直接关系,不能适用于股东会决议无效案件的审理。本案中,从案涉股东会决议内容看,同意执行张某所作的《关于公司向扬州市方陵养殖有限公司出资情况的报告》及同意公司受让张某、王某持有的扬州市方陵养殖有限公司的股权,系大方金圣鸿公司行使自主经营权而作出的决定,并不违反法律、行政法规的强制性规定。故姜某认为案涉股东会决议违法了《公司法》第20条、第21条及第149条之规定应属无效的上诉意见,无事实和法律依据,本院不予支持。

2. 连云港市中级人民【(2016)苏07民终425号】民事判决书认为:《中华人民共和国公司法》第22条第1款规定,公司股东会或者股东大会、董事会的决议内容违反法律、行政法规的无效。本案中,万锦公司于2015年10月8日作出的临时股东会决议的三项内容,属于公司内部管理事项,并无违反相关法律、行政法规的情形,王某提供证据不足以证明涉案临时股东会决议内容无效,王某还称该临时股东会决议以合法形式掩盖非法目的，决议内容虚假，本院认为，决议内容虚假并不是确认股东会决议无效的事由，故王某的上诉请求证据不足，本院不予支持。

（三）限制或剥夺股东对公司新增资本优先认购权的决议，因在内容上违反法律规定而无效

☞ 案例

1. 江苏江都古典园林建设有限公司因与刘某峰、刘某刚、仇某、谈某、谢某、范某（以下简称六异议股东）公司决议效力确认纠纷一案，不服江苏省扬州市江都区人民法院【（2014）扬江商初字第 0117 号】民事判决，向扬州市中级人民法院提起上诉。扬州市中级人民法院作出【（2014）扬商终字第 00279 号】民事判决书。

2. 张某、吴某因与苏州领创激光科技有限公司公司决议撤销纠纷一案，不服江苏省昆山市人民法院【（2014）昆商初字第 02263 号】民事判决，向苏州市中级人民法院提起上诉。苏州市中级人民法院作出【（2015）苏中商终字第 00330 号】民事判决书。

3. 南京地下工程建筑设计院有限公司因与周某公司决议效力确认纠纷一案，不服南京市玄武区人民法院【（2013）玄商初字第 1179 号】民事判决，向南京市中级人民法院提起上诉。南京市中级人民法院作出【（2014）宁商终字第 537 号】民事判决书。

☞ 裁判依据

《公司法》第 34 条："股东按照实缴的出资比例分取红利；公司新增资本时，股东有权优先按照实缴的出资比例认缴出资。但是，全体股东约定不按照出资比例分取红利或者不按照出资比例优先认缴出资的除外。"

☞ 裁判意见

1. 扬州市中级人民法院【（2014）扬商终字第 00279 号】民事判决书：本案所涉股东会决议因内容违反法律规定应确认为无效。本案中，古建公司召开股东会时，未依照公司法以及公司章程的规定通知全体股东，在召集程序不符合相关规定的同时，因六异议股东在未被通知参加股东会的情况下，2009 年 11 月 23 日的《江都市古典园林建设有限公司股东会决议》即决定新增资本，且决议上由其他股东代六异议股东签名，显然剥夺了六异议股东就新增资本的优先认缴权，侵犯了六异议股东的合法权利，决议中的该项内容实质上违反了《公司法》第 35 条的规定，故该决议应当确认为无效。当某一事由既构成召集程序的违规，又引起决议内容的违法时,异议股东有权根据实际情况选择是请求撤销还是确认无效,一审法院同时认定决议程序与决议内容均违法也并无不当。至于古建公司提出,决议若被确认无效产生的法律后果很严重,会影响债权人和新增股东利益的问题,本院认为,该决议被认定无效,并不意味着古建公司必然只能减资,相关股东的身份也可以通过公司内部自治方式或法律途径解决,故古建公司的这一主张不构成继续承认决议效力的理由。

2. 苏州市中级人民法院【(2015)苏中商终字第00330号】民事判决书:庭审中,张某、吴某明确了主张撤销领创公司股东会决议的事由为:该股东会决议的增资方式侵害了张某、吴某现有股东权益,使张某、吴某股份变相稀释,每股对应的净资产变少。对此,本院认为:从股东会决议的内容来看,增资方式为按照股东的股权比例同比增资,张某和吴某有优先进行增资的权利,张某和吴某因自身原因不予增资,并不能说明该决议属于《公司法》第20条规定的"滥用股东权利损害公司或者其他股东的利益"的情形。其次,从本次股东会的召集程序上看,吴某于会议召开前20天亲自签收了会议通知,并代与其同住的母亲张某签收了会议通知。此外,领创公司股东会还通过电话、短信、邮寄和公告送达等方式进行了通知。因此,领创公司穷尽了一切方式履行了对张某的通知义务,该次股东会在通知程序上符合《公司法》第42条的规定。关于召集主体,过半数董事均同意召开临时股东会,并委托领创公司办理通知事宜。因此吴某和张某请求撤销领创公司2014年7月28日的股东会决议的主张,没有事实依据,本院不予支持。

3. 南京市中级人民法院【(2014)宁商终字第537号】民事判决书认为:股东新增资本时,股东有权优先按照实缴的出资比例认缴出资。其含义有二:一是行使优先权时应按照股东实缴的出资比例,除非全体股东约定不按照出资比例优先认缴;二是股东在认缴新增资本时有优先权。在地下工程公司未提供证据证明全体股东约定不按照出资比例优先认缴的情形下,周某有权按照变更后的股东名册中其实际出资比例行使对本次增资的优先认购权……股东在认缴新增资本时的优先权为股东的固有权利,不可以股权多数决的方式进行剥夺。根据《公司法》第46条的规定,董事会有权制定公司增加注册资本的方案,但并不意味董事会提出的方案可以剥夺股东的优先权,除非该方案经全体股东一致通过,否则,属于变相的利用股东会的多数决剥夺少数股东对增加注册资本享有的优先认购权……关于地下工程公司认为周某已经放弃其优先认购权的主张。在地下工程公司董事会形成增资方案并邮寄给周某后,周某在股东会召开前寄送给地下工程公司的函件中对阎某等四名股东认购全部增资部分提出异议，要求在增资前，应对股东关于公布财务状况及进行分红的要求进行答复，并就增资的理由及收益预期进行详细报告，在此基础上，股东才可以进行合理选择。在函件中周某还要求公司尽快变更股东名册，以便其行使股东权益。由此可见，虽然上诉人认为在股东会召开之前，已经给被上诉人邮寄资料并给予足够时间充分考虑，但周某在股东会召开前表达自己意见后，上诉人并未予以答复。因而，被上诉人在股东会选票上填写“暂定”等内容，并非放弃优先认购权的意思表示。

（四）股东会决议中有关退出公司、股东之间转让股权等事实是否真实有效，仅对能否产生股权变更效力有影响，而不属于违反法律、行政法规的情形

☞ 案例

徐某因与苏州联合伟业科技有限公司、第三人奚某公司决议纠纷一案，不服苏州市相城区人民法院【（2015）相商初字第00765号】民事判决，向苏州市中级人民法院提起上诉。苏州市中级人民法院作出【（2015）苏中商终字第01944号】民事判决书。

☞ 裁判依据

《公司法》第71条第1款：“有限责任公司的股东之间可以相互转让其全部或者部分股权。”

☞ 裁判意见

苏州市中级人民法院【（2015）苏中商终字第01944号】民事判决书认为：公司股东会或者股东大会、董事会的决议内容违反法律、行政法规的无效。现徐某要求确认联合伟业公司2002年2月25日股东会决议中涉及处分其股权的内容无效，应当证明上述内容存在违反法律、行政法规的情形。该股东会决议涉及徐某股权的内容分别是同意徐某等股东自动退出公司，徐某在公司所持有的88万元股权转让给奚某。就股东会决议本身的内容而言，该股东会决议是就公司股东之间转让股权作出的决议，决议中有关退出公司、转让股权的事实是否真实、有效，仅仅涉及该股东会决议能否产生相应股权变更的法律效力，并不存在违反法律、行政法规的情形。而且，就决议中有关退出公司、转让股权的事实是否真实、有效，徐某已提起诉讼，相关判决均已发生法律效力，争议已解决。因此，徐某以此为由要求确认股东会决议无效，于法无据。

九、股东未全面履行出资义务或者抽逃出资,一般不影响其表决权的行使,但公司可以通过章程或股东会决议限制其表决权的行使

☞ 案例

1. 盛发公司、周某某、周某因与杨某某股东会决议效力确认纠纷一案,不服宜兴市人民法院【(2011)宜商初字第151号】民事判决,向无锡市中级人民法院提起上诉。无锡市中级人民法院作出【(2011)锡商终字第362号】民事判决书。

2. 李某因与南京赛贝生物科技有限公司、第三人江苏省联众生物科技发展有限公司、纪某公司决议撤销纠纷一案,不服南京市栖霞区人民法院【(2014)栖商初字第101号】民事判决,向南京市中级人民法院提起上诉。南京市中级人民法院作出【(2014)宁商终字第1017号】民事判决书。

3. 俞某因与梁某、南京云帆科技实业有限公司、华某股东会决议效力纠纷一案,不服南京市玄武区人民法院【(2012)玄商初字第507号】民事判决,向南京市中级人民法院提起上诉。南京市中级人民法院作出【(2012)宁商终字第991号】民事判决书。

☞ 裁判依据

《公司法》第43条规定:"股东会会议由股东按照出资比例行使表决权;但是,公司章程另有规定的除外。"

《公司法司法解释(三)》(2014年修正)第17条第1款:"有限责任公司的股东未履行出资义务或者抽逃全部出资,经公司催告缴纳或者返还,其在合理期间内仍未缴纳或者返还出资,公司以股东会决议解除该股东的股东资格,该股东请求确认该解除行为无效的,人民法院不予支持。"

《公司法司法解释(三)》第17条规定:"股东未履行或者未全面履行出资义务或者抽逃出资,公司根据公司章程或者股东会决议对其利润分配请求权、新股优先认购权、剩余财产分配请求权等股东权利作出相应的合理限制,该股东请求认定该限制无效的,人民法院不予支持。"

☞ 裁判意见

1. 无锡市中级人民法院【(2011)锡商终字第362号】民事判决书认为:无论杨某某出资与否,在盛发公司依照《公司法司法解释(三)》第18条履行解除其股东资格的手续之前,其股东资格依然存续。因此,截至2008年4月18日,杨某某依然具备股东资格。在杨某某具备股东资格的情况下,无论杨某某出资与否,其股东表决权均未受到限制。根据《公司法司法解释(三)》第17条,公司限制瑕疵出资股东权利必须具备两方面的条件:一是限制瑕疵出资股东权利必须

根据公司章程或者股东会决议进行；二是明文限制的股东权利仅利润分配请求权、新股优先认购权、剩余财产分配请求权等股东自益权，表决权这一股东共益权是否纳入其中尚存争议。本案中，盛发公司限制杨某某行使股东表决权并未形成公司章程或者股东会决议，因此，截至2008年4月18日，杨某某依然享有股东表决权。周某某在杨某某享有股东表决权的情况下，未通知杨某某参加股东会会议，通过冒署杨某某签名的方式，擅自制作股东会决议，侵犯了杨某某的股东表决权，违反了《公司法》的相关规定，故应确认2008年4月18日股东会决议无效。

2. 南京市中级人民法院【(2014)宁商终字第1017号】民事判决书：一审法院认为：李某主张依据权利和义务对等原则及股东按照实缴出资比例分取红利的立法精神，应当按照股东实缴出资比例确定表决权，法律和赛贝公司章程均规定股东按照出资比例行使表决权，而并未规定股东按照实缴出资比例行使表决权，目前股东联众公司和纪某已经按照章程约定的出资时间完成了出资义务，尚未缴纳的认缴资本也还未到约定的出资时间，因此，联众公司和纪某的出资并未违反章程的约定，其享有的股权不应受到限制。同时，依据《公司法司法解释(三)》第13条的规定，未履行或者未全面履行出资义务的股东，对于公司债务仍要承担补充赔偿责任，而并非以其实缴出资为限，且联众公司和纪某均依照章程约定出资到位，现以其认缴资本比例确定股东表决权，并不违背权利义务对等原则。李某提出的按股东实缴出资比例确定表决权的主张，缺乏法律和事实依据，也与立法精神不符，不予支持。二审法院认为：《公司法》和赛贝公司的章程均规定，股东按照出资比例行使表决权。在赛贝公司章程第24条也约定"利润分配：本公司股东按照认缴出资比例分取红利，也可由全体股东另行约定"。因股东联众公司和纪某约定的出资时间未到，并不属于瑕疵出资情形，故李某主张按照公平原则对其他两股东的表决权作出限缩性解释缺乏事实和法律依据。

3. 南京市中级人民法院【(2012)宁商终字第991号】民事判决书：关于梁某在未足额出资前其表决权的行使应否受到限制的问题。本院认为，股东表决权是股东通过股东大会上的意思表示，可按所持股份参加股东共同的意思决定的权利。表决权是股东的一项法定权利，表决权应否因股东未履行或未全面履行出资义务而受到限制，《公司法》对此并未作出明确规定。《公司法司法解释(三)》第17条规定："股东未履行或者未全面履行出资义务或者抽逃出资，公司根据公司章程或者股东会决议对其利润分配请求权、新股优先认购权、剩余财产分配请求权等股东权利作出相应的合理限制，该股东请求认定该限制无效的，人民法院不予支持。"该条司法解释虽然明确规定公司可对瑕疵出资股东的利润分配请求权、新股优先认购权、剩余财产分配请求权等股东权利进行限制,但限制的权利范围只明确为股东自益权,并未指向股东共益权。自益权是股东获取财产权益的权利,共益权是股东对公司重大事务参与管理的权利。表决权作为股东参与公司管理的经济民主权利,原则上属于共益权,但又具有一定的特殊性,股东通过资本多数决的表决权机制选择或罢免董事、确立公司的运营方式、决策重大事项等,借以实现对公司的有效管理和控制,其中也包括控制公司财产权,故表决权实质上是一种控制权,同时亦兼有保障自益权行使和实现之功能,具有工具性质。如果让未尽出资义务的股东通过行使表决权控制公司,不仅不符合权利与义务对等、利益与风险一致的原则,也不利于公司的长远发展。因此,公司通过公司章程或股东会决议对瑕疵出资股东的表决权进行合理限制,更能体现法律的公平公正,亦符合公司法和司法解释有关规定之立法精神,可以得到支持。就本案而言,上诉人俞某主张被上诉人梁某51%股权只能行使22.1%表决权,剩余28.9%因未实际出资而应受到限制,因缺乏限制的前提和依据,故本院难以支持。首先,梁某在行使表决权时尚不属于瑕疵出资股东,不具备限制其表决权的前提。梁某认缴出资300万元,分两期缴纳,第一期130万元已实际出资,第二期170万元的缴纳期限是2011年5月9日,本案争议的股东会决议作出之日是2011年1月26日,即梁某在行使其表决权时第二期出资期限尚未届满,其分期出资的行为具有合法性,亦不违反约定的出资义务。其次,无论是工商备案的或者俞某提供的云帆公司章程,还是股东会决议或者股东会协议书,均未作出有关梁某在第二期出资期限届满前应按其实际出资比折算股权比例来行使表决权等类似规定,不具有限制其表决权的依据。最后,即便按俞某主张依据实际出资计算,梁某实缴出资130万元,占公司实收资本238万元的54.6%,加上李某某、郑某的实际出资比例各8.4%,同意股东的表决权也已超过2/3。据此,本院认为,云帆公司2011年1月26日的股东会决议经过了梁某51%、李某某10.9025%、郑某5.39%的表决通过,已超过了有2/3以上表决权的股东同意,应当有效。

十、若公司决议上的签字为他人代签时,公司应当保存代签人有权签字的证据,否则将影响该决议的法律效力

☞ 案例

1. 南京峰缘光学仪器有限公司因与马某、蒋某公司决议纠纷一案,不服南京市江宁区人民法院【(2015)江宁商初字第835号】民事判决,向南京市中级人民法院提起上诉。南京市中级人民法院作出【(2016)苏01民终1446号】民事判决书。

2. 江苏省金舸置业有限公司因与施某公司公司决议效力确认纠纷一案，不服南京市栖霞区人民法院【（2014）栖商初字第98号】民事判决，向南京市中级人民法院提起上诉。南京市中级人民法院作出【（2014）宁商终字第1220号】民事判决书。

3. 汇源公司因与马某、原审被告万某某、赵某、俞某某公司决议效力确认纠纷一案，不服无锡市锡山区人民法院【（2012）锡法商初字第0426号】民事判决，向无锡市中级人民法院提起上诉。无锡市中级人民法院作出【（2012）锡商终字第0517号】民事判决书。

4. 泰州市金马机电设备有限公司因与马某某，被告马某、曹某公司决议效力确认纠纷一案，不服泰州市姜堰区人民法院【（2015）泰姜商初字第00347号】民事判决，向泰州市中级人民法院提起上诉。泰州市中级人民法院作出【（2015）泰中商终字第00301号】民事判决书。

5. 江苏三喜机械有限公司因与芮某、原审第三人黄某公司决议效力确认纠纷一案，不服泰州医药高新技术产业开发区人民法院【（2013）泰高新商初字第0025号】民事判决，向泰州市中级人民法院提起上诉。泰州市中级人民法院作出【（2014）泰中商终字第0070号】民事判决书。

☞ 裁判依据

《公司法》第22条第2款规定："股东会或者股东大会、董事会的会议召集程序、表决方式违反法律、行政法规或者公司章程，或者决议内容违反公司章程的，股东可以自决议作出之日起六十日内，请求人民法院撤销。"

《公司法》第2条规定："股东会会议由股东按照出资比例行使表决权；但是，公司章程另有规定的除外。"

☞ 裁判意见

1. 南京市中级人民法院【（2016）苏01民终1446号】民事判决书认为，本案中，峰缘公司主张案涉股东会决议上的签字系公司会计孙某口头征求了马某勇、蒋某同意后代签，对此，峰缘公司并未举证证明，而马某勇、蒋某对此亦不予认可，故应由峰缘公司承担不利后果，马某勇、蒋某并未参加该次股东会，该股东会决议中的签字不能代表马某勇、蒋某的真实意思表示。峰缘公司的章程规定股东按照出资比例行使表决权，马某勇、蒋某的出资比例合计为51%（34%＋17%），故马某勇、蒋某在股东会中所占表决权为51%。案涉《股东会决议》第一、二项表决事项，系公司经营范围变更及董事人员变更，依据公司章程的规定，仅需要代表2/1以上表决权的股东通过即可。因马某勇、蒋某拥有的表决权为51%,即使案涉股东会决议中其他股东的签名均为真实,因该《股东会决议》中马某勇、蒋某的签字并非其真实意思表示,故针对前述两项表决事项的表决,未能达到代表1/2以上表决权的股东通过,违反了公司章程的规定,属于可撤销内容。对《股东会决议》第2项的表决亦未达到代表2/3以上表决权的股东通过,表决方式违反了法律规定,亦属于可撤销内容。

2. 南京市中级人民法院【(2014)宁商终字第1220号】民事判决书认为:案涉2012年10月30日金舸公司作出的股东会决议中施某的签字系由张某代签,并非施某真实意思表示,施某对此持有异议,故该决议违反了法律规定,应属无效。

3. 无锡市中级人民法院【(2012)锡商终字第0517号】民事判决书认为:汇源公司成立于2007年8月,其创设股东为万某某、俞某某和马某,分别出资为20万元、15万元和15万元,占注册资本的40%、30%和30%。由汇源公司的工商登记及其公司章程为凭。2007年10月8日汇源公司召开股东会、签订股权转让协议、形成股东会决议,未通知马某参加。有关转让马某全部股权的股权转让协议及股东会决议所涉马某签名非其本人所签,事后也未得到马某追认,对此,汇源公司、万某某、俞某某、赵某也予承认。马某的股东权利受到侵犯,其请求确认该股东会决议、股权转让协议无效,并恢复股东身份及股权,作出股东变更登记,理由正当,本院予以支持。股东会决议及股权转让协议被确认无效后,其自始没有法律约束力。

4. 泰州市中级人民法院【(2015)泰中商终字第00301号】民事判决书:2015年2月5日的股东会决议上"马某喜"的签名并非其本人所签,金马公司未能提交证据证明代签是受马某喜委托,且马某喜知情后并没有对决议的内容予以追认,该决议形成的内容并未经马某喜同意,损害了其作为金马公司股东的合法权益,故该协议无效。

5. 泰州市中级人民法院【(2014)泰中商终字第0070号】民事判决书认为,本案所涉及的股东会决议是在芮某未出席的情况下,由三喜公司的另一位股东假冒签名做出的股东会决议。三喜公司没有证据证明通知到芮某出席该次股东会、委托第三人签名等,因而该次股东会决议是虚假的,不是全体股东的真实意思表示。虚假的决议是不具有法律效力的。从该次股东会决议的内容来看,股东会决议是增加公司注册资本,因而影响股东之间、股东与公司之间权利义务关系,也就是说该次股东会决议的内容涉及公司股东的实体权利义务,股东会决议处分股东的权利或者要求股东承担法定义务之外的责任的应有股东自己的意思表示，所以股东参加股东会并做出自己的真实意思表示是股东会决议合法有效的必要条件之一。本案中，尽管黄某占公司95%股权，享有绝对多数的表决权，但是并不意味着大股东可以利用控制公司的便利作出个人决策等同于公司股东会决议并且因此损害其他股东依法享有的股东权利。综上，三喜公司2009年12月8日作出的股东会决议违反了法律的规定，原审判决确认该次股东会决议无效是正确的。

十一、公司通过股东会决议解除股东资格只能适用于股东未履行出资义务或者抽逃全部出资的情形，对于未全面履行出资义务或者抽逃部分出资的股东则不适用

☞ 案例

1. 沭阳县银中园林有限公司因与胡某股东会决议效力确认纠纷一案，不服江苏省沭阳县人民法院【(2012)沭商初字第0014号】民事判决，向宿迁市人民法院提提出上诉。宿迁市人民法院作出【(2013)宿中商终字第0037号】民事判决书。

2. 申某因与张家港市鼎寅制管有限公司公司决议效力确认纠纷一案，不服张家港市人民法院【(2015)张商初字第00896号】民事判决，向苏州市中级人民法院提起上诉。苏州市中级人民法院作出【(2015)苏中商终字第01570号】民事判决书。

3. 江阴市长江耐火材料厂因与华某股东会、董事会决议效力纠纷一案，不服江阴市人民法院【(2009)澄民二初字第2767号】民事判决，向无锡市中级人民法院提起上诉。无锡市中级人民法院作出【(2010)锡商终字第174号】民事判决书。

4. 吴某因与江阴市富达置业有限公司公司决议效力确认纠纷一案，不服江阴市人民法院【(2015)澄商初字第00002号】民事判决，向无锡市中级人民法院提起上诉。无锡市中级人民法院作出【(2015)锡商终字第00776号】民事判决书。

5. 南京通略文化传播有限公司因与胡某、第三人徐某、张某、朱某公司决议效力确认纠纷一案，不服南京市秦淮区人民法院【(2012)秦商初字第394号】民事判决，向南京市中级人民法院提起上诉。南京市中级人民法院作出【(2013)宁商终字第822号】民事判决书。

☞ 裁判依据

《公司法司法解释(三)》(2014年修正)第17条第1款规定:"有限责任公司的股东未履行出资义务或者抽逃全部出资,经公司催告缴纳或者返还,其在合理期间内仍未缴纳或者返还出资,公司以股东会议决议解除该股东的股东资格,该股东请求确认该解除行为无效的,人民法院不予支持。"

☞ 裁判意见

1. 宿迁市人民法院【(2013)宿中商终字第0037号】民事判决书认为:根据银中公司二审提供的新证据,能够证明银中公司在召开股东会前已通知胡某,股东会召开程序符合公司法及公司章程规定,因此,解除胡某股东资格的股东会决议是否有效,关键在于审查是否符合《公司法》司法解释规定的可以解除股东资格的条件。公司可以以股东会议决议方式解除股东的股东资格的场合是股东未履行出资义务或者抽逃全部出资。未全面履行出资义务或者抽逃部分出资的股东不适用该种规则。本案中,银中公司所举证的验资报告中有资产接收清单,胡某所举证的股东出资情况表也明确记载了实物出资的交付时间,上述证据相互印证,能够证明胡某出资的苗木已办理了财产权的转移手续,银中公司已收到胡某缴纳的实物资产,且胡某出资的苗木经过评估作价,由依法设立的验资机构验资并出具证明,符合《公司法》的有关规定。银中公司主张交付苗木不仅需要书面交接手续,而且要将苗木的控制权移交银中公司,现胡某仍然控制出资的苗木。因银中公司系上述实物资产的所有权人,胡某对此也予以认可,因此,即使存在上述事实,银中公司也可通过提起侵权之诉的方式保护其权利,而不能据此认定胡某未履行出资义务。银中公司还主张胡某拒绝参加股东会,不行使股东权利,也构成解除其股东资格的条件。对此,如前所述,公司法将公司解除股东资格的前提限定在股东未履行出资义务或者抽逃全部出资,是否行使股东权利并不构成解除股东资格的条件。综上所述,鉴于胡某已履行出资义务,银中公司也未举证证明胡某存在抽逃其全部出资的行为,故银中公司不能以股东会决议的方式解除胡某的股东资格。另外,银中公司没有证据证明,解除胡某股东资格的股东会通知达到胡某,其在未通知胡某的情况下召开的股东会,也不符合召开股东会程序要求。综上,银中公司无权解除胡某股东资格,对其要求确认解除被告股东资格的股东会决议有效的诉讼请求,不予支持。

2. 苏州市中级人民法院作出【(2015)苏中商终字第01570号】民事判决书认为:张家港市人民法院【(2014)张商初字第01014号】民事判决已认定申某未履行出资义务,该判决已生效,至案涉股东会决议作出之前,申某仍未履行出资义务。有限责任公司的股东未履行出资义务经公司催告缴纳或者返还,其在合理期间仍未缴纳或返还出资,公司可以股东会决议的形式解除该股东资格,因此,鼎寅公司以股东会决议形式解除申某股东资格的核心要件已经具备。鼎寅公司依照章程规定向申某发出了召开股东会的通知并告知了股东会所要讨论的内容,已经履行了章程规定的股东会召集程序。虽然申某未参加股东会,徐某作为持有85%股权的股东表决通过股东会决议符合章程规定的表决程序,故本案所涉《股东会决议》符合章程和法律规定,合法有效。

3. 无锡市中级人民法院【(2010)锡商终字第174号】民事判决书:股东会、董事会决议无效之诉为确认之诉,无效之诉的目的在于请求法院确认原告主张决议无效的观点是否正确,而不在于该决议的效力是否已发生变化。本案中,材料厂通过召开股东会的形式对华某的股权作出退股、没收等决议,该项决议内容侵犯了华某作为材料厂股东对自己所持股份的处分权。华某请求法院确认该股东会决议无效,是不需要以材料厂已实际处分华某的股权为前提的。故对材料厂提出的其尚未依股东会决议实际处分华某的股权,华某的权利尚未实际受到侵害,原审法院不应确认股东会决议无效的上诉主张,本院不予采信。至于材料厂所作的"董事会决议",因材料厂并未设立董事会,故所作出的所谓"董事会决议"当然无效。

4. 无锡市中级人民法院【(2015)锡商终字第00776号】民事判决书认为:2014年9月28日富达公司以短信和邮政快递的形式经公证通知吴某于2014年10月20日召开股东会,2014年10月20日,吴某缺席股东会,股东腾飞公司、邓挺一致表决形成股东会决议。该股东会程序不违反法律、行政法规及公司章程,到会股东占富达公司70%的股权,其表决方式及决议内容等也不违反法律、行政法规及符合章程,应认定该2014年10月20日股东会决议有效。虽【(2014)澄商初字第1010号】案于2014年9月23日判决撤销富达公司于2014年5月24日作出的股东会决议,但该案的审理并不能制约富达公司与吴某就返还出资问题达成新的协议,且吴某抽逃出资后,富达公司以报案、诉讼等方式要求予以返还,吴某收到2014年9月28日股东会会议通知以及【(2014)澄商初字第1010号】判决后均未参加股东会,也未作出返还出资的意思表示,应视为吴某在合理期间内未返还出资,原审认定富达公司以股东会决议解除吴某股东资格符合法律规定,驳回吴某有关确认该股东会决议无效的诉请并无不当。同时富达公司解除吴某股东资格后,应由其他股东出资或按法定程序减资。

5. 南京市中级人民法院【(2013)宁商终字第822号】民事判决书认为:股

东除名权是公司为消除特定股东对公司和其他股东的共同利益所产生的不利影响而享有的一项权能。当股东违反义务,其存在对公司继续经营的利益有所妨害,致使公司股东共同目的无法实现时,应允许将该股东驱离公司,使公司和其他股东不受影响。《公司法司法解释(三)》第18条明确规定,公司股东会有权解除抽逃全部出资的股东的股东资格,其立法宗旨是为了保护企业的存续和稳定、保护其他诚信股东的共同利益、为公司债权人利益的实现提供保障。

《公司法司法解释(三)》确认了股东资格解除规则,由于这种解除股东资格的方式相较于其他方式更为严厉,也更具有终局性,故《公司法司法解释(三)》也对此设定了严格的适用规则。就本案而言,案涉股东会决议的作出背离了《公司法司法解释(三)》创设股东除名权的宗旨,故通略公司召开股东会作出解除胡某股东资格的决议目的不正当。通略公司未能提供充分证据证明胡某抽逃了全部出资,且公司的其他股东也无证据证明其依法完成了补资手续。即便胡某存在抽逃出资的行为,通略公司也未能证明由此对公司及公司其他股东的权利造成了损害,故通略公司关于解除胡某股东资格的股东会决议不符合法定条件。

第四部分 律师建议

公司股东会决议、董事会决议作为公司经营活动中最为重要的决策性文件,其效力的确定性、完整性对于公司经营活动的开展具有重要意义。虽然《公司法》第22条规定已就公司决议无效及可撤销情形予以明确,但面对纷繁复杂的司法实践,仍然显得较为笼统。通过前述对最高人民法院及江苏地区各级人民法院相关裁判文书的分析,可以发现,在公司决议纠纷中,仍然会有诸多争议。我们针对该类纠纷中比较突出和多发的问题,结合公司法的相关规定以及现实状况,提出以下几点风险防范建议:

一、根据最新公司法解释,公司决议纠纷的原告主体资格因请求内容不同而存在差异,如争议决议涉及其他利害关系人的,可列为第三人参加诉讼

(一)原告主体资格

《公司法》第22条明确规定,公司股东认为公司决议存在无效或可撤销情形的,可依法提起诉讼。结合本报告相关判例,原告股东资格的认定应从出资行为、公司章程、工商登记、验资报告、股东名册、出资证明及实际享有股东权利等

方面进行考量。隐名股东虽然作为公司的实际出资人，除非公司有特别约定或隐名股东已通过修改公司章程、生效判决等方式得到公司其他股东的认可，否则一般不直接参与公司决议的作出，也不适宜直接作为原告提起公司决议纠纷。

此外，就原告在提起诉讼时是否需要具备公司股东资格，由于《公司法》第22条规定的不明确，实践中不同法院对此存在不同的认识。最高人民法院《公司法司法解释四》分别针对决议无效或不成立之诉，以及决议撤销之诉的原告资格进行了细化。其中，第1条规定："公司股东、董事、监事等请求确认股东会或者股东大会、董事会决议无效或者不成立的，人民法院应当依法予以受理。"第2条规定："依据公司法第二十二条第二款请求撤销股东会或者股东大会、董事会决议的原告，应当在起诉时具有公司股东资格。"根据上述规定，提出公司决议无效或不成立之诉的原告不再仅限于公司股东，还包括公司董事、监事等，这在一定程度上扩大了《公司法》第22条规定的原告范围。但是，请求撤销决议之诉的原告，仍然仅限于公司股东，且在起诉时需要具备股东资格。

(二)被告及第三人

在公司决议纠纷中，一般以作出股东(大)会决议、董事会决议的公司为被告。由于股东(大)会、董事会通常由公司董事长负责召集、召开事宜，并由公司董事长主持，不少公司决议纠纷中，原告在起诉时将公司董事长或与本次决议相关的股东一并作为被告或第三人提起诉讼。

对此，《公司法司法解释四》第3条第1款规定："原告请求确认股东会或者股东大会、董事会决议不成立、无效或者撤销决议的案件，应当列公司为被告。对决议涉及的其他利害关系人，可以依法列为第三人。"第2款规定："一审法庭辩论终结前，其他有原告资格的人以相同的诉讼请求申请参加前款规定诉讼的，可以列为共同原告。"

二、注意区分公司决议未成立、公司决议无效和可撤销这三种情形

在决议效力问题上，学术界一直存在两分法和三分法的探讨。我国原先《公司法》第22条采用的是两分法，即决议可撤销和决议无效两种瑕疵情形。但不少学者认为公司决议作为一种两个以上的当事人基于平行一致的意思表示所形成的共同行为，属于一种法律行为，应当区别认定成立与生效环节。决议不存在即意味着决议不成立，对各方均不发生效力。

从司法实践来看，我国《公司法》第22条对于决议可撤销的程序违法情形局限在召集程序、表决方式，并未涵盖诸如缺少会议召开事实、未达法定出席股东比

例等严重的程序瑕疵。不少法院认为，在未实际召开股东会、伪造股东签名等情况下，公司决议欠缺公司股东真实意思表示的参与，不符合公司决议作为共同意思表示的本质要求，该种瑕疵严重程度远远超过了可撤销情形下的程序瑕疵。在现行公司法及相关司法解释没有明确规定的情况下，部分法院依据《公司法》第22条将该决议认定为无效，部分法院认为该项决议自始不存在或未能成立。

对此，最新颁布的《公司法司法解释四》第5条增加了“决议不成立”的情形，与《公司法》上“决议无效”和“决议撤销”一起，共同构成了“三分法格局”。该条规定：“股东会或者股东大会、董事会决议存在下列情形之一，当事人主张决议不成立的，人民法院应当予以支持：（一）公司未召开会议的，但依据公司法第三十七条第二款或者公司章程规定可以不召开股东会或者股东大会而直接作出决定，并由全体股东在决定文件上签名、盖章的除外；（二）会议未对决议事项进行表决的；（三）出席会议的人数或者股东所持表决权不符合公司法或者公司章程规定的；（四）会议的表决结果未达到公司法或者公司章程规定的通过比例的；（五）导致决议不成立的其他情形。”

三、公司在召开股东（大）会、董事会时，应当根据《公司法》及公司章程的相关内容，严格履行通知、提案、审议、表决等程序

公司法明确规定了公司董事会、股东（大）会决议作出的会议流程，包括提案、通知、召集、召开、出席、审议、表决、会议记录、会议决议签署等环节。上述环节的存在有助于保证公司股东参与公司决策过程，充分行使自身表决权，作出自身意思表示。

实践中，不少公司未能充分认识到会议流程的重要性，为了节约时间或为了保证自身对于公司决策的控制权，忽视或略过会议流程中的部分内容，导致会议流程不完整，会议决议存在瑕疵。

《公司法》第22条第2款明确规定：“股东会或者股东大会、董事会的会议召集程序、表决方式违反法律、行政法规或者公司章程，或者决议内容违反公司章程的股东可以自决议作出之日起六十日内，请求人民法院撤销。”

对此，有观点认为：决议撤销事由中“召集程序、表决方式”的范围，包括“股东会或者股东大会、董事会会议的通知、股权登记、提案和议程的确定、主持、投票、计票、表决结果的宣布、决议的形成、会议记录及签署等事项。这提醒公司，应当充分重视会议流程及每个环节的完整性。

四、撤销公司决议务必及时，不能超过法定期限

《公司法》第 22 条第 2 款明确规定："股东会或者股东大会、董事会的会议召集程序、表决方式违反法律、行政法规或者公司章程，或者决议内容违反公司章程的，股东可以自决议作出之日起六十日内，请求人民法院撤销。"

司法实践中多份判决文书均明确，股东提出决议撤销之诉的 60 日期间，应当将决议作出之日作为法定期限的起算日，而并不将股东知道或应当知道决议内容之日作为起算日。据此，对董事会决议、股东大会决议行使撤销权的起算点为决议作出之日，且 60 日的期间为不变期间，既区别于诉讼时效，不适用诉讼时效中的中止、中断或延长制度。

五、公司决议存在瑕疵时，并非必然无效或可撤销，有些瑕疵可以治愈

公司决议可撤销主要是针对公司决议形成过程中出现的程序瑕疵及内容违反公司章程的情形。但实践过程中，并非只要存在程序瑕疵即需要撤销公司决议，其是否应当撤销主要取决于该种瑕疵是否影响股东作出意思表示，行使其股东权利。如果不影响股东行使权利，或该股东主动放弃行使权利，或经全体股东同意或存在可以视为股东同意的情况，应视为瑕疵被治愈，该种情况可以视为公司股东的事后追认或明示放弃其利益。

对此，最新颁布的《公司法司法解释四》第 4 条也规定："股东请求撤销股东会或者股东大会、董事会决议，符合公司法第二十二条第二款规定的，人民法院应当予以支持，但会议召集程序或者表决方式仅有轻微瑕疵，且对决议未产生实质影响的，人民法院不予支持。"

第十八章　公司设立及发起人责任纠纷

第一部分　报告背景及数据来源

公司设立是指发起人依照法律规定的条件和程序，为组建公司，使其取得法律人格而必须采取和完成的一系列法律行为的总称。公司设立过程，从经济的角度观察，是发起人组织人、财、物形成一个具有一定生产经营能力的实体的过程；从法律的角度观察，则是发起人依照法律的规定，组建一个具有独立人格的法律主体的过程。对公司设立过程中形成的社团，公司法学界一般称之为设立中公司；从纠纷产生与诉讼的角度来看，凡是在此阶段发生的与设立中公司有关的纠纷都可以统称为公司设立纠纷。

公司发起人责任主要是基于公司不能成立或者公司设立过程中的过失致使公司或第三人利益受损而应当承担的责任。从对象主体上看，公司发起人的责任可以区分为：发起人对公司的责任、发起人对其他发起人的责任、发起人对股东的责任、发起人对公司外部第三人的责任等。

从责任产生的依据看，《公司法》第 94 条对股份有限公司股东规定了公司不能设立时对设立行为产生的债务和费用的连带责任、对认股人返还股款的连带责任，以及公司设立过程中过失导致损害的赔偿责任。《公司法司法解释（三）》第 2 条到第 5 条通过对公司设立过程中发起人与被设立的公司之间的责任划分，实际上将《公司法》第 94 条规定的责任扩大适用至有限责任公司发起人。同时，该解释第 13 条还明确规定了公司发起人对于瑕疵出资股东对公司债权人的补充赔偿责任须承担连带责任，完善了公司发起人的责任范围。

我们对最高人民法院、江苏地区法院、上海地区法院近四年的公司设立纠纷及发起人责任纠纷裁判文书进行了数据分析，形成了本研究报告。需要说明的是，本研究报告的数据来源于“北大法宝”“无讼案例”，案例检索时间为2011年1月1日至2016年12月31日。

第二部分　案件数据及裁判特点

在“北大法宝网”裁判文书数据库与“无讼案例”数据库中，以案由对案例进行搜索。经统计，2011年1月1日至2016年12月31日期间，公司设立纠纷、发起人责任纠纷案例，最高人民法院共有案例文书1份，江苏地区共有18份，上海地区共有22份。根据案由进行分类，上述地区法院审理的发起人责任纠纷案件共有6份，公司设立纠纷共有35份。对于上述裁判文书，我们作了以下数据分析：

一、相关法院案件数量分布情况

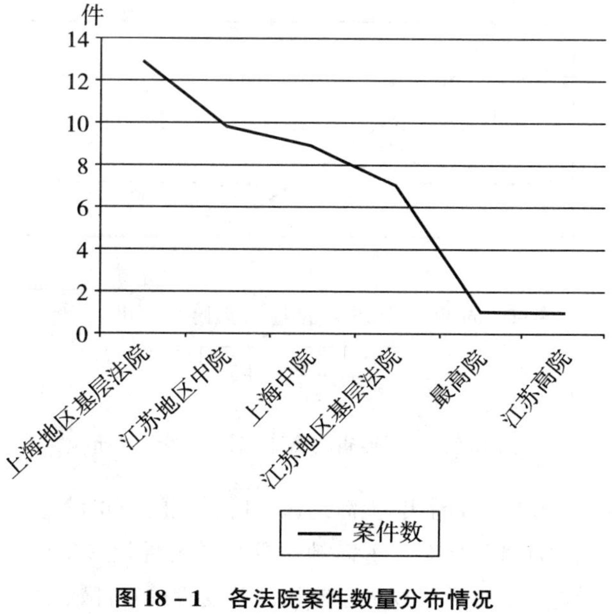

图18－1　各法院案件数量分布情况

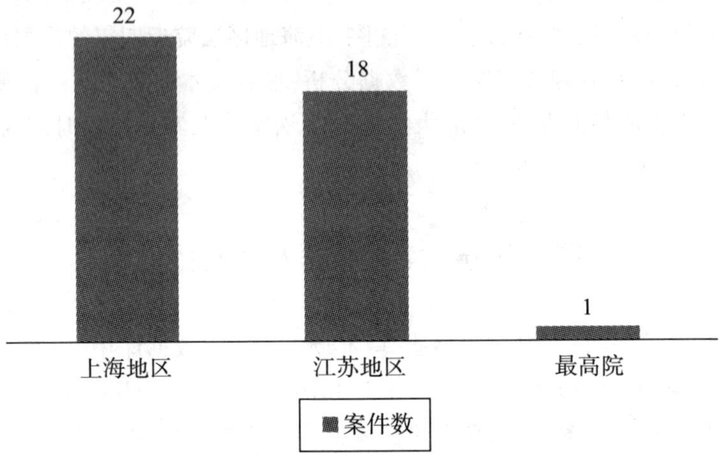

图 18－2　上海与江苏地区不同级别法院的案件分布

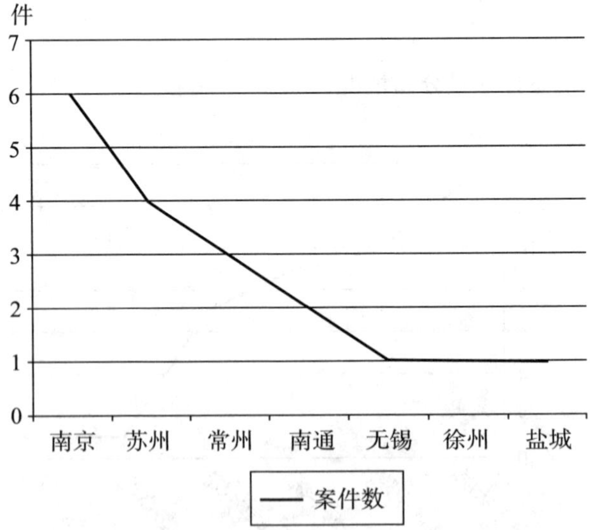

图 18－3　江苏省内各市法院的案件分布

从图 18－1～图 18－3 看出,上海地区法院受理的公司设立纠纷及发起人责任纠纷案件数量比江苏地区多。上海地区受理的案件较多集中在基层法院,而江苏地区中院受理的案件数量要大于基层法院受理的案件数量。最高人民法院受理的公司设立纠纷及发起人责任纠纷案件就目前能查询的案例仅一件。

二、上海和江苏地区法院受理的案件二审数量较大，且案件改判率低

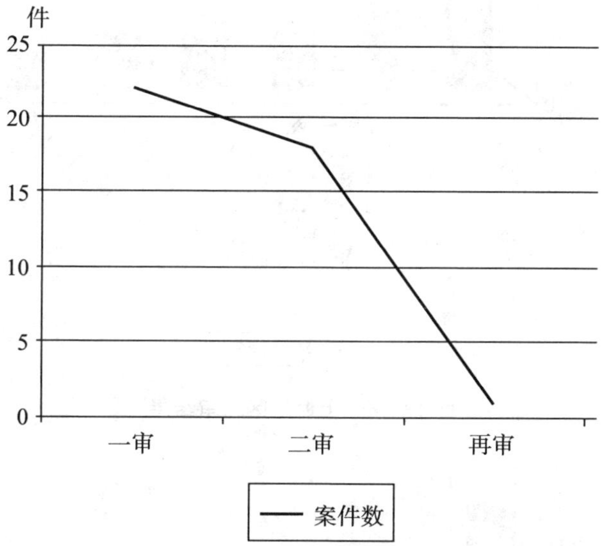

图 18－4 案件审理级别

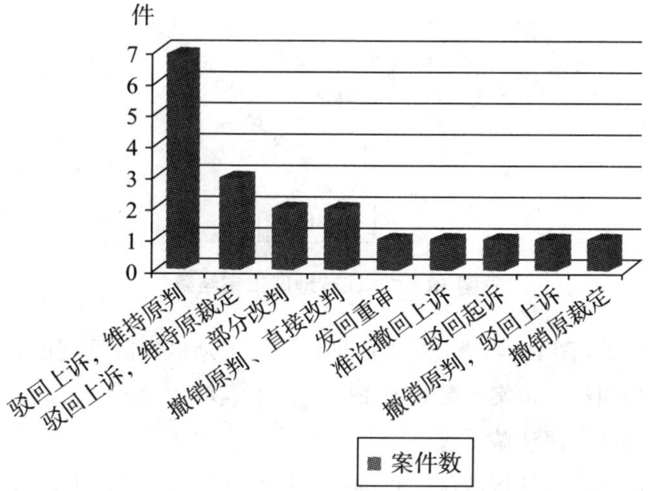

图 18－5 上海与江苏地区二审审理结果

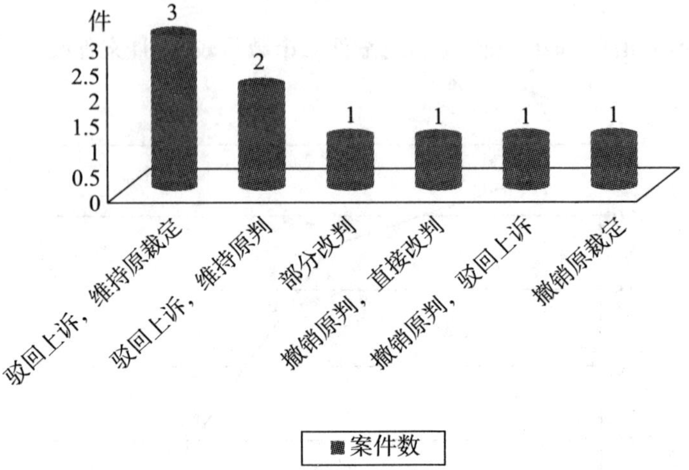

图 18－6　上海地区二审结果

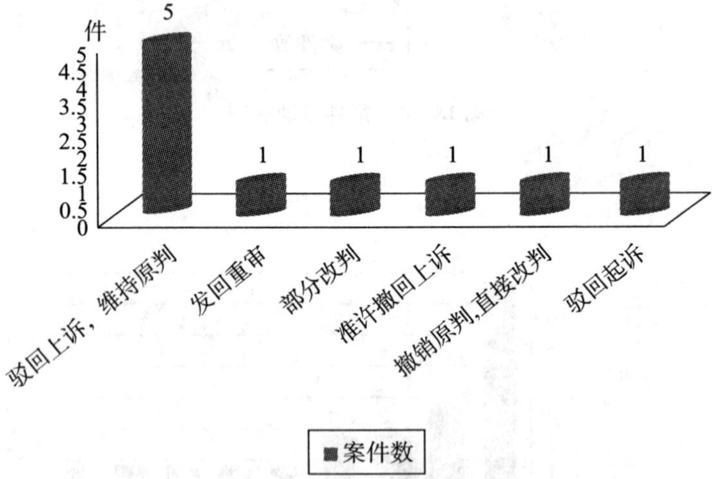

图 18－7　江苏地区二审结果

如图 18－4～图 18－7 所述,上海地区与江苏地区法院受理的公司设立纠纷及发起人责任纠纷二审案件数量有 18 件,再审案件数量最少,仅为 1 件,且该再审案件系由最高人民法院受理。

上海地区和江苏地区法院二审的审理结果集中在“驳回上诉,维持原判”或“驳回上诉,维持原裁定”。其中,上海地区法院的二审结果集中在“驳回上诉,维持原裁定”,江苏地区法院的二审结果集中在“驳回上诉,维持原判”。上述信息表明,案件被法院审理后,当事人要重视案件一审,应该尽可能在一审就取得案件胜诉结果。二审虽然能为一审的失败提供补救机会,但二审改判概率较低。

三、发起人责任纠纷案件数量显著少于公司设立纠纷案件数量

表 18－1　上海与江苏地区两类案由案件数

案由	案件数(件)
发起人责任纠纷	6
公司设立纠纷	35

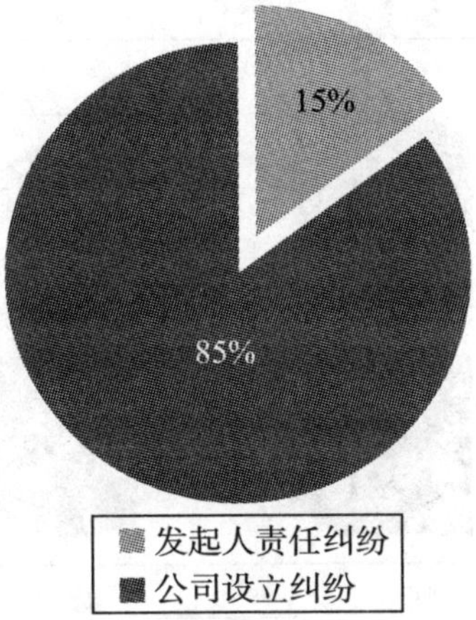

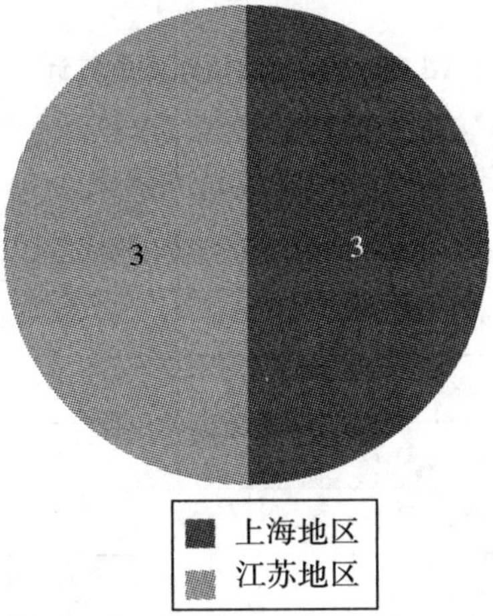

图 18－8　上海与江苏地区发起人责任纠纷案件数

从表 18－1 和图 18－8 可以看出,上海地区与江苏地区法院受理的发起人责任纠纷案件远远低于公司设立纠纷案件数量。江苏地区与上海地区法院受理的发起人责任案件数量基本持平,没有较大差距。

四、大部分案件以判决形式结案

表 18－2　案件结案方式统计

案件结案方式	案件数(件)
判决	27
裁定	14

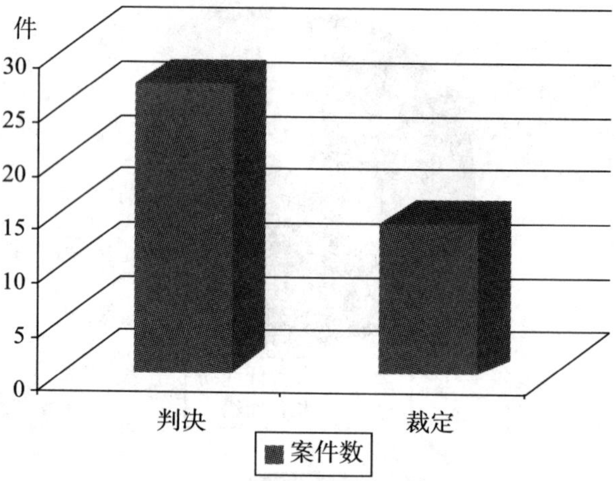

图 18－9　案件结案方式统计

五、一审中原告诉讼请求得到法院支持的情况

表 18－3　一审案件裁判结果统计

一审裁判结果	案件数(件)
原告败诉	7
原告胜诉	6
部分胜诉、部分败诉	6
原告撤诉	3

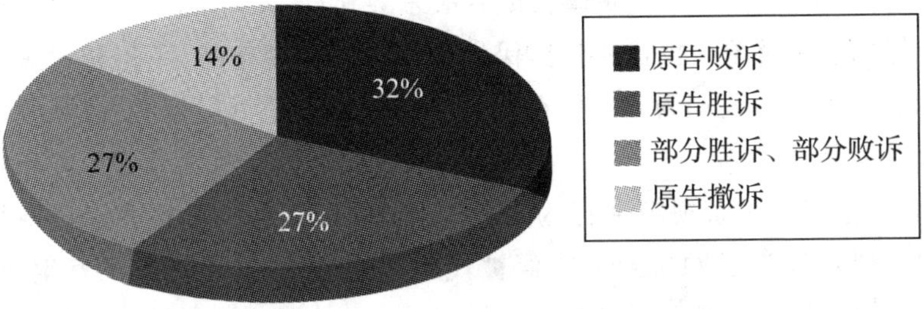

图 18－10　一审案件裁判结果统计

从表 18－2、表 18－3 和图 18－10 看出，一审中，原告的诉讼请求完全得到法院支持的概率并不高。纵观案例进行分析，原告起诉时，如公司已经设立成功，即使公司设立存在瑕疵或者违约行为，也不得诉请协议撤销、公司解散。公司设立失败时，则要仔细考虑设立中公司的性质、各设立人之间的法律关系，并据此提出合理的诉讼请求。

第三部分　裁判意见整理与分析

一、设立子公司是公司对外投资行为，并非一般经营行为，应依照公司章程规定，由董事会或者股东会决议通过，否则设立人签订设立协议的行为可能构成无权代理

☞ 案例

邳州市电镀总厂与海南招商公司设立纠纷一案，江苏省徐州市中级人民法院于 2010 年 9 月 10 日作出【(2009)徐民二初字第 0071 号】民事裁定，驳回邳州市电镀总厂的起诉。邳州市电镀总厂不服提起上诉，江苏省高级人民法院作出【(2011)苏商终字第 0012 号】民事裁定，撤销一审民事裁定，指令徐州市中院对本案继续进行审理。徐州市中级人民法院作出【(2011)徐商初字第 0020 号】民事判决，驳回邳州市电镀总厂的诉讼请求。邳州市电镀总厂不服提起上诉，江苏省高级人民法院作出【(2012)苏商终字第 0021 号】民事裁定，撤销原判，发回重审。徐州市中级人民法院重审后作出【(2013)徐商初字第 0047 号】民事判决，邳州市电镀总厂不服，向江苏省高级人民法院上诉，江苏省高级人民法院于 2014 年 9 月 21 日作出【(2014)苏商终字第 0181 号】民事判决。

☞ 裁判依据

《公司法》第 16 条第 1 款规定："公司向其他企业投资或者为他人提供担

保，依照公司章程的规定，由董事会或者股东会、股东大会决议；公司章程对投资或者担保的总额及单项投资或者担保的数额有限额规定的，不得超过规定的限额。”第2款规定：“公司为公司股东或者实际控制人提供担保的，必须经股东会或者股东大会决议。”

《合同法》第48条规定：“行为人没有代理权、超越代理权或者代理权终止后以被代理人名义订立的合同，未经被代理人追认，对被代理人不发生效力，由行为人承担责任。相对人可以催告被代理人在一个月内予以追认。被代理人未作表示的，视为拒绝追认。合同被追认之前，善意相对人有撤销的权利。撤销应当以通知的方式作出。”

☞ 裁判意见

江苏省高院认为，海南招商宿迁分公司不具备法人资格，虽经工商登记，领取营业执照，但其既无注册资金也无流动资金。而设立公司为公司对外投资行为，并非一般的经营行为，应依照公司章程的规定，由董事会或者股东会、股东大会决议。故海南招商宿迁分公司在未经海南招商公司授权的情况下，不具有对外签订合同投资设立公司的主体资格，属于无权代理。因海南招商宿迁分公司在签订合同前未得到海南招商公司的授权，签订合同后也未得到海南招商公司的追认，该投资合同对海南招商公司不发生效力，故海南招商公司在本案中不应对邳州市电镀总厂承担违约责任。相关案外人另案向海南招商公司、邳州市电镀总厂主张相关施工合同项下的责任，依据的是海南招商宿迁分公司与案外人签订的建设工程施工合同，故该另案判决不能成为认定邳州市电镀总厂与海南招商宿迁分公司之间合同对于海南招商公司发生法律效力的依据。

二、在公司设立后，一方设立人以公司设立行为有瑕疵为由请求认定公司设立无效的，应通过行政途径寻求救济，不属于法院民事案件受理范围

☞ 案例

成亨公司诉被告金厦公司公司设立纠纷一案，南京市中级人民法院受理后，依法组成合议庭，于2015年3月19日作出【(2014)宁商外初字第67号】民事裁定，驳回成亨公司起诉。

☞ 裁判依据

《公司法》第6条第1款规定：“设立公司，应当依法向公司登记机关申请设立登记。符合本法规定的设立条件的，由公司登记机关分别登记为有限责任公司或者股份有限公司；不符合本法规定的设立条件的，不得登记为有限责任公司或者股份有限公司。”第 2 款规定：“法律、行政法规规定设立公司必须报经批准的，应当在公司登记前依法办理批准手续。”

《公司法》第 198 条规定：“违反本法规定，虚报注册资本、提交虚假材料或者采取其他欺诈手段隐瞒重要事实取得公司登记的，由公司登记机关责令改正，对虚报注册资本的公司，处以虚报注册资本金额百分之五以上百分之十五以下的罚款；对提交虚假材料或者采取其他欺诈手段隐瞒重要事实的公司，处以五万元以上五十万元以下的罚款；情节严重的，撤销公司登记或者吊销营业执照。”

☞ 裁判意见

法院认为，我国目前对公司法律人格的获得和对公司设立行为的否定，皆为行政主导模式，即由公司登记机关运用行政职权作出。即使公司设立上存有瑕疵，一般情况亦是由公司登记机关责令补正。本案中，成亨公司认为金厦公司在没有依法召开董事会、没有形成有效董事会决议的情况下投资设立康厚公司系违法设立，并以此为由否定康厚公司的设立效力。然而，金厦公司就设立康厚公司已经形成董事会决议，公司登记机关亦有备案。成亨公司以本案民事诉讼的方式主张金厦公司对康厚公司的设立行为无效，没有法律依据。成亨公司要求确认康厚公司设立无效，应通过申请公司登记机关撤销设立登记，或者通过行政诉讼要求判令公司登记机关撤销设立登记的途径寻求救济。本案并非属于人民法院受理民事诉讼的范围，不符合民事诉讼案件的起诉条件，依法应当不予受理；已经受理的，应当予以驳回。

三、公司设立合同事实上无法履行时，可解除合同并返还出资款

☞ 案例

陶某与李某、泉方公司公司设立纠纷一案，不服常州市新北区人民法院【(2012)新民初字第 491 号】民事判决，向江苏省常州市中级人民法院提起上诉，常州市中级人民法院于 2012 年 11 月 20 日作出【(2012)常民终字第 914 号】民事判决。

☞ 裁判依据

《合同法》第 110 条规定：“当事人一方不履行非金钱债务或者履行非金钱债务不符合约定的，对方可以要求履行，但有下列情形之一的除外：

(一)法律上或者事实上不能履行；

(二)债务的标的不适于强制履行或者履行费用过高；

(三)债权人在合理期限内未要求履行。”

☞ 裁判意见

法院认为，协议应当按约履行。李某与陶某、第三人方某协议约定三方合资

成立泉方公司,并已实际向陶某交付出资款项,该协议已经依法成立。后陶某未能依约成立合资公司,而成立了由其个人独资的有限公司,其行为已违反了协议的约定,并且原协议事实上已经不能履行,应当依法解除协议,并由陶某向李某返还投资款。

四、在公司设立成功之后,设立人不能要求解除设立合同,只能按照法律和章程的规定处理股东之间的权利义务关系

☞ 案例

谈某与苏州公司设立纠纷一案,不服苏州工业园区人民法院【(2014)园商初字第0879号】民事判决,向苏州市中级人民法院上诉,苏州市中级人民法院于2015年5月4日作出【(2015)苏中商终字第00216号】民事判决。

☞ 裁判依据

《公司法司法解释三》第13条第1款规定:"股东未履行或者未全面履行出资义务,公司或者其他股东请求其向公司依法全面履行出资义务的,人民法院应予支持。"

《合同法》第94条规定:"有下列情形之一的,当事人可以解除合同:(一)因不可抗力致使不能实现合同目的;(二)在履行期限届满之前,当事人一方明确表示或者以自己的行为表明不履行主要债务;(三)当事人一方迟延履行主要债务,经催告后在合理期限内仍未履行;(四)当事人一方迟延履行债务或者有其他违约行为致使不能实现合同目的;(五)法律规定的其他情形。"

☞ 裁判意见

法院认为,从《合作协议》的性质和效力而言,该协议由谈某、禾田公司双方于灵芝公司发起设立阶段缔结,协议内容就双方作为公司投资人权利义务,在投资款项金额、公司执行代表机构人员构成、公司经营期限、投资人对将来成立的公司应负担的义务等方面进行了约定。随着灵芝公司依法登记设立,谈某、禾田公司均成为灵芝公司股东,公司设立之前投资人的权利义务关系转化为公司设立后的股东权利义务关系,应依据灵芝公司章程约定和法律规定予以履行。双方合作协议主要权利义务已履行和转化,合作协议不具备可解除事由,谈某诉请解除于法无据,法院不予支持。

至于禾田公司是否实际出资以及是否存在自行种植和开发灵芝孢子粉产品的问题,根据《公司法司法解释(三)》第13条和第18条之规定,可由相关主体另行行使权利。

五、公司设立过程中设立人之间可参照合伙关系处理权利义务关系；设立过程中开展经营行为的，可适用合伙型联营的规则

☞ 案例

1. 苏州达网公司与苏州天香管理公司公司设立纠纷一案，不服苏州市姑苏区人民法院【(2012)姑苏商初字第0067号】民事判决，向江苏省苏州市中级人民法院上诉，苏州市中级人民法院于2014年12月8日作出【(2014)苏中商终字第0358号】民事判决。

2. 赵某与沈某公司设立纠纷一案，上海市闵行区人民法院于2014年8月4日立案受理，并于2014年12月4日作出【(2014)闵民二(商)初字第1466号】民事判决。

☞ 裁判依据

1.《最高人民法院关于审理联营合同纠纷案件若干问题的解答》(法〔经〕发〔1990〕27号)第5条第(一)项规定："组成法人型联营体或者合伙型联营体的一方或者数方在联营期间中途退出联营的，如果联营体并不因此解散，应当清退退出方作为出资投入的财产。原物存在的，返还原物；原物已不存在或者返还确有困难的，折价偿还。退出方对于退出前联营所得的盈利和发生的债务，应当按照联营合同的约定或者出资比例分享和分担。合伙型联营体的退出方还应对退出前联营的全部债务承担连带清偿责任。如果联营体因联营一方或者数方中途退出联营而无法继续存在的，可以解除联营合同，并对联营的财产和债务作出处理。"

2.《合同法》第94条规定："有下列情形之一的，当事人可以解除合同：(一)因不可抗力致使不能实现合同目的；(二)在履行期限届满之前，当事人一方明确表示或者以自己的行为表明不履行主要债务；(三)当事人一方迟延履行主要债务，经催告后在合理期限内仍未履行；(四)当事人一方迟延履行债务或者有其他违约行为致使不能实现合同目的；(五)法律规定的其他情形。"

☞ 裁判意见

在【(2014)苏中商终字第0358号】案中，苏州市中级人民法院认为：首先，天香管理公司与达网公司为设立并经营天香餐饮公司，于2012年4月30日签订了《股东合作协议》，但由于天香餐饮公司未能成立，按照《中华人民共和国公司法》等相关法律的规定，应当认定天香管理公司与达网公司之间为设立天香餐饮公司而形成了合伙的民事法律关系。

在双方间签订的《股东合作协议》解除后，双方应当以联营体的财产清偿债务，并按约定或法律规定分配剩余财产。但是，天香管理公司在双方间《股东合作协议》解除后，单方面接管联营体天香餐饮公司的财产并以天香餐饮公司名义继续对外经营，因此双方间《股东合作协议》于2012年8月31日解除，应当视为达网公司退出双方间的合伙型联营。

由于天香管理公司擅自单方面接管双方联营体天香餐饮公司资产并以该联营体名义继续经营，联营体资产均为双方投入现金后采购或装修，且天香管理公司继续经营天香餐饮公司导致产生大量债务纠纷，天香餐饮公司财产已为法院查封，已不具备返还原物可能，因此天香管理公司理应将天香餐饮公司剩余财产以双方联营解除日的价值按比例折价返还达网公司。

在【(2014)闵民二(商)初字第1466号】案中，上海市闵行区人民法院认为：公司设立，是指发起人依照法律规定的条件和程序，为组建公司并使其取得法人资格而依法完成的一系列法律行为的总称。双方签订的“合资协议”系对公司设立进行的初步约定。该“合资协议”约束的原、被告的行为应仅限于设立公司而为的必要行为，对于原告交付的“投资款”的使用，应仅限于为组建公司而为的必要支出。现双方签订“合资协议”后，直接将“投资款”用于“海岩烧”店铺的经营，该经营行为已超出了设立公司的必要范围，原、被告双方因该经营行为产生的法律关系不属于公司设立的法律关系，而是事实上的合伙关系。即双方虽约定共同出资成立公司，但在原告交付26万元投资款后，该款已用于“海岩烧”店铺的经营，原告亦认可该款项的用途转变。现双方由于共同经营“海岩烧”店铺而形成合伙关系，在双方合伙关系尚未终止并清算合伙财产的情况下，原告无权要求被告返还上述款项，故对原告要求被告返还“投资款”26万元的诉讼请求，本院不予支持。

六、公司设立失败后，对于设立过程中的债务，设立人对外承担连带清偿责任，对内先后按照约定比例、出资比例或等额的方式分担

☞ 案例

李某诉卜某某公司设立纠纷一案，上海市虹口区人民法院受理后，依法组成合议庭，于2013年3月25日作出【(2012)虹民二(商)初字第1391号】民事判决。

☞ 裁判依据

《公司法司法解释(三)》第4条第1款规定：“公司因故未成立，债权人请求全体或者部分发起人对设立公司行为所产生的费用和债务承担连带清偿责任的，人民法院应予支持。”

第2款规定：“部分发起人依照前款规定承担责任后，请求其他发起人分担的，人民法院应当判令其他发起人按照约定的责任承担比例分担责任；没有约定

责任承担比例的，按照约定的出资比例分担责任；没有约定出资比例的，按照均等份额分担责任。”

第3款规定：“因部分发起人的过错导致公司未成立，其他发起人主张其承担设立行为所产生的费用和债务的，人民法院应当根据过错情况，确定过错一方的责任范围。”

☞ 裁判意见

法院认为：在公司设立失败后，原告作为投资人要求另一投资人即被告对设立公司行为所产生的费用按约定的投资比例共同承担清偿责任，于法有据。在公司设立期间，被告授权谢某全权代理其处理公司设立所发生的相关事宜，谢某的行为应视为被告所为，由被告承担相应的民事责任。经原告与谢某口头协商，公司筹办的具体事宜由原告负责，为此，原告实施了公司设立的必要行为，如为公司设立需要经营场地而签订租赁合同、装修租赁房屋、聘用相关工作人员等。后公司因故未成立，原被告作为发起人应对设立公司行为所产生的费用和债务共同承担清偿责任。结合设立公司的工商材料可以得知，被告的投资比例为55%，鉴于原告已对外承担责任，现诉请要求被告分担，则法院应当依法判令被告按照双方在工商管理部门申请名称预核中约定的投资比例进行分担。

七、公司设立过程中，个别发起人作出的与设立公司无关的经营行为后果应由该个人承担

☞ 案例

陈甲与林某某、周某某、李某及上海博宁企业公司设立纠纷一案，不服上海市嘉定区人民法院【(2010)嘉民二(商)初字第1028号】民事判决，向上海市第二中级人民法院上诉，上海市第二中级人民法院于2011年6月8日作出【(2011)沪二中民四(商)终字第413号】民事判决。

☞ 裁判依据

《公司法司法解释(三)》第4条第1款规定：“公司因故未成立，债权人请求全体或者部分发起人对设立公司行为所产生的费用和债务承担连带清偿责任的，人民法院应予支持。”

第2款规定：“部分发起人依照前款规定承担责任后，请求其他发起人分担的，人民法院应当判令其他发起人按照约定的责任承担比例分担责任；没有约定责任承担比例的，按照约定的出资比例分担责任；没有约定出资比例的，按照均等份额分担责任。”

☞ 裁判意见

法院认为:“发起人协议”中规定,发起人参与组建公司、共同决定公司筹建期的重大事项;公司依法设立后,各方发起人投入的出资款项将全部用于投资建设易池商务会所,不得挪作他用。上述协议内容表明,主发起人在易池商务会所筹建期间内主要是具体负责公司的设立事宜,原则上应不涉及易池商务会所设立后的投资收购等经营事务,筹建期的重大事项应由全体发起人共同参与决定,筹建期内的筹建经费亦按约定由主发起人先行垫付。

因此,作为主发起人的周某某如果认为在会所筹建期内确有必要着手开展诸如对外收购其他公司股权等经营活动,依照“发起人协议”的约定,其对于上述会所筹建期的重大事项亦应通知由全体发起人共同参与决定。但在本案审理中,周某某并未能就其所主张的在会所筹建期内所开展的经营活动已事前征得其他发起人同意的案件事实提供有效的证明依据。况且,根据周某某在本案审理中所提供的部分证据材料,也无法证明本案系争投资款项确实系由其用于拟设立的易池商务会所的经营事务。因此,对于周某某在易池商务会所筹建期间内向博宁企业所作出的付款指令以及其本人所直接实施的领款行为,应认定系其个人所实施的经营行为,相应的法律后果应归属于其本人。

八、发起人在公司设立合同中约定的“对赌条款”有效

☞ 案例

张某与陈某发起人责任纠纷一案,上海市静安区人民法院于2014年5月10日受理后,于2014年7月22日作出【(2014)静民二(商)初字第796号】民事判决。

☞ 裁判依据

《合同法》第52条规定:“有下列情形之一的,合同无效:(一)一方以欺诈、胁迫的手段订立合同,损害国家利益;(二)恶意串通,损害国家、集体或者第三人利益;(三)以合法形式掩盖非法目的;(四)损害社会公共利益;(五)违反法律、行政法规的强制性规定。”

☞ 裁判意见

法院认为:被告所称的投资意向书保底条款系指“若未达到经营目标,投资人可以选择或管理层股东无偿转让股权给投资人,或保持股权比例结构不变返回投资人投资款加上按12%年利计算的利息总和,或由股东或公司合法回购投资人股权,回购价格不低于投资款加上按12%年利计算的利息总和”。该约定并不违反《公司法》关于公司资本的禁止性规定，也未损害公司、公司债权人的利益，是当事人的真实意思表示，合法有效。

第四部分 律师建议

通过前面对江苏和上海地区近几年公司设立及发起人责任纠纷案例的分析，可以明显看出，与股权转让纠纷、股东知情权纠纷等“热门”案由相比，公司设立及发起人责任纠纷案件相对较少。但是，其中依然存在一些可能损害股东、投资者权益的法律风险，因此，针对该类纠纷中比较突出和多发的问题，我们结合《公司法》的相关规定以及现实状况，提出几点风险防范建议。

一、发起人应通过设立协议合理规范各方权利义务，规避风险

发起人协议，又称设立协议，是由发起人之间订立的有关公司设立的权利义务关系的协议。在我国《公司法》上，发起人协议虽然不是法定的公司设立条件之一，但其具有重要意义。一般认为，其本质上是一种合伙协议，效力仅及于订立协议的各发起人，不涉及公司成立后的公司和新股东。

通过前面对法院裁判文书的分析，可以发现，公司的设立过程中出现纠纷而诉至法院的，通常是在公司设立失败后，部分发起人要求解除发起人协议并退还出资款，或者债权人要求发起人对设立行为所产生债务和费用承担责任。而这些均依赖于发起人协议对各方权利义务及责任承担比例的约定。因此，结合《公司法》规定，我们对此提出如下建议：

1. 发起人订立协议时应当全面规定各项权利义务，包括设立过程中须做哪些事务，不能做哪些事务，设立过程中的债务承担比例，设立失败后如何处理相互之间的关系；等等。具体可以通过向法务部门或者律师事务所咨询，寻求专业的法律服务，规避法律风险，实现利益最大化。

2. 发起人可以在设立协议中约定“对赌”性质的条款，引入适当的估值调整机制，以弥补企业价值被低估或高估而可能造成的损失。

二、发起人应当谨慎从事公司设立中的交易行为，避免承担责任

在公司设立过程中，发起人可能需要从事一系列交易行为，由于此时公司尚未成立，因而这时订立的合同被称为先公司合同。发起人签订先公司合同，既可

能以设立中公司的名义,也可能以自己名义;既可能是从事设立公司所必要的行为,也可能是其他的经营行为。因此,如何确定这些先公司合同的法律效果归属,成为公司设立纠纷以及发起人责任纠纷中一个重要的问题。

《公司法司法解释(三)》对这一问题进行了规定。其中第2条第1款规定:"发起人为设立公司以自己名义对外签订合同,合同相对人请求该发起人承担合同责任的,人民法院应予支持。"第2款规定:"公司成立后对前款规定的合同予以确认,或者已经实际享有合同权利或者履行合同义务,合同相对人请求公司承担合同责任的,人民法院应予支持。"第3条第1款规定:"发起人以设立中公司名义对外签订合同,公司成立后合同相对人请求公司承担合同责任的,人民法院应予支持。"第2款规定:"公司成立后有证据证明发起人利用设立中公司的名义为自己的利益与相对人签订合同,公司以此为由主张不承担合同责任的,人民法院应予支持,但相对人为善意的除外。"

在本报告前面所搜集的案例中,不乏一些发起人在公司设立阶段即从事经营行为,与第三人签订合同,后公司设立失败,该发起人被法院判令自行承担所签订合同的法律后果。因此,为了避免相关争议的出现,我们提出如下建议:

1. 发起人在设立公司阶段,只能从事必要的设立行为,包括为公司设立需要的经营场所而签订建设工程合同、房屋租赁合同,为接受发起人出资而开立账户等行为。

2. 发起人签订先公司合同时,应当以设立中公司名义进行,而尽可能避免以自己名义,防范将来的法律风险。

第十九章　公司证照返还纠纷

第一部分　报告背景及数据来源

一、报告背景

公司证照返还纠纷是指因公司证照的占有、控制和返还而引起的纠纷。公司证照包括营业执照、组织机构代码证等证件,以及公章、财务、合同、发票专用章等各种公章,对于经营特殊行业的公司而言,还包括特许的证件执照。尽管公司拥有上述证照的所有权,但一般而言,为方便公司内部的经营管理,公司证照往往由不同的公司机关及其人员实际占有、控制。如果因公司内部控制权之争而对证照的保管、持有产生争议,或者当公司相关人员发生变化后,以前有权保管、持有公司证照的人员不履行证照返还义务,则会发生公司证照返还纠纷。此外,个别情况下,公司人员之外的第三人也有可能非法侵占公司证照拒不返还。

公司证照对外代表着公司的意志,是公司的表象,公司证照返还引发的纠纷,其实质往往涉及公司内部治理中对公司控制权的争夺。因此,此类案件与普通的损害公司权益的财产返还诉讼案件有所区别。为此,最高人民法院《民事案件案由规定》中专门规定了“公司证照返还纠纷”这一案由。

本报告以公司证照返还纠纷案件的公开裁判文书作为分析对象,期望通过案件数据收集与分析,厘清此类纠纷的诉讼特点,为报告使用者防控法律风险、制定诉讼方案及厘清问题解决思路提供参考。

二、数据范围

本报告主要分析2011年3月1日至2016年12月31日江苏地区三级法院审理的公司证照返还纠纷案件裁判文书。同时考虑相关裁判意见的权威性,我们也检索了最高人民法院相同时段、相同案由的裁判文书。

三、数据来源

本报告使用的案例数据均来源于"中国裁判文书网"、"北大法宝"及"openlaw"。检索的时点为2016年12月31日,具体检索方式为:在"中国裁判文书网"高级检索中的关键词、案由两栏中均输入"公司证照返还",并将审理法院设置为"江苏",将裁判时间设置为"2011年3月1日至2016年12月31日"后,检索得到60件案例,删除重复及不相关的案例后,为53件。后又以"北大法宝"及"openlaw"查漏补缺,共得到67件。在"中国裁判文书网"关键词、案由两栏中均输入"公司证照返还",并将审理法院设置为"最高人民法院",检索得到1件案例,后又以"北大法宝"及"openlaw"检索,结果相同。

第二部分　案件数据及裁判特点

一、案件年度分布

自2011年3月1日至2016年3月31日,江苏地区共审结公司证照返还纠纷案件67件,最高院审结1件,共68件。按一审(含管辖权异议)、二审(含管辖权异议)、再审程序划分,案件年度审结数量分布如图19-1所示,2015年审结数达47件,远高于2015年以前的审结数量。年度审结数量的差异,一定程度上反映出此类纠纷的发生数量呈逐年上升趋势。但是,由于通过检索公开裁判得

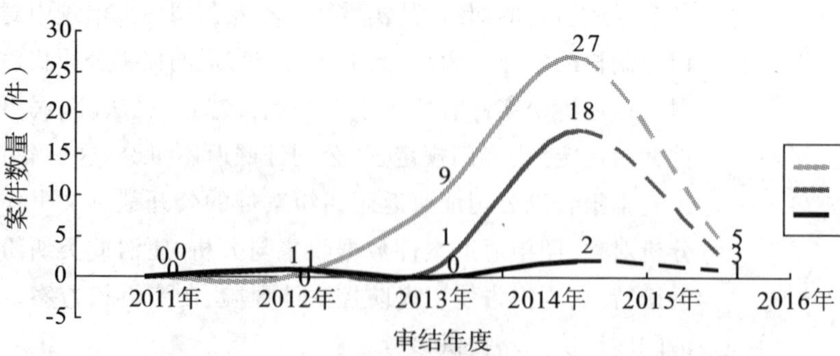

图19-1　公司证照返还纠纷审结数量年度分布

出的数据并不能完整体现2011～2016年度的审结数量，所以不排除最高人民法院在2013年底出台两份文件推进裁判文书上网造成上述数据偏差。

二、案件地域分布

江苏地区案件共67件，其中除江苏省高级人民法院审结的4件外，江苏地区13个省辖市中，如图19－2所示，苏州、无锡、泰州三地法院审理的数量占前三位，分别为17件、12件、10件，合计占全省61.9%；同时，江苏省高级人民法院审结的4个案件，从原审判决的法院所在地区来看，2件为苏州，1件为无锡，1件为南京。总体而言，苏州、无锡、泰州三地，此类案件数量较多。

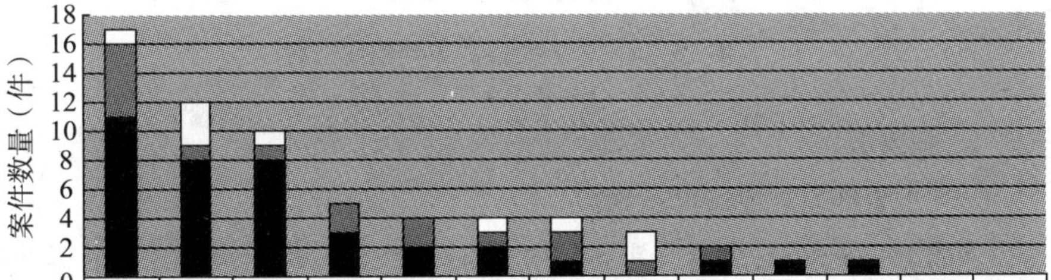

	苏州	无锡	泰州	淮安	南通	宿迁	连云港	南京	镇江	常州	徐州	扬州	盐城
□管辖异议	1	3	1	0	0	1	1	2	0	0	0	0	0
■二审	5	1	1	2	2	1	2	1	1	0	0	0	0
■一审	11	8	8	3	2	2	1	0	1	1	1	0	0

所涉地区

图19－2　江苏地区法院案件受理地域分布（除江苏省高级人民法院）

三、案件类型及审级分布

全部68件案件中，一审案件38件（占55.88%），二审案件17件（占25%），审判监督程序案件4件（占5.88%），管辖权案件共9件（13.24%）。

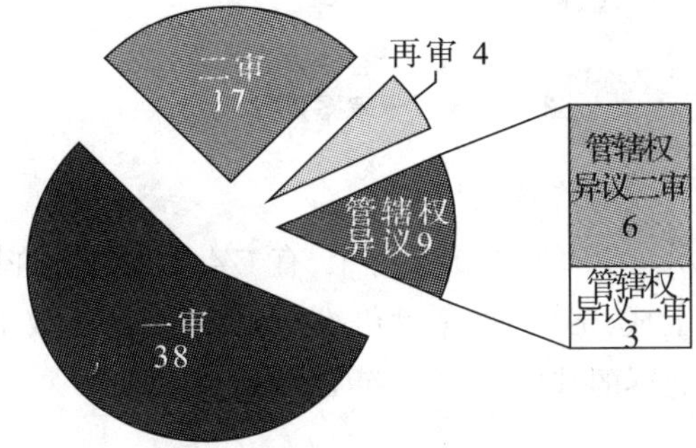

图19－3　案件类型分布

四、审判组织形式

经统计,在38件一审案件中,20件由合议庭审理,18件案件为独任审理,换言之,近一半的公司证照返还纠纷案件,被法院认为属于事实清楚、权利义务关系明确的简单案件,可见,相对而言公司证照返还案件本身往往并不复杂。

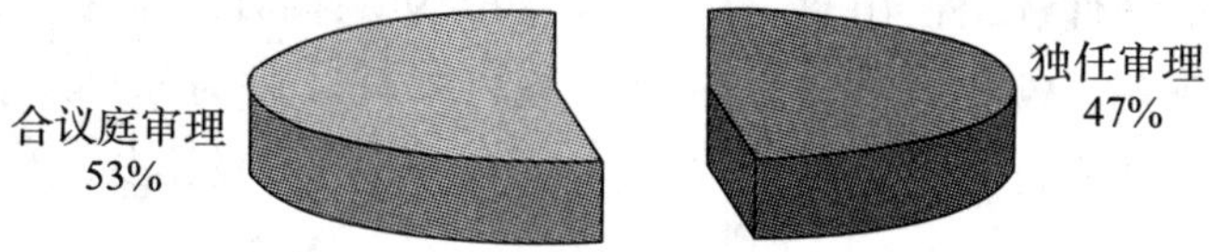

图19-4　一审案件的审判组织形式

五、结案方式

1. 一审案件逾六成撤诉结案

如图19-5所示,38件一审案件中,高达62%的案件为撤诉或按撤诉处理。这表明,该类案件中当事人达成和解的可能性较大,也反映出提起诉讼这一手段对督促对方解决问题有一定作用。

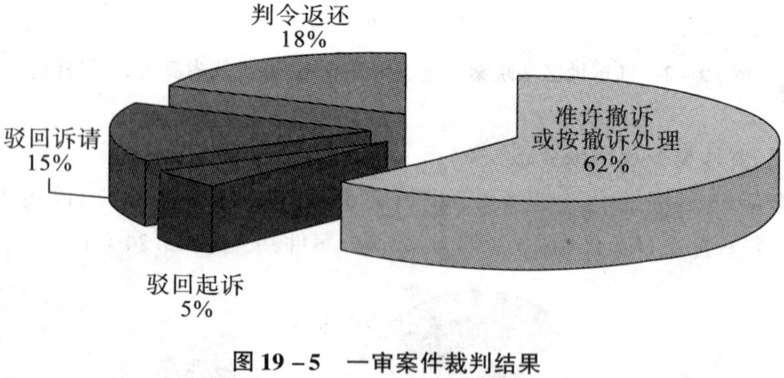

图19-5　一审案件裁判结果

2. 二审案件近七成维持原裁判

如图19-6所示,二审的16个案件中,有1/4的案件准许撤回上诉(包括按撤回上诉处理),近七成(69%)的案件仍维持原裁判结果,仅1件(占比约6%)为撤销原一审驳回起诉的裁定,指令一审法院审理。

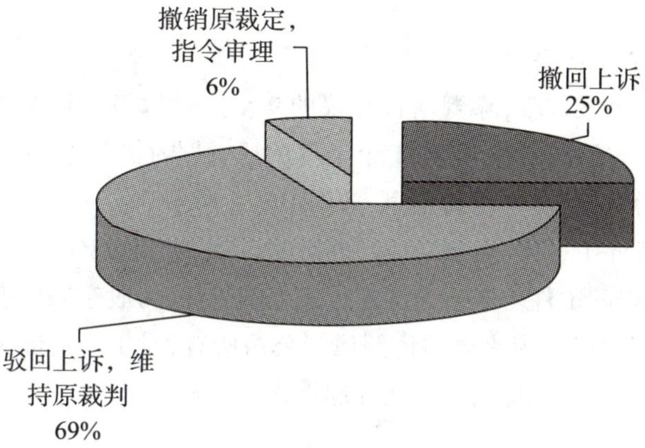

图 19－6　二审案件裁判结果

3. 再审申请均被驳回

审判监督程序的 4 个案件(最高人民法院 1 件,江苏省高级人民法院 3 件),均为驳回再审申请。

4. 管辖权异议多被驳回

如图 19－7 所示,在 9 个管辖权异议案件(含一、二审)中,一审的 3 个案件均为驳回异议,二审的 6 个案件中,有 5 个驳回上诉,维持原裁定,1 件撤销原裁定,变更管辖。唯一变更管辖的案例是【(2014)宁商辖终字第 438 号】案件,具体分析见本章第三部分“裁判意见整理与分析”第一条。

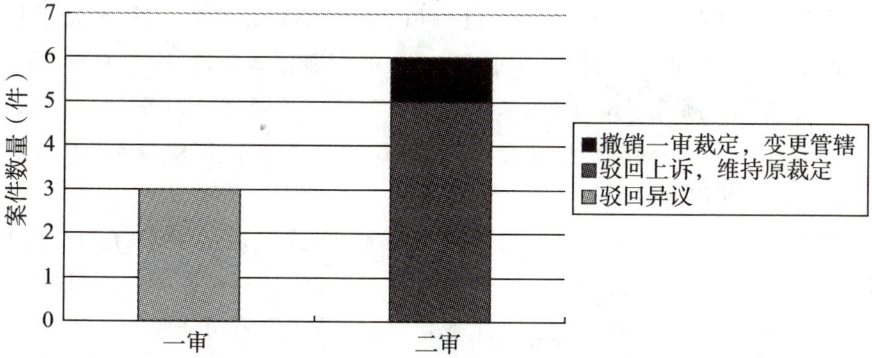

图 19－7　管辖权异议案件裁判结果

六、原、被告主体身份

在全部68个案件中,除管辖权异议的9个案件以及撤回起诉或上诉的28个案件缺乏充分信息以外,其余31个案件的原、被告(二审、再审案件以其一审时原、被告身份认定)主体身份信息,如图19-8所示。

这31个案件中,以公司名义提起诉讼的有24件,占78%。公司与法定代表人共同提起诉讼的1件。原告为法定代表人的1件,为股东兼监事的3件,为股东的2件。由此可见,因为公司证照属于公司所有,对于公司证照的不当持有,主要是由证照所有权人即公司依法提起诉讼。

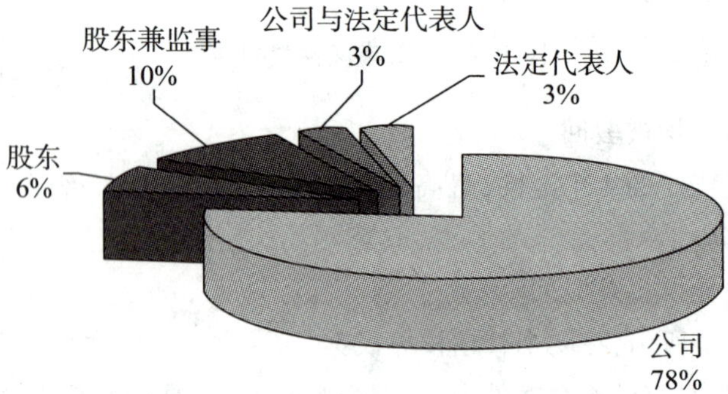

图19-8　原告主体身份

上述31个案件中,被告身份构成如图19-9所示:公司原法定代表人(包括原法定代表人兼执行董事或董事长)10件(占近1/3),原股东3件,原董事长2件,原总经理1件,股东8件(其中股东1件、股东兼监事2件、股东兼原法定代表人2件、股东与财务人员1件、未登记股东2件),总经理及财务人员4件(其中总经理1件、财务人员2件、总经理与财务人员1件),法定代表人与股东(两被告)1件,公司以外的人员2件。

由上述数据可见:公司证照的不当持有者,多为公司的股东、董事、监事、高管及财务人员。其次,53%的案件中被告为原公司人员,说明在公司相关人员发生变动,尤其是法定代表人发生变化时,容易产生公司证照返还纠纷。此外,因股东持有公司证照而引起的纠纷也较多,36%的案件中被告为股东或原股东。

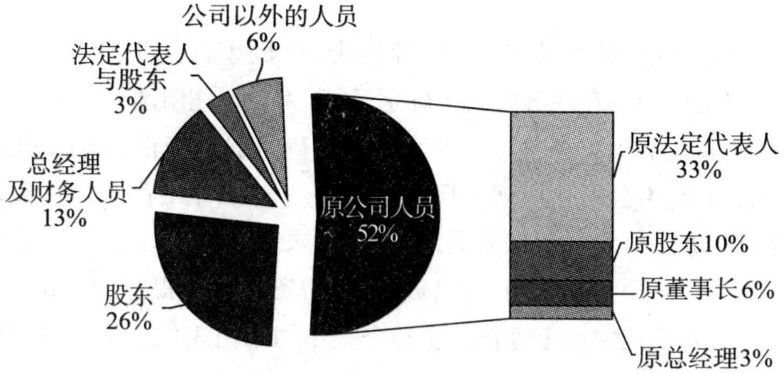

图 19-9 被告主体身份

第三部分 裁判意见整理与分析

公司证照对外具有代表公司意志的表象,具有人格象征意义和无形财产性。其中,营业执照是确认公司独立以自己名义享有权利、承担义务的主体资格的法律凭证;公章是公司对外进行活动时能够代表公司进行意思表示的法律凭证;财务印鉴是代表公司进行银钱收付活动的有效凭证。

对于上述公司证照保管及返还问题,《公司法》并无直接规定,司法实践中多依据《公司法》第 3 条"公司是企业法人,有独立的法人财产,享有法人财产权。公司以其全部财产对公司的债务承担责任",适用《物权法》第 34 条"无权占有不动产或者动产的,权利人可以请求返还原物"之规定,按"财产返还"处理。尽管公司拥有上述证照的所有权,但公司系虚拟的法律主体,无法实际持有公司证照,须由自然人保管。而公司物品的保管属于公司内部管理自治范畴,应由各股东协商确定。一般而言,为方便公司内部的经营管理,公司证照往往由不同的公司机关及其人员实际占有、控制。比如,公司的营业执照、公司公章、财务章及法定代表人名章等可以由专人保管,公司规模较小的,也可能直接由公司的法定代表人保管。此外,公司股东、董事、经理等也均有可能保管、占有公司证照。

当公司内部发生矛盾,尤其是法定代表人、股东、董事或经理之间发生控制权之争时,如果公司章程等内部治理文件没有相关规定,股东之间也无法协商确定,此时,对于公司证照的占有、保管及返还的相关问题,法院将如何认定,下文将整理出司法实践中若干裁判意见,供读者参考。

一、公司证照返还纠纷的管辖权,原则上以《民事诉讼法》相关管辖规定为基础,综合考虑公司所在地等因素来确定,通常为公司住所地

《民事诉讼法》第26条规定"因公司设立、确认股东资格、分配利润、解散等纠纷提起的诉讼,由公司住所地人民法院管辖。"2015年最高人民法院《民事诉讼法解释》第22条规定:"因股东名册记载、请求变更公司登记、股东知情权、公司决议、公司合并、公司分立、公司减资、公司增资等纠纷提起的诉讼,依照民事诉讼法第二十六条规定确定管辖。"上述条文中均未出现"公司证照返还纠纷",是否含在其中,法律规定并未明确。

实践中,公司证照返还纠纷案件大都由公司住所地法院管辖。但对于应由公司住所地管辖的理由,是因为与公司有关,还是作为侵权行为地,法院其实存在不同的认识。以【(2014)宁商辖终字第438号】案件为例,原审南京市江宁区人民法院认为:公司证照返还纠纷属于"因公司设立、确认股东资格、分配利润、解散等纠纷提起的诉讼,由公司住所地人民法院管辖",公司住所地位于江宁区,该院有权管辖;但南京中院二审认为:"本案系公司证照返还纠纷,属于侵权类案件,依法应由被告住所地或侵权行为地的人民法院管辖,公司的住所地应为侵权行为地",因本案中公司主要营业地在南京市鼓楼区,因此,鼓楼区人民法院对本案有管辖权。由此可见,在非涉外的公司证照返还纠纷案件中,虽然证照与公司经营的密切关系,的确是确定管辖地的考量因素之一,但更为本质的原因还是公司证照返还纠纷属于侵权类案件,依法应由被告住所地或侵权行为地的人民法院管辖,公司住所地的法院作为侵权行为地法院有权管辖。在本文分析的裁判文书中,也确有从公司住所地移送管辖的案例,在上海旺盛企业发展有限公司与张某公司证照返还纠纷一案【(2014)姑苏商初字第0583号】中,原告上海旺盛企业发展有限公司,住所地在上海市普陀区,但上海市普陀区人民法院立案受理后将本案移送至苏州市姑苏区人民法院审理。

☞ 案例

1. 上诉人张某因与被上诉人南京御菜园生态农业有限公司公司证照返还纠纷管辖权异议一案,不服南京市江宁区人民法院【(2014)江宁商辖初字第96号】民事裁定,向南京市中级人民法院提出上诉,南京市中级人民法院于2014年11月19日作出【(2014)宁商辖终字第438号】民事裁定。

2. 上诉人尤祥公司因与被上诉人江苏国电科源电力设计院有限公司证照返还纠纷一案,不服南京市秦淮区人民法院【(2015)秦商初字第911号】民事裁定，向南京市中级人民法院提起上诉，南京市中院于2015年8月5日作出【（2015）宁商辖终字第270号】民事裁定。

☞ 裁判依据

1.《民事诉讼法》

第二十八条　因侵权行为提起的诉讼，由侵权行为地或者被告住所地人民法院管辖。

2.《公司法》

第十条　公司以其主要办事机构所在地为住所。

☞ 裁判意见

在【（2014）宁商辖终字第438号】案中，原审法院认为：公司证照返还纠纷属于《民事诉讼法》第26条规定的“因公司设立、确认股东资格、分配利润、解散等纠纷提起的诉讼，由公司住所地人民法院管辖”，公司住所地位于江宁区，该院有权管辖。但南京市中级人民法院认为：本案系公司证照返还纠纷，属于侵权类案件，依法应由被告住所地或侵权行为地的人民法院管辖，公司的住所地应为侵权行为地……南京市鼓楼区人民法院作为被告之一住所地和侵权行为地的法院对本案有管辖权。

在【（2015）宁商辖终字第270号】案中，对于上诉人要求将本案移送至被告所在地管辖的上诉请求，南京市中级人民法院认为：公司营业执照、公章是公司经营的必要证件，对外具有代表公司意志的表象，其引发的纠纷实质上往往涉及公司内部治理中对公司控权的争夺，依法，此类案件与普通的损害公司权益的财产返还诉讼案件有所区别，由公司住所地人民法院管辖更有利于所涉纠纷的处理为宜。

二、涉外的公司证照返还纠纷，属于与公司有关的涉外民事纠纷，适用登记地法律，主营业地与登记地不一致的，可以适用主营业地法律

☞ 案例

申请再审人何某、陈某与被申请人马某因公司证照返还纠纷一案，不服上海市高级人民法院【（2011）沪高民二（商）终字第74号】民事判决，向最高人民法院申请再审，最高人民法院于2012年9月25日作出【（2012）民申字第1205号】民事裁定。

☞ 裁判依据

《涉外民事关系法律适用法》第14条：

法人及其分支机构的民事权利能力、民事行为能力、组织机构、股东权利义务等事项,适用登记地法律。

法人的主营业地与登记地不一致的,可以适用主营业地法律。法人的经常居所地,为其主营业地。

☞ 裁判意见

在【(2012)民申字第1205号】案中,最高人民法院认为:本案是公司证照返还纠纷,马某以年富公司法定代表人的身份,要求何某、陈某向其返还年富公司公章。马某是澳大利亚公民,何某是我国香港地区居民,本案属于与公司有关的涉外民事纠纷……年富公司在中华人民共和国上海市登记成立,一、二审法院适用我国法律处理本案争议,法律适用正确。

三、公司证照返还纠纷的原告通常是公司,但公司法定代表人、监事、股东等也有可能作为原告提起诉讼

公司拥有相关证照的所有权,所以,公司证照返还纠纷之诉通常应以公司的名义提起,如图19-8所示,实践中大多数(78%)的案件是以公司名义提起的。但此外也有少量诉讼是由股东、监事、法定代表人提起的,就其诉讼主体资格,分情况讨论如下:

(一)法定代表人的原告资格未被法院明确否定,一般情况下有权以原告身份起诉要求收执保管公司证照

☞ 案例

1. 张家港阳盛机械有限公司与顾某、阳恩兰公司证照返还纠纷一案,江苏省张家港市人民法院于2014年5月16日作出【(2013)张商初字第1127号】民事判决。

2. 申请再审人何某、陈某与被申请人马某因公司证照返还纠纷一案,不服上海市高级人民法院【(2011)沪高民二(商)终字第74号】民事判决,向最高人民法院申请再审,最高人民法院于2012年9月25日作出【(2012)民申字第1205号】民事裁定。

☞ 裁判依据

《民法通则》

第三十八条　依照法律或者法人组织章程规定,代表法人行使职权的负责人,是法人的法定代表人。

☞ 裁判意见

在【(2013)张商初字第1127号】案中,两原告分别为张家港阳盛机械有限公司(简称阳盛公司)和顾某,顾某是阳盛公司股东及法定代表人,张家港市人民法院认为:公司证照的权利主体是公司而非股东,因此,顾某在本案中并非适格的主体,其诉讼请求本院不予支持,仅否定了顾某作为股东的诉讼主体资格,但未明确法定代表人是否是适格主体的问题。

在【(2012)民申字第 1205 号】案中,马某以年富公司法定代表人的身份提起诉讼,要求何某、陈某向其返还年富公司公章,最高人民法院认为:公司公章归公司所有,由相关工作人员根据公司授权保管使用,法定代表人是代表法人行使职权的负责人……一、二审法院判令将公章交由法定代表人马某收执保管并无不当。对于马某作为法定代表人的诉讼主体资格,并未否定。

(二)监事会或监事在特定情形下可以代表公司提起诉讼,要求返还公司证照

☞ 案例

王某与顾某、顾某公司证照返还纠纷一案,江苏省无锡市崇安区人民法院于 2014 年 7 月 7 日作出【(2013)崇商初字第 1550 号】民事判决。

☞ 裁判依据

《公司法》

第五十三条　监事会、不设监事会的公司的监事行使下列职权:

(一)检查公司财务;

(二)对董事、高级管理人员执行公司职务的行为进行监督,对违反法律、行政法规、公司章程或者股东会决议的董事、高级管理人员提出罢免的建议;

(三)当董事、高级管理人员的行为损害公司的利益时,要求董事、高级管理人员予以纠正;

(四)提议召开临时股东会会议,在董事会不履行本法规定的召集和主持股东会会议职责时召集和主持股东会会议;

(五)向股东会会议提出提案;

(六)依照本法第一百五十一条的规定,对董事、高级管理人员提起诉讼;

(七)公司章程规定的其他职权。

第一百四十九条　董事、监事、高级管理人员执行公司职务时违反法律、行政法规或者公司章程的规定,给公司造成损失的,应当承担赔偿责任。

第一百五十一条第一款　董事、高级管理人员有本法第一百四十九条规定的情形的,有限责任公司的股东、股份有限公司连续一百八十日以上单独或者合计持有公司百分之一以上股份的股东,可以书面请求监事会或者不设监事会的有限责任公司的监事向人民法院提起诉讼;监事有本法第一百四十九条规定的情形的,前述股东可以书面请求董事会或者不设董事会的有限责任公司的执行董事向人民法院提起诉讼。

☞ 裁判意见

在【(2013)崇商初字第1550号】案中,无锡市崇安区人民法院认为:根据《公司法》有关规定,董事、高级管理人员不得侵占公司的财产。董事、高级管理人员执行公司职务时违反法律、行政法规或者公司章程的规定,给公司造成损失的,应当承担赔偿责任。对此,监事有权代表股东提起诉讼。王某作为新宏仁公司监事,有权对其认为董事、公司高级管理人员给公司造成损失的行为提起诉讼。

(三)股东直接代表公司起诉要求返还证照,需要履行前置程序,或者存在紧急情况

☞ 案例

上诉人驼某、施某等因与被上诉人沙某公司证照返还纠纷一案,不服江苏省启东市人民法院【(2014)启商初字第0297号】民事裁定,向江苏省南通市中级人民法院提起上诉,南通中院于2014年7月16日作出【(2014)通中商终字第0341号(2014)】民事裁定。

☞ 裁判依据

1.《民事诉讼法》

第一百一十九条　起诉必须符合下列条件:

(一)原告是与本案有直接利害关系的公民、法人和其他组织;

(二)有明确的被告;

(三)有具体的诉讼请求和事实、理由;

(四)属于人民法院受理民事诉讼的范围和受诉人民法院管辖。

2.《公司法》

第一百五十一条　董事、高级管理人员有本法第一百四十九条规定的情形的,有限责任公司的股东、股份有限公司连续一百八十日以上单独或者合计持有公司百分之一以上股份的股东,可以书面请求监事会或者不设监事会的有限责任公司的监事向人民法院提起诉讼;监事有本法第一百四十九条规定的情形的,前述股东可以书面请求董事会或者不设董事会的有限责任公司的执行董事向人民法院提起诉讼。

监事会、不设监事会的有限责任公司的监事,或者董事会、执行董事收到前款规定的股东书面请求后拒绝提起诉讼，或者自收到请求之日起三十日内未提起诉讼，或者情况紧急、不立即提起诉讼将会使公司利益受到难以弥补的损害的，前款规定的股东有权为了公司的利益以自己的名义直接向人民法院提起诉讼。

他人侵犯公司合法权益，给公司造成损失的，本条第1款规定的股东可以依照前两款的规定向人民法院提起诉讼。

☞ 裁判意见

在【（2014）通中商终字第0341号（2014）】案中，南通市中级人民法院认为：现公司股东中的6人提起诉讼，并不能代表公司权力机构——股东会行使权利。尽管张某等6人不能代表公司股东会行使权利，但可视该6人的起诉为股东代表诉讼。然而我国《公司法》对股东代表诉讼设置了前提条件……另外，即使如上诉人所称沙某利用掌握公司印章便利从公司账户取走部分款项，亦可以通过相关途径追索，并不属于前述情况紧急、不立即提起诉讼会使东珠公司受到难以弥补的损害之情形。故上诉人在未履行法律规定的相关义务前，其不具有诉讼主体资格。

（四）公司进入清算程序后，由清算组负责人代表公司提起诉讼收回公司证照

虽然法律对公司在清算期间应当如何保管公章没有规定，但在公司清算期间，清算组一方面需要利用公章进行对外活动，另一方面也需要利用公章对公司的以往业务账册、文书等资料进行甄别、清理，以顺利完成清算任务。因此，公章作为公司财产的一部分，清算组在清理公司资产的时候，有权利也有义务予以收回。

☞ 案例

再审申请人杜某因与被申请人江苏新中期股份有限公司公司证照返还纠纷一案，不服江苏省南京市中级人民法院【（2014）宁商终字第559号】民事判决，向江苏省高级人民法院申请再审，江苏省高院于2015年2月6日作出【（2014）苏审三商申字第00358号】民事裁定。

☞ 裁判依据

1.《公司法》

第一百八十四条　清算组在清算期间行使下列职权：

（一）清理公司财产，分别编制资产负债表和财产清单；

（二）通知、公告债权人；

（三）处理与清算有关的公司未了结的业务；

（四）清缴所欠税款以及清算过程中产生的税款；

(五)清理债权、债务;

(六)处理公司清偿债务后的剩余财产;

(七)代表公司参与民事诉讼活动。

2.《公司法司法解释(二)》

第十条　公司依法清算结束并办理注销登记前,有关公司的民事诉讼,应当以公司的名义进行。

公司成立清算组的,由清算组负责人代表公司参加诉讼;尚未成立清算组的,由原法定代表人代表公司参加诉讼。

☞ 裁判意见

在【(2014)苏审三商申字第00358号】案中,江苏省高院认为:清算期间,公司存续,但不得开展与清算无关的经营活动。有关公司的民事诉讼,也应当以公司名义进行,成立清算组的,由清算组负责人代表公司参加诉讼……因此,吴某作为新中期公司清算组负责人有权利代表新中期公司参加诉讼……根据法律规定,清算组在清算期间需要履行清理公司财产、分别编制资产负债表和财产清单、处理与清算有关的公司未了结业务、代表公司参与民事诉讼活动等职责,而公章作为公司对外行使权利、负担义务的重要凭据,对公司各项决策和经营活动有重大影响……因此,公章作为公司财产的一部分,清算组在清理公司资产的时候,有权利也有义务予以收回。

四、在无法加盖公司公章的情况下,公司可以凭法定代表人或董事长签名的诉状起诉

很多情况下,证照返还纠纷案件的诉争标的就是能够证明当事人主体资格的营业执照、公章等法律凭证,因此,当事人提起诉讼时,无法像通常案件中那样以公章或营业执照来证明自己的主体身份,对此,公司可以凭法定代表人或董事长签名的诉状起诉,而法定代表人出具复制于工商登记部门的公司工商档案登记情况以及股东会决议、董事会决议和授权亦可证明自己的法人身份,公司的工商档案登记资料以其原始性和权威性甚至更具效力。

☞ 案例

1.扬中市绿岛税务师事务所有限公司与刘某公司证照返还纠纷一案,江苏省扬中市人民法院于2013年5月2日作出【(2012)扬商初字第164号】民事判决。

2.上诉人朱某因与被上诉人江苏泰锐斯网络有限公司公司证照返还纠纷一

案，不服苏州工业园区人民法院【（2014）园商初字第0980号】民事判决，向苏州市中级人民法院提起上诉，苏州中院于2014年11月7日作出【（2014）苏中商终字第00930号】民事判决。

☞ 裁判依据

1.《民法通则》

第三十八条　依照法律或者法人组织章程规定，代表法人行使职权的负责人，是法人的法定代表人。

2.《公司法》

第四十六条　董事会对股东会负责，行使下列职权：

（一）召集股东会会议，并向股东会报告工作；

（二）执行股东会的决议；

（三）决定公司的经营计划和投资方案；

（四）制订公司的年度财务预算方案、决算方案；

（五）制订公司的利润分配方案和弥补亏损方案；

（六）制订公司增加或者减少注册资本以及发行公司债券的方案；

（七）制订公司合并、分立、解散或者变更公司形式的方案；

（八）决定公司内部管理机构的设置；

（九）决定聘任或者解聘公司经理及其报酬事项，并根据经理的提名决定聘任或者解聘公司副经理、财务负责人及其报酬事项；

（十）制定公司的基本管理制度；

（十一）公司章程规定的其他职权。

3.《江苏省高院公司法意见（试行）》

（二）损害公司权益纠纷"15.股东不履行对公司义务纠纷"：股东、董事、经理及其他人侵占公司印鉴、财务账册的，公司可以侵占者为被告要求其返还，并赔偿因此给公司经营造成的损失。公司公章被侵占，公司以董事长签名的诉状起诉的，应当受理，但董事长已被股东大会罢免的除外。

☞ 裁判意见

在【（2012）扬商初字第164号】案件中，扬中市人民法院认为：全体董事依照职权通过董事会决议，要求不再担任执行董事的被告返还其占有的证照、印章、车辆等公司财物，于法有据，被告理应及时予以返还……原告按照董事会决议要求被告返还相关印章、证照及车辆等请求符合原告公司章程的规定，本院应予支持……由于原告公章由被告占有，原告以董事长签名的诉状提起本案诉讼亦不违反法律规定。

在【(2014)苏中商终字第00930号】案件中,苏州市中级人民法院认为:本案中奚某系泰锐斯公司的法定代表人,依法有权代表泰锐斯公司行使职权,故其以泰锐斯公司法定代表人身份签署起诉状、提起诉讼的行为能够代表泰锐斯公司的意志。至于朱某主张泰锐斯公司股东之间存在争议的情况,并不影响本案中奚某作为公司法定代表人行使职权。因此,朱某主张奚某签署的执行董事决议、起诉状不能代表泰锐斯公司的意志缺乏依据。

五、工商登记的法定代表人与实质法定代表人发生冲突时,处理公司内部纠纷时应以实质的法定代表人作为公司的诉讼代表人

公司法定代表人变更与否是由公司意志决定的,属于公司内部人事关系的变化,应遵从公司内部自治原则,只要公司内部形成了有效的变更决议,就应在公司内部产生法律效力,新选任的法定代表人可以代表公司的意志。

(一)法定代表人的变更登记属于备案性质,未办理工商变更登记时,在公司内部不影响由合法决议产生的法定代表人的效力

公司章程是公司股东依法订立的规范公司组织与活动的基本法律文件,对公司、股东、董事、监事、高级管理人员均具有约束力。按照公司章程规定的选举办法、任期和表决程序所作出的更换公司董事长、董事和监事等的股东会或董事会决议,应属合法有效。公司法定代表人的变更登记属于备案性质,未办理工商变更登记并不影响上述股东会或董事会决议的效力。

☞ 案例

1. 上诉人张某与被上诉人宿迁市金圆五金交电化工有限公司因公司证照返还纠纷一案,不服江苏省宿迁市宿城区人民法院【(2012)宿城商初字第0329号】民事判决,向江苏省宿迁市中级人民法院提起上诉,宿迁市中院于2013年12月17日作出【(2013)宿中商终字第0042号】民事判决。

2. 申请再审人陈某因与无锡市联众出租汽车有限公司公司证照返还纠纷一案,不服江苏省无锡市中级人民法院【(2014)锡商终字第0092号】民事判决,向江苏省高级人民法院申请再审,江苏省高院于2014年9月19日作出【(2014)苏审三商申字第0247号】民事裁定。

☞ 裁判依据

《公司法》第71条第2款:“股东向股东以外的人转让股权,应当经其他股东过半数同意。股东应就其股权转让事项书面通知其他股东征求同意,其他股东自接到书面通知之日起满三十日未答复的，视为同意转让。其他股东半数以上不同意转让的，不同意的股东应当购买该转让的股权；不购买的，视为同意转让。”（2005 年《公司法》第 72 条）

《公司法》第 73 条：“依照本法第七十一条、第七十二条转让股权后，公司应当注销原股东的出资证明书，向新股东签发出资证明书，并相应修改公司章程和股东名册中有关股东及其出资额的记载。对公司章程的该项修改不需再由股东会表决。”（2005 年《公司法》第 74 条）

☞ 裁判意见

在【（2013）宿中商终字第 0042 号】案中，上诉人张某提交金圆五交电公司工商登记信息，显示公司法定代表人为张某，对此，宿迁市中院认为：在现有的法律框架下，公司的诉讼代表权专属于公司法定代表人，而本案实质即为解决公司法定代表人问题。根据《公司法》及金圆五交化公司章程规定，董事长为公司的法定代表人。在名义上法定代表人与实质法定代表人发生冲突时，应以实质的法定代表人作为公司的诉讼代表人。王某通过合法有效的 2006 年 10 月 14 日的董事会决议被选举为金圆五交化公司的董事长，即为公司实质的法定代表人，故虽然因本案未决之原因王某无法在诉状上加盖公司印章，但其仍有权代表金圆五交化公司提起本案对张某的诉讼。

在【（2014）苏审三商申字第 0247 号】案中，江苏省高级人民法院认为：公司法定代表人的变更登记属于备案性质，未办理工商变更登记并不影响股东会决议确定李某担任联众公司法定代表人的效力。李某作为新任公司董事长和法定代表人，有权代表联众公司提起诉讼。

（二）外商投资企业组织章程中明确规定企业法定代表人更换方式为股东委派或股东之间协商产生的，无须召开董事会通过

☞ 案例

上诉人连云港久和混凝土有限公司因与被上诉人张某公司证照返还纠纷一案，不服江苏省连云港市连云区人民法院【（2013）港商初字第 0696 号】民事裁定，向江苏省连云港市中级人民法院提起上诉，连云港市中级人民法院于 2014 年 1 月 23 日作出【（2013）连商终字第 0580 号】民事裁定。

☞ 裁判依据

1.《公司法》

第六十一条　一人有限责任公司不设股东会。股东作出本法第三十七条第一款所列决定时，应当采用书面形式，并由股东签名后置备于公司。

2.《国家工商行政管理总局关于外商投资企业法定代表人变更登记有关问题的答复》

一、外商投资企业法定代表人变更,适用《企业法人法定代表人登记管理规定》(以下简称《规定》)。

二、外商投资企业组织章程中明确规定变更企业法定代表人须经董事会决议或确认的,应当提交董事会决议。

公司制外商投资企业原法定代表人不履行或不能履行职责,致使董事会不能按法定程序召开的,按照《规定》第 7 条规定,可由半数以上的董事或者由出资最多或者持有最大股份表决权的股东或其委派的代表召开和主持会议,依法作出决议。同时应当提交原法定代表人不履行或不能履行职责的证明文件。

三、外商投资企业组织章程中明确规定企业法定代表人更换方式为股东委派或股东之间协商产生的,无须提交董事会决议。申请人应依据《规定》第六条规定提交文件,其中免职、任职文件种类根据企业章程规定的法定代表人产生方式确定,具体包括:有权委派方的委派文件、投资各方的协商确认文件等。

☞ 裁判意见

在【(2013)连商终字第 0580 号】案件中,连云港久和混凝土有限公司系外商独资企业,章程规定:"公司设董事会。董事会是独资公司的最高权力机构,决定独资公司的一切重大问题,董事会由投资方委派。需要董事会通过才可生效的事项包括总裁和高级管理人员的任命、撤职和报酬。"原审法院认为:根据工商部门登记材料显示,张某为公司的法定代表人、董事长兼总经理。本案中投资人 JOANNALI 在作出《连云港久和混凝土有限公司投资方决定书》前,并未在公司召开董事会通过,故 JOANNALI 无权免去张某的董事长职务,其无权以公司的名义起诉。但连云港市中院认为:根据该公司的章程规定,董事会由投资方委派,董事长亦由投资方委派,连云港久和混凝土有限公司的投资人为 JOANNALI,其有权利对董事长的任免作出决定,故本案中投资人 JOANNALI 作出《连云港久和混凝土有限公司投资方决定书》,无须在公司召开董事会通过。因此裁定撤销原审裁定,指令原审法院审理。

六、在公司章程及股东会决议没有相关规定的情况下,法定代表人有权保管公章等公司证照

☞ 案例

1. 申请再审人何某、陈某与被申请人马某因公司证照返还纠纷一案,不服上

海市高级人民法院【(2011)沪高民二(商)终字第74号】民事判决,向最高人民法院申请再审,最高人民法院于2012年9月25日作出【(2012)民申字第1205号】民事裁定。

2. 原告王某与被告顾某、顾某、第三人无锡市新宏仁纺织机械有限公司公司证照返还纠纷、损害公司利益责任纠纷一案,江苏省无锡市崇安区人民法院于2014年7月7日作出【(2013)崇商初字第1550号】民事判决。

☞ 裁判依据

《民法通则》第38条:依照法律或者法人组织章程规定,代表法人行使职权的负责人,是法人的法定代表人。

☞ 裁判意见

在【(2012)民申字第1205号】案中,最高人民法院认为:公司公章归公司所有,由相关工作人员根据公司授权保管使用,法定代表人是代表法人行使职权的负责人。根据原审查明的事实,马某是年富公司法定代表人,年富公司的合资合同、章程或相关管理制度均未对公章由谁保管作出明确规定,在此情况下,一、二审法院判令将公章交由法定代表人马某收执保管并无不当。

而在【(2013)崇商初字第1550号】案中,无锡市崇安区法院认为:公司物品的保管属于公司内部管理自治范畴,本应由各股东协商确定,现新宏仁公司股东对此并未约定,新宏仁公司章程中亦无明文规定,顾某作为公司法定代表人兼执行董事,对外有权代表公司从事经营活动,其自行保管和授权顾某使用公司物品的行为并未对公司造成损失,因此并无不当。

七、要求依经营管理职权保管公司证照的人员返还证照时,须有公司章程或股东会决议的依据

☞ 案例

原告江苏海宏房地产开发有限公司与被告应某公司证照返还纠纷一案,江苏省洪泽县人民法院于2014年4月12日作出【(2013)泽商初字第725号】民事判决。

☞ 裁判依据

《公司法》第11条:设立公司必须依法制定公司章程。公司章程对公司、股东、董事、监事、高级管理人员具有约束力。

☞ 裁判意见

在【(2013)泽商初字第725号】案中,被告应某是原告公司的总经理,洪泽

县法院认为:本案是公司股东就相关物品的管理权产生的争议,而相关物品的管理是公司自治的范畴,应该由公司章程或者股东会决议作出规定。但本案中公司章程没有规定,股东会也不能形成有效的决议,所以原告海宏公司要求被告应某返还讼争的公司财产没有法律依据,对此,本院不予支持。结合公司章程规定的股东权表决权比例,如果形成公司僵局,原告可通过相应的合法途径解决本案争议。

八、要求无权持有公司证照的人员返还证照时,首先应举证证明该人员实际持有公司证照

☞ 案例

上诉人苏州华唯工程塑料科技有限公司与被上诉人刘某公司证照返还纠纷一案,江苏省苏州市中级人民法院于2014年8月7日作出【(2014)苏中商终字第00500号】民事判决。

☞ 裁判依据

1.《民法通则》

第一百一十七条第一款　侵占国家的、集体的财产或者他人财产的,应当返还财产,不能返还财产的,应当折价赔偿。

2.《民事诉讼法》

第六十四条第一款　当事人对自己提出的主张,有责任提供证据。

3.最高人民法院《关于民事诉讼证据的若干规定》

第二条　当事人对自己提出的诉讼请求所依据的事实或者反驳对方诉讼请求所依据的事实有责任提供证据加以证明。

没有证据或者证据不足以证明当事人的事实主张的,由负有举证责任的当事人承担不利后果。

第六十九条　下列证据不能单独作为认定案件事实的依据:

(一)未成年人所作的与其年龄和智力状况不相当的证言;

(二)与一方当事人或者其代理人有利害关系的证人出具的证言;

(三)存有疑点的视听资料;

(四)无法与原件、原物核对的复印件、复制品;

(五)无正当理由未出庭作证的证人证言。

☞ 裁判意见

在【(2014)苏中商终字第00500号】案中,原审法院认为:本案中,华唯公司主张刘某借用公司公章及企业法人营业执照正副本后拒不归还,对该事实负有举证责任。虽然华唯公司为此提供了二份证人证言,但由于两位证人均系华唯公司方工作人员,与华唯公司有较大利害关系,且证人张某未出庭作证,因此仅凭华唯公司举证的单独二份证言,尚不足以证明华唯公司所主张的事实,对此华唯公司应承担举证不能的法律后果。综上,华唯公司要求刘某立即归还华唯公司公章原物和企业法人营业执照正副本,缺乏事实根据和法律依据,对其诉讼请求不予支持。苏州市中级人民法院二审认同原审法院观点。

第四部分　律 师 建 议

一、根据公司经营管理的实际需要,建立完善的公司证照管理制度

公司证照归公司所有,其保管属于公司内部管理自治范畴。公司对相关证照的所有权,具体体现为相关工作人员根据公司授权,按照公司规定进行保管和使用。因此,建议公司股东根据公司经营管理的实际需要,建立完善的公司证照管理制度,使相关人员持有、保管及交付公司证照均有据可循,一方面可以避免因约定不明、职权不清而产生的争议,有效预防公司的股东、董事、监事、高管或其他人违背公司意志侵占公司证照。另一方面即使产生争议,也有明确依据促进争议的尽快解决,同时即使公司内部发生控制权之争,也不至于证照失控。

公司证照管理制度至少应包括:(1)相关规定应在公司章程或股东会决议中予以明确,或另行专门制定公司证照管理规定;(2)明确股东、董事、经理、财务人员等相关人员保管及使用公司证照的权限;(3)在公司实际运营中贯彻执行相关规定。

二、在章程中明确企业法定代表人的更换方式

法定代表人是代表法人行使职权的负责人,在公司章程及股东会决议没有相关规定的情况下,有权保管公章等公司证照。而由图19－9可见,近1/3的公司证照返还案件的被告是公司原法定代表人,此类证照返还纠纷,实际上往往是新、旧法定代表人的认定之争,关键在于法定代表人的变更程序是否有效。根据《企业法人法定代表人登记管理规定》(1999年修正)第7条:“有限责任公司或者股份有限公司更换法定代表人需要由股东会、股东大会或者董事会召开会议作出决议,而原法定代表人不能或者不履行职责,致使股东会、股东大会或者董事会不能依照法定程序召开的,可以由半数以上的董事推选一名董事或者由出资最多或

者持有最大股份表决权的股东或其委派的代表召集和主持会议,依法作出决议。”《公司法》对股东会、股东大会或者董事会的召集和召开方式也有明确规定。为了防止出现争议,建议公司在章程中明确企业法定代表人的变更方式。

对于外商投资企业,尤其是外商独资企业而言,可能出现法定代表人兼董事长脱离股东控制、阻挠董事会会议召开的情形,若能在组织章程中明确企业法定代表人的更换方式为股东委派或股东之间协商产生,则股东在必要时就能另行委派或通过协商变更法定代表人,而不需要依赖于董事会来作出决议,从而有助于收回公司相关证照。

三、如果被告是公司原法定代表人,在起诉前应当先免除其法定代表人一职

若公司拟任命新的法定代表人,但原法定代表人拒不交出公司证照,需要注意应在起诉前按公司章程规定的程序,解除原法定代表人一职,并产生新的法定代表人,以免出现诉讼中对方以公司法定代表人身份应诉的尴尬局面。公司法定代表人变更与否是由公司意志决定的,属于公司内部人事关系的变化,遵从公司内部自治原则,只要公司内部形成了有效的变更决议,就在公司内部产生法律效力,公司法定代表人变更但未办理工商登记变更手续的,新任法定代表人可以持有关变更文件证明其法定代表人身份。因此,在无法加盖公章的情况下,由公司新任法定代表人在诉状上签字就可以了,同时需要提交公司股东会、董事会等会议记录或有权委派方的委派文件、投资各方的协商确认文件等加以证明其身份。

四、公司公章证照的移交应办理书面手续

公司公章证照的保管、领取使用以及移交,应履行签收程序,并保留连续记录。无论谁负责管理公司公章证照的,均应签名确认领取了公司公章证照,以避免公司公章证照去向不明以及无证据证明由谁把控的问题。

他人借用公司证照拒不归还,公司在要求其返还时须对其持有证照的事实负有举证责任。由于员工与公司之间存在较大利害关系,公司员工的证人证言往往不能单独作为认定案件事实的依据,因此保留书面记录作为证据十分必要。

第二十章　公司盈余分配纠纷

第一部分　报告背景及数据来源

一、报告背景

公司盈余分配纠纷是指公司有可供分配的盈余却以各种理由不正当地拒绝向股东派发盈余，侵犯股东盈余分配权而引发的纠纷。最高人民法院《民事案件案由规定》中以三级案由列排(九－二十二－245)，专门设置了公司盈余分配(权)纠纷案由。

本报告以公司盈余分配纠纷案件的公开裁判文书作为分析对象，期望通过案件数据收集与分析，厘清此类纠纷的诉讼特点，以为报告使用者防控法律风险、制定诉讼方案及厘清问题解决思路提供参考。

二、数据范围

本报告主要分析2011年3月1日至2016年12月31日江苏地区三级法院审理的公司盈余分配纠纷案件裁判文书。同时考虑到相关裁判意见的权威性，我们也对最高人民法院相同时段、相同案由的裁判文书开展了分析。

三、数据来源

本报告使用的案例数据均来源于“中国裁判文书网”“北大法宝”及“openlaw”。具体检索方法如下：打开“北大法宝”网站，选择“司法案例”一栏，打开高级搜索选项，在案由一栏中选择“公司盈余分配纠纷”，法院级别设置成“最高法院”、裁判时间设置为“2011 年 3 月 1 日至 2016 年 12 月 31 日”后,检索得到 10 件案例。后又在“中国裁判文书网”用相同搜索条件确保没有遗漏。重新返回“北大法宝”数据库案由一栏中选择“公司盈余分配纠纷”,并将审理法院设置为“江苏省”、法院级别设置成“高级法院”、裁判时间设置为“2011 年 3 月 1 日至 2016 年 12 月 31 日”后,检索得到 17 件案例。后又在“中国裁判文书网”用相同搜索条件确保没有遗漏。再次返回“北大法宝”数据库,案由一栏中选择“公司盈余分配纠纷”,并将审理法院设置为“江苏省”、法院级别设置成“中级法院”、裁判时间设置为“2011 年 3 月 1 日至 2016 年 12 月 31 日”后,检索得到 44 件案例。后又在“中国裁判文书网”用相同搜索条件查找到额外的 27 件案例,通过对检索到的所有 99 件案件进行人工排查,最高人民法院案件中有 4 件案件裁判观点无关盈余分配,故予删除。同样地,高级人民法院和中级人民法院中各有 9 件和 31 件无关盈余分配,故作删除处理。最后,我们确定江苏省 48 件、最高院 7 件作为数据报告的分析对象。

第二部分　案件数据及裁判特点

一、案件年度分布

自 2011 年 3 月 1 日至 2016 年 12 月 31 日,江苏地区共审结公司盈余分配纠纷纠纷案件 48 件。如图 20－1 所示,2014 年审结数达 19 件,2016 年审结数达 13 件,远高于 2012、2013 年。而在 2015 年,审结数大大下降,回到了 2013 年的水平。这与裁判文书公开时间存在滞后性有关。

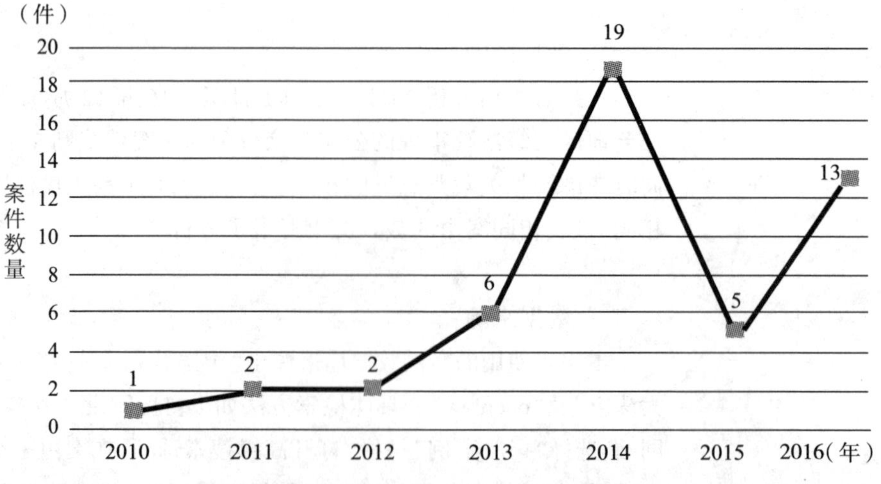

图 20－1　江苏地区中级以上法院公司盈余分配纠纷案件审结年份分布

图 20－2 是最高人民法院公司盈余分配纠纷案件审结年份分布图。与图 20－1 对比可以发现，最高人民法院公司盈余分配纠纷案件的审结高峰是 2013 年，江苏地区法院对该类案件的审结高峰年份相对滞后。

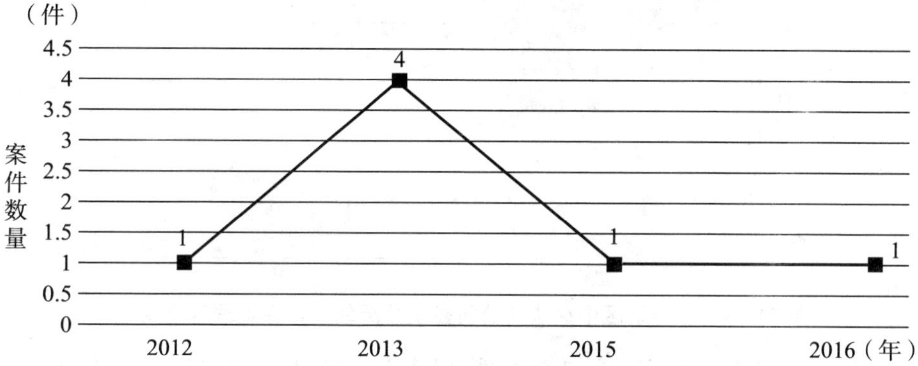

图 20－2　最高法院公司盈余纠纷案件审结年份分布

二、案件地域分布

由图 20－3 可见，除江苏高院审结的 8 件外，江苏地区 13 个省辖市的法院大多受理过此类案件，但地域分布并不均衡。就案件总量而言，南京、扬州、苏州、常州几市法院审理的此类案件数量较多，约占全省中级法院审结此类案件的 73%。

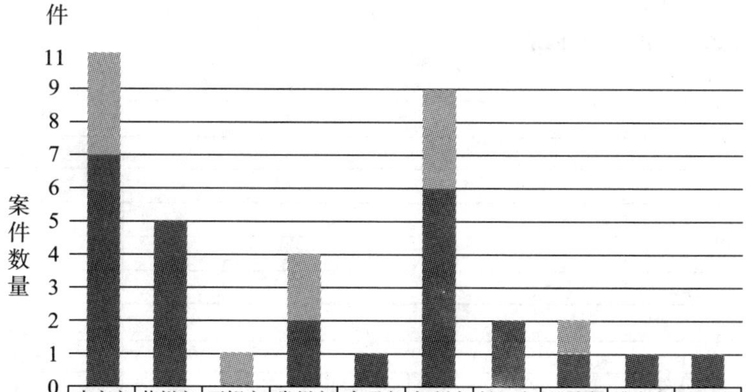

	南京市	苏州市	无锡市	常州市	南通市	扬州市	镇江市	盐城市	淮安市	连云港
一审	2	1	1	2		3	1	1		
二审	9	4		2	1	6	1	1	1	1

图 20－3　江苏地区中级法院公司盈余分配纠纷案件地区分布统计

对比各地一、二审案件数量，我们发现：所有地区的二审案件数量相对较多，而一审案件直接在中级法院审理的情况较少。这反映了各地区该类案件的上诉情况。江苏省各地中级人民法院在统计时间段内的一、二审情况如图 20－3 所示。

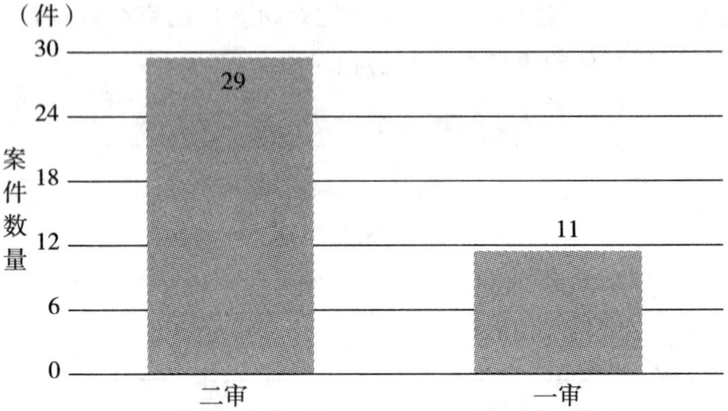

图 20－4 江苏地区中级法院公司盈余分配纠纷案件审理程序统计

此外,对于最高院审结的 7 个案件,以作出原审判决的法院所在地区划分,分别来自湖北、贵州、福建、北京和甘肃,其中来自贵州和北京的案件二审和再审都在最高人民法院进行。

表 20－1 最高人民法院案件受理所涉地域分布

案件数	所涉地域
各 1 件	湖北、贵州、福建、北京和甘肃

三、标的公司类型分布

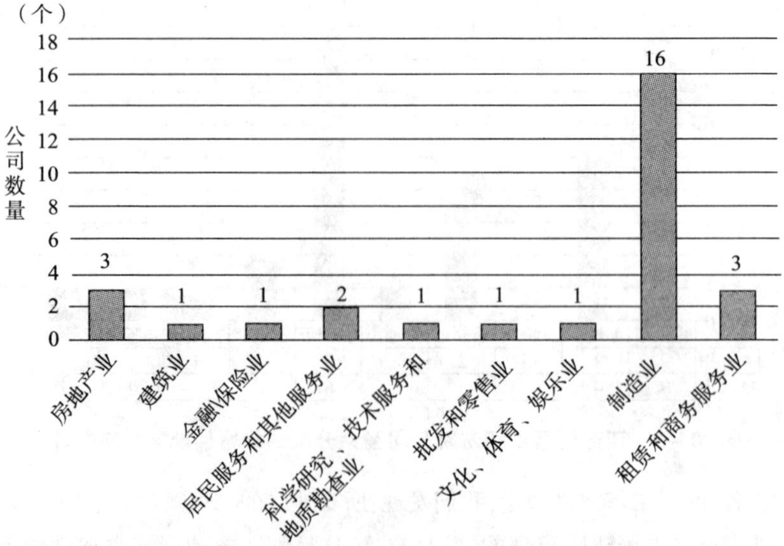

图 20－5 江苏省中级以上法院公司盈余纠纷案件涉案公司所在行业数量分布

1. 所涉行业情况

对江苏地区中级以上法院审理的48个案件,我们根据裁判文书信息及全国企业信用信息公示系统、启信宝,查询到29个标的公司的行业分类,共涉及9个行业。其中,过半是制造业企业,租赁及商务服务业、房地产业涉案纠纷次之,占比都为10.34%,居民服务和其他服务业约占6.9%,其他行业较少。这一方面与相关行业的规模有关,另一方面也在一定程度上反映出某些行业存在较多的盈余分配纠纷问题。

2. 所涉组织形态

根据裁判文书信息及全国企业信用信息公示系统、启信宝,共查询到31个企业的具体组织形态。如图20－6所示,公司盈余分配纠纷的案件主要发生在有限责任公司。

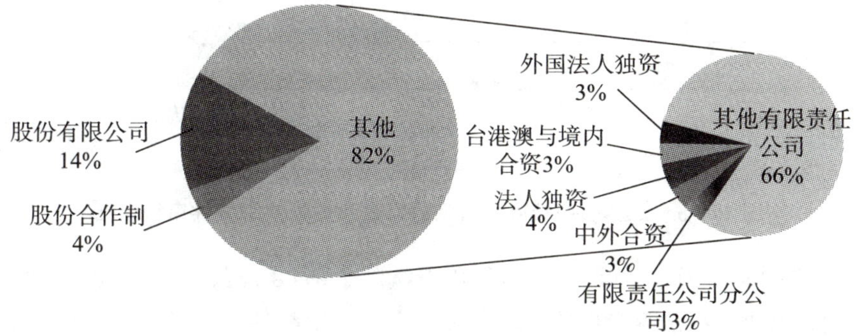

图20－6　江苏省中级以上法院公司盈余分配纠纷案件涉及公司的组织形态

四、审级分布

江苏地区中级以上法院全部48件裁判案件中,一审案件为11件(占23%),二审案件共35件(占73%),再审案件共2件。

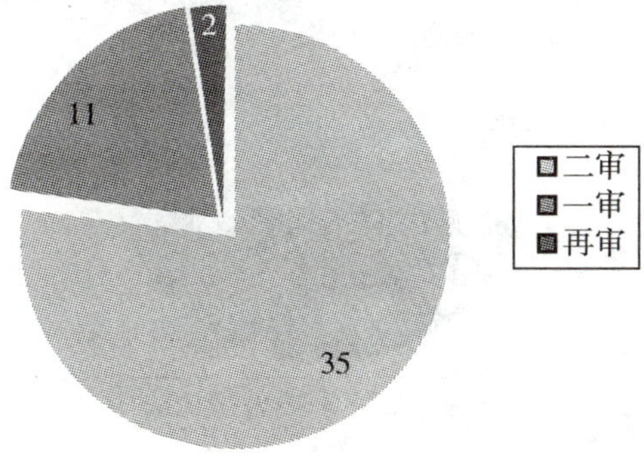

图20－7　江苏地区中级以上法院公司盈余纠纷案件审级分布统计

根据《民事诉讼法》第26条的规定,因公司设立、确认股东资格、分配利润、解散等纠纷提起的诉讼,应由公司住所地法院管辖。该条规定确立了地域管辖标准,至于级别管辖标准应符合《全国各省、自治区、直辖市高级人民法院和中级人民法院管辖第一审民商事案件标准》。

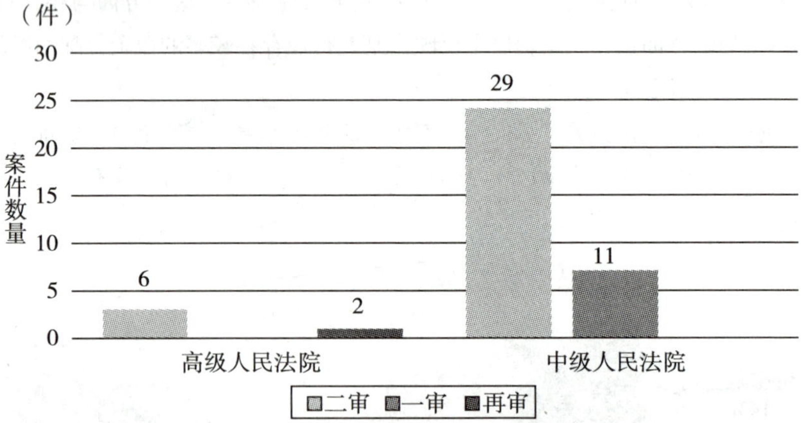

图20－8　江苏省中级以上法院公司盈余分配纠纷案件审级情况

如图20－8所示,江苏地区中级以上法院全部48件裁判中,大多数都是二审案件,其中中级法院受理的二审案件远多于一审案件。这说明大多数一审案件都是在基层法院审理的。图20－9对中级法院二审案件来源的分析也说明了这一点。此外,虽然我们没有发现江苏省高级人民法院受理的该类案由一审案件,但如图20－10所示,最高人民法院受理过来自其他省份该案由的二审案件,这意味着极少数案件初审也会直接进入高级人民法院。

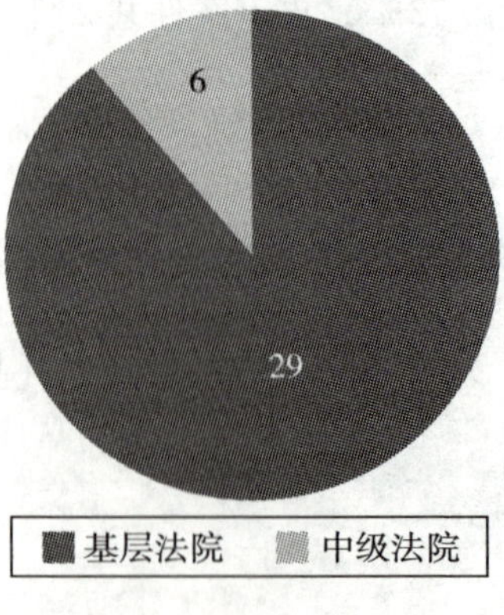

图20－9　江苏省中级法院公司盈余分配纠纷二审案件来源情况统计

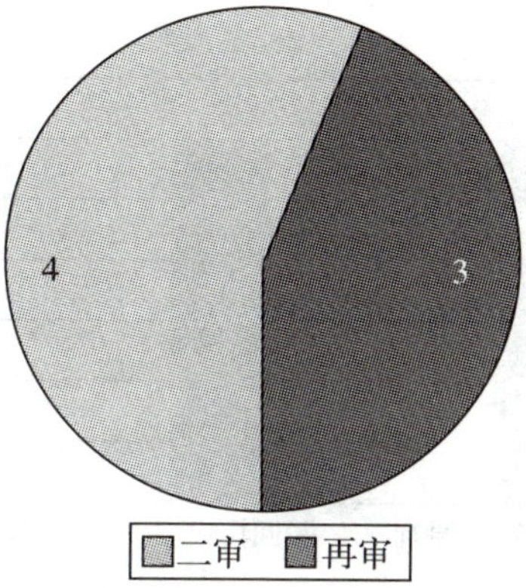

图 20－10　最高人民法院公司盈余纠纷案件审判程序分布

五、结案方式

如图 20－11 所示，此类案由的二审改判比例在 7% 左右，相较而言，驳回上诉、维持原判的案件占据了绝大多数，这与当前司法审判的二审改判情况基本吻合。

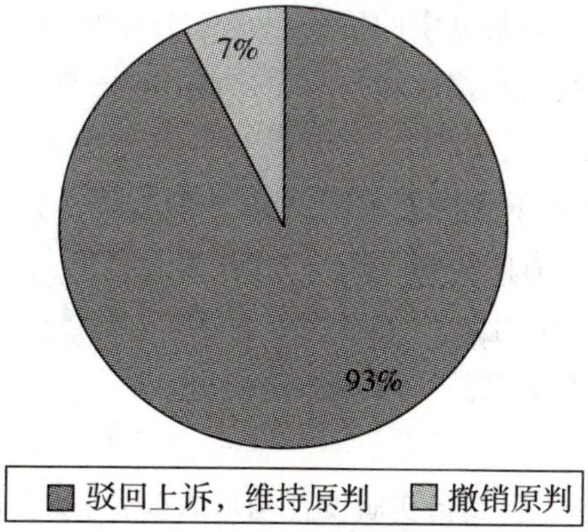

图 20－11　江苏地区中级以上法院公司盈余分配纠纷案件二审结案方式统计

再看最高人民法院该案由的案件结案情况：3 个审判监督案件的再审申请都被驳回，4 个二审案件中有 3 个以驳回上诉告终，仅有 1 个案件的二审改判，这与江苏省的中级、高级法院结案情况基本一致。

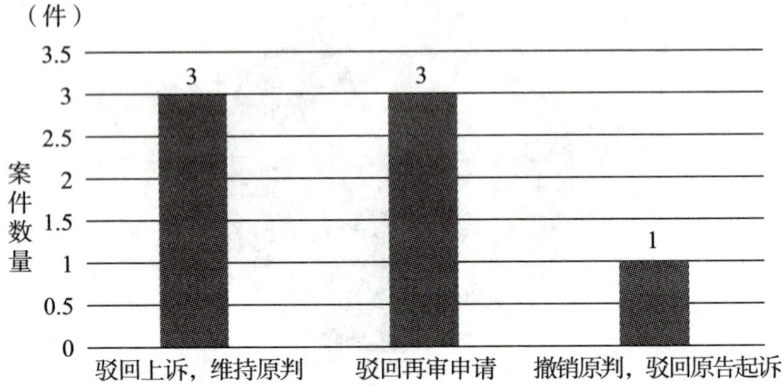

图 20-12　最高人民法院公司盈余纠纷案件结案方式统计

第三部分　裁判意见整理与分析

公司盈余分配请求权是指股东请求公司分配公司盈余,按其所持有的股份取得股息红利的权利,是股东投资的收益权。

股利分配机制是公司制度中的重要组成部分。《公司法》第 35 条和第 167 条规定了股东对公司利润有按比例分配的权利。这一规定较原《公司法》第 177 条有了一些改进,但还是过于简单,造成实践中有些公司盈余分配方案随意拟定,而且没有规定完成利润分配的时限,也没有规定不分配的条件以及对有利不分者如何制约。现实中有的公司长期不分配,甚至有巨大的利润留存也不分配,从而导致一系列纠纷的产生。以下我们针对不同的情形,归纳出司法实践中相对明确一致的几个裁判标准。

一、公司分配盈余需要具备实质要件与形式要件,两者缺一不可

公司分配盈余必须符合《公司法》规定的实质要件和形式要件。其中,实质要件是指公司应有可供分配的利润,因为盈余分配的资金来源不能是公司的资本,而只能是公司的利润;形式要件是指公司实际分配盈余与否,除取决于是否有可供分配的利润外,还取决于公司是否有分配盈余的意思,是否已经通过公司意思表示机构(通常为股东会)作出分配盈余的决议。形式要件不具备者不符合起诉之条件,因为公司是否分配股利,属于公司的自治范畴,法院不能决定公司是否分配以及如何分配盈余。因此,只有当分配盈余的决议形成时,股东的盈

余分配请求权才转化为实在的权利。另外，对于不具备实质要件者则不具备胜诉之条件。

（一）股东请求公司分配盈余时，公司必须有可分配利润

☞ 案例

1. 上诉人枝江力元化工有限公司（以下简称力元公司）、湖北开元化工科技股份有限公司（以下简称开元公司）因与被上诉人南京桑力电子设备厂（以下简称桑力厂）公司盈余分配纠纷一案，不服南京市栖霞区人民法院【（2013）栖商初字第13号】民事判决，向南京市中级人民法院提起上诉。南京市中级人民法院于2013年9月27日作出【（2013）宁商终字第910号】民事判决。

2. 原告林某、杨某、林某与被告江苏瑞城房地产开发有限公司（以下简称瑞城公司）公司盈余分配纠纷一案，江苏省盐城市中级人民法院于2014年5月10日作出【（2013）盐商初字第0157号】民事判决。

3. 上诉人江苏中瑞华会计师事务所有限公司（以下简称中瑞华公司）、江苏中瑞华会计师事务所有限公司连云港分所（以下简称中瑞华分所）因与被上诉人张某公司盈余分配纠纷一案，不服连云港市新浦区人民法院【（2013）新商初字第0691号】民事判决，向连云港市中级人民法院提出上诉。连云港市中级人民法院于2014年4月21日作出【（2014）连商终字第54号】民事判决。

☞ 裁判依据

1.《公司法》第22条第1款："公司股东会或者股东大会、董事会的决议内容违反法律、行政法规的无效。"

2.《公司法》第166条："公司分配当年税后利润时，应当提取利润的百分之十列入公司法定公积金。公司法定公积金累计额为公司注册资本的百分之五十以上的，可以不再提取。

公司的法定公积金不足以弥补以前年度亏损的，在依照前款规定提取法定公积金之前，应当先用当年利润弥补亏损。

公司从税后利润中提取法定公积金后，经股东会或者股东大会决议，还可以从税后利润中提取任意公积金。

公司弥补亏损和提取公积金后所余税后利润，有限责任公司依照本法第三十四条的规定分配；股份有限公司按照股东持有的股份比例分配，但股份有限公司章程规定不按持股比例分配的除外。

股东会、股东大会或者董事会违反前款规定，在公司弥补亏损和提取法定公积金之前向股东分配利润的，股东必须将违反规定分配的利润退还公司。

公司持有的本公司股份不得分配利润。”

3.《公司法》第167条:“股份有限公司以超过股票票面金额的发行价格发行股份所得的溢价款以及国务院财政部门规定列入资本公积金的其他收入,应当列为公司资本公积金。”

☞ 裁判意见

在【(2013)宁商终字第910号】案中,南京市中院认为:股东会是公司的权力机构,其作出的决议体现了公司的意志,属于公司行为。公司如认为自己作出的决议无效,仅需自我纠正即可,无须诉请人民法院对股东会决议的效力判决确认。公司分配的利润应为当年税后利润。《公司法》第167条第1款规定,公司分配当年税后利润时,应当提取利润的百分之十列入公司法定公积金。公司法定公积金累计额为公司注册资本的百分之五十以上的,可以不再提取。第2款规定,公司的法定公积金不足以弥补以前年度亏损的,在依照前款规定提取法定公积金之前,应当先用当年利润弥补亏损。第5款规定,股东会、股东大会或者董事会违反前款规定,在公司弥补亏损和提取法定公积金之前向股东分配利润的,股东必须将违反规定分配的利润退还公司。力元公司2011年度仅交纳企业所得税3万元,证明其并无400万元的可分配利润,且开元公司无证据证明力元公司依法提取法定公积金,如果其关于该400万元确实为股东分红款的主张成立,则力元公司关于“分配”该利润的股东会决议因违反法律的强制性规定应归于无效,依法两股东取得的款项也应予退还,并在未及时返还时承担支付资金占用利息的责任。

就具体分配利润性质的确认,在【(2013)盐商初字第0157号】案中,盐城市中院认为:从该办法所表述的内容,“尽快偿还外债,实物打包保住股本,尽快实施公司实物清算……为保护利益,公司董事会同意将相当于全部股本的实物资产优先双指定到股东股本金处……”来看,表明当时作出该决议时,并不是在依法经过财务审计的基础上作出的公司盈利分红,其实质是股东在分配公司资产,而该资产不能确认为公司已产生的利润及可供分配的利润。公司在弥补亏损、缴纳税款和提取法定公积金之前向股东分配利润,构成违法分配盈余,其实质是向股东返还出资或抽逃出资,此行为违反《公司法》的规定。

另外,在【(2014)连商终字第54号】案中,连云港市中级人民法院也认为:在界定公司盈余分配之前,首先要明确分得收益属何种性质。公司内部分配利益(非分红)属公司自治范畴且属公司内部行为。公司有权决定其内部分配机制,包括分配对象和分配标准。

（二）在实质要件具备后，公司意思机关还需要依照法律和章程规定作出盈余分配决定及其具体的分配方案

☞ 案例

1. 上诉人枝江力元化工有限公司（以下简称力元公司）、湖北开元化工科技股份有限公司（以下简称开元公司）因与被上诉人南京桑力电子设备厂（以下简称桑力厂）公司盈余分配纠纷一案，不服南京市栖霞区人民法院【（2013）栖商初字第13号】民事判决，向南京市中级人民法院提起上诉。南京市中级人民法院于2013年9月27日作出【（2013）宁商终字第910号】民事判决。

2. 原告徐某与被告江苏牧羊集团有限公司（以下简称牧羊集团）公司盈余分配纠纷一案，扬州市中级人民法院于2015年2月13日作出【（2014）扬商初字第00116号】民事判决。

3. 再审申请人南通宏昇置业有限公司（以下简称宏昇公司）因与被申请人沈某公司盈余分配纠纷一案，不服江苏省南通市中级人民法院【（2013）通中商终字第0482号】民事判决，向江苏省高级人民法院申请再审。江苏省高院于2015年3月4日作出【（2014）苏商再提字第0049号】民事判决。

☞ 裁判依据

1.《公司法》第37条第6项："股东会行使下列职权：……（六）审议批准公司的利润分配方案和弥补亏损方案；"……

2.《公司法》第46条第5项："董事会对股东会负责，行使下列职权：（五）制订公司的利润分配方案和弥补亏损方案；"……

3.《公司法》第34条："股东按照实缴的出资比例分取红利；公司新增资本时，股东有权优先按照实缴的出资比例认缴出资。但是，全体股东约定不按照出资比例分取红利或者不按照出资比例优先认缴出资的除外。"

☞ 裁判意见

在【（2013）宁商终字第910号】案中，南京市中院认为：利润分配方案依法应经股东会审议批准。力元公司即使确实有400万元可分配利润，其分配方案依法应通过股东会决议的方式审议确定。力元公司2012年6月9日股东会决议第一项明确系"预分配"，而非正式的利润分配方案。力元公司此后虽向两股东出具"证明"，明确是分红款，但该"证明"非股东会决议，不能起到确定利润分配方案的股东会决议的作用。我国《公司法》中并没有"预分配"的法律概念，在力元公司未形成正式的利润分配方案决议前，股东取得的预分配款无事实和法律依据。对于该款项，力元公司可随时要求两股东退还。

江苏省高级人民法院于【(2014)苏商再提字第0049号】案中明确表示:董事会对股东会负责,具有制定公司的利润分配方案的职权,股东会具有审议批准公司的利润分配方案的职权。故公司盈余分配属公司自主决策事项,与其他经营决策一样,都属于公司或股东基于自身的知识与经验做出的商业判断,人民法院应当谨慎介入属于公司意思自治范畴的盈余分配事宜,对公司盈余分配不能无约束地干预……前提条件是只有在公司董事会、股东会已形成盈余分配决议,而公司拒不执行该决议,致使股东依据该决议所享有的盈余分配给付请求权(具体盈余分配权)遭到侵害时,股东方可提起盈余分配权诉讼,否则股东无权径行提起盈余分配权诉讼。

值得注意的是,最高人民法院《公司法司法解释四》第15条规定:股东未提交载明具体分配方案的股东会或者股东大会决议,请求公司分配利润的,人民法院应当驳回其诉讼请求,但违反法律规定滥用股东权利导致公司不分配利润,给其他股东造成损失的除外。

具体到如何证明公司已形成盈余分配决议,【(2014)扬商初字第00116号】案中,扬州市中级人民法院认为:个人所得税系以个人取得的各项应税所得为征税对象所征收的税种,其前提是“取得”,即已经实际产生应纳税收入。现徐某因“利息、股息、红利”缴纳个人所得税1,574,085.24元,应当已经取得应税“利息、股息、红利”7,870,426.2元,原告所称被告牧羊集团已经进行公司盈余分配的主张成立。

二、公司盈余分配纠纷中往往需先行解决股东资格认定问题

(一)原告起诉主张盈余分配请求权时,首先要证明自己是公司股东

☞ 案例

再审申请人海南悦信集团有限公司(以下简称悦信集团)因与被申请人厦门源昌房地产开发有限公司(以下简称源昌公司)公司盈余分配纠纷一案,不服福建省高级人民法院【(2012)闽民初字第1号】民事判决,向最高人民法院申请再审。最高人民法院于2013年11月20日作出【(2013)民申字第1374号】民事裁定。

☞ 裁判依据

《民事诉讼法》第64条:“当事人对自己提出的主张,有责任提供证据。当事人及其诉讼代理人因客观原因不能自行收集的证据,或者人民法院认为审理案件需要的证据,人民法院应当调查收集。人民法院应当按照法定程序,全面

地、客观地审查核实证据。”

☞ 裁判意见

本案中，最高院认为：根据民事诉讼的举证责任分配原则，悦信集团负有证明案涉2000万元为投资款的义务，但其未能提供相应的出资证明或投资合同，亦未能证明其与源昌公司之间存在增资的合意……悦信集团主张其为源昌公司的实际投资人，依法享有利润分配权，但不能证明其为源昌公司的股东，所提交的证据亦不足以证明其实际履行了出资义务……

（二）未合法有效地取得股东资格或者依法已经丧失股东资格之人，无权要求公司向其分配相应的盈余

☞ 案例

1. 上诉人余某因与被上诉人贵州泰邦生物制品有限责任公司（以下简称泰邦公司）、贵阳大林生物技术有限公司（以下简称贵阳大林公司）、原审第三人贵州益康制药有限公司（以下简称益康公司）、贵州捷安投资有限公司（以下简称捷安公司）、深圳市亿工盛达科技有限公司（以下简称亿工盛达公司）股权确认、盈余分配纠纷一案，不服贵州省高级人民法院【（2012）黔高民商初字第1号】民事判决，向最高人民法院提起上诉。最高人民法院于2013年9月22日作出【（2013）民二终字第19号】民事判决。

2. 上诉人王某因与被上诉人江苏汇鸿国际集团盛博龙服饰有限公司（以下简称盛博龙公司）、原审第三人江苏汇鸿国际集团中锦控股有限公司工会委员会（以下简称中锦工会）公司盈余分配纠纷一案，不服南京市秦淮区人民法院（2013）秦商初字第732号民事判决，向南京市中级人民法院提起上诉。南京市中级人民法院于2014年5月6日作出【（2014）宁商终字第268号】民事判决。

☞ 裁判依据

1.《公司法》第38条第7项：“股东会行使下列职权：……（七）对公司增加或者减少注册资本作出决议……”

2.《公司法》第44条第2款：“股东会会议作出修改公司章程、增加或者减少注册资本的决议，以及公司合并、分立、解散或者变更公司形式的决议，必须经代表三分之二以上表决权的股东通过。”

3.《公司法》第71条：“有限责任公司的股东之间可以相互转让其全部或者部分股权。股东向股东以外的人转让股权，应当经其他股东过半数同意。股东应就其股权转让事项书面通知其他股东征求同意，其他股东自接到书面通知之日起满三十日未答复的，视为同意转让。其他股东半数以上不同意转让的，不同意的股东应当购买该转让的股权;不购买的,视为同意转让。经股东同意转让的股权,在同等条件下,其他股东有优先购买权。两个以上股东主张行使优先购买权的,协商确定各自的购买比例;协商不成的,按照转让时各自的出资比例行使优先购买权。公司章程对股权转让另有规定的,从其规定。”

4.《公司法》第73条:“依照本法第七十一条、第七十二条转让股权后,公司应当注销原股东的出资证明书,向新股东签发出资证明书,并相应修改公司章程和股东名册中有关股东及其出资额的记载。”

☞ 裁判意见

【(2013)民二终字第19号】案中,最高院认为:有限责任公司外部增资引发的纠纷,增资方请求确认其股东身份和基于股东身份请求公司盈余分配,根据《公司法》第38条、第44条、第47条规定,合法有效的股东会决议是增资的前提,增资应当由公司具体实施,由公司与增资人签订协议。若增资协议严格依照股东会决议签订,且内容客观真实,不违反法律规定,不损害他人利益,应认定该增资协议有效。余某与黔峰公司签订的本案增资协议,是属于以合法形式掩盖非法目的的无效合同,故余某确认新增资本股东身份的诉讼请求不应获得支持,本院对其已完成出资业已取得股东资格的上诉主张不予支持。故其也不应享有黔峰公司盈余分配的权利。

【(2014)宁商终字第268号】案中,南京市中院认为:王某与中锦工会之间的股权转让合意已经达成。尽管张某未实际领取股权转让款,但并不影响股权转让协议的效力,王某自2010年11月10日起应不再具有盛博龙公司股东身份。

(三)在涉及善意第三人的情形下,公司只能向工商登记的股东分配盈余

☞ 案例

上诉人昆山华风复合材料有限公司(以下简称华风材料公司)因与被上诉人上海瀚太材料科技有限公司(以下简称瀚太公司)公司盈余分配纠纷一案,不服江苏省昆山市人民法院【(2013)昆商初字第3092号】民事判决,向苏州市中院提起上诉。苏州市中院于2014年7月28日作出【(2014)苏中商终字第0540号】民事判决。

☞ 裁判依据

《公司法》第32条:“有限责任公司应当置备股东名册……记载于股东名册的股东,可以依股东名册主张行使股东权利。公司应当将股东的姓名或者名称向公司登记机关登记;登记事项发生变更的,应当办理变更登记。未经登记或者变更登记的，不得对抗第三人。”

☞ 裁判意见

在【（2014）苏中商终字第0540号】案中，苏州市中院指出：在涉及善意第三人的情形下，股权以工商机关登记对抗第三人。其认为：华风材料公司主张瀚太公司原所持有的华风材料公司25%股权中，有2.5%实际属周某、王某所有，但由于上述股权并未经工商机关变更登记至周某、王某名下，按照相关法律规定，华风材料公司不得直接将该2.5%的股权对应的分红款直接支付给周某、王某，而只能先支付给瀚太公司。

三、公司章程将职工身份与股东资格挂钩，导致股东在因离职、退休等原因丧失职工身份时依法丧失股东资格，也就不再享有相应的分红权

☞ 案例

1. 上诉人南京市规划设计研究院有限责任公司因与被上诉人石某公司盈余分配纠纷一案，不服南京市鼓楼区人民法院【（2012）鼓商初字第1086号】民事判决，向南京市中级人民法院提出上诉，南京中院于2014年5月16日作出【（2013）宁商终字第1336号】民事判决。

2. 上诉人南京市规划设计研究院有限责任公司（以下简称规划公司）因与被上诉人彭某公司盈余分配纠纷一案，不服南京市鼓楼区人民法院（以下简称鼓楼法院）（2012）鼓商初字第1087号民事判决，向南京市中院提起上诉。南京市中院于2014年3月17日作出【（2013）宁商终字第1337号】民事判决。

3. 上诉人仇某因与被上诉人江苏扬农化工集团有限公司工会委员会（以下简称扬农工会）、江苏扬农化工集团有限公司（以下简称扬农集团）、江苏扬农化工股份有限公司（以下简称扬农股份）股权分红纠纷一案，不服扬州市广陵区人民法院【（2013）扬广商初字第0281号】民事判决，向扬州市中级人民法院提起上诉。扬州市中级人民法院于2014年11月25日作出【（2014）扬商终字第00186号】民事判决。

☞ 裁判依据

1.《公司法》第11条：“设立公司必须依法制定公司章程。公司章程对公司、股东、董事、监事、高级管理人员具有约束力。”

2.《民法通则》第6条：“民事活动必须遵守法律，法律没有规定的，应当遵守国家政策。”

3.《公司法》第71条第4款：“公司章程对股权转让另有规定的，从其规定。"

4.《江苏省政府办公厅转发省现代企业制度试点工作领导小组制定的江苏省现代企业制度试点企业职工持股会暂行办法的通知》第21条:"职工对其货币出资部分具有转让权。其转让范围仅限于公司内部人员。转让双方须到管理委员会办理增、减股手续。"

☞ 裁判意见

持有"职工股"的股东在其离职后,如果并未办理股权的工商变更登记手续,能否继续要求领取分红,取决于该职工股东资格是否丧失和何时丧失。这要依据公司章程的相关规定以及股东会决议来判断。如果公司章程或股东会决议并未明确规定离职或退休时即丧失股东资格,仅要求转让股权,则股东在离职或退休后、转让股权前,并不必然丧失股东资格,仍有盈余分配权。如果公司章程或股东会决议明确规定了离职或退休时即丧失股东资格,那么即使尚未办理股权变更登记手续,也无权再享有盈余分配权。

【(2014)扬商终字第00186号】案中,针对职工持股会的规定确定职工是否持股并有权要求分红的问题,扬州市中院明确表示:依据江苏省政府的《苏政办发(1996)51号文》和《苏政办发(1999)98号文》指导职工持股会改革工作的规范性文件的基本精神,若职工持股的问题经过民主审议程序且不违反法律法规的强制性规定,则应从其约定。

在【(2013)宁商终字第1336、1337号】案中,南京市中院认为:规划公司的初始章程有关"股随岗变"、股东离职须转让股权等内容,体现了全体股东的共同意志,是公司、股东的行为准则,对全体股东有普遍约束力。《股权管理办法》是落实"股随岗变"的具体细则,经过规划公司资本多数决的表决程序而上升成为公司自治规范,具有与公司章程同等的效力。第642号案的生效判决书对此予以确认,即《股权管理办法》中关于离职股东自离职时丧失股东资格的条款对全体股东(包括在表决时投同意票、不同意票、弃权票的股东)均有普遍约束力。如果公司依照法定程序修改的章程条款只约束投赞成票的股东而不能约束投反对票的股东,既违背了股东平等原则,也动摇了资本多数决的公司法基本原则。一审判决认为石某、彭某与规划公司在股权转让价格问题上未能协商一致,故石某、彭某的股权未实际转让,石某、彭某仍享有分红权,混淆了《股权管理办法》中以价格合意为前提的自由转让和以公司章程为依据的强制转让两种处理股权方式,导致一审判决与第642号生效判决确认的关于离职股东自离职时丧失股东资格相抵触,故本院依法予以纠正。根据《股权管理办法》的规定,石某、彭某自离职后即丧失规划公司的股东资格，亦自该日起，石某、彭某持有的股权因被规划公司回购而转化为一般性债权，石某、彭某如不接受股权转让价格，可以另案主张。

四、公司强制清算时，股东不能再要求公司分配盈余

☞ 案例

原告金某某、唐某与被告江苏金羊集团有限公司（以下简称金羊公司）、无锡市南长区城市建设开发有限公司（以下简称南长公司）股东资格确认、公司盈余分配纠纷一案，无锡市中级人民法院于2012年4月10日作出【（2010）锡商初字第29号】民事判决。

☞ 裁判依据

1. 最高人民法院《关于审理公司强制清算案件工作座谈会纪要》第1条："……坚持清算程序公正原则。公司强制清算的目的在于有序结束公司存续期间的各种商事关系，合理调整众多法律主体的利益，维护正常的经济秩序。人民法院审理公司强制清算案件，应当严格依照法定程序进行，坚持在程序正义的基础上实现清算结果的公正。"

2.《公司法》第186条第2款、第3款："公司财产在分别支付清算费用、职工的工资、社会保险费用和法定补偿金，缴纳所欠税款，清偿公司债务后的剩余财产，有限责任公司按照股东的出资比例分配，股份有限公司按照股东持有的股份比例分配。清算期间，公司存续，但不得开展与清算无关的经营活动。公司财产在未依照前款规定清偿前，不得分配给股东。"

☞ 裁判意见

该案中，无锡市中院认为：南长公司进行强制清算，将进入申请人申请——法院受理——法院指定清算组——债权申报与审核——清理公司财产——清偿债务——向公司股东清偿剩余财产等阶段。因此，在南长公司的财产未经清算组清理完毕并清偿完对外债务的情况下，金某某、唐某现要求以股东身份分配盈余的诉讼请求，在本案中不应理涉。

五、外商投资企业的股东要求分配公司盈余的纠纷，适用《中外合资经营企业法》等有关外商投资法律的特别规定

☞ 案例

原告明键国际有限公司（以下简称明键公司）诉被告常州中天邦益气体有限公司（以下简称中天邦益公司）公司盈余分配纠纷一案，江苏省常州市中级人

民法院于2012年7月20日作出【(2012)常商外初字第14号】民事判决。

☞ 裁判依据

1.《公司法》第217条:“外商投资的有限责任公司和股份有限公司适用本法;有关外商投资的法律另有规定的,适用其规定。”

2.《中外合资经营企业法》第8条第1款:“合营企业获得的毛利润,按中华人民共和国税法规定缴纳合营企业所得税后,扣除合营企业章程规定的储备基金、职工奖励及福利基金、企业发展基金,净利润根据合营各方注册资本的比例进行分配。”

☞ 裁判意见

本案中,关于被告以涉案会议备忘录为由,至今未向原告支付2010年度股利的理由是否符合法律规定的问题,常州市中院认为:涉案2011年8月26日的会议备忘录不属于董事会决议。董事会决议与会议备忘录性质不同。董事会决议是公司董事就公司特定事项,按照章程或法定的程序,经审议表决并形成的决定,对公司具有相应的法律效力,公司应当执行董事会会议的各项决议。会议备忘录是说明会议经过的文件,一般是对会议涉及的具体问题和有关事实的详细说明,便于参会方事后查核,并不具有表明参会方就特定事项已经审议表决并按此执行的法律效力。故认定被告依法有可供分配的利润,且第三届董事会第一次会议决议已经通过2010年度被告公司利润分配方案,被告应按照该利润分配方案向原告支付股利。

第四部分 律师建议

一、提起公司盈余分配之诉时应当严格审查原告的股东资格

公司盈余分配是股东对公司内部的权利主张,并不涉及公司之外的法律主体,此种诉讼的原告自然是公司股东,自然涉及公司股东身份确认的问题。《公司法司法解释(三)》第21条规定,“当事人向人民法院起诉请求确认其股东资格的,应当以公司为被告,与案件争议股权有利害关系的人作为第三人参加诉讼”,我们发现确认原告股东资格是该类诉讼中的常见问题。[例如【(2013)民二终字第19号】案]

关于原告的股东资格认定问题,一般情况下,若工商登记有记载,或者公司置备有股东名册,就以工商登记和股东名册为据。若工商登记未记载,或者公司未置备有股东名册,则需看有无其他足以证明该原告是该公司股东的证据材料,

例如章程、出资情况、股东会决议表决及签名情况、其他能够证明其已在行使股东权利的相关文件(如之前已在公司领取分红款的记录)等客观性证据。

另外要指出的是,最高人民法院《公司法司法解释四》第13条规定:股东请求公司分配利润案件,应当列公司为被告。一审法庭辩论终结前,其他股东基于同一分配方案请求分配利润并申请参加诉讼的,应当列为共同原告。

二、合理确定公司盈余分配之诉的被告

此种诉讼的诉讼标的为公司盈余,公司盈余当然属于公司享有所有权之财产,并为公司所占有,依给付之诉之基本原理,被告当然应为公司。

值得注意的是,在很多情况下,该类诉讼的被告并不局限于公司。比如,针对实践中有些公司的大股东利用其对公司的控制权,长期不向股东分配利润甚至把持公司盈余资产侵害其他股东利益的问题,如果控股股东占有了公司盈余资产,则可能构成犯罪,在民法上则构成了侵权,可将该控股股东列为共同被告,或者列之为无独立请求权第三人。

三、严格审查公司是否有可分配利润,以及是否已经通过股东会决议等程序作出利润分配方案

公司是否有利润,是在判断公司是否具备利润分配的实质要件。在证据审查上,必须有符合公司法规定的依法经过审查验证的财务报表和利润分配计划。根据资本充实的原则,巩固公司的财务基础,保护股东、债权人、交易关系人的利益,维护交易安全和社会经济秩序,确保社会公众利益,股东会审议批准公司的利润分配方案时,应当以经审查验证的财务会计报告作为依据。同时《公司法》第163条、第164条明确规定,公司应当依照法律、行政法规和国务院财政主管部门的规定建立本公司的财务、会计制度,公司应当在每一会计年度终了时制作财务会计报告,并依法经会计师事务所审计。

需要强调的是,公司有利润,并不必然代表有可分配的利润。《公司法》第166条规定,公司分配的利润须是在扣除税款、弥补了上年度亏损、提取法定公积金、提取任意公积金(按公司章程规定由股东会决议)等之后的利润,即符合公司法要求的可供分配的利润。《公司法》第166条还规定,股东会、股东大会或董事会违反规定的,在公司弥补亏损和提取法定公积金之前向股东分配利润的,股东必须将违反规定分配的利润退还公司。

除此之外,公司意思机关是否依照法律和章程的规定作出了分配利润的决

议,这是公司分配盈余的形式要件。根据《公司法》的规定,公司是否分配利润是股东会或股东大会的职权,在公司没有作出决议之前,司法不宜介入而直接作出判决。

对于实践中经常出现的公司不召开股东会或股东大会,导致中小股东的利益很难得到保护的情形,有观点认为可以根据有限责任公司和股份有限公司的不同情况采取不同的方法予以处理:

1. 有限责任公司虽然没有召开股东会,但公司章程有具体分配方案,且公司盈余符合分配方案,方案亦合法的,人民法院可以通知的形式征求公司其他股东的意见,是否作为共同原告参加诉讼,根据多数意见作出是否根据公司章程进行分红的判决。另外,根据最高人民法院《公司法司法解释四》第 15 条规定:股东未提交载明具体分配方案的股东会或者股东大会决议,请求公司分配利润的,人民法院应当驳回其诉讼请求,但违反法律规定滥用股东权利导致公司不分配利润,给其他股东造成损失的除外。

2. 对于股份有限公司,因《公司法》规定每年要召开股东大会,所以如果没有股东大会决议或决议不合法的,人民法院应当不予支持原告提出的分红请求。

四、公司长期不分红时,中小股东在一定条件下可以考虑依法退出公司

实践中很多公司有可分配利润却长期不分红,导致中小股东利益受损。尤其是在有限责任公司,中小股东无法像股份有限公司股东那样可以自由转让股份退出公司。如果不具备前述提起盈余分配之诉的实质要件和形式要件的情况下,中小股东可以考虑根据《公司法》第 74 条第(1)项的规定退出公司,即“公司连续 5 年不向股东分配利润,而该公司五年连续盈利,并且符合本法规定的分配利润条件的”,异议股东可以请求公司按照合理的价格收购其股权。自股东会会议决议通过之日起 60 日内,股东与公司不能达成股权收购协议的,股东可以自股东会会议决议通过之日起 90 日内向人民法院提起诉讼。

五、公司在盈余分配问题上应处理好多方面的关系

一是应处理好盈利、股利与再投资之间的关系。公司往往把盈利的一部分作为当期股利分配给股东,其余一部分进行再投资。再投资会涉及投资回报率问题,当保留利润投资回报率大于市场必要报酬率时,一般认为保留利润投资可增加公司的价值。但单纯以市场眼光来审视公司盈余分配问题,则会导致长期不分红的现象出现,引起股东的不满,这也可能成为公司稳定持续发展的障碍。

所以,公司应处理好分红与再投资的关系,平衡好股东利益实现与公司长远发展之间的关系。

二是要注意债权人的利益保护。公司的利润系“所有者权益”范畴。分红会导致公司财产减少,从而降低公司的偿债能力。债权人一般倾向于减少盈余分配,这样可以降低公司的资产负债率,使公司的偿债能力得到保证。当然,如果公司举债能力较强,则可以采取较为宽松的股利分配政策,不至于损害债权人利益。

三是可以适度地实施股权回购。股权回购系指公司有现金时,向股东回购自己的股权,使流通在外的股权减少。股权回购成为公司向股东分配利益的一个重要形式,具有避税效用。从经济利益方面考虑,也是盈余分配的一种有效替代形式。根据每股股利等于公司股利总额与公司流通股数的比值,当股权回购时,流通在外的股数减少,每股股利增加,从而会使估价上升,股东也能因此获得资本利得,变相于公司支付给股东现金股利,以此来代替现金分红。由于现金股利税负较高,资本利得税负较低,通过股权回购,也实现了节税。

四是要处理好大股东与中小股东的利益。这关键在于公司财务信息获取要对称,比如可以在公司章程中规定,公司聘请审计的会计师事务所时应听取中小股东的意见。在盈余分配涉及中小股东权益纠纷时,公司应先通过内部程序解决,力求在大股东与中小股东间寻找到盈余分配的平衡点。

第二十一章　损害股东利益责任纠纷

第一部分　报告背景及数据来源

"损害股东利益责任纠纷"是最高人民法院《民事案件案由规定》中明确规定的一项案由，指的是股东因其合法权益遭受来自公司内部的不法侵害，包括来自公司、公司董事、高级管理人员以及其他股东的不法侵害时，以个人名义向人民法院提起的诉讼。

现代公司的所有权和控制权分离，股权分散，股权成为连接股东和公司的唯一纽带，股东处于公司管理边缘，对于公司管理和决策的情况大多并不掌握，在现实的公司实践中，股东合法权益遭受侵害的案例时有发生，甚至愈演愈烈。为了维护股东尤其是中小股东的股权利益，《公司法》赋予了股东直接提起诉讼的权利。"损害股东利益责任纠纷"主要规定在《公司法》《侵权责任法》《民法通则》等法律中。

"损害股东利益责任纠纷"具有以下特征：

1. 诉因是股东的利益遭受直接损害，这区别于"损害公司利益责任纠纷"，后者是指他人的不法行为侵害公司合法权益时，公司以公司的名义或者符合法定条件的股东以股东自己的名义代表公司对加害人提起的诉讼；

2. 股东以个人名义提起诉讼，目的是为了保护股东的个人利益，任何诉讼结果或者诉讼利益都归属于股东个人；

3. 被告是作出侵权行为的股东、董事、高级管理人员、公司等。

"损害股东利益责任纠纷"本质上属于侵权纠纷,根据侵权主体不同,区分为公司股东滥用股东权的侵权之诉,以及公司董事、高级管理人员滥用职权的侵权之诉。公司股东滥用股东权的侵权之诉主要规定在《公司法》第20条第2款:"公司股东滥用股东权利给公司或其他股东造成损失的,应当依法承担赔偿责任。"董事、高级管理人员滥用职权的侵权之诉主要规定在《公司法》第152条:"董事、高级管理人员违反法律、行政规章或公司章程的规定,损害股东利益的,股东可以向人民法院提起诉讼。"

我们对最高人民法院、江苏省高级人民法院以及江苏省内相关地区法院近五年审理的损害股东利益责任纠纷的裁判文书进行了数据分析,形成了本研究报告。相关裁判文书主要来源于"中国裁判文书网""openlaw""无讼案例"等裁判文书数据库,裁判文书检索时间为2011年1月1日至2016年12月31日。

第二部分 案件数据及裁判特点

在中国裁判文书网的裁判文书数据库中,以"损害股东利益责任纠纷"为案由进行搜索,并经无讼案例数据库的补充,可得到从2011年1月1日至2016年12月31日期间,最高人民法院共有案例17个,江苏省高级人民法院有案例13个,江苏省辖区内各地的中级人民法院共有案例64个,江苏省辖区内各地基层人民法院共有案例83个,以上总计177个。下面本报告将针对这些裁判文书进行分析。

一、地区分布差异大,经济发达地区案件数量明显较多

表21-1 江苏地区案件分布

地区	案件数量(件)
南京	40
苏州	25
南通	17
镇江	5
无锡	10
泰州	14
徐州	7
盐城	4
扬州	3

续表

地区	案件数量(件)
宿迁	3
连云港	9
常州	5
淮安	4
总计	147

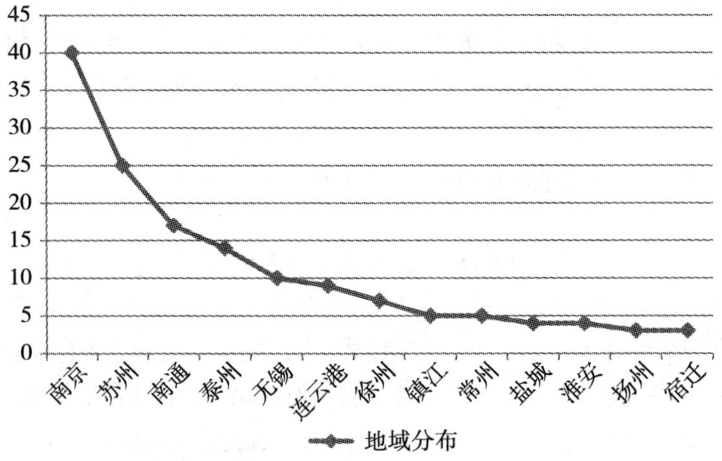

图 21－1　江苏各市案件数量分布

从上述图表中可以看出,在江苏地区,损害股东利益责任纠纷案件,以南京、苏州、南通地区居多,以上三个地区案件占总体比例56%。

二、管辖权异议申请率较高,但法院支持率较低

表 21－2　管辖权异议件数统计

	案件数量(件)	占总数比例(%)
申请管辖权异议	19	17.92
未申请管辖权异议	87	88.08

表 21－3　法院支持情况统计

	案件数量(件)	占总数比例(%)
法院支持管辖权异议	8	7.55
法院不支持管辖权异议	11	10.37

图 21-2　管辖权异议情况

管辖作为民事诉讼制度的肇始环节,不仅是迈向实体正义的第一步,也是实现程序正义的第一步。管辖权异议制度作为管辖制度的程序性救济措施,对保障当事人诉权、保证管辖规则的正常运行和构建程序正义有重要意义。本报告统计案件总数为 177 件,共有 71 件撤诉案件,可供分析数据为 106 件,因此本次管辖权异议情况统计基数为 106 件。以上图表显示,在可供分析的 106 个案例中,当事人提起管辖权异议的案件达到 19 个,占比达 17.92% ,但是法院支持率只有 7.55% 。由此可见,损害股东利益责任纠纷案件管辖权异议申请率较高,但法院支持率较低。

三、原告胜诉率略低于败诉率

表 21-4　诉讼结果统计

诉讼结果	案件数量(件)	占总数比例(%)
原告胜诉	25	49.02%
原告败诉	26	50.98%

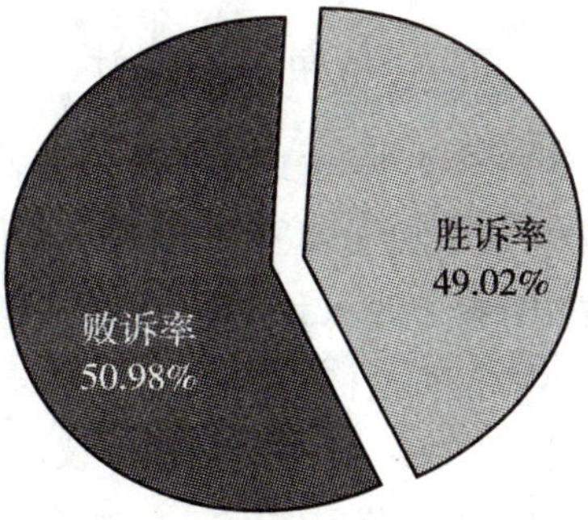

图 21-3　原告胜诉率统计

177 件统计案件中,有 71 件撤诉案件,19 件管辖权异议案件 11 件执行、财产保全等其他裁定,剔除撤诉案件、管辖权异议、其他裁定案件,法院作出实体判决案件为51件,其中原告胜诉25件,原告败诉26件。可见,损害股东利益责任纠纷案件中,原告的胜诉率要略低于败诉率。

四、主要争议焦点分布情况

表21-5 争议焦点情况统计

争议焦点	案件数量(件)
管辖权异议	19
主体是否适格	14
损害范围	11
是否存在侵权行为	11
侵权行为和损害结果是否存在因果关系	15

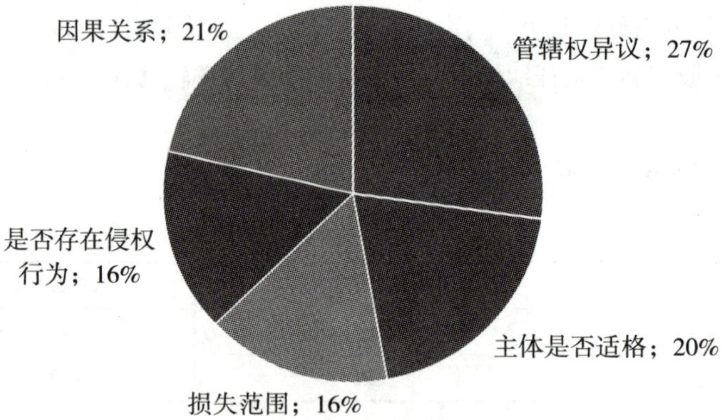

图21-4 争议焦点统计

具有分析价值的70份裁判文书,审理法院涉及最高人民法院、江苏省高级人民法院以及江苏辖内各中级人民法院,其中少部分案件涉及多个争议焦点。

从上述图表中可以看出,损害股东利益责任纠纷的争议焦点较为集中,主要包括管辖权异议、原被告主体是否适格、损害范围的确定、是否存在侵权行为,以及侵权行为和损害结果的因果关系,其中管辖权异议居首位,占比高达27%,其他分别为主体是否适格20%,损失范围的确定16%,是否存在侵权行为16%,行为与结果间是否存在因果关系21%。

五、上诉率较高

表 21－6　审判程序统计

审判程序	案件数量(件)
一审	91
二审	56
再审	19

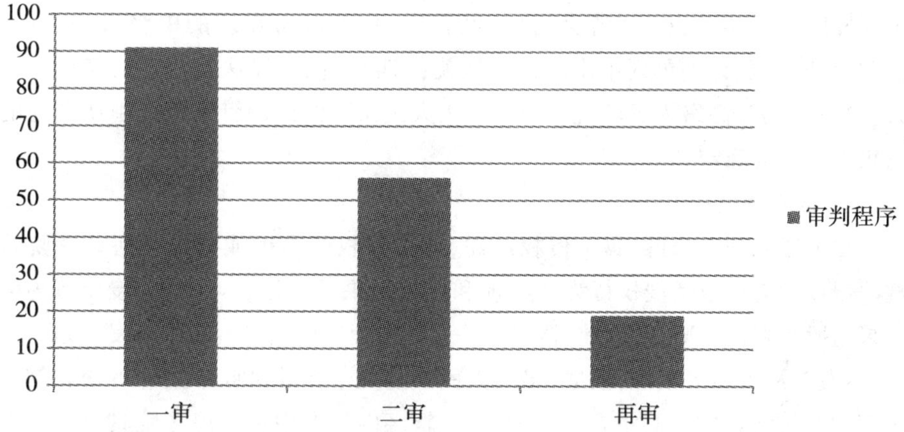

图 21－5　各级审判程序案件数量分布

本报告搜集的 177 份裁判文书中，剔除执行、财产保全裁定文书 11 件，涉及一审程序的文书数量为 91 件，涉及二审程序的文书数量为 56 件，涉及再审程序的文书数量为 19 件。可见，该类案件的上诉率还是比较高的。

第三部分　裁判意见整理与分析

一、损害股东利益责任纠纷案件，适用侵权之诉的管辖规定

☞ 案例

宝胜集团有限公司与 LuigiMigliorini、第三人宝胜普睿司曼电缆有限公司损害股东利益责任纠纷一案，被告 LuigiMigliorini 不服江苏省扬州市中级人民法院【(2015)扬商外初字第 00006－1 号】民事裁定，向江苏省高级人民法院提起上诉。江苏省高院于 2015 年 11 月 12 日作出【(2015)苏商外辖终字第 00016

号】民事裁定书,驳回上诉,维持原裁定。

☞ 裁判依据

《民事诉讼法》第 28 条:“因侵权行为提起的诉讼,由侵权行为地或者被告住所地人民法院管辖。”

《民事诉讼法司法解释》第 24 条:“民事诉讼法第二十八条规定的侵权行为地,包括侵权行为实施地、侵权结果发生地。”

《最高人民法院关于涉外民商事案件诉讼管辖若干问题的规定》第 1 条:“第一审涉外民商事案件由下列人民法院管辖:(一)国务院批准设立的经济技术开发区人民法院;(二)省会、自治区首府、直辖市所在地的中级人民法院;(三)经济特区、计划单列市中级人民法院;(四)最高人民法院指定的其他中级人民法院;(五)高级人民法院。上述中级人民法院的区域管辖范围由所在地的高级人民法院确定。”

☞ 裁判意见

损害股东利益之诉,属于侵权纠纷,应由侵权行为地或被告住所地法院管辖。侵权行为地包括侵权行为实施地和侵权结果发生地。本案中,侵权行为的结果是股东财产的减损,因此,该股东公司住所地宝应县是侵权结果发生地。同时,本案系涉外商事案件,根据《最高人民法院关于涉外民商事案件诉讼管辖若干问题的规定》,宝应县隶属于扬州市,该辖区内仅有中级人民法院具有一审涉外商事案件管辖权。因此,一审法院具有本案管辖权,一审裁定并无不当。

二、名义股东处分公司股权,造成实际出资人(隐名股东)利益损失的,实际出资人(隐名股东)有权提起诉讼,请求赔偿

☞ 案例

徐某与顾某、杨某、陶某、陶某某损害股东利益责任纠纷一案,被告人顾某不服苏州市工业园区人民法院【(2011)园商初字第 0046 号】民事判决,向苏州市中级人民法院提起上诉,苏州中院于 2012 年 10 月 12 日作出【(2012)苏中商终字第 0453 号】民事判决书,驳回上诉,维持原判。

☞ 裁判依据

最高人民法院《公司法司法解释(三)》第 25 条第 2 款规定:“名义股东处分股权造成实际出资人损失,实际出资人请求名义股东承担赔偿责任的,人民法院应予支持。”

《公司法》第 20 条第 2 款规定:“公司股东滥用股东权利给公司或其他股东

造成损失的,应当依法承担赔偿责任。”

☞ 裁判意见

苏州某酒店登记股东虽为顾某与陶某元,却存在其他实际出资人,其中包括徐某。本案中,徐某对该公司实际出资人民币1,248,059.5元,其实际出资人的身份应予确认。《公司法司法解释(三)》第25条第2款规定:“名义股东处分股权造成实际出资人损失,实际出资人请求名义股东承担赔偿责任的,人民法院应予支持。”顾某与陶某元共同处分了苏州某酒店,相应地,意味着处分了徐某在该公司的出资份额,但是本案没有证据显示该二人的处分行为得到徐某的同意,其行为应属共同侵权行为。因此,该二人应当共同对徐某承担赔偿责任。

三、董事、高级管理人员违法违规行为,造成股东利益受损,股东可以直接提起诉讼,要求董事、高级管理人员承担赔偿责任

☞ 案例

周某林与吴某、周某明、周某伟(系周某良的法定继承人)、李某损害股东利益责任纠纷一案,上诉人吴某、周某明、周某伟(系周某良的法定继承人)、李某不服无锡市锡山区人民法院【(2014)锡法商初字第00345号】民事判决,向无锡市中级人民法院提起上诉。无锡中院于2015年7月8日作出【(2015)锡商终字第354号】民事判决书,驳回上诉,维持原判。

☞ 裁判依据

《公司法》第152条规定:“董事、高级管理人员违反法律、行政法规或者公司章程的规定,损害股东利益的,股东可以向人民法院提起诉讼。”

《民法通则》第130条规定:“二人以上共同侵权造成他人损害的,应当承担连带责任。”

☞ 裁判意见

本院认为,磁性粉厂申请歇业、成立清算组、确认清算报告等重大事项均未经股东大会通过,违反企业章程规定。周某良作为法定代表人,滥用对企业经营的决策权和控制权,操纵磁性粉厂办理注销登记,侵犯周某林等异议股东的权益,应当承担侵权赔偿责任。磁性粉厂申请注销前的资产负债表记载所有者权益为509,805.87元,经李某等清算组成员签字的清算报告也确认该剩余资产金额,但清算报告称“已按出资比例分摊完毕”,未有相应证据证明,据此,无论清算组未实际清算致财产灭失,抑或不当清算造成股东损失,均应向受损股东承担赔偿责任。

四、股东提起损害股东利益责任之诉,需要由股东对实际损害结果承担举证责任,否则将承担举证不能的不利后果

☞ 案例

陈某与蓝某、厦门费尼斯科技有限公司、福建省龙岩市人民政府国有资产监督管理委员会、颜某、陈某、龙岩市国有资产投资经营有限公司损害股东利益责任纠纷一案,不服福建省高级人民法院【(2013)闽民终字第481号】民事判决,向最高人民法院申请再审,最高院于2014年5月30日作出【(2014)民申字第762号】民事裁定书,驳回陈某的再审申请。

☞ 裁判依据

《民事诉讼法》第64条规定:"当事人对自己提出的主张,有责任提供证据。"

《民事诉讼法司法解释》第90条规定:"当事人对自己提出的诉讼请求所依据的事实或者反驳对方诉讼请求所依据的事实,应当提供证据加以证明,但法律另有规定的除外。在作出判决前,当事人未能提供证据或者证据不足以证明其事实主张的,由负有举证证明责任的当事人承担不利的后果。"

《公司法》第152条规定:"董事、高级管理人员违反法律、行政法规或者公司章程的规定,损害股东利益的,股东可以向人民法院提起诉讼。"

☞ 裁判意见

最高人民法院认为:根据已经查明的事实,蓝某在向金鑫公司出资188万余美元并成为实际控制该公司的股东后又抽逃了该出资。该抽逃出资行为对金鑫公司造成了损害,但并无证据证明必然导致金鑫公司经营彻底失败,亦无证据证明必然导致对陈某的股权及收益造成损害。即使陈某的股权可能受到损害,但在金鑫公司尚未清算的情况下,陈某所持股权价值、是否存在损失等均无法认定。陈某关于蓝某的抽逃出资行为对其造成损害并以其实际出资额和预计收益计算损失数额,均缺乏事实和法律依据,一、二审法院对其要求赔偿损失的诉讼请求未予支持并无不当。

五、因控股股东掌握并拒绝提供公司账册或者其他重要文件,导致利益受损股东穷尽举证手段也无法对损害结果举证的,法院将通过举证责任倒置的方式保护利益受损股东的权益

☞ 案例

姜某因与朱某新、朱某兵、朱某辉、朱某群、顾某损害股东利益责任纠纷一案,原告姜某不服启东市人民法院【(2015)启商重初字第00001号】民事判决,

向南通市中级人民法院提起上诉，南通市中级人民法院于2015年10月29日作出【（2015）通中商终字第00396号】民事判决书，撤销【（2015）启商重初字第00001号】民事判决，改判支持姜某诉请，判决朱某新、朱某兵、朱某辉、朱某群、顾某一次性赔偿上诉人姜某损失60万元。

☞ 裁判依据

《最高人民法院关于民事诉讼证据的若干规定》第75条规定："有证据证明一方当事人持有证据无正当理由拒不提供，如果对方当事人主张该证据的内容不利于证据持有人，可以推定该主张成立。"

《最高人民法院关于审理公司强制清算案件工作座谈会纪要》第29条规定："股东申请强制清算，人民法院以无法清算或者无法全面清算为由作出终结强制清算程序的，应当在终结裁定中载明，股东可以向控股股东等实际控制公司的主体主张有关权利。"

☞ 裁判意见

本案中永顺公司及其股东、实际控制人显然故意不提供完整、有效的财务资料，根据以上规定，应推定永顺公司持有的完整、有效的财务资料所反映的永顺公司财产情况，在姜某主张15%股权应当获得60万元赔偿（15%股权价值或按比例进行剩余资产分配）的情形下有利于姜某。且本案原判决姜某可获赔偿22.8万元、重审后原审法院一审判决姜某可获赔偿15万元及利息，朱某兵等均未提起上诉，亦可佐证永顺公司15%股权具有相当的实际价值。最高人民法院《关于审理公司强制清算案件工作座谈会纪要》中规定，对于股东申请强制清算，因重要账册、文件等不全无法强制清算的，股东可向控股股东等公司实际控制主体主张有关权利。对该条的适用，最高人民法院民二庭负责人在就《关于审理公司强制清算案件工作座谈会纪要》答记者问过程中进一步明确，"因控股股东等实际控制公司的主体的原因导致无法清算或者无法全面清算，股东因无法获得应有的剩余财产分配而向控股股东等实际控制公司的主体主张有关权利时，我们考虑可以通过举证责任倒置来解决中小股东利益的保护问题，即在控股股东控制公司的前提下该清算不清算，或者不依法提交有关财产状况说明、债务清册、债权清册、财务会计报告以及职工工资的支付情况和社保费用的缴纳情况，导致无法清算或者无法全面清算，其他股东起诉请求控股股东等实际控制公司的主体返还出资并承担损失的，除非控股股东等实际控制公司的主体能够充分证明公司已经资不抵债没有剩余财产进行分配或者不能返还出资，或者虽然公司有剩余财产可供分配但数额低于权利人主张的数额,人民法院应当依法支持其诉请”。本案中小股东姜某申请对永顺公司进行强制清算,但因朱某兵等实际控制公司的主体不提供主要、完整、有效的财务资料导致无法清算,可参照采用举证责任倒置的规则,支持姜某的全部诉讼请求。

六、董事、高级管理人、其他股东正常履行职务行为,不能作为股东主张侵权赔偿的依据

☞ 案例

休宁中静华东有色投资有限公司因与张某、卢某、周某、刘某损害股东利益责任纠纷一案,休宁中静华东有色投资有限公司不服南京市秦淮区人民法院【(2014)秦商初字第312号】民事判决,向南京市中级人民法院提起上诉。南京中院于2014年9月28日作出【(2014)宁商终初字第920号】民事判决书,驳回上诉,维持原判。

☞ 裁判依据

《侵权责任法》第3条规定:“被侵权人有权请求侵权人承担侵权责任。”

《民事诉讼法》第64条规定:“当事人对自己提出的主张,有责任提供证据。”

☞ 裁判意见

中静公司主张的侵权责任必须符合一般侵权责任的构成要件,即侵权行为是否成立、损害后果是否存在及确定,侵权行为与损害后果之间是否存在因果关系,分述如下:张某签发相关决定及通知,卢某、周某、刘某在“关于由监事会主持召开临时股东会的决定”上签字,卢某作为监票人监督临时股东会表决过程,上述行为均系依据公司章程及股东会议事规则,履行相关监事职务的行为,故张某等人上述行为均不具有违法性。中静公司主张张某等四人存在侵权行为,缺乏法律和事实依据,本院不予支持。中静公司丧失股东出资资格系因案涉临时股东会作出的《股东会决议》,而该决议是由股东地勘局与云峰公司共同作出,张某等四人仅是作为监事参与了临时股东会的召集、召开、监票等程序性事项,并未参与《股东会决议》的表决,其行为与中静公司提出丧失股东出资资格并无因果关系。

第四部分　律师建议

通过前述对相关裁判文书的分析，可以发现，损害股东利益责任纠纷中，包含有多个法律争议问题。无论是作为公司，还是公司股东，都应当及时认清这一纠纷的常见争议焦点以及可能存在的法律风险，从而避免遭受损失。对此，我们针对该类纠纷中比较突出和多发的问题，结合《公司法》的相关规定以及现实状况，提出以下建议：

一、股东应根据相关证据规则积极举证，必要时可通过合格的法律手段转移举证不能的法律风险

在损害股东利益责任纠纷案中，股东的举证责任较重，举证范围包括：(1)证明股东身份；(2)损害行为，即董事、高级管理人员、其他股东损害股东利益的行为；(3)损害结果，包括实际损害以及损害必然发生；(4)因果关系，即股东利益受损是由董事、高级管理人员滥用职权，或者是其他股东滥用股东权利造成的。如果股东不能对上述事项进行举证，将承担举证不能的不利后果。

在本次收集的案例中，有多起因股东无法证明损失范围而被法院驳回起诉的案例。根据"谁主张，谁举证"的举证规则，股东必须对权益受损的结果进行举证，如果不能证明损害实际发生或者损害必然会发生，法院往往不会予以支持。但现实中，存在股东很难证明损失的情况，例如许多公司法定代表人不经过清算或者通过伪造清算报告、伪造股东大会决议的方式违规注销公司，使得股东无法对损失情况进行举证，或者控股股东占有公司重要文件或者财务账务，拒不履行清算义务，使得股东无法证明损失范围。如何在非因股东个人原因无法证明损失范围的情况下，转移股东举证不能的法律风险？

《最高人民法院关于民事诉讼证据的若干规定》第75条规定："有证据证明一方当事人持有证据无正当理由拒不提供，如果对方当事人主张该证据的内容不利于证据持有人，可以推定该主张成立。"

《公司法司法解释(二)》第7条规定："公司应当依照公司法第一百八十四条的规定，在解散事由出现之日起十五日内成立清算组，开始自行清算。有下列情形之一，债权人申请人民法院指定清算组进行清算的，人民法院应予受理：(一)公司解散逾期不成立清算组进行清算的；(二)虽然成立清算组但故意拖延清算的；(三)违法清算可能严重损害债权人或者股东利益的。具有本条第二款

所列情形,而债权人未提起清算申请,公司股东申请人民法院指定清算组对公司进行清算的,人民法院应予受理。"

《最高人民法院印发〈关于审理公司强制清算案件工作座谈会纪要〉的通知》第29条规定:"股东申请强制清算,人民法院以无法清算或者无法全面清算为由作出终结强制清算程序的,应当在终结裁定中载明,股东可以向控股股东等实际控制公司的主体主张有关权利。"

当利益受损股东,穷尽法律手段也无法举证时,可以根据上述规则转移一定的举证压力。例如,控股股东强占公司财产状况说明、债务清册、债权清册、财务会计报告以及职工工资的支付情况和社保费用的缴纳情况,导致无法清算或者无法全面清算,除非控股股东充分证明公司已经资不抵债没有剩余财产进行分配或者不能返还出资,或者虽然公司有剩余财产可供分配但数额低于权利人主张的数额,否则由控股股东承担举证不能的不利后果。南通市中级人民法院【(2015)通中商终字第00396号】民事判决书就是这样认定的。

二、公司应完善内部监督管理制度,明确董事、高管人员的职权范围,防范其侵害股东利益的风险

《公司法》第147条规定:"董事、监事、高级管理人员应当遵守法律、行政法规和公司章程,对公司负有忠实义务和勤勉义务。董事、监事、高级管理人员不得利用职权收受贿赂或者其他非法收入,不得侵占公司的财产。"

《公司法》第148条规定:"董事、高级管理人员不得有下列行为:(一)挪用公司资金;(二)将公司资金以其个人名义或者以其他个人名义开立账户存储;(三)违反公司章程的规定,未经股东会、股东大会或者董事会同意,将公司资金借贷给他人或者以公司财产为他人提供担保;(四)违反公司章程的规定或者未经股东会、股东大会同意,与本公司订立合同或者进行交易;(五)未经股东会或者股东大会同意,利用职务便利为自己或者他人谋取属于公司的商业机会,自营或者为他人经营与所任职公司同类的业务;(六)接受他人与公司交易的佣金归为己有;(七)擅自披露公司秘密;(八)违反对公司忠实义务的其他行为。董事、高级管理人员违反前款规定所得的收入应当归公司所有。"

以上两条规定了公司董事、监事、高级管理人员对公司负有忠实义务和勤勉义务,对公司管理层的监督提升到法律层面。忠实义务是要求公司的权力行使者必须在行使其职权的时候善意地从事行为,并出于对公司利益的考虑,而不是仅仅促进其自己或者其他人的利益。其核心要点在于,公司利益在董事、监事和高级管理人员的行事准则中,应当始终高于其自身的利益。勤勉义务的基本含义是指,董事、监事、高级管理人员在经营管理公司时,应当为了公司的利益而以合理的方式勤勉尽职地履行职责。

现代公司的模式是经营权和管理权分离,股权越来越分散,大多数情况下,股东对公司的经营状况并不了解,公司事实上是由董事、高级管理人员控制。权力要想不被滥用就必须接受监督。股东是公司的所有者,为公司的生产经营提供必要的资源,是公司存在的基础,是公司最主要的利害关系人,公司应当维护股东的合法权益。《公司法》已经对公司管理层的行为做出相应的约束性规定,为了配合法律规定,公司内部也应当建立完善的监督管理机制。在社会实践中,很多公司由于内部缺乏完善的监管机制,对董事、高级管理人员的权限约定不明,发生了很多董事、高管人员滥用职权损害股东和公司利益的恶性案件。

为了防范发生公司管理层损害股东利益的行为,公司应着力完善自身监督制度、加强内部管理,例如,公司章程应对法定代表人、董事、高级管理人员的范围、任免程序、权限、公章及财务资料的保管等事项作出具体规定,公司内部应当细化股东监督权利的规定,同时要增强监事会的独立性,不受公司内部其他人员的干涉,独立履行监督职能等。

第二十二章　损害公司利益责任纠纷

第一部分　报告背景及数据来源

一、报告背景

损害公司利益纠纷，是指公司股东滥用股东权利或者董事、监事、高级管理人员违反法定义务，损害公司利益而引发的纠纷。最高人民法院《民事案件案由规定》专门规定了该类案由。本报告以损害公司利益纠纷案件的公开裁判文书作为分析对象，期望通过案件数据收集与分析，厘清此类纠纷的诉讼特点，以为报告使用者防控法律风险、制定诉讼方案及厘清问题解决思路提供参考。

二、数据范围

本报告主要分析2011年3月1日至2016年12月31日江苏省高级人民法院以及南京、苏州、无锡、常州、南通、徐州6市的中级人民法院审理的损害公司利益纠纷案件裁判文书；同时考虑到相关裁判意见的权威性，我们也对最高人民法院相同时段、相同案由的裁判文书开展了分析。

三、数据来源

本报告使用的案例数据均来源于"中国裁判文书网"。进行检索的时间为2017年1月1日，具体检索方式为：在"中国裁判文书网"数据库高级检索的案由及关键词一栏中输入"损害公司利益"，将审理法院分别设置为"最高人民法院""江苏省高级人民法院"以及前述6个"城市+中级人民法院”，并将裁判时间设置为“2011 年 3 月 1 日至 2016 年 12 月 31 日”后，共检索得到 193 件案例。在排查同一案件后，确定 76 件裁定，29 件判决进行分析。

第二部分　案件数据及裁判特点

一、案件数量

如图 22－1 所示，从整体数量上看，最高人民法院作出的裁判文书数量最多。但从可比性方面看，南京市中院的案件数量相对较多。

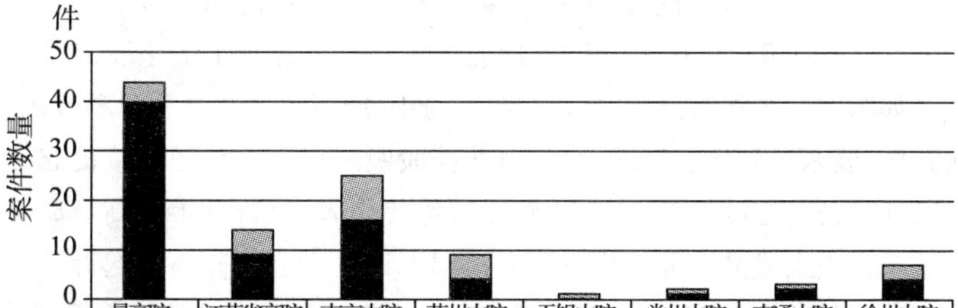

	最高院	江苏省高院	南京中院	苏州中院	无锡中院	常州中院	南通中院	徐州中院
■裁定数量(76)	40	9	16	4	0	1	2	4
□判决数量(29)	4	5	9	5	1	1	1	3

图 22－1　各法院的案件数量

从结案方式上看，裁定数量是判决数量的两倍多。且如表 22－1 所示，审理级别越高的法院，更多地是以裁定方式结案。

表 22－1　判决与裁定的比例

审理法院	裁定比例(%)	判决比例(%)
最高人民法院	91	9
江苏省高级人民法院	64	36
中级人民法院	57	43

二、审理期限

在 29 个判决中，根据文书可以计算出审理天数的有 22 件，皆为二审案件。如表 22－2 所示，在 3 个月内即法定期限内审结的案件数量占一半，而另一半的案件未能在法定期限内审结。

表22-2 不同审理时间案件所占比例

审理时间	3个月内	3~6个月	超出6个月
所占比例(%)	50	36	14

三、诉讼当事人

(一)原告类型:公司直接起诉或由股东代表诉讼

根据《公司法》第151条前两款规定,董事、高级管理人员、监事有《公司法》第149条规定的违反忠实义务情形的,股东有权为了公司的利益以自己的名义直接向人民法院提起诉讼。通常,这种股东代表诉讼需要先满足一个前置程序要求,即股东需书面请求公司监事会(监事)或董事会(执行董事)提起诉讼并被"拒绝"。《公司法解释四》第23、24、25、26条对此作出了细化规定。

如图22-2所示,损害公司利益纠纷中,起诉方主要是公司和股东。在司法实践中:股东提起代表诉讼,通常由非控股股东提起。公司直接提起诉讼的,通常都涉及公司控制权发生变化,例如法定代表人、执行董事或高管离职后,新任的法定代表人或高管等以公司名义提起诉讼。当公司监事提起诉讼时,究竟是以公司还是监事个人作为原告,不同法院做法不一,具体内容参见裁判意见部分。对此,2017年9月1日开始施行的《公司法解释四》第23条明确规定应当以公司作为原告。

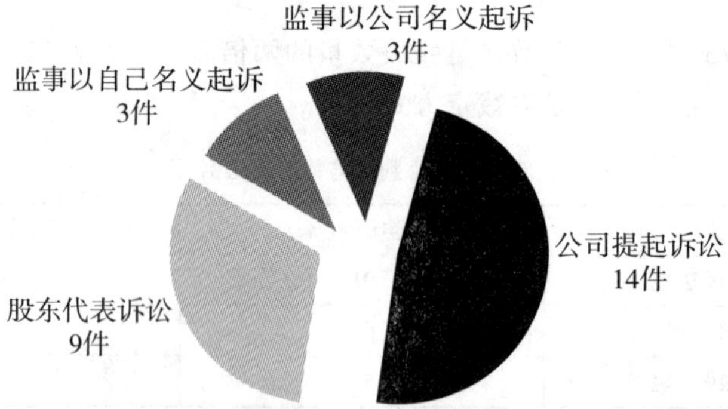

图22-2 原告类型

(二)被告类型:以董事、股东为主,多数兼具法定代表人等多重身份

根据《民事案件案由规定》,损害公司利益责任纠纷包括两大类:一是公司股东滥用股东权利损害公司利益责任(《公司法》第20条);二是公司董事、监事、高级管理人员损害公司利益责任纠纷(《公司法》第149条)。在涉及的四类

人员中，如图 22－3 所示：被告主要是董事或股东，其次是高管，监事极少。这是因为董事或控股股东具有直接管理或控制公司的地位，比监事更具备实施损害公司利益行为的便利条件。此外，52％的被告还具备法定代表人身份，这一身份也让其更容易损害公司利益。

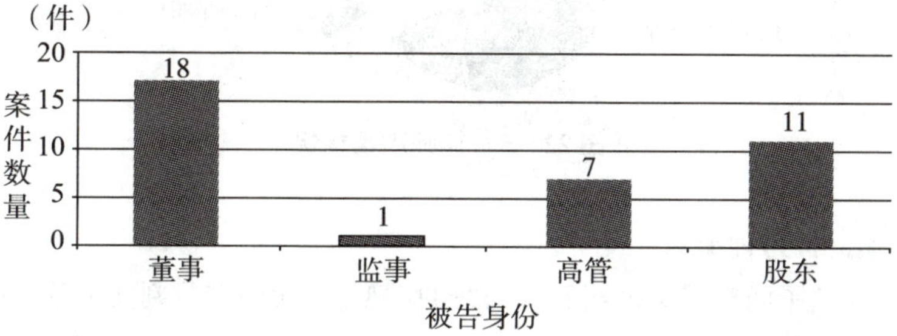

图 22－3　被告身份所涉案件数量

（三）公司在诉讼中的地位：主要是原告或第三人

如图 22－4 所示，公司在诉讼中的地位以原告身份居多，其次是第三人。在股东或监事提起诉讼、公司以第三人身份参加诉讼时，如果作为被告的董事、高管是公司的法定代表人，那么原告在诉讼过程中会遭遇较大阻碍，诉讼难度相应增加。

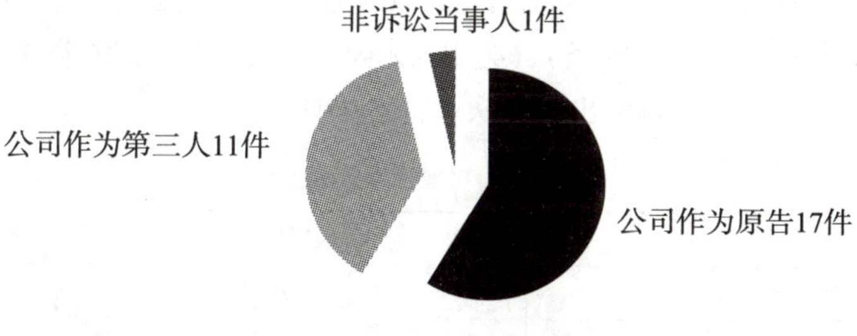

图 22－4　公司的诉讼地位

四、律师聘请情况

从图 22－5 可知，66％的案件，当事人双方均聘请了律师。这反映出，这类案件存在较大的诉讼难度，绝大多数情况下并非当事人自身能够胜任诉讼活动。

当然，聘请律师与否与案件能否胜诉并无必然联系。比如，在仅原告一方聘请律师的 3 个案件中，法院均驳回了原告的诉讼请求；在仅被告聘请律师的 3 个案件中，法院均支持或部分支持了原告的诉请。这反映出：案件自身的条件（如事实、证据等）仍然是决定案件能否胜诉的根本所在。

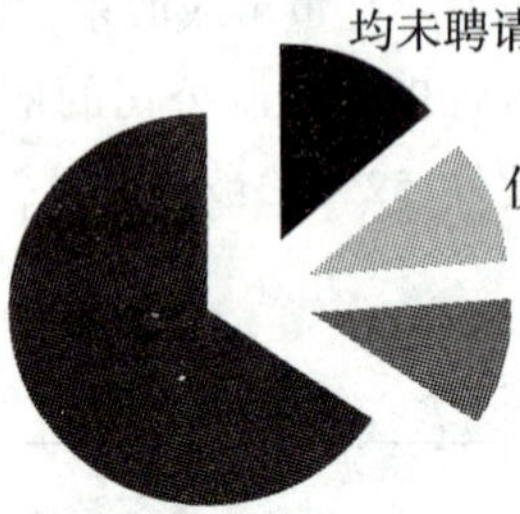

图 22－5　律师聘请情况

五、损害行为种类

前面介绍了两类损害公司利益纠纷的类型，但我们在裁判文书分析中发现：虽然《民事案件案由规定》中将“公司关联交易损害责任纠纷”作为一个专门的案由规定，但司法实践中也会将利用关联关系损害公司利益的情形作为损害公司利益责任纠纷这一案由立案。

为此，我们结合《公司法》与司法实践，对损害公司利益行为的种类归纳为以下几种情况：(1)公司股东滥用股东权利(《公司法》第 20 条)；(2)公司的控股股东、实际控制人、董事、监事、高级管理人员利用其关联关系损害公司利益(《公司法》第 21 条)；(3)董事、监事、高级管理人员违反忠实义务或勤勉义务(《公司法》第 147 条、第 148 条)；(4)其他损害公司利益的行为(第 149 条)。我们对这几种类型的损害行为出现频次进行了统计：

表 22－3　损害行为分布情况

损害行为	《公司法》法条	所占比例(%)
滥用股东权利	第 20 条	3
关联交易	第 21 条	10
违反忠实义务或勤勉义务	第 147 条、第 148 条	57
其他行为	第 148 条、第 149 条	30

如表 22－3 所示，在现有案例中，因被告违反忠实义务或勤勉义务而引发诉讼的案件占比达到 57%。其中，绝大多数又是违反忠实义务，仅 1 件是被告违反勤勉义务。这也与《公司法》侧重规定忠实义务的情况相吻合，我国《公司法》对于董事、监事和高管的勤勉义务着墨很少，仅在第 147 条中提到了这一义务，但对于忠实义务，《公司法》第 148 条列举了七种具体情形并设置了兜底条款。

此外需要说明的是，因为相关判决在事实表述和法条引用方面的原因，有

30%的案件不能简单地定性为滥用股东权利、关联交易或者违反忠实或勤勉义务，我们认为，可以归为第148条兜底条款中的“违反对公司忠实义务的其他行为”，或者第149条规定的损害公司利益的情形。这也反映出，在公司实践中，董事、高管损害公司利益情形的多样性，并不仅限于《公司法》明文规定的几种特定情形。

对于出现频次最多的“违反忠实义务”这一类型，我们又对《公司法》第148条规定的七种具体情形进一步分类统计，得出以下结果：

表22－4 违反忠实义务的具体行为分布情况

违反忠实义务的具体行为	所占比例(%)
(一)挪用公司资金	41
(二)将公司资金以其个人名义或者以其他个人名义开立账户存储	12
(三)违反公司章程的规定，未经股东会、股东大会或者董事会同意，将公司资金借贷给他人或者以公司财产为他人提供担保	6
(四)违反公司章程的规定或者未经股东会、股东大会同意，与本公司订立合同或者进行交易	12
(五)未经股东会或者股东大会同意，利用职务便利为自己或者他人谋取属于公司的商业机会，自营或者为他人经营与所任职公司同类的业务	29
(六)接受他人与公司交易的佣金归为己有	0
(七)擅自披露公司秘密	0

从表22－4可知：在董事、高级管理人员违反忠实义务而引发的诉讼中，纠纷原因多集中在挪用公司资金以及违反竞业限制义务这两类情形。另外，尽管在我们搜索的案例中并未出现“接受他人与公司交易的佣金归为己有”以及“擅自披露公司秘密”的情形，但并不意味着实践中并未发生此种类型的损害行为。

六、裁判结果

如图22－6所示，在我们统计的案件中，法院最终认定董事、监事、高管损害公司利益的案件占多数，也就是说原告胜诉的案件相对较多。但是，驳回原告诉讼请求的案件比例也达到四成，这表明此类案件的原告仍然存在较大的诉讼难度，需要在证据收集、事实论证、法律适用等方面做好充分准备，否则，败诉风险较大。

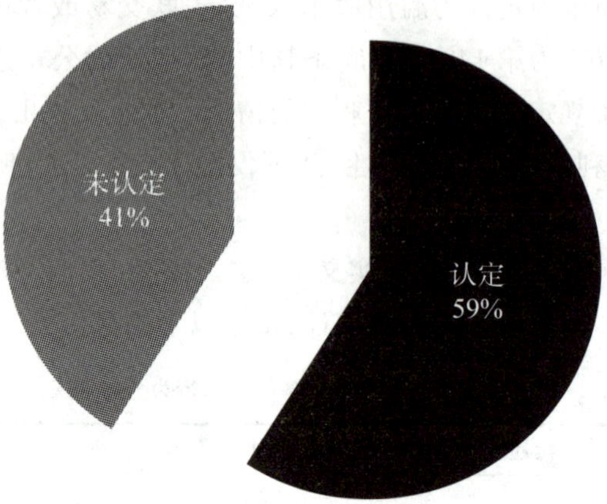

图 22-6　是否认定损害公司利益

第三部分　裁判意见整理与分析

一、对"高级管理人员"身份的认定,采取实质审查标准

(一)作为高管的"经理""副经理"对应于实践中的"总经理""副总经理";一般的"业务经理""协理"并非《公司法》上的高管

☞ 案例

上诉人南京强新企业有限公司因与被上诉人程某、吴某、南京欧典工贸有限公司损害公司利益责任纠纷案【江苏省南京市中级人民法院(2014)宁商终字第405号】

☞ 裁判意见

《公司法》规定的"高级管理人员",是指公司的经理、副经理、财务负责人,上市公司董事会秘书和公司章程规定的其他人员。该法条所指公司经理、副经理在商事实践中可对应公司的总经理和副总经理。本案中,强新公司提供的证据仅能证明程某系该公司业务经理,而依法律规定及该公司章程规定,业务经理均不属于公司高级管理人员,故强新公司上诉称程某为公司高级管理人员证据不足。强新公司章程中规定有副总经理。一审诉讼中,强新公司提供的提级通知,仅能证明吴某系该公司协理,强新公司法定代表人及总经理并未依据公司章程规定任命吴某为副总经理,说明在该公司的实际运作中并未设立该职位。而协理之职与前述法条规定的公司高级管理人员亦不相符。强新公司一审中提供

的任命吴某为协理的任命书,是其单方打印,并非任命书原件,不能证明吴某作为协理因分管相关五个重要部门而相当于副总经理;干股名单仅为打印件,且强新公司称该名单仅为公司讨论件,并未实际实施,故其证明效力不足,不能证明程某、吴某为公司高级管理人员。

(二)劳动合同中已载明具备总经理职务的,可结合章程中的职责规定确定其高管身份

☞ 案例

上诉人江苏乐辉医药有限公司与被上诉人谢某损害公司利益责任纠纷案【江苏省南京市中级人民法院(2015)宁商终字第252号民事判决】。

☞ 裁判依据

《公司法》第216条第1项:"本法下列用语的含义:(一)高级管理人员,是指公司的经理、副经理、财务负责人,上市公司董事会秘书和公司章程规定的其他人员。"

☞ 裁判意见

根据《公司法》第216条第1项规定,高级管理人员,是指公司的经理、副经理、财务负责人,上市公司董事会秘书和公司章程规定的其他人员。该法条所指公司经理、副经理在商事实践中可对应公司的总经理和副总经理。谢某认为其只是乐辉公司形式意义上的总经理,乐辉公司是蓝怡医药公司的子公司,故乐辉公司的经营活动全部由蓝怡医药公司统一安排,谢某是按照蓝怡医药公司的指令工作,乐辉公司实际控制人是蓝怡医药公司及乐辉公司执行董事李某。对此,法院认为:谢某与乐辉公司签订的《劳动合同》中明确载明谢某的职务为总经理,结合乐辉公司的公司章程中关于总经理的职责规定,谢某应系乐辉公司的高级管理人员。

(三)劳动合同书中载明从事技术管理工作的人员,相关材料能反映其任职期间履行了副总经理职责的,可被认定为公司高管

☞ 案例

云南鑫和药业有限公司诉周某公司经理损害公司利益案【昆明市盘龙区人民法院(2007)盘法民三初字第541号民事判决】。注:该案不在我们开展数据分析的裁判文书范围内,但基于问题的相关性,我们也将其整理在此。

☞ 裁判意见

根据鑫岷江公司提交的员工档案表、离职申请书、调薪申请表、岗位调动申请表和奖惩事项申报表等材料,反映出廖某在鑫岷江公司任职期间是作为副总经理履行相应职责。《公司法》规定:“高级管理人员,是指公司的经理、副经理、财务负责人,上市公司董事会秘书和公司章程规定的其他人员”,故廖某属于鑫岷江公司的高级管理人员。廖某仅以劳动合同书中载明从事技术管理工作为由认为其并非公司高级管理人员的抗辩不能成立。

(四)虽没有聘用合同、聘书及书面形式的任命,但根据领取工资并实际行使财务等方面审批职权的情况,可认定为公司高管

☞ 案例

宁波市科技园区新华信息技术有限公司诉徐某等损害公司权益案【宁波市鄞州区人民法院(2007)甬鄞民二初字第2号民事判决】。注:该案不在我们开展数据分析的裁判文书范围内,但基于问题的相关性,我们也将其整理在此。

☞ 裁判意见

根据已经查明的事实,原告与徐某之间虽未签订聘用合同,也无聘书,也未有书面形式的任命,但徐某至少在2004年3月至11月向原告领取工资,且至2005年也在行使原告单位财务方面、其他业务方面的审批职权及负责软件开发工作,故可认定徐某曾是原告单位的高管。

二、关于“违反竞业限制义务”的认定

《公司法》第148条第1款第(五)项规定董事、高管“未经股东会或者股东大会同意,利用职务便利为自己或者他人谋取属于公司的商业机会,自营或者为他人经营与所任职公司同类的业务”所得收入应当归公司所有。这是对董事、高管提出的竞业限制的要求。相关的裁判意见对于我们理解该条规定很有帮助。

(一)关于“谋取属于公司的商业机会”

对于“谋取公司商业机会”的认定,主要涉及“是否属于公司的商业机会”的问题。商业机会与公司的经营范围是否有关联,或者公司对该商业机会是否有期待利益,是必要考察要素。不过,即便据此判断属于公司的商业机会,如果有证据表明当时公司拒绝或者放弃了该商业机会,或者有证据表明客户当时不愿意与公司交易,在此情况下,董事或高管利用该机会也是具有正当性的,不构成对该项义务的违反。

1. 判断是否属于“公司商业机会”,一般应考虑该业务是否属于公司经营范围、客户是否给予公司该商业机会、公司是否曾放弃该商业机会等因素。

☞ 案例

上诉人常州三立环保设备工程有限公司与被上诉人邹某等,第三人日本技连通株式会社等损害公司利益责任纠纷案【江苏省高级人民法院(2012)苏商外终字第0050号】。

☞ 裁判意见

二审法院改判认为:涉案业务属于三立公司的商业机会,因为"(1)涉案来自日本企业的业务与三立公司的经营活动存在关联。第一,涉案来自日本企业的业务属于三立公司的经营范围。……第二,为三立公司承接涉案来自日本企业的业务系三立公司董事邹某的职责。……第三,提供涉案业务的日本企业系三立公司的股东和三立公司股东介绍给三立公司的客户。……(2)日本企业有给予三立公司该商业机会的意愿。涉案业务主要来自TNJ公司和住友公司,这两家日本企业均有将其业务给予三立公司的意愿。……(3)三立公司从未放弃该商业机会。如果邹某、戴某、士通公司、世界之窗公司认为涉案业务不属于三立公司的商业机会,其应当提供证据证明三立公司放弃了该商业机会,但其并未提供证据予以证明。"

2. 如果某个商业机会对于公司而言有从中获取利益的预期和可能性,也应认定为属于公司的商业机会。

☞ 案例

苏州财亨利房产有限公司诉凌某董事同业竞争损害公司利益纠纷案【江苏省高级人民法院(2010)苏商再提字第0015号民事判决】。① 该案基本事实是:财亨利公司与枫盛公司合作开发格林花园项目,凌某作为财亨利公司的高管出任该项目董事会的执行董事。现枫盛公司的股东希望转让其所持有的枫盛公司的股权,凌某了解这一信息后,未将受让股权的商业机会告知财亨利公司,而另行与他人投资设立仁记公司并由仁记公司取得该股权。对此,财亨利公司认为凌某的行为构成窃取公司机会,并诉至法院。

☞ 裁判意见

一、二审法院认为:凌某的行为不能构成竞业禁止。被告凌某受财亨利公司委托出任与枫盛公司合作开发格林花园的项目董事会执行董事,其负责项目的日常管理活动是得到财亨利公司认可的。枫盛公司与财亨利公司在开发项目上系合作互利关系,不属于同业竞争关系,不产生目的利益冲突。财亨利公司不能

---

① 改判案件,载《江苏省高级人民法院公报》2010年第6辑,总第12辑。

证明凌某董事在负责格林花园开发日常事务中对其经营造成损害。对于凌某在仁记公司中获得的收益，系通过投资仁记公司所获得的，同时仁记公司的收益是通过参股枫盛公司而获得的股权孳息，有别于通过从事与原告具有竞争业务的房地产开发经营直接取得的利益。

再审法院改判认为：被申请人凌某的行为构成竞业禁止。枫盛公司是申请再审人财亨利公司的合作伙伴，枫盛公司的股东要转让其持有的枫盛公司的股权。凌某作为财亨利公司董事总经理，本应将该商业机会留给公司以使公司获得更大的商业利益，至少应该交由财亨利公司董事会或者股东会讨论、决议。但凌某却另组公司仁记公司利用了这一商业机会，并取得投资收益。凌某的行为构成窃取公司机会。

3. 在公司不具有获得商业机会的条件且没有为获取商业机会作出实质性努力的情况下，不能认定该商业机会属于公司。

☞ 案例

上诉人林某与上诉人李某等损害公司利益纠纷案【最高人民法院(2012)民四终字第15号】。

☞ 裁判意见

二审法院改判认为：李某等没有剥夺香港新纶公司的商业机会，因为“这一问题，首先，取决于案涉700亩土地使用权是否应当认定专属于香港新纶公司的商业机会。……该700亩土地使用权并非当然属于香港新纶公司的商业机会，香港新纶公司要获得该商业机会必须满足其与南昌县小蓝工业园管理委员会所订合同中的相关条件。本案中，没有证据证明香港新纶公司(或者通过林某的行为)满足了上述约定条件。……其次，要审查香港新纶公司或者林某为获取该商业机会是否做出了实质性的努力。事实上，在林某明确要求保本撤资的情况下，香港新纶公司已不可能如约履行投资及在江西设立房地产企业等义务，更无可能为获得本属于其的700亩土地使用权这一商业机会而做出任何实质性的努力。因此，应当认定林某在本案中没有积极履行股东、董事义务，香港新纶公司也未能积极履行投资、设立房地产企业等义务。……第三，要审查李某、涂雅雅、华通公司在本案中是否采取了剥夺或者谋取行为。……林某对香港新纶公司可能获得700亩土地使用权的商业机会是明知的，李某、涂雅雅、华通公司没有隐瞒这一商业机会，也没有采取欺骗手段骗取林某放弃该商业机会。林某是在获知该商业机会之后不仅没有采取积极行为为香港新纶公司获取该商业机会创造条件，反而要求李某退还其已投入香港新纶公司并通过香港新纶公司转投江西新纶公司注册资金的投资款……"

4. 如果有证据表明客户当时不愿意与公司交易，则不能认为该商业机会属于公司。

☞ 案例

宁波市科技园区新华信息技术有限公司诉徐某等损害公司权益案【宁波市鄞州区人民法院(2007)甬鄞民二初字第2号民事判决】。注：该案不在我们开展数据分析的裁判文书范围内，但基于问题的相关性，我们也将其整理在此。

☞ 裁判意见

参照2005年10月27日通过的《公司法》第148条第1款第(五)项规定，认定高管是否谋取商业机会，只要证明交投公司已不愿与原告合作(原告也无相反证据证明交投公司的表示是不真实的)，原告已经失去商业机会，从而认定被告徐某自然获得了商业机会，并非是向原告夺取所谓的本属原告的商业机会，被告徐某的行为并未损害原告的权益，不构成侵权。如果第三人交投公司不愿与原告合作，原告又不能拥有商业机会，在此情况下仍不容许徐某去获得和利用商业机会的话，则是对公司高管忠实义务的极端理解，会造成社会资源的浪费。当然徐某作为原告公司的高管，在取得该商业机会后，未向原告披露或向原告隐瞒实情，有违公司高管的忠实义务，这种做法是不妥当的，但并未对原告造成损失，故徐某不应承担经济赔偿责任。

(二)关于"自营或者为他人经营与所任职公司同类的业务"

1. 违反竞业限制义务的关键在于"自营或者为他人经营与所任职公司同类业务"这一行为，公司不需要举证证明自身利益已经受到实际损害。

☞ 案例

上诉人江苏乐辉医药有限公司与被上诉人谢某损害公司利益责任纠纷一案【南京市中级人民法院(2015)宁商终字第252号民事判决，改判案件】。该案基本事实：谢某系乐辉公司总经理，任职期间，其在未告知乐辉公司股东的情况下，又与他人共同设立了信好公司，该公司与乐辉公司经营相同业务。

☞ 裁判意见

一审法院认为：谢某没有违反竞业禁止义务的行为。因为"高级管理人员竞业禁止义务，是指未经股东会或股东大会同意，高级管理人员不得利用职务便利为自己或者他人谋取属于公司的商业机会，自营或者为他人经营与所任职公司同类的业务。为防止利用高级管理人员身份优势谋取个人利益而损害公司利益，基于平衡利益冲突、保护公司利益的目的，高级管理人员应对公司承担忠实义务,而高级管理人员竞业禁止义务是忠实义务的重要内容,如果他们同时处于公司竞争者的地位,将导致其个人利益与公司利益的冲突以及利用公司任职的便利,增加篡夺商业机会同公司竞争的可能性,公司的最大利益就将难以实现。因此,对竞业限制的范围进行解释时,应当把握的一个原则便是考察公司高管从事的各种经营活动是否侵害了公司现实利益或者可预见的预期利益,以此作为判定标准。本案中,尽管谢某系信好公司股东,但并未在本质上改变乐辉公司与信好公司原有的利益格局,乐辉公司亦未提供证据证明谢某的行为篡夺了乐辉公司的商业机会,并损害了乐辉公司的商业利益。因此,谢某在信好公司担任股东的行为不违背高级管理人员竞业禁止义务的根本目的,不构成高级管理人员竞业禁止行为。"

二审法院改判认为:谢某违反了竞业禁止义务。因为"谢某于 2012 年 2 月 22 日与他人共同投资设立了信好公司,经营与乐辉公司相同的业务范围,谢某在 2012 年 6 月 1 日至 2013 年 7 月 15 日担任乐辉公司总经理期间,未将该情况告知乐辉公司股东,其行为违反了公司高级管理人员应尽的忠实义务。乐辉公司对此已经完成了初步举证义务。……故对乐辉公司要求将谢某经营同类业务所获得的 10 万元收入归乐辉公司所有的诉请,本院予以支持"。

2. 对于成立在先的竞业公司的董事或高管,在后成立的公司聘请其担任高管时如果没有明确要求其卸任竞业公司的董事或高管,则在竞业公司继续担任董事或高管的行为不违反竞业限制义务。

☞ 案例

上诉人李某、如东县东旺水产品养殖公司清算小组等与被上诉人日本东源株式会社返还侵占资金纠纷案【江苏省高级人民法院(2003)苏民三终字第 005 号民事判决,改判案件】。注:该案不在我们开展数据分析的裁判文书范围内,但基于问题的相关性,我们也将其整理在此。该案基本案情是:东旺公司成立时间早于昌佳公司,且双方注册的经营范围基本相同。李某是东旺公司的股东和法定代表人,后又被昌佳公司聘请为总经理并担任副董事长职务。

☞ 裁判意见

一审法院认为:依照《公司法》的规定,公司董事、经理不得自营或者为他人经营与其所任职公司同类的营业或者从事损害公司利益的活动。从事上述营业或者活动的,所得收入应当归公司所有。李某、杨某和盛兴祥均为昌佳公司董事、东旺公司股东,而李某和杨某又分别是昌佳公司的副董事长、总经理和副总经理,且东旺公司与昌佳公司经营范围相同,所以,即使三角尖滩涂确系东旺公司所有，其所得收入也应归昌佳公司所有。

二审法院改判认为：东源会社以李某等违反公司法有关竞业禁止的规定为由，要求认定三角尖滩涂上的收益归昌佳公司所有的诉讼请求，不能成立。因为“(1)东旺公司在昌佳公司设立前即已存在，且双方注册的经营范围基本相同，同时，由于李某分别担任东旺公司的法定代表人和昌佳公司的总经理，必然造成李某同时经营东旺公司和昌佳公司的状况，而我国法律并没有规定在合资企业成立后，从事同类经营的中方投资者必须停止同类经营活动。(2)由于东旺公司系三角尖滩涂的承租人，享有对该滩涂的经营管理权和收益权，其对三角尖滩涂的正常经营管理行为并不必然损害昌佳公司的利益，且李某在将有争议的文蛤苗款划至东旺公司时，已经扣除了从昌佳公司账上支付的款项，客观上也未给昌佳公司的利益造成实质性损害。(3)从东旺公司和昌佳公司的实际经营活动来看，东旺公司所从事的是文蛤苗的养殖和销售，而昌佳公司则是将购买的文蛤苗投放到羊角沙养殖成大文蛤后进行销售，两者所从事的是文蛤养殖的两个不同阶段的养殖活动，客观上并不具有直接的竞争关系”。

3. 高管从事竞业的行为如果得到了有限公司所有股东的书面同意，那么竞业限制义务的豁免不一定需要以股东会决议的形式作出。

☞ 案例

苏州市陆星玻璃制品有限公司诉董某损害公司利益责任纠纷案【江苏省苏州市中级人民法院(2013)苏中商终字第0536号民事裁定】【昆山市人民法院(2012)昆商初字第0855号民事判决】。

☞ 裁判意见

法院认为：虽然原告提供的实际股东合作协议明确了公司股东为5人，但本院认为即使根据该份协议，金某良以及吴某当时也仅仅是作为公司的隐名股东，而陆星公司的显名股东应当是金某明、董某以及陆某，就被告董某离开原告公司后从事竞业行为事宜，实际已经由当时的公司的另外两位股东在2010年5月20日出具了书面同意书，虽然并未形成股东会决议的形式，但陆星公司股东金某明以及陆某的意思表示明确，本院据此可以认定被告从事竞业行为实际已经股东会同意。

4. “自营或为他人经营”不局限于在竞业公司担任董事、高管或者直接参与公司日常管理，还包括担任竞业公司的股东、监事等。

☞ 案例

北京东方家园房地产开发有限公司诉苏某损害公司利益案【北京市第一中

级人民法院(2005)一中民终字第12260号民事判决,改判案件】。注:该案不在我们开展数据分析的裁判文书范围内,但基于问题的相关性,我们也将其整理在此。

☞ 裁判意见

一审法院认为:虽然被告在原告公司担任常务副总经理期间与他人投资设立与原告公司经营范围属同类营业的润景公司,但因被告仅系润景公司股东,未在润景公司担任董事、经理或者其他管理人员,且原告公司未能提供证据证明被告实际参与了润景公司的经营管理或者为润景公司从事与原告公司相同类业务性质的商业活动,故而不属于竞业禁止。

二审法院改判认为:一审法院错误地将《公司法》第61条中"自营"的概念片面地理解为公司经营的日常管理,局限于苏某必须在同业公司担任董事、经理或其他管理人员,但同时又不把监事视为管理人员。根据《中华人民共和国公司法》和润景公司章程的规定,苏某作为润景公司的股东对润景公司经营决策的重大事项享有表决权,就是对润景公司进行了经营。苏某作为润景公司的监事享有检查公司财务,对执行董事和经理执行公司职务时违反法律法规或者公司章程的行为进行监督,当执行董事和经理的行为损害公司利益时要求执行董事和经理予以纠正,提议召开临时股东会的权利,监事对公司的经营管理起着内部监控的重要作用,很明显属于管理人员。

(三)关于"所得的收入应当归公司所有"

1.公司行使归入权时,并非必须以竞业行为给公司造成损害为前提,只要构成"违反竞业限制义务"即可。

☞ 案例

苏州财亨利房产有限公司诉凌某董事同业竞争损害公司利益纠纷案【江苏省高级人民法院(2010)苏商再提字第0015号民事判决】。

☞ 裁判意见

《公司法》第149条第1款第(五)项规定:董事、高级管理人员未经股东会或者股东大会同意,不得利用职务便利为自己或者他人谋取属于公司的商业机会,自营或者为他人经营与所任职公司同类的业务。该条第2款规定:董事、高级管理人员违反前款规定所得的收入应当归公司所有。根据这一规定,公司董事、高级管理人员的竞业禁止有两种情形:一是未经股东会或者股东大会同意,利用职务便利为自己或他人谋取属于公司的商业机会;二是未经股东同意自营或者为他人经营与所任职公司同类的业务。只要董事及高级管理人员的行为符合其中一种情形，即构成竞业禁止，而且不必考虑该竞业禁止是否给公司造成损害，公司即可以行使归入权，主张其因竞业禁止行为所得收入归公司所有。

2. 有关“所得的收入”的举证，可以适用“不利证据持有推定规则”。

☞ 案例

上诉人江苏乐辉医药有限公司与被上诉人谢某损害公司利益责任纠纷案【江苏省南京市中级人民法院（2015）宁商终字第252号民事判决】。

☞ 裁判意见

二审法院认为：谢某否认有10万元收入，应承担相应举证责任。最高人民法院《关于民事诉讼证据的若干规定》第75条规定，有证据证明一方当事人持有证据无正当理由拒不提供，如果对方当事人主张该证据的内容不利于证据持有人，可以推定该主张成立。乐辉公司要求对信好公司2012年6月至2014年3月期间的财务账册进行保全并审计，二审中谢某明确表示不能提供信好公司2012年6月至2014年3月期间的财务账册等资料。据此法院推定乐辉公司的主张成立。故对乐辉公司要求将谢某经营同类业务所获得的10万元收入归乐辉公司所有的诉请，本院予以支持。

三、关于董事、监事和高管的勤勉义务

相关判决表明：公司董事在签署了履行期限不利于公司的协议后，未能及时了解和监督协议履行进程、妥善安排相关人员开展工作的，应认定其违反了勤勉义务。

☞ 案例

上诉人赵某因与被上诉人江苏苏南特种装备集团有限责任公司、原审第三人常熟市金海华丽嘉酒店有限责任公司损害公司利益责任纠纷案【江苏省苏州市中级人民法院（2014）苏中商终字第0164号民事判决】。

☞ 裁判依据

《公司法》第147条第1款：董事、监事、高级管理人员应当遵守法律、行政法规和公司章程，对公司负有忠实义务和勤勉义务。

☞ 裁判意见

二审法院认为，赵某存在违反法律及公司章程的规定，未能尽到其作为丽嘉公司董事长、总经理所应尽之勤勉义务，造成丽嘉公司损失，主要理由如下：（1）……然而赵某的上诉理由中即已陈述“导致审计无法完成的客观原因：协议签署正值春节期间，所有工作无法正常开展，协议约定的审计时限不够长”等，

而节假日对工作开展的影响、协议约定的审计时限等因素，作为董事长的赵某，理应同处于同一职位上具有一般认知能力及管理水平的普通公司管理者一样，尽到谨慎注意义务。即使如审计所需时间这一因素，作为非审计专业人员的赵某确无法准确判断，但其仍可以通过咨询相关审计专业人员后再作出决策……(2)在2010年1月27日协议签订后，作为公司董事长、总经理的赵某理应及时妥当地根据协议约定安排公司相关人员开展工作，以确保协议的履行有利于公司利益的最大化。但根据现有证据，无法证实赵某已经根据协议的约定及时安排丽嘉公司相关工作人员开展工程造价的审计工作……在审计工作中，虽然作为董事长、总经理的赵某无须也不可能对开展审计的具体工作事事亲力亲为，但其应当及时了解、监督审计工作的进程，并根据前期工作的情况作出更为妥善的工作安排。但现有证据也不能证明赵某履行了上述了解、监督审计工作及根据具体情况作出更为妥善地工作安排的义务。因此，应当认定赵某未能积极妥当地履行其董事长、总经理的勤业、敬业义务。

四、关于诉讼程序

(一)公司监事提起诉讼时，究竟是以公司还是监事个人作为原告，不同法院做法不一

根据《公司法》第151条第1款的规定，监事有权应公司股东的书面请求提起诉讼。司法实践中，有的法院直接以监事为原告，有的法院则以公司为原告、将监事列为公司的诉讼代表人。

☞ 案例

1. 上诉人南京赫伯特环保洗涤服务有限公司、梁某与被上诉人南京双阳洗涤服务有限公司损害公司利益责任纠纷案【江苏省南京市中级人民法院(2015)宁商终字第65号民事判决】。

2. 上诉人蔡某因与被上诉人刘某、原审第三人南通博邦机械制造有限公司损害公司利益纠纷案【江苏省南通市中级人民法院(2014)通中商终字第0423号民事判决】。

☞ 裁判意见

在上述案例1中，被告梁某系赫伯特公司的法定代表人及股东，其辩称："虽然张某是公司监事，但是根据法律规定，公司监事提起诉讼应该以个人名义提起，张某无权以公司名义进行起诉。"二审法院对此认为："本案中张某既是赫伯特公司股东又是监事，其以监事身份对梁某提起诉讼系行使法律赋予的监督职

权，实际是维护公司利益的公司行为，故应以公司作为原告。”此外，该案中，赫伯特公司通过了关于变更法定代表人为张某的股东会决议。尽管尚未根据该决议办理法定代表人的工商变更登记手续，但法院仍将张某列为公司的法定代表人及诉讼代表人。

而在案例2中，法院将监事列为原告，并将公司列为第三人。二审法院认为：“本案中，博邦公司于2013年5月14日通过股东会决议，罢免蔡某的执行董事职务，同意刘某辞去公司监事职务，选举刘某担任公司执行董事。虽然该股东会决议后经法院生效判决确认为合法有效，但直至该判决于2014年3月10日生效之前，双方对于股东会决议的效力存在较大分歧，其效力处于不稳定的状态。况且，刘某曾以博邦公司名义提起诉讼，但被如东县人民法院裁定驳回，并被告知应以其自己的名义提起诉讼。在该裁定于2013年8月19日作出并生效后，刘某于同年9月3日即以其自己的名义起诉，并无不当。且依照刘某的诉讼请求，最终的诉讼利益归博邦公司所有，现博邦公司也明确表示无需替代刘某的原告主体地位，故刘某诉讼主体适格，本院予以支持。”

需要指出的是，2017年9月1日开始施行《公司法解释四》第23条已明确规定应当列公司为原告，并由监事会或监事代表公司进行诉讼。

（二）清算阶段的股东代表诉讼，可不必经过前置程序

☞ 案例

上诉人南通东江房地产开发有限公司、南通开发区东江建筑安装工程有限公司与上诉人南通同泰企业发展集团有限公司等损害公司利益责任纠纷案【江苏省高级人民法院（2014）苏商终字第00491号民事裁定】。

☞ 裁判意见

二审法院改判认为：“公司清算不但周期较短，而且其只消耗、不增加公司财产，所以公司的清算状态符合《公司法》第151条规定的‘情况紧急、不立即提起诉讼将会使公司利益受到难以弥补的损害的’情形。天一公司正处于清算程序中，本案原审原告作为公司股东，如其认为同基公司可能损害天一公司的利益，可以直接向法院提起代表诉讼，无须履行书面请求公司清算组起诉的前置程序。而且原审裁定作出后，天一公司清算组会议已讨论过本案诉讼，但天一公司（清算组）并未起诉。清算组组长致李某（东江房地产公司诉讼代理人）、蒋某（东江建安公司诉讼代理人）的函件中亦称本案诉讼由东江房地产公司、东江建安公司具体实施，清算组及其本人不做任何实质操作。故本案原告的起诉符合股东代表诉讼制度的立法目的。”

(三)公司股东有权以自己名义代表公司向法院申请强制执行,并将执行利益归于公司

☞ 案例

1. 上海东浩环保装备有限公司与南京东浩橡塑制品有限公司等股东代为申请执行权复议案。① 注:该案不在我们开展数据分析的裁判文书范围内,但基于问题的相关性,我们也将其整理在此。

2. 钟某因苏州物宝天华置业有限公司等申请执行百孚有限公司损害公司利益责任纠纷案【江苏省高级人民法院(2014)苏执复字第00090号民事裁定】。

☞ 裁判意见

在案例1中,法院认为:根据《公司法》第151条的规定,他人侵害公司合法权益,给公司造成损失的,有限责任公司的股东有权为了公司的利益以自己的名义直接向人民法院提起诉讼。该条规定所指的诉讼,应当理解既包括审判程序也包括执行程序的全部诉讼程序。因此,当公司存在法律文书确定的债权,如果不提起执行将超过申请执行期限,且公司董事会拒绝申请执行时,为了保护公司及其股东的合法权益,公司股东有权以自己的名义代表公司直接向人民法院申请执行。公司股东代表公司以自己的名义直接向人民法院申请执行,执行利益应归于公司。

在案例2中,法院认为:本案系天华公司股东富宫公司因百孚公司侵害天华公司利益,在天华公司未向法院提起诉讼情况下,为了维护天华公司利益而提起的股东代表之诉,胜诉利益应当归属于天华公司。根据本院(2012)苏商外终字第0019号民事判决,百孚公司立即停止侵害天华公司涉案房产物权的行为、赔偿天华公司租金收益损失人民币16,070,509.02元及相应利息损失。在百孚公司未按该生效民事判决履行赔偿义务时,天华公司作为该民事判决的权利人可以申请人民法院强制执行。富宫公司虽然不是该民事判决的利益承受主体,但其作为民事判决的原告,也应当享有申请人民法院强制执行的权利,以确保天华公司经民事判决确认的利益得到实现。钟某系本案被执行人百孚公司法定代表人,其以天华公司法定代表人身份提出执行异议,请求撤销本案执行没有法律依据,且将导致民事判决确定的天华公司的利益无法得到实现,本院不予支持。需要指出的是,《公司法解释四》第25条已明确规定"胜诉利益归属于公司",同时第26条规定胜诉股东可要求公司承担诉讼的合理费用。

---

① 载《江苏省高级人民法院公报》2009年第2期。

（四）有能力提供证据一方应承担举证责任，对方不予认可应提供相反证据

☞ 案例

上诉人陈某明、陈某微因与被上诉人李某平、李某霞、原审第三人酒泉太和实业有限责任公司损害公司利益责任纠纷案【最高人民法院（2014）民二终字第72号民事判决】。

☞ 裁判意见

二审法院认为：二审中，考虑到李某平、李某霞作为太和公司的董事长、财务管理人员，有能力提供案涉2000万元资金使用情况的相关证据，遂将举证责任分配给了李某平、李某霞。对于李某平、李某霞提交的“陈某明专项支出科目汇总表”、专项支出账页等证明案涉2000万元全部用于太和公司经营活动的证据材料，陈某明、陈紫薇不予认可，但未提供相反证据予以否认。

第四部分 律师建议

一、公司章程宜对“高级管理人员”的范围作出具体规定，以防范诉讼中认定高管身份产生争议时的举证困难

在我们研究的案例中，有的因为对职位名称的描述模棱两可，如使用“业务经理”“协理”等用词，容易与高级管理人员中的“总经理”“经理”混淆；有的因为聘用手续、任命手续不完善，导致诉讼中需要提供许多其他证明材料来证明被告的高管身份。

《公司法》对“高级管理人员”的定义中，除了明确包括公司的经理、副经理、财务负责人和上市公司董事会秘书之外，还有“公司章程规定的其他人员”，也就是授权公司章程可以扩大“高级管理人员”的范围。因此，建议公司在制定章程时，应对高级管理人员的范围、任免程序、权限等作出具体规定，并在经营过程中不断完善章程制度。需特别注意的是，在任命高级管理人员时，应严格执行章程规定的程序，并注意书面文件的存档。

二、应在公司章程中就法定代表人出现损害公司利益的情形时，由谁代表公司进行诉讼作出规定

对于担任公司法定代表人职务的董事或高管损害公司利益的情形，股东提起代表诉讼或监事起诉时，会遭遇很大的障碍。被告通常会利用其作为公司法定代表人的身份，实际控制公司并阻碍诉讼的顺利进行。比如，作为第三人的公

司在诉讼中的意见会受到被告的控制和约束,甚至成为被告意见的代言人。

为避免上述情形,公司宜在章程中对于现任法定代表人因损害公司利益而成为被告时,如何重新确定公司诉讼代表人的问题作出事先的规定,或者通过公司股东会决议确定。

三、公司章程宜对董事、高管披露公司商业机会的方式与勤勉义务等事宜作出详细规定,以便诉讼中法院直接以公司章程为依据作出认定

虽然《公司法》中规定了董事、高管对公司负有忠实义务与勤勉义务,并对违反忠实义务的行为作出列举,但对部分行为是否违反了相关义务仍不免争议。因此,对于忠实义务,尤其对涉及公司商业机会、可能触犯同业竞争的事项,应要求董事、高管予以披露。此外,对于勤勉义务,《公司法》并未对具体的行为方式作出规定,因此建议在章程就此详细规定,以便诉讼中法院直接以公司章程认定。

四、公司宜通过章程或规章制度等形式,对公司公章、证照及财务资料、合同等重要文件的保管、交接作出具体规定,并设置相应的法律后果

公司公章、证照及财务资料、合同等重要文件往往由董事、高管或其他相关员工负责保管,如果缺乏制度约束,很容易出现保管不善的情况,从而可能给公司造成重大损失。此外,在这些人员因与公司或股东发生矛盾而离职时,也经常发生拒绝办理交接手续的情形,由此造成公司面临经营管理上的困难,有时,甚至公司本身也不清楚交接的资料是否完整。即便通过诉讼方式解决,也面临举证困难、执行困难或者损害赔偿责任的认定困难,比如公司因不能证明相关资料由离职员工持有,法院未能支持公司的诉讼请求。

为了有效应对这些情况,建议公司在章程或相关规章制度中确定具体岗位对特定证照、文件的保管职责,明确保管权限、交接程序及交接清单留存等具体问题,并就保管不当及拒绝交接等行为设定相应的法律后果,明确损害赔偿的金额。

第二十三章　股东损害公司债权人利益责任纠纷

第一部分　报告背景及数据来源

股东损害公司债权人利益责任纠纷，是最高人民法院《民事案件案由规定》中明确规定的一项案由，指的是公司股东因滥用公司法人独立地位和股东有限责任，逃避债务，严重损害公司债权人利益，对公司债务承担责任的民事纠纷。

公司的独立人格和股东的有限责任制度，意味着股东仅以其投入公司的资产为限对公司的债务承担责任。这一制度是现代公司制度的根基。

然而，股东的有限责任其实并未减少公司的经营风险的总量，而实际是将部分风险转嫁给了公司债权人。因此，为了平衡股东和债权人两者的利益保护，公司法要求，股东有限责任应当建立在股东真实出资，且没有实施危害债权人利益行为的前提下。由此，公司法及其司法解释对于股东向债权人承担责任，规定了以下三类法定情形：

第一，法人格否认制度。其主要规定在《公司法》第 20 条第 3 款："公司股东滥用公司法人独立地位和股东有限责任，逃避债务，严重损害公司债权人利益的，应当对公司债务承担连带责任。"以及《公司法》第 62、63 条中有关一人公司的特殊规定。这也是股东损害公司债权人利益的最典型的表现。

第二，股东瑕疵出资的法律责任。其主要规定在最高人民法院《公司法司法解释（三）》第 13 条第 2 款等规定，即，股东未履行或未全面履行出资义务的,公司债权人有权要求该股东在未出资本息范围内对公司债务不能清偿部分承担补充赔偿责任。如上所述,要求瑕疵出资股东对公司债务承担相应责任,符合对股东有限责任制度限制的法理,因而在司法实践中,大量的此类纠纷也被法院确定为股东损害公司债权人利益责任纠纷。

第三,公司清算义务人的法律责任。其主要规定在《公司法》第183条、《公司法司法解释二》第18条等规定,即公司解散后,股东作为清算义务人,未尽到清算义务,致使公司财产减少而给债权人造成损失的,债权人有权要求股东承担赔偿责任。这一规定与法人格否认制度其实一脉相承,因为当股东怠于履行清算义务时,实际上也是让公司这一"躯壳"面对债权人,股东自己则置身事外、漠视债权人利益,这也是股东滥用公司独立地位和股东有限责任的表现。

我们对最高人民法院、江苏省高级人民法院以及江苏省内相关地区法院近五年审理的股东损害公司债权人利益责任纠纷的裁判文书进行了数据分析,形成了本研究报告。相关裁判文书主要来源于"中国裁判文书网""无讼案例""北大法宝"等裁判文书数据库,裁判文书检索时间为2011年1月1日至2016年12月31日。

第二部分　案件数据及裁判特点

在"无讼案例"的裁判文书数据库中,以"股东损害公司债权人利益责任纠纷"为案由进行搜索,并经"北大法宝"数据库的补充,可得到从2011年1月1日至2016年12月31日期间,最高人民法院共有案例8个,江苏省高级人民法院有案例9个,江苏省辖区内各地的中级人民法院共有案例17个,江苏省辖区内各地基层人民法院共有案例31个,以上总计65个。下面,本报告将针对这些裁判文书进行分析。

一、地区分布差异较大,经济较为发达地区案件数量明显偏多

表23-1　江苏地区案件分布

地区	案件数量(件)
南京	14
常州	10

续表

地区	案件数量(件)
苏州	8
无锡	8
扬州	5
盐城	4
徐州	2
淮安	2
南通	1
泰州	1
宿迁	1
镇江	1
总计	57

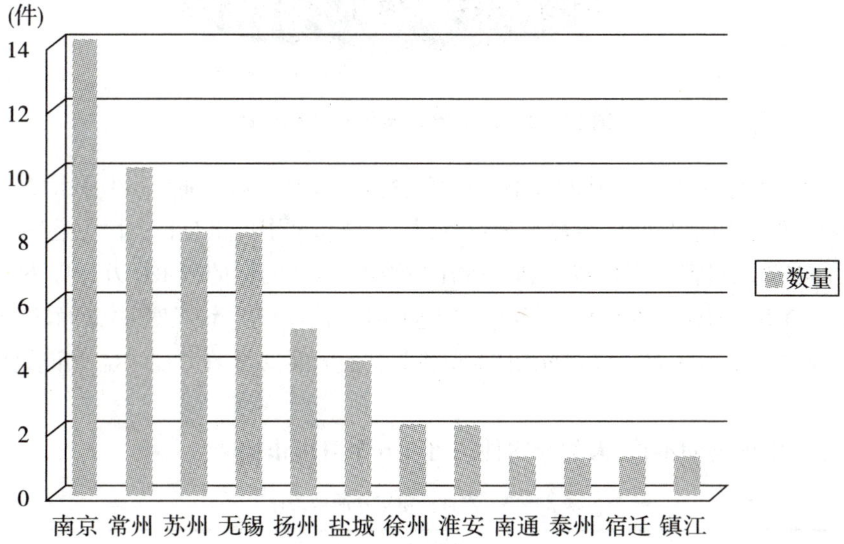

图 23－1　江苏地区案件分布

从上述图表可以看出，在江苏地区，股东损害公司债权人利益责任纠纷案件以南京、常州、苏州、无锡地区为多，占比重超过了 70%。这表明此类纠纷案件地区差异大，在经济较为发达的苏南地区纠纷明显较多。

二、案件标的额往往不高,主要由基层法院一审管辖

表 23-2　江苏地区案件标的额统计

案件标的额		
区间	数量(件)	比例(%)
100 万元以下	29	67
100 万元~500 万元	11	26
500 万元以上	3	7
总计	43	100

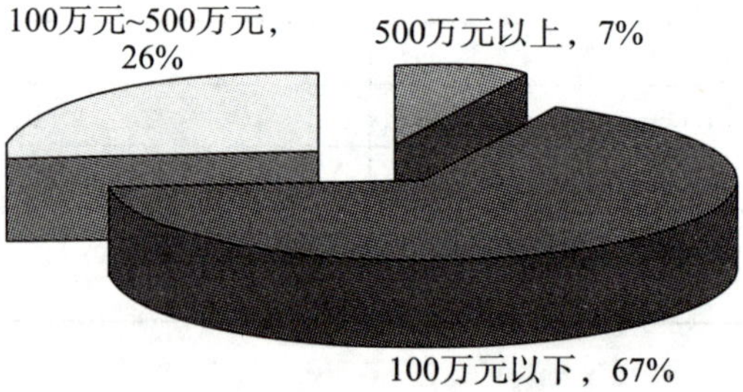

图 23-2　江苏地区案件标的额统计

对江苏地区共 57 份裁判文书进行案件标的额统计,除去部分文书中无法看出具体标的额,如原告撤诉、管辖权异议等,共有 43 份文书可供分析。由上述图表可看出,在股东损害公司债权人利益责任纠纷中,案件的标的额 100 万元以下的占 67%,100 万至 500 万的占 26%,两者总计达 93%。由此得出,该类案件标的额往往并不巨大,按照最高人民法院公布的法院级别管辖的标准,基本在基层法院一审管辖。

三、审理周期不长,大部分案件均可在 6 个月内审结

表 23-3　案件一审审理周期统计

审理周期统计		
一审审理周期	数量(件)	比例(%)
6 个月以下	14	67
6~12 个月	6	29
12 个月以上	1	4
总计	21	100

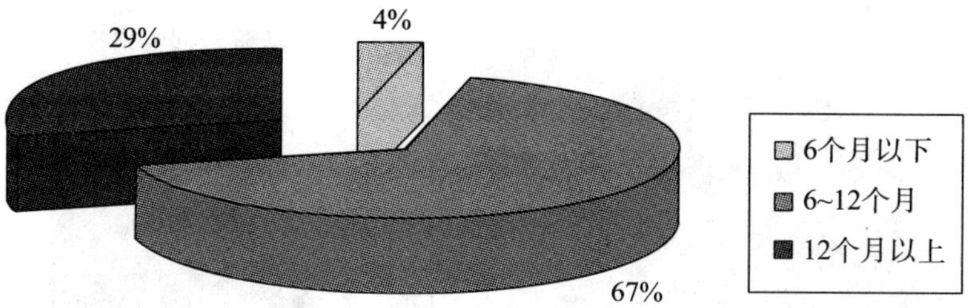

图 23－3　案件一审审理周期统计

由于目前案件信息公开的局限性，且在大多数二审或再审裁判文书中，无法获得原告一审起诉时间的信息，因此，我们只针对该类纠纷的一审审理周期进行统计，形成上述图表。从图表可以看出，在股东损害公司债权人利益责任纠纷中，大部分的案件均能在 6 个月之内审结，而时间超过 1 年的案例仅有 1 起，其原因为在审理过程中有约 5 个月时间为委托司法审计。由此得出，相对于其他类型的纠纷，该类纠纷在审限上并不算漫长。

四、管辖权异议的申请率和法院支持率均较低

表 23－4　管辖权异议情况统计(一)

	案件数量(件)	占总数比例(%)
申请管辖权异议	8	12
未申请管辖权异议	57	88
总计	65	100

表 23－5　管辖权异议情况统计(二)

	案件数量(件)	占总数比例(%)
法院支持管辖权异议	3	4.6
法院驳回管辖权异议	5	7.4

提出管辖权异议是诉讼活动中当事人经常采用的一种诉讼策略，对于节约当事人诉讼成本与减少诉讼风险具有重要的意义。如上述图表所示，在本报告所搜集的全部 65 个案例中，当事人申请管辖权异议的占比达 12%，而在这些案件中，管辖权异议获得法院支持的，占比达 4.6%。由此可见，该类纠纷中，无论管辖权异议的申请率还是法院的支持率，均处于较低区间。

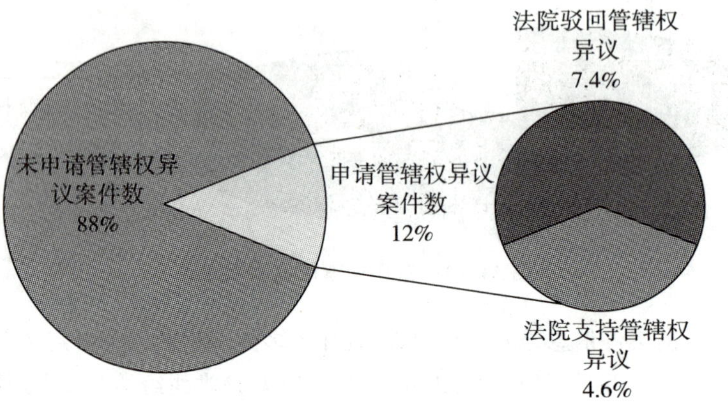

图 23－4　管辖权异议情况统计

五、原告胜诉率略高于败诉率

表 23－6　原告胜诉情况统计

诉讼结果	案件数量(件)	比例(%)
原告胜诉	31	63
原告败诉	18	37
总计	49	100

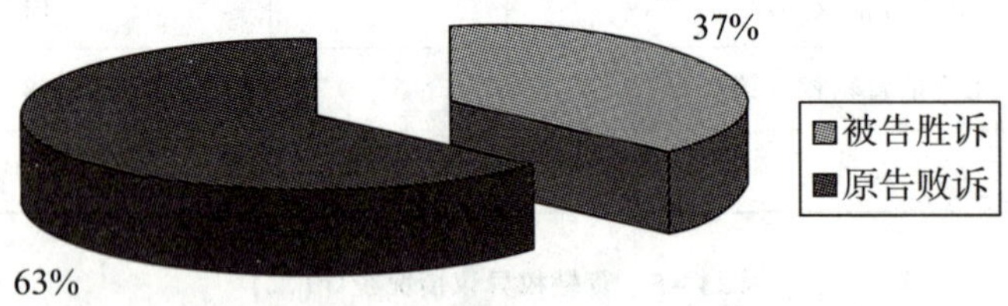

图 23－5　原告胜诉情况统计

对本报告所搜集的所有文书的裁判结果进行分析,可以发现,原告撤诉的案件有 7 件,专门针对管辖权异议的有 7 件,再排除其他无法查出一审原告胜诉与否的案件 2 件,共筛选得到可供分析的文书 49 份。从上述图表可以看出,该类纠纷中原告获胜的比例略高于败诉比例,为 63%。

第三部分　裁判意见整理与分析

一、不论股东资格或控制权的取得依据是否合法有效，只要客观上滥用了股东权利导致债权人利益遭受损失，就要承担损害赔偿责任

☞ 案例

北京通达实业总公司（以下简称通达公司）与中国水利电力对外公司（以下简称中水电公司）股东滥用股东权利赔偿纠纷一案，不服北京市高级人民法院【（2012）高民终字第52号】民事判决，向最高人民法院申请再审。最高人民法院于2013年1月31日作出【（2012）民申字第1203号】民事裁定，驳回再审申请，维持生效判决。

☞ 裁判依据

《公司法司法解释（二）》第18条第1款："有限责任公司的股东、股份有限公司的董事和控股股东未在法定期限内成立清算组开始清算，导致公司财产贬值、流失、毁损或者灭失，债权人主张其在造成损失范围内对公司债务承担赔偿责任的，人民法院应依法予以支持。"

第19条："有限责任公司的股东、股份有限公司的董事和控股股东，以及公司的实际控制人在公司解散后，恶意处置公司财产给债权人造成损失，或者未经依法清算，以虚假的清算报告骗取公司登记机关办理法人注销登记，债权人主张其对公司债务承担相应赔偿责任的，人民法院应依法予以支持。"

☞ 裁判意见

最高法院认为，通达公司与港源公司等签订的《北京港通电气有限公司股权、债权转让协议书》，虽被北京市第二中级人民法院确认无效，但通达公司已经因此取得实际控制权。后因通达公司将港通公司的房产无偿转移到其名下，导致港通公司无法偿还对债权人中水电公司的债务，系滥用股东权利损害债权人利益的行为，应当依法承担赔偿责任。

二、债务人进入破产程序后，债权人不能起诉要求债务人的瑕疵出资股东对公司债务承担补充赔偿责任

☞ 案例

西宁特殊钢集团有限责任公司（以下简称西宁特钢公司）、青海省国有资产投资管理有限公司（以下简称青海国投公司）与赣州银行股份有限公司（以下简

称赣州银行公司)股东损害公司债权人利益责任纠纷一案,不服江西省高级人民法院作出的【(2013)赣立终字第18号】民事裁定,向最高人民法院申请再审。最高人民法院于2013年11月16日作出【(2013)民提字第161号】民事裁定,撤销原审裁定,驳回赣州银行公司起诉。

☞ 裁判依据

《企业破产法司法解释(二)》第21条第1款:"破产申请受理前,债权人就债务人财产提起下列诉讼,破产申请受理时案件尚未审结的,人民法院应当中止审理:

(一)主张次债务人代替债务人直接向其偿还债务的;

(二)主张债务人的出资人、发起人和负有监督股东履行出资义务的董事、高级管理人员,或者协助抽逃出资的其他股东、董事、高级管理人员、实际控制人等直接向其承担出资不实或者抽逃出资责任的;

(三)以债务人的股东与债务人法人人格严重混同为由,主张债务人的股东直接向其偿还债务人对其所负债务的;

(四)其他就债务人财产提起的个别清偿诉讼。"

第23条第1款:"破产申请受理后,债权人就债务人财产向人民法院提起本规定第二十一条第一款所列诉讼的,人民法院不予受理。"

☞ 裁判意见

最高人民法院认为,赣州银行公司向人民法院提出诉讼时,昆仑证券公司已进入破产程序,尚未终结。如果允许赣州银行公司起诉昆仑证券公司的两个股东西宁特钢公司、青海国投公司并获得赔偿,则损害了昆仑证券公司其他债权人的合法权益,也违背了《企业破产法》确立的公平清理债权债务原则。《企业破产法司法解释(二)》第21条、第23条规定,破产申请受理后,债权人向人民法院主张债务人的出资人、发起人和负有监督股东履行出资义务的董事、高级管理人员承担出资不实或者抽逃出资责任的,人民法院不予受理。本案赣州银行公司的起诉符合上述规定的情形,赣州银行公司的起诉应予驳回。

三、公司进入破产程序后,对于公司的非企业法人股东,债权人仍可起诉主张法人格否认,要求非企业法人股东对公司债务承担连带责任

☞ 案例

曾某因与合昌国际贸易(深圳)有限公司(以下简称合昌公司)及古某、成某、戴某、东莞市雷豹电子有限公司(以下简称东莞雷豹公司)股东损害公司债权人利益责任纠纷一案，不服广东省高级人民法院【（2014）粤高法民二破终字第105号】民事判决，向最高人民法院申请再审。最高人民法院于2015年5月21日作出【（2015）民申字第541号】民事裁定，驳回再审申请。

☞ 裁判依据

《公司法》第20条第3款："公司股东滥用公司法人独立地位和股东有限责任，逃避债务，严重损害公司债权人利益的，应当对公司债务承担连带责任。"

☞ 裁判意见

最高人民法院认为：鉴于当前我国破产法律制度仅限于规范企业法人的破产程序，尚无自然人等非企业法人破产制度，调整破产企业的股东与破产企业的法人人格严重混同情形下的关联企业实体合并破产制度，也仅适用于破产企业的股东为企业法人的场合，而不包括破产企业的股东为自然人等非企业法人的情形。在破产企业的股东为自然人等非企业法人的情形下，债权人有权依据《公司法》第20条第3款关于"公司股东滥用公司法人独立地位和股东有限责任，逃避债务，严重损害公司债权人利益的，应当对公司债务承担连带责任"的规定，向破产企业的自然人等非企业法人股东主张相关权利。

同时，由于不适用关联企业实体合并破产制度，不能将自然人等非企业法人股东的财产纳入到破产财产中，因此，自然人等非企业法人股东的财产在法律属性上并非破产财产。故，原审判决曾某对东莞雷豹公司拖欠合昌公司的债务承担连带清偿责任，也不构成《破产法》下的个别清偿。

四、股东与一人公司的财产是否混同，应由该股东承担举证责任

☞ 案例

严某与常州市帅帅纺织品有限公司（以下简称帅帅公司）、常州市世高易裳服装有限公司（以下简称世高公司）买卖合同及股东损害公司债权人利益责任纠纷一案，不服江苏省常州市中级人民法院【（2013）常商终字第512号】民事判决，向江苏省高级人民法院申请再审。江苏高院于2014年9月5日作出【（2014）苏审二商申字第0166号】民事裁定，驳回再审申请。

☞ 裁判依据

《公司法》第62条："一人有限责任公司应当在每一会计年度终了时编制财务会计报告，并经会计师事务所审计。"

第63条："一人有限责任公司的股东不能证明公司财产独立于股东自己的财产的，应当对公司债务承担连带责任。"

☞ 裁判意见

江苏高院认为,股东与一人公司的财产是否混同,应由一人股东提供证据来证明。二审中严某虽已向法院提交了江苏利安兴达会计师事务所出具的2010年度、2011年度的审计报告及严某与世高公司的资金往来的专项审计报告,但以上审计报告和审计说明的形成时间均为2013年10月,说明世高公司未按照法律规定在每一会计年度终了时进行审计,且审计机构据以审计的财务资料均系世高公司单方提供,显然未能充分证明2010年度、2011年度世高公司真实的财务状况以及世高公司与严某资金往来的状况,故二审法院依法不予采信,并无不当。

况且,严某任世高公司股东期间,本人及亲属与公司存在大量资金往来,财务凭证记载的用途与公司账面反映的用途不一致,亦能证明严某与公司存在财产混同的事实。

五、司法解释有关瑕疵出资股东承担补充赔偿责任的规定,具有溯及力

☞ 案例

陆某、华某、张某、是某、无锡市锡山苏源电力公司(以下简称苏源公司)与中国东方资产管理公司南京办事处(以下简称东方公司南京办)及王某股东损害公司债权人利益责任纠纷一案,不服江苏省无锡市中级人民法院【(2013)锡商终字第0748号】民事判决,向江苏省高级人民法院申请再审。江苏高院于2014年11月27日作出【(2014)苏审三商申字第00276号】民事裁定。

☞ 裁判依据

《公司法司法解释(三)》第13条第2款:"公司债权人请求未履行或者未全面履行出资义务的股东在未出资本息范围内对公司债务不能清偿的部分承担补充赔偿责任的,人民法院应予支持;未履行或者未全面履行出资义务的股东已经承担上述责任,其他债权人提出相同请求的,人民法院不予支持。"

☞ 裁判意见

江苏省高级人民法院认为:我国《公司法》明确规定公司股东应当按期足额缴纳出资,迟延出资股东仅需补足出资本金,而不需承担逾期出资期间的利息显然不是《公司法》的立法本意。再审申请人苏源公司等未按时缴纳增资,后虽经诉讼程序补缴了增资本金部分,但直至东方公司南京办起诉时,并未向公司支付迟延增资的利息,二审判决再审申请人在迟延增资的利息范围内向公司债权人承担补充赔偿责任并无不当。

此外,《公司法解释(三)》是就公司法适用作出的解释,再审申请人虽在《公

司法解释(三)》施行前补缴了增资的本金,但迟延增资行为发生在公司法施行之后,不能因此而免除承担迟延出资利息的责任。

六、股东损害公司债权人利益责任纠纷案件,适用侵权之诉的管辖规定

☞ 案例

太仓市金鑫铜管有限公司(以下简称金鑫公司)与王某中、夏某、张某、董某,原审被告王某股东损害公司债权人利益责任纠纷管辖权异议一案,不服江苏省淮安市中级人民法院【(2014)淮中商辖初字第0063号】民事裁定,向江苏省高级人民法院提起上诉。江苏高院于2014年12月18日作出【(2014)苏商辖终字第00222号】民事裁定,驳回上诉,维持原裁定。

☞ 裁判依据

《民事诉讼法》第28条:"因侵权行为提起的诉讼,由侵权行为地或者被告住所地人民法院管辖。"

☞ 裁判意见

江苏省高级人民法院认为:王某中、夏某、张某、董某主张旭星公司的股东金鑫公司、王某存在损害公司债权人利益的行为,故本案纠纷应属侵权之诉。依据《民事诉讼法》第28条的规定,侵权行为地或被告住所地的人民法院,对于侵权行为提起的诉讼,均具有管辖权。依据《民事诉讼法》第35条的规定,在两个以上人民法院都有管辖权的情形下,王某中、夏某、张某、董某可以选择向其中一个人民法院起诉。因旭星公司的住所地位于原审法院辖区,故原审法院作为侵权行为地的人民法院,有权受理本案。金鑫公司认为本案只能由被告住所地的法院管辖的上诉理由不能成立,本院不予采纳。

七、股东设立关联公司、开展同类业务,并不必然损害公司利益,债权人不能仅仅以此为由主张法人格否认

☞ 案例

南京城市交通科技开发有限公司(以下简称城交开发公司)与南京启黄公司广告有限公司(以下简称启黄公司)、张某、吴某、宫某、尚某、朱某股东损害公司债权人利益责任纠纷一案,不服南京市白下区人民法院【(2012)白商初字第885号】民事判决,向南京市中级人民法院提起上诉。南京市中院于2013年4月8日作出【(2013)宁商终字第146号】民事判决,驳回上诉,维持原判。

☞ 裁判依据

《公司法》第 20 条规定："公司股东应当遵守法律、行政法规和公司章程，依法行使股东权利，不得滥用股东权利损害公司或者其他股东的利益；不得滥用公司法人独立地位和股东有限责任损害公司债权人的利益。

公司股东滥用股东权利给公司或者其他股东造成损失的，应当依法承担赔偿责任。

公司股东滥用公司法人独立地位和股东有限责任，逃避债务，严重损害公司债权人利益的，应当对公司债务承担连带责任。"

☞ 裁判意见

法院认为：本案中，虽然张某、吴某、宫某、朱某在灵港公司经营期间成立了启黄公司，但灵港公司与启黄公司都是独立法人，张某、吴某、宫某、尚某作为灵港公司股东，完成出资即履行了出资的法定义务。

我国《公司法》并未禁止关联公司的设立，启黄公司与灵港公司虽系关联公司，但城交开发公司以此为由并不足以证明启黄公司为灵港公司逃废债务所设。同时，我国《公司法》更未有关联公司不得从事经营范围相同业务的禁止性规定。诉讼中，城交开发公司自称在灵港公司作为被执行人案中，其已派过专业会计人员查阅过灵港公司的相关账务资料，但其未能从中发现并提供有效的证据证明灵港公司存在向启黄公司转移资金、逃废债务及自然人股东存在抽逃资金的行为。庭审中，城交开发公司认为灵港公司股东设立启黄公司的行为就是股东损害公司利益行为，缺乏依据，本院不予采纳。

八、否认公司法人格的举证要求很高，债权人应提交充分有效的证据形成证据链才能完成举证责任

☞ 案例

上海锡海工贸有限责任公司与徐某、无锡市兰锡有色金属有限公司股东损害公司债权人利益责任纠纷一案，不服无锡市锡山区人民法院【(2013)锡法商初字第 0108 号】民事判决，向无锡市中级人民法院提起上诉。无锡市中级人民法院于 2014 年 9 月 18 日作出【(2014)锡商终字第 0478 号】民事判决，驳回上诉，维持原判。

☞ 裁判依据

《公司法》第 20 条规定："公司股东应当遵守法律、行政法规和公司章程，依法行使股东权利，不得滥用股东权利损害公司或者其他股东的利益；不得滥用公

司法人独立地位和股东有限责任损害公司债权人的利益。

公司股东滥用股东权利给公司或者其他股东造成损失的，应当依法承担赔偿责任。

公司股东滥用公司法人独立地位和股东有限责任，逃避债务，严重损害公司债权人利益的，应当对公司债务承担连带责任。”

☞ 裁判意见

法院认为：锡海公司提供的证据不足以否认兰锡公司法人人格。公司人格否认制度应当坚持慎用原则，严格限制适用。构成公司人格否认的要件主要从公司资本显著不足、过度控制、人格混同、公司人格形骸化；公司股东对公司人格的滥用，严重侵害了债权人的合法利益等方面考虑。为此，锡海公司应提交充分有效的证据形成证据链以完成以上事项的举证责任。

审理中，法院委托鉴定机构就2010年5月至2011年12月间兰锡公司与徐某之间的资金往来情况及向锡海公司采购35.1298吨锡锭销售后所得资金的流向进行专项审计。审计报告表明兰锡公司财务管理确不规范，但兰锡公司有独立的公司账簿，徐某与公司之间的往来也有相关往来凭证，故依据审计报告不能得出徐某将兰锡公司的财产作为个人的财产随意调用或占为己有的结论。

第四部分　律 师 建 议

通过前述对最高人民法院及江苏地区各级人民法院相关裁判文书的分析，可以发现，在股东损害公司债权人利益责任纠纷中，包含有多个法律争议问题。无论是作为公司的债权人，还是公司股东，都应当及时认清这一纠纷中可能存在的法律风险，从而避免遭受损失。对此，我们针对该类纠纷中比较突出和多发的问题，结合公司法的相关规定以及现实状况，提出几点风险防范建议。

一、股东应当健全公司管理制度，避免与公司人格混同

股东与公司人格混同，又称为公司人格的形骸化，是股东损害公司债权人利益的典型情形。其意指公司成为股东的一个工具，失去了独立存在的价值，因而需要突破股东有限责任的原则，使相关股东对公司债务承担责任。这主要规定在《公司法》第20条第3款：“公司股东滥用公司法人独立地位和股东有限责任，逃避债务，严重损害公司债权人利益的，应当对公司债务承担连带责任。”

实践中，很多公司由于缺乏规范化的管理制度，既有可能存在公司与股东财

产混同，如公司账簿与股东账簿不分、公司与股东的收益不分等情形；也可能存在公司与股东业务不分，即母子公司经营相同业务，且大量的交易中交易形式上主体与实际主体不符；还有可能是出现组织机构或人员的混同，即母子公司间组织机构存在严重的交叉和重叠。此外，还有可能是股东对公司进行过度支配和控制，实施关联交易或控制决策等行为。

而在司法实务中认为，公司债权人要依据《公司法》第20条规定主张股东承担连带责任的，应当符合下列条件：第一，公司法人已经取得独立人格；第二，股东实施了滥用公司人格的行为，如财产混同、过度控制等；第三，股东对公司人格的滥用，严重损害了公司债权人利益；第四，该制度只在公司无清偿能力时才能适用。在本报告搜集的案例中，存在多起债权人因未能举证证明股东存在滥用公司人格的行为，因而导致败诉的案例。因此，结合《公司法》规定，我们对此提出如下建议：

1. 股东尤其是公司实际控制人，应当尽可能实现公司规范化管理，健全公司决策、财务等管理制度，避免出现与公司财产混同、业务混同、人员混同、过度控制等情形。

2. 作为公司债权人，由于在诉讼中承担主要的证明责任，因而应当更加注重搜集股东与公司人格混同的证据。

二、合理运用注册资本认缴制，在一定程度上可防范对公司债权人承担赔偿责任的风险，但也不能滥用注册资本认缴制

《公司法司法解释三》第13条第2款规定："公司债权人请求未履行或者未全面履行出资义务的股东在未出资本息范围内对公司债务不能清偿的部分承担补充赔偿责任的，人民法院应予支持。"第14条第2款规定："公司债权人请求抽逃出资的股东在抽逃出资本息范围内对公司债务不能清偿的部分承担补充赔偿责任、协助抽逃出资的其他股东、董事、高级管理人员或者实际控制人对此承担连带责任的，人民法院应予支持。"

由此可见，股东未履行或者未全面履行出资义务的，除有可能涉及股东出资纠纷，也会涉及股东损害公司债权人利益责任纠纷。

而新的《公司法》在公司资本制度上实行认缴注册资本制，《公司法》第26条第1款规定："有限责任公司的注册资本为在公司登记机关登记的全体股东认缴的出资额。"第83条第1款规定："以发起设立方式设立股份有限公司的，发起人应当书面认足公司章程规定其认购的股份，并按照公司章程规定缴纳出资。

以非货币财产出资的，应当依法办理其财产权的转移手续。”这一规定取消了公司最低注册资本额限制，也取消了股东缴足出资的时间限制，将这一事项完全交由公司自行约定。这体现了我国《公司法》对原有的“注册资本信用观”的扭转。

但应当注意的是，虽然在注册资本认缴制下，股东可以自由约定出资期限，在期限届满前无须对公司承担出资义务，也就不会因为出资瑕疵而向公司债权人承担责任，但这并不必然排除股东向债权人承担责任的风险。在上海市普陀区人民法院作出的【（2014）普民二（商）初字第5182号】民事判决中，在股东的出资认缴期限尚未届满时公司出现不能清偿对外债务的情况，法院就支持债权人提出的请求，要求股东提前在未实缴范围内对公司债务承担补充责任。该案虽然在二审中经原告撤回起诉，使得一审判决未生效，但仍值得我们重视。

结合《公司法》的相关规定，我们对此提出以下建议：

1. 股东（发起人）无须在公司设立时即缴纳出资，可以考虑在认缴一定注册资本额后，在章程中约定一个较为宽松、灵活的实缴期间、实缴方式，从而在一定程度上避免因未履行或未全面履行出资义务而向债权人承担赔偿责任的风险。

2. 股东也不能滥用认缴资本制下的自由出资期限利益，在股东实缴全部出资之前，应极力避免出现公司不能清偿债务的情况，一旦公司失去偿债能力，股东应及时将已经认缴但尚未实缴的出资缴纳到位，以保持公司的正常经营和偿债能力。这一义务实际上是要求股东应当“善良”，不可让公司成为其转嫁债务风险的“壳”，从而危及公司债权人的合法利益，这是公司资本制度的基本要求，目的是保护公司、股东、债权人的合法权益及交易安全和经济秩序稳定。

三、股东应当积极履行清算义务，避免承担清算赔偿责任

《公司法》第183条规定：“公司因本法第一百八十条第（一）项、第（二）项、第（四）项、第（五）项规定而解散的，应当在解散事由出现之日起十五日内成立清算组，开始清算。有限责任公司的清算组由股东组成，股份有限公司的清算组由董事或者股东大会确定的人员组成……”因此，有限公司的股东负有组织公司清算的义务，为公司清算义务人。

《公司法司法解释（二）》第18条第1款规定：“有限责任公司的股东、股份有限公司的董事和控股股东未在法定期限内成立清算组开始清算，导致公司财产贬值、流失、毁损或者灭失，债权人主张其在造成损失范围内对公司债务承担赔偿责任的，人民法院应依法予以支持。”第2款规定：“有限责任公司的股东、股份有限公司的董事和控股股东因怠于履行义务，导致公司主要财产、账册、重

要文件等灭失,无法进行清算,债权人主张其对公司债务承担连带清偿责任的,人民法院应依法予以支持。”第3款规定:“上述情形系实际控制人原因造成,债权人主张实际控制人对公司债务承担相应民事责任的,人民法院应依法予以支持。”

换言之,股东作为清算义务人,在公司解散后负有清算义务,其怠于履行清算义务,导致公司财产损失的,需在损失范围内向债权人承担赔偿责任。导致公司主要财产、账册、重要文件等灭失,无法进行清算的,需向债权人承担连带责任。因此,结合《公司法》规定,我们对此提出如下建议:

1. 股东在公司解散后应当依据《公司法》和章程规定,及时成立清算组,通知全体债权人,依法清算公司财产。

2. 当股东之间出现矛盾或其他情形,导致公司无法及时、依法开展清算工作时,股东应当及时申请法院启动强制清算,避免承担法律责任的风险。

第二十四章　公司解散纠纷

第一部分　报告背景及数据来源

公司解散，是指引起公司人格消灭的法律事实。根据公司解散事由的不同，公司解散可分为公司自行解散、强制解散和司法解散三种情况。自行解散又称任意解散，是指公司基于自身的意思解散，比如因公司章程规定的营业期限届满或者公司章程规定的其他解散事由出现，或股东会、股东大会决议解散，或因公司合并、分立需要解散。强制解散，是指公司依法被吊销营业执照、责令关闭或者被撤销。司法解散又称裁判解散，是指公司的目的和行为违反法律、公共秩序和善良风俗的，依法律的规定命令其解散；或者公司经营出现显著困难、重大损害或董事、股东之间出现僵局时，依据股东的申请，由法院裁判解散公司。本报告中所指的公司解散纠纷，主要是指公司僵局出现时，公司股东提起解散公司申请而引发的纠纷。

公司在存续期间如果长期发生严重的内部矛盾，导致公司的正常经营无法进行，此时，如公司继续存续，将导致股东利益在公司持续的僵局中耗竭，导致股东的投资目的无法实现。因此，《公司法》第 182 条规定，在这种情形下，股东拥有解散公司的请求权。

但是，解散公司毕竟将导致公司主体灭失，且具有不可回复性，对公司而言，是最严厉、最具破坏性的结果。同时，解散公司既涉及公司股东利益，也涉及公司债权人、公司员工等相关方的利益。因此，《公司法》及其司法解释就解散公司规定了严格的限制条件。

实践中,各级人民法院在公司解散纠纷的法律适用问题上并不完全一致,部分案例中存在相互冲突的观点。对这些案例进行梳理,得出公司解散纠纷案件法律适用的一般性裁判观点,是我们制作本报告的初衷。为此,我们从"中国裁判文书网"、"无讼案例"等裁判文书数据库中进行搜索,将最高人民法院、江苏省高级人民法院和江苏省各地级市中级人民法院最近四年多内(2011 年 3 月 1 日至 2016 年 8 月 31 日)公开的公司解散纠纷裁判文书作为本报告的研究样本,通过对样本进行数据分析和整理,形成了本报告。

第二部分　案件数据及裁判特点

在"中国裁判文书网""无讼案例"的裁判文书数据库中,以"公司解散纠纷"为案由进行搜索,可得到从 2011 年 3 月 1 日至 2016 年 8 月 31 日期间的公司解散纠纷案件总计 64 件。其中,最高人民法院 11 件,江苏省高级人民法院 9 件,江苏省下辖各地区的中级人民法院共 44 件。下面,我们对这些裁判文书数据进行分析。

一、级别管辖分布情况

(一)中级人民法院受理的公司解散纠纷案件的审理阶段分布情况

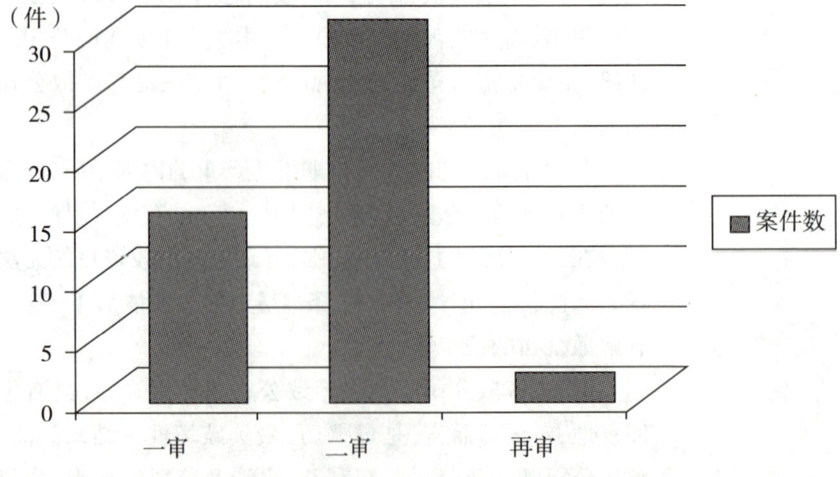

图 24-1　中级人民法院受理的公司解散纠纷案件的审理阶段分布情况

（二）高级人民法院受理的公司解散纠纷案件的审理阶段分布情况

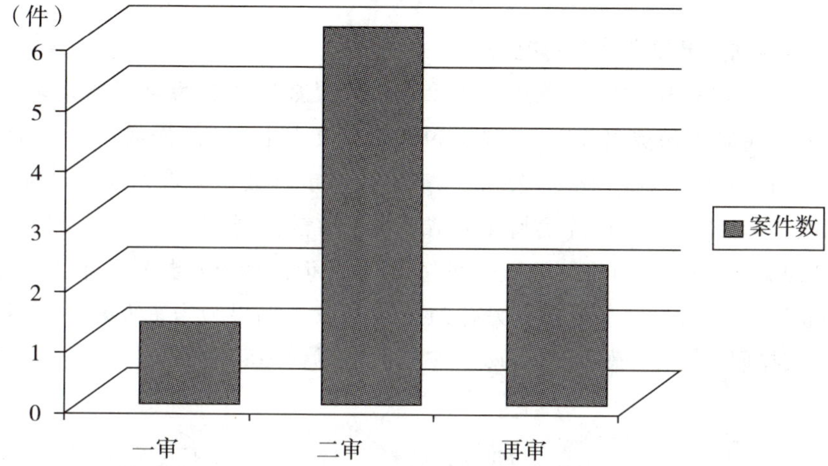

图 24－2　高级人民法院受理的公司解散纠纷案件的审理阶段分布情况

（三）最高人民法院受理的公司解散纠纷案件的审理阶段分布情况

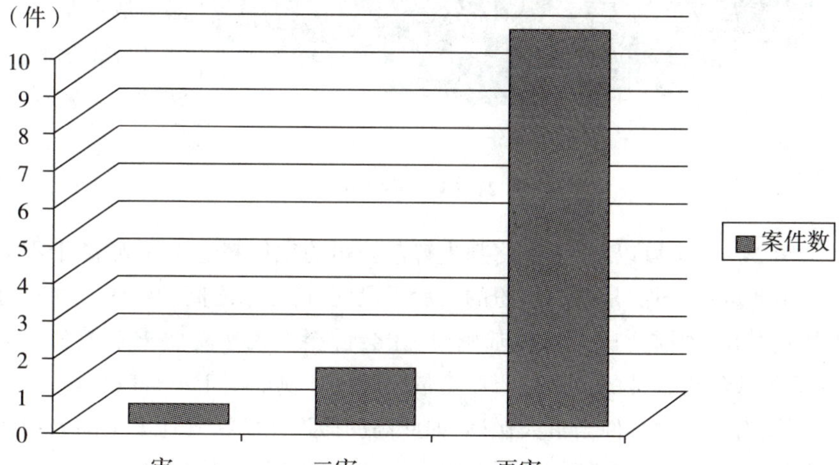

图 24－3　最高人民法院受理的公司解散纠纷案件的审理阶段分布情况

从图 24－1、图 24－2 和图 24－3 可以看出，中级人民法院和高级人民法院受理的公司解散纠纷案件中，一审案件少，二审案件多。最高人民法院受理的公司解散纠纷案件中，再审案件多，二审案件少，无一审案件。同时，法院层级越高，受理案件中再审案件的比例越高。可以看出，公司解散纠纷案件的一审管辖以基层人民法院和中级人民法院为主。

二、裁判结果类型分布情况

64件裁判文书样本中,除去2份管辖权异议裁定、1份发回重审裁定、1份指令再审裁定、1份提审裁定外,剩余59份裁判文书中,有22份裁判文书结果为解散公司(包括一审裁判解散公司、二审维持一审解散公司裁判和再审维持原审解散公司裁判),有16份裁判文书结果为不解散公司(包括一审裁判驳回起诉、驳回诉讼请求,二审维持一审驳回起诉、驳回诉讼请求裁判和再审维持原审驳回起诉、驳回诉讼请求裁判),另有21份裁判文书结果为当事人撤诉(包括撤回起诉、撤回上诉、按撤回起诉处理、按撤回上诉处理和撤回再审申请)。详情如下:

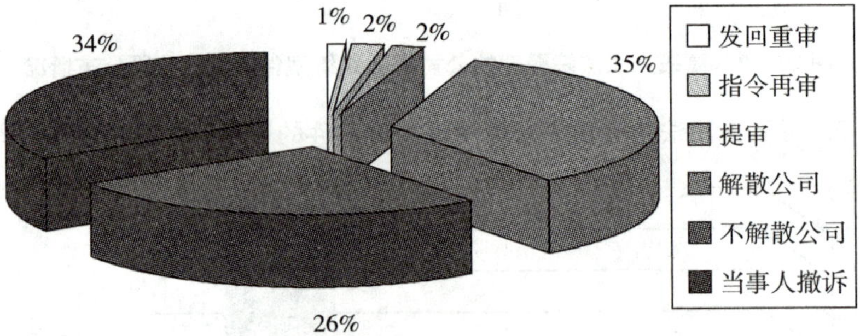

图24-4 裁判结果

从图24-4中可以看出,最终判决解散公司的比例超过1/3,略高于不解散公司。由此可见,司法是解决纠纷的最后手段,公司股东之间的纠纷往往只有发展到严重激化、动摇公司人合性基础时,才会诉至人民法院要求解散公司。因此,公司解散纠纷案件的裁判结果中解散公司的比例要高于不解散公司。

另外,有1/3的案件当事人撤诉,如此高的撤诉比例在其他案由的公司纠纷中并不多见,这与当前法律制度对于判决公司解散的标准比较笼统有关,也与公司解散不可逆、法院重视调解有关。

三、二审裁判结果分布情况

64件裁判文书样本中,二审阶段的案件共37个,其中撤回上诉或按撤回上诉处理案件共9个,二审改判的案件共3个,驳回上诉的案件共24个,发回重审的案件共1个。具体情况如图24-5所示:

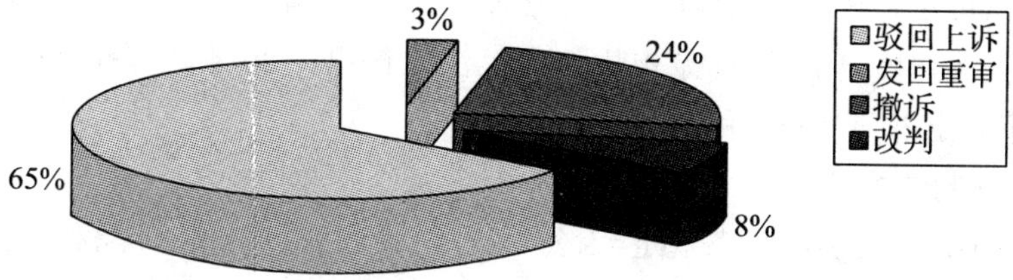

图 24－5　二审裁判结果

从图 24－5 中可以看出，公司解散纠纷案件二审改判率很低。因此，当事人及代理人对于公司解散纠纷诉讼的一审程序应当给予更多重视。

四、再审裁判结果分布情况

64 件裁判文书样本中，再审阶段的案件共 13 个，其中撤回再审申请的案件共 4 个，再审改判的案件共 1 个，驳回再审申请的案件共 6 个，指令再审的案件共 1 个，提审的案件共 1 个。具体情况如图 24－6 所示：

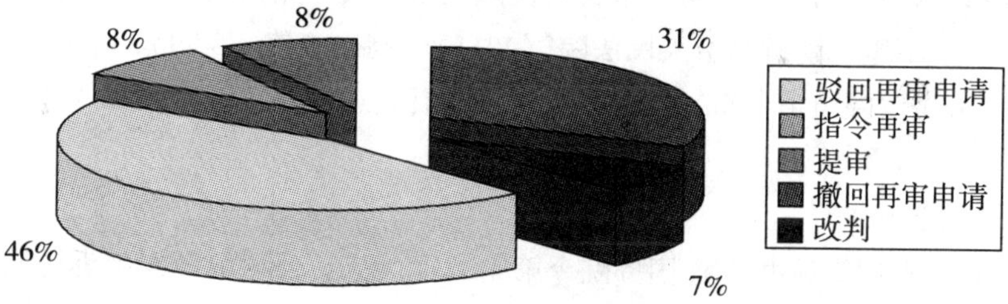

图 24－6　再审裁判结果

从图 24－6 中可以看出，公司解散纠纷案件再审改判率很低，驳回再审申请比例较高。这与二审的裁判结果相似，反映出在公司解散认定标准相对笼统的情况下，上级法院对于下级法院的裁量给予了较多的尊重。

第三部分　裁判意见整理与分析

一、公司解散纠纷适用公司诉讼案件特殊地域管辖的规定，由公司住所地人民法院管辖

☞ 案例

南京云帆科技实业有限公司因与俞某、华某公司解散纠纷管辖权异议一案，不服南京市玄武区人民法院【(2014)玄商辖初字第14号】民事裁定,向南京市中级人民法院提起上诉,南京市中级人民法院作出【(2014)宁商辖终字第138号】二审裁定书,驳回上诉,维持原裁定。

☞ 裁判依据

《民事诉讼法》第26条规定:因公司设立、确认股东资格、分配利润、解散等纠纷提起的诉讼,由公司住所地人民法院管辖。

☞ 裁判意见

因公司设立、确认股东资格、分配利润、解散等纠纷提起的诉讼,由公司住所地人民法院管辖。法人的住所地是指法人的主要营业地或主要办事机构所在地。判断主要营业地或主要办事机构所在地的标准为"实际经营",如无证据证明实际经营地址与工商注册地址不一致,则推定工商注册地址为公司住所地。

二、公司解散纠纷案件按照"非财产案件"的标准缴纳诉讼费用

☞ 案例

杨某因与保山东成石材有限公司及东莞市东成矿业投资有限公司公司解散纠纷一案,不服云南省高级人民法院【(2011)云高民二终字第96号】民事判决,向最高人民法院申请再审,最高人民法院作出【(2013)民提字第110号】民事判决书。

☞ 裁判依据

《诉讼费用交纳办法》(国务院令第481号)规定,公司解散纠纷诉讼属于非财产案件,每件应当交纳50元至100元诉讼费。

☞ 裁判意见

因解散公司诉讼系非财产案件,一、二审法院按照财产标的额计收案件受理费不当,本院亦依法予以纠正。

三、股东提起解散公司诉讼,同时请求人民法院分割财产的,人民法院对其提出的分割财产诉请不予受理

☞ 案例

杨某因与保山东成石材有限公司及东莞市东成矿业投资有限公司公司解散纠纷一案,不服云南省高级人民法院【(2011)云高民二终字第96号】民事判决,向最高人民法院申请再审,最高人民法院裁定提审,并作出【(2013)民提字第110号】判决书。

☞ 裁判依据

《公司法司法解释(二)》第2条规定:“股东提起解散公司诉讼,同时又申请人民法院对公司进行清算的,人民法院对其提出的清算申请不予受理。人民法院可以告知原告,在人民法院判决解散公司后,依据公司法第一百八十四条和本规定第七条的规定,自行组织清算或者另行申请人民法院对公司进行清算。”

☞ 裁判意见

分割财产性质上属于公司清算中的事项之一,根据《公司法》的规定,公司解散事由发生后,应当依法进行清算,在清理公司财产、清偿公司全部债务后仍有剩余时,才涉及公司剩余财产在股东之间的分配问题。因此,根据最高人民法院《公司法司法解释(二)》[以下简称《公司法解释(二)》]第2条的规定,股东在提起解散公司诉讼时,同时提出分割财产诉请的,人民法院不予受理。

四、公司设立涉嫌经济犯罪的,在刑事程序终结前,股东起诉要求解散公司的,人民法院裁定驳回起诉

☞ 案例

曹某因与江苏天人和影视投资管理有限公司公司解散纠纷一案,不服江苏省南京市中级人民法院【(2014)宁商初字第00065号】民事裁定,向江苏省高级人民法院提起上诉,江苏省高级人民法院作出【(2014)苏商终字第00435号】民事裁定书,驳回上诉,维持原裁定。

☞ 裁判依据

《最高人民法院关于在审理经济纠纷案件中涉及经济犯罪嫌疑若干问题的规定》第11条规定:人民法院作为经济纠纷受理的案件,经审理认为不属经济纠纷案件而有经济犯罪嫌疑的,应当裁定驳回起诉,将有关材料移送公安机关或检察机关。

☞ 裁判意见

因曹某涉嫌合同诈骗一案目前仍在刑事侦查阶段,而玄公经提捕字(2014)005号提请批准逮捕书所描述的犯罪事实又涉及天人和公司的设立,故天人和公司是否符合司法强制解散的受理条件涉及经济犯罪嫌疑,原审法院依照《最高人民法院关于在审理经济纠纷案件中涉及经济犯罪嫌疑若干问题的规定》第11条之规定,驳回曹某的起诉,并无不当。

五、《公司法》规定的公司解散情形包括约定解散、行政解散和司法解散,申请司法解散的前提在于,不存在约定解散和行政解散的情形

☞ 案例

陈某因与南通舜江针织服装有限公司、何某公司解散纠纷一案,不服如皋市人民法院【(2013)皋商初字第0691号】民事判决,向南通市中级人民法院提起上诉,南通市中级人民法院作出【(2014)通中商终字第0131号】民事判决书。

☞ 裁判依据

《公司法》第180条规定:公司因下列原因解散:(1)公司章程规定的营业期限届满或者公司章程规定的其他解散事由出现;(2)股东会或者股东大会决议解散;(3)因公司合并或者分立需要解散;(4)依法被吊销营业执照、责令关闭或者被撤销;(5)人民法院依照《公司法》第182条的规定予以解散。

第182条规定:公司经营管理发生严重困难,继续存续会使股东利益受到重大损失,通过其他途径不能解决的,持有公司全部股东表决权百分之十以上的股东,可以请求人民法院解散公司。

☞ 裁判意见

一审如皋市人民法院认为:公司解散是指引起公司人格消灭的法律事实。公司解散可分为自愿解散和强制解散。自愿解散是指公司发起人或股东约定或决议公司解散;强制解散,是指因行政机关决定或法院裁判而解散,因主体不同又可分为行政解散和司法解散。吊销营业执照属于行政解散。本案中,舜江公司已于2010年4月19日被工商部门吊销营业执照,故该公司已经解散。《公司法》第183条是在排除了不存在自愿解散和行政解散之外才可向法院申请强制解散。因此陈某主张法院对已经解散的公司再次通过判决解散,于法无据。

二审南通市中级人民法院持同样的观点。

六、关于强制解散公司的司法审查标准

根据《公司法》第182条的规定,司法强制解散应当同时具备以下条件:(1)持有公司全部股东表决权百分之十以上;(2)公司经营管理发生严重困难;(3)继续存续会使股东利益受到重大损失;(4)通过其他途径不能解决。人民法院在审理公司解散纠纷案件中,一般也通过对上述四个方面的审查来判断公司是否符合解散条件。因实践中股东持股比例判断纠纷不大,这里主要针对法院对上述其他三个方面条件的认定标准开展分析:

(一)“经营管理发生严重困难”的认定标准

☞ 案例

1. 富钧新型复合材料(太仓)有限公司因与仕丰科技有限公司、永利集团有限公司公司解散纠纷一案,不服江苏省高级人民法院【(2007)苏民兰初字第3号】民事判决,向最高人民法院提起上诉,最高人民法院作出【(2011)民四终字第29号】民事判决书。

2. 殷某因与宿迁市美迪菱工贸有限公司及钱某、张某公司解散纠纷一案,不服宿迁市宿城区人民法院【(2013)宿城商初字第0751号】民事判决,向宿迁市中级人民法院提起上诉,宿迁市中级人民法院作出【(2014)宿中商终字第0260号】民事判决书。

3. 常熟市凯莱实业有限公司、戴某因与林某公司解散纠纷一案,不服江苏省高级人民法院【(2010)苏商终字第0043号】民事判决,向最高人民法院申请再审,最高人民法院作出【(2012)民申字第336号】民事裁定书。

☞ 裁判依据

《公司法司法解释(二)》第1条规定:单独或者合计持有公司全部股东表决权百分之十以上的股东,以下列事由之一提起解散公司诉讼,并符合公司法第一百八十三条规定的,人民法院应予受理:

(一)公司持续两年以上无法召开股东会或者股东大会,公司经营管理发生严重困难的;

(二)股东表决时无法达到法定或者公司章程规定的比例,持续两年以上不能做出有效的股东会或者股东大会决议,公司经营管理发生严重困难的;

(三)公司董事长期冲突,且无法通过股东会或者股东大会解决,公司经营管理发生严重困难的;

(四)经营管理发生其他严重困难,公司继续存续会使股东利益受到重大损失的情形。

股东以知情权、利润分配请求权等权益受到损害,或者公司亏损、财产不足以偿还全部债务,以及公司被吊销企业法人营业执照未进行清算等为由,提起解散公司诉讼的,人民法院不予受理。

☞ 裁判意见

在【(2011)民四终字第29号】案件中,一审江苏省高级人民法院认为:经营管理严重困难是有限责任公司陷入僵局的第一个要件。所谓公司僵局,是指在公司内部治理过程中,公司因股东间或公司管理人员之间的利益冲突和矛盾,一切决策和管理机制均陷入瘫痪,股东大会或董事会由于对方的拒绝参加而无法召集,任何一方的提议都不被其他方接受或认可,或者即使能够举行会议,也因各方成员持有不同的见解,而无法通过任何决议的一种状态。

二审最高人民法院认为,公司经营管理严重困难包括两种情况:一是公司权力运行发生严重困难,股东会、董事会等权力机构和管理机构无法正常运行,无法对公司的任何事项作出任何决议,即公司僵局情形;二是公司的业务经营发生严重困难,公司经营不善、严重亏损。如公司仅业务经营发生严重困难,不存在权力运行严重困难的,根据《公司法司法解释(二)》第1条第2款的规定,不符合公司法规定的解散公司条件。

在【(2014)宿中商终字第0260号】案件中,二审宿迁市中级人民法院认为:虽然美迪菱公司自2010年6月12日至2012年10月12日未召开股东会,但并不构成《公司法司法解释(二)》规定的"公司持续两年无法召开股东会"。按照通常的理解,所谓"无法召开",是指应当召开而不能召开,具体表现为无人可以合法召集或召集之后没有任何股东出席会议等情形。本案中,上诉人与其他股东之间出现股东僵局并不影响美迪菱公司的股东会会议正常召开。至于美迪菱公司违反公司章程规定,没有每半年召开一次定期会议,属于能召开而未召开,不构成"无法召开"的情形。而且,所谓"持续两年"应指诉讼前已持续两年无法召开股东会,而非公司经营期间任意连续两年无法召开股东会,如果公司在经营过程中存在两年股东会未召开之事实,但之后又召开股东会并形成有效决议,则应视为僵局化解。

在【(2012)民申字第336号】案件中,最高人民法院认为:根据《公司法》第183条和《公司法司法解释(二)》第1条的规定,判断公司的经营管理是否出现严重困难,应当从公司的股东会、董事会或执行董事及监事会或监事的运行状况进行综合分析。"公司经营管理发生严重困难"的侧重点在于公司管理方面存有严重内部障碍,如股东会机制失灵、无法就公司的经营管理进行决策等,不应片面理解为公司资金缺乏、严重亏损等经营性困难。

本案中,凯莱公司仅有戴某与林某两名股东,两人各占50%的股份。凯莱公司章程规定"股东会的决议须经代表二分之一以上表决权的股东通过",且各方当事人一致认可该"二分之一以上"不包括本数。因此,只要两名股东的意见存有分歧、互不配合,就无法形成有效表决,显然影响公司的运营。凯莱公司已持续4年未召开股东会,无法形成有效股东会决议,也就无法通过股东会决议的方式管理公司,股东会机制已经失灵。执行董事戴某作为互有矛盾的两名股东之一，其管理公司的行为，已无法贯彻股东会的决议。林某作为公司监事不能正常行使监事职权，无法发挥监督作用。由于凯莱公司的内部机制已无法正常运行、无法对公司的经营作出决策，即使尚未处于亏损状况，也不能改变该公司的经营管理已发生严重困难的事实。

（二）"继续存续会使股东利益受到重大损失"的认定标准

☞ 案例

1. 聂某因与徐州淮海铸造有限公司、王某、马某等解散公司纠纷一案，不服徐州市泉山区人民法院【（2013）泉商初字第 638 号】民事裁定，向徐州市中级人民法院提起上诉，徐州市中级人民法院作出【（2015）徐商终字第 00197 号】民事裁定书。

2. 台州弘正投资有限公司、苏州市玮琪生物科技有限公司因与苏州弘健公司技术有限公司及苏州生健生物技术有限公司公司解散纠纷一案，向苏州市中级人民法院提起诉讼，苏州市中级人民法院作出【（2014）苏中商初字第 0108 号】民事判决书。

3. 郭某福、郭某志、王某战、孟某因与连云港市永和房地产开发有限公司、王某和、吴某等公司解散纠纷一案，不服江苏省连云港市中级人民法院【（2010）连商终字第 0181 号】民事判决，向江苏省高级人民法院申请再审，江苏省高级人民法院作出【（2013）苏商申字第 590 号】民事裁定书。

4. 林某因与常熟市凯莱实业有限公司、戴某公司解散纠纷一案，不服江苏省苏州市中级人民法院【（2006）苏中民二初字第 0277 号】民事判决，向江苏省高级人民法院提起上诉，江苏省高级人民法院作出【（2010）苏商终字第 0043 号】民事判决书。

☞ 裁判依据

《公司法》第 182 条规定：公司经营管理发生严重困难，继续存续会使股东利益受到重大损失，通过其他途径不能解决的，持有公司全部股东表决权 10% 以上的股东，可以请求人民法院解散公司。

☞ 裁判意见

【（2015）徐商终字第 00197 号】案件中，二审徐州市中级人民法院认为：《公司法司法解释（二）》第 1 条对于公司的解散条件进行了进一步明确规定，即解散公司应当具备公司经营管理出现严重困难，继续存续会使股东利益受到重大损失的事由，主要体现在公司管理僵局所造成的公司经营管理上的严重困难，不能正常进行经营活动，如果任其存续下去，将会造成股东利益的损失。而本案经审理查明，淮海铸造公司停产系由于涉及环保原因，由徐州市人民政府统一进行规划调整，需整体搬迁至异地所致，上诉人诉讼中并未能提供证据证明淮海铸造公司经营期间存在内部股东利益冲突，致公司的日常的管理、经营无法正常作出决策，已经形成公司僵局、公司瘫痪等上述法律规定的情形。

【(2014)苏中商初字第0108号】案件中，一审苏州市中级人民法院认为：一方面从弘建公司的经营状况来看，股东的投资长期未能获得回报。依照弘建公司和生健公司的自认，弘建公司自成立开始至今一直处于亏损状态，弘正公司、玮琪公司作为股东不仅从未享受到盈利，甚至对弘建公司的借款债权都需通过诉讼及司法拍卖弘建公司核心资产方可实现债权，已经造成股东经济利益的重大损失。另一方面由于双方股东的冲突始终不能得到解决，弘建公司一直都处于生健公司委派董事沈某的单方管理之下，作为弘建公司股东的弘正公司、玮琪公司却不能基于其投资享有适当的公司经营决策、管理和监督的股东权利，甚至连基本的股东知情权都无法保障，自始至终未能查阅到弘建公司的财务账簿，了解弘建公司财务状况的唯一途径是在股东会或董事会会议上听取弘建公司或生健公司的通报。综上，可以认定弘建公司继续存续会使公司股东权益受到重大损失。

【(2013)苏商申字第590号】案件中，再审江苏省高级人民法院认为：《公司法》规定的“继续存续会使股东利益受到重大损失”是指全体股东的利益在僵持中逐渐耗竭，并不是仅指小股东的利益，亦不是指小股东受到大股东压迫的情形。而就郭某志、王某战、孟某所称王某和侵占公司资产、侵害其股东权益、公司财务报表虚假等情形，则可以依法另行主张权利，郭某志、王某战、孟某以此主张解散公司，缺乏法律依据。

【(2010)苏商终字第0043号】案件中，二审江苏省高级人民法院认为：作为股东而言，投资设立公司的最终目的是获得收益。股东通过参与公司决策、行使股东权利来争取利益的最大化、保证收益的及时获取。公司的经营管理如果出现严重困难，则有可能影响公司的正常运转以及股东权利实现通道的畅通，进而对股东的利益构成严重损害。本案中，凯莱公司的内部运作机制早已失灵。林某虽为持有凯莱公司50%股份的股东及监事，但其股东权、监事权长期处于被剥夺的状态。由于凯莱公司长期不召开股东会，林某并不能通过行使表决权来参与公司决策，亦不能有效地行使监督权。林某投资设立凯莱公司的目的无法实现，合法权益遭到损害，如果这样的局面继续存续，林某的合法权益将进一步遭受重大损失。

（三）“通过其他途径不能解决”的认定标准

☞ 案例

1. 聂某因与徐州淮海铸造有限公司、王某、马某等解散公司纠纷一案，不服徐州市泉山区人民法院【(2013)泉商初字第638号】民事裁定，向徐州市中级人民法院提起上诉，徐州市中级人民法院作出【(2015)徐商终字第00197号】民事裁定书。

2. 连云港市巨杉科技开发有限公司因与曹某、第三人刘某公司解散纠纷一案，不服连云港市连云区人民法院【(2014)港商初字第0434号】民事判决，向连云港市中级人民法院提起上诉，连云港市中级人民法院作出【(2015)连商终字第00127号】民事判决书。

3. 林某因与常熟市凯莱实业有限公司、戴某公司解散纠纷一案，不服江苏省苏州市中级人民法院【(2006)苏中民二初字第0277号】民事判决，向江苏省高级人民法院提起上诉，江苏省高级人民法院作出【(2010)苏商终字第0043号】民事判决书。

☞ 裁判依据

《公司法》第182条规定：公司经营管理发生严重困难，继续存续会使股东利益受到重大损失，通过其他途径不能解决的，持有公司全部股东表决权百分之十以上的股东，可以请求人民法院解散公司。

《公司法司法解释(二)》第5条第1款规定：人民法院审理解散公司诉讼案件，应当注重调解。当事人协商同意由公司或者股东收购股份，或者以减资等方式使公司存续，且不违反法律、行政法规强制性规定的，人民法院应予支持。当事人不能协商一致使公司存续的，人民法院应当及时判决。

☞ 裁判意见

【(2015)徐商终字第00197号】案件中，一审徐州市泉山区人民法院认为：《公司法》规定“通过其他途径不能解决”是个前置性条件，是基于对公司永久存续性特征的考虑，即当公司经营管理发生严重困难，继续存续会使股东利益受到重大损失时，首先寄希望于公司能够通过公司自治等方式解决股东、董事之间的僵局，从而改变公司瘫痪的状态，而不轻易赋予股东通过司法程序强制解散公司的权利。

二审徐州市中级人民法院认为：根据《公司法》第182条“通过其他途径不能解决的”股东提起解散公司诉讼前置性要件的规定，在淮海铸造公司正常存续状态下，上诉人应就其已经用尽公司内部救济手段等其他解决途径，承担相应的举证义务，但诉讼中上诉人就此并未能提供足够证据证明，因此，上诉人聂某等人起诉要求解散公司的条件尚不具备。

【(2015)连商终字第00127号】案件中，二审连云港市中级人民法院认为：本案中，在曹某提起公司解散诉讼之前，双方当事人因股权纠纷已两次发生诉讼，均未能化解公司僵局。双方亦曾通过律师或共同的朋友进行协商，尝试化解僵局，但均未果。本案两审法院也基于慎用司法手段强制解散公司的考虑，试图进行调解，但均未成功。故，巨杉公司的僵局通过其他途径已经无法解决，人民法院应当及时判决。

【(2010)苏商终字第0043号】案件中，二审江苏省高级人民法院认为：将调解等其他救济途径设置为司法解散公司的前置程序是因为，司法解散将导致公司主体资格的消灭，且具有不可回复性，处理不当可能导致社会资源浪费。但是，立法对此所抱的谨慎态度并不等同于前置程序可以久拖不决。对于那些已经陷入严重经营管理困难的公司，在通过其他多种方法仍无法化解纠纷时，只能通过司法解散公司这一股东退出机制来打破僵局。因此，在强调司法解散公司前置程序的同时，《公司法司法解释(二)》第5条明确规定"当事人不能协商一致使公司存续的，人民法院应当及时判决"，否则，过于冗长的前置程序可能使得公司司法解散机制形同虚设。

七、司法强制解散公司时不考虑公司僵局产生的原因和过错

☞ 案例

富钧新型复合材料(太仓)有限公司因与仕丰科技有限公司、永利集团有限公司公司解散纠纷一案，不服江苏省高级人民法院【(2007)苏民兰初字第3号】民事判决，向最高人民法院提起上诉，最高人民法院作出【(2011)民四终字第29号】民事判决书。

☞ 裁判意见

二审最高人民法院认为：关于公司解散是否应当考虑公司僵局产生的原因以及过错。富钧公司上诉认为，仕丰公司委派的董事张某擅自离职，不参加董事会会议，人为制造公司僵局，损害富钧公司利益，法院不应支持仕丰公司具有恶意目的的诉讼。仕丰公司则抗辩认为永利公司以欺诈方式取得董事长职位而导致公司僵局。最高人民法院认为，公司能否解散取决于公司是否存在僵局以及是否符合《公司法》规定的实质条件，而不取决于公司僵局产生的原因和责任。《公司法》没有限制过错方股东解散公司，因此，即使一方股东对公司僵局的产生具有过错，其仍然有权依据该条规定，请求解散公司。

第四部分　律 师 建 议

虽然《公司法司法解释(二)》对于公司解散的具体判断标准作出了规定,但面对纷繁复杂的司法实践,仍然显得较为笼统。结合前述整理的司法裁判意见,我们就其中一些重要问题提出如下法律建议:

一、对于公司解散纠纷案件,法院可能会按照财产案件标准收取诉讼费,当事人可以依法争取按照非财产案件标准缴纳诉讼费

关于公司解散纠纷案件诉讼费用的缴纳标准,司法实践中并不统一,既有按照财产案件标准收费的情况,也有按照非财产案件收费的情况,即使同为最高人民法院审理的案件,也存在不一致的情形。例如,在仕丰科技有限公司与富钧新型复合材料(太仓)有限公司、第三人永利集团有限公司解散纠纷一案【(2011)民四终字第29号】中,最高人民法院二审判决载明的案件受理费为"人民币422,865元"。

实际上,严格按照《诉讼费用交纳办法》(国务院令第481号)的规定,公司解散纠纷诉讼应当属于非财产案件,每件应当交纳50元至100元诉讼费。原告在起诉时可以依法力争。

二、对于约定解散和行政强制解散的情形,一般不能诉至法院强制解散

公司解散情形中的司法解散应当包括广义和狭义两种理解:从广义上来看,只要诉至人民法院请求解散公司均可称为司法解散;从狭义上来看,司法解散指的应当是根据《公司法》第182条的规定请求人民法院强制解散公司,不包括约定解散和行政强制解散的情形。

但是,我们在案例搜索过程中看到,司法实践中也有因发生营业期限届满等自愿解散的情形而被人民法院判决解散的案例,例如,刘某与南京明廊饮食娱乐有限公司及高某、徐某、高某滨公司解散纠纷一案【(2012)宁商终字第310号】中,二审南京市中级人民法院即因明廊公司的经营期限已届满为由判决解散明廊公司。

至于行政强制解散,《公司法司法解释(二)》第1条第2款规定,股东以公司被吊销企业法人营业执照未进行清算等为由,提起解散公司诉讼的,人民法院不予受理。因此,依法被吊销营业执照、责令关闭或者被撤销的公司已经处于解散的法律状态,无须司法机关再次确认。

三、关于“经营管理发生严重困难”这一认定标准中需要注意的问题

根据前面整理的裁判意见,在认定“经营管理发生严重困难”时,需要注意以下问题:

1.“经营管理发生严重困难”强调管理方面存在严重障碍,不应片面理解为公司资金缺乏、严重亏损等经营性困难。

2.公司管理方面是否存在严重障碍,应根据案件实际情况从公司的股东会、董事会或执行董事及监事会或监事的运行状况综合分析。其中,股东会机制失灵是考察的主要方面;董事会或执行董事机制失灵需同时满足“无法通过股东会或者股东大会解决”的条件才构成“经营管理发生严重困难”;监事会或监事机制失灵一般不作为参考因素。

3.《公司法司法解释(二)》规定的“公司持续两年无法召开股东会”包含两个要点:(1)“无法召开”,是指应当召开而不能召开,具体表现为无人可以合法召集或召集之后没有任何股东出席会议等情形,应当与“能够召开而未召开”进行区分;(2)“持续两年”指的是诉讼前持续两年无法召开股东会,而非公司经营期间任意连续两年无法召开股东会。

4.针对“经营管理发生严重困难”的有效抗辩可从以下方面入手:(1)诉讼前两年内已经召开股东会;(2)股东会能够召开,能够做出有效决议;(3)董事会或执行董事能够有效运行,或能够通过股东会、股东大会化解矛盾;(4)其他能够表明股东会、董事会或执行董事机制并未失灵的情形。

5.以下几种情形,与判断“经营管理发生严重困难”之间并无必然关联:(1)公司经营亏损或仍在盈利;(2)股东存在损害公司权益的情形,如未足额出资、抽逃出资、股东侵权等;(3)员工无法安置、社会影响不好等;(4)管理机制失灵的原因在于原告;(5)股东与公司之间、股东与股东之间发生一系列诉讼(该情形仅能证明股东与公司之间、股东与股东之间存在矛盾,并不能单独证明管理机制失灵,需结合公司章程、股东会召开情况等综合判断);(6)其他与管理机制失灵无必然关联性的情形。

四、关于“继续存续会使股东利益受到重大损失”这一认定标准中需要注意的问题

1.一般情况下,人民法院认定“继续存续会使股东利益受到重大损失”主要从以下两个方面进行判断:(1)公司已经不能正常生产经营;(2)股东知情权、决

策权、管理权、监督权等权利受到损害。在一定程度上，上述两方面情形的发生与“经营管理发生严重困难”之间要求存在因果关系。至于公司是否亏损，并不作为认定“继续存续会使股东利益受到重大损失”时考虑的主要因素。即使公司未发生亏损，也可能因符合上述两方面的情形而被认定为“继续存续会使股东利益受到重大损失”。

2. 实践中，在存在“经营管理发生严重困难”的情况下，“继续存续会使股东利益受到重大损失”一般均能够得到认定，其中蕴含的逻辑在于：既然发生公司运行机制失灵的情况，则可能影响股东行使股东权利，并进一步影响股东的投资利益，而不管公司是否已经停止生产经营或处于亏损状态。

3. 关于“继续存续会使股东利益受到重大损失”中的“股东利益”的范围，包括最高人民法院在内的多数人民法院认为，专指提起诉讼的股东的利益。但是，江苏省高级人民法院在【（2013）苏商申字第590号】案件中认为，“股东利益”应当指全体股东的利益，并不仅指小股东的利益，亦不是指小股东受到大股东压迫的情形。我们认为，江苏省高级人民法院在该案中强调的重点应当在于后半句，“亦不是指小股东受到大股东压迫的情形”，即如发生大股东侵权等行为，可以通过提起侵权之诉等方式维护自身权益，无须提起解散公司诉讼。因为，在【（2010）苏商终字第0043号】案件中，江苏省高级人民法院已明确将个别股东的利益认定为“股东利益”。

4. 根据相关案例，针对“继续存续会使股东利益受到重大损失”的有效抗辩应当结合“经营管理发生严重困难”进行，只要否认了“经营管理发生严重困难”，就能够否认“继续存续会使股东利益受到重大损失”。同时，在不构成“经营管理发生严重困难”的前提下，其他一些抗辩理由在一些案例中也有被采纳，比如停止生产经营并非因公司僵局所致，而是由拆迁等政策性原因或其他非人为原因所致。

五、关于“通过其他途径不能解决”这一认定标准中需要注意的问题

原告在公司解散纠纷案件中，应当针对“通过其他途径不能解决”进行举证，可以从以下几方面组织证据：（1）公司内部运行机制失灵或已经通过公司内部机制未能解决；（2）就公司僵局进行过协商未取得结果；（3）因公司僵局产生相关诉讼；（4）就公司或股东收购股份，或减资等方式实现退出进行过协商未取得结果；（5）矛盾双方进行过沟通、协商的其他证据。同时，人民法院在审理公司解散纠纷案件中，基于司法审慎介入的原则，均会组织双方进行调解，如最终无法达成调解意见，也属于“通过其他途径不能解决”的情形。

第二十五章　公司清算纠纷

第一部分　报告背景及数据来源

公司清算纠纷，在最高人民法院发布的《民事案件案由规定》中，具体可分为两个案由：申请公司清算、清算责任纠纷。

申请公司清算，指的是在公司解散后，公司董事、股东和实际控制人怠于履行职责，未在《公司法》规定的期限内组成清算组进行清算，或者虽然成立清算组但故意拖延清算，或者存在其他违法清算可能严重损害公司股东和债权人利益的行为，公司股东或债权人依法向人民法院申请对公司强制清算。

清算责任纠纷，指的是清算组成员在清算期间未尽到清算义务，因故意或重大过失给公司、股东、债权人利益造成损失而引发的纠纷。

广义上的公司清算，是指公司在解散或者宣告破产以后，依照一定程序了解公司事务，清理公司债权、债务，处分公司剩余财产，并最终使公司终止的法律行为和程序。具体而言，广义的公司清算可以分为破产清算与解散清算，前者属于破产程序的一种，其法律依据主要是《破产法》；后者是指除破产以外的其他原因导致公司终止所必须履行的法律程序，其法律依据主要是《公司法》。本研究报告仅针对公司解散清算的情形，并将申请公司清算、清算责任纠纷两个案由合并分析，原因在于申请公司清算与清算责任纠纷均与公司的解散清算程序紧密相关，且在时间上也具有先后承继关系。

我们对最高人民法院、全国各地区高级人民法院近五年审理的公司清算纠纷案件的裁判文书进行了数据分析，形成了本研究报告。相关裁判文书主要来源于“中国裁判文书网”“无讼案例”“北大法宝”等裁判文书数据库，裁判文书检索时间为2011年1月1日至2016年12月31日。

第二部分　案件数据及裁判特点

在“无讼案例”的裁判文书数据库中，以“申请公司清算纠纷”以及“清算责任纠纷”为案由进行搜索，并经“北大法宝”数据库的补充，可得到从2011年1月1日至2016年12月31日期间，最高人民法院共有案例5个，全国各地区高级人民法院共有案例72个，以上总计77个。下面，本报告将针对这些裁判文书进行分析。

一、地区差异明显，其中广东、北京等地区清算案件数量明显较多

表25－1　全国各地区清算案件分布

地区	案件数量（件）
广东	11
北京	10
福建	7
安徽	6
黑龙江	4
浙江	4
山东	4
甘肃	4
江苏	3
湖南	3
四川	3
湖北	2
新疆	2
辽宁	2
天津	1

续表

地区	案件数量(件)
河北	1
吉林	1
上海	1
广西	1
重庆	1
云南	1

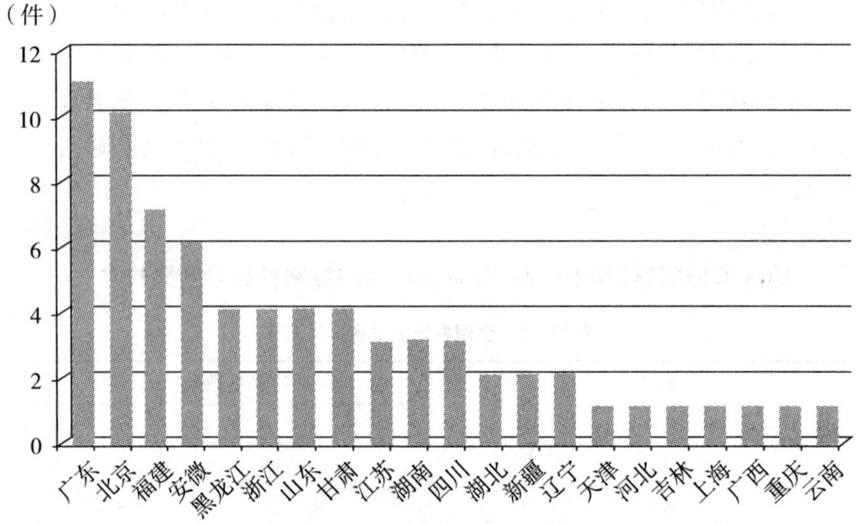

图 25－1 全国各地区清算案件分布

从上述图表可以看出,从2011年至2016年,在本数据报告所搜集的全国各地区高级人民法院的案例中,广东省高级人民法院、北京市高级人民法院的案件明显较多,均为10件以上。

二、清算责任纠纷案件数量明显多于申请公司清算案件

表 25－2 公司清算案件案由分布

案由	数量(个)	比例(%)
申请公司清算	29	37.70
清算责任纠纷	48	62.30
总计	77	100

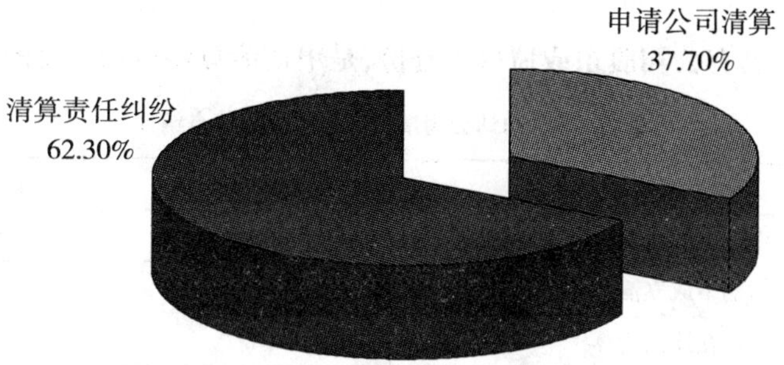

图 25-2 公司清算案件案由分布

在本数据报告所搜集的77个公司清算类纠纷中，以案由进行分类，可以看出，清算责任纠纷数量明显较多，占总数比例的62.3%，而申请公司清算案件相对较少，只占37.7%。这说明，在法院所审理的公司清算案件中，因清算组成员在清算过程中怠于履行清算义务而被起诉追究赔偿责任的情形比较常见。

三、在公司清算的申请主体上，股东明显多于公司债权人

表 25-3 公司清算申请主体统计

申请主体	数量(个)	比例(%)
股东	15	68.20
债权人	7	31.80
总计	22	100

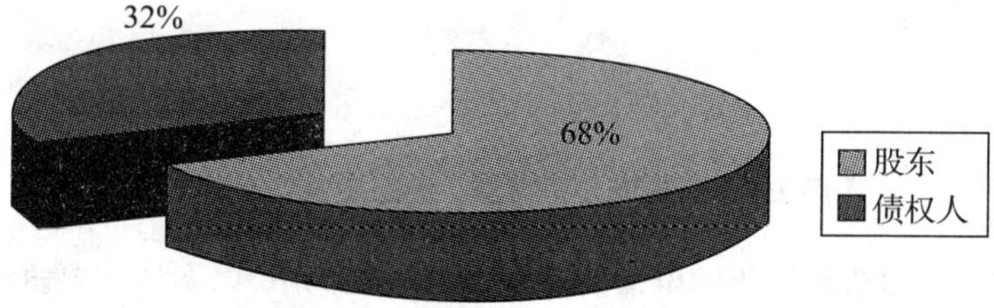

图 25-3 公司清算申请主体统计

在本数据报告搜集的申请公司清算纠纷29个案例中，排除未明确表明申请主体身份的7个案例外，共有22个案例可供分析。通过上述图表可以看出，股东申请强制清算的案件有15件，占案件总数的68.2%。这表明，在实践中，股东申请公司清算的比例明显大于公司债权人申请清算的比例，约为后者的两倍。

四、是否具有公司股东或债权人身份,是申请清算纠纷最常见的争议点

表 25－4 申请公司清算纠纷主要争议点统计

类型	数量(个)	比例(%)
申请主体资格异议	12	52.17
逾期不成立清算组	4	17.39
存在违法清算	2	8.70
成立清算组但故意拖延清算	2	8.70
其他	3	13.04

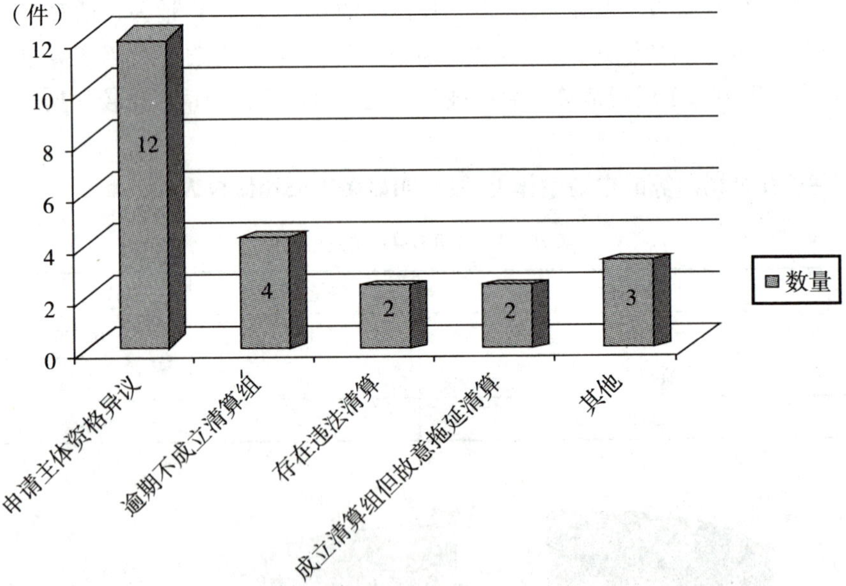

图 25－4 申请公司清算纠纷主要争议点统计

在本数据报告所搜集的申请公司清算纠纷案例中,以案件主要争议焦点进行分析,除去部分主要为法院程序问题的裁判文书,共有 23 个案例可供分析,从而形成上述图表。从图表可以看出,在申请公司清算案件中,最主要的争议焦点在于申请主体的资格,即申请主体是否具有公司股东或者债权人身份,该部分占比达到了 52.17%,远远高于其他类型的数量。依照《公司法》规定,只有申请人具备股东或债权人身份,才有权申请公司强制清算。

第三部分 裁判意见整理与分析

一、《公司法》施行前，公司投资者不是清算责任主体，无须承担清算义务

☞ 案例

DAC China SOS（Barbados）SRL［DAC 中国特别机遇（巴巴多斯）有限公司］（下称 DAC 公司）因清算责任纠纷一案，不服福州市中级人民法院【（2009）榕民初字第 1234 号】民事判决，向福建省高级人民法院提起上诉。福建省高级人民法院于 2011 年 11 月 2 日作出【（2011）闽民终字第 590 号】二审民事判决，驳回上诉，维持原判。

☞ 裁判依据

《公司法司法解释（一）》第 1 条："公司法实施后，人民法院尚未审结的和新受理的民事案件，其民事行为或事件发生在公司法实施以前的，适用当时的法律法规和司法解释。"

《民法通则》第 47 条："企业法人解散，应当成立清算组织，进行清算。企业法人被撤销、被宣告破产的，应当由主管机关或者人民法院组织有关机关和有关人员成立清算组织，进行清算。"

☞ 裁判意见

法院认为：本案双方的争议焦点是法律适用问题。根据《公司法司法解释（一）》第 1 条的规定：公司法实施后，人民法院尚未审结的和新受理的民事案件，其民事行为或事件发生在公司法实施以前的，适用当时的法律法规和司法解释。这是对 2006 年 1 月 1 日开始施行的《公司法》溯及力方面的司法解释，遵循的是法不溯及既往原则。本案中，一汽福建经销公司与中翔公司是全民所有制企业，分别于 2003 年和 2002 年被吊销营业执照，由此产生的公司清算问题，应适用当时的法律规定，即《民法通则》第 47 条规定：企业法人解散，应当成立清算组织，进行清算。企业法人被撤销、被宣告破产的，应当由主管机关或者人民法院组织有关机关和有关人员成立清算组织，进行清算。根据本案证据，一汽公司和物资中心只是一汽福建经销公司的投资主体，福建省燃料有限公司亦只是中翔公司的出资者，显然，三被上诉人均不属于主管机关的范畴，根据当时的法律规定，三被上诉人均不是清算责任主体，不负有对公司组织清算的义务，上诉人要求其承担清算赔偿责任没有法律依据。

二、对于公司无法清算的案件,债权人起诉清算义务人的,诉讼时效从法院裁定无法清算之后方能起算

☞ 案例

中科实业公司与被申请人上海文盛投资管理有限公司(以下简称文盛公司)及北京东方红叶广告有限公司(以下简称东方红叶公司)清算责任纠纷一案,不服北京市第一中级人民法院【(2015)一中民(商)终字第02997号】民事判决,向北京市高级人民法院申请再审。北京市高级人民法院于2015年9月23日作出【(2015)高民(商)申字第03351号】民事裁定,驳回了再审申请。

☞ 裁判依据

《公司法司法解释(二)》第18条第2款规定:"有限责任公司的股东、股份有限公司的董事和控股股东因怠于履行义务,导致公司主要财产、账册、重要文件等灭失,无法进行清算,债权人主张其对公司债务承担连带清偿责任的,人民法院应依法予以支持。"

《民法通则》第137条:"诉讼时效期间从知道或者应当知道权利被侵害时起计算。但是,从权利被侵害之日起超过二十年的,人民法院不予保护。有特殊情况的,人民法院可以延长诉讼时效期间。"

☞ 裁判意见

法院认为,根据相关法律规定,诉讼时效期间从知道或应当知道权利被侵害时起计算。本案中,中科红叶公司一直未进行清算,该公司是否能够进行清算,文盛公司作为债权人无从知晓。2011年9月20日,二中院作出【(2010)二中民特字第08935号】民事裁定书,认定中科红叶公司无法进行清算,应终结清算程序。至此,方能确认中科红叶公司无法清算。因此,原审法院认定文盛公司于2011年12月23日提起本案诉讼并未超过法定的诉讼时效期间并无不当。

三、清算义务人没有及时开展清算的,应对怠于履行清算义务与无法清算之间不存在因果关系承担证明责任,否则需承担相应的赔偿责任

☞ 案例

中科实业公司与被申请人文盛公司及东方红叶公司清算责任纠纷一案,不服北京市第一中级人民法院【(2015)一中民(商)终字第02997号】民事判决,向北京市高级人民法院申请再审。北京市高级人民法院于2015年9月23日作出【(2015)高民(商)申字第03351号】民事裁定,驳回了再审申请。

☞ 裁判依据

《公司法司法解释(二)》第18条第1款规定:“有限责任公司的股东、股份有限公司的董事和控股股东未在法定期限内成立清算组开始清算,导致公司财产贬值、流失、毁损或者灭失,债权人主张其在造成损失范围内对公司债务承担赔偿责任的,人民法院应依法予以支持。”

☞ 裁判意见

法院认为,中科实业公司作为中科红叶公司的股东,系中科红叶公司的清算义务人,无论中科实业公司所占的股权份额为多少,是否实际参与了公司的经营管理,在中科红叶公司被吊销营业执照后,其都有义务在法定期限内依法对公司进行清算。中科红叶公司被吊销营业执照后没有进行清算,且生效裁定已经确认该公司无法进行清算,原审法院认定中科实业公司就其怠于履行清算义务与中科红叶公司无法清算之间不存在因果关系应负有举证责任并无不妥。

四、有限公司股东可以委托他人担任清算组成员,但仍应承担清算产生的法律后果

☞ 案例

山东诚基房地产开发有限公司(以下简称诚基公司)因与天津市天房物业管理有限公司(以下简称天房物业公司)清算责任纠纷一案,不服天津市第一中级人民法院【(2014)一中民二初字第0169号】民事判决,向天津市高级人民法院提起上诉。天津市高级人民法院于2015年9月14日作出【(2015)津高民二终字第0092号】民事判决,驳回上诉,维持原判。

☞ 裁判依据

《公司法》第183条:“公司因本法第一百八十条第(一)项、第(二)项、第(四)项、第(五)项规定而解散的,应当在解散事由出现之日起十五日内成立清算组,开始清算。有限责任公司的清算组由股东组成,股份有限公司的清算组由董事或者股东大会确定的人员组成。逾期不成立清算组进行清算的,债权人可以申请人民法院指定有关人员组成清算组进行清算。人民法院应当受理该申请,并及时组织清算组进行清算。”

☞ 裁判意见

法院认为,关于诚基公司的主体资格问题。诚基公司系原星际公司的唯一股东,根据《公司法》第183条规定,有限责任公司的清算组成员应由公司股东组成,故诚基公司系法定的清算人员。在原星际公司清算过程中,诚基公司虽未直接参加清算工作,但邢某、刘某、冯某、范某、孔某五人系接受股东诚基公司的委托实际从事清算工作,诚基公司作为委托人应承担清算所产生的法律后果。诚基公司主张其作为被告不适格的理由不能成立,法院不予支持。

五、清算组未依法通知债权人的,清算组成员应对债权人因此遭受的损失承担赔偿责任

☞ 案例

诚基公司因与天房物业公司清算责任纠纷一案,不服天津市第一中级人民法院【(2014)一中民二初字第0169号】民事判决,向天津市高级人民法院提起上诉。天津市高级人民法院于2015年9月14日作出【(2015)津高民二终字第0092号】民事判决,驳回上诉,维持原判。

☞ 裁判依据

《公司法司法解释(二)》第11条第1款:"公司清算时,清算组应当按照公司法第一百八十六条的规定,将公司解散清算事宜书面通知全体已知债权人,并根据公司规模和营业地域范围在全国或者公司注册登记地省级有影响的报纸上进行公告。"

第2款:"清算组未按照前款规定履行通知和公告义务,导致债权人未及时申报债权而未获清偿,债权人主张清算组成员对因此造成的损失承担赔偿责任的,人民法院应依法予以支持。"

☞ 裁判意见

法院认为,天房物业公司对原星际公司享有债权,为原星际公司的已知债权人。原星际公司清算组未依法向天房物业公司履行书面通知的义务,未经依法清算,即办理法人注销登记且已将原星际公司剩余资产31,178,057.64元退还给诚基公司,损害了债权人利益,应向天房物业公司承担赔偿责任。原星际公司清算组从事相关清算活动,所产生的法律后果,应由作为公司唯一股东的诚基公司承担,故天房物业公司诉请诚基公司对原星际公司关于经济帮助费等总计3,126,869.15元的债务承担赔偿责任于法有据,应予支持。退一步讲,诚基公司作为接收了原星际公司剩余财产的股东,在无证据证明债权人存在过失的情况下,诚基公司在接收的剩余财产范围内对原星际公司债务进行清偿,亦属公平。

六、《公司法》中的强制清算程序并不适用于公司以外其他类型的企业

☞ 案例

1. 韩国浦铁炉材株式会社与营口浦铁炉材耐火材料有限公司、营口东方矿产有限公司申请公司清算一案，不服营口市中级人民法院作出【(2015)营民二初字第00134号】民事裁定，向辽宁省高级人民法院提起上诉，辽宁省高级人民法院于2016年4月12日作出【(2016)辽民终108号】民事裁定。

2. 黄某芳、黄某强与昆明电脑公司研究所申请公司清算纠纷一案，不服云南省昆明市中级人民法院【(2015)昆民清(预)字第3号】民事裁定，向云南省高级人民法院提起上诉，云南省高级人民法院于2015年12月1日作出【(2015)云高民清(预)终字第2号】民事裁定。

3. 北京矿务局综合地质工程公司与北京泰姆彩印包装中心申请公司清算纠纷一案，不服北京市第一中级人民法院作出【(2015)一中民(商)终字第08040号】民事裁定，向北京市高级人民法院申请再审，北京市高级人民法院于2016年5月16日作出【(2016)京民申1708号】民事裁定。

☞ 裁判依据

《公司法》第2条："本法所称公司是指依照本法在中国境内设立的有限责任公司和股份有限公司。"

第180条："公司因下列原因解散：

(一)公司章程规定的营业期限届满或者公司章程规定的其他解散事由出现；

(二)股东会或者股东大会决议解散；

(三)因公司合并或者分立需要解散；

(四)依法被吊销营业执照、责令关闭或者被撤销；

(五)人民法院依照本法第一百八十二条的规定予以解散。"

第183条："公司因本法第一百八十条第(一)项、第(二)项、第(四)项、第(五)项规定而解散的，应当在解散事由出现之日起十五日内成立清算组，开始清算。有限责任公司的清算组由股东组成，股份有限公司的清算组由董事或者股东大会确定的人员组成。逾期不成立清算组进行清算的，债权人可以申请人民法院指定有关人员组成清算组进行清算。人民法院应当受理该申请，并及时组织清算组进行清算。"

第217条："外商投资的有限责任公司和股份有限公司适用本法；有关外商

投资的法律另有规定的,适用其规定。”

☞ 裁判意见

1. 在【(2016)辽民终108号】案中,辽宁省高级人民法院认为:《中外合资经营企业法》中没有关于公司解散、清算的相关规定。根据《公司法》第217条“外商投资的有限责任公司和股份有限公司适用本法;有关外商投资的法律另有规定的,适用其规定”之规定,本案耐火材料公司虽系外商投资企业,但就公司解散、清算的问题,应当适用《公司法》及其司法解释有关规定。本案中,耐火材料公司的经营期限至2014年10月16日届满,且耐火材料公司章程没有对经营期限作出修改,公司的股东会、董事会没有作出过延期经营的决定,没有向原审查批准机关提出延长合资期限申请并批准,未在经营期限届满后15日内即2014年11月2日之前成立清算组自行清算。韩国株式会社作为耐火材料公司的股东,申请人民法院指定清算组进行清算,符合有关法律规定,无须证明其要求过东方矿产公司对耐火材料公司进行清算或东方矿产公司拒绝清算等事项。原审法院以韩国株式会社未提供耐火材料公司经营期限届满后要求东方矿产公司对耐火材料公司清算的相关证明材料、未提供东方矿产公司拒绝自行清算的证明材料为由,不予受理韩国株式会社的强制清算申请,适用法律错误,应予纠正。

2. 在【(2015)云高民清(预)终字第2号】案中,云南省高级人民法院认为:根据《公司法》第2条“本法所称公司是指依照本法在中国境内设立的有限责任公司和股份有限公司”,《城镇集体所有制企业条例》第66条“城镇中的文教、卫生、科研等集体所有制事业单位参照本条例执行”的规定,从黄某芳、黄某强提交的证据来看,昆明电脑公司研究所的工商《登记卡片》显示企业类型为集体事业法人,该企业在1999年被工商部门吊销企业营业执照前,未改制成为《公司法》上的有限责任公司或股份有限公司,亦无证据表明黄某芳、黄某强二人为昆明电脑公司研究所的股东,故无法适用《公司法》及其司法解释有关债权人或股东申请对公司进行强制清算的规定。作为集体事业法人的昆明电脑公司研究所,其清算应按照《城镇集体所有制企业条例》及《民法通则》的相关规定进行。

3. 在【(2016)京民申1708号】案中,北京市高级人民法院认为:泰姆中心系联营企业,不属于我国法律规定的适用公司强制清算程序的范畴。

第四部分 律 师 建 议

通过前述对最高人民法院及全国各地区高级人民法院相关裁判文书的分析，可以发现，在公司清算纠纷中，包含有多个法律争议问题。无论是作为清算组成员、公司的债权人，还是公司股东，都应当及时认清这一纠纷中可能存在的法律风险，从而避免遭受损失。对此，我们针对该类纠纷中比较突出和多发的问题，结合《公司法》的相关规定以及现实状况，提出几点法律建议。

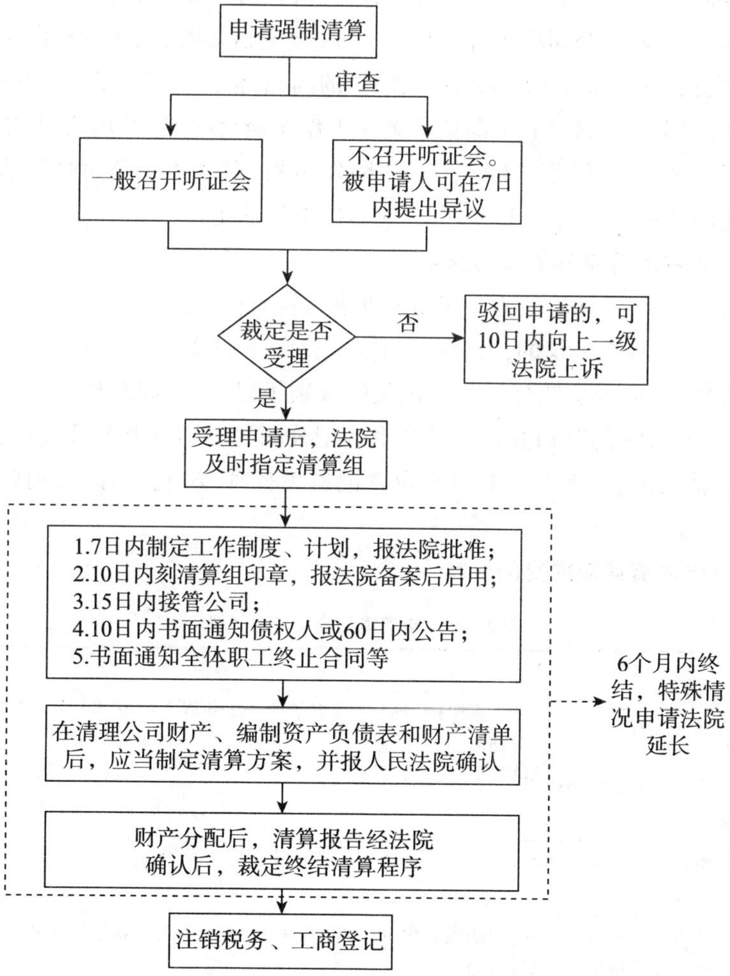

图 25－5 申请强制清算流程

一、股东、债权人应当如何申请强制清算

《公司法司法解释(二)》第7条第1款规定:"公司应当依照公司法第一百八十四条的规定,在解散事由出现之日起十五日内成立清算组,开始自行清算。"第2款规定:"有下列情形之一,债权人申请人民法院指定清算组进行清算的,人民法院应予受理:(一)公司解散逾期不成立清算组进行清算的;(二)虽然成立清算组但故意拖延清算的;(三)违法清算可能严重损害债权人或者股东利益的。"第3款规定:"具有本条第二款所列情形,而债权人未提起清算申请,公司股东申请人民法院指定清算组对公司进行清算的,人民法院应予受理。"

根据上述规定,公司股东、债权人在符合法定情形时,依法有权向法院申请对公司强制清算。而对于应如何申请清算的问题,根据公司法及其司法解释、最高人民法院《关于审理公司强制清算案件工作座谈会纪要》等规定,并参考相关地方性司法文件[如江苏省高级人民法院发布的《关于审理公司强制清算案件若干问题的意见(试行)》]相关规定,我们提出如下建议:

(一)强制清算案件的管辖法院

1. 地域上,申请法院应为公司主要办事机构所在地法院,公司主要办事机构所在地不明确、存在争议的,为公司注册登记地人民法院。

2. 级别上,应当按照公司登记机关的级别予以确定,即基层人民法院管辖县、县级市或者区的公司登记机关核准登记公司的公司强制清算案件;中级人民法院管辖地区、地级市以上的公司登记机关核准登记公司的公司强制清算案件。

(二)申请清算应提交的材料

表25-5 申请清算应提交的材料

序号	名称	备注
1	清算申请书	清算申请书应列明申请人、被申请人的基本情况、申请事实和理由
2	申请人的主体资格证明文件	
3	被申请人的主体资格证明文件	
4	申请人对被申请人享有债权或股东资格的证据	司法实践中,很多案件的争议焦点为能否认定股东资格或债权人身份

续表

序号	名称	备注
5	被申请人自行解散或依法被强制解散的证据	被申请人自行解散的，应提交被申请人的公司章程或决定解散公司的股东会（股东大会）决议；被申请人被依法强制解散的，应提交公司登记主管机关吊销公司营业执照、责令关闭、撤销公司的决定或人民法院解散公司的民事判决
6	人民法院认为应当提交的其他材料	（1）股东申请强制清算的，还应当提交有关被申请人的资产及负债情况的资料； （2）债权人或股东以《公司法解释（二）》第 7 条第 2 款第二、三项为依据，向人民法院申请清算时，还应提交公司自行成立清算组的证明文件，以及该清算组故意拖延清算的证据或该清算组存在违法清算行为可能严重损害债权人或股东利益的证据

二、股东、董事等相关人员应当依法、及时履行清算义务，避免承担清算赔偿责任

《公司法》第 183 条规定："公司因本法第一百八十条第（一）项、第（二）项、第（四）项、第（五）项规定而解散的，应当在解散事由出现之日起十五日内成立清算组，开始清算。有限责任公司的清算组由股东组成，股份有限公司的清算组由董事或者股东大会确定的人员组成。"

因此，有限责任公司的股东、股份有限公司的董事或股东大会确定的人，为公司法定的清算义务人，负有在公司解散后组织公司清算的义务。其中，股东如怠于履行清算义务，致使公司债权人利益受损失的，债权人可以另行向法院起诉股东，此时，既属于清算责任纠纷，也属于股东损害公司债权人利益责任纠纷。由此可见，实践中，公司清算纠纷与股东损害公司债权人利益责任纠纷存在部分交叉。

《公司法司法解释（二）》第 18 条第 1 款规定："有限责任公司的股东、股份有限公司的董事和控股股东未在法定期限内成立清算组开始清算，导致公司财产贬值、流失、毁损或者灭失，债权人主张其在造成损失范围内对公司债务承担赔偿责任的，人民法院应依法予以支持。"第 2 款规定："有限责任公司的股东、股份有限公司的董事和控股股东因怠于履行义务，导致公司主要财产、账册、重要文件等灭失，无法进行清算，债权人主张其对公司债务承担连带清偿责任的，人民法院应依法予以支持。"第 3 款规定："上述情形系实际控制人原因造成，债权人主张实际控制人对公司债务承担相应民事责任的，人民法院应依法予以支持。"

换言之,清算义务人在公司解散后负有清算义务,其怠于履行清算义务,导致公司财产损失的,需在损失范围内向债权人承担赔偿责任;导致公司主要财产、账册、重要文件等灭失,无法进行清算的,需向债权人承担连带责任。因此,结合《公司法》规定,我们对此提出如下建议:

1. 股东或其他清算义务人在公司解散后应当依据《公司法》和章程规定,及时成立清算组,通知全体债权人,依法清算公司财产。

2. 当股东之间出现矛盾或其他情形,导致公司无法及时、依法开展清算工作时,股东应当及时申请法院启动强制清算,避免承担法律责任的风险。

三、对于无法清算的案件,股东、债权人利益应当如何维护

依据最高人民法院《关于审理公司强制清算案件工作座谈会纪要》第 28 条规定:"对于被申请人主要财产、账册、重要文件等灭失,或者被申请人人员下落不明的强制清算案件,经向被申请人的股东、董事等直接责任人员释明或采取罚款等民事制裁措施后,仍然无法清算或者无法全面清算,对于尚有部分财产,且依据现有账册、重要文件等,可以进行部分清偿的,应当参照企业破产法的规定,对现有财产进行公平清偿后,以无法全面清算为由终结强制清算程序;对于没有任何财产、账册、重要文件,被申请人人员下落不明的,应当以无法清算为由终结强制清算程序。"

故,在强制清算程序中,当存在公司主要财产、账册、重要文件等灭失,或者被申请人人员下落不明的情况时,法院应当以无法清算为由裁定终结强制清算程序。因而,对于申请清算的股东,尤其是公司债权人而言,很可能会因一些不诚信的公司运营者故意逃废债务而遭受损失。

为了解决该问题,最高人民法院认为,因无法清算或无法依法全面清算而终结清算程序,与依照《企业破产法》的规定依法清算,债务人确无财产可供分配而终结破产清算程序,其法律后果截然不同。因依法清算,债务人确无财产可供分配而终结破产清算程序的结果,是剩余财产不再清偿,债务人仅以破产财产为限承担责任。而因债务人的清算义务人怠于履行清算义务,导致公司主要财产、账册、重要文件等灭失而无法清算的,虽然债务人的法人资格因清算程序终结而终止,但既有的民事责任并不消失,而是由清算义务人承担偿还责任。①

① 参见最高人民法院:《〈关于审理公司强制清算案件工作座谈会纪要〉》的理解与适用》,载《人民司法》2010 年第 1 期。

因此,《公司法司法解释(二)》第18条第2款规定:“有限责任公司的股东、股份有限公司的董事和控股股东因怠于履行义务,导致公司主要财产、账册、重要文件等灭失,无法进行清算,债权人主张其对公司债务承担连带清偿责任的,人民法院应依法予以支持。”第3款规定:“上述情形系实际控制人原因造成,债权人主张实际控制人对公司债务承担相应民事责任的,人民法院应依法予以支持。”

综上,结合《公司法》及相关司法解释规定,我们对此提出如下建议:

1. 股东、债权人在清算终结前,应当积极协助清算组、法院要求相关责任人员移交财产、账册等重要文件,尽可能索回公司财产以及追究相关责任人员法律责任的证据和线索;

2. 债权人在法院裁定无法清算终结清算程序后,应在两年内及时向股东、董事或实际控制人主张连带清偿责任。

第二十六章　公司对外担保纠纷

第一部分　报告背景及数据来源

公司对外担保，是指在借贷、买卖等经济活动中，公司作为担保人以其财产保障债权实现的行为。

关于公司对外担保行为的效力问题，我国立法与司法实践经历了一个演变过程。1993 年《公司法》第 60 条第三款明确规定："董事、经理不得以公司资产为本公司的股东或者其他个人债务提供担保。"其后，《担保法》司法解释第四条进一步规定："董事、经理违反《公司法》第六十条的规定，以公司资产为本公司的股东或者其他个人债务提供担保的，担保合同无效。除债权人知道或者应当知道的外，债务人、担保人应当对债权人的损失承担连带赔偿责任。"

2005 年《公司法》修订，其中第 16 条明确规定："公司向其他企业投资或者为他人提供担保，依照公司章程的规定，由董事会或者股东会、股东大会决议；公司章程对投资或者担保的总额及单项投资或者担保的数额有限额规定的，不得超过规定的限额。公司为公司股东或者实际控制人提供担保的，必须经股东会或者股东大会决议。前款规定的股东或者受前款规定的实际控制人支配的股东，不得参加前款规定事项的表决。该项表决由出席会议的其他股东所持表决权的过半数通过。"由此，法律明确肯定了公司具有对外担保的能力，但又规定了公司提供担保时应履行的内部决策程序。从表面上来看，这一条款较好地解决了公司对外担保行为的效力问题，但在实践中却引发了更多的争议和纠纷。

为了厘清司法实务对公司对外担保纠纷案件的裁判思路，我们对最高人民法院、江苏地区法院发布的公司对外担保纠纷裁判文书进行了数据分析，形成了本研究报告。本研究报告的数据来源于"威科先行"，案例检索时间是 2016 年 3 月，检索期间为 2015 年 1 月 1 日至 12 月 31 日。

第二部分　案件数据及裁判特点

经检索，我们在"威科先行"数据库共检索到最高人民法院、江苏地区法院在 2015 年 1 月 1 日至 2015 年 12 月 31 日发布的公司对外担保纠纷裁判文书共 50 份。其中，最高人民法院裁判文书 1 份，江苏地区法院裁判文书 49 份。具体数据分析请看下列图表。

一、审理法院分布

从图 26－1 可知，四级法院均审理过此类纠纷案件，其中江苏省内 2015 年度审理此类纠纷较多的法院分别是：盐城市中院、江苏省高院、南通市中院。

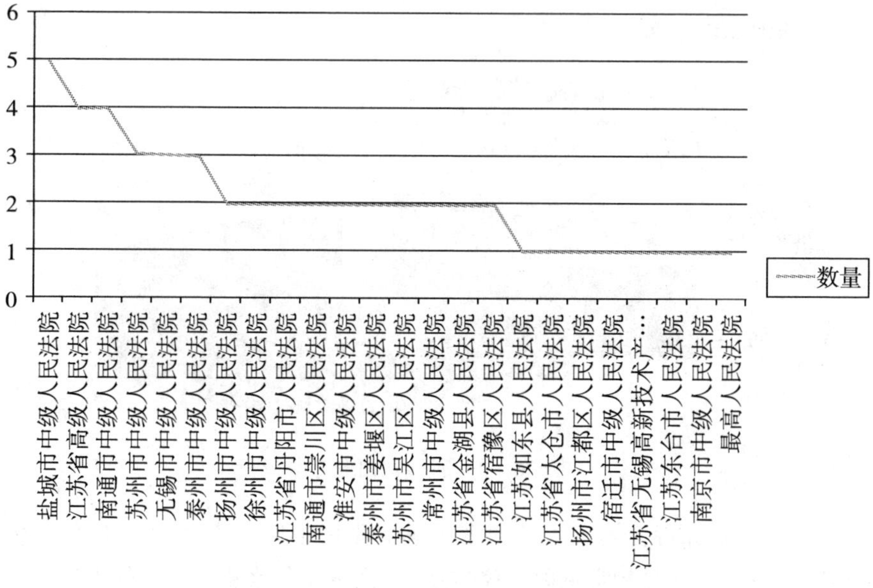

图 26－1　审理法院分布

二、案件地域分布

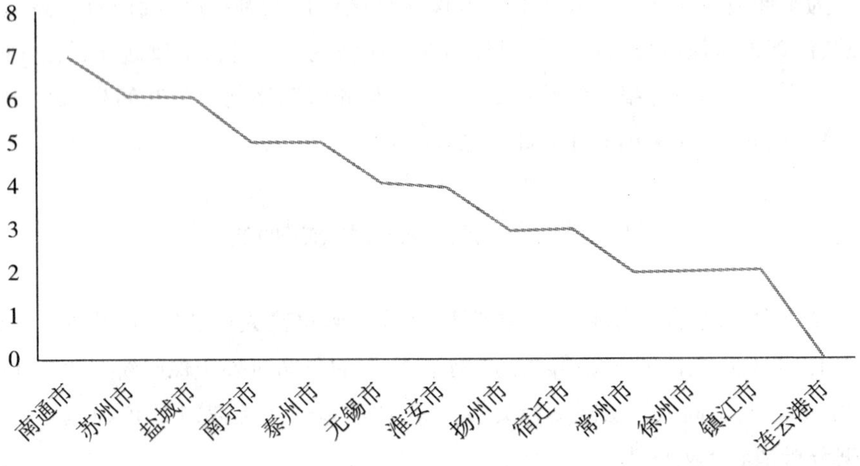

图 26－2　案件地域分布

结合上述两个图,江苏省内受理公司对外担保纠纷案件数量最多的地域是南通市、苏州市、盐城市。

三、所涉案由分布

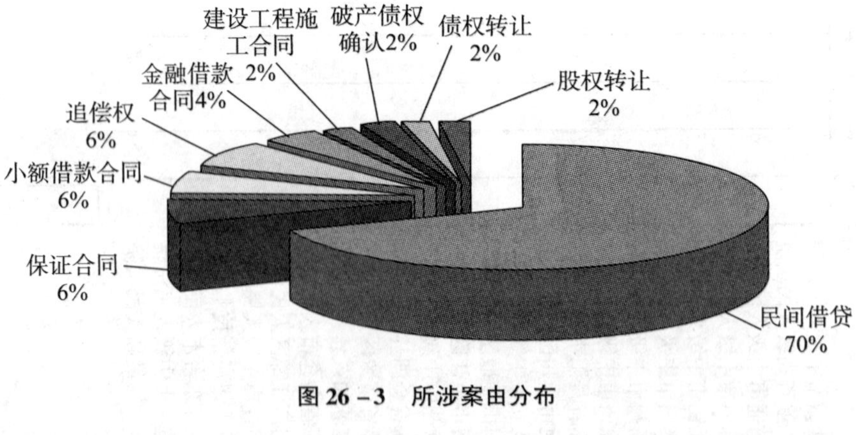

图 26－3　所涉案由分布

公司对外担保行为效力认定问题,在多种案由中均会涉及,尤其是在借款合同纠纷案件中,往往是最常见的争议焦点。《民事案件案由规定》将借款合同纠纷作为三级案由,下有小额借款合同纠纷、金融借款合同纠纷与民间借贷等四级案由。从上述图可知，借款合同纠纷占比80%，其中民间借贷案由纠纷占比最大，为70%；占比较大的还有保证合同纠纷和追偿权纠纷。

四、案件审级分布

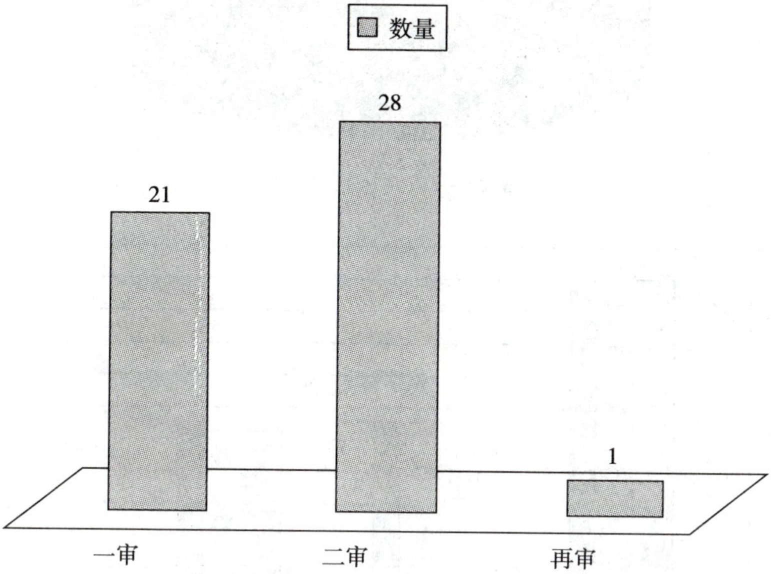

图26－4　案件审级分布

由图26－4可知：公司对外担保纠纷案件进入二审程序的数量较多，表明此类案件上诉率相对偏高。但申请再审的案件数量并不多。

五、判决结果对比

从判决结果来看，法院主流的裁判观点是：公司为第三方、公司股东、实际控制人提供担保，有无股东会决议以及是否经过股东会或董事会决议，均不影响担保合同效力的有效认定。实务中，担保合同被认定为无效的情形也存在，主要是针对公司为股东、实际控制人提供担保，而债权人未能尽到审慎审核义务的情形，但数量相对较小。在我们搜集的裁判案例中，作出此种认定的法院相对比较集中，其中，宿迁市宿豫区人民法院关于担保合同无效认定的裁判文书数量占比为50%。

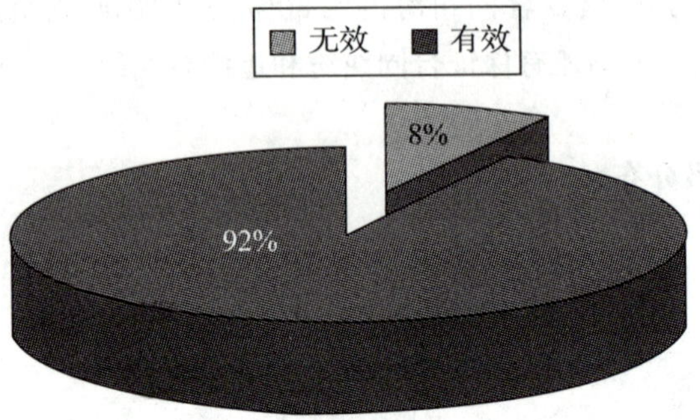

图 26－5　判决结果对比

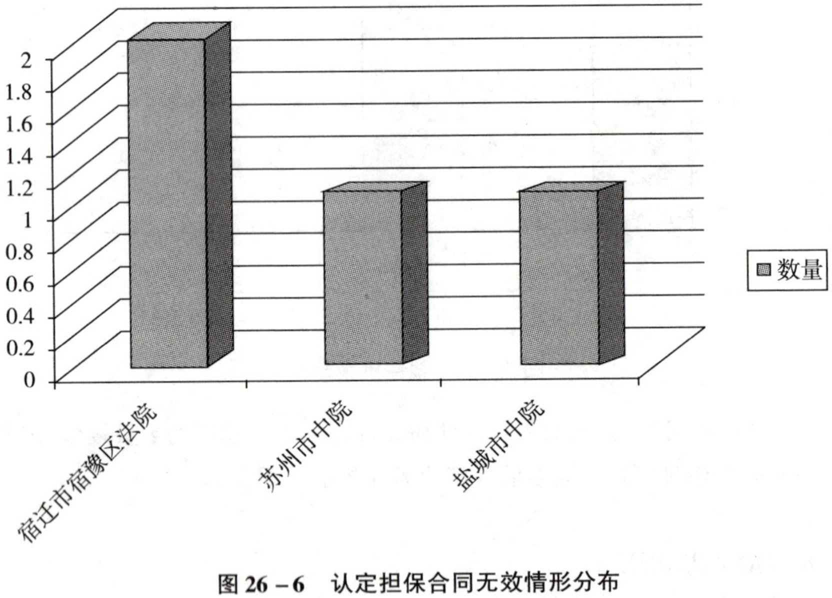

图 26－6　认定担保合同无效情形分布

第三部分　裁判意见整理与分析

一、《公司法》第 16 条并未规定公司违反该条规定所提供的担保无效

☞ 案例

1. 黄某与李某、江阴市柯盛纺织有限公司等民间借贷纠纷二审民事判决书，案号为【(2015)锡民终字第 1237 号】。

2. 宜兴市华丰农村小额贷款有限公司与江苏东联环保科技有限公司、吴某等追偿权纠纷二审民事判决书，案号为【（2015）锡商终字第00761号】。

☞ 裁判意见

【（2015）锡民终字第1237号】案中，无锡中院认为：柯盛公司辩称在案涉借条上作为连带责任保证人加盖柯盛公司公章的行为未经柯盛公司董事会或股东会决议通过，柯盛公司并无进行担保的意思表示，故柯盛公司的担保无效，但《公司法》仅规定"公司向其他企业投资或者为他人提供担保，依照公司章程的规定，由董事会或者股东会、股东大会决议"，该条款并未规定公司违反上述规定对外提供担保将导致担保无效，故对柯盛公司的上述辩称意见不予采信。

【（2015）锡商终字第00761号】案中，无锡中院认为：《公司法》第16条第1款规定"公司向其他企业投资或者为他人提供担保的，依照公司章程的规定，由董事会或者股东会、股东大会决议"，该规定并未明确公司违反上述规定对外提供担保导致担保合同当然无效，且公司内部决议程序，不得约束第三人。本案中，不管股东会决议是否无效，不影响保证反担保合同的成立和效力。

二、《公司法》第16条第1款并非效力性强制规定，不会影响合同效力

☞ 案例

1. 李某与徐州森洋木业有限公司、吕某等民间借贷纠纷一审民事判决书，案号为【（2014）徐民初字第160号】。

2. 朱某与孙某、盐城德基置业有限公司等民间借贷纠纷一审民事判决书，案号为【（2014）盐民初字第0258号】。

3. 陈某与江苏春燕集团有限公司、吴某等民间借贷纠纷一审民事判决书，案号为【（2015）东商初字第0342号】。

4. 上诉人南京银富钢瓶制造有限公司与被上诉人程某借款合同纠纷一案的民事判决书，案号为【（2015）宁商终字第1021号】。

☞ 裁判意见

【（2014）徐民初字第160号】案中，徐州市中级人民法院认为：《公司法》第16条第1款规定，公司向其他企业投资或者为他人提供担保，按照公司章程的规定由董事会或者股东会、股东大会决议。第一，该条款并未明确规定公司违反上述规定对外提供担保导致担保合同无效；第二，该条系调整公司治理结构权力行使的规范，属于对担保人单方的公司内部关系的管理性强制性规定，系公司内部决议程序，从文义解释上得不出该规范旨在直接约束公司与交易相对人签订的担保合同效力的结论。此外，根据《合同法司法解释（一）》第4条关于"合同

法实施以后,人民法院确认合同无效,应当以全国人大及其常委会制定的法律和国务院制定的行政法规为依据,不得以地方性法规、行政规章为依据”以及《合同法司法解释(二)》第14条关于“合同法第五十二条第(五)项规定的‘强制性规定’,是指效力性强制性规定”的规定,在《合同法》的基础上进一步明确缩小了合同因违反法律、行政法规的强制性规定而无效的情形。因此,在《公司法》没有明确规定公司违反上述规定对外提供担保无效的情形下,上述规定不应被认定为效力性强制性规定,对公司对外提供的非关联担保的效力应予确认。

【(2014)盐民初字第0258号】案中,盐城市中级人民法院认为:《公司法》第16条没有明确规定公司违反规定对外提供担保导致担保合同无效,该条款不是效力性强制性规定,同时股东会决议作为公司内部的决议程序约束第三人,不影响本案公司对外担保的效力,故本案天泓公司为借款提供担保虽未经公司股东会决议,不影响其担保行为的法律效力。

【(2015)东商初字第0342号】案中,东台人民法院认为:关于镇乾公司未经股东会或股东大会决议的担保无效的辩称,该辩称的依据是《公司法》第16条的规定,而该规定并非效力性强制性规定,不能据此认定担保合同无效,故镇乾公司应对本案借款承担连带责任。

【(2015)宁商终字第1021号】案中,南京市中级人民法院认为:我国《公司法》关于公司为公司股东或者实际控制人提供担保须经股东会或者股东大会决议的规定,属公司内部的管理性强制性规范,对于该规范的违反不影响公司对外担保的效力,故对于银富公司提出的担保无效的上诉请求,本院不予支持。

三、《公司法》第16条第2款是效力性强制规定还是管理性强制规定,不同法院存在不同认识

☞ 案例

1. 褚某与季某、钟某等民间借贷纠纷二审民事判决书,案号为【(2015)淮中民终字第01069号】。

2. 马某与江苏卓尔投资管理有限公司、刘某等民间借贷纠纷再审民事判决书,案号为【(2015)泰中民再终字第00020号】。

3. 黄某与吴某、江阴彬宇维克机械有限公司民间借贷纠纷二审民事判决书,案号为【(2014)锡民终字第2272号】。

4. 胡某与江苏晶迪光伏科技有限公司、宿迁市皇室玻璃有限公司等民间借贷纠纷一审民事判决书,案号为【(2014)宿豫商初字第0315号】。

5. 秦某、丁某与启东市银宏建筑材料有限公司民间借贷纠纷二审民事判决书，案号为【(2015)通中商终字第0488号】。

6. 盐城广厦建筑集团有限公司与金昌盐城机电科技有限公司、钱某等建设工程施工合同纠纷二审民事判决书，案号为【(2015)苏民终字第00111号】。

☞ 裁判意见

【(2015)淮中民终字第01069号】案中，淮安市中级人民法院认为，虽然《公司法》第16条第2款规定：公司为公司股东或者实际控制人提供担保的，必须经股东会或者股东大会决议。但《合同法解释(二)》第14条规定：合同法第五十二条第(五)项规定的"强制性规定"，是指效力性规范。而上述《公司法》规定的立法本意在于限制公司主体行为，实质是内部控制程序，此规定应理解为管理性规范，故不能以此约束交易相对人。

【(2015)泰中民再终字第00020号】案中，泰州市中级人民法院认为：我国《公司法》第16条第2款规定："公司为公司股东或实际控制人提供担保的，必须经股东会或者股东大会决议。"上述规定其立法本意在于限制公司主体行为，防止公司的实际控制人或者高级管理人员损害公司、小股东或其他债权人的利益，其实质是内部控制程序，不能以此约束交易相对人。故此规定宜理解为管理性强制性规范，对违反该规范的，原则上不宜认定合同无效。

【(2014)锡民终字第2272号】案中，无锡市中级人民法院认为：《公司法》第16条第2款规定，公司为公司股东或者实际控制人提供担保的，必须经股东会或者股东大会决议。前款规定的股东或者受前款规定的实际控制人支配的股东，不得参加前款规定事项的表决。该项表决由出席会议的其他股东所持表决权的过半数通过。该条款属于公司对外担保的外部约束机制，属效力性、强制性规范。

【(2014)宿豫商初字第0315号】案中，宿迁市宿豫区人民法院认为：被告晶迪公司系独立法人，其股东为黄某和蔡某，根据《公司法》第16条第2款的规定，公司为公司股东或者实际控制人提供担保的，必须经股东会或者股东大会决议，从原告胡某提交的证据来看，被告晶迪公司提供担保并未经过股东会决议程序，故担保合同无效。

【(2015)通中商终字第0488号】案中，南通市中级人民法院认为：《公司法》第16条规定公司为股东或实际控制人提供担保的，必须经股东会或者股东大会决议。"必须"所体现的是立法的强烈建议或要求，不能视为绝对的效力性规定。公司为股东或实际控制人进行担保，即使未经股东会决议，也不宜笼统认定该担保无效，应当根据不同情形分别判断。

【(2015)苏民终字第00111号】案中,江苏省高级人民法院认为,因还款协议涉及的工程款欠款系金昌盐城公司的债务,金昌盐城公司既非无锡金昌公司的股东,亦非无锡金昌公司的实际控制人,且该条款是关于公司内部控制管理的规定,不应作为评价合同效力的依据,因此,原审法院适用《公司法》第16条第2款认定无锡金昌公司的担保无效系适用法律错误,本院予以纠正。

四、《公司法》第16条规定的是公司内部决议程序,不得对抗外部的善意第三人

☞ 案例

1. 常州市茜菲特机械厂与常州市鑫伟机械配件有限公司、常州福博精密铸造有限公司等债权转让合同纠纷二审民事判决书,案号为【(2015)常商终字第00198号】。

2. 丹阳市众信农村小额贷款有限公司与马某、丹阳市华昱机电设备有限公司等民间借贷纠纷一审民事判决书,案号为【(2015)丹导民初字第225号】。

3. 泰州经济开发区富成农村小额贷款有限公司与钱某、泰州马也汽车维修服务有限公司等民间借贷纠纷二审民事判决书,案号为【(2015)泰中商终字第00081号】。

4. 中国建设银行股份有限公司南通城东支行与江苏康非特动力科技有限公司、南通红石科技发展有限公司等金融借款合同纠纷二审民事判决书,案号为【(2014)通中商终字第0573号】。

5. 林某与淮安诚泰房地产开发有限公司、王某民间借贷纠纷二审民事判决书,案号为【(2014)苏商终字第00438号】。

6. 许某与江苏金烁置业有限公司、汪某等民间借贷纠纷二审民事判决书,案号为【(2014)苏商终字第00472号】。

7. 盐城广厦建筑集团有限公司与金昌盐城机电科技有限公司、钱某等建设工程施工合同纠纷二审民事判决书,案号为【(2015)苏民终字第00111号】。

8. 周某与青海贤成矿业股份有限公司、西宁市国新投资控股有限公司等民间借贷纠纷二审民事判决书,案号为【(2014)民一终字第270号】。

9. 山西华晋纺织印染有限公司、上海晋航实业投资有限公司与戴某合资、合作开发房地产合同纠纷二审民事判决书,案号为【(2015)民一终字第72号】。

☞ 裁判意见

【(2015)常商终字第00198号】案中,常州市中级人民法院认为,《公司法》

第16条第1款、第2款关于对外担保须经董事会或者股东会、股东大会决议的规定在性质上并非效力性强制性规定，公司是否履行上述内部决议程序，对与公司交易的善意第三方没有约束力，故鑫伟公司的该抗辩意见难以成立，鑫伟公司否定该担保行为的效力其应提供相应的证据证明其主张，否则应承担举证不能的责任。

【(2015)丹导民初字第225号】案中，丹阳市人民法院认为：《公司法》第16条并非对合同效力的强制性规定，该法条也未规定公司未经股东会决议对外提供的担保无效，即使公司存在内部章程约束，其内部决议程序也不得约束第三人。同时，从维护合同稳定及交易安全考虑，也不宜认定担保合同无效。再则，依据《合同法》第50条，法人或者其他组织的法定代表人、负责人超越权限订立的合同，除相对人知道或应当知道其超越权限的以外，该代表行为有效的规定，本案担保合同即使未经股东会决议，被告龙马机电公司的担保仍为有效担保。

【(2015)泰中商终字第00081号】案中，泰州市中级人民法院认为：第一，根据《公司法》第16条的规定，公司向其他企业投资或者为他人提供担保，依照公司章程的规定，由董事会或者股东会、股东大会决议。公司章程对投资或者担保的总额及单项投资或者担保的数额有限额规定的，不得超过规定的限额。第二，钱某、马也公司亦未提交证据证明马也公司章程中就公司对外担保作出过规定且该条款并未明确规定公司违反上述规定对外提供担保导致担保合同无效。第三，马也公司作为有限责任公司，其内部决议程序，并不能约束作为第三人的债权人，在法律关系上，《公司法》第16条主要是调整公司内部法律关系的规范，并在公司内部产生相应的法律后果，一般不能对抗担保债权人等公司以外的善意第三人，公司是否正确履行了内部决议程序，对与公司交易的善意第三人没有约束力，也不能作为确认交易行为效力的依据，只是导致公司内部相关责任人对公司承担相应的法律责任。第四，《公司法》第16条并非效力性强制性的规定，人民法院应当注意区分效力性强制规定和管理性强制规定，违反效力性强制规定的，人民法院应当认定合同无效。违反管理性强制规定的，人民法院应当根据具体情形认定其效力，《公司法》关于公司对外担保须经董事会或者股东会、股东大会决议的规定，主要是为了加强公司管理，促进公司规范经营和发展，违反该规定并不会损害国家利益或者社会公共利益，《公司法》第16条第1款、第2款虽是强制性规定，但应属管理性强制性规定，违反该规定并不必然导致公司对外担保行为无效。

【(2014)通中商终字第0573号】案中，南通市中级人民法院认为：《公司法》

第16条规定："公司向其他企业投资或者为他人提供担保，依照公司章程的规定，由董事会或者股东会、股东大会决议；公司章程对投资或者担保的总额及单项投资或者担保的数额有限额规定的，不得超过规定的限额。"但公司违反前述条款的规定，与他人订立担保合同的，不能简单认定合同无效，理由如下：(1)该条款并未明确规定公司违反上述规定对外提供担保导致合同无效；(2)公司内部决议程序，不得约束第三人；(3)该条款并非效力性强制性的规定；(4)依据该条款认定担保合同无效，不利于维护合同的稳定性和交易的安全。

【(2014)苏商终字第00438号】案中，江苏省高级人民法院认为，《公司法》第16条第2款规定，公司为公司股东或者实际控制人提供担保的，必须经股东会或者股东大会决议。但该条款并未明确规定公司违反上述规定对外提供担保导致担保合同无效。且淮安诚泰公司股东会是否同意公司为股东提供担保属于内部决议程序，系股东在参与公司经营管理期间所实施的内部决策行为，并不能对股东、公司之外的第三方产生约束力。

【(2014)苏商终字第00472号】案中，江苏省高级人民法院认为，根据《公司法》第16条第2款规定，公司为股东或者实际控制人提供担保的，必须经过股东会或股东大会决议。但是，本案中金烁公司违反前述条款规定，为其股东汪某向许某借款提供保证担保，不能简单认定该保证合同无效。理由如下：第一，《公司法》的调整对象是公司的组织和行为以及公司与其股东之间、股东之间的内部管理活动，并不调整公司与第三人之间的交易行为。因此，《公司法》第16条第2款规范的是公司与股东之间的内部管理行为，对第三人不具有约束力。第二，《公司法》第16条第2款明确规定审查有无股东会决议的义务主体是公司，第三人没有审查的注意义务。而且，要求第三人承担审查有无股东会决议的注意义务，不利于促进交易安全和效率。第三，本案借款合同明确约定汪某因经营资金紧缺借款且用于企业经营，汪某作为时任金烁公司的法定代表人及控股股东，其加盖金烁公司公章为本人借款进行担保，即便未经其他股东授权，许某作为善意的相对人完全有理由相信金烁公司的全体股东同意公司为该笔借款进行担保。因此，金烁公司与许某间的保证合同合法有效。

【(2015)苏民终字第00111号】案中，江苏省高级人民法院认为，因还款协议涉及的工程款欠款系金昌盐城公司的债务，金昌盐城公司既非无锡金昌公司的股东，亦非无锡金昌公司的实际控制人，且该条款是关于公司内部控制管理的规定，不应作为评价合同效力的依据，因此，原审法院适用《公司法》第16条第2款认定无锡金昌公司的担保无效系适用法律错误，本院予以纠正。

【(2014)民一终字第270号】案中,最高人民法院认为:虽然《公司法》第16条规定,公司向其他企业投资或者为他人担保,按照公司章程的规定由董事会或者股东会、股东大会决议;公司章程对投资或者担保的总额及单项投资或者担保的数额有限额规定的,不得超过规定的限额。公司为公司股东或者实际控制人提供担保的,必须经股东会或者股东大会决议。但是该规定属于公司对内的程序性规定,其并未规定公司以外的第三人对此负有审查义务,公司对外提供担保是否经股东会或者股东大会决议,并不影响其对外签订的合同效力。应严格区分公司的对内关系与对外关系,否则会损害交易安全。与公司交易的第三人应当不受其内部程序性规定的约束。《公司法》第16条的规定,意在防止公司的实际控制人或者高级管理人员损害公司、小股东或者其他债权人的利益,公司是否召开股东会以及股东会的决议,是公司的内部控制程序,不能约束与公司交易的第三人。该规定不属于效力性强制性规定,不能据此主张合同无效。

【(2015)民一终字第72号】案中,最高人民法院认为:在判定公司行为效力时,应严格区分公司的对内关系与对外关系。《公司法》侧重调整公司内部关系,但公司作为商事主体,在商事交易过程中亦应受《合同法》和《担保法》等法律的调整。公司是否召开股东会或股东大会,属于公司对内的程序性规定,与公司交易的第三人不应受该内部程序性规定的约束。对是否存在股东会或者股东大会决议,公司以外的第三人不应负有审查义务,否则将严重影响交易安全。因此,公司对外提供担保是否经股东会或者股东大会决议,不影响担保合同效力。

五、公司为股东或实际控制人提供担保,如果未经股东会决议,担保合同可能被认定无效

☞ 案例

1. 吴某与江苏奥龙混凝土有限公司普通破产债权确认纠纷一审民事判决书,案号为【(2014)宿豫商初字第0107号】。

2. 胡某与江苏晶迪光伏科技有限公司、宿迁市皇室玻璃有限公司等民间借贷纠纷一审民事判决书,案号为【(2014)宿豫商初字第0315号】。

3. 吴江市吴越农村小额贷款股份有限公司与苏州振兴动力线缆有限公司、吴江美欣玻璃厂等金融借款合同纠纷二审民事判决书,案号为【(2015)苏中商终字第00728号】。

4. 成某与江苏悦能高空工程有限公司、陆某等借款合同纠纷、保证合同纠纷二审民事判决书,案号为【(2014)盐商终字第0495号】。

☞ 裁判意见

【(2014)宿豫商初字第0107号】案中，宿迁市宿豫区人民法院认为：因姚某系江苏奥龙公司的实际控制人，江苏奥龙公司为姚某提供担保并未经过股东会决议或当时提供的担保经过股东的书面授权确认，违反了法律的强制性效力性规范，故该担保行为无效。由于因债权人吴某未能谨慎审查被告江苏奥龙公司的担保有无股东会决议、担保人江苏奥龙公司疏于管理导致未经股东会决议而对公司实际控制人姚某担保，故债权人吴某和担保人江苏奥龙公司对担保合同无效均存在过错。

【(2014)宿豫商初字第0315号】案中，宿迁市宿豫区人民法院认为，被告晶迪公司系独立法人，其股东为黄某和蔡某，根据《公司法》第16条第2款的规定，公司为公司股东或者实际控制人提供担保的，必须经股东会或者股东大会决议，从原告胡某提交的证据来看，被告晶迪公司提供担保并未经过股东会决议程序，故担保合同无效。由于债权人和担保人对担保合同无效均存在过错，故担保人晶迪公司承担民事责任的部分不应超过债务人黄某、丁某不能清偿部分的二分之一，而不应按照担保人承诺书的约定承担连带责任。因债权人胡某未能谨慎审查被告晶迪公司的担保有无股东会决议、担保人晶迪公司疏于管理导致未经股东会决议而对公司股东黄某担保，同时考虑到皇室公司亦对涉案借款提供了担保，本院酌定被告晶迪公司对被告黄某、丁某不能清偿原告胡某债务部分的八分之三承担清偿责任。

【(2015)苏中商终字第00728号】案中，苏州市中级人民法院认为，关于吴越公司对振兴公司的主张，依照《公司法》第16条的规定，公司为公司股东或者实际控制人提供担保的，必须经股东会或者股东大会决议。本案所涉借款发生之时，张某仍系振兴公司的股东，故振兴公司为张某投资的个人独资企业，即美欣厂提供担保的，必须经股东会或者股东大会决议。吴越公司仅凭振兴公司签章的《担保承诺书》要求振兴公司承担保证责任，缺乏事实与法律依据，原审法院对此不予支持。

根据《个人独资企业法》第2条之规定，个人独资企业，是指由一个自然人投资，财产为投资人个人所有，投资人以其个人财产对企业债务承担无限责任的经营实体。因此，个人独资企业的投资人财产与个人独资企业财产并不分离。本案中，美欣厂系张某投资设立的个人独资企业，故为美欣厂提供担保实质是为张某个人资产提供担保。张某在振兴公司出具《担保承诺书》时系公司股东，故振兴公司为股东资产提供担保应当适用《公司法》第16条第2款、第 3 款之规定，即公司为股东提供担保必须经股东会或股东大会决议，且该股东不得参加表决。现吴越公司未提交证据证明振兴公司为美欣厂提供担保经过股东会决议，故振兴公司担保行为欠缺法定要件，依法对振兴公司不发生法律效力。

【（2014）盐商终字第 0495 号】案中，盐城市中级人民法院认为：根据《公司法》第 16 条第 2 款规定：公司为公司股东或者实际控制人提供担保的，必须经股东会或者股东大会决议。《公司法》第 16 条既然将公司担保的决策机构、权限等作了明文规定，即具有普遍适用效力，债权人在与公司签订担保合同时，就应当注意到法律的既有规定。这种法定决策程序既是对公司的限制和要求，也是对债权人的限制和要求。原审被告陆某在借款时作为上诉人悦能公司的法定代表人及股东，其未经股东会或股东大会决议，擅自以公司名义为自己借款提供担保，违反了《公司法》的强制性规定，应属无效。案涉借条中担保单位处盖有上诉人悦能公司的章印和法定代表人陆某的私章，已表明陆某为悦能公司法定代表人身份，陆某以公司名义为个人借款提供担保，又未提供股东会或股东大会决议，被上诉人成某应有审慎注意义务，故其对担保合同无效存在一定过错，应承担相应责任。

六、公司为股东或实际控制人提供担保，如果没有股东会决议，但构成表见代理或表见代表的，担保合同仍为有效

☞ 案例

1. 黄某与吴某、江阴彬宇维克机械有限公司民间借贷纠纷二审民事判决书，案号为【（2014）锡民终字第 2272 号】。

2. 秦某、丁某与启东市银宏建筑材料有限公司民间借贷纠纷二审民事判决书，案号为【（2015）通中商终字第 0488 号】。

☞ 裁判意见

【（2014）锡民终字第 2272 号】案中，无锡市中级人民法院认为，《公司法》第 16 条第 2 款规定，公司为公司股东或者实际控制人提供担保的，必须经股东会或者股东大会决议。前款规定的股东或者受前款规定的实际控制人支配的股东，不得参加前款规定事项的表决。该项表决由出席会议的其他股东所持表决权的过半数通过。该条款属于公司对外担保的外部约束机制，属效力性、强制性规范。本案中，维克公司为股东吴某向外借款提供担保时，虽未有股东会的书面决议，但维克公司股东为吴某及其父母，均系家庭成员，该公司对外担保的行为

即使没有股东会决议,也不违背其他股东的意志。吴某的行为构成了表见代理,吴某虽越权代理,但黄某有理由相信吴某有代理权,基于表见代理,应认为该代理行为有效。在公司内部意思形成过程存在瑕疵的情况下,只要对外的意思表示行为不存在无效的情形,公司就应受到其行为表示的制约。故本案中维克公司提供的担保有效,维克公司应承担连带担保责任。

【(2015)通中商终字第0488号】案中,南通市中级人民法院认为,《公司法》第16条规定公司为股东或实际控制人提供担保的,必须经股东会或者股东大会决议。"必须"所体现的是立法的强烈建议或要求,不能视为绝对的效力性规定。公司为股东或实际控制人进行担保,即使未经股东会决议,也不宜笼统认定该担保无效,应当根据不同情形分别判断。对于银宏公司这类封闭性公司,由于股东人数少,管理层与股东并未实质性地分离,股东对公司重大事项仍有一定的影响力,该类事项即使未经股东会决议,通常也不违背股东的意志。况且封闭性公司不涉及众多股民利益保护、证券市场秩序维护等公共利益问题,因此不能绝对地以未经股东会决议为由认定担保无效。故银宏公司即使为其实际控制人提供保证也不因未经股东会或股东大会决议而无效。

七、债权人对公司同意担保的股东会决议只负有形式上的审查义务

☞ 案例

1. 江苏如东农村商业银行股份有限公司城中支行与南通华圣服饰有限公司保证合同纠纷二审民事判决书,案号为【(2015)通中商终字第0079号】。

2. 陈某与于某、陈某等民间借贷纠纷一审民事判决书,案号为【(2015)崇民初字第00016号】。

3. 昆山恒泰担保有限公司与昆山视野针织服装实业有限公司、张某等追偿权纠纷二审民事判决书,案号为【(2014)苏中商终字第01267号】。

4. 金湖县金石农村小额贷款股份有限公司与刘某、淮安市金汇房地产开发有限公司等借款合同纠纷一审民事判决书,案号为【(2015)金商初字第00180号】。

5. 金湖县金石农村小额贷款股份有限公司与莫某、淮安市金汇房地产开发有限公司等借款合同纠纷一审民事判决书,案号为【(2015)金商初字第00179号】。

☞ 裁判意见

【(2015)通中商终字第0079号】案中,南通市中级人民法院认为:就农商行城中支行而言,其对该决议书的真实性审查也只能是形式上的,如要求其对股东

签名的真实性再逐一核查，显然将超出其合理注意范畴。综上，应认定农商行城中支行已尽到合理注意的义务，主观上不存在过错。祝某代表华圣公司为大华公司提供担保，即使另一股东不知情，祝某的行为也已构成表见代理。故案涉最高额抵押担保合同经双方当事人签字盖章，内容不违反法律、行政法规强制性规范，应认定合法有效。

【(2015)崇民初字第00016号】案中，南通市崇川区人民法院认为，原告在要求被告南通天马汇文化发展有限公司提供担保时向该公司索要了同意提供担保的股东会决议，已经履行了形式上的审查义务，不违反《公司法》第16条的规定，故南通天马汇文化发展有限公司的担保行为对原告有效。

【(2014)苏中商终字第01267号】案中，苏州市中级人民法院认为，恒泰担保公司在要求行为人出示了符合形式要件的股东会决议文件后，与行为人订立该《反担保保证合同》，该行为人的行为对视野公司构成表见代理，故《反担保保证合同》对视野公司具有约束力。

【(2015)金商初字第00179、00180号】案中，金湖县人民法院认为：根据我国《公司法》和《合同法》的规定，公司为公司股东或者实际控制人提供担保的，必须经股东会决议。法人的法定代表人超越权限订立的合同，除相对人知道或应当知道超越权限的以外，该代表行为有效。首先，本案借款人刘某并非公司股东或实际控制人，被告金汇公司提供担保时无须股东会决议。其次，即使该笔借款实际为被告彭某所使用，但被告金汇公司向原告提供担保时已向原告提供了股东会决议，所签订的抵押、保证合同使用的公司印章真实，亦有其法定代表人真实签名，且案涉抵押担保在经过行政机关审查后已办理了他项权登记。因此，原告在接受被告金汇公司担保行为过程中的审查义务已经完成，其有理由相信作为金汇公司法定代表人的彭某所为的代表行为的真实性。被告金汇公司对股东会决议的真实性提出种种质疑，并要求对股东签名的真伪进行鉴定，但原告基于对金汇公司法定代表人身份、公司印章真实性的信赖以及完全有理由相信股东会决议的真实性，无须也不可能鉴别金汇公司提供的该股东会决议的真伪，原告主观上构成善意。即使该股东会决议系伪造，彭某的行为也构成表见代表，被告金汇公司仍应承担担保责任。被告金汇公司也未能提供证明原告在办理本案贷款业务时知道或应当知道该股东会决议系伪造的证据。因此，金湖法院对被告金汇公司提出的股东会决议系伪造，双方之间抵押合同无效的抗辩理由不予采纳。

八、合同条款中存在公司已按章程约定通过股东会决议的承诺,可视为债权人已尽到审慎审查义务

☞ 案例

徐某与江苏通力电子发展有限公司、过某等民间借贷纠纷二审民事判决书,案号为【(2015)淮中民终字第00075号】。

☞ 裁判意见

【(2015)淮中民终字第00075号】案中,淮安市中级人民法院认为,虽然《公司法》第16条第2款规定:公司为公司股东或者实际控制人提供担保的,必须经股东会或者股东大会决议。但《合同法司法解释(二)》第14条规定:合同法第五十二条第(五)项规定的"强制性规定",是指效力性规范。而上述《公司法》规定的立法本意在于限制公司主体行为,实质是内部控制程序,此规定应理解为管理性规范,故不能以此约束交易相对人。本案中,三份借款协议中均约定"丙方(江苏通力公司)承诺其股东会或董事会已经按公司章程约定通过同意承担担保连带责任的决议(董事会或股东会),故签订本合同无任何法律上的障碍",说明债权人徐某在签订借款协议时已尽到审慎审查义务。

第四部分 律师建议

在现行法律法规框架下,规制公司对外提供担保需要遵循内部决策程序的法条主要是《公司法》第16条。但实践中,普遍存在公司对外担保无股东会决议、董事会决议,或者提供的上述决议系伪造的情形,在此情形下,担保合同的效力如何,债权人是否构成善意第三人,债权人是否已经尽到注意审查义务,可能成为法院审查的重点,从而可能会对担保合同的法律效力以及公司是否承担担保责任产生影响。

一、主流观点认为担保合同不因未经股东会决议而无效,但对于公司为股东或实际控制人提供担保的情形,因存在争议,债权人仍应尽可能取得股东会决议

《最高人民法院公报》2011年第2辑公布的中建材集团进出口公司诉北京大地恒通经贸有限公司等进出口代理合同纠纷一案中,其裁判要旨明确了:第一,《公司法》第16条并未明确规定公司违反上述规定对外提供担保导致担保合同无效;第二,公司内部决议程序,不得约束第三人;第三,该条款并非效力性强制性的规定;第四,依据该条款认定担保合同无效,不利于维护合同的稳定和交易的安全。

在《最高人民法院专家法官阐释民商裁判疑难问题》一书中，对该问题亦作了解释，其观点认为大多数有限责任公司和非上市的股份有限公司的公司章程、董事会或股东会决议未在公开媒体上专门进行公开、公示，应当不具有对外的效力。因此，不宜严格要求公司对外担保必须提交董事会决议，何况实践中已经出现不少的伪造董事会决议的情形。故只要担保书上盖章真实，该担保行为即应认定为有效。由此可以看出，最高人民法院倾向性的观点认为公司章程、决议不具有对世效力，未审查公司章程、决议不影响公司对外担保合同的效力。

实务中，江苏法院多是依照最高人民法院的指导意见办案操作，认为《公司法》第16条非效力性强制规定，因而担保人提出的其提供担保时未经股东会决议通过因而担保行为无效的抗辩理由没有得到法院的支持，仍应按担保合同的约定承担连带赔偿责任。

不过，对于公司为股东或实际控制人提供担保的情形，《公司法》第16条第2款规定“必须经股东会或股东大会决议”，如前案例所示，司法实践中对于该条规定到底是效力性规定还是管理性规定，存在争议。

对此，《最高人民法院公报》2015年第2期刊登的“招商银行股份有限公司大连东港支行与大连振邦氟涂料股份有限公司、大连振邦集团有限公司借款合同纠纷案”中，最高人民法院再次延续了之前公报案例的裁判思路，认为《公司法》第16条第2款的规定并非效力性强制规范，不应以此作为认为合同效力的依据；债权人对公司提供担保的股东会决议仅负有形式审查义务。

尽管《最高人民法院公报》案例在司法实践中具有强大的指导价值，但毕竟不像法律规定那样具有稳定性，且案例指导存在针对案件具体情况的特殊性，因此，在实际操作中，为有效防范法律风险，在办理担保事宜时，还是建议广大债权人按照《公司法》的规定要求担保人提供相关董事会决议和股东会决议，并审慎履行审查义务，尤其是在公司为股东或实际控制人提供担保的情形。

二、债权人在接受公司提供的担保时，应当尽到一定的注意义务，防止因不是善意第三人而影响合同效力

在公司对外担保合同中，应如何认定债权人是否构成善意第三人呢？很大程度上是看债权人作为担保合同相对人是否知道或者应当知道对方是否有权代表或代理公司签订担保合同。相应的法律依据是《合同法》第49条和第50条。其中第49条规定：“行为人没有代理权、超越代理权或者代理权终止后以被代理人名义订立合同,相对人有理由相信行为人有代理权的,该代理行为有效。”第50条规定:“法人或者其他组织的法定代表人、负责人超越权限订立的合同,除相对人知道或者应当知道其超越权限的以外,该代表行为有效。”

此外,债权人在审查公司提供的股东会决议文件时,法院倾向性认为债权人只需进行形式上的审查,即审查公司章程、公司决议是否签章齐全,公司决议内容是否符合公司章程的要求即可。至于股东会决议签章是否真实等,则属于实质审查的内容,不属于债权人审查范围。

三、公司应注意采取措施防范不符合股东会意志的担保责任

《公司法》第16条设置的内部决策程序是为了平衡公司内部股东之间的利益,防止大股东肆意损害中小股东的利益,当然也防止法定代表人、董事、经理等公司高管任意损害公司股东的利益。公司如果要避免承担不符合股东会意志的担保责任,有需要采取相应的措施:

1. 重新审阅公司章程,如公司章程对公司对外担保事项没有规定的,加入公司对外提供担保的条款,条款要明确公司对外提供担保的限额以及相对应的决策程序和决策权限。

2. 加强公司内部治理和制衡,对公司的印章应建立相应的用章登记和交叉审批程序,防止公司董监高任意对外提供担保。

3. 通过工商备案或其他合适途径公开公司章程、股东会决议、董事会决议,方便公众能通过公开途径查阅公司的上述文件。

第二十七章　证券欺诈责任纠纷

第一部分　报告背景及数据来源

证券欺诈行为破坏了证券交易公开、公平、公正的原则，违背了诚信原则，损害了证券交易的效率和效益，扰乱了证券交易秩序，具有严重的社会危害性，极大地损害了广大投资者的合法权益，直接影响了证券市场的繁荣稳定。

《证券法》规定的证券欺诈行为包括了证券内幕交易、操纵证券交易市场、证券虚假陈述、欺诈客户等行为。最高人民法院《民事案件案由规定》中也专门有一类纠纷叫“证券欺诈责任纠纷”，其中有包括了“证券内幕交易责任纠纷”“操纵证券交易市场责任纠纷”“证券虚假陈述责任纠纷”“欺诈客户责任纠纷”这四类子纠纷。因前三类纠纷最具有代表性，本报告只对前三类案由的相关司法裁判文书开展研究，不包括第四类案由。就三类最具代表性的证券欺诈行为而言：

1.“证券内幕交易”，是指掌握上市公司未公开的、可以影响证券价格的重要信息的知情人，在该信息转变为公开信息之前，买入或者卖出该证券，或者泄露该信息，或者建议他人买卖该证券，直接或者间接地利用该信息进行证券交易，以获得利益或减少损失的行为。内幕交易的民事责任主体，根据《证券法》第 73 条的规定分为两类：

一类是内幕知情人，系法定人员，《证券法》第 74 条对此明文予以枚举，具体可归纳为 7 类：

(1)发行人的董事、监事、高级管理人员；

(2)持有公司百分之五以上股份的股东及其董事、监

事、高级管理人员,公司的实际控制人及其董事、监事、高级管理人员;

(3)发行人控股的公司及其董事、监事、高级管理人员;

(4)由于所任公司职务可以获取公司有关内幕信息的人员;

(5)证券监督管理机构工作人员以及由于法定职责对证券的发行、交易进行管理的其他人员;

(6)保荐人、承销的证券公司、证券交易所、证券登记结算机构、证券服务机构的有关人员;

(7)国务院证券监督管理机构规定的其他人。

另一类是非内幕人员,是以非法手段获取内幕信息的人员。其中的"内幕信息"是指涉及公司经营、财务或者对公司证券的市场价格有重大影响的未公开信息,其具体范围在《证券法》第75条、第67条中有明确规定,具体可归纳为八种情形:

(1)《证券法》第67条第2款所列重大事件;

(2)公司分配股利或者增资的计划;

(3)公司股权结构的重大变化;

(4)公司债务担保的重大变更;

(5)公司营业用主要资产的抵押、出售或者报废一次超过该资产的百分之三十;

(6)公司的董事、监事、高级管理人员的行为可能依法承担重大损害赔偿责任;

(7)上市公司收购的有关方案;

(8)国务院证券监督管理机构认定的对证券交易价格有显著影响的其他重要信息。

2."操纵证券市场",是指利用其资金、信息、持股等优势或者滥用职权,人为干扰证券市场上的供求关系,控制某一证券的价格、交易量以及走势,影响证券市场价格,制造证券市场假象,诱导或者致使普通投资者在不了解事实真相的情况下买卖证券,以获取利益或者减少损失。操纵证券交易市场责任纠纷案件的民事责任主体是操纵市场行为人,权利主体往往是因操纵行为导致其买入或者卖出该证券而遭受损失的投资者。《证券法》第77条明确列举了证券交易过程中常见的四类操纵证券交易市场的行为:

(1)单独或者通过合谋,集中资金优势、持股优势或者利用信息优势联合或者连续买卖,操纵证券交易价格或者证券交易量;

(2)与他人串通,以事先约定的时间、价格和方式相互进行证券交易,影响证券交易价格或者证券交易量;

(3)在自己实际控制的账户之间进行证券交易,影响证券交易价格或者证券交易量;

(4)以其他手段操纵证券市场。

3."证券市场虚假陈述",是指信息披露义务人违反证券法律规定,在证券发行或者交易过程中,对重大事件作出违背事实真相的虚假记载、误导性陈述,或者在披露信息时发生重大遗漏、不正当披露信息的行为。证券虚假陈述行为的民事责任主体,根据《证券法》第78条的规定,为国家工作人员、传播媒介从业人员和有关人员、证券交易所、证券公司、证券登记结算机构、证券服务机构及其从业人员,证券业协会、证券监督管理机构及其工作人员。此外,最高人民法院《虚假陈述民事赔偿规定》就证券市场虚假陈述行为的民事赔偿责任人作了列举性的规定,包括发起人、控股股东等实际控制人、发行人、上市公司、证券承销商、证券上市推荐人、专业中介服务机构以及发行人、上市公司、证券承销商、证券上市推荐人负有责任的董事、监事和经理等高级管理人员。权利主体则是因受虚假陈述行为影响买卖证券而遭受损失的投资者。虚假陈述行为的表现方式有四种,即虚假记载、误导性陈述、重大遗漏和不正当披露。根据《虚假陈述民事赔偿规定》的规定,虚假记载,是指信息披露义务人在披露信息时,将不存在的事实在信息披露文件中予以记载的行为;误导性陈述,是指虚假陈述行为人在信息披露文件中或者通过媒体,作出使投资人对其投资行为发生错误判断并产生重大影响的陈述;重大遗漏,是指信息披露义务人在信息披露文件中,未将应当记载的事项完全或者部分予以记载;不正当披露,是指信息披露义务人未在适当期限内或者未以法定方式公开披露应当披露的信息。

我们对全国范围内法院发布的证券内幕交易、操纵证券市场交易、证券虚假陈述三类责任纠纷案件的裁判文书进行搜集、整理、汇总、分析,形成了本研究报告。本研究报告的数据来源于北大法宝、无讼案例、中国裁判文书网三大法律文书检索平台。

第二部分　案件数据及裁判特点

通过案由检索,我们发现:截至2017年7月1日,全国法院公布的"证券内幕交易责任纠纷"的民事判决书13份、民事裁定书40份;"操纵证券交易市场责任纠纷”的民事判决书和民事裁定书均为0;但涉及“证券虚假陈述责任纠纷”的民事案件数量非常庞大。经多次筛选,我们确定本次研究的对象为:全国法院公布的“证券内幕交易责任纠纷”的所有裁判文书,以及从“证券虚假陈述责任纠纷”民事判决书中选取的具有一定代表性的64份民事判决书。

以下内容是对上述裁判文书数据和内容进行的相关分析。

一、三类案件的数量分布

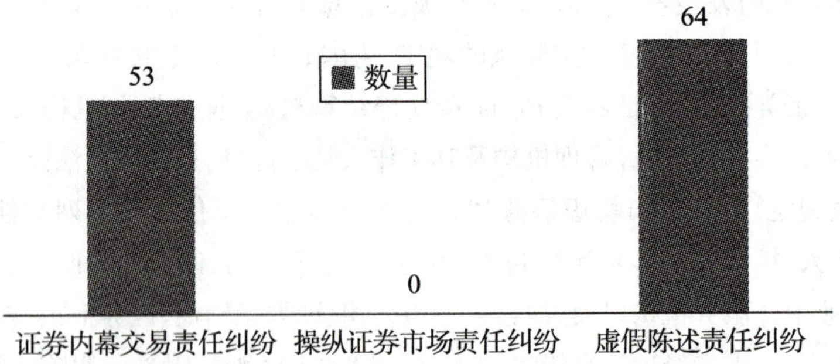

图 27-1 三类案件数量对比

图 27-1 显示了本报告的研究对象。

二、审理法院分布

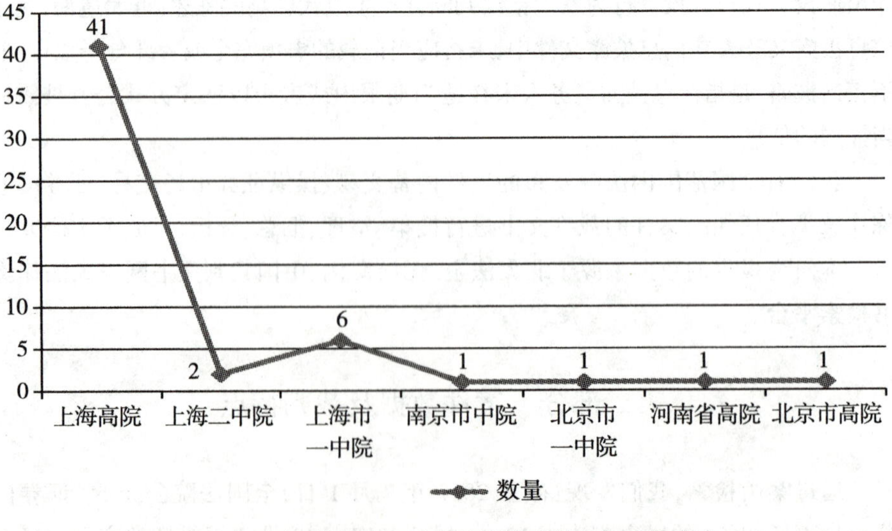

图 27-2 证券内幕交易责任纠纷案件审理法院分布

图 27－2 显示了全国法院受理的证券内幕交易纠纷案件的概况。截至目前，上海市高级人民法院系受理该类案件数量最多的法院。

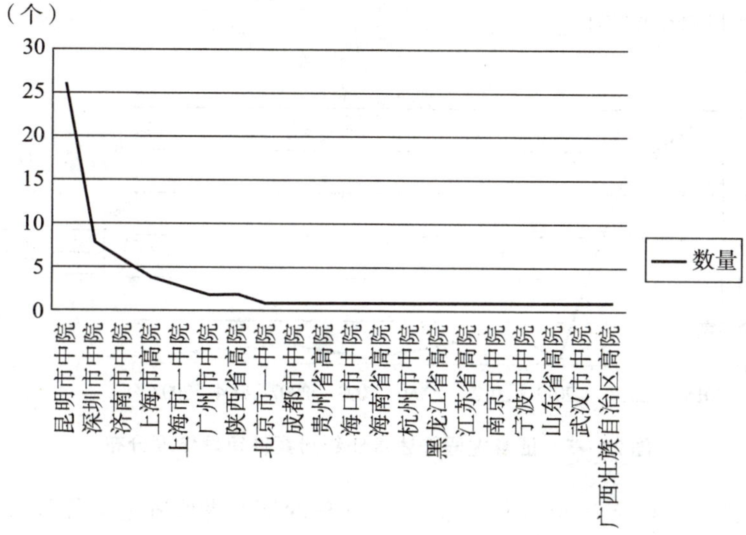

图 27－3　证券虚假陈述责任纠纷案件审理法院分布

图 27－3 显示了全国法院受理证券虚假陈述案件数量的概况。其中，昆明市中院、深圳市中院、济南市中院、上海市高院系受理该类案件数量最多的法院，除外，大部分地区中院或高院受理该类案件数量相对是比较均衡，维持在 1～2 件左右。

三、审理年度分布

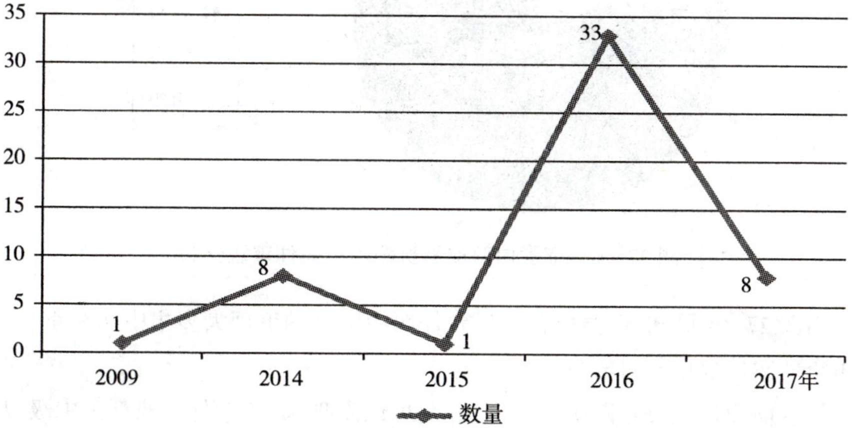

图 27－4　证券内幕交易责任纠纷案件审理年度分布

图27－4显示，近年来证券内幕交易责任纠纷案件数量有上升趋势，除去尚未全面公开的2017年度裁判文书情况，2016年是近年来法院处理证券内幕交易案件数量最多的年份。

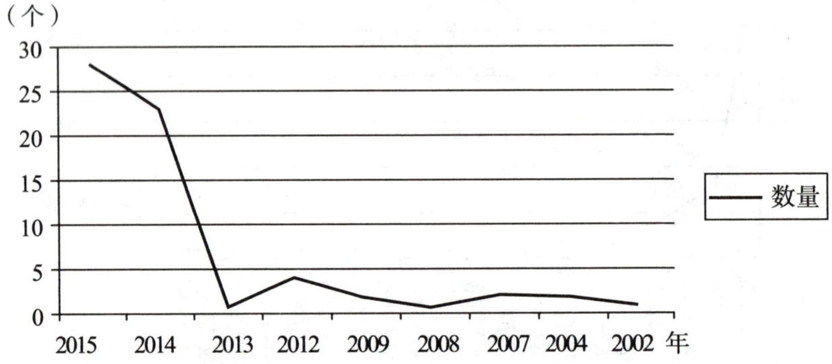

图27－5 证券虚假陈述责任纠纷案件审理年度分布

图27－5显示，自2013年以来，法院处理的证券虚假陈述案件数量呈直线上升趋势。

四、审级分布

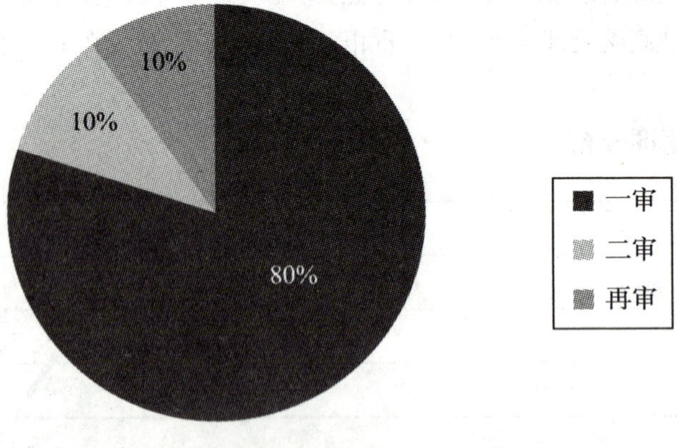

图27－6 证券内幕交易责任纠纷案件审级分布

由图27－6可知，证券内幕交易责任纠纷案件的审理大多集中在一审，二审和再审的案件数量相对较少。

结合前面地域分布图中的审理法院，可以发现：此类案件一般都由中级以上法院审理，主要是因为此类案件一般都是辖区内具有重大影响的案件。实际上，最高人民法院在 2013 年 11 月 15 日发出的《关于光大证券股份有限公司“8·16”内幕交易引发的民事赔偿案件指定管辖的通知》中也明确规定：对于光大证券“8·16”内幕交易引发的民事赔偿案件，指定省、自治区、直辖市人民政府所在的市、计划单列市和经济特区中级人民法院作为一审法院管辖。

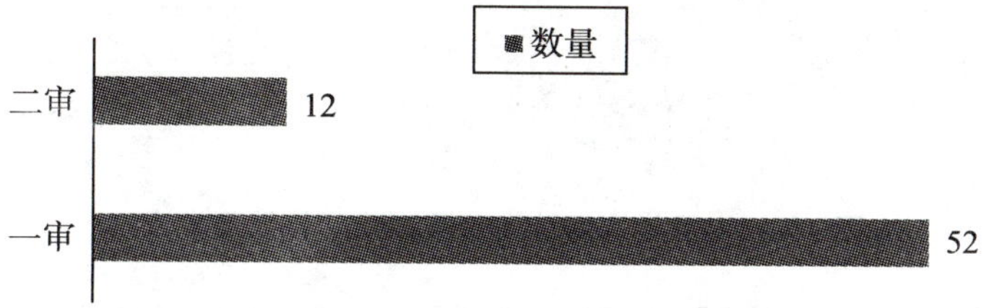

图 27－7 证券虚假陈述责任纠纷案件审级分布

从图 27－7 数据可知，与内幕交易责任纠纷案件相似，证券虚假陈述责任纠纷案件的审理也大多集中在一审，二审相对较少，占比仅有 19%。

五、审理结果

表 27－1 证券内幕交易责任纠纷案件结案方式

结案方式	案件数量（个）
裁定	40
判决	13

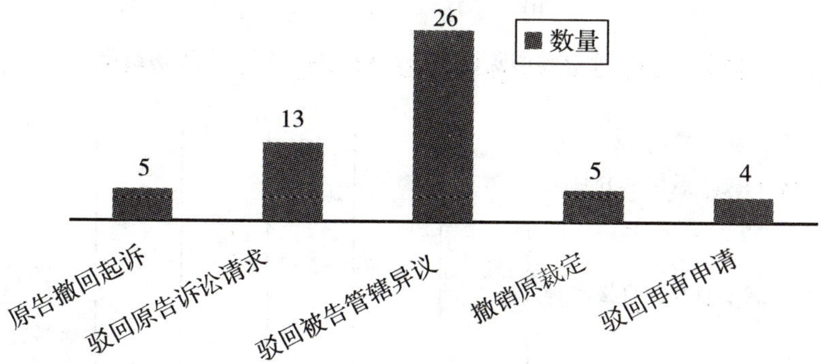

图 27－8 证券内幕交易责任纠纷案件审理结果

结合上述 2 个图表数据，法院公布的证券内幕交易纠纷案件，大多以裁定形式结案，通过判决结案的案件目前仅 13 件。

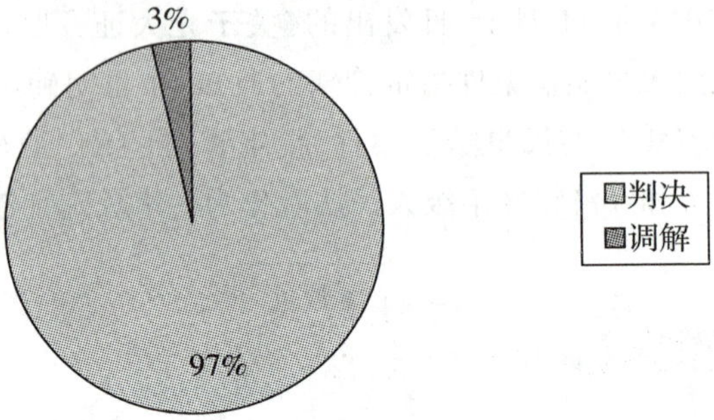

图 27-9　证券虚假陈述责任纠纷案件结案方式

由上图可知,与内幕交易责任纠纷案件不同,证券虚假陈述案件的结案形式中,判决结案的占比非常大。这表明,证券虚假陈述责任纠纷案件,是我国法院当前在实体上开展审理最多的一类证券欺诈案件。

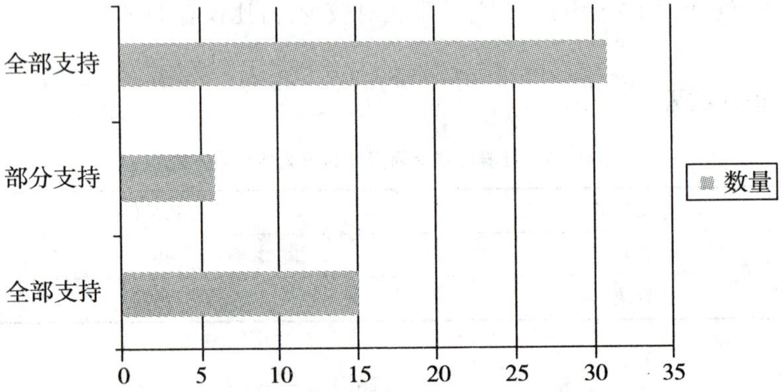

图 27-10　证券虚假陈述责任纠纷案件一审原告诉请结果

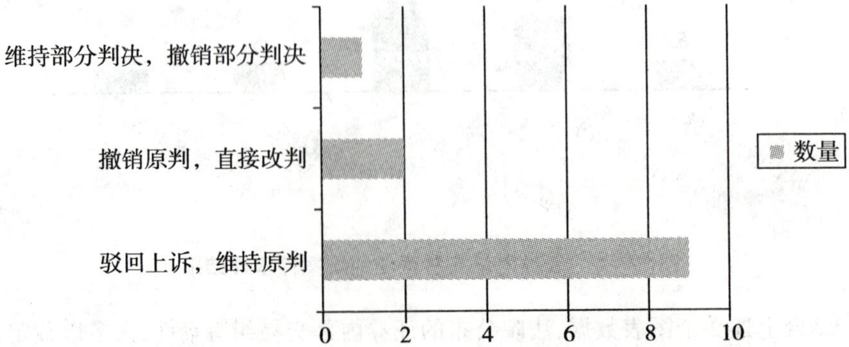

图 27-11　证券虚假陈述责任纠纷案件二审结果

上述图表显示，原告因被告虚假陈述行为遭受损失，要求被告赔偿损失的诉讼请求，一审中得不到法院支持的比例相对较大。上诉到二审法院，法院改判的几率相对较小，大多以“驳回上诉，维持原判”的结果结案。由此可见，证券虚假陈述民事赔偿案件，原告的胜诉率相对是较低的，究其原因，在于该类案件因果关系认定难、损失赔偿数额计算方法不统一。

第三部分　证券内幕交易责任纠纷裁判意见分析

一、该类案件除了依据侵权纠纷案件的管辖规则确定审理法院外，还会考虑案件的影响范围，甚至上级法院可能指定管辖

☞ 案例

1. 光大证券股份有限公司与陈某一案一审民事裁定书，上海市第二中级人民法院，案号为【(2014)沪二中民六(商)初字第13号】。

2. 光大证券股份有限公司与李某一案一审民事裁定书，上海市第二中级人民法院，案号为【(2014)沪二中民六(商)初字第4号】。

3. 光大证券股份有限公司与廖某一案一审民事裁定书，上海市第二中级人民法院，案号为【(2014)沪二中民六(商)初字第14号】。

4. 光大证券股份有限公司与杨某一案一审民事裁定书，上海市第二中级人民法院，案号为【(2014)沪二中民六(商)初字第12号】。

5. 光大证券股份有限公司与张某一案一审民事裁定书，上海市第二中级人民法院，案号为【(2014)沪二中民六(商)初字第8号】。

6. 光大证券股份有限公司与赵某一案一审民事裁定书，上海市第二中级人民法院，案号为【(2014)沪二中民六(商)初字第11号】。

☞ 裁判依据

《民事诉讼法》第18条、第28条、第38条、第127条的规定。

☞ 裁判意见

1. 依据原告诉状，原告认为其2013年8月16日13:00买入包钢股份股票，并于2013年8月19日卖出，产生了投资损失，系由于光大证券2013年8月16日信息误导和内幕交易行为所致，因而提起本案诉讼。该诉讼属于侵权诉讼，根据《民事诉讼法》第28条的规定，因侵权行为提起的诉讼，由侵权行为地或者被告住所地人民法院管辖。被告住所地在上海市静安区，属于本院辖区，故被告住所地法院对本案有管辖权。

2. 光大证券"8·16"内幕交易事件引发的民事赔偿诉讼影响重大，属于本辖区内有重大影响第一审民事案件，根据《民事诉讼法》第38条规定：上级人民法院有权审理下级人民法院管辖的第一审民事案件。故本院有权对本辖区内的案件行使管辖权，受理本案并无不当。

3. 根据最高人民法院《关于光大证券股份有限公司"8·16"内幕交易引发的民事赔偿案件指定管辖的通知》，对于光大证券"8·16"内幕交易引发的民事赔偿案件，指定省、自治区、直辖市人民政府所在的市、计划单列市和经济特区中级人民法院作为一审法院管辖，故本院受理和管辖本案亦符合《通知》的规定。

4. 至于本案具体的民事案由，及原告交易个股股票的损失与被告的内幕交易行为有无关联，应经过实体审理认定，且诉讼理由亦可能在审理过程中发生变更，上述因素不影响本院的管辖权。

综上，被告光大证券提出的管辖权异议不能成立。

二、原告应是与内幕交易者同时从事反向交易的善意投资者

☞ 案例

陈某丰诉陈某良证券内幕交易民事赔偿案，南京市中级人民法院，案号为【(2008)宁民二初字第136号】。

☞ 裁判意见

主审法官认为：对于原告主体资格的确定，可以借鉴我国台湾地区和美国的做法，但同时应当注意，请求权的主体应当是因从事内幕交易的行为而遭受损害的反向交易人员，但并非所有与内幕交易者同时从事反向交易受损失的投资者都是内幕交易民事责任的请求权主体，都能成为合格的原告。只有那些善意地从事反向买卖的投资者，才能成为请求权的主体。如果他们应当获利而没有获利，不应当受损而招致了损害，就可以要求从事内幕交易的人赔偿损失。

三、内幕交易行为须与投资者的损失具有因果关系。投资者举证证明符合起诉条件后，推定被告的内幕交易行为与原告损失之间具有因果关系，由被告进一步反证不存在因果关系

☞ 案例

1. 陈某诉潘某证券内幕交易赔偿纠纷案，北京市第一中级人民法院，案号为【(2009)一中民初字第8217号】。

2. 陈某丰诉陈某良证券内幕交易民事赔偿案，南京市中级人民法院，案号为

【(2008)宁民二初字第136号】。

☞ 裁判依据

《证券法》第74条:证券交易内幕信息的知情人包括:

(1)发行人的董事、监事、高级管理人员;

(2)持有公司百分之五以上股份的股东及其董事、监事、高级管理人员,公司的实际控制人及其董事、监事、高级管理人员;

(3)发行人控股的公司及其董事、监事、高级管理人员;

(4)由于所任公司职务可以获取公司有关内幕信息的人员;

(5)证券监督管理机构工作人员以及由于法定职责对证券的发行、交易进行管理的其他人员;

(6)保荐人、承销的证券公司、证券交易所、证券登记结算机构、证券服务机构的有关人员;

(7)国务院证券监督管理机构规定的其他人。

第76条:证券交易内幕信息的知情人和非法获取内幕信息的人,在内幕信息公开前,不得买卖该公司的证券,或者泄露该信息,或者建议他人买卖该证券。

持有或者通过协议、其他安排与他人共同持有公司百分之五以上股份的自然人、法人、其他组织收购上市公司的股份,本法另有规定的,适用其规定。

内幕交易行为给投资者造成损失的,行为人应当依法承担赔偿责任。

☞ 裁判意见

1. 在【(2009)一中民初字第8217号】案中,北京市第一中院认为,潘某作为大唐公司的董事应当属于掌握大唐公司内幕信息,他于2007年4月16日卖出大唐电信股票的行为,受到了证监会的处罚。但从本案有效证据表明潘某与陈某在本案诉讼前并不相识,陈某买卖大唐电信股票并非受到潘某的引导,并且陈某于2007年4月10日以17.1元买入该股票,又于2007年6月18日以24.47元卖出,每股净盈利7.37元,但此时距离潘某卖出股票已经两个多月,至此,说明潘某的行为没有给陈某带来负面影响或损失。

本案中,陈某作为理性投资者,在2005年11月8日大唐公司因涉嫌虚假陈述被北京监管局决定立案调查后,仍从2007年2月27日起,多次买卖大唐电信股票。该行为要么属于应当预见大唐公司涉嫌存在的虚假信息披露行为可能被定性为虚假陈述行为的结果会给自己带来投资风险而没有预见,要么属于已经预见大唐公司存在虚假信息披露行为会给自己带来投资风险但抱有不必然给自己带来投资风险之侥幸心理,显属缺乏足够的证券市场风险防范意识。在此情况下,陈某诉讼请求之经济损失,属证券市场中正常的投资交易风险,不应归责于潘某。故本院认定陈某的经济损失与潘某卖出股票行为之间不存在因果关系。

2.【(2008)宁民二初字第136号】案的主审法官认为,对于证明内幕交易赔偿纠纷案件,在参照虚假陈述司法解释和借鉴国外做法的同时,还应当明确:(1)原告仍负有证明责任。举证责任倒置并不是原告不负任何证明责任。根据《民事诉讼法》的规定,受害人起诉内幕交易者必须举证证明自己符合起诉条件,主要是证明自己与本案有直接利害关系,即需要证明,被告在进行交易时知道相关公司的内幕信息;原告的交易行为与被告的交易行为同时发生;原告的交易行为是与被告反方向的交易行为;原告在此交易行为中切实遭受了损失等。实行举证责任倒置,是指免除原告必须证明被告有主观过错以及被告行为与原告的损害之间有因果关系的证明责任,转而由被告证明自己没有过错,否则推定被告有过错,应对此承担责任。(2)内幕交易者可以提出反证。事实上的因果关系无疑为受害人主张权利提供了便利,但也可能不适当地加重内幕交易者的民事责任。所以,应允许内幕交易者提出反证,推翻信赖推定。若投资者的损失系其他原因造成的,则内幕交易者不应当对其承担赔偿责任。例如,投资方面的失误、自身判断错误、市场环境突变等。在股市遭受损失的投资者,难免希望从其他地方得到补偿,这种做法不值得鼓励。内幕交易行为的确应当受到惩罚,但如果让违法者承担其不应承担的责任则有失公平。

四、原告数量较多时一般以内幕交易人的非法所得为基础计算赔偿额;原告数量不多时则以受害者的损失为基础确定赔偿额

☞ 案例

陈某丰诉陈某良证券内幕交易民事赔偿案,南京市中级人民法院,案号为【(2008)宁民二初字第136号】。

☞ 裁判意见

主审法官认为:由于证券交易的复杂性,投资者的损失和内幕交易人的非法所得可能不一致,以此来确定赔偿数额就会产生不同的效果。在内幕交易人所获收益高于原告损失的情况下,如果以受损额度为限,可能使内幕交易人仍留有不法收益而不能很好地实现法律制裁不法行为的目的;而以内幕交易人的收益为限,可能使原告获得意外收益。在内幕交易人所获收益低于原告损失的情况下,或使原告无法获得应有救济,或加重内幕交易人的负担,有失民事责任的补偿性质。在请求权主体范围较大时，逐一计算不同主体的实际损失，较为复杂，此时以内幕交易人的非法所得为基础计算赔偿额较为便利；而在请求权主体范围有限时，宜以受害者的损失为基础来确定赔偿额。

采用差价计算法确定损失的赔偿额在实务上比较具有操作性。但有时候内幕交易的原告非常多，因此，一般以被告获取的非法所得为限对原告进行赔偿，我国不宜采取惩罚性的赔偿，因为惩罚性在刑事责任和行政责任中已有规定。《美国1934年证券交易法》第20条之一（b）款规定，原告所获取的赔偿金总额不得超过在作为违法行为原因的交易中获得的利润或者避免的损失，这种限定值得我国借鉴。

第四部分　证券虚假陈述责任纠纷裁判意见分析

一、上市公司的财务会计违规问题并不必然等同于证券市场虚假陈述，需要考察违法性质及其处罚依据、重大性、对股票价格的影响等多方面因素

☞ 案例

1. 韩某诉深圳能源集团股份有限公司证券虚假陈述责任纠纷案，深圳市中级人民法院，案号为【（2013）深中法商初字第46号】。

2. 张某诉深圳能源集团股份有限公司证券虚假陈述责任纠纷案，深圳市中级人民法院，案号为【（2013）深中法商初字第79号】。

3. 包某诉深圳能源集团股份有限公司证券虚假陈述责任纠纷案，深圳市中级人民法院，案号为【（2013）深中法商初字第44号】。

4. 黄某与深圳能源集团股份有限公司证券虚假陈述责任纠纷案，深圳市中级人民法院，案号为【（2013）深中法商初字第45号】。

5. 朱某与深圳能源集团股份有限公司证券虚假陈述责任纠纷案，深圳市中级人民法院，案号为【（2013）深中法商初字第50号】。

6. 孙某与深圳能源集团股份有限公司证券虚假陈述责任纠纷案，深圳市中级人民法院，案号为【（2013）深中法商初字第49号】。

7. 何某与深圳能源集团股份有限公司证券虚假陈述责任纠纷案，深圳市中级人民法院，案号为【（2013）深中法商初字第48号】。

8. 李某与深圳能源集团股份有限公司证券虚假陈述责任纠纷案，深圳市中级人民法院，案号为【（2013）深中法商初字第43号】。

9. 曹某诉深圳香江控股股份有限公司证券虚假陈述纠纷案，广州市中级人

民法院，案号为【(2013)穗中法金民初字第101号】。

10. 李某与华闻传媒投资集团股份有限公司证券虚假陈述责任纠纷上诉案，海南省高级人民法院，案号为【(2012)琼民二终字第154号】。

☞ 裁判依据

《虚假陈述民事赔偿规定》第17条：证券市场虚假陈述，是指信息披露义务人违反证券法律规定，在证券发行或者交易过程中，对重大事件作出违背事实真相的虚假记载、误导性陈述，或者在披露信息时发生重大遗漏、不正当披露信息的行为。

对于重大事件，应当结合《证券法》第59条、第60条、第61条、第62条、第72条及相关规定的内容认定。

虚假记载，是指信息披露义务人在披露信息时，将不存在的事实在信息披露文件中予以记载的行为。

误导性陈述，是指虚假陈述行为人在信息披露文件中或者通过媒体，作出使投资人对其投资行为发生错误判断并产生重大影响的陈述。

重大遗漏，是指信息披露义务人在信息披露文件中，未将应当记载的事项完全或者部分予以记载。

不正当披露，是指信息披露义务人未在适当期限内或者未以法定方式公开披露应当披露的信息。

☞ 裁判意见

上述案件的审理法院认为：

首先，关于违法性质和处罚依据，财政部在《二十一号公告》明确了被告的违法行为的认定和处罚均以《会计法》为标准。《二十一号公告》载明，此次检查是对国民经济基础行业和重点企业上市公司执行会计准则和内部控制规范情况，侧重点在于检查企业内部控制体系是否健全有效，执行《会计法》和企业会计准则，会计核算是否规范和会计信息质量情况。被告在检查中发现的问题是该公司存在负债不实、收入不实、利润不实等会计违规问题，且少缴税款。对其处罚的依据是《会计法》，处罚的措施也只是罚款，要求其进行整改，调整会计账务，并补缴相关税款，没有要求被告调整或更正年报的内容。

其次，关于重大性问题，根据审计报告中的数据，负债不实部分占总负债比例为0.162%，收入不实部分占总营业收入比例为0.271%，利润不实部分占利润总额比例为0.812%，少缴各项税款部分占利润总额比例为0.152%，并予补缴清结。经对比可见，上述财务会计违规问题所涉及的金额占被告总体资产比例很少，造成的影响较小，尚不足以影响投资者对投资被告公司的判断，也不足以达到《证券法》所规定的对"重大事件"作出违背事实真相的虚假记载、误导性陈述，或者在披露信息时发生重大遗漏、不正当披露信息的行为。

最后，从《二十一号公告》发布后对被告股票的影响看。根据东方财富网等公开网站信息显示，《二十一号公告》发布的当天，被告股票涨跌幅为1.13%，第二天涨跌幅为2.08%，市场反应出的股价涨跌幅并不明显。综上，被告在《二十一号公告》中所涉行为仅是财务会计违规问题，并不构成证券市场虚假陈述。

二、关于"虚假陈述实施日"的认定

（一）信息披露的法定期限届满日仍未披露，则以届满日为虚假陈述实施日

☞ 案例

1. 张某与湖北武昌鱼股份有限公司证券虚假陈述责任纠纷一案一审民事判决书，武汉市中级人民法院，案号为【(2014)鄂武汉中民商初字第00061号】。

2. 陈某等诉鲜言证券虚假陈述责任纠纷案，上海市高级人民法院，案号为【(2015)沪高民五(商)终字第13号】。

☞ 裁判依据

《上市公司信息披露管理办法》第31条和第71条。

《虚假陈述民事赔偿规定》第20条规定："本规定所指的虚假陈述实施日，是指作出虚假陈述或者发生虚假陈述之日。"

《虚假陈述民事赔偿规定》第20条规定："虚假陈述揭露日，是指虚假陈述在全国范围发行或者播放的报刊、电台、电视台等媒体上，首次被公开揭露之日。"

☞ 裁判意见

1. 武汉市中级人民法院认为：根据《上市公司信息披露管理办法》第31条和第71条的规定，要求上市公司及时履行重大事件的信息披露义务，"及时"是指自起算日起或者触及披露时点的两个交易日内。故本案中，中地公司签收北京市东开城市建设综合开发公司诉华普集团、中地公司合资合作开发房地产合同纠纷一案的应诉材料属重大事件，该重大事件发生在2006年5月30日，武昌鱼公司在两个交易日内未作披露，故虚假陈述实施日应认定为2006年6月1日。

2. 上海市高院认为：根据《上市公司收购管理办法》的相关规定，鲜言应当在2012年5月21日股权转让协议签订后的3日内编制权益变动报告书，履行

公告、报告等信息披露义务,并通知上市公司。鉴于鲜言的不正当披露行为性质上属于消极虚假陈述,故该虚假陈述实施日的确定取决于信息披露的法定期限,即法定期限的最后一个日期应当为消极虚假陈述的实施日,故2012年5月23日应当为鲜言虚假陈述行为实施日。

(二)虚假陈述行为呈现连续状态时,以虚假陈述行为最早发生的时间作为虚假陈述实施日

☞ 案例

1. 廖某诉云南云投生态环境科技股份有限公司、何某、蒋某证券虚假陈述责任纠纷一审民事判决书,昆明市中级人民法院,案号为【(2014)昆民五初字第44号】。

2. 孙某诉云南云投生态环境科技股份有限公司、何某、蒋某证券虚假陈述责任纠纷一审民事判决书,昆明市中级人民法院,案号为【(2014)昆民五初字第101号】。

☞ 裁判意见

绿大地公司2007年12月6日公开发布了首次发行股票招股说明书,并在其后的2007年年报,2008年半年报、年报,2009年半年报、年报中均存在虚假陈述行为,其虚假陈述的行为呈现一个连续的状态,故昆明市中院认为其虚假陈述实施日应为一系列虚假陈述行为最早发生的时间:2007年12月6日。

三、关于"因果关系"的认定

(一)证券虚假陈述侵权赔偿案中的因果关系,既包括虚假陈述与交易决定之间的交易因果关系,也包括虚假陈述与投资者损失之间的损失因果关系,两者缺一不可

☞ 案例

朱某与贵州国创能源控股(集团)股份有限公司证券虚假陈述赔偿纠纷上诉案,贵州省高级人民法院,案号为【(2012)黔高民商终字第3号】。

☞ 裁判依据

《虚假陈述民事赔偿规定》第19条、《证券法》第69条。

☞ 裁判意见

虚假陈述侵权赔偿的构成要件为:存在虚假陈述行为、虚假陈述行为具有重大性、虚假陈述行为与证券交易及损失之间存在因果关系。上述因果关系包括虚假陈述与交易决定之间的交易因果关系,以及虚假陈述与投资者损失之间的损失因果关系，两者缺一不可。本案中，国创能源公司应否承担责任，取决于其行为是否构成上述四个要件。国创能源公司虽然存在证券虚假陈述行为且其虚假陈述行为具有重大性，但朱某在不知道国创能源公司存在虚假陈述行为的情况下买入该公司股票，并在国创能源公司更正虚假陈述行为后亦买入该公司股票，其投资决定未受虚假陈述行为的影响。国创能源公司虚假陈述与朱某交易决定之间不存在因果关系。

（二）虚假陈述实施日之前买入股票所遭受的损失，与虚假陈述行为之间不具有因果关系

☞ 案例

1. 胡某某与甲股份公司一案一审民事判决书，上海市第一中级人民法院，案号为【（2011）沪一中民六（商）初字第 37 号】。

2. 上海某科技股份有限公司与胡某证券虚假陈述责任纠纷一案二审民事判决书，上海市高级人民法院，案号为【（2012）沪高民五（商）终字第 16 号】。

☞ 裁判意见

法院认为：所谓投资差额损失，指投资人在证券交易市场投资因虚假陈述行为使得买卖证券发生价格差额而遭受的投资利益损失，而只有虚假陈述行为实施之后，才会发生证券价格偏离正常价格围绕价值波动的曲线的情况，也才会导致投资者付出高于正常价格的价款买入股票的情形，并最终导致损失的发生。由此角度考虑，虚假行为实施日之前买入的股票，也不应当归于投资差额损失的计算范围。综上所述，只有在实施日之后买入的股票，方能计算投资差额损失，本院对原告主张的虚假陈述实施日之前买入股票的投资差额损失不予支持。

（三）虚假陈述揭露日或更正日及以后进行投资所受的损失，与虚假陈述之间不存在因果关系

☞ 案例

1. 陈某与潍坊亚星化学股份有限公司等证券虚假陈述责任纠纷一审民事判决书，济南市中级人民法院，案号为【（2013）济商初字第 253 号】。

2. 高某与潍坊亚星化学股份有限公司等证券虚假陈述责任纠纷一审民事判决书，济南市中级人民法院，案号为【（2013）济商初字第 251 号】。

3. 蒋某与孙某一案一审民事判决书，昆明市中级人民法院，案号为【（2014）昆民五初字第 40 号】。

4. 云南云投生态环境科技股份有限公司（原云南绿大地生物科技股份有限公司）与周某一案一审民事判决书，昆明市中级人民法院，案号为【（2014）昆民五初字第42号】。

☞ 裁判依据

《虚假陈述民事赔偿规定》第18条、第19条。

☞ 裁判意见

1. 在潍坊亚星公司的案件中,法院认为:根据中国证券监督管理委员会的两次行政处罚认定的事实,可以认定自2009年1月起,潍坊亚星公司涉嫌多事由虚假陈述行为,虚假陈述系持续的。通过对比中国证券监督管理委员会的两次行政处罚决定书的内容,可以看出中国证券监督管理委员会没有对潍坊亚星公司的虚假陈述在时间上进行划分,属于交叉处罚,故可以认定中国证券监督管理委员会的两次行政处罚系对潍坊亚星公司虚假陈述行为的概括处罚,系连续处罚,两者系一个整体,不可分割。陈某仅依据第二次行政处罚对潍坊亚星公司提起诉讼,实际上系主观割裂了两次行政处罚的内在联系,人为地将两次行政处罚分割为不相独立的两次事件,与事实不符。潍坊亚星公司2010年11月16日、2011年11月4日两次发布公告,揭露了其因虚假陈述被有关证券部门立案调查的事实,亦系对其实施的虚假陈述行为连续的揭露,且揭露的内容中关于大额直接非经营性资金往来未入账、间接非经营性资金往来未入账、与亚星集团公司非经营性资金往来、未及时入账财务费用等中国证券监督管理委员会认定为虚假陈述而加以处罚。故对虚假陈述最早的揭露日应认定为2010年11月16日。2011年7月28日,陈某购入潍坊亚星公司股票120,200股时,中国证券监督管理委员会尚未对潍坊亚星公司是否构成虚假陈述进行最后认定,但陈某此时应知道潍坊亚星公司因虚假陈述已被有关证券部门立案调查,陈某作为理性投资者,在获悉潍坊亚星公司因涉嫌虚假陈述被有关证券部门立案调查之后,买入潍坊亚星公司的股票,其行为要么属于应当预见潍坊亚星公司涉嫌存在的虚假信息披露行为可能被定性为虚假陈述行为的结果,会给自己带来投资风险而没有预见,要么属于已经预见潍坊亚星公司涉嫌存在的虚假信息披露行为,可能被定性为虚假陈述行为的结果会给自己带来投资风险,但抱有不必然给自己带来投资风险之侥幸心理,显属缺乏足够的证券市场风险防范意识。在此情况下,陈某诉求之经济损失,属证券市场中正常的投资交易风险,不应归责于潍坊亚星公司。依据《虚假陈述民事赔偿规定》第19条第(2)项,在虚假陈述揭露日或者更正日及以后进行的投资,应当认定虚假陈述与损害结果之间不存在因果关系的规定,应认定陈某的投资损失与潍坊亚星公司虚假陈述行为之间不存在因果关系。故陈某的诉讼请求,不符合法律规定,本院予以驳回。

2. 在绿大地公司案件中，法院认为：本案中原告主张因被告绿大地公司虚假陈述而给其造成投资损失的证券交易行为均发生在2010年3月18日以后，系在虚假陈述揭露日之后进行的投资。2010年3月18日绿大地公司披露了涉嫌信息违规被中国证监会立案调查的信息，已经向社会披露了绿大地公司在信息披露中可能存在不真实、不完整、不及时、不准确的情况，原告孙某作为一个理性的投资者，在得知这一信息后，应当充分考虑可能的投资风险的存在，作为股民在审慎投资的前提下，原告在绿大地公司虚假陈述行为已经被揭露的情况下，继续买入该公司股票，应当属于明知投资风险存在而自甘冒险的投资行为，显然缺乏足够的风险防范意识。因此，昆明市中级人民法院认为，原告的投资损失系证券投资的正常交易风险，与绿大地公司的虚假陈述行为之间不具有因果关系。因原告的投资损失与被告绿大地公司的虚假陈述行为之间不具有因果关系，故被告绿大地公司、何某、蒋某对原告的投资损失不应当承担民事赔偿责任。

（四）在虚假陈述行为属于“诱空型虚假陈述行为”的情况下，投资人的投资决定和虚假陈述行为之间没有因果关系

☞ 案例

1. 北京高石创新投资有限公司诉山东京博控股股份有限公司证券虚假陈述责任纠纷案，济南市中级人民法院，案号为【（2014）济商重初字第3号】。

2. 深圳市锦湖湾投资有限公司诉山东京博控股股份有限公司证券虚假陈述责任纠纷案，济南市中级人民法院，案号为【（2014）济商重初字第4号】。

☞ 裁判依据

《虚假陈述民事赔偿规定》第18条规定：“投资人具有以下情形的，人民法院应当认定虚假陈述与损害结果之间存在因果关系：（一）投资人所投资的是与虚假陈述直接关联的证券；（二）投资人在虚假陈述实施日及以后，至揭露日或者更正日之前买入该证券；（三）投资人在虚假陈述揭露日或者更正日及以后，因卖出该证券发生亏损，或者因持续持有该证券而产生亏损。”

第19条规定：“被告举证证明原告具有以下情形的，人民法院应当认定虚假陈述与损害结果之间不存在因果关系：（一）在虚假陈述揭露日或者更正日之前已经卖出证券；（二）在虚假陈述揭露日或者更正日及以后进行的投资；（三）明知虚假陈述存在而进行的投资；（四）损失或者部分损失是由证券市场系统风险等其他因素所导致；（五）属于恶意投资、操纵证券价格的。”

☞ 裁判意见

法院认为:在证券市场,对投资者而言股份收购系利好消息,利好消息的披露一般会引发被收购证券价格的增长,从而亦增加收购成本,当收购人为降低其收购成本而隐瞒股份收购的利好消息时,收购人的隐瞒行为即为诱空型虚假陈述行为。在诱空型虚假陈述行为中,利好消息即便未披露,也不会诱使投资者做出积极的投资决定。京博公司虽然存在未及时披露信息的违法行为,但其行为并非采取浮夸、误导的方式公布信息,从而引诱投资人作出积极投资的行为,而是延迟披露重大信息,故京博公司被证监会处罚的行为即为诱空型虚假陈述行为。由此,高石公司的投资交易并不是由京博公司未及时披露信息的行为所决定的,其投资决定并未受虚假陈述行为的影响,与京博公司的虚假陈述行为之间不存在交易的因果关系。

(五)判断"证券市场系统风险"时,应综合考虑证券市场的综合指数、证券市场流通股总市值、股票所在行业板块指数及股票所在行业板块流通股总市值这四类数据的变动情况;计算系统风险所致损失时,则应优先考虑个股所处的行业板块指数及板块市值变动情况

☞ 案例

苏某与南通科技投资集团公司虚假证券信息纠纷上诉案,一审法院为江苏省南京市中级人民法院,【(2006)宁民二初字第250号】,二审法院为江苏省高级人民法院,案号为【(2007)苏民二终字第0112号】。

☞ 裁判依据

《虚假陈述民事赔偿规定》第19条第(四)项。

☞ 裁判意见

证券市场系统风险存在与否,可以透过证券市场的综合指数、证券市场流通股总市值、股票所在行业板块指数及股票所在行业板块流通股总市值这四类数据的变动情况加以判断。如果上述四项指标在案件所涉期间均出现了较大幅度的下跌,则可以认为证券市场上个股价格出现了整体性下跌,受其影响,即便不存在上市公司的虚假陈述行为,其股票的市场价格在上述期间亦难免会有一定幅度的下跌,故应认定这种情况下证券市场系统风险客观存在。

在确定证券市场系统风险所致的损失数额时,各判断因素均发挥作用,但所居的地位并不等同。鉴于个股所处的行业板块指数及板块市值变动情况与个股股价更具关联性,更能体现出系统风险对个股股价的实际影响力,故应将其作为计算系统风险损失的优先考虑因素。

四、关于“损失”的认定

（一）在计算“证券买入平均价格”时，揭露日之前卖出股票而收回的相应资金，应当在总投资成本中予以扣除；揭露日当日卖出的股票，则不作为收回的投资成本

☞ 案例

1. 胡某某与甲股份公司一案一审民事判决书，上海市第一中级人民法院，案号为【（2011）沪一中民六（商）初字第37号】。

2. 上海某科技股份有限公司与胡某证券虚假陈述责任纠纷一案二审民事判决书，上海市高级人民法院，案号为【（2012）沪高民五（商）终字第16号】。

3. 陈某等诉鲜言证券虚假陈述责任纠纷案，上海市高级人民法院，案号为【（2015）沪高民五（商）终字第13号】。

☞ 裁判依据

《虚假陈述民事赔偿规定》第18条：投资人具有以下情形的，人民法院应当认定虚假陈述与损害结果之间存在因果关系，（1）投资人所投资的是与虚假陈述直接关联的证券；（2）投资人在虚假陈述实施日及以后，至揭露日或者更正日之前买入该证券；（3）投资人在虚假陈述揭露日或者更正日及以后，因卖出该证券发生亏损，或者因持续持有该证券而产生亏损。

第31条：投资人在基准日及以前卖出证券的，其投资差额损失，以买入证券平均价格与实际卖出证券平均价格之差，乘以投资人所持证券数量计算。

第32条：投资人在基准日之后卖出或者仍持有证券的，其投资差额损失，以买入证券平均价格与虚假陈述揭露日或者更正日起至基准日期间，每个交易日收盘价的平均价格之差，乘以投资人所持证券数量计算。

☞ 裁判意见

1. 最高人民法院所指的“买入证券平均价格”，系指投资人买入证券的成本，而投资者在虚假陈述被揭示之前，即揭露日之前卖出股票而收回的相应资金，属于投资者提前收回的投资成本，应当在总投资成本中予以扣除。

2. 对于原告在揭露日当日卖出的股票，不应作为收回的投资成本，而应当依据前述第31条的规定，属于基准日以前卖出证券的情形，并应当作为计算实际卖出证券平均价格的依据。

(二)在计算“证券卖出平均价格”时,对于揭露日至基准日期间同时存在买入和卖出情形的,可以适用“先入先出法”进行认定和计算

☞ 案例

陈某等诉鲜言证券虚假陈述责任纠纷案,上海市高级人民法院,案号为【(2015)沪高民五(商)终字第13号】。

☞ 裁判依据

《虚假陈述民事赔偿规定》第31条:投资人在基准日及以前卖出证券的,其投资差额损失,以买入证券平均价格与实际卖出证券平均价格之差,乘以投资人所持证券数量计算。

第32条:投资人在基准日之后卖出或者仍持有证券的,其投资差额损失,以买入证券平均价格与虚假陈述揭露日或者更正日起至基准日期间,每个交易日收盘价的平均价格之差,乘以投资人所持证券数量计算。

☞ 裁判意见

关于揭露日之后卖出股票的“卖出平均价格”的确定,如果揭露日至基准日期间存在买入和卖出情形的,一般无法判断卖出的是揭露日之前持有的股票还是揭露日之后买入的股票,此时应根据“先入先出法”,即揭露日之前持有的股票先行卖出,直至将卖出股票冲抵完毕,或将揭露日之前持有的股票卖出完毕。

当卖出的股票数量小于揭露日之前持有的股票数量时,则卖出股票的均价为:实际卖出总价除以实际卖出数量。

当卖出的股票数量大于揭露日之前持有的股票数量时,则卖出股票的均价为:揭露日之前股票的实际卖出总价除以揭露日之前持有股票数量。

(三)计算“平均价格”时,最优选为“移动加权平均法”

☞ 案例

何某与北海银河高科技产业股份有限公司等证券虚假陈述责任纠纷上诉案,案号为【(2008)桂民二终字第56号】。

☞ 裁判依据

《虚假陈述民事赔偿规定》第31条、第32条。

☞ 裁判意见

在审理证券市场虚假陈述侵权案中,虽最高人民法院《虚假陈述民事赔偿规定》规定了投资差额损失的计算方法,但未明确“买入证券平均价格与实际卖出证券平均价格”的具体计算方式,由此产生“平均价格”的计算因理解不同而存在不同方法之情形,直接影响到投资差额损失的计算,成为法院审理此类案件的难点。本案例基本涵盖了确定投资差额损失的三种计算方法：

（1）先进先出法和算术平均法相结合。即推定先买进的股票先卖出，卖出成本以最先购得的股票价格确定，然后将与可索赔股票数量相对应的买入股票的价格进行算术平均，得出买入平均价，计算出投资差额损失。

（2）加权平均法。即先计算出投资者在虚假陈述实施日至虚假陈述揭露日期间的持仓成本，再用该持仓成本除以投资者的可索赔股票数量，得出买入平均价，计算出投资差额损失。

（3）移动加权平均法。即每次买入证券后，以新买进的证券成本加上原来的持仓成本，除以本次买进的数量加上原有的持仓数，其中卖出股票的成本以前一次计算所得买入平均价为计价依据，除权则按照价值不变原则，以不变的投资金额除以变化后的证券数量得出平均价格。

一审法院采用的先进先出法和算术平均法相结合的计算方法，虽没有违反《虚假陈述民事赔偿规定》中关于投资差额损失计算和复权的规定，且简单而易于操作，但由于计算系以假定为前提，存在着计算的不准确性和价格反映的不完整性，不能科学反映投资者的实际损失。

原告主张的加权平均法，虽考虑了投资者购买股票的成本和持股数量，比算术平均法更接近投资者的实际损失，但因该方法须将投资者在虚假陈述揭露日前买卖股票的总金额合并计算，无法避免投资者在虚假陈述实施日至虚假陈述揭露日期间卖出股票的价格、数量对买入平均价的计算之影响，也无法计算除权对股票价格的影响，从而加大投资差额损失，不能反映股票买卖的客观情况。

二审法院提出的移动加权平均法，克服了上述两种方法的缺陷，具有计算准确、整体反映股票交易的现状、综合考虑提前收回成本及除权影响的优点，计算结果更加科学、客观，但计算复杂、繁琐，耗费时间和精力。

因此，算术平均法和加权平均法计算简单而具有效率，移动加权平均法能全面完整反映交易过程，计算结果更公平。从促进社会和谐公平、维护证券市场交易安全的理念出发，效率应该是在公平基础上的效率，当公平与效率冲突时，公平优先，以公平促进效率、提高效率。移动加权平均法综合考虑股价变动的多种因素，最能体现证券市场股票交易的情况，计算结果更客观、科学，也最接近投资者的实际损失，从而公平正常地衡量投资差额损失，最大限度地体现公平，应为计算投资差额损失的最优选择。

五、证券虚假陈述诉讼时效的起算点是在行政处罚决定公布后当事人知道或者应当知道之日

☞ 案例

杨某与海南亚太实业发展股份有限公司一审民事判决书，海口市中级人民法院，案号为【(2014)海中法民二初字第28号】。

☞ 裁判意见

法院认为：首先，行政处罚决定书落款日期不必然等同于行政处罚决定书的公布日期。其次，就常理而言，行政机关做出的行政处罚决定应在送达相对人之后才发生效力，相应的行政处罚决定书也应在送达之后才予以公布。亚太公司在其发布的《关于收到中国证监会〈行政处罚决定书〉的公告》中声明，该公司于2011年11月29日收到中国证券监督管理委员会下达的(2011)48号《行政处罚决定书》，那么，中国证券监督管理委员会公布(2011)48号《行政处罚决定书》的时间应在2011年11月29日之后。最后，杨某主张其在2011年11月30日亚太公司发布《关于收到中国证监会〈行政处罚决定书〉的公告》之后才知道亚太公司因虚假陈述受到中国证券监督管理委员会行政处罚的事实，诉讼时效应从2011年11月30日起算。

六、发行人、上市公司负有责任的董事、监事和经理等高级管理人员，应对发起人、发行人或上市公司因证券虚假陈述行为给投资者带来的损失，承担连带赔偿责任

☞ 案例

1. 廖某诉云南云投生态环境科技股份有限公司、何某、蒋某证券虚假陈述责任纠纷一审民事判决书，昆明市中级人民法院，案号为【(2014)昆民五初字第44号】。

2. 孙某诉云南云投生态环境科技股份有限公司、何某、蒋某证券虚假陈述责任纠纷一审民事判决书，昆明市中级人民法院，案号为【(2014)昆民五初字第101号】。

3. 王某诉云南云投生态环境科技股份有限公司、何某、蒋某证券虚假陈述责任纠纷一审民事判决书，昆明市中级人民法院，案号为【(2014)昆民五初字第102号】。

4. 王某诉云南云投生态环境科技股份有限公司、何某、蒋某证券虚假陈述责任纠纷一审民事判决书，昆明市中级人民法院，案号为【(2014)昆民五初字第

103 号】。

5. 孙某诉云南云投生态环境科技股份有限公司、何某、蒋某证券虚假陈述责任纠纷一审民事判决书，昆明市中级人民法院，案号为【(2014)昆民五初字第105 号】。

☞ 裁判依据

《民法通则》第 106 条第 2 款，《证券法》第 63 条、第 69 条，《公司法》第 217 条，《若干规定》第 2 条、第 17 条、第 18 条、第 19 条、第 20 条、第 21 条、第 30 条、第 31 条、第 32 条、第 33 条。

☞ 裁判意见

法院认为，依据《虚假陈述民事若干规定》第 21 条第 2 款的规定，发行人、上市公司负有责任的董事、监事和经理等高级管理人员对前款的损失(发起人、发行人或上市公司承担的责任)承担连带赔偿责任。何某作为绿大地公司的时任法定代表人、董事长，蒋某作为绿大地公司时任财务总监，首先，其二人身份符合《公司法》第 217 条规定的高级管理人员的范畴，其次，刑事判决书已经确认其二人共同策划、安排实施了绿大地公司发行股票、上市过程中的一系列虚假陈述行为，构成了欺诈发行股票罪、违规披露重要信息罪。其二人的行为符合上述司法解释的规定，应当对绿大地公司承担的前述赔偿责任承担连带赔偿责任。

七、证券法施行前实施的证券虚假陈述侵权纠纷，可以适用《股票发行与交易管理暂行条例》和最高人民法院《虚假陈述民事赔偿规定》等规定

☞ 案例

陈某等 23 名投资人诉大庆联谊公司、申银证券公司虚假陈述侵权赔偿纠纷案。

☞ 裁判意见

一审法院哈尔滨市中级人民法院认定：本案是因《证券法》施行前实施的证券虚假陈述行为引发的侵权纠纷，审理本案应当适用 1993 年 4 月 22 日以国务院第 112 号令发布的《股票发行与交易管理暂行条例》(以下简称《股票管理暂行条例》)和最高人民法院《虚假陈述民事赔偿规定》(以下简称《证券赔偿案件规定》)。

二审法院黑龙江省高级人民法院认定：作为司法解释，《虚假陈述民事赔偿规定》制定的依据和解释的对象，既包括《证券法》，也包括《民法通则》和《公司法》等法律。本案所涉虚假陈述行为虽然发生于《证券法》施行前，不能依照《证

券法》追究行为人的责任,但任何民事行为均须遵循《民法通则》确立的诚实信用原则,遵守法律、行政法规以及相关行业规则确定的义务,否则就应依据《民法通则》和相关法律、行政法规的规定承担民事责任。《股票管理暂行条例》是国务院颁布的旨在监管证券市场的行政法规,其中不仅明确规定了证券发行人、上市公司和承销商等证券市场主体在证券市场中的信息披露义务,规定了对虚假陈述行为的行政处罚,而且还规定了虚假陈述行为人应当承担民事赔偿责任。该行政法规及相关行政规章、行业规则,是确定当事人是否违反《民法通则》诚实信用原则并构成侵权的具体标准。本案所涉虚假陈述行为,发生于《股票管理暂行条例》颁布施行之后,中国证监会依据该条例对虚假陈述行为作出认定和处罚,原判也将该条例作为法律依据,并根据《虚假陈述民事赔偿规定》作出裁判,并无不当。

第五部分　律 师 建 议

一、关于"证券内幕交易责任纠纷"的律师建议

关于证券内幕交易民事纠纷案件,我国《证券法》原则性地规定了:内幕交易行为给投资人造成损失的,行为人应承担相应的民事赔偿责任,但尚无相关的司法解释进一步明确证券内幕交易行为与投资损失之间的因果关系界定,以及投资损失数额计算标准。实践中,因果关系的认定和赔偿数额的确定成为审理该类案件的重点和难点,原告往往因为无力举证因果关系面临败诉困境,结合相关案例,笔者就以下问题作出法律提示:

(一)合理选择管辖法院

从相关案例来看,证券内幕交易责任纠纷案件除了依据侵权纠纷案件的管辖规则确定审理法院外,还会考虑案件的影响范围,甚至上级法院可能指定管辖。所以,作为投资者来说,应当根据案件的影响范围情况合理选择管辖法院,并有上级法院指定管辖的预期。

(二)虽然适用因果关系推定规则,但原告仍负有一定的举证义务

内幕交易民事责任因果关系异常复杂,具体表现为证券市场主体人数众多、交易迅速、成交量大,专业性、技术性强。因果关系属于多因一果的复合因果关系。内幕交易行为隐蔽,取证困难。为此,法院在审理该类案件时对原被告举证责任的分配会有些微的变化,具体如下:

1. 原告需要证明符合起诉条件,主要是自己与本案有直接利害关系,包括:

被告在进行交易时知道相关公司的内幕信息；原告的交易行为与被告的交易行为同时发生；原告的交易行为是与被告反方向的交易行为；原告在此交易行为中切实遭受了损失等。在此情况下，才会推定因果关系成立。

2. 内幕交易者可以提出反证，推翻信赖推定。比如，投资者的损失系其他原因造成的，则内幕交易者不应当对其承担赔偿责任。

（三）损失赔偿数额一般宜采差价计算法进行补偿性赔偿

一般而言，内幕交易的损失赔偿额的计算方法有三种，即实际价值计算法、实际诱因计算法、差价计算法。结合美国和我国台湾地区对类似案例的裁判规则和裁判理由，法院通常认为，采用差价计算法确定损失的赔偿额在实务上比较具有操作性。一般以被告获取的非法所得为限对原告进行赔偿，不采取惩罚性的赔偿，因为惩罚性在刑事责任和行政责任中已有规定。《美国1934年证券交易法》第20条之一（b）款规定，原告所获取的赔偿金总额不得超过在作为违法行为原因的交易中获得的利润或者避免的损失，这种限定值得我国借鉴。而且，在我国现行法律制度中，除非法律规定的特殊情形，否则一般不适用惩罚性赔偿。

二、关于“证券虚假陈述责任纠纷”的律师建议

虚假陈述民事纠纷案件是法院受理最多的证券欺诈类案件。信息披露义务人在证券发行和交易阶段因为诸多因素，存在大量的虚假陈述行为，致使投资者在不了解事实真相的情况下作出错误的投资决定，遭受损失。实践中，投资者的诉讼请求得到法院支持的比例偏低。为此，笔者综合前述相关案例，作出以下法律提示：

（一）证券虚假陈述民事赔偿案件的被告，应当是虚假陈述行为人

虚假陈述的民事责任的主体是指在法律上承担真实陈述责任，承担虚假陈述民事责任的自然人和机构。根据《证券法》以及最高人民法院《虚假陈述民事赔偿规定》第7条的规定，一共列了八个主体：

（1）发行人、上市公司；

（2）发行人、上市公司的董事、监事、高级管理人员和其他直接责任人员；

（3）保荐人；

（4）承销的证券公司；

（5）发行人、上市公司的控股股东、实际控制人；

（6）证券服务机构；

（7）全体发起人；

(8)国家工作人员、传播媒介从业人员和有关人员、证券交易所、证券公司、证券登记结算机构、证券服务机构及其从业人员,证券业协会、证券监督管理机构及其工作人员。

投资者起诉上市公司赔偿损失是原告常见的诉讼策略之一,但有案例表明,上市公司股东持股达到法定披露要求而未进行披露的行为,法院认定属于虚假陈述行为,因此,给投资者造成损失的,投资者亦可以起诉上市公司的股东,至于投资者要求赔偿损失的诉请能否成立,不能一概而论,亦要综合事实来个案认定。因此,投资者在确定被告时,应当有更宽广的视角。

(二)诉讼时效起算点通常为行政处罚文书或裁判文书公布之日

诉讼时效期间是证券虚假陈述民事纠纷案件被告通常采用的抗辩理由之一,《虚假陈述民事赔偿规定》第7条规定未出前,诉讼时效期间的起算点以行政处罚或者相关裁判文书作出之日为起算点还是以投资者知道或者应当知道之日为起算点,一直存在争议。目前,在当事人无法举证知道或者应当知道相关事实确切日期情形下,法院通常采用行政处罚文书或裁判文书公布之日作为诉讼时效的起算点,视为当事人知道或者应当知道信息披露义务人虚假陈述行为之日。但实践中,虚假陈述行为通常并不是一个单独的或者与其他事由虚假陈述行为容易区别,且虚假陈述行为呈现连续状态时,就需要注意,诉讼时效的起算点应从该虚假陈述行为最早披露的日期开始计算。

(三)证券市场虚假陈述主要具体表现为虚假记载、误导性陈述、重大遗漏、不正当披露等其他虚假陈述行为

《虚假陈述民事赔偿规定》规定:证券市场虚假陈述是指信息披露义务人违反证券法律规定,在证券发行或者交易过程中,对重大事件作出违背事实真相的虚假记载、误导性陈述,或者在披露信息时发生重大遗漏、不正当披露信息的行为。对于重大事件,应当结合《证券法》第59条、第60条、第61条、第62条、第72条及相关规定的内容认定。

虚假记载,是指信息披露义务人在披露信息时,将不存在的事实在信息披露文件中予以记载的行为。

误导性陈述,是指虚假陈述行为人在信息披露文件中或者通过媒体,作出使投资人对其投资行为发生错误判断并产生重大影响的陈述。

重大遗漏,是指信息披露义务人在信息披露文件中,未将应当记载的事项完全或者部分予以记载。

不正当披露,是指信息披露义务人未在适当期限内或者未以法定方式公开披露应当披露的信息。

实践中，上市公司因违反财务法规、税收等相关法律法规等被处罚的行为是否当属于证券虚假陈述行为，众说纷纭。前述案例已表明，上市公司的财务会计违规问题并不必然等同于证券市场虚假陈述，需要考察违法性质及其处罚依据、重大性、对股票价格的影响等多方面因素。

（四）因果关系的认定采推定原则，被告可提出相关反证推翻信赖推定

虚假陈述和损害后果之间的因果关系，主要是指虚假陈述行为引起了投资者的损害，是侵权行为中的重要构成要件。

《虚假陈述民事赔偿规定》第18条规定：投资者具有以下情形的，人民法院应当认定虚假陈述与损害结果之间存在因果关系：（1）投资人所投资的是与陈述直接关联的证券；（2）投资人在虚假陈述实施日及以后，至揭露日或者更正日之前买入该证券；（3）投资人在虚假陈述揭露日或者更正日及以后，因卖出该证券发生亏损，或者因持续持有该证券而产生亏损。

同时，第19条枚举了5种情形，被告可以举证推翻虚假陈述行为与损失之间的因果关系，分别为：（1）在虚假陈述揭露日或者更正日之前已经卖出证券；（2）在虚假陈述揭露日或者更正日及以后进行的投资；（3）明知虚假陈述存在而进行的投资；（4）损失或者部分损失是由证券市场系统风险等其他因素所导致；（5）属于恶意投资、操纵证券价格的。

（五）因果关系问题中的"证券市场系统风险"识别要看相关指数

前述第19条第（4）项中的"证券市场系统风险"是证券市场固有的风险之一，被告通常都会抗辩原告的损失系证券市场系统风险所致或者损失原因有证券市场系统风险加入，此时，识别证券市场系统风险存在与否，以及证券市场系统风险所致的投资损失数额就尤为重要。但相关立法、司法解释未进一步就证券市场系统风险的具体认定标准及确定系统风险所致损失额的计算方法做出规定，致实践中争议极大。

结合案例，证券市场系统风险存在与否，可以透过证券市场的综合指数、证券市场流通股总市值、股票所在行业板块指数及股票所在行业板块流通股总市值这四类数据的变动情况加以判断。具体而言：

1. 综合指数应作为判断依据，但非唯一依据

尽管综合指数并不能精确反映系统风险的程度，但在整个大盘持续走低、巨幅下跌的背景下，个股不受影响的情况是极为罕见的。那种认为综合指数与系统风险不具关联性的观点过于主观。尤其在中国国情下，已有的市场实践表明

大盘指数确实能在相当程度上反映系统风险。再者，以大盘指数作为判断依据，便于法官掌握，便于统一司法尺度。但大盘指数毕竟具有单一性的缺陷，指数编制的科学性也有待提高，在当前及今后相当一个时期尚未实现股票全流通的背景下，完全依照指数判断系统风险失之于片面。

2. 应当引入其他相关因素增强判断系统风险的科学性

系统风险存在与否，可以透过证券市场的综合指数、证券市场流通股总市值、股票所在行业板块指数及股票所在行业板块流通股总市值这四类数据的变动情况加以判断。如果上述四项指标在案件所涉期间均出现了较大幅度的下跌，则可以认为证券市场上个股价格出现了整体性下跌，受其影响，即便不存在上市公司的虚假陈述行为，其股票的市场价格在上述期间亦难免会有一定幅度的下跌。故应认定这种情况下证券市场系统风险客观存在。其中：

(1)同类板块指数应当作为判断系统风险的重要事由之一。因为与综合指数相比，同类板块指数与个股的关联性更加密切，判断系统风险的准确性更高，自不应将其排除在外。

(2)同类板块指数与综合指数应一并纳入考虑范围，相互佐证系统风险是否存在。二者应属并列关系，而非选择关系。

(3)在指数之外，将流通股总市值的变化情况作为参考指标，具有补强判断标准客观性的重要价值。将证券交易市场全部 A 股流通股总市值及股票所在行业板块 A 股流通股总市值引入判断系统风险的指标体系，可在相当程度上弥补当前指数计算基础中含有非流通股因素的弊端，增强判断的客观性与科学性。事实亦表明，指数与市值这两类数据的变化情况并不一致，这也从一个侧面印证了引入流通股总市值的变动情况作为判断因素之一并非可有可无。

(4)在计算流通股总市值的变化情况时，应确保计算基础的一致性。不能简单地以购买日和卖出日(或基准日)对应的市场流通股总市值和板块流通股总市值作为计算依据，应当特别留意在计算卖出日(或基准日)对应的证券市场流通股总市值与个股所在行业流通股总市值数据时，须以购买日当天在证券交易所上市的全部流通股和股票所在板块全部流通股为统计标准，剔除其后发行的新股。

(5)上述四个指标均系客观标准，便于司法实践中掌握。具体适用时，四个指标不一定都存在。比如，某些板块目前尚无相应的指数数据，故这种情形下只能依照其余三项指标综合加以判断。

此外，鉴于个股所处的行业板块指数及板块市值变动情况与个股股价更具关联性，更能体现出系统风险对个股股价的实际影响力，故应将其作为计算系统风险损失的优先考虑因素。在确定上市公司赔偿责任时应当扣除证券市场系统风险所致的损失。具体可从以下几方面入手加以把握：

1. 综合考虑各因素，防止片面性。如前所述，系统风险既是以证券市场的综合指数、流通股总市值等因素综合体现出来的，则在确定系统风险所致的损失时，亦不能采用单一标准，而应在综合分析能够具体体现系统风险的“上证（深证）综合指数”、“沪市（深市）全部A股流通股总市值”、“个股所在的行业板块指数”、“行业板块A股流通股总市值”这四类数据变动情况的基础上综合加以把握。

2. 在确定损失额时各判断因素所居的地位并不等同。尽管上述四类数据均在确定系统风险损失时发挥作用，但其地位有所差别。客观而论，在上述四类数据中，个股所处的行业板块指数及板块市值变动情况与个股股价更具关联性，更能体现出系统风险对个股股价的实际影响力，故应将其作为计算系统风险损失的优先考虑因素。

3. 如果投资者购买股票的时间不在同一天，则应分别计算出不同批次股票购买时间所对应的上述四因素的变动情况。在此基础上，应以股票购入量较大的时间点所对应的四因素的变动情况作为重点衡量指标，相应赋予其在影响最终结果的计算因素中以更大的权重。

（六）投资差额损失的计算

《虚假陈述民事赔偿规定》第29条、第30条规定，被告赔偿范围是用实际损失来确定，包括投资差额损失、投资差额损失部分的佣金和印花税。资金利息，则按银行同期活期存款利率计算。

虚假陈述行为认定和因果关系认定涉及定性问题，而投资差额损失计算则涉及定量问题。对此，《虚假陈述民事赔偿规定》第31～35条给出了具体的计算公式。为适用该公式，首先得确定以下几个重要的日期：虚假行为实施日，虚假行为揭露日或更正日、基准日。对上述几个日期的确定标准，《虚假陈述民事赔偿规定》也给出了明确的规定和指导，并无难处。前述相关案例也进一步明确了其中的相关细节问题，在具体操作时可作相应参考。

三、关于“操纵证券市场责任纠纷”的律师建议

操纵证券市场民事责任纠纷案件，我们尚未查询到相关的民事判决书和民事裁定书。虽检索到操纵市场犯罪的刑事判决书，但法院对判决说理部分相对

比较简单,无研究的价值。

根据《证券法》的相关规定,操纵证券市场行为给投资者造成损失的,行为人应当承担责任,法条列举了常见的操纵证券市场行为,包括:(1)单独或者通过合谋,集中资金优势、持股优势或者利用信息优势联合或者连续买卖,操纵证券交易价格或者证券交易量;(2)与他人串通,以事先约定的时间、价格和方式相互进行证券交易,影响证券交易价格或者证券交易量;(3)在自己实际控制的账户之间进行证券交易,影响证券交易价格或者证券交易量;(4)以其他手段操纵证券市场。

上述四种手段是证券市场常见的操纵行为模式,投资者因行为人操纵证券市场遭受投资损失,一般不会寻求民事救济渠道要求赔偿损失。因为操纵证券市场行为往往非常隐蔽,取证非常困难,投资者选择民事救济渠道败诉的可能性非常大。为此,投资者首先往往会通过刑事救济渠道,借助公权力的介入收集和固定证据后,才有可能寻求民事救济。一般投资者在寻求刑事救济时就可提出附带民事赔偿一并解决损失赔偿问题,而不必单独通过民事救济渠道要求索赔。

附　　录

附录1　相关法律、法规一览表

一、总类

1. 中华人民共和国公司法(2014年3月1日)

2. 最高人民法院关于适用《中华人民共和国公司法》若干问题的规定(一)(2014年3月1日)

3. 最高人民法院关于适用《中华人民共和国公司法》若干问题的规定(二)(2014年3月1日)

4. 最高人民法院关于适用《中华人民共和国公司法》若干问题的规定(三)(2014年3月1日)

5. 最高人民法院关于适用《中华人民共和国公司法》若干问题的规定(四)(2017年8月25日)

6. 最高人民法院关于审理公司强制清算案件工作座谈会纪要(2009年11月4日)

7. 中华人民共和国个人独资企业法(2000年1月1日)

8. 中华人民共和国合伙企业法(2007年6月1日)

9. 全民所有制工业企业承包经营责任制暂行条例(2011年1月8日)

10. 中华人民共和国城镇集体所有制企业条例(2011年1月8日)

11. 中华人民共和国企业法人登记管理条例(2016年2月6日)

12. 中华人民共和国企业法人登记管理条例施行细则(2016年4月29日)

13. 中华人民共和国公司登记管理条例(2014年3月

1日)

14. 国家工商行政管理总局公司注册资本登记管理规定(2014年3月1日)

15. 国家工商行政管理总局个人独资企业登记管理办法(2014年3月1日)

16. 中华人民共和国合伙企业登记管理办法(2014年3月1日)

17. 江苏省高级人民法院关于审理适用公司法案件若干问题的意见(试行)(2003年6月13日)

18. 江苏省高级人民法院关于审理公司强制清算案件若干问题的意见(试行)(2009年10月19日)

二、国有资产管理及企业改制

1. 中华人民共和国企业国有资产法(2009年5月1日)

2. 企业国有资产监督管理暂行条例(2011年1月8日)

3. 国务院国有资产监督管理委员会、财政部企业国有产权转让管理暂行办法(2004年2月1日)

4. 国务院国有资产监督管理委员会企业国有资产评估管理暂行办法(2005年9月1日)

5. 最高人民法院关于审理与企业改制相关的民事纠纷案件若干问题的规定(2003年2月1日)

6. 最高人民法院关于在民事审判和执行工作中依法保护金融债权防止国有资产流失问题的通知(2005年3月16日)

7. 最高人民法院关于审理中央级财政资金转为部分中央企业国家资本金有关纠纷案件的通知(2012年12月11日)

8. 江苏省高级人民法院关于审理涉及企业单位国有产权转让纠纷案件有关问题的通知(2005年6月16日)

三、企业破产

1. 中华人民共和国企业破产法(2007年6月1日)

2. 最高人民法院关于适用《中华人民共和国企业破产法》若干问题的规定(一)(2011年9月26日)

3. 最高人民法院关于适用《中华人民共和国企业破产法》若干问题的规定(二)(2013年9月16日)

4. 最高人民法院关于审理企业破产案件若干问题的规定(2002年9月1日)

5. 最高人民法院关于审理上市公司破产重整案件工作座谈会纪要(2012年10月29日)

6. 最高人民法院关于受理借用国际金融组织和外国政府贷款偿还任务尚未落实的企业破产申请问题的通知(2009年12月3日)

7. 最高人民法院关于因资不抵债无法继续办学被终止的民办学校如何组织清算问题的批复(2010年12月31日)

8. 最高人民法院关于个人独资企业清算是否可以参照适用企业破产法规定的破产清算程序的批复(2012年12月18日)

9. 最高人民法院关于审理企业破产案件指定管理人的规定(2007年6月1日)

10. 最高人民法院关于审理企业破产案件确定管理人报酬的规定(2007年6月1日)

11. 最高人民法院关于执行《最高人民法院关于审理企业破产案件指定管理人的规定》《最高人民法院关于审理企业破产案件确定管理人报酬的规定》几个问题的通知(2007年4月12日)

12. 最高人民法院关于税务机关就破产企业欠缴税款产生的滞纳金提起的债权确认之诉应否受理问题的批复(2012年6月26日)

13. 最高人民法院关于上诉人宁波金昌实业投资有限公司与被上诉人西北证券有限责任公司破产清算组取回权纠纷一案的请示的答复(2009年10月19日)

14. 最高人民法院关于债权人对人员下落不明或者财产状况不清的债务人申请破产清算案件如何处理的批复(2008年8月18日)

15. 最高人民法院关于正确审理企业破产案件为维护市场经济秩序提供司法保障若干问题的意见(2009年6月12日)

16. 最高人民法院关于人民法院为企业兼并重组提供司法保障的指导意见(2014年6月3日)

17. 江苏省高级人民法院审判委员会关于妥善审理破产案件、维护经济社会稳定若干问题的讨论纪要(2009年2月3日)

18. 江苏省高级人民法院破产案件审理指南(2011年11月)

附录2 《关于适用公司法若干问题的规定(一)》的理解与适用

王东敏　王宪森*

2006年4月28日，最高人民法院发布公告：最高人民法院审判委员会第1382次会议通过的《关于适用公司法若干问题的规定(一)》(以下简称《若干规定》)自2006年5月9日起施行。

修订后的《公司法》对原《公司法》作了较大修改，在总体结构上由原来的11章增加为13章，具体条文虽由原来的230条减少到219条，但如果考虑到删除的近50条有关管制性的规定，以及纳入《证券法》中的有关上市公司的规定，新《公司法》在条文及内容上实际是大大增加了。《公司法》对涉及公司法律关系的一些重要制度做了重新安排，从公平原则出发，充分考虑了公司法律关系中各方参与人的利益平衡。同时，取消了许多原有的强制性管理规定，更加注重民事主体的意思自治和自主决策。新《公司法》还强化了公司治理结构方面的程序规范，规定了公司控股股东、董事、监事、高管人员的民事责任，注重保护中小股东的民事权益。

一、新、旧《公司法》的衔接问题

新《公司法》颁布实施后，当前人民法院急需解决的是

---

* 作者单位：最高人民法院。本文发表在《人民司法》2006年第6期。

新、旧《公司法》在适用上如何衔接的问题。

《立法法》第84条规定:"法律、行政法规、地方性法规、自治条例和单行条例、规章不溯及既往,但为更好地保护公民、法人和其他组织的权利和利益而作的特别规定除外"。《立法法》的这一规定在法不溯及既往原则的基础上,规定了例外情形。

根据法不溯及既往的原则,《若干规定》对新《公司法》的适用作了两条基本规定:一是明确《公司法》实施后,人民法院尚未审结的和新受理的民事案件,其民事行为或事件发生在《公司法》实施以前的,适用当时的法律法规和司法解释(第1条);二是明确对《公司法》实施前人民法院已经终审的案件依法进行再审时,适用当时的法律法规和司法解释,不适用修订后《公司法》的规定(第5条)。这两条规定明确了一个问题,即发生在旧法实施时的民事行为和事件,适用当时的旧法,不适用新法。《若干规定》按照人民法院审理案件的不同诉讼程序和阶段,将适用旧《公司法》的上述两种情形确定了下来。如上所引,《立法法》在规定法不溯及既往原则的同时,对例外适用的情形也作出了原则性的规定,但如何判断某一法律具有了溯及既往之效力,才能发挥其更好地保护公民、法人和其他组织的权利和利益的作用呢?

《公司法》是一部商事组织法,其法律关系既有团体性构架的特征,又有内外交易关系的交织;既有组织程序规范,又有实体交易规则。因此,既要考虑公司内部程序及决策的合法性,又要兼顾法人制度确立的公司对外交易的准则。

根据新、旧《公司法》内容变化的特点,在制定《若干规定》的过程中,曾考虑将涉及效力认定、公司章程、股东会(或股东大会)决议的内容、全体股东约定事宜等列入溯及既往的范围,但在讨论中有不同的意见。针对新法实施前的民商事行为效力的认定问题,存在两种不同观点:一种观点认为,新、旧《公司法》对涉及民事行为效力的认定规定不一致时,如根据新法认定有效,而依据旧法认定无效时,应适用新法规定。该观点类似于《合同法》实施时关于对该法实施前所订立合同之效力如何认定的做法。新《公司法》在许多方面较旧法都放宽了管制,鼓励当事人投资和交易,从这一角度考虑,适用新《公司法》认定其有效,有利于实现新《公司法》的立法宗旨。另一种观点则认为,在多数情况下,适用新法规定认定有效符合效率原则的要求。但由于《公司法》的适用中涉及的案情及利益关系比较复杂,与合同关系所涉及的情况不同。针对某一项具体的合同交易而言,倾向于认定其有效,符合交易双方合议时的共同意思及出发点。且《合同法》所规范的当事人具有特定性和确定性的特征,认定合同有效显然符合更好地保护公民、法人和其他组织的权利和利益的立法要求,保证合同双方交易目标得以实现。在不违反法律、行政法规的规定及不侵害他人利益的前提下,认定合同有效更有利于保护合同当事人的权利和利益。但对于《公司法》上出现的类似问题,利益主体之间的矛盾冲突就表现得比较明显。如果认定其有效的话,就很可能出现有利于一部分主体而不利于另一部分主体的情况,即对公司有利可能对债权人不利;对甲股东有利的,对乙股东则可能不利,等等。因此,面对这些复杂情形,很难说在这类案件中认定有效就能够更好地保护公民、法人和其他组织的权利和利益。在这个问题上,不能只重效率而忽视公平,不能简单地将《合同法》中的维持有效原则推广适用于《公司法》。

关于依据旧《公司法》制定的公司章程及作出的股东会或股东大会决议等内容之合法性的认定问题也出现了同样争议。《若干规定》最终没有采用关于"公司章程、股东会或股东大会决议等内容,虽不符合原公司法规定,但不违反公司法强制性或禁止性规定的,从其约定"的规定,以避免让人产生新法之适用具有溯及力的误解。个案中如遇到此类法律适用问题,应根据具体案情并结合《公司法》的规定以及基本原理,作出妥当的裁决。

考虑到新、旧法的衔接只是在一段时间内存在的问题,再加之《立法法》对"制定法不溯及既往之例外情形的权限"问题规定得不明确,故《若干规定》没有采纳例外适用的规定。

二、关于新规定、新规则的参照适用

《若干规定》第2条规定:"因公司法实施前有关民事行为或者事件发生纠纷起诉到人民法院的,如当时的法律法规和司法解释没有明确规定时,可参照适用公司法的有关规定。"在依据旧《公司法》审理公司纠纷案件时,审判人员普遍感到许多诉讼案件类型在旧法中找不到立案及处理的依据。旧《公司法》在这方面缺乏实务上的可操作性。比较而言,新《公司法》则在很大程度上丰富了这些内容,主要表现在两个方面:其一,对原有规则进一步细化,有利于人民法院审理案件时予以操作和适用。如关于股权转让操作程序规则的细化,以及公司分立之债务清偿责任的完善等。其二,扩展了可诉性的内容及诉讼案件类型,一些各国公司法普遍采用的诉讼救济规则被吸收到新法中来。对于这些案件,过去人民法院常以法律没有规定为由不予受理,新《公司法》对此作出了明确的规定,人民法院应当受理并及时予以审理。例如,新法就债权人根据"揭开公司面纱"理论起诉股东的规定,有限责任公司关于股东收益分配比例、表决权比例的规定,以及关于撤销权提起的诉讼、股东代表诉讼、股东解散公司的规定等。处理类似案件时,法官在旧《公司法》中显然找不到相关的审判依据,在新《公司法》实施后,法院不能拒绝当事人的司法救济请求,应当参照新《公司法》的规定作出裁决。

因此,在审理相关的公司纠纷案件时,如遇到旧法没有规定的情形,法官可参照适用新法中相关条款的规定作出裁决。这并不违反法律适用的一般原则。

一般而言,新《公司法》是在总结我国公司法司法实践经验的基础上进行的修订,其内容更加符合我国社会经济发展的需要,同时也适应了世界范围内公司法改革、创新的趋势,吸收了其积极的成果。因此,在适用《公司法》审理民商事案件时,如果遇到旧《公司法》没有规定而新法已作出了明确规定的情况,法官依自由裁量权,可以参照适用新《公司法》的相关规定。

三、关于几种具体案件受理方面的规定

新《公司法》实施后,各地人民法院对新法中所涉及的几种与保护期限有关案件的受理问题反响较大,纷纷请示最高人民法院,要求尽快予以明确。对此,《若干规定》就适用新《公司法》第22条第2款(请求撤销)、第75第2款(股东请求判令公司收购股权)和第152条(提起代表诉讼)等规定时如何解决案件受理问题作出了具体规定。

1. 关于《公司法》之特殊诉讼期限的问题

《公司法》作为商事组织法和程序法,在遵守民法基本原则的前提下,更需要对公司自身价值的追求和实现提供程序保障。反映在诉讼程序规则方面,公司内部主体之间的权利救济方式一定要服务于效益原则,否则,股东的诉讼活动必将成为公司运行和发展的桎梏。公司一旦失去商业机会,最终成为其不当诉讼牺牲品的还是股东自己。鉴于这种特殊的利害关系的交织,《公司法》上所设定的某些诉讼期限要比一般的民事诉讼时效期间短得多。

《若干规定》第3条涉及了两个在实务操作中的期限问题:一是《公司法》第22条第2款规定的60日(股东行使撤销权的诉讼期限);二是第75条第2款规定的90日(行使股权收购请求权的诉讼期限)。

新《公司法》颁布后,学术界和实务界曾围绕着上述两个期间的性质展开了广泛的讨论。有人认为,前者属于诉讼时效,后者则为除斥期间;亦有相反论者,认为后者为诉讼时效,而前者系除斥期间。此外,还有统一论者,主张两者均是诉讼时效或除斥期间。笔者认为,上述期间是《公司法》为了平衡公司与股东之间的利益关系而设定的特殊起诉时限，虽有除权性的特征，但显然不同于普通民法上的除斥期间。此外，它也不属于诉讼时效期间。其区别于二者的共同点在于：在起诉期限内，权利人得以且仅以诉讼的方式主张其权利。除此之外，在此期限内任何非诉的主张或催告其权利的行为，均不产生该期限中断、重新计算的法律效果。该期限一经届满，人民法院对股东的该项权利就不再保护。因此，可称之为公司法上特殊的起诉期限（或起诉期间）。

对于超过起诉期限而提起的诉讼，人民法院是从程序上裁定不予受理、驳回起诉，还是实体上以判决驳回诉讼请求，也存在较大争议。一种观点认为，不论是否超过起诉期限，人民法院都应当立案审理，然后交由审判庭作出实体判决。该观点倾向于最大限度地保护股东享有的诉权。另一种观点认为，如果超过了该期限，表明该股东已经丧失了该项诉权，人民法院可直接裁定不予受理。表面上看，这样处理似不利于对起诉人（股东）权利的保护，但从另外的角度分析，这种做法在实务中有三点好处：第一，有利于督促股东更加关注公司的经营活动和决策程序的运行，积极行使自己的诉权。第二，能够更好地维护公司的正当交易秩序和运营节奏，避免公司为过多的诉累所纠缠。第三，有利于人民法院及时处理案件，降低司法成本。

当然，如果人民法院在案件受理后，通过审查证据发现该起诉已超过起诉期限的，可以用裁定的方式驳回起诉，不必作出实体判决。《若干规定》第 3 条采纳了后一种观点。

2. 关于提起代表诉讼之股东资格

新《公司法》第 151 条引入了股东代表诉讼制度。为了防止股东（包括公司的竞争对手）滥用诉权，损害公司利益，国外立法一般均对原告资格作出一些限制性规定，具体办法有两种：一是对股东的持股数量提出要求，要求股东必须持有达到一定比例的股份；二是对股东的持股时间作出明确规定。

《公司法》第 151 条对提起该类诉讼股东的资格作出了限制性规定，即有限责任公司的股东和股份有限公司连续 180 日以上单独或者合计持股 1% 以上股份的股东，在出现第 151 条第 2 款规定之情形时，可以为了公司的利益，并以其自己的名义，向人民法院提起股东代表诉讼。实践中，对有限责任公司股东起诉资格的认定比较容易把握，一般没有争议，但对股份有限公司连续 180 日以上及合计持股 1% 以上股份如何理解，则有不同的观点。

合计持股 1% 以上股份属于数量条件，系指在某一时间点上两个以上股东所持有公司股份的数量之和，而非某一股东在某一段时间内买入股份之和。同时,股东合计持股1%以上股份还要满足一个连续性持有期间条件,即至起诉时其已经连续持有该数量的股份达180日以上(当然,其实体权利能否得到人民法院的支持,还要受2年诉讼时效期间的限制)。按此要求,如果股东在这一期间内出现了合计持股不足1%的情况,其不具备提起代表诉讼的资格。

对适用《公司法》第151条争议最多的,还是连续180日以上这一持续期间的起算点如何确定的问题。多数意见认为,应采取简单方便且放宽计算的方法确定起算点,即自股东起诉之日起向前推算,其已连续持股满180日即符合持股时间的要求。按此观点,就意味着放弃了当时持股原则,即不要求股东在侵权行为发生时一定持有该公司的股份。

应当说,要求股东当时持股,等于在提起股东代表诉讼的程序上又增设了一道门槛。只有在侵权行为发生时就已经满足持股的数量要求并且同时满足连续持股时间条件的老股东,才具备起诉的资格。反之,如在侵权行为发生以后才买入该公司股份的股东,就不具备提起代表诉讼的条件。经过长时期的判例积累,美国法院逐步建立了这样的规则,即要求提起诉讼的股东必须在诉争行为(侵权行为)发生时持有公司的股份,此外,在股东起诉时以及诉讼程序进行过程中,股东也要持有该公司的股份,但不要求股东在所有诉讼期间都持有与起诉时相同的全部股份,诉讼过程中股东持有部分股份即可。这样就尽量避免了他人出于恶意而主动提起诉讼的情况发生,杜绝了那些单纯为了诉讼之目的而购买公司股票的行为,以确保起诉股东的利益与公司其他股东利益的一致性。总之,在一定范围内对提起股东代表诉讼的股东资格作出限制是十分必要的。

在《若干规定》起草时的征求意见过程中,多数人认为不应将当时持股作为条件。其主要理由是:此类侵权行为通常比较复杂,有时其行为发生的时间也较难界定,有的行为甚至还要延续一段时间,法院在立案审查时就要花费大量时间。也有一小部分人主张应坚持当时持股原则,其理由如前所述,主要是为了缩小股东范围,减少发生恶意诉讼的概率。

《若干规定》第4条采纳了多数人的意见。根据国外的立法和司法经验,对股东代表诉讼的限制性规定应当考虑到我国目前公司制度的发展现状,同时也应联系法院审判业务的实际。在我国现阶段,股东提起股东代表诉讼的案件并不多,且在一定时期内也不可能有太多增长。如果股东起诉的条件过于严格,一方面不利于人民法院积累相关案件的审判经验,另一方面由于缺乏人民法院的案例指引,也不利于发挥股东代表诉讼制度特有的功能,使其失去对董事、高管人员严格履行诚信、注意等义务的有力约束。

总之，由于新《公司法》之立法理念的更新，加之新、旧《公司法》在制度设计上的差异和变化，使新、旧《公司法》在适用时的衔接问题比较复杂。就某一具体制度和规则而言，新法与旧法之间既存在着保留与创新的关系，也有部分保留与部分创新的关系。《若干规定》只是对新、旧《公司法》的一般适用问题作出了原则性的区分，具体个案中法官还应结合新、旧《公司法》具体规定的变化情况进行判断。

附录3 《关于适用公司法若干问题的规定(二)》的理解与适用

宋晓明　张勇健　刘　敏*

最高人民法院法释〔2008〕6号《关于适用公司法若干问题的规定(二)》[以下简称《公司法司法解释(二)》]于2008年5月5日由最高人民法院审判委员会第1447次会议通过,已于2008年5月11日公布,自2008年5月19日起施行。现就《公司法司法解释(二)》涉及的主要问题作一介绍。

一、股东请求解散公司诉讼案件的受理

股东请求解散公司诉讼案件作为特殊类型的公司诉讼案件,《公司法》第182条对起诉的条件作出了特别的规定,即当公司经营管理发生严重困难,继续存续会使股东利益受到重大损失,通过其他途径不能解决时,持有公司全部股东表决权10%以上的股东,可以请求人民法院解散公司。这里实际上包括三个内容:一是公司在什么情况下股东有权提起解散公司诉讼;二是有权提起该类诉讼的股东资格;三是提起该类诉讼需要具备一定的前置条件。

第一,股东提起解散公司诉讼,除必须满足《民事诉讼法》第119条规定的起诉条件外,还必须具备公司经营管理出现严重困难,继续存续会使股东利益受到重大损失的事

---

* 作者单位:最高人民法院。本文发表在《人民司法》2008年第11期。

由,对此《公司法司法解释(二)》列举了四种情形:公司持续两年以上无法召开股东会或者股东大会,公司经营管理发生严重困难的;股东表决时无法达到法定或者公司章程规定的比例,持续两年以上不能做出有效的股东会或者股东大会决议,公司经营管理发生严重困难的;公司董事长期冲突,且无法通过股东会或者股东大会解决,公司经营管理发生严重困难的;经营管理发生其他严重困难,公司继续存续会使股东利益受到重大损失的情形。这四种情形主要体现的是股东僵局和董事僵局所造成的公司经营管理上的严重困难,即公司处于事实上的瘫痪状态,体现公司自治的公司治理结构完全失灵,不能正常进行经营活动,如果任其存续下去,将会造成股东利益的损失。在这种情形下,应当赋予股东提起解散公司诉讼的权利,提供保护股东合法权益的救济渠道。如果股东在提起解散公司诉讼时,起诉理由仅仅表述为知情权、利润分配请求权受到损害,或者公司经营严重亏损、财产不足以偿还全部债务,或者公司被吊销企业法人营业执照后未进行清算等,不属于《公司法》第 182 条所规定的解散公司诉讼案件提起的事由,不能按解散公司诉讼案件受理,有关权利人应当通过提起知情权或利润分配请求权等股东权益诉讼,或者提出破产清算、强制清算申请等其他途径寻求司法救济。如果股东提起的事由笼统表述为"公司经营管理出现严重困难,继续存续会使股东利益受到重大损失",只要符合《民事诉讼法》规定的受理条件和下述原告资格和前置性条件,人民法院即应予受理。至于其所述的事实和理由是否足以证明公司经营管理出现严重困难,继续存续是否会使股东利益受到重大损失,是否可以据此判决解散公司等,则属实体审理的范畴,不影响公司解散诉讼案件的受理。应当明确的是,本条列举的四项事由,既是解散公司诉讼案件受理时形式审查的法律依据,也是判决是否解散公司时实体审查的法律依据。

第二,对于提起解散公司诉讼案件的原告资格问题,《公司法》第 182 条之所以规定持有公司全部股东表决权 10% 以上的股东才有权提起解散公司诉讼,是出于防止个别股东恶意诉讼、损害其他股东和公司利益的目的,以期通过对股东所持股份比例的限制,在起诉股东和其他股东之间寻求利益上的平衡。《公司法司法解释(二)》从立法本意理解,认为上述规定中的持有应当包括单独持有和合计持有两种情形,即单独持有公司全部股东表决权的 10% 以上的股东可以独自提起解散公司诉讼,合计持有公司全部股东表决权 10% 以上的多个股东,亦可作为共同原告向人民法院提起解散公司诉讼。

第三,《公司法》第 182 条规定的"通过其他途径不能解决"这个前置性条件,是基于对公司永久存续性特征的考虑,即当公司经营管理发生严重困难,继续存续会使股东利益受到重大损失时,首先寄希望于公司能够通过公司自治等方式解决股东、董事之间的僵局,从而改变公司瘫痪的状态,而不轻易赋予股东通过司法程序强制解散公司的权利。因此,人民法院在受理解散公司诉讼案件时,有必要审查这个条件是否成就。当然,对于何为通过其他途径不能解决,人民法院可能更多的是形式审查,对于起诉股东而言其声明应归结为其已经采取了能够采取的其他方法而不能得到解决,不得不寻求司法救济,该前置性条件的意义更多在于其导向性。《公司法司法解释(二)》虽然没有对此作具体解释,但在所列提起该类诉讼的事由中已经有所体现,如股东会或者股东大会持续两年以上无法召开、持续两年以上不能做出有效的股东会或者股东大会决议(两年的规定意在给股东以相对充分的时间自行解决矛盾)、无法通过股东会或者股东大会解决(董事僵局首先考虑通过股东会、股东大会更换董事等方式解决)等。

二、股东请求解散公司诉讼案件的审理

因股东请求解散公司诉讼案件是修改后的《公司法》规定的新类型案件,各地人民法院认识上不统一,因此,《公司法司法解释(二)》对该类案件审理中一些主要争议问题作出了明确的规定,主要包括五个方面:

第一,关于股东请求解散公司诉讼和公司清算案件的分离问题。实践中,股东在公司出现僵局、向人民法院起诉请求解散公司时,往往同时申请人民法院对公司进行清算。《公司法司法解释(二)》之所以规定对这两个诉进行分离,原因在于:一是两个诉的种类截然不同,股东请求解散公司诉讼是变更之诉,公司清算案件是非讼案件,审判程序不同,无法合并审理;二是在股东提起解散公司诉讼时,公司解散的事实并未发生,公司是否解散尚需人民法院的生效判决予以确定,且即使人民法院判决解散后,按照《公司法》第 183 条的规定,原则上仍应由公司在解散事由出现之日起 15 日内成立清算组自行清算,只有在公司逾期不成立清算组进行清算时,方可向人民法院申请强制清算。故如果股东向人民法院提起诉讼请求解散公司的同时申请人民法院对公司进行清算的,人民法院对其提出的清算申请不应受理,而应当告知原告在人民法院判决解散公司后,可依据《公司法》第 183 条或者本规定第 7 条的规定,自行清算或者另行申请人民法院对公司进行清算。

第二,关于股东请求解散公司诉讼中的保全问题。根据《民事诉讼法》第 101 条的规定,人民法院对于可能因当事人一方的行为或者其他原因,使判决不能执行或者难以执行的案件,可以根据对方当事人的申请,作出财产保全的裁定。从解散公司诉讼为变更之诉的特点和保全的目的上看,因财产保全系为了将来执行生效判决的便利,而变更之诉不同于给付之诉,其判决生效后仅仅是变更了原有的法律关系,并无财产给付的内容,不存在强制执行的问题,因此仅就解散公司诉讼案件并不存在财产保全的必要。但考虑到股东提起解散公司的诉讼系基于股东之间或董事之间的僵局,虽然判决公司解散后,理论上公司可能自行清算,但实践中概率非常低,大多数情况还要启动强制清算程序。因此,为了将来公司强制清算的顺利进行和保护股东利益,对变更之诉下的财产保全作出了例外规定。但从兼顾公司和公司其他股东的利益,防止个别股东滥诉给公司和其他股东造成损失的角度考虑,人民法院在此情形下进行财产保全应当要求股东提供相应的担保,且以不影响公司正常经营为前提。对于股东提起的证据保全,应当符合《民事诉讼法》第 81 条的规定,即在证据可能灭失或者以后难以取得的情形下,人民法院依据诉讼参加人的申请可以予以保全。这里证据保全的目的主要是考虑到将来公司清算的需要,与一般案件中证据保全的目的有所不同。

第三,关于解散公司诉讼案件的当事人问题。鉴于解散公司诉讼案件性质上属于变更之诉,系变更股东和公司之间的出资与被出资的法律关系,是有关公司组织方面的诉讼,因此,股东请求解散公司诉讼的被告应当是公司。股东之间关于出资设立公司的协议随着公司的成立已经履行完毕,不存在解除设立协议,因此其他股东不应作为解散公司诉讼案件的被告。考虑到解散公司诉讼案件可能影响到其他公司股东的利益,同时基于本规定第 5 条有关调解工作尚需其他股东参与诉讼,原告股东在提起诉讼时,应当告知其他股东,或者由人民法院通知其参加诉讼。其他股东或者有关利害关系人申请以共同原告或者第三人身份参加诉讼的,人民法院应予准许。

第四,关于股东请求解散诉讼审理中的调解问题。一般情况下,只要公司没有违反法律的强制性规定,在其非自愿解散时,公权力机关尽可能不强制其解散。在公司股东或者董事出现僵局时,尽管公司已经无法正常经营,但只要还有其他途径能够解决矛盾,也应尽可能采取其他方式来解决,从而使公司免于遭受解散的命运。也正基于此考虑,《公司法》第 182 条特别规定,在通过其他途径不能解决时,才赋予股东请求解散公司的司法救济权利。而且我们认为,即便股东依法诉诸人民法院,人民法院仍有必要通过公权力的介入,尽可能通过股东离散而非公司解散的方式来解决股东之间的矛盾,从而一方面使起诉股东的实质目的得到实现(从公司退出,同时得到其应得的利益),另一方面又维系了公司的存续,使公司及其他股东的利益得到了保全。因此,人民法院在审理解散公司诉讼时,应当特别注重调解,如能在法院主持调解下,通过公司或者股东收购股份,或者以减资等方式使公司存续的,应当尽可能以调解方式结案。在当事人不能协商一致使公司存续的,人民法院应当及时作出判决。

第五,关于人民法院就解散公司作出的生效判决的约束力问题。人民法院就解散公司作出的生效判决对参加诉讼的当事人和未参加诉讼的公司其他股东具有当然的既判力,其基础还是源于解散公司之诉系有关公司组织的诉讼本质。判决解散公司的,因公司解散事由的出现,公司必将进入清算阶段,最终因清算完毕而终结,该判决当然对公司和公司其他股东,包括公司的董事、监事、高管人员和职工等均有效力;判决驳回原告股东的诉讼请求的,因人民法院对原告据以提起解散公司的具体事实和理由已经作出了生效判决,在其据以主张解散公司的事实和理由不能得到法院支持的情况下,根据一事不再理原则,提起诉讼的股东和公司的其他股东不能再以相同的事实和理由向人民法院起诉请求解散公司。这里应当注意两个问题:第一,同一事实和理由是指同一个事实和理由,而非同类事实和理由。第二,之所以将提起该诉讼的股东和公司其他股东分别列举表述,意在强调因解散公司诉讼系针对公司组织方面的诉讼,因此,人民法院对解散公司诉讼作出的判决,对公司所有股东具有法律效力,尤其强调对公司其他股东(包括未参加诉讼的股东和作为第三人的股东)具有法律约束力。在人民法院判决驳回原告股东的诉讼请求后,不仅该原告股东不得再以同一事实和理由提起解散公司诉讼,而且其他公司股东亦不得再以同一事实和理由提起解散公司诉讼。

三、公司清算案件的审理

根据《公司法》第183条关于“公司解散应当自行组织清算,公司逾期不成立清算组进行清算的,债权人可以申请人民法院指定有关人员组成清算组进行清算,人民法院应当受理该申请,并及时组织清算组进行清算”的规定,当公司解散后,公司原则上应当自行组织清算,公司未能自行清算(包括主观上不清算)时,基于对有关权利人利益的保护以及维护社会经济秩序的考虑,应赋予有关权利人向人民法院提起强制清算申请的司法救济权利。

《公司法司法解释(二)》规定了公司清算案件提起的三个事由:公司解散逾期不能组成清算组进行清算的;虽然成立清算组但故意拖延清算的;违法清算可能严重损害公司债权人或者股东利益的。其中后两个事由实际上是从自行清算向强制清算的转化。对于公司强制清算申请的主体,《公司法》第183条仅规定债权人可以申请,而未规定公司的股东可以提出申请。考虑到实践中当股东之间矛盾深刻时,公司解散而不清算对公司其他股东利益的严重损害亦需相应的法律救济手段,甚至股东提起公司清算的愿望远远甚于债权人,因此,除债权人有权向人民法院提出对公司进行清算的申请外,《公司法司法解释(二)》将提出强制清算申请的权利主体扩大到了公司的股东。应当强调的是,债权人或者股东向人民法院申请对公司进行强制清算时,如果公司已经出现明显的破产原因,从公司强制清算程序启动的原因和节约诉讼成本、提高清算效率的角度考虑,不宜按照公司清算案件受理,而应当告知其根据《企业破产法》的规定直接向人民法院申请破产清算。

申请人民法院对公司进行清算的案件,性质上属于非讼案件,类似于破产案件,只不过由于启动的原因和适用的清算程序不同、人民法院介入的程度也不同。因强制清算案件受理的前提是公司财产足以偿还全部债务,故在这种清算程序中人民法院介入的程度相对于破产清算而言较为有限,同时作为破产清算中的一个重要机构即债权人会议在强制清算中是不存在的。人民法院在审理公司强制清算案件中应主要从以下几个方面介入并监督清算的进行:第一,指定清算组成员。人民法院受理公司清算案件,应当及时指定有关人员组成清算组。考虑到强制清算中公司的财产尚足以偿还全部债务,故清算组成员不以与公司或者公司债权人没有利害关系为必要条件,这与破产清算的管理人有所不同。因公司的股东、董事、监事、高级管理人员对公司的财产、负债等情况更为了解,其作为清算组成员有利于清算的顺利进行(尤其对于公司股东来说还存在剩余财产分配权利的实现问题),故规定清算组成员可以由公司的股东、董事、监事、高级管理人员组成,而且原则上应当是优先从公司的股东、董事、监事、高级管理人员中指定清算组成员。同时,考虑到清算事务专业化的特点,规定依法设立的律师事务所、会计师事务所、破产清算事务所等社会中介机构,或者上述中介机构中具备相关专业知识并取得执业资格的人员也可作为清算组成员。第二,更换清算组成员。清算组成员是否能够严格按照法律、行政法规的规定进行清算,以及是否具备执业能力或者民事行为能力,直接决定了清算是否能够依法进行,以及公司债权人、股东等的利益是否能够依法得到实现。因此,当人民法院指定的清算组成员存在违反法律或者行政法规、丧失执业能力或者民事行为能力、或者有严重损害公司或者债权人利益的行为时,应当及时予以更换。清算组成员的更换,包括人民法院依公司债权人或者股东的申请更换,以及依职权更换两种情形。第三,确认清算方案。清算方案是否合法是清算能否依法完成的前提,在整个清算过程中起着承上启下的作用。故人民法院组织的公司清算,清算组制作的清算方案应当报经人民法院确认后方可执行。人民法院对清算方案的确认程序,是为了避免清算组的故意或者过失行为影响清算的依法进行,损害相关权利人的合法权益。只有经确认的清算方案才具有法律效力。如果清算方案未经确认,清算组即予执行,因此给公司股东或者债权人造成损失的,应当由清算组成员承担责任。第四,决定是否延长清算期限。为了尽快完成清算,防止久清不决,造成财产自然减损等不必要的损失,《公司法司法解释(二)》规定,人民法院指定的清算组应当在清算组成立之日起6个月内清算完毕。因特殊情况无法在六个月内完成清算的,清算组应当向人民法院申请延长。人民法院可以根据实际情况决定适当延长清算期限。第五,确认清算报告。根据《公司法》第188条的规定,公司强制清算结束后,清算组制作的清算报告,需报人民法院确认。第六,裁定终结强制清算程序。人民法院确认清算报告后尚需裁定终结清算程序。应当注意的是,公司清算案件不是人民法院指定完清算组成员就审结了,而是需要监督整个清算程序完毕、裁定终结清算程序后,案件才告审结。

四、债权的补充申报

对于超过债权申报期限的债权能否申报的问题,《公司法》未做规定。《企业破产法》第56条规定,在人民法院确定的债权申报期限内,债权人未申报债权的,可以在破产财产最后分配前补充申报;但是,此前已进行的分配,不再对其补充分配。为审查和确认补充申报债权的费用,由补充申报人承担。《企业破产法》的这一规定,改变了原破产法律制度下"逾期未申报债权的,视为放弃债权"的立法模式。鉴于《企业破产法》关于债权补充申报制度的确立有利于充分保护债权人的利益,因此,《公司法司法解释(二)》在公司清算中沿用了这种立法思路,即对已经超过申报期限的债权,允许其补充申报并获得清偿。考虑到公司清算与破产清算中股东是否享有剩余财产分配权存在差异,而《公司法司法解释(二)》又通过对股东在公司清算程序中已获得的剩余财产分配予以回转的方式,对补充申报债权人进行了保护,因此,《公司法司法解释(二)》没有采纳企业破产法中规定的"破产财产最后分配完毕前"作为补充申报债权的截止时间的立法模式,而是以清算程序是否终结作为公司清算中债权人补充申报债权的时间点。即公司清算结束后,清算组制作的清算报告经股东会、股东大会确认(自行清算程序下),或者经人民法院确认(强制清算下)程序完成前,债权人都有权补充申报债权。

根据债权人补充申报的时间不同,《公司法司法解释(二)》分别作了如下规定:第一,对补充申报的债权,首先在尚未分配的财产部分受偿。第二,当剩余未分配财产不足以清偿债务时,如果此时公司股东已经获得了剩余财产的分配(前提是公司清算程序尚未终结),债权人可以请求在公司股东分配所得的财产中受偿。但债权人对未在规定期限内申报债权有重大过错的,如清算组依法通知其申报债权,而其因为自己的原因(非不可抗力)没有及时申报债权的,未分配财产不足以清偿补充申报债务的,债权人无权再要求在公司股东已经分配所得的财产中受偿。这样规定,主要是在存在过错的债权人和股东之间寻求利益上的平衡,即在补充申报债权人存在重大过错的情形下,基于正常清算程序已经完成的剩余财产分配应为有效,不得因为债权的补充申报而否定已进行行为的效力。除非补充申报的债权人未及时申报债权系基于清算组的故意或者重大过失,以及不可抗拒的原因造成的,才通过适当否定股东剩余财产分配部分的效力,以保护补充申报债权人的利益;但是,这种对已进行清算程序的否定不能及于已实现债权的其他债权人。第三,如果所剩未分配财产和股东分配所得财产仍不足以清偿其债务(公司事实上已经出现了破产原因),债权人无权要求以已经分配给其他债权人的财产获得清偿,也无权以公平受偿的目的向人民法院提出破产清算的申请。

五、公司强制清算下的协商机制

根据《公司法》第187条的规定,原则上清算组在清理公司财产、编制资产负债表和财产清单后,发现公司财产不足以清偿债务的,应当依法向人民法院申请宣告破产。但考虑到追求效率是公司清算的一个重要价值目标,严格而不失快捷地使已经出现解散事由的公司退出市场,一方面,可以将其给各方利益和社会利益造成的损失降低到最小;另一方面,在现代市场经济条件下,对于竞争中不再具有活力的公司,从经济学的角度看,也需要通过合法的途径尽快消灭公司既有的法律关系,打破旧的公司形式,将原公司名下集合的各种生产要素和其他有效的社会资源解放出来,通过资本市场的优化组合,重归生产要素市场,使有限的社会资源得以充分利用,从而提高整个社会的经济效率。因此,如果公司清算中出现破产原因时,债权人能够基于意思自治自行协商达成债务清偿方案的,则不必进入破产清算程序。如果进入破产程序,对于公司的债权人而言,由于破产程序的特殊性,其所获得的利益可能低于公司清算中及时协商所获得的利益。

故《公司法司法解释(二)》在公司强制清算中设置了协商机制,目的在于通过协商方式确定债务的清偿以尽快了结清算程序,节约经济成本,同时兼顾公平受偿问题。这里应当注意的是:第一,债务清偿方案系经全体债权人确认通过,属意思自治的范畴,在此情形下不存在债权人利益受损的问题。第二,全体债权人通过的债务清偿方案还应当以不损害其他利害关系人的利益为前提,以避免在此环节中对其他利害关系人造成不当侵害。第三,债务清偿方案需经人民法院确认始具有法律效力。引入人民法院的审查程序,意在通过严格程序避免协商方式损害债权人或者其他利害关系人的合法利益。人民法院审查债务清偿方案主要是考量该方案是否公平合理,对于在破产清算下享有优先权的权利人是否优先得到了保障,同一顺序的债权人是否得到了公平的对待,当然,不排除基于意思自治下享有优先权的权利人主动放弃优先权或者同一顺序的债权人一致同意按照不同的清偿比例清偿债务。第四,如果债权人不能协商一致形成有效的债务清偿方案,或者人民法院经审查不予认可的,则应当及时转入破产清算程序,通过公平受偿了结债务。《公司法司法解释(二)》仅就进入司法程序的强制清算中的协商机制作出了规定,因自行清算自始未进入司法程序,因此未作规定,但从理论上说,只要不损害有关利害关系人的合法权利,又经全体债权人意思表示一致同意的,应该不为法律所禁止。

六、公司解散和公司终止的关系

公司解散是引起公司人格消灭的法律事实,除公司因合并、分立需要解散之外,公司因本身不能存续的事由导致的解散,是公司终止的原因,或者说是公司终止程序的一个环节。公司作为独立的法人,公司解散时不存在类似自然人死亡的继承制度,故公司解散并不立即导致公司人格的消灭,而是应当停止积极活动,进入清算程序了结公司既有的法律关系,进入最终目标为公司消灭的事实状态和法律状态。公司在清算目的范围内视为依然存续,清算中的公司与解散事由出现前的公司在法律人格上系同一民事主体。对此,《公司法》已经作出了明确规定。在此基础上,《公司法司法解释(二)》明确规定公司出现解散事由、依法清算完毕前,有关公司的民事诉讼,仍应以公司自己的名义进行。公司解散后依法成立的清算组取代原公司执行机关,行使清算中公司的代表及执行机关的职能,对内执行清算事务,对外代表公司了结债权债务,在清算目的范围内,与解散事由出现前公司的机关具有同等的法律地位,只不过清算组的任务是清理公司的债权债务,而解散前公司机关的任务是管理公司事务,从事经营活动,二者虽然在行为内容上不同,但身份是相同的。因此,公司出现解散事由、依法清算完毕前,有关公司的民事诉讼,成立清算组的,应当由清算组负责人代表公司参加诉讼活动;没有成立清算组的,仍由原法定代表人代表公司参加诉讼活动。另外,公司进入破产清算程序的,虽然不属于《公司法》中的解散概念,但从广义上看,破产清算程序的启动仍然属于解散事由之一,破产企业自破产清算完毕并办理注销登记之日起终止。因此,人民法院受理破产申请后,有关破产企业的民事诉讼仍然是以公司的名义进行,由管理人或者管理人的负责人代表公司参加诉讼活动。

七、清算义务人及其民事责任

司法实践中大量公司解散后应当清算而不清算,甚至故意借解散之机逃废债务的现象非常突出。《公司法司法解释(二)》对清算义务人及其应清算不清算民事责任的界定,旨在强化清算义务人依法清算的法律责任,完善健康、有序的法人退出机制。根据《公司法》第 183 条的规定,有限责任公司的股东,股份有限公司的董事和控股股东有义务及时启动清算程序对公司进行清算,即有限责任公司的股东和股份有限公司的董事、控股股东应为公司解散后的清算义务人。这里要注意区分清算义务人和清算人是两个不同概念,清算义务人,是指依法负有启动清算程序义务的主体,其义务在于根据法律规定及时启动相应的清算程序以终止法人。清算人,是指具体负责清算事务的主体,其义务在于依照法定程序进行清算。《公司法司法解释(二)》规定清算义务人应当清算而没有清算时,应当承担相应的民事责任,包括:第一,清算义务人未在法定期限内成立清算组开始清算,导致公司财产贬值、流失、毁损或者灭失的,应当在造成损失的范围内对公司债务承担赔偿责任。该责任是从法人财产制度和侵权责任角度作出的规定。这里,应当适用因果关系推定和举证责任倒置规则,即公司财产经强制执行不能清偿债务部分即应推定为是清算义务人未及时清算所造成的债权人的损失,原则上清算义务人应当在此损失范围内对公司债务承担赔偿责任;如果清算义务人能够举证证明该损失非其未及时清算造成的,可以免责。第二,因清算义务人怠于履行及时启动清算程序以及保管等义务,导致公司主要财产、账册、重要文件等灭失,无法进行清算的,以及公司未经清算即办理注销登记,导致公司无法进行清算的,应直接对公司债务承担清偿责任。上述情形如系实际控制人原因造成的,实际控制人也应对公司债务承担相应的民事责任。该责任的规定,根本目的在于督促清算义务人依法组织清算,规范法人退出机制,保护债权人的合法权益。除了有事后救济的法律价值外,更多在于警示、引导作用。清算义务人在对借解散逃废债务(其后果是承担上述清算义务人民事责任)和依法清算了结公司债务(其后果是享有有限责任制度的庇护)进行利益权衡基础上所作出的抉择,不存在对其权利的侵犯问题。基于上述原因公司所有清算义务人在对外承担责任时相互之间系连带责任,因此,其中一人或者数人对外承担民事责任后,还要根据过错大小在内部分担责任。

八、清算组(人)及其民事责任

清算组作为公司解散清算中的重要机关,负责整个清算工作,因此,在执行清算事务时能否依法进行直接决定着公司能否依法清算。因我国《公司法》中尚无清算人的概念,因此,当清算组从事清算事务时,违反法律、行政法规或者公司章程给公司或者债权人造成损失时,《公司法》规定由清算组成员承担民事责任。清算组成员对外责任系连带责任,对内可根据实际过错追究具体成员的民事责任。公司解散事由出现后,依法成立的清算组代替原公司执行机关董事会,行使清算中公司的代表及执行机关的职能。根据《公司法》第149条和第189条关于"董事、监事、高级管理人员执行公司职务时违反法律、行政法规或者公司章程的规定,给公司造成损失的,应当承担赔偿责任。"和"清算组成员应当忠于职守,依法履行清算义务。清算组成员因故意或者重大过失给公司或者债权人造成损失的,应当承担赔偿责任"的规定,在公司清算过程中,清算组成员从事公司清算事务时违反法律、行政法规或者公司章程的规定,给公司或者债权人造成损失的,应当对公司或者债权人承担赔偿责任。如清算组未依法将公司解散清算事宜通知或者公告债权人,导致债权人未及时申报债权而未获清偿所造成的损失、清算组执行未经确认的清算方案给公司或者债权人所造成的损失以及清算组未在法定期限内清算完毕给债权人或者公司所造成的损失等。

在公司清算过程中,公司实质上为清算组所控制,因此,完全可能出现类似公司正常存续下,董事、监事、高级管理人员控制公司时,因其自身违法行为给公司造成损失的,不可能主动以公司名义向自己主张权利的情形。因此,当清算组成员在清算中因故意或者重大过失给公司造成损失时,如果公司怠于向清算组成员主张权利的,股东有权参照《公司法》第151条关于股东代表诉讼的规定,为了公司的利益(表面上是公司的利益,实质上是为了股东自己的利益)以自己的名义直接向人民法院提起诉讼。此为股东代表诉讼制度在公司清算期间的特殊体现。在股东提起的股东代表诉讼中,应当将公司列为第三人,诉讼的结果归于公司,在清算中一并处理。

当公司已经因清算完毕而注销终止后,股东发现清算组成员执行事务不当造成损失的(无剩余财产分配或者数额不足),可向清算组成员主张权利。因清算组成员在清算中故意或者重大过失所造成的损失,首先是对公司亦即全体股东造成的损失,而非仅针对原告股东,因此,在这里还不宜简单地视为直接诉讼,而应当视为本质上还是代表公司诉讼(准确说应当是代表全体股东诉讼)。尽管此时公司已经消灭,形式上不再具备代表诉讼的特点。因此,此时股东参照《公司法》第151条的规定,直接以清算组成员为被告、其他股东为第三人向人民法院提起诉讼的,人民法院也应受理。

附录4 《关于适用公司法若干问题的规定(三)》的理解与适用

宋晓明　张勇健　杜　军*

2011年2月16日,最高人民法院发布了法释〔2011〕3号《关于适用公司法若干问题的规定(三)》[以下简称《公司法解释(三)》]。《公司法司法解释(三)》对公司设立、出资、股东资格确认等问题作出了具体规定,现对其中涉及的主要问题进行说明。

一、制定《公司司法法解释(三)》的背景和目的

《公司法》是组织法,同时也是行为法和裁判法。2005年修订后的《公司法》的可诉性较修订前大大增强,行为法和裁判法的特征彰显,公司参与者间的很多纠纷都可以由法院进行裁判。但是,从司法操作的角度看,修订后的《公司法》对一些制度仅仅作出了概括性、原则性的规定,而缺乏更具体、更明确的操作规范,法院在审理公司诉讼案件时仍常常无据可依。近年来,我们发现有关公司资本的形成与维持、股权投资者之间利益的平衡、公司债权人利益的保护、公司设立过程中债务的承担等方面的问题较多,对各方主体利益的影响也较大。但《公司法》对上述问题的规定却相对简略,导致法律适用中的分歧较多,处理难度较大。为克服

---

* 作者单位:最高人民法院。本文发表在《人民司法》2011年第5期。

《公司法》适用中存在的上述问题,一些地方法院以指导意见、会议纪要等形式制定了一些规范性文件,用以指导当地公司诉讼案件的裁判。这些规范中,有的意见和措施合法合理,可以总结吸收后在更大范围内指导司法实践,有的做法则值得商榷,需要更权威的规范进行明确。

为在司法实践中正确理解和贯彻《公司法》的精神和原则,明确并统一法律的适用,妥善平衡公司参与者间的利益,最高人民法院民二庭根据审判实践的需要和既有的立法规定,结合成熟的学说观点,制定了《公司法司法解释(三)》,以对上述问题进行规范。《公司法司法解释(三)》具体从如下六个方面进行设计:一是落实公司成立前债务的责任主体。二是确立典型非货币出资到位与否的判断标准及救济方式。三是界定非自有财产出资行为的效力。四是明确未尽出资义务(包括未履行出资义务和未全面履行出资义务)和抽逃出资的认定、诉讼救济的方式以及民事责任。五是规范限制股东权利的条件和方式。六是妥善平衡名义股东、股权权属的实际享有者以及公司债权人间的利益。这些问题在实践中普遍存在,而在理论上较为疑难,民二庭在制定过程中进行了深入的调研,并召集了公司法专家和经验丰富的法官进行了充分的论证,在此基础上,民二庭还征求了全国人大法工委、国务院法制办等国家机关的意见,通过吸收各方意见,形成了目前《公司法司法解释(三)》的规定。

《公司法司法解释(三)》的发布实施可以产生如下效果:一是具体落实公司不同参与者的义务和责任,制约公司参与者的不诚信行为,促进公司依法规范设立及运营。二是促使公司资本的稳定与维持,为与公司交易的第三人的利益提供保障。三是按照商法规律正确解决一些在实践中长期存在分歧的问题,依法引导各级法院树立商法意识,强化商法理念,妥善审理公司诉讼案件。

二、发起人的界定及公司设立阶段发起人订立的合同的责任承担问题

公司在成立前要经过设立阶段,在此过程中公司虽未成立,但其需要对外进行一些必需的民事活动,以为成立公司创造条件或做好准备。这些活动均由发起人来完成。公司法采用了“发起人”这一概念,但未对发起人的内涵进行界定。司法实践中在判定发起人义务或责任时首先就涉及对发起人进行认定,所以有必要对发起人作出界定。在股份公司中,《公司法》第76条规定,发起人认购和募集的股本达到法定资本最低限额,发起人制定公司章程;第79条规定,发起人承担公司筹办事务。这些规定既是对发起人提出的要求,实际上也是担任发起人的条件,故《公司法司法解释(三)》结合《公司法》的这些规定对发起人

进行了界定。在有限公司中,《公司法》未使用发起人的表述,而是使用了股东的概念,但根据《公司法》第23条股东共同制定公司章程以及第25条第2款股东应当在公司章程上签名、盖章,第24条有限责任公司由50个以下股东出资设立等规定可以看出,有限公司设立时的股东(原始股东)与股份公司的发起人的条件要求相同,所以可以将有限公司设立时的股东也纳入发起人的范畴。

《公司法》明确规定发起人承担公司筹办事务,学理上也一般认为发起人是设立中公司的机关。但是,发起人除了具有设立中公司机关这一身份外,还具有个人身份,其在公司设立阶段对外订立的合同有的是为了设立公司即为了公司利益,有的则可能是为了实现个人的利益。一般来讲,前一类合同中的责任应当由成立后的公司承担,后一类合同中的责任应当由发起人自己承担。而在实践中,上述合同的相对人在与发起人订立合同时往往不能确切地知道该合同是为了实现谁的利益,也不知道合同最终的利益归属,所以按照利益归属标准来确定合同责任主体,在理论上虽然正确但在实践中未必可行,常常会使合同相对人的利益面临较大风险。为了适当降低合同相对人的查证义务,加强对相对人利益的保护,《公司法司法解释(三)》总体上按照外观主义标准来确定上述合同责任的承担。

具体来讲:第一,发起人为设立公司以自己名义订立合同,由于对相对人而言合同中载明的主体是发起人,相对人当然应以该发起人作为合同主体,所以原则上也应当由发起人承担合同责任。另一方面,如果公司成立后确认了该合同或者公司已实际上成为合同主体,而且合同相对人也要求公司承担责任,这表明公司愿意成为合同主体且合同相对人也愿意接受公司作为合同主体,此时无论是按照债的概括转移理论还是根据《合同法》第403条第2款规定之精神,由公司承担合同责任符合《合同法》的一般原理,故《公司法司法解释(三)》规定可以由公司承担合同责任。第二,发起人在公司设立阶段以设立中的公司名义订立合同,由于合同中载明的主体是设立中的公司,所以原则上应当由成立后的公司承担合同责任。但是,实践中发起人也可能与合同相对人合谋利用设立中的公司名义实现发起人的个人利益,我们认为,如果公司有证据证明发起人是为自己利益而签订该合同,且合同相对人对此明知的,这表明发起人实质上不是以公司作为合同主体,合同相对人也明知公司不是合同主体,故此时不应由成立后的公司承担合同责任。所以,《公司法司法解释(三)》规定公司有证据证明发起人存在上述情形且相对人非善意时,公司不承担合同责任,这种情况下合同责任仍由发起人承担。

三、非货币财产出资存在的问题及规范

非货币财产出资比货币出资更为灵活,也更便于满足公司经营的需要。《公司法》许可股东用一定的非货币财产出资,但没有明确规定非货币财产出资的相关标准及程序。实践中围绕非货币财产出资产生的纠纷较多,主要包括:(1)用于出资的非货币财产未进行价值评估,公司或其他股东等请求认定出资人未履行出资义务。(2)股东对用于出资的非货币财产不享有处分权,较为常见的是股东将他人所有的财产用于出资,该财产的真实权利人请求认定出资行为无效。(3)非货币财产出资没有实际、完全地到位。非货币财产是公司资本的组成部分,其存在的上述问题将影响公司资本的充实,不利于对公司利益和公司债权人利益的保护。为保障公司资本的充实和维护公司债权人的利益,我们在广泛调研的基础上,在《公司法司法解释(三)》中对非货币财产出资的标准等问题进行了规定。

首先,非货币财产出资中最普遍存在的问题就是该财产的实际价值低于公司章程所确定的价值。对此,虽然《公司法》第30条规定了非货币财产实际价额显著低于公司章程所定价额时,出资人及其他股东承担连带缴纳责任。但在适用该条时存在的问题是,应通过何种方式判断实际价额低于公司章程所定价额?实践中存在两种情况:一是该非货币财产在公司设立时进行了评估作价,但公司成立后公司、其他股东等认为该财产价额被高估,故提起诉讼要求认定出资人未履行出资义务,此时法院需要采取一定的方式确定该财产是否被高估。二是股东未就该非货币财产评估作价,该财产的实际价值是否与章程所定价额相符并不明确,此时当事人请求认定出资人未履行出资义务,法院实际上也无法作出判断。可见,法院首先需要确定该财产的实际价值,在价值确定后才能相应地判断相关主体是否依法履行了出资义务。为了便捷地解决当事人间的纠纷,尽快落实公司资本是否充实,《公司法司法解释(三)》规定上述未经依法评估作价的,法院应委托合法的评估机构进行评估,然后将评估所得的价额与章程所定价额相比较,以确定出资人是否完全履行了出资义务。与之相关的问题是,如果非货币财产经过价值评估(包括出资时的价值评估和后来法院的委托评估),其实际价值与章程所定价额没有差别,只是后来公司在经营中由于市场环境变化导致财产贬值,使得该财产价值与章程所定价额出现差距,对此我们认为,此时该财产的贬值属于公司应承担的正常商业风险,出资人没有过错,除非当事人另有约定,否则出资人不应再承担责任。《公司法司法解释(三)》对以上内容作出了规定。

其次,《公司法司法解释(三)》对一些典型的非货币财产出资的到位及确定设定了司法判断标准。对于以划拨土地使用权出资的,由于划拨的土地使用权只能用于划拨用途,不能擅自进入市场流通,出资人以划拨土地使用权出资,违反了划拨土地用途范围要求的相关法律法规。同样,以设定权利负担的土地使用权出资,公司对该土地使用权可能因权利负担而丧失,故该土地使用权在权利上也存有瑕疵。这都将使通过出资形成的公司资本(财产)面临较大的不确定性,此时出资人属于未全面履行出资义务。根据《公司法》第 28 条第 2 款的规定,公司、其他股东在上述情形下有权主张出资人未尽出资义务。公司资本的不确定将对债权人利益产生重大影响,为督促股东充实资本,防止债权人利益受损,也应当赋予债权人同样的权利。但另一方面,如果土地使用权存在的上述权利瑕疵可以补正,出于尽快稳定公司资本、解决当事人间纠纷的考虑,法院在审理中应当责令当事人补正。只有逾期未补正时才应判定出资人未依法全面履行出资义务。

对于以房屋、土地使用权或者需要办理权属登记的知识产权等非货币财产出资的,在认定出资是否到位时,按照资本维持原则的要求,应坚持权属变更与财产实际交付并重的标准。即该财产已实际交付公司使用但未办理权属变更登记的,应属未依法履行出资义务,但在诉讼中法院应先责令当事人在指定的合理期间内办理权属变更手续,从而履行《公司法》规定的义务。在该期间办理完前述手续后,法院就应认定出资人已履行出资义务。而且,由于该财产之前已交付公司使用,公司的收益中也凝结了该财产的贡献,所以股东可以要求从实际交付财产时享有股东权利。另一方面,出资人对上述非货币财产已办理权属变更手续,但未实际交付公司使用的,根据《物权法》的规定,法院可以判令其向公司实际交付该财产。而且,由于该财产未交付,公司的收益中就没有凝结该财产的价值,故在交付前出资人相应的股东权利应该受到限制。《公司法司法解释(三)》作出了上述规定。这些规定旨在敦促出资人尽快完全履行出资义务,保证公司资本的确定。

最后,出资人用自己并不享有处分权的财产出资时,该出资行为的效力不宜一概予以否认。因为无权处分人处分自己不享有所有权(处分权)的财产时,只要第三人符合《物权法》第 106 条规定的条件,便可以构成善意取得,该财产可以终局地为该第三人所有。而出资行为在性质上属于处分行为,出资人用非自有财产出资,也属于无权处分,那么在公司等第三人构成善意的情形下,也应当适用善意取得制度,这有利于维持公司资本,从而保障交易相对人的利益。所以

《公司法司法解释(三)》规定以不享有处分权的财产出资的,出资行为的效力参照《物权法》第106条的规定处理。而对实践中出资人用贪污、挪用等犯罪所获的货币用于出资的,尤其应防止将出资的财产直接从公司抽出的做法。对货币这种特殊的动产,民法理论上一般均认为占有人具有处分权,出资人即使通过贪污、挪用等犯罪手段取得货币,也不宜认定出资人构成民法上的无权处分,所以在其将货币投入公司后,公司取得货币的所有权。在追究犯罪行为的责任时,不宜直接从公司抽回货币出资。而且,货币是典型的种类物,用处置出资人就该货币形成的股权后所得价款补偿受害人,同样可以弥补受害人的损失。这种做法既符合民法的一般原理,又能同时兼顾公司、公司债权人与犯罪行为受害人的利益。所以,《公司法司法解释(三)》规定在对违法、犯罪行为进行追究、处罚时,法院应采取拍卖或者变卖的方式处置上述股权。

四、督促股东依法全面履行出资义务的制度设计

出资义务是股东对公司最基本的义务,股东未尽出资义务既损害公司利益,也损害公司债权人的利益,《公司法司法解释(三)》总体上采取了以下方式来督促股东依法全面履行出资义务。

拓宽了出资民事责任的主体范围。第一,将《公司法》第94条第1款规定的对股份公司其他发起人的连带出资义务也适用于有限责任公司,即有限责任公司股东如果未按章程规定缴纳出资的,发起人股东应与该股东承担连带责任。第二,公司增资过程中催收资本应是公司董事、高管人员勤勉义务的内容,增资过程中股东未尽出资义务时,违反该勤勉义务的董事、高管人员应当承担相应的责任。第三,由于协助股东抽逃出资行为的非法性更甚于董事等未尽勤勉义务催收资本的行为,举轻以明重,《公司法司法解释(三)》规定抽逃出资时协助股东抽逃的其他股东、董事、高管人员或者实际控制人应承担连带责任。第四,规定在第三人代垫资金协助出资人设立公司、双方约定验资完成后出资人抽回资金偿还该第三人的情形下,在出资人不能补足出资时,该第三人应与出资人承担连带责任。第五,未尽出资义务的股东转让股权时,知道该未尽出资义务事由仍受让股权的受让人应当与该股东承担连带责任。

明确并拓宽了请求股东履行出资义务的主体范围。股东未尽出资义务的,《公司法》没有明确规定谁可以请求股东履行义务,一般认为公司当然可以请求。《公司法司法解释(三)》中明确并拓宽了请求权主体的范围。第一,明确公司可以提出请求。第二,由于股东未履行出资义务通常构成对其他股东的违约,其他股东可以行使诉权,要求该股东继续向公司履行。所以,《公司法司法解释(三)》规定其他股东可以要求该股东或其他发起人全面履行出资义务,或者要求抽逃出资的股东或协助人员返还出资。第三,在某些情形下也规定债权人可以提出请求,要求未尽出资义务的股东在未出资本息范围内对公司债务不能清偿的部分承担责任,也可以要求公司发起人与该股东一起承担连带责任。债权人还可以要求抽逃出资的股东承担同样的责任。

明确了股东未尽出资义务的责任包括利息责任。股东未尽出资义务或抽逃出资的,该笔出资所产生的利息损失也属于股东等责任人的赔偿范围。另一方面,《公司法司法解释(三)》也明确规定股东等责任人对公司、对公司债权人的此种责任是一次性的责任,而不是重复责任,股东等责任人向公司或债权人已经承担前述责任后,公司或公司其他债权人不得再次请求其承担同样的责任。

限制股东在出资民事责任中的抗辩。首先是诉讼时效抗辩的限制,明确规定股东的出资义务不受诉讼时效期间的限制,未尽出资义务或抽逃出资的股东不得以该义务已经过诉讼时效为由进行抗辩。其次是身份抗辩的限制,即股东不得以自己仅为名义股东来抗辩出资义务的履行,即使是名义股东也应履行出资义务。

上述是关于利害关系人以诉讼的方式督促股东履行出资义务的规定,但诉讼毕竟不是一种最经济、便捷的方式,在制定《公司法司法解释(三)》的过程中也充分考虑了这一问题,并在实质上确认了公司的一些更直接的救济方式。主要包括:

第一,为保障股份公司的资本尽快充实,实质上授予了发起人的另行募集权。《公司法司法解释(三)》第6条规定股份公司认股人到期未缴纳出资,经发起人催缴后逾期仍不缴纳,发起人向他人另行募集该股份的,法院应当认定该募集行为有效。

第二,认可了公司对未尽出资义务或抽逃出资的股东的权利所设定的合理限制。股东未尽出资义务或抽逃出资,如果仅允许公司采用诉讼的方式充实资本,实际上并不利于公司合法权益的尽快实现,也容易放纵该股东违反法定出资义务的行为,因此有必要赋予公司更积极的权利及救济方式,以促使股东的出资尽快到位。对此,《公司法司法解释(三)》借鉴了其他国家和地区公司法所规定的股东权利限制制度,明确规定公司通过公司章程或股东会决议,对前述股东的利润分配请求权、新股优先认购权、剩余财产分配请求权等进行相应合理限制的,人民法院不得否认该限制的效力。此处的合理限制需要结合具体的情形分别认定,比如,股东未出资到位的部分只占其认缴出资的10%,那么,公司对其新股优先认购权中10%的部分的限制应属合理,超过该比例的,应属不合理。

第三,总体上确认了股东资格解除规则,并设定了相应的程序规范。实践中有的公司虽采取了上述手段,但股东仍不履行出资义务,为了保障公司及债权人的利益,股份公司的发起人可以另行募集股份,相应地有限公司也应有类似的规定,故《公司法司法解释(三)》规定公司可以股东会决议解除未履行出资义务或者抽逃出资的股东资格,法院不得否定该解除行为的效力。这实际上认可了公司对该股东资格的解除。由于这种解除股东资格的方式较其他救济方式更为严厉,也更具有终局性,所以应当将其限定在股东未履行出资义务或者抽逃全部出资的情形。未全面履行出资义务或者抽逃部分出资的股东不适用该种规则。股东资格解除后,由于该股东所认缴的出资依旧处于空洞状态,为向公司债权人传达更真实的资本信息,保证债权人利益,法院应当向公司释明:要么将资本中该股东未出资部分的空洞数额减下来,即减资,要么将该空洞补起来,即由其他股东或者第三人缴纳出资。当然,这些都是公司后续的义务。

五、关于抽逃出资的认定

抽逃出资是严重侵蚀公司资本的行为,《公司法》明文禁止股东抽逃出资。实践中,有的股东采取各种方式从公司取回财产,这些行为往往具有复杂性、模糊性和隐蔽性等特点,但由于《公司法》没有明确界定抽逃出资的形态,也没有明确规定抽逃出资的民事责任,使这些行为中哪些构成抽逃出资难以判断,很难认定行为人的民事责任。从目前的情况看,各地法院对股东抽逃出资的认识分歧较大,没有形成统一的认定标准。

我们在调研中发现,当前股东抽逃出资主要采取直接将出资抽回、虚构合同等债权债务关系将出资抽回、利用关联交易将出资转出等方式,这些行为常常是故意直接针对公司资本进行的侵害,但又囿于举证的困难,使其在个案中很难被认定。为了保障公司资本的稳定与维持,同时便于法院具体操作,有必要作出统一的规定对这些行为予以否定,并由行为人承担相应责任。《公司法司法解释(三)》对抽逃出资进行了明确界定,将实践中较为常见的一些资本侵蚀行为明确界定为抽逃出资,在此基础上又规定了抽逃出资的民事责任。由于抽逃出资导致的法律后果与未尽出资义务导致的法律后果基本相同,所以《公司法司法解释(三)》对抽逃出资的民事责任作了与未尽出资义务的民事责任基本相同的规定。

需要说明的是,也有观点认为法院不应推定出资人上述从公司获得财产的行为必然都是故意、直接地针对资本进行侵害,有的可能是侵害公司资产,而侵害公司资产的行为应当通过侵权行为制度或关联交易制度来解决,与抽逃出资关系不大。这些行为有些不会对公司资本造成损害,不属于抽逃出资。经我们研究,考虑到实践中有的出资人在出资后采取各种方式获得公司资产,而目前《公司法》中并未建立完善的关联交易制度,且这些行为通常都有损资本的维持,所以目前仍然保留了对抽逃出资的界定和列举。当然,在具体认定抽逃出资行为时,法院应当注意把握该行为是对公司资本的侵蚀这一要素,并从行为人的主观目的、过错程度以及行为对公司造成的影响等角度综合分析,不宜将股东从公司不当获得财产的所有行为都笼统认定为抽逃出资。

六、关于股东权利保障规则

一般认为,股东向公司依法缴纳出资后,就履行了对公司的义务,股东也当然应当从公司获得相应的权利,公司应当向股东签发出资证明书、将股东的名称在相关文件上登记记载等。这些内容实际上也是公司对股东的义务。实践中,很多公司并未依法履行这些义务,这既侵害了股东的权益,也会给股权的稳定性产生影响。故《公司法司法解释(三)》规定,公司未尽上述义务时,股东有权提起诉讼要求公司履行该义务。我们认为这些规定一方面有利于保障股东权益,另一方面还有利于督促公司规范管理和经营,依法置备法律所要求的各类文件资料,切实避免相关纠纷。

七、实际出资人、名义股东与股权受让人间的利益平衡

在商事实践中,由于各种原因,公司相关文件中记名的人(名义股东)与真正投资人(实际出资人)相分离的情形并不鲜见,双方有时就股权投资收益的归属发生争议。我们认为,如果名义股东与实际出资人约定由名义股东出面行使股权,但由实际出资人享受投资权益属于双方间的自由约定,根据缔约自由的精神,如无其他违法情形,该约定应有效,实际出资人可依照合同约定向名义股东主张相关权益。《公司法司法解释(三)》对此作出了规定。需要说明的是,《公司法》第32条第2款规定记载于股东名册的股东,可以依股东名册主张行使股东权利,我们认为该规定中股东名册中的记名,是名义股东(记名人)用来向公司主张权利或向公司提出抗辩的身份依据,而不是名义股东对抗实际出资人的依据,所以名义股东不能据其抗辩实际出资人。同样,《公司法》第32条第3款

虽然规定未在公司登记机关登记的不得对抗第三人,但我们认为在名义股东与实际出资人就投资权益发生争议时,名义股东并不属于此处的第三人,所以名义股东也不得以该登记否认实际出资人的合同权利。

在实际出资人与名义股东间,实际出资人的投资权益应当依双方合同确定并依法保护。但如果实际出资人请求公司变更股东、签发出资证明书、记载于股东名册、记载于公司章程并办理公司登记机关登记等,此时实际出资人的要求就已经突破了前述双方合同的范围,实际出资人将从公司外部进入公司内部成为公司的成员。此种情况下,根据《公司法》第 71 条第 2 款规定的股东向股东以外的人转让股权,应当经其他股东过半数同意,《公司法司法解释(三)》规定此时应当经其他股东半数以上同意。

《公司法》第 32 条第 3 款规定股东姓名或名称未在公司登记机关登记的,不得对抗第三人。所以第三人凭借对登记内容的信赖,一般可以合理地相信登记的股东(名义股东)就是真实的股权人,可以接受该名义股东对股权的处分,实际出资人不能主张处分行为无效。但是实践中,有的情况下名义股东虽然是登记记载的股东,但第三人明知该股东不是真实的股权人,股权应归属于他人(实际出资人),在名义股东向第三人处分股权后如果仍认定该处分行为有效,实际上就助长了第三人及名义股东的不诚信行为。实际出资人主张处分股权行为无效的,应按照《物权法》第 106 条规定的善意取得制度处理,即登记的内容构成第三人的一般信赖,第三人可以以登记的内容来主张其不知道股权归属于实际出资人并进而终局地取得该股权,但实际出资人可以举证证明第三人知道或应当知道该股权归属于实际出资人。一旦证明,该第三人就不构成善意取得,处分股权行为的效力就应当被否定,其也就不能终局地取得该股权。当然,在第三人取得该股权后,实际出资人基于股权形成的利益就不复存在,可以要求作出处分行为的名义股东承担赔偿责任。

八、股权转让后未变更登记情形下的利益平衡问题

前面分析了因实际出资人与名义股东明确约定而形成的名实分离情形下如何平衡各方利益的问题,实践中还存在这样的情况,即原股东转让股权后,由于种种原因股权所对应的股东名称未及时在公司登记机关进行变更,原股东又将该股权再次转让。这种情况下,第三人凭借对既有登记内容的信赖,一般可以合理地相信登记的股东(原股东)就是真实的股权人,可以接受该股东对股权的处分,未登记记名的受让股东不能主张处分行为无效。但是,当确有证据证明第三人在受让股权时明知原股东已不是真实的股权人,股权权属已归于受让股东,在原股东向该第三人处分股权后如果仍认定该处分行为有效,同样也会助长第三人及原股东的不诚信行为,这也是应当防止的。所以受让股东主张处分股权行为无效的,仍应按照《物权法》第106条的规定处理。

如果没有证据证明第三人知道上述情形,那么第三人可以取得该股权,受让股东的股权利益也不存在了,其可以要求原股东承担赔偿责任。而且,受让股东受让股权后之所以未及时在公司登记机关办理变更登记,常常是由于公司的管理层(如董事、高管人员)或实际控制人等未及时代表公司向登记机关申请且提供相应材料而造成,我们认为该类人员对受让股东的损失也有过错,应当对受让股东承担相应的赔偿责任。受让股东有过失的,可以减轻上述人员的责任。《公司法司法解释(三)》中对此作出了规定。

附录5 最高人民法院在《关于适用〈公司法〉若干问题的规定(四)》新闻发布会上的讲话

杜万华 贺小荣*

2017年8月28日,最高人民法院举行新闻发布会发布《最高人民法院关于适用〈中华人民共和国公司法〉若干问题的规定(四)》,最高人民法院审判委员会专职委员杜万华、最高人民法院民二庭庭长贺小荣出席发布会并介绍相关情况,最高人民法院新闻发言人林文学主持发布会。

各位记者:

大家上午好!

今天新闻发布会的主题是向大家通报《最高人民法院关于适用〈中华人民共和国公司法〉若干问题的规定(四)》有关情况。

为正确适用《中华人民共和国公司法》(以下简称公司法),审理好决议效力、股东知情权、利润分配权、优先购买权和股东代表诉讼等纠纷案件,2016年12月5日最高人民法院审判委员会第1702次会议讨论原则通过了《最高人民法院关于适用〈中华人民共和国公司法〉若干问题的规定

* 作者单位:最高人民法院。本文发表在《最高人民法院》微信公众号2017年8月28日。

(四)》(以下简称《解释》),并将于2017年9月1日起施行。下面,我对《解释》的制定背景、经过以及主要内容作简要介绍和说明。

一、《解释》的制定背景和经过

(一)关于制定背景

第一,制定《解释》是贯彻党中央系列部署,健全公司治理、加强股东权利保护的迫切需要。党的十八大以来,习近平总书记多次强调要加强投资者权益保护。党中央就加强投资者保护、提高公司治理水平作出了一系列重要部署。《中共中央关于全面深化改革若干重大问题的决定》强调,要健全协调运转、有效制衡的公司法人治理结构。《中共中央国务院关于完善产权保护制度依法保护产权的意见》明确要求,将股权与物权、债权、无形财产权并列保护,并强调了同股同权、同股同利等基本原则。在中国特色社会主义市场经济法律体系中,公司法是最重要的市场主体法律制度,是股东行使股东权利、参与公司治理的基本法律依据。制定《解释》,就是要贯彻党中央的一系列重要部署,提高人民法院准确适用公司法的水平,为规范公司治理、加强股权保护提供有力司法保障。

第二,制定《解释》是依法保障供给侧结构性改革的迫切需要。公司作为最主要的市场主体,无疑是改善市场供给的主力军。因此,规范公司治理结构、加强股东权利保护,促进公司稳定经营和发展壮大,对深入推进供给侧结构性改革具有基础性作用。制定《解释》,就是要加强股东权利的司法救济,依法保护投资者的积极性,就是要妥善处理股东之间、股东与公司之间等利益冲突,尽可能避免公司僵局,为实现公司治理法治化,促进公司持续稳定经营提供司法保障。

第三,制定《解释》是营造良好营商环境的迫切需要。在今年(2017年)召开的中央财经领导小组第16次会议上,习近平总书记强调:“要改善投资和市场环境、加快对外开放步伐,降低市场运营成本,营造稳定公平透明、可预期的营商环境,推动我国经济持续稳定健康发展。”公司法律制度是否完善对营商环境影响十分重大,不仅影响着国内投资者的积极性,也影响着国际投资者对投资地的选择,影响着国际资本的流动。因此,长期以来,公司法成为很多国家和地区创造制度优势、广泛吸纳投资的重要依托,世界范围内的公司法律制度竞争一直存在,而且仍将持续,成为公司法生机勃勃的强大动力。《解释》发布施行后,将对提高我国公司法律制度的国际竞争力,改善投资环境起到重要作用。

第四,制定《解释》是统一适用公司法,妥善处理公司治理和股东权利纠纷的迫切需要。近年来,随着公司数量的快速增长,这两类纠纷案件逐年上升,在公司纠纷案件中占比高达60%多。一些大型公司的决议效力纠纷,甚至成为舆论焦点和热点,引发社会各界对公司法相关规定的广泛关注,被舆论称之为中国公司治理的标志性事件。与此同时,公司法适用中遇到的新情况、新问题增多;一些法律适用问题争议较大,裁判观点不一致的情况时有发生;因缺乏明确规定,一些股东权利被损害后,得不到有效的司法救济。地方各级法院和社会各界纷纷要求尽快制定相关司法解释。统一法律适用是宪法赋予最高人民法院的神圣职责,我们必须迎难而上,抓紧制定实施《解释》,解决一批各级人民法院在审理公司纠纷案件、适用公司法过程中经常遇到的疑难复杂问题。

(二)关于制定经过

对公司法的司法解释工作是一项系统工程。当代公司法通常包括三个方面的制度:投融资及其退出的法律制度、公司治理的法律制度和公司并购重组的法律制度。最高人民法院关于公司法解释工作的安排和布局基本遵循了这一体系。2005 年,我国公司法修订并重新颁布后,最高人民法院随即出台《公司法司法解释(一)》,主要解决了新旧法衔接适用的问题。2008 年和 2011 年,最高人民法院分别出台了《公司法司法解释(二)》和《公司法司法解释(三)》,主要解决了股东出资纠纷和公司解散清算纠纷案件审理中的法律适用问题,均属于投融资及其退出的法律制度范畴。随后,以股东权利保护和公司治理为主题,我院着手起草《解释》稿,至今已历时 5 年多。在此过程中,我们深入地方各级法院调查研究,多次举办法学专家论证会,分别举办仲裁员和律师、上市公司、民营企业等专题座谈会,先后两次向全国人大法工委和国务院法制办等中央有关部委,以及地方各级法院征求意见,两次向全社会公开征求意见。我们收集了数百条各方面的宝贵意见,充分发扬了司法民主,凝聚了社会各界的共识和智慧。2017 年 3 月 15 日《中华人民共和国民法总则》正式颁布后,我们历时近十个月,反复论证,对我院审判委员会原则通过的《解释》进行了认真梳理和校核,以确保与新法规定保持一致。

二、《解释》的主要内容

《解释》包括 27 条规定,涉及决议效力、股东知情权、利润分配权、优先购买权和股东代表诉讼等五个方面纠纷案件审理中的法律适用问题。

(一)完善决议效力瑕疵诉讼制度。召开股东会或者股东大会、董事会会议,就公司经营事项作出决议,是公司治理的主要方式。因此,关于决议效力的争议也是公司治理纠纷的主要类型。《解释》主要从以下三个方面,完善了决议效力瑕疵诉讼的法律适用规则:一是确定了决议不成立之诉。对决议效力瑕疵的分类,各国立法例大致存在"二分法"与"三分法"的分野,前者包括决议无效和决议可撤销两种决议效力瑕疵,后者则在此基础上还规定了决议不成立或者决议不存在。我国公司法第二十二条规定了确认决议无效和撤销决议之诉,均系针对已经成立的决议,未涵盖决议不成立的情形。我们认为,从体系解释出发,不成立的决议当然不具有法律约束力,应是公司法的默示性规定。因此,《解释》第五条规定了决议不成立之诉,与决议无效之诉和撤销决议之诉一起,共同构成了"三分法"的格局。有观点认为,召开会议并作出决议,是公司意志的形成过程,而非公司的意思表示,因此不属于民事法律行为,不存在是否成立的问题。我们认为,《民法总则》明确将包括公司在内的法人的决议行为,规定在民事法律行为制度中,对此《解释》应当严格贯彻。二是明确了决议效力案件的原告范围。为维护公司稳定经营和交易安全,在诉的利益原则的基础上,各国公司法对决议效力确认之诉的原告范围多有限制。我国公司法第二十二条亦就此作了适当限制。但由于该规定较为原则,司法实践中对其具体含义存在一定争议。《解释》严格贯彻公司法第二十二条的立法宗旨,在第一条规定确认决议无效或者不成立之诉的原告,包括股东、董事、监事等;在第二条规定,决议撤销之诉的原告应当在起诉时具有股东资格。三是明确了确认决议无效或者撤销决议的法律效力。关于公司内部规定或者决议的外部效力问题,《民法总则》通过第六十一条、第八十五条等规定予以了明确,基本确立了内外有别、保护善意相对人合法利益的原则。据此,《解释》第六条明确规定,股东会或者股东大会、董事会决议被人民法院判决确认无效或者撤销的,公司依据该决议与善意相对人形成的民事法律关系不受影响。

(二)依法强化对股东法定知情权的保护。公司法第三十三条、第九十七条赋予了股东查阅、复制公司章程、决议等文件材料的权利。该权利是公司法赋予股东的固有权,属于法定知情权,是股东权利中的基础性权利,依法应当严格保护。《解释》针对适用该两条规定中遇到的争议较多的问题,作出了如下规定:一是结合诉的利益原则,通过第七条明确了股东就公司法第三十三条、第九十七条规定享有的诉权,并规定了有限责任公司原股东享有的有限诉权。二是结合司法实践经验,对股东查阅公司会计账簿可能有的不正当目的作了列举,明确划定了公司拒绝权的行使边界。三是明确规定公司不得以公司章程、股东间协议等方式,实质性剥夺股东的法定知情权。公司以此为由拒绝股东行使法定知情权的,人民法院不予支持。四是为保障股东知情权的行使,对股东聘请中介机构执业人员辅助查阅作出了规定。五是就股东可以请求未依法履行职责的公司董事、高级管理人员赔偿损失作了规定,以防止从根本上损害股东知情权。

(三)积极探索完善对股东利润分配权的司法救济。利润分配权,是指股东有权按照出资或股份比例请求分配公司利润的权利。是否分配和如何分配公司利润,原则上属于商业判断和公司自治的范畴,人民法院一般不应介入。因此,《解释》第十四条、第十五条明确规定,股东请求公司分配利润的,应当提交载明具体分配方案的股东会或者股东大会决议;未提交的,人民法院原则上应当不予支持。但近年来,公司大股东违反同股同权原则和股东权利不得滥用原则,排挤、压榨小股东,导致公司不分配利润,损害小股东利润分配权的现象时有发生,严重破坏了公司自治。比如,公司不分配利润,但董事、高级管理人员领取过高薪酬,或者由控股股东操纵公司购买与经营无关的财物或者服务,用于其自身使用或者消费,或者隐瞒或者转移利润,等等。为此,《解释》第十五条但书规定,公司股东滥用权利,导致公司不分配利润给其他股东造成损失的,司法可以适当干预,以实现对公司自治失灵的矫正。

(四)规范股东优先购买权的行使和损害救济。有限责任公司具有较强的人合性,股东之间基于相互信任而共同投资。为此,公司法规定,股东向公司股东以外的人转让股权时,其他股东享有的在同等条件下优先购买转让股权的权利。这是股东维护其人合性利益的主要法律依据。但关于股东优先购买权的行使通知、行使方式、行使期限、损害救济等,公司法没有具体规定。为此,《解释》一是细化了行使股东优先购买权的程序规则。比如规定转让股东应当以书面或者其他能够确认收悉的合理方式,将转让股权的同等条件通知其他股东;股东优先购买权的行使期限,应当按照章程规定期限、转让股东通知期限和30日最低期限的先后顺序确定;判断"同等条件"应当考虑的主要因素,包括转让股权的数量、价格、支付方式及期限,等等。二是明确了股东优先购买权的行使边界和损害救济制度。股东优先购买权制度的立法宗旨,在于维护公司股东的人合性利益,而非保障其他股东取得转让股权。据此,《解释》第二十条规定,有限责任公司的转让股东在其他股东主张优先购买后又不同意转让的,对其他股东优先购买的主张,人民法院不予支持,亦即其他股东不具有强制缔约的权利。同时,为了防止转让股东恶意利用该规则,损害股东优先购买权,《解释》第二十一条明确规定,转让股东未就股权转让事项征求其他股东意见,或者以欺诈、恶意串通等手段,损害其他股东优先购买权的,其他股东有权要求以实际转让的同等条件优先购买该股权。但为了维护交易秩序和公司稳定经营,《解释》对股东优先购买权被侵害后，股东行使相关权利的期限做了适当限制。三是解决了关于损害股东优先购买权的股权转让合同效力的实践争议。我们认为，对此类合同的效力，公司法并无特别规定，不应仅仅因为损害股东优先购买权认定合同无效、撤销合同，而应当严格依照合同法规定进行认定。正是基于此类合同原则上有效，因此人民法院支持其他股东行使优先购买权的，股东以外的受让人可以请求转让股东依法承担相应合同责任。

（五）完善股东代表诉讼机制。一是明确公司法第一百五十一条涉及两类不同诉讼。司法实践中，对公司法第一百五十一条第一款规定的诉讼类型，以及公司的诉讼地位存在不同认识。我们认为，公司董事会或者执行董事、监事会或者监事系公司机关，其履行法定职责代表公司提起的诉讼，应当是公司直接诉讼，应列公司为原告。《解释》第二十三条对此予以了明确。二是完善了股东代表诉讼机制。公司法第一百五十一条第二款、第三款规定了股东代表诉讼，但对于股东代表诉讼中的当事人地位、胜诉利益的归属、诉讼费用的负担等问题，没有规定具体的操作规则。《解释》第二十四、第二十五、第二十六条分别就这三个方面的问题作出了规定。

各位记者朋友，在当前的经济形势下，《解释》的公布实施，对于维护股东权利，协调股东与公司的关系，推动公司法人治理机制的进一步完善，营造良好的营商环境，响应“大众创业、万众创新”号召有着积极意义。在今后的工作中，我们还将深入调查研究，及时发现和解决审判实际中存在的各种问题，为司法审判更好地服务于党和国家的工作大局而努力奋斗。

谢谢大家！

附录6 《关于审理公司强制清算案件工作座谈会纪要》的理解与适用

宋晓明 张勇健 刘 敏*

当前一段时间以来,因受国际金融危机和世界经济衰退的影响,公司经营困难引发的公司强制清算案件大幅度增加。虽然《公司法》和最高人民法院《关于适用公司法若干问题的规定(二)》[以下简称《公司法司法解释(二)》]对公司强制清算案件审理中的有关问题已作出规定,但鉴于该类案件非讼程序的特点和目前清算程序规范的不完善,有必要进一步明确该类案件的审理原则,细化有关程序和实体规定,更好地规范公司退出市场的行为,维护市场运行秩序,依法妥善审理公司强制清算案件,维护和促进经济社会和谐稳定。为此,最高人民法院在广泛调研的基础上,于2009年9月15日至16日在浙江省绍兴市召开了全国部分法院审理公司强制清算案件工作座谈会。与会代表通过认真讨论,就有关审理公司强制清算案件中涉及的主要问题达成了共识。最高人民法院于2009年11月4日公布了法发〔2009〕52号《关于审理公司强制清算案件工作座谈会纪要》(以下简称《纪要》),现就该《纪要》涉及的审理公司强制清算案件中的主要问题加以阐释。

---

* 作者单位:最高人民法院。本文发表在《人民司法》2010年第1期。

一、最高人民法院出台该《纪要》的背景

《公司法》第十章对人民法院强制清算案件的受理,以及清算组的职权、通知债权人、申报债权、确认清算方案、清偿顺序、剩余财产分配、清算程序与破产程序的衔接、清算报告的确认,以及清算组的责任和义务等问题作出了基本规定。同时,最高人民法院《民事案件案由规定》第 22 条"与公司有关的纠纷"第 261 款也明确规定了公司清算纠纷这一案由。各地人民法院在根据上述规定审理公司强制清算案件的过程中反映,鉴于上述规定比较笼统,以及强制清算案件非讼性的特点,法院在审理该类案件时缺乏具体、翔实、可操作性的法律规范,导致法院此类型案件的审理进展困难,且存在司法尺度不一的状况。虽然《公司法司法解释(二)》在《公司法》的基础上已对程序性规范作出了一定规定,但仍然无法满足审判实践的需要。部分高级法院自行出台了有关公司强制清算方面的规范意见,以解决本辖区内审理相关案件规范依据不足的问题。在当前受国际国内宏观经济形势影响,许多公司资金链断裂,经营严重困难,公司大量解散的背景下,债权人、股东和公司的利益纷争和矛盾严重冲突,人民法院受理的公司强制清算案件呈激增状态,商事审判工作面临新的挑战。为充分发挥人民法院商事审判的职能作用,指导各级人民法院正确审理公司强制清算案件,规范市场主体退出机制,维护市场运行秩序,保障经济平稳较快发展,最高人民法院民二庭在充分调研并就相关问题征求专家学者和本院有关部门意见的基础上,于 2009 年 9 月 15 日至 16 日在浙江省绍兴市召开了全国部分法院审理公司强制清算案件工作座谈会。与会同志结合各地法院审判经验,通过认真讨论,就有关审理公司强制清算案件中涉及的主要问题达成了共识,形成了该《纪要》。

二、坚持清算程序公正是人民法院审理公司强制清算案件中应当遵循的首要原则

程序法一直被视为是实体法的辅助法,随着程序独立价值的日益彰显,程序保障或者程序正义的呼声越来越高,人们逐渐认识到没有程序保障的实体正义不是真正的正义。公司强制清算主要是一种程序制度,其所规范的是公司清算过程中各相关利害关系人之间的合理秩序,目的在于在公平、公正的秩序中寻求各方利益的平衡,通过清算程序有序地结束公司存续期间成立的各种法律关系,合理调整众多法律主体的利益,维护正常的经济秩序。因此,公司强制清算更需要程序的保障。坚持清算程序公正原则要求整个清算程序必须依照法定程序进

行,做到程序严密、合法、正当。这就要求人民法院将清算程序的全部过程置于法定程序之下,不能出现没有程序保障的真空状态。即使在法律难以进行细密规范的操作进程中,也要恪守正当的程序理念。需要强调的是,缺乏细致的清算法是我们出台该《纪要》的一个非常重要的原因。强制清算的审理和其他民商事纠纷案件的审理不同,法官自由裁量的余地很小,很多问题需要有明确的规范依据。基于上述原因,我们将坚持清算程序公正原则作为首要原则予以明确,要求各级法院在审理公司强制清算案件时,严格依照法定程序进行,坚持在程序正义的基础上实现清算结果的公正。

三、公司强制清算案件的案号管理中存在的问题

案号问题表面上看似简单,但实践中确有一些问题亟待规范。有的法院原先是按照一般的民商事案件确立案号,如此,一是无法体现公司强制清算案件非讼的特点,导致法院在适用诉讼程序中错误适用一般民事案件的诉讼程序,如当事人以起诉方式提起公司强制清算申请,法院以判决方式判决公司清算,当事人又依据法院判决向执行机关申请强制执行;等等。二是在法院内部绩效考核时无法准确确定审理法官的工作量和审结率、未审结率等。由于公司强制清算案件是对公司存续阶段形成的所有法律关系的概括性了结,人民法院审理公司强制清算案件需要付出更多的劳动,按照普通案件确立案号统计工作量不利于这类案件的审理。因此,我们参照企业破产案件案号的管理,将公司强制清算案件的案号确定为"清"字号。另外,考虑到申请人向法院提交强制清算申请后至法院裁定受理强制清算申请前,法院要进行大量的质证审查工作,因此,又将"清"字号案件区分阶段确立为"清(预)"字和"清(算)"字两种,这样一是在案件进展阶段上即受理还是没有受理作了区分,二是在程序逻辑上进行了明确,以此保障法院受理前听证程序的顺利进行,三是在统计工作量上也更为客观、准确。

四、人民法院在对强制清算申请的审查和受理环节应当注意的问题

如前所述,公司强制清算案件与一般民商事案件不同,在是否受理的审查中涉及很多内容,在这一点上类似于企业破产案件的受理。因此,《纪要》一方面明确了申请人向法院申请强制清算时应当提交的有关材料,包括清算申请书,申请人对被申请人享有债权或者股权,被申请人已经发生解散事由的有关证据,以及公司故意拖延清算,或者存在其他违法清算行为可能严重损害其利益的相关证据材料,另一方面,又对法院应当仅围绕申请人提交的上述证据材料进行听证审查予以明确,目的在于依法裁定是否受理公司强制清算申请。对于申请人具备了《公司法》及《公司法司法解释(二)》所规定的债权人或者股东资格,公司确实已经发生了解散事由,以及公司应当自行清算而没有自行清算或者违法清算的,人民法院应当及时作出受理强制清算申请的裁定。反之,则应裁定不予受理。这里要特别强调两点:一是被申请人就申请人对其是否享有债权或者股权,或者对被申请人是否发生解散事由存在异议的,原则上应当另案解决,解决后再行决定是否受理强制清算申请,对于已有生效法律文书或者明确解散事由的除外。二是申请人以其为公司实际出资人为由申请强制清算,但不能提供公司股东名册记载其为股东等证据材料的,不具备申请强制清算的主体资格,人民法院应当告知其另行诉讼或者通过其他途径确认其股东身份后再行申请强制清算。当事人坚持申请的,人民法院应当裁定不予受理。

五、被申请人解散后不依法清算,故意逃废债务,导致法院因被申请人主要财产、账册、重要文件等灭失或者人员下落不明而无法清算等问题如何应对

这种非诚信现象在现实社会中还是比较普遍存在的,对此,《公司法司法解释(二)》第18条和第20条,以及法释〔2008〕10号《关于债权人对人员下落不明或者财产状况不清的债务人申请破产清算案件如何处理的批复》已经作出了相应规定,《纪要》中对此问题又作了进一步的明确和补充。在审理这类案件时,应当注意以下几个方面:第一,对于债权人申请债务人破产清算或者强制清算的案件,人民法院不能因为被申请人的主要财产、账册、重要文件等灭失或者被申请人人员下落不明无法进行清算为由不予受理。申请破产清算的,人民法院也不能以债权人无法举证证明债务人出现了不能清偿到期债务并且资产不足以清偿全部债务,或者不能清偿到期债务并且明显缺乏清偿能力的破产原因为由,不受理债权人的申请。第二,人民法院依法受理破产清算申请或者强制清算申请后,应当依据《企业破产法》和《公司法》的有关规定,要求被申请人的法定代表人、企业的财务管理人员和其他经营管理人员,以及有限责任公司的股东、股份有限公司的董事、控股股东,以及公司的实际控制人等有关人员提交企业真实的财产状况说明、债务清册、债权清册、财务会计报告以及职工工资的支付情况和社会保险费用的缴纳情况。经过人民法院的释明以及采取拘留、罚款等强制措施后,被申请人的有关人员仍然不提交上述有关材料或者提交的材料明显不真实、不全面,导致根本无法清算或者无法全面清算的,对于尚有部分财产、账册、重要文件等可以进行部分清偿的,人民法院应当就现有财产进行公平清偿,然后以无法全面依法清算为由终结清算程序；对于没有任何财产、账册、重要文件，被申请人人员下落不明的，人民法院应当以无法清算为由终结清算程序。第三，因无法清算或者无法依法全面清算而终结清算程序，与依照《企业破产法》的规定依法清算，债务人确无财产可供分配而终结破产清算程序，其法律后果是截然不同的。因依法清算，债务人确无财产可供分配时终结破产清算程序的结果，是剩余债务不再清偿；债务人仅以其破产财产为限承担责任，债务人破产清算程序终结后，除自破产程序终结之日起2年内发现有依法应当追回的财产或者债务人有应当供分配的其他财产的，可以追加分配外，对于债务人未能依破产程序清偿的债务，原则上不再清偿。而因债务人的清算义务人怠于履行义务，导致债务人主要财产、账册、重要文件等灭失无法清算而终结清算程序的，虽然债务人的法人资格因清算程序终结而终止，但其既有的民事责任并不当然消灭，而是应当由清算义务人承担偿还责任。《纪要》明确要求，人民法院以无法清算或者无法全面清算为由裁定终结强制清算程序的，应当根据申请人的不同在终结裁定中分别载明，债权人可以另行依据《公司法司法解释(二)》第18条的规定，要求被申请人的股东、董事、实际控制人等清算义务人对其债务承担偿还责任；股东可以向控股股东等实际控制公司的主体主张有关权利。这里，债权人因债务人的清算义务人怠于履行义务导致无法清算或者无法全面清算时向债务人的清算义务人主张权利的范畴是明确的，因此，债务人的清算义务人的责任范畴也是确定的。但是，因控股股东等实际控制公司的主体的原因导致无法清算或者无法全面清算，股东因无法获得应有的剩余财产分配而向控股股东等实际控制公司的主体主张有关权利时，其权利范畴的界定是个问题。对此，我们考虑可以通过举证责任倒置来解决中小股东利益的保护问题，即在控股股东控制公司的前提下该清算而不清算，或者不依法提交有关财产状况说明、债务清册、债权清册、财务会计报告以及职工工资的支付情况和社会保险费用的缴纳情况，导致无法清算或者无法全面清算，其他股东起诉请求控股股东等实际控制公司的主体返还出资并承担损失的，除非控股股东等实际控制公司的主体能够充分证明公司已经资不抵债、没有剩余财产进行分配或者不能返还出资，或者虽然公司有剩余财产可供分配但数额低于权利人主张的数额，人民法院应当依法支持其诉讼请求。

六、强制清算和破产清算程序的区别和关联

在分类上，公司清算分为解散清算和破产清算，强制清算属于解散清算的一种，是在自行清算不能的情况下启动的一个司法清算程序。公司出现解散事由时，如果公司财产足以偿还全部债务，公司应当通过解散清算（包括自行清算和强制清算）清理所有的债权债务关系，全额清偿完毕所有债务并且分配完毕剩余财产后终止法人资格。如果公司不能清偿到期债务并且财产不足以偿还全部债务，或者明显缺乏清偿能力的，公司应当通过破产清算程序，公平清偿债务后终止法人资格。强制清算程序是以全额清偿债务为前提的，破产清算是因不能全额清偿债务而按照一定的先后顺序清偿债务，对同一顺序的债务在破产财产不够清偿时按照比例进行清偿，也就是《破产法》上的公平受偿。由于强制清算程序启动的前提是公司财产尚足以偿还全部债务，因此，强制清算程序的启动不具有冻结清算中公司财产的效力，对于强制清算中公司的给付之诉和强制执行等原则上不具有停止功能。而破产清算因其启动的前提是公司财产不足以偿还全部债务，因此，破产清算程序一旦启动，一是所有针对破产企业的给付之诉不得再行提起，对于申报债权过程中所产生的争议只能提起破产债权的确认诉讼；二是所有针对破产企业的保全措施应当解除，执行程序应当中止，所有债权债务关系一并归入破产清算程序中一揽子解决，以保障全体债权人的公平受偿。实践中，由于启动强制清算时公司财产是否足以偿还全部债务更多是从账面体现出来的，而在清算变现企业财产、追收债权、转让股权等过程中，账面财产和实际变现财产可能会出现差额，甚至差距甚大，这种情况下就可能会出现进入强制清算程序后，公司财产变现后事实上无法全额偿还全部债务的情形，这种情况下就面临着强制清算向破产清算的转化。在强制清算程序与破产清算程序的衔接中应当注意以下几个问题：第一，公司强制清算中，清算组在清理公司财产、编制资产负债表和财产清单时，发现公司财产不足清偿债务的，应当首先依据《公司法司法解释（二）》第17条的规定，与债权人协商制定有关债务清偿方案并清偿债务，以避免进入费时、费力、费钱的破产清算程序，提高公司清算效率，充分保护债权人利益。第二，如果债权人不能协商一致达成债务清偿方案，清算组应当依据《公司法》第187条和《企业破产法》第7条第3款的规定及时向人民法院申请宣告破产。第三，如前所述，由于公司强制清算的前提是财产足以偿还全部债务，因此，强制清算程序的启动并无冻结公司财产的效力，强制执行行为和个别清偿行为在申报债权后是可以进行的。如果有关债权人认为公司事实上已经出现破产原因或者存在不能清偿全部债务的重大嫌疑时，为阻却个别清偿和个别执行，防止最终公司财产无法清偿所有债权人的债权而有损其利益的，可以依据《企业破产法》第2条和第7条的规定向人民法院另行提起破产申请，人民法院对此申请应当依法进行审查。权利人的破产申请符合《企业破产法》规定的，人民法院应当依法裁定予以受理。人民法院裁定受理破产申请后,应当裁定终结强制清算程序。第四,强制清算转入破产清算后,要注意做好两个程序的清算机构、清算费用、清算事务等的衔接。对于强制清算的清算组中的中介机构或者个人成员,除存在与本案有利害关系等不宜担任管理人或者管理人成员的情形外,人民法院可根据《企业破产法》及其司法解释的规定,指定该中介机构或者个人作为破产案件的管理人,或者吸收该中介机构作为新成立的清算组管理人的成员,以便通过清算成员的衔接实现清算事务的衔接。上述中介机构或者个人不宜担任破产清算中的管理人或者管理人的成员的,原强制清算中的清算组应当及时将清算事务及有关材料等移交给管理人。公司强制清算中已经完成的清算事项,如无违反《企业破产法》或者有关司法解释的情形的,在破产清算程序中应承认其效力。同时作为强制清算的清算组成员和破产清算管理人或者管理人成员的中介机构和个人,在公司强制清算和破产清算中取得的报酬总额,不应超过按照企业破产计付的管理人或者管理人成员的报酬。人民法院收取强制清算申请费后,转入破产清算程序后不再另行计收破产案件申请费。收取的强制清算案件申请费超过30万元的,超过部分不再收取;已经收取的,应予退还。

后　记

每到满城丹桂飘香时，亿诚的生日也就到了，今年是亿诚走过的第十一个年头。2006 年 9 月，怀揣着打造专业化律师团队的梦想，陈扬主任联合几个志同道合的法律人毅然走到一起，招收来自南京大学等重点高校的一批优秀毕业生，创办了江苏亿诚律师事务所。不求规模大、人员多，只求团队作业、精细管理、专业发展。我们十一年来已形成了独特的亿诚律所文化。

风雨十年，同舟共济，变的是岁月，不变的是亿诚人的法律情怀。十一年中，全国律师行业经历了一轮又一轮的合并与挂名高潮，“规模化”“大型化”被普遍视为律师事务所发展的方向，加盟北京、上海等地的全国性大型律所，变身为这些全国大所的地方分所，成为很多地方性律师事务所的发展方式。然而，亿诚所一直坚持探索和实践地方律所的公司制团队化发展模式，走精品化、专业化发展路线。十一年来，亿诚的律师人数一直控制在 30 人以内，却聚集了一批精干的法律专家和资深律师，所带领的年轻律师也通过积极参加业务办理和律所管理而迅速成长。

“宣父犹能畏后生，丈夫未可轻少年。”经过十一年的磨炼，亿诚练就了一支具有丰富实务经验和扎实理论功底的专业化律师队伍。仅从学历上看，三分之二的律师拥有重点大学硕士以上学位，近三分之一的律师拥有博士学位或博士在读，还有从美国、澳大利亚学成归国的青年法律才俊。这让亿诚成为一家研究型律所，不仅成功处理了大量疑难、复杂、新型的案件或项目，为一大批政府部门、上市公司、金融机构、大型企业、高等院校赢取利益或挽回损失数百亿元，还积极参与到各类法律实务研讨活动中。例如,亿诚2014年协办了“信托业转型与创新中的法律问题与风险防范”论坛(中国法学会商法学研究会主办,南京大学法学院、江苏省国际信托有限责任公司承办),2015年协办了“江苏省法学会商法学研究会成立大会暨首届学术年会”。同时,中国南海研究协同创新中心法律平台——黄岩岛国际裁判案课题组、与台湾宇达法律事务所成立两岸经贸活动研究中心、江苏省法学会商法学研究会秘书处、南京大学知识产权产业研究中心、河海大学商法研究所等多家研究机构也先后在亿诚所设立和运作。

“专注高端,精于商事”,是亿诚所的专业定位;“做江苏最优秀的商事律师事务所”,是亿诚所的发展目标。从2006年成立时江苏省司法厅批准的第一家劳动法特色律师事务所开始,我们就不拘泥于劳动法,而是把律所业务扩展到提供与公司相关的商事法律服务,密切关注社会经济发展动态,把握商业时代的脉搏走向。经过十年的努力,目前已经形成了公司法律事务、知识产权、人力资源、资本市场、建设工程与房地产、互联网法律事务、环保法律事务、涉外事务等多个商事法律服务部门,具备为企业的组织管理、生产经营、市场交易等整个系统提供全方位商事法律服务的能力。

专注,才能专业。围绕着前述专业定位和发展目标,每一位亿诚人都以工匠之心在各自的岗位上雕琢和耕耘。这一本《股东法宝》是亿诚公司法业务团队集体研究和创作的成果。团队律师分工完成了相关章节的资料整理和初稿撰写,其中,周亮、冯永强、黄福松等律师分工完成了本书上篇的222个实用问答及98个案例的编写;陈浩、钱瑾、张婧、黄震、褚君怡、魏莉莉、王韵、蔡雪丰、文世春、李治培、袁艺伟、韩月媛等律师仔细研究了总计2274份公司纠纷裁判文书,整理出了本书下篇的16份司法裁判分析报告,全书最终由周亮律师修改、统稿,王天琪帮助校稿,陈扬主任审核后完成。本书的创作得到了我国商法和公司法最权威的专家、南京大学法学院范健教授和南京航空航天大学人文与社会科学学院王建文教授的悉心指导。这种团队作业所形成的合力,深深地感动着每一位亿诚人,也让我们在各自的岗位上更加坚定和专注。

正是因为这份专注,就在本书撰写过程中,亿诚所被中华全国律师协会评选为“全国优秀律师事务所”,被《ALB亚洲法律杂志》评选为“2016年中国精品律所”。此外,亿诚所还先后多次被江苏省司法厅和江苏省律师协会省直属分会评选为“先进集体”“优秀律师事务所”,被江苏省人民政府、南京市人民政府、南通市人民政府、徐州铜山区人民政府、江苏省工商联(商会)、江苏省青年企业家联合会,以及多家跨国企业、上市公司和大型国有企业、民营企业聘为法律顾问。

2017 年初,亿诚代理的最高人民法院第三巡回法庭首个案件也被央视“今日说法”“法治在线”等栏目多次报道。

十年磨一剑。我们谨以本书作为亿诚所十一周岁的生日蛋糕,与每一位读者分享。下一个十年,我们已经整装待发,亿诚所发起成立的全国首家省级律所联盟——“江苏金品律所联盟”正以饱满的激情在江苏这片人杰地灵的热土上扬帆致远。

陈 扬　　周 亮

2017 年 9 月记于南京秦淮河畔石榴财智中心

图书在版编目(CIP)数据

股东法宝:股东权益保护与公司争议解决指南/陈扬,周亮著. --北京:法律出版社,2017
ISBN 978-7-5197-0286-1

Ⅰ.①股… Ⅱ.①陈… ②周… Ⅲ.①股份有限公司-股东-公司法-研究-中国 ②股份有限公司-股东-权益保护-研究-中国 Ⅳ.①D922.291.914 ②F279.246

中国版本图书馆 CIP 数据核字(2016)第 280905 号

股东法宝:股东权益保护与公司争议解决指南
GUDONG FABAO:GUDONG QUANYI BAOHU YU GONGSI ZHENGYI JIEJUE ZHINAN

陈扬 周亮 著

策划编辑 郑导
责任编辑 郑导
装帧设计 马帅

出版 法律出版社
总发行 中国法律图书有限公司
经销 新华书店
印刷 北京嘉恒彩色印刷有限责任公司
责任校对 杨锦华
责任印制 张建伟

编辑统筹 独立项目策划部
开本 710 毫米×1000 毫米 1/16
印张 42.25
字数 685 千
版本 2017 年 11 月第 1 版
印次 2017 年 11 月第 1 次印刷

法律出版社/北京市丰台区莲花池西里 7 号(100073)
网址/www.lawpress.com.cn
投稿邮箱/info@lawpress.com.cn
举报维权邮箱/jbwq@lawpress.com.cn
销售热线/010-63939792
咨询电话/010-63939796

中国法律图书有限公司/北京市丰台区莲花池西里 7 号(100073)
全国各地中法图分、子公司销售电话:
统一销售客服/400-660-6393
第一法律书店/010-63939781/9782
西安分公司/029-85330678
重庆分公司/023-67453036
上海分公司/021-62071639/1636
深圳分公司/0755-83072995

书号:ISBN 978-7-5197-0286-1
定价:128.00 元